Festschrift für Christean Wagner
zum 70. Geburtstag

# Auf festem Fundament

Festschrift für Christean Wagner
zum 70. Geburtstag

Herausgegeben von

Michael Demel, Stefan Heck
und Thomas Schäfer

Duncker & Humblot · Berlin

Bibliografische Information der Deutschen Nationalbibliothek

Die Deutsche Nationalbibliothek verzeichnet diese Publikation in
der Deutschen Nationalbibliografie; detaillierte bibliografische Daten
sind im Internet über http://dnb.d-nb.de abrufbar.

Alle Rechte, auch die des auszugsweisen Nachdrucks, der fotomechanischen
Wiedergabe und der Übersetzung, für sämtliche Beiträge vorbehalten
© 2013 Duncker & Humblot GmbH, Berlin
Fremddatenübernahme: Klaus-Dieter Voigt, Berlin
Druck: Berliner Buchdruckerei Union GmbH, Berlin
Printed in Germany

ISBN 978-3-428-14014-5 (Print)
ISBN 978-3-428-54014-3 (E-Book)
ISBN 978-3-428-84014-4 (Print & E-Book)

Gedruckt auf alterungsbeständigem (säurefreiem) Papier
entsprechend ISO 9706 ∞

Internet: http://www.duncker-humblot.de

# Vorwort

Runde Geburtstage im Lebensalter der fortgeschrittenen Jugend werden im akademischen Bereich gerne genutzt, verdiente Hochschullehrer mit einer Festschrift zu ehren. Bei Politikern ist dieses Instrument der Würdigung und Gratulation nicht ganz so gebräuchlich. Hier ist weder der Anlass noch der Raum für eine Ursachenforschung dieser empirisch gesicherten Feststellung. Es sind nur zwei Dinge festzuhalten, nämlich zum einen, dass sich drei ehemalige Mitarbeiter des Jubilars entschlossen haben, diesen Befund ganz praktisch zu durchbrechen, und zum anderen, dass es dafür auch eine Reihe von guten Gründen gibt.

Zu den gleichfalls empirisch gesicherten Befunden gehört die Erfahrung, dass sich Christean Wagner in der Vergangenheit nur sehr widerwillig den Herausforderungen von Feierlichkeiten seiner runden Geburtstage gestellt hat. Die Ursache dafür ist recht schnell benannt: Er mag die damit zuweilen unvermeidlich verbundenen öffentlich erklärten Belobigungen nicht und begeht seine Wiegenfeste lieber in dem kleinen Kreis derer, die auch in ungeraden Jahren eine fröhliche Runde um den Kamin im heimischen Goßfelden bilden.

Da auch im Vorfeld des siebzigsten Geburtstages mit erheblichem Remonstrationspotenzial gegen eine größere Feierlichkeit gerechnet werden muss – gebürtige Ostpreußen im Allgemeinen und der Jubilar im Besonderen gelten ja nicht gerade als herausragende Vertreter des pragmatischen Meinungswechsels – und somit nicht sicher ist, ob es letztlich zu einem solchen Ereignis kommt, haben wir uns entschlossen, dieses Festschriftprojekt anzugehen. Einer Übergabe derselben wird er sich weder entziehen können noch wollen, weil die Schar derer, die durch einen Beitrag ihre Verbundenheit zum Ausdruck gebracht haben, doch beeindruckend groß geworden ist.

Ein zweites Argument, die akademisch geprägte Tradition hier aufleben zu lassen, ist das persönliche Wirken Christean Wagners. Fast fünfzehn Jahre stand die Rechtspolitik im Mittelpunkt seines politischen Wirkens, zunächst als rechtspolitischer Sprecher der CDU-Landtagsfraktion nach der Landtagswahl Anfang 1991 und dann ab April 1999 für mehr als sechs Jahre als Hessischer Justizminister und Koordinator der unionsgeführten Justizminister im Bundesrat. Auch in anderen politischen Funktionen galt das besondere Augenmerk des Jubilars immer wieder grundsätzlichen Fragen von Staat, Recht und Gesellschaft.

Vor diesem Hintergrund haben wir uns entschlossen, diese Festschrift in zwei große Abschnitte zu gliedern: In einen biographischen Teil, in dem Weggefährten aus ganz unterschiedlichen Blickwinkeln die zahlreichen Stationen seiner persönlichen wie beruflichen Entwicklung beleuchten, und einen zweiten Teil, in dem ihm persönlich verbundene Persönlichkeiten aus Wissenschaft, Wirtschaft, Kirche und Gesellschaft und vor allem ehemalige Mitarbeiter vertiefenswürdige Rechtsfragen, aber auch rechtspolitische und gesellschaftspolitische Problemkreise beleuchten, an denen Christean Wagner zu einem großen Teil auch selbst in seinen entsprechenden Funktionen gearbeitet hat.

Wir sind sehr dankbar, dass nahezu alle von uns Angefragten spontan zugesagt, die engen Zeitvorgaben akzeptiert und mit ihren Beiträgen zum Gelingen des Werkes eindrucksvoll beigetragen haben. Unser Dank gilt auch dem Verlag Duncker & Humblot für die Möglichkeit, unser Vorhaben realisieren zu können. Besonders danken wir allen, die durch ihre Zusage zum Erwerb eines Teils der Erstauflage die Herausgabe des Werkes ermöglicht haben.

Mit dieser Festschrift möchten Freunde, Kollegen und Wegbegleiter den Politiker und Menschen Christean Wagner ehren. Jeder der Autoren ist auf seine eigene Weise mit dem Jubilar verbunden. Die Mitwirkenden sagen Dank für persönliche Begegnungen, anregende Gespräche und aufrichtige Freundschaft.

Wir überreichen diese Festschrift zu Ehren und zu Händen von Christean Wagner, der am 12. März 2013 sein 70. Lebensjahr vollendet. Alles Gute und auf viele weitere gemeinsame Jahre!

Berlin/Marburg/Wiesbaden, im März 2013
*Michael Demel*
*Stefan Heck*
*Thomas Schäfer*

# Geleitwort

Am 12. März 2013 vollendet Dr. Christean Wagner sein 70. Lebensjahr. Dies ist Anlass für Freunde, Kollegen und Wegbegleiter, ihn mit dieser Festschrift zu ehren.

Sein politischer Werdegang führte ihn nach Abschluss seines rechtswissenschaftlichen Studiums und seiner Promotion über verschiedene Kommunalmandate zunächst in Niedersachsen und sodann in Hessen zu seinem Amt als Staatssekretär im Bundesumweltministerium in den Jahren 1986/1987.

Mit Aufnahme seiner Tätigkeit als Hessischer Kultusminister im Jahr 1987 lernte ich Christean Wagner in meiner Funktion als Abgeordneter des Hessischen Landtags erstmals kennen. Es gab aber zunächst wenig gemeinsame Berührungspunkte, da mein Schwerpunkt als innen- und rechtspolitischer Sprecher der FDP-Fraktion ein anderer war.

Dies änderte sich, als durch den Regierungswechsel im Jahr 1991 Christean Wagner im Rahmen seines Landtagsmandates ebenfalls das Feld der Rechtspolitik besetzte. In der Opposition begann eine enge politische Zusammenarbeit zwischen uns. Wir rückten aber nicht nur politisch näher zusammen; während der Hessische Landtag bedingt durch den Neubau des Plenarsaales übergangsweise im räumlich beengten Sitzungssaal des Wiesbadener Rathauses tagte, saßen wir als Fraktionsvorsitzende dicht an dicht nebeneinander. Ob das unsere sich aus der politischen Zusammenarbeit entwickelnde Freundschaft entscheidend beförderte, vermag ich allerdings im Nachhinein nicht sicher zu sagen!

Schon als Oppositionspolitiker beschäftigten wir uns gemeinsam mit rechtspolitischen Themen, die auch die spätere Zeit Christean Wagners als Hessischer Justizminister ab dem Jahr 1999 sehr prägen sollten. Im Vordergrund standen dabei unter anderem erforderliche Veränderungen des Justizvollzuges. Denn die Jahre zuvor waren von Überbelegungen in den Haftanstalten und zum Teil spektakulären Ausbrüchen geprägt.

Ziel des Justizministers Christean Wagner war deshalb, durch das in Hessen praktizierte „Einheitliche Strafvollzugskonzept" eine sichere und sinnvolle Unterbringung der Strafgefangenen nach einheitlichen Maßstäben unter Beachtung des Schutzes der Allgemeinheit und der Wiedereingliederung in die Gesellschaft zu gewährleisten. Für ihn stand im Mittelpunkt, die Sicherheitsinteressen der Bevölkerung nachdrücklich zu stärken, ohne das Vollzugsziel der Resozialisierung aus dem Blick zu verlieren.

Der weitere Abbau der Überbelegung im geschlossenen Vollzug durch Schaffung neuer Haftplätze hatte auch zum Zwecke der Bekämpfung subkultureller Strukturen im Vollzug absoluten Vorrang und wurde durch den von ihm auch gegen erhebliche Widerstände vor Ort durchgesetzten Neubau der Justizvollzugsanstalt in Hünfeld angegangen. Parallel dazu erfolgten zusätzliche weitere Maßnahmen mit dem Ziel, die Gefangenensubkultur mit ihren Erscheinungsformen der Gewalt und des Drogenhandels zu reduzieren und den Missbrauch von Vollzugslockerungen entschieden zu bekämpfen.

Gerade durch diese restriktiven Maßnahmen wurde Justizminister Wagner durch die Medien schnell der Ausspruch zugeschrieben, in Hessen gäbe es den „härtesten Vollzug Deutschlands". Er hat immer bestritten, einen solchen Ausspruch getätigt zu haben; der von mir damals in diesem Zusammenhang immer wiedergegebene Hinweis auf den „konsequentesten Vollzugs Deutschlands" erscheint mir denn auch durchaus treffender, um die Maßnahmen Christean Wagners zu charakterisieren.

Zu der Modernisierung im Justizvollzug gehörte auch das hessische Modellprojekt der Teilprivatisierung der bereits erwähnten neu erbauten Justizvollzugsanstalt Hünfeld. Auch diese Teilprivatisierung hatte ihren Anfang in der Zeit, bevor Wagner Justizminister wurde. Während einer gemeinsamen Reise des Rechtsausschusses des Hessischen Landtages besuchten wir in den 90-er Jahren ein fast vollständig privatisiertes Gefängnis in England. Die Idee einer zumindest teilweisen Privatisierung einer deutschen Justizvollzugsanstalt war geboren. Es darf deshalb nicht verwundern, dass Justizminister Wagner später zur Begründung des Modellprojektes auch darauf verwies, die Erfahrungen in England, Frankreich und den USA hätten gezeigt, dass (teil-)privatisierte Gefängnisse kostengünstiger und effektiver seien.

Ein weiteres Modellprojekt fällt ebenfalls in die Zeit der Verantwortung von Christean Wagner als Hessischem Justizminister: Die elektronische Fußfessel. Zugegebenermaßen erst nach einigem Zögern beschritt Hessen neue Wege, um die Sicherheit der Bevölkerung und die Resozialisierung von Straftätern zu verbessern. Als einziges Bundesland führte Hessen im Mai 2000 den Einsatz der elektronischen Fußfessel zur engmaschigen Überwachung von Straftätern als Modellprojekt ein. Sie wurde hauptsächlich bei Strafgefangenen eingesetzt, die unter Bewährung standen. Die elektronische Fußfessel setzte bei den Straftätern Motivationen und Kräfte frei, die mit herkömmlichen Mitteln der Bewährungshilfe nicht erreicht werden konnten. Die Fußfesselträger wurden zu einer für ihre Verhältnisse hohen Selbstdisziplin und zur Erfüllung des ihnen vorgegebenen Wochenplans angehalten. Zugleich wurde ein hohes Maß an Kontrollintensität gewährleistet. Die bei diesem Modellprojekt gemachten Erfahrungen haben es ein Jahrzehnt später ermöglicht, dass Hessen bei einem aktuellen Projekt heute bundesweit führend ist: Die in Hessen entwickelte Elektronische Aufenthaltsüberwachung (EAÜ). Die EAÜ wird insbesondere bei zu entlassenden besonders gefährlichen Straftätern nach Haftverbüßung eingesetzt und setzt nahtlos an die Vorerfahrungen der elektronischen Fußfessel an. Dass die Gemeinsame Überwachungsstelle der Länder (GÜL) ihren Sitz im hessischen Bad Vilbel hat, ist eindrücklicher Beleg für die von Christean Wagner mitbegründete und nach wie vor bestehende Vorreiterstellung Hessens in diesem Bereich.

Es muss generell gesagt werden, dass die Modernisierung der hessischen Justiz ihren Anfang in der Zeit Christean Wagners nahm und bis heute Früchte trägt. War die Zeit zuvor eher von der Vorstellung ‚Ärmelschoner tragender Beamter' geprägt, hielt schon unter Wagner nach und nach die Elektronifizierung auch in den Justizamtsstuben Einzug. Heute ist die EDV im Justizalltag nicht mehr wegzudenken und nimmt immer breiteren Raum ein.

Modern war Christean Wagner aber auch im Bereich der Rechtsetzung. Es ist an die Gesetzesinitiative zum Stalking zu erinnern, die dem damals immer stärker aufkommenden Phänomen der Nachstellung entschieden begegnete und trotz einiger Widerstände und Diskussionen erfolgreich zum Abschluss gebracht werden konnte.

Auch bundespolitisch nahm Christean Wagner wichtige Funktionen wahr. Es oblag ihm beispielsweise, die unionsgeführten Landesregierungen im Bundesrat zu koordinieren.

Es gibt noch viele berufliche bzw. politische Stationen im Leben des Christean Wagner, die ich unerwähnt gelassen habe. Ich verweise dazu auf den neben dem wissenschaftlichen auch in dieser Festschrift enthaltenen biographischen Teil, der darauf im Einzelnen eingeht. Man sehe es mir insoweit nach, dass ich mich als amtierender Nachfolger im Amt des Hessischen Justizministers – der jetzt zugleich auch Minister für Integration und Europa ist – im Wesentlichen auf seine bis 2005 andauernde Amtszeit konzentriert habe.

In seiner anschließend aufgenommenen und nach wie vor aktuellen Funktion als Fraktionsvorsitzender der CDU im Hessischen Landtag führen wir die eingangs erwähnte politische Zusammenarbeit im Hessischen Landtag und in dem wichtigen Koalitionsausschuss fort. Für die vergangene Zeit sage ich Christean Wagner in persönlicher Freundschaft für das Geleistete Dank und wünsche ihm für die Zukunft – beruflich wie privat – alles Gute.

*Jörg-Uwe Hahn*
*Hessischer Minister der Justiz, für Integration und Europa*

# Inhaltsverzeichnis

## I. Christean Wagner: Leben und Wirken

*Lüder Blome*
Christean Wagners Schulzeit und frühe Studienjahre ...................... 17

*Hugo Schimmelpfeng*
Singen, bis die Polizei kommt ........................................... 23

*Wilhelm Wallmann*
Politische Anfangsjahre in Marburg ...................................... 25

*Alois Rhiel*
Erfolg aus kommunalpolitischer Erfahrung ............................... 31

*Wolfgang Gröbl*
Die Zeit als Staatssekretär im Bundesumweltministerium .................. 35

*Günter Paul*
Christean Wagner – ein treuer Freund und ein verläßlicher Kämpfer für die gute Sache ........................................................ 39

*Rupert von Plottnitz*
Attacke. Christean Wagner als Oppositionspolitiker ...................... 43

*Roland Koch*
Grundsatztreu und durchsetzungsstark – Der Minister Wagner aus Sicht seines Regierungschefs ................................................ 47

*Volker Bouffier*
Christean Wagners Wirken als CDU-Fraktionsvorsitzender ................. 53

*Stefan Heck*
Christean Wagners Wirken als Wahlkreisabgeordneter ..................... 59

*Ernst Gerhardt*
Christean Wagners Wirken in der Kommunalpolitischen Vereinigung ........ 65

*Claudia Kuhnhen*
Kirchliche und synodale Tätigkeit oder: Christ und Politiker ............ 67

*Thomas Schäfer*
Als Partner verläßlich, als Freund unschlagbar .......................... 73

## II. Recht und Justiz

*Hans-Josef Blumensatt*
Tatort Gesundheitsmarkt. Vermögensstrafen und Korruption im Gesundheitswesen ................................................................. 83

*Jürgen Ellenberger*
    Die Lastschrift im Wechselspiel zwischen Rechtsprechung und Gesetzgebung   95

*Stefan Fuhrmann*
    Compliance in der öffentlichen Verwaltung und die Aufgaben eines Rechtsamtes   109

*Helmut Fünfsinn*
    Praktische Erfahrungen mit dem Straftatbestand der Nachstellung
    (§ 238 StGB) .................................................................... 127

*Martin W. Huff*
    Die Öffentlichkeitsarbeit im Zusammenhang mit der Justiz – Wird Litigation-
    PR zu einer Selbstverständlichkeit? ..................................... 143

*Ralf Köbler*
    Die Modernisierung der Justiz: Zwischen Zeitgeist und Rationalisierungsdruck   153

*Torsten Kunze*
    Neue Justizvollzugsgesetze – Gesetzgebungsstand und Weg des Landes Hessen   167

*Roman Poseck*
    Selbstverwaltung der Justiz – Zukunft oder Irrweg? ........................ 177

*Johann Nikolaus Scheuer*
    Dienstaufsicht und richterliche Unabhängigkeit .......................... 191

*Harald Schmitt*
    Die Zukunft der gerichtsinternen Mediation. Hintergründe und praktische
    Konsequenzen des im Vermittlungsausschuss gefundenen Kompromisses zum
    Mediationsgesetz ............................................................... 213

*Torsten Spieker*
    Der ehrliche Anwalt. Anspruch und Herausforderung im Lichte des § 43a
    BRAO ............................................................................... 221

*Alexander Steiß*
    Das Hessische Gaststättenrecht seit 01.05.2012 ......................... 241

*Christoph Ullrich*
    Besorgte Bürger – ehemalige Sicherungsverwahrte in der Nachbarschaft ..... 251

*Wilhelm Wolf*
    Wer zusammenlegt, errichtet neu. Zur Frage der Bildung eines Präsidiums
    nach den Vorgaben des Gerichtsverfassungsgesetzes im Falle der Zusammen-
    legung von Gerichten und zur Auslegung des § 21j GVG ................. 263

### III. Staat und Verfassung

*Steffen Detterbeck*
    Individueller und kommunaler Rechtsschutz gegen untergesetzliches Landes-
    recht im Bermudadreieck zwischen Bundesverfassungsgericht, Hessischem
    Staatsgerichtshof und Hessischem Verwaltungsgerichtshof .............. 275

*Gilbert Gornig*
    Der Anschluss von Waldeck-Pyrmont an Preußen. Auch ein Beitrag zum
    Untergang innerstaatlicher Rechtsgemeinschaften. ........................ 311

*Georgios Gounalakis*
Wer schützt die Pressefreiheit vor der Wirtschaft? Neue Gefährdungslagen für ein demokratiesensibles Grundrecht .................................... 331

*Hans-Detlef Horn*
Das Wahlrecht von Auslandsdeutschen – Ein Problem mit Tiefen ............ 343

*Josef Isensee*
Sicherheit: die ältere Schwester der Freiheit .............................. 363

*Matthias Friehe und Stephan Klenner*
Wahlrechtsgrundsätze und Mandatsverständnis: Die verfassungsrechtliche Zulässigkeit von Frauenquoten in der Politik ............................. 383

*Ralph Alexander Lorz*
Politische Fehlsteuerung durch den Primat des Rechts. Zwei Beispiele aus der jüngeren Staatspraxis ................................................. 401

## IV. Politik – Gesellschaft – Religion

*Michael Demel*
Dem Kaiser, was des Kaisers ist. Religionsausübung im säkularen Staat ...... 417

*Michael Eilfort*
Reformen in einer saturierten Gesellschaft. Schuldenkrise, Steuerkomplexität, unbezahlbare Sozialsysteme ............................................ 429

*Volker Fasbender*
Tarifeinheit – praktische Notwendigkeit und rechtliches Gebot .............. 441

*Walter Fischedick*
Wandel und Wesen des Gewissensbegriffs. Vom altägyptischen Totenkult bis zur Gewissensfreiheit der Abgeordneten ................................. 459

*Peter Hahne*
Zukunft ist Herkunft. Konsequenzen aus der Vertrauens- und Verantwortungskrise ................................................................. 473

*Joachim Koschnicke*
Mensch Deutschland – Wer bist du? ..................................... 483

*Bernhard Lorenz*
Zeitgemäß ist „die Patin" die Beste. Eine Antwort an Gertrud Höhler im „Anderland" .......................................................... 487

*Sigurd Rink*
Die Säulen der Gesellschaft ............................................. 497

*Michael Wolffsohn*
Feindliche Brüder? Die Aufarbeitung von Nationalsozialismus und Kommunismus als Gegenwartsaufgabe ......................................... 505

**Autorenverzeichnis** ..................................................... 517

**I. Christean Wagner: Leben und Wirken**

# Christean Wagners Schulzeit und frühe Studienjahre

Lüder Blome

Christean Wagner[1] kam im 8. Schuljahr als „Zugereister" in meine Klasse. „Meine Klasse" war die 8b des Gymnasiums am Leibnizplatz in Bremen. Wir verbrachten gemeinsam die Schulzeit bis zum Abitur und einen Teil des Studiums der Rechtswissenschaften in Marburg. Über diesen Lebensabschnitt von Christean soll hier berichtet werden.

Der Vollständigkeit halber will ich aber auch kurz – wenn auch nicht aus eigener Kenntnis – den Lebenslauf Christeans vor seinem Umzug nach Bremen skizzieren:

Christean wurde am 12. März 1943 in Königsberg/Ostpreußen geboren. Als er eindreiviertel Jahre alt war, Ende 1944, musste die Familie Wagner Königsberg verlassen, weil die Rote Armee heranrückte. Christeans Vater hatte in weiser Vorausschau dafür gesorgt, dass die Familie Königsberg rechtzeitig und – im Vergleich zu anderen Flüchtlingen – relativ bequem per Bahn über Land verlassen konnte.[2] Die Familie fand in Hessen eine neue Heimat, zunächst in Marburg, dann in Alsfeld (soweit ich weiß, bei den Großeltern Christeans). Nach der Grundschulzeit besuchte Christean ein Gymnasium, und zwar die heutige „Albert-Schweitzer-Schule Alsfeld".[3]

Der Umzug der Familie Wagner von Alsfeld nach Bremen war durch eine berufliche Veränderung des Vaters veranlasst. Christeans Vater fand eine Anstellung bei der – im Jahre 1906 von dem Bremer Unternehmer Ludwig Roselius gegründeten – Kaffeefirma „Kaffee-HAG", wo er später die Stellung eines leitenden Angestellten inne hatte. Die Familie zog nach Woltmershausen, einem Stadtteil in der Bremer „Neustadt", wie der auf der linken Weserseite gelegenen Teil der Stadt Bremen genannt wurde. Für die gesamte „Neustadt" gab es damals nur ein Gymnasium – das „Gymnasium am Leibnizplatz". Auf diese Weise kam Christean nach dem Umzug der Familie nach Bremen in „meine" Klasse.

Christean hatte zwei jüngere Geschwister, einen Bruder (der vor einigen Jahren verstorben ist) und eine Schwester. In der Familie wurde – wie damals noch

---

[1] Dem Lebensabschnitt entsprechend werde ich ihn im Folgenden nur noch „Christean" nennen.
[2] Wiesbadener Tagblatt vom 10.09.2011, Samstagsgespräch.
[3] Wikipedia, Stichwort „Albert-Schweitzer-Schule Alsfeld", Bekannte Schüler.

sehr häufig – das traditionelle Rollenbild praktiziert, d.h. der Vater ging einer Erwerbstätigkeit nach, die Mutter führte den Haushalt und betreute die Kinder. Die Familie war evangelischer Konfession und bekannte sich zu ihrem Glauben. Christeans Eltern engagierten sich stark in der theologisch-konservativen Gemeinde der in der Altstadt von Bremen gelegenen St.-Martini-Kirche. Christean und seine beiden Geschwister wurden nach meinem Eindruck liebevoll aber streng erzogen. Christeans Vater erwartete gute schulische Leistungen von seinen Kindern und wurde insoweit jedenfalls von Christean nicht enttäuscht – Christean war unser „Klassenprimus"!

Das Gymnasium am Leibnizplatz umfasste die Mittelstufe (Klassen 6 bis 10) und die Oberstufe (Klassen 11 bis 13). Als Fremdsprachen wurden angeboten Englisch, Französisch, Spanisch und Latein. In der Oberstufe gab es einen sprachlichen und einen mathematischen Zweig. Mädchen und Jungen wurden grundsätzlich zusammen unterrichtet. Es gab allerdings einige wenige reine Jungenklassen. Dazu gehörte „unsere" Klasse 8 b. In dieser Klasse gab es eine weitere Besonderheit. Ein Teil der Schüler hatte – neben Englisch als erster Fremdsprache – als zweite Fremdsprache Französisch, der andere Teil Latein. Christean und ich gehörten zu den „Lateinern".

In der 9. Klasse erhielten wir einen neuen Klassenlehrer, Herrn Kessemeier, bei dem wir Deutsch, Englisch und Sport hatten. Herr Kessemeier gehörte als „Alter Herr" einer studentischen Verbindung an, dem „Akademischen Turnbund Marburg". Dies sollte für Christean später noch von Bedeutung werden. Herr Kessemeier war ein Lehrer, der sich für seine Klasse einsetzte und die Schüler begeistern, aber durchaus auch mal eine (kleine) Ohrfeige verteilen konnte – wovon Christean, unser Klassenprimus, natürlich nicht betroffen war. Da Herr Kessemeier passionierter Wanderer war und die Natur liebte, führten die Klassenausflüge mit ihm immer ins Grüne, wobei sich der Lehrer einmal sogar auf brüchiges Eis wagte. Am Ende des Ausflugs ging es meistens nach Lilienthal, einem kleinen Ort vor den Toren Bremens, in dem Herr Kessemeier geboren und aufgewachsen war.

In der Oberstufe entschieden Christean und ich uns für den sprachlichen Zweig und wählten als dritte Fremdsprache Französisch. Wir wurden mit Schülerinnen und Schülern aus einer reinen „Lateiner"-Klasse zu einer neuen Klasse zusammen gelegt. Für uns, die wir aus einer reinen Jungenklasse kamen, war das eine ganz neue Erfahrung. Für eine der neuen Klassenkameradinnen – eine der Hübschesten in der Klasse – war Christean entflammt. Zu seinem Leidwesen blieb es nur bei einer jugendlichen Schwärmerei. Möglicherweise hat es daran gelegen, dass er als bisheriger Schüler einer reinen Jungenklasse im Umgang mit dem anderen Geschlecht noch nicht so geübt und deshalb gehemmt war. Jedenfalls war es ihm nicht möglich, seiner Auserwählten seine Zuneigung zu offenbaren.

Bei unserem Klassenlehrer in der Oberstufe, Dr. Behre, hatten wir Biologie und Chemie. Die Biologie war nicht nur sein Unterrichtsfach, sondern auch sein Hobby. Dementsprechend nutzte er unsere letzte Klassenfahrt an den Main dazu, uns nicht nur Landschaft und Kultur näher zu bringen, sondern uns auch dazu anzuleiten, mittels des dazu ausgegebenen Buches „Schmeil-Fitschen" die Pflanzen der Gegend zu bestimmen. Auch abends beschäftigten wir uns mit der Flora und ihren Produkten – allerdings ohne unseren Klassenlehrer und ohne „Schmeil-Fitschen". Dr. Behre pflegte sich mit einer Schlafmaske ins Bett zu legen. War dies geschehen, stiegen seine Schüler aus dem Fenster, begaben sich in den nahe gelegenen Ort und widmeten sich den landestypischen Erzeugnissen von den Apfelbäumen, dem Äbbelwoi.

Deutsch und Geschichte hatten wir bei Frau Dr. Buttke. Auf dem Lehrplan für Deutsch standen selbstverständlich das Lesen und Interpretieren sowohl von Dramen der Klassiker als auch von modernen Gedichten. Interessant war vor allem der Geschichtsunterricht von Frau Dr. Buttke. Er umfasste die Zeit bis zum Ende des Zweiten Weltkrieges und beschränkte sich nicht nur auf Zahlen und Namen, sondern beleuchtete auch die Hintergründe. Außerhalb der eigentlichen Geschichtsstunden veranstaltete sie eine Arbeitsgemeinschaft zum Thema „Der Widerstand im Dritten Reich".

Eher eine Marotte ist mir dagegen von unserem Mathematiklehrer in Erinnerung geblieben. Herr Barras war ein begeisterter Eisenbahnfan und als solcher Mitglied eines Vereins der Eisenbahnfreunde. Der Verein wollte eine Modelleisenbahn aufbauen, wobei für die Steuerung der Schienen Relais benötigt wurden. Herr Barras konnte einige Schüler unserer Klasse dafür „begeistern", die benötigten Relais aus einzelnen Teilen zusammenzusetzen.

Im Februar 1962 machten Christean und ich unser Abitur. Wie die meisten Klassenkameraden setzten wir danach die Ausbildung mit einem Studium fort. Obwohl damals Bremer Studentinnen und Studenten vorzugsweise an die Universität Göttingen gingen, entschieden Christean und ich sowie ein weiterer Klassenkamerad uns für die Universität Marburg. Wir schrieben uns dort für ein Studium der Rechtswissenschaften ein. Schon in Bremen gab es erste Versuche, uns für eine Marburger Verbindung zu „keilen". Unser früherer Klassenlehrer, Herr Kessemeier, hatte offenbar einen früheren Schüler, der auch in Marburg studiert hatte und wie er dem Akademischen Turnbund Marburg angehörte, auf uns „angesetzt". Wir trafen uns im Concordenhaus, einem Gasthaus im Schnoorviertel, in dem auch einige studentische Verbindungen tagten. Der „Anwerber" klärte uns über die Vorteile einer Mitgliedschaft in einer studentischen Verbindung auf und versuchte uns für eine Mitgliedschaft im „Akademischen Turnbund Marburg" zu gewinnen. Bei Christean hatte dieser Versuch – wenn auch erst einige Zeit später – Erfolg. Nach Beginn des Studiums in Marburg im Sommersemester 1962 schaute er sich zwar auch noch andere studentische Verbindungen an, trat dann aber nach wenigen Wochen doch dem „Akademischen Turnbund Marburg" bei. Entscheidend dafür war sicherlich vor allem, dass Christean sich in dieser Verbindung weiterhin sportlich betätigen konnte. Ohne den Anschub durch unseren früheren Klassenlehrer und den von ihm „auf uns angesetzten Anwerber" hätte es aber vielleicht auch anders kommen können.

Da ich selbst einer anderen studentischen Verbindung beitrat, beschränkten sich unsere Kontakte während der Semester im Wesentlichen auf die Vorlesungen und Übungen. Nach der Rückgabe von Klausuren gab es allerdings immer ein gemeinsames „Festessen" in Gestalt eines „Bauernfrühstücks" in einer der Marburger Kneipen. Die Semesterferien verbrachten wir überwiegend in Bremen. Christean jobbte tagsüber als Postbote. An den Wochenenden gingen wir abends zum Tanzen in den „Studentenbund" oder spielten Karten. Ein besonders beliebtes Kartenspiel nannte sich „Deminuschinguis", bei dem jeder Spieler eine bestimmte Anzahl von Karten bekam. Die Anzahlt der Karten wurde in jeder Runde verringert („deminuere"). Jeder Spieler musste nach Erhalt der Karten angeben, wie viele Stiche er bekommen würde. Für jede richtige Vorhersage gab es Punkte. Gewonnen hatte derjenige, der die meisten Punkte erzielte. Ihren Abschluss fanden diese Abende meistens an einer Bratwurstbude in der Nähe des Marktplatzes.

„Komasaufen", wie das ja heute bei manchen Jugendlichen leider üblich ist, war nicht angesagt. Ich erinnere mich nicht, Christean überhaupt einmal betrunken erlebt zu haben. Allerdings: ... Beim „Akademischen Turnbund Marburg" hat er den Spitznamen „Eckes" bekommen. Die Firma Eckes war damals ein sehr bekannter Hersteller von Kirschlikör. Nomen est omen? Hat Christean als Schüler oder Student geraucht? Ich erinnere mich nicht mehr. Jedenfalls ist er auf keinem Foto aus dieser Zeit mit Zigarette, Zigarre oder Pfeife zu sehen.

Christean war schon als Schüler bereit, Ämter zu übernehmen. Dabei litt er, was zukünftige Ämter anging, nicht unter mangelndem Selbstbewusstsein. So erklärte er mehrfach: *„Ich will Bundeskanzler werden!"* Das erste Amt seiner (politischen) Karriere war das des Klassensprechers. Wegen seiner geäußerten Ambitionen, Bundeskanzler zu werden, wurde er in unserer Klasse jedoch nicht als „Klassensprecher", sondern als „unser Klassen*kanzler*" bezeichnet.

Christean hat dieses Amt praktisch bis in die heutige Zeit fortgeführt. Er hat sich immer wieder dafür eingesetzt, dass alle zwei bis drei Jahre Klassentreffen stattfanden, und hat diese auch organisiert. Im Jahr 2012 fand das Klassentreffen zum 50. Jahrestag unseres Abiturs statt. Ohne das Engagement von Christean hätte es diesen Zusammenhalt unserer Klasse nicht gegeben.

Ein Auszug aus unserer Abitur-Zeitung zeigt, dass Christean schon zu Schulzeiten politisch interessiert war und sich gerne mit anderen über seine Überzeugungen auseinandersetzte. Unter „Anzeigen" heißt es dort:

„Suche Gegner, dem ich meine
politische Ansicht aufzwingen kann.
(Klassenkanzler)"

Seine politischen Ansichten waren auch schon damals konservativ. Sie waren geprägt durch ein gelebtes Christentum und durch einen bekennenden, aber nicht übertriebenen Nationalstolz. Auch seine Verbundenheit mit seiner Geburtsstadt Königsberg, dem heutigen Kaliningrad, war schon damals erkennbar. Bei Diskussionen über die Zukunft Deutschlands ging er als Schüler immer davon aus, dass es eine *friedliche* Wiedervereinigung nicht nur mit der „Ostzone", sondern auch mit Ostpreußen und den anderen Gebieten jenseits der Oder-Neiße-Grenze geben würde.

Hinsichtlich der Wiedervereinigung der beiden deutschen Teilstaaten hat ihn die Geschichte bestätigt. Im Übrigen haben sich die politischen Verhältnisse jedenfalls insoweit verändert, als Christean und auch andere Ostpreußen jetzt ohne Schwierigkeiten in ihre frühere Heimat reisen können.

## Singen, bis die Polizei kommt

Hugo Schimmelpfeng

Im Sommer 1967 kam aus Bremen ein Erstsemester nach Marburg, um nach verbriefter humanistischer Bildung das Studieren zu erlernen und hieß Christean Wagner. Er hatte von einem seiner Lehrer auch den Rat mitbekommen, sich Gesellschaft in der sporttreibenden Akademischen Turnverbindung Marburg zu suchen. Weil er dem Sport ohnehin zugetan war, wurde er Gast und bald darauf Mitglied. Da hatte er dann, aus der elterlichen Obhut entlassen und auf eigenes Erfahren angewiesen, noch neben den juristischen Fächern die wunderlichen Gebräuche einer akademischen Verbindung zu studieren. Die Mensur gab es bei den Turnern nicht. Doch bot der Sport hinreichend Gelegenheit um Mut, Überwindung und Bewährung zu zeigen. Neben den obligatorischen Übungen lagen ihm besonders Tischtennis und Handball, in beiden Sportarten stand er auch in der Unimannschaft, häufig im Handballtor. Da sehen wir ihn in einem kampfgezeichneten Trainingsanzug mit Sportbrille im Tor stehen. Weil der Spielgedanke der Sieg ist, hat er den auch ohne Scheu vor Blessuren durch Torpfosten oder Hallenboden in dem Bestreben, keinen an sich vorbei zu lassen, mit unbedingtem Einsatz verfolgt. Als ein guter Läufer hat er sich auch beim Marburger Stadtstaffellauf, der traditionell gewonnen wurde, nicht geschont.

Ein weiteres Erfahrungsfeld waren die Gepflogenheiten des Burschenrates, der über die inneren Angelegenheiten des Zusammenlebens zu entscheiden hatte. Da

hat er wahrscheinlich zum ersten Mal erlebt, wie man trotz gemeinsamer Überzeugung in den Grundwerten der Gemeinschaft nächtelang über die Ausgestaltung erbittert streiten kann, um der Sehnsucht nach Ordnung und Struktur des Zusammenlebens Genüge zu tun. Seiner festen und vehement vorgetragenen Vorstellungen vom wünschenswerten Miteinander wegen wurde er zweimal in die Führungsposition des Seniors der Verbindung gewählt. Das alles konnte er ohne Beeinträchtigung seines ernsthaft betriebenen Studiums noch bewältigen.

Das studentische Umfeld erforderte schließlich auch ein geeignetes Verhalten hinsichtlich der Existenz von Studentinnen und Altherrentöchtern, die zu „betanzen" waren. Es ist aber verbürgt, dass sich die diesbezüglichen Studien sehr lange Zeit rein auf die visuell erfassbaren Gegebenheiten beschränkte, wobei sich das städtische Sommerbad als eine gern genutzte Stätte anbot.

Nach den Debatten im Verbindungshaus fand sich meistens eine Runde zum Kartenspiel bis in den Morgen zusammen. Weil der Spielgedanke von Skat oder Doppelkopf die höhere Augenzahl ist, nahm Christean auch den so ernst wie sein Studium, war mit dem Zählen stets voraus und wusste den Ausgang des Spiels schon, wenn nicht einmal alle Karten ausgespielt waren. Wie nicht anders zu erwarten, führte der gemeinsame Eifer gelegentlich bei etwas eigenwilligen Regelauslegungen zu geharnischten Auseinandersetzungen, die nun im Rückblick als die Würze der Erinnerung erscheinen.

An einen Abend erinnern wir uns, als ein Alter Herr zum Abendbrot eingeladen hatte. Die kleine Gesellschaft führte nicht nur geistreiche Gespräche, sie nahm auch geistreiche Getränke zu sich, bis man auf den Stühlen stehend laut und anhaltend sang. Da klingelte es nach Mitternacht an der Haustür und davor stand ein leibhaftiger Polizist, den ausgerechnet die Frau (oder war's die Schwiegermutter?) eines weiteren Freundes, der auch im Haus wohnte, gerufen hatte. Der Beamte trug pflichtgemäß seine Ermahnung zur Mäßigung vor, die in der Folge dahingehend beachtet wurde, dass man nun im Sitzen sang.

So blicken wir zurück auf einen fröhlichen Studenten, der seine Pflichten kannte und ihnen gewissenhaft nachkam, der Freundschaften schloss, die bis ins Alter halten und der die sozialen Erfahrungen einer Lebensgemeinschaft, die sich selbst Regeln gibt und deren Einhaltung fordert, mit hinaus nahm ins Leben.

# Politische Anfangsjahre in Marburg

Wilhelm Wallmann

Christean Wagner nahm im Jahr 1962 das Studium der Rechts- und Staatswissenschaften an der Philipps-Universität in Marburg/Lahn auf. Die Zahl der Studierenden bewegte sich bei ca. fünftausend. Von überfüllten Hörsälen anlässlich des Besuchs von Vorlesungen oder beim Anfertigen von Klausuren, von Platzmangel in Seminaren etc. konnte keine Rede sein. Schwieriger war es bei der Suche nach Wohnraum; eine „Studentenbude" musste man sich auf dem freien Markt besorgen, oder man konnte, soweit man einer studentischen Korporation angehörte, im Haus der (eigenen) Verbindung unterkommen: Diese Art der Unterkunftsbeschaffung brachte den zahlreichen Verbindungen (Burschenschaften, Landsmannschaften, Corps, Sängerschaften, Turnerschaften) erheblichen Zulauf, der in späteren Jahren (auch) deshalb nachließ, weil der Bau von Studentenwohnheimen massiv vorangetrieben wurde und damit eine nicht zu unterschätzende sozio-kulturelle Veränderung des typischen und traditionellen Studentenlebens in Deutschland einherging. Dass man als „Nicht-Hesse" seiner „Alma Mater" Studiengebühren entrichten musste, wurde von den „Ausländern" nicht als Zumutung empfunden, schließlich hatte man in den „außerhessischen" Gebieten bisher auch Schulgeld zahlen müssen. Das Verhältnis unter den Studenten war, wie zuvor auf den Gymnasien, freundschaftlich/korrekt, man siezte einander und pflegte, wenn man nicht miteinander befreundet war, ein eher distanziertes Verhältnis zueinander.

Der Jubilar und der Autor kannten einander aus Vorlesungen und „juristischen Übungen" vom Sehen, einen Kontakt persönlicher Art gab es nicht. Das änderte sich im Jahr 1968, als Christean Wagner der JU und der CDU beitrat und beide – inzwischen Gerichtsreferendare – in derselben Kammer beim Verwaltungsgericht in Kassel ihren Vorbereitungsdienst ableisteten. Während dieser Zeit entwickelte sich zwischen beiden eine über Jahrzehnte dauernde Freundschaft.

Die politische Lage auf Landes- und kommunaler Ebene war für die CDU, als Christean Wagner im Jahr 1962 nach Marburg/Lahn kam, deprimierend und bedrückend: Auf Landesebene bewegten sich die Ergebnisse bei Landtagswahlen im mittleren 20-Prozent-Bereich und wenn man die überwiegend katholisch geprägten Gebiete um Fulda, Limburg und die Rheinebene um Rüdesheim herum außer Betracht lässt, war die Situation auf kommunaler Ebene keine andere. Die Landespartei wurde von Dr. Wilhelm Fay, Bürgermeister von Frankfurt/Main und

Mitglied des Hessischen Landtages, geführt. Da man es für unmöglich hielt, der SPD die politische Führungsrolle in Hessen aus der Hand nehmen zu können, setzte die CDU „auf Platz und nicht auf Sieg". Auf kommunaler Ebene hoffte man, dort, wo eine absolute Mehrheit der SPD nicht vorhanden war, eine „zweite" Position von der SPD angeboten zu bekommen.

In Marburg/Lahn war die CDU im vorbezeichneten Sinne „erfolgreich" – sie hatte einen CDU-Bürgermeister (Dr. Seibert), der aber nur deshalb installiert worden war, weil der zuvor von der SPD gewählte FDP-Mann nach ganz kurzer Amtszeit abgewählt wurde. Der von außen gekommene CDU-Mann – ein exzellenter Verwaltungsexperte – wollte nicht bloß als „Abnicker" des SPD-Oberbürgermeisters (Gaßmann) fungieren, sondern verschaffte sich aufgrund seiner Kompetenz in der Bevölkerung Achtung und Respekt. Der typische Nachteil, ein von außen Gekommener zu sein, machte sich bald bemerkbar: das Verhältnis des langjährigen Kreisvorsitzenden der CDU (Rechtsanwalt Peters) zum SPD-Oberbürgermeister war so eng, dass es zu einem (notwendigen) Vertrauensverhältnis zwischen CDU-Bürgermeister und CDU-Kreisvorsitzendem nicht kam – der Bürgermeister wurde von einem Teil der eigenen Parteifreunde, soweit sie Anhänger des CDU-Kreisvorsitzenden waren, und vom politischen Gegner in gleicher Weise „gemobbt". Die Folge war, dass der Bürgermeister schon bald die Universitätsstadt verließ und aufgrund seiner Fähigkeiten in einem politisch mit mehreren Parteien besetzten Landkreis zum Landrat gewählt wurde. In Marburg/Lahn ging die Rechnung des CDU-Kreisvorsitzenden endlich auf: Er wurde Bürgermeister und sein Adlatus, der CDU-Kreisgeschäftsführer, wurde Polizeipräsident von Marburg/Lahn.

Diese Situation war von vielen Parteimitgliedern seit Jahren befürchtet und vorausgesagt worden: man fühlte sich im Schlepptau der SPD und man war es auch. Diejenigen, die vom ersten Tage ihrer CDU-Mitgliedschaft an auf Konfrontationskurs zum CDU-Kreisvorsitzenden gegangen waren, hatten sich um den im Jahr 1961 in die CDU eingetretenen Walter Wallmann geschart: Das waren u. a. die Herren Büdenbender, Troeltsch, Karger, Becker, Ahrens, Wissebach, Winkler, Stoffregen, Böhme, Eckhart, Will – sie alle haben, soweit sie nicht Unternehmer waren bzw. kein Interesse an der Übernahme einer entsprechenden Position hatten, später Karriere in der Politik gemacht, sei es als Abgeordnete, Bürgermeister, Beigeordnete etc.

Die Situation, wie sie in Marburg/Lahn herrschte, war nahezu deckungsgleich mit der auf Landesebene. Der Autor, Gründungsvorsitzender der JU Biedenkopf (1962–1963), Mitglied des Kreisvorstandes der JU Marburg-Stadt und Vorsitzender des RCDS an der Philipps-Universität (1963–1965), besuchte im Jahr 1963 den für ihn „denkwürdig" gebliebenen Landesparteitag der CDU Hessen in Treysa: eine straffe und strenge Parteitagsleitung suchte man vergebens; die Delegierten hielten ihre Sitzplätze nicht ein, liefen von Tisch zu Tisch, führten Gespräche miteinander und der am Rednerpult Stehende musste gegen ein die Versammlungshalle durchziehendes Stimmengewirr ankämpfen – es war unglaublich.

Völlig anders sah die Situation auf jugendpolitischer Ebene aus: In der JU wurde die Lage der CDU heftig diskutiert und kritisiert. Walter Picard, Landesvorsitzender der JU, MdL und später MdB, Lothar Hase, MdB, Ernst Platner, Heinz Riesenhuber, Walter Wallmann, Albert Feller, Günter Schwank, Wilfried Böhm, Jochen Lengemann, Norbert Höf (Landesgeschäftsführer der JU) und viele andere wollten der Mutterpartei „Beine" und sie zu einer wirklichen Oppositionspartei machen. Dieses Ziel, unabhängig von den typischen innerverbandlichen Spielchen und Trickserein, wurde nie aus den Augen verloren: Über die JU bahnte sich sukzessive etwas an, was langsam auch in die Mutterpartei eindrang nach dem Motto „Die CDU ist in Hessen nicht dazu verurteilt, auf Dauer die kleinere der beiden Parteien SPD und CDU zu sein".

Ähnlich, wenn auch ohne direkten Einfluss auf die jeweils örtliche CDU, war die Situation in den RCDS-Organisationen an den hessischen Hochschulen. Der RCDS, dem die Nähe zwischen CDU und SPD in Marburg/Lahn allzu bekannt war, pflegte nahezu keinen Kontakt zur örtlichen CDU. Die Diskussionskultur innerhalb des RCDS Marburg/Lahn war, wie an anderen Hochschulen auch, beachtlich. Die Themen, die im Deutschen Bundestag und im Hessischen Landtag diskutiert wurden, standen regelmäßig auch auf der jeweiligen Agenda des RCDS. Wie in allen Parteien wurden auch hier Einteilungen unter den Mitgliedern in „Rechte" und „Linke" vorgenommen, wobei es aus heutiger Sicht interessant erscheint, dass sich manche damalige Linke mittlerweile einen konservativen Anstrich zu geben bemüht sind. Später namhafte Mitglieder der CDU waren unter anderem Stanitzek (Stv. RCDS-Bundesvorsitzender), Bohl (Kreisvorsitzender JU Marburg/Land), Eckhardt, Jauck, Hansen und Gauland. Eine denkwürdige und über Monate sich hinziehende Debatte hatte die Frage „Multilaterale" oder „Multinationale" Atomstreitmacht zum Gegenstand, eine Angelegenheit, die sich an den Namen Schröder auf der einen und Strauß auf der anderen Seite festmachte: Entscheiden konnte man nichts, die intellektuelle Reibung freilich war für jeden von Gewinn.

Die Möglichkeit eines Neuanfangs war für die CDU im Jahr 1967 endlich gekommen: Dr. Fay zog sich zurück, ein neuer Landesvorsitzender und ein weitgehend neuer Landesvorstand mussten gewählt werden. Es war klar, dass die inzwischen herangewachsene Polit-Generation das Heft in die Hand nehmen würde. Die Position des Landesvorsitzenden lief auf Alfred Dregger, Oberbürgermeister von Fulda, zu; Stellvertreter wurden Christian Schwarz-Schilling, zugleich Generalsekretär, und Walter Wallmann.

Alfred Dregger, der anlässlich seiner Wahl in Eltville eine Rede hielt, die die Parteitagsdelegierten von den Stühlen riss, vermittelte Hoffnung und Zuversicht auf eine neue CDU-Zeit und ließ die an eine „SPD-Dauerregentschaft" glaubende Bevölkerung aufhorchen. Mit Alfred Dregger hatte ein „Volkstribun" die politische Bühne betreten, der es mit den „Rhetorik-Assen" Franz-Josef Strauß, Herbert Wehner und Helmut Schmidt jederzeit aufnehmen konnte. Dies hatte Wirkung in der eigenen Partei und beeindruckte auch die politische Konkurrenz: der Kampf mit der SPD wurde jetzt auch in der Sache aufgenommen. Landespolitisch war die Schulpolitik das zentrale Thema, bundespolitisch ging es um die von Brandt/Bahr vertretene Ostpolitik und die Verjährung oder Nichtverjährung von Mord nach 20 Jahren (in Erwartung noch vieler gegen Verbrecher des Dritten Reiches zu führender Prozesse).

Nachdem die CDU sich auch in Marburg/Lahn aus einer schläfrigen in eine geradezu diskussionsbesessene Partei entwickelt hatte, stieß Christean Wagner 1968 zur CDU und zur JU. Dieser Schritt dürfte befördert worden sein durch seinen Zimmervermieter Oskar Barth, langjähriges CDU-Mitglied, ehrenamtlich im Magistrat der Stadt Marburg/Lahn tätig und über großen Einfluss in der Partei verfügend. Oskar Barth gehörte über Jahre zu den Gefolgsleuten des ehemaligen CDU-Kreisvorsitzenden und jetzigen Bürgermeisters – mit der Zeit war aus einem Saulus ein Paulus geworden und so förderte er von einem bestimmten Zeitpunkt an den mittlerweile zum Freund gewordenen Walter Wallmann auf ganz nachhaltige Weise. Walter Wallmann, seit 1962 Vorsitzender der JU Mittelhessen, mittlerweile Kreisvorsitzender der CDU Marburg-Stadt, konnte sich auf die ihn seit Jahren unterstützenden Freunde verlassen. Das Entrée durch Oskar Barth verschaffte Christean Wagner unmittelbaren Zugang zu Walter Wallmann und nach relativ kurzer Zeit war er dessen wichtigste Stütze und „rechte Hand". Walter Wallmann war in menschlicher Hinsicht von Christean Wagner absolut überzeugt, die politischen Ansichten beider stimmten in jeder nur denkbaren Hinsicht überein und, was Wallmann besonders schätzte, war, dass Christean Wagner in nicht geheuchelter Vaterlandsliebe stets seiner Heimat Ostpreußen und seiner Geburtsstadt Königsberg gedachte und diese Treue auch öffentlich bekundete: Beide, Wallmann und Wagner, haben später das Urteil des Bundesverfassungsgerichts vom 31. Juli 1973, dass Deutschland in den Grenzen von 1937 fortbestehe, nicht nur begrüßt, Wallmann hat dazu einen Beitrag verfasst, in dem er klarstellte, dass alle deutschen Staatsorgane in ihren künftigen deutschlandpolitischen Aktivitäten den „Spruch aus Karlsruhe" genauestens zu befolgen hätten und sie sich gegenteiligen Falls eines Verfassungsbruchs schuldig machen würden. Warum die Hessische Landesregierung im Jahr 1988 den zwischen der kommunistisch regierten Stadt Breslau und der rot-grün geführten Landeshauptstadt Wiesbaden geschlossenen und dem Urteil des Bundesverfassungsgerichts vom 31. Juli 1973 widersprechenden Partnerschaftsvertrag mit „rechtswidrig, wird aber nicht aufgehoben" passieren ließ, muss man verfassungshistorisch als höchst erstaunlich bezeichnen.

Die Zeit der Ende-60er und Anfang-70er Jahre war von großen politischen Auseinandersetzungen zwischen CDU/CSU und SPD geprägt. Am deutlichsten trat dies bei der Diskussion um die Ost-Verträge zu Tage. Bevor es hierüber im Deutschen Bundestag am 17. Mai 1972 zur Abstimmung kam, hatte Walter Wallmann in seiner Eigenschaft als Kreisvorsitzender der CDU für den 16. Mai 1972 zu einer außerordentlichen Mitgliederversammlung eingeladen, mit der Ankündigung, dass an diesem Abend die Anwesenden zu den Ost-Verträgen befragt werden sollten – ca. 200 Mitglieder waren erschienen. Nach ausführlicher und breiter Diskussion, in die sich Christean Wagner kräftig einmischte, war das Ergebnis überwältigend: Ohne Gegenstimme und ohne Enthaltung sprachen sich die Mitglieder in geheimer Abstimmung einstimmig gegen die Annahme der Ost-Verträge aus. Unmittelbar nach diesem eindeutigen Votum wurde der Partei- und Fraktionsvorsitzende im Deutschen Bundestag, Dr. Rainer Barzel, telegrafisch über das Marburger Ergebnis in Kenntnis gesetzt. Bei der Abstimmung am Tag darauf enthielt sich die CDU/CSU-Bundestagsfraktion der Stimme.

Der Autor war in diesen „aufregenden" Zeiten nicht mehr in Marburg/Lahn. Die seit der gemeinsamen Ausbildungszeit beim Verwaltungsgericht Kassel bestehende Freundschaft mit Christean Wagner führte zu einem fortlaufenden Kontakt per Telefon oder Besuchen an Wochenenden. Die Gespräche waren nahezu ausschließlich politischen Inhalts.

Nach dem Assessor-Examen trat Christean Wagner als Assistent in das Institut für Zivil- und Zivilprozessrecht an der Philipps-Universität Marburg/Lahn, das unter der Leitung des renommierten Zivilprozessrechtlers Prof. Dr. Bruns stand, ein. Christean Wagner arbeitete in dieser Zeit an seiner Promotion (Doktorvater: Prof. Dr. Bruns) und legte 1972 das Rigorosum ab.

Aus seiner Assistentenstelle heraus bewarb sich Christean Wagner 1972 um die Stelle des Stadtdirektors in Holzminden. Nach einem ersten Zusammentreffen mit Bruno Brandes, CDU-Fraktionsvorsitzender im Parlament der Stadt Holzminden und im Niedersächsischen Landtag, fand er die Zustimmung und Unterstützung der dortigen CDU. Christean Wagner wurde, 29-jährig, zum Stadtdirektor gewählt – Beginn einer beachtlichen Karriere in Verwaltung und Politik.

# Erfolg aus kommunalpolitischer Erfahrung

Alois Rhiel

Der Start von Christean Wagner als hauptamtlicher CDU-Kommunalpolitiker im Landkreis Marburg-Biedenkopf wurde durch drei Vorgänge ermöglicht.

Da waren zum einen die Wahlerfolge der CDU Hessen unter der Führung von Alfred Dregger, die der Union nicht nur im Landtag, sondern auch in den kommunalen Gremien deutliche Zuwächse bescherten.

Zum zweiten war es die z. T. verfehlte Gebietsreform von SPD und FDP, die in den Städten, Gemeinden und Kreisen auf viel Unverständnis stieß und entsprechend politischen Widerstand hervorrief. Das galt auch für den damaligen Kreis Biedenkopf, dessen Landrat Dr. Siegfried Sorge, SPD, sich an die Spitze der Protestbewegung stellte.

Und schließlich war es der Bundestagsabgeordnete und stets unangefochtene Vorsitzende der Marburger CDU, Dr. Walter Wallmann, der mit seiner Überzeugungs- und Gestaltungskraft in der Lage war, mit dem von der SPD an die Spitze der Freien Wählergemeinschaft (FWG) übergetretenen Landrat Sorge eine Vereinbarung zu treffen, die diesem den Zugriff auf den Landratsposten für den Fall zusicherte, dass nach der Kreistagswahl es zu einer Koalitionsmehrheit von CDU und FWG kommen sollte.

Tatsächlich kam es zu diesem mehr als überraschenden Ergebnis in der ehemals „roten Hochburg" Marburg-Biedenkopf. Während vereinbarungsgemäß der kleinere Partner den Landrat stellte, konnte die CDU die Position des Ersten und eines weiteren Kreisbeigeordneten besetzen. Walter Wallmanns Personalvorschläge wurden wie üblich akzeptiert. Neben Prof. Dr. Heinz Stoffregen als Beigeordneter wurde als 1. Kreisbeigeordneter der damalige Stadtdirektor von Holzminden, Dr. Christean Wagner, gewählt. Sie traten am 28. Februar 1975 ihr Amt an. Erst jetzt wurden den meisten die Folgen des politischen Erdbebens der Kommunalwahl augenscheinlich bewusst.

Bei der Vorstellung von Christean Wagner in der von Fritz Bohl souverän geführten Kreistagsfraktion, in die ich 1974 erstmals gewählt worden war, dämmerte mir erst langsam, dass ich diesem jugendlichen, dynamischen und selbstbewussten Kommunalpolitiker bereits einige Jahre zuvor, allerdings in anderer Funktion, begegnet war.

Es war der Tischtennisspieler Christean Wagner, der in der 1. Mannschaft des Eisenbahnersportvereins Rot-Weiß Marburg u. a. gemeinsam mit dem Sohn des früheren SPD-Landrats Eckel gegen die 2. bzw. 3. Mannschaft des TTC Anzefahr in meinem Heimatdorf antrat. Bekanntlich zeigen sich gerade beim Wettkampfsport wesentliche persönliche Eigenschaften, die dann auch in anderen Funktionen ihre Wirkung entfalten, so auch bei Christean Wagner: überaus ehrgeizig, zielorientiert, kämpferisch, in Angriff und Abwehr gleichermaßen begabt, dem Gegner keinen Punkt verschenkend, denn verlieren war nicht seine Sache.

Als 1. Kreisbeigeordneter und damit als oberster hauptamtlicher Repräsentant der CDU stand er auch wegen seines Politikstils im Zentrum der Attacken der SPD, die ihre schwere Niederlage nur langsam einsehen und verkraften konnte. Doch noch stärker waren es die klaren inhaltlichen Positionen von CDU und ihres hauptamtlichen Vormannes, die nicht selten die Emotionen in den Kreistagssitzungen hoch fahren ließen.

In solchen Situationen schaffte es der erfahrene und gelassene Landtagsabgeordnete Walter Troeltsch als Kreistagsvorsitzender auch durch seinen Humor, die Wogen zu glätten und die gemeinsame Aufgabe sichtbar zu machen.

Vor allem als Dezernent für Schule, Sport, Jugend und Soziales konnte Christean Wagner gemeinsam mit den Fraktionen von CDU und FWG wichtige Politikbereiche prägen: So unterstützte auch ich als Jugendpolitischer Sprecher meiner Fraktion ihn dabei, der verbandsgebundenen Jugendarbeit wieder den ihr gebührenden Stellenwert zu verschaffen. Noch viel gravierender war seine Positionierung in der Schulpolitik. In der zunehmenden schulpolitischen Auseinandersetzung war für ihn schon damals das dreigliedrige Schulsystem unverzichtbar und er hat es gegen alle Angriffe mit genauso viel Erfolg verteidigt, wie die Existenz der Schulen im ländlichen Raum.

Seine Sympathie für die ländlichen Strukturen bewies er auch dadurch, dass er von damals bis heute im Dorf Goßfelden seinen Wohnsitz hat. Dort, in dem Garten seines Hauses, lud er dann Mandatsträger und Persönlichkeiten aus dem sogenannten vorpolitischen Raum zum legendären „Frühstück unterm Apfelbaum" ein. Es waren erfrischende Stunden des Begegnens und des Kennenlernens, die nicht zuletzt durch die Gastfreundschaft und dem herzlichen Charme seiner damaligen Frau eine heitere und fröhliche Note erhielten.

Entsprechend der Vereinbarung aus dem Jahr 1974 durfte die CDU schließlich 1981 mit Christean Wagner den Landrat stellen. Das Zögern von Landrat Sorge, dafür seine Position freizumachen, hatte auch seinen Grund in der Tatsache, dass mit Walter Wallmanns sensationeller Wahl zum Oberbürgermeister von Frankfurt im Frühjahr 1977 die erste Autorität der Union das politische Spielfeld Marburgs verlassen hatte. Nicht nur die CDU, sondern auch gerade Christean Wagner waren zunehmend ungeduldig geworden.

Trotz derartiger Spannungen: die Koalition von CDU und FWG sorgte dafür, dass mit Christean Wagner die CDU zum ersten Mal im Marburg-Biedenköpfer

Land den Landrat stellte. Die „Inthronisationsfeier" mit Kutsche und Pferden habe ich noch heute lebhaft vor Augen. Mit zusätzlichem Schwung und unzähligen Terminen bei der Bevölkerung im Landkreis ging Christean Wagner seine neue Aufgabe kraftvoll an. Sachkundig und engagiert unterstützt von dem nunmehr 1. Kreisbeigeordneten Michael Schöneich.

Auch in der Politik ist nichts beständiger als der Wechsel. Bei der Kommunalwahl im Frühjahr 1985 verlor vor allem aufgrund des schwachen Abschneidens der FWG die bisherige Koalition ihre Mehrheit. Was folgte war eine rot-grüne Koalition, die nicht zögerte, den bisherigen hauptamtlichen Kreisausschuss und somit auch den Landrat Christean Wagner abzuwählen. Doch später wurde diese Wunde dadurch geheilt, dass seit 1996 bis heute aufgrund der inzwischen eingeführten Direktwahl mit Robert Fischbach ein CDU-Mitglied Landrat in Marburg-Biedenkopf ist.

Christean Wagner, der unter seiner Abwahl zunächst erheblich gelitten hatte, erkannte schon bald, dass er als Kommunalpolitiker auch wertvolles politisches Rüstzeug erworben hatte: viel Erfahrung in der Breite lokaler Themen und Kompetenz zur Gestaltung politischer Lösungen. Eine gute Basis für die Fortsetzung seines politischen Werdeganges. So konnte er, dank Walter Wallmann, einen neuen politischen Weg auf Landesebene einschlagen. Dort kreuzten sich schließlich 2003 im zweiten Kabinett Roland Koch auch wieder unsere Wege.

Heute gratuliere ich Christean Wagner herzlich zu seinem runden Geburtstag und wünsche ihm noch mehr die Erkenntnis, dass die Kraft einer jeden Gemeinschaft aus ihrer Mitte kommen muss.

# Die Zeit als Staatssekretär im Bundesumweltministerium

Wolfgang Gröbl

Es war der 12. März 1987. Nach der gewonnenen Bundestagswahl vom 28. Januar 1987 hatte Bundeskanzler Helmut Kohl in der CDU/CSU-Fraktion am Nachmittag die Namen der Mitglieder der neuen Bundesregierung verlesen. Erst wenige Wochen im Bundestag war ich als Parlamentarischer Staatssekretär dem Bundesumweltminister Dr. Walter Wallmann zugeteilt. Unwilliges Murmeln nach meiner Namensnennung zeigte die Stimmung eines Großteils der Fraktion mir gegenüber. Als einziger Neuling musste ich mich auf Aufforderung des Fraktionsvorsitzenden Dr. Alfred Dregger dem Publikum vorstellen. Umso herzlicher beglückwünschten mich Franz Josef Strauß und mein neuer Chef, der Bundesumweltminister Dr. Walter Wallmann, der mich zu einem kurzen Gespräch ins Palais Schaumburg einlud, dem vorläufigen Sitz des erst kürzlich nach der Reaktorkatastrophe von Tschernobyl gegründeten Bundesumweltministeriums. Nach dem Gespräch beim Minister besuchte ich den beamteten Staatssekretär, der im vergangenen halben Jahr ohne Unterstützung durch Parlamentarische Staatssekretäre die Hauptlast der Neuorganisation und auch der politischen Argumentation zu tragen hatte. Zunächst empfing mich fülliger Zigarrengeruch, ein freundlicher, mit mir etwa gleichaltriger Staatssekretär hinter einem großen Schreibtisch mit blitzenden Augen hinter der Brille, erwiderte meinen Gruß mit dem mir vertrauten „Grüß Gott" und bot mir Platz ihm gegenüber an der Publikumsseite des Schreibtisches an. Da fiel mir auf, dass zwischen uns beiden eine Champagnerflasche mit einigen Sektgläsern stand, und Staatssekretär Dr. Wagner sich bemühte, diese Flasche zu öffnen. Sehr beeindruckt von so viel Freundlichkeit und Gastlichkeit sagte ich: „Das hätte es ja eigentlich nicht gebraucht, dass Sie gleich eine Champagnerflasche zu meinem Amtsantritt opfern!". Dr. Wagner darauf: „Das ist auch nicht für Sie gedacht, sondern weil ich heute Geburtstag habe!". Darauf stellte ich fest: „Das trifft sich ja gut, ich habe heute auch Geburtstag. Dann können wir zusammen feiern!". Lachend stießen wir auf dieses Zusammentreffen der beiden Geburtstage und die Ereignisse dieses Tages an. Bald stellten wir weitere Gemeinsamkeiten fest. So waren wir bis vor kurzem beide Landrat, er in Hessen – ich in Oberbayern, wir sind bekennende, leidenschaftliche Jäger und gehören zum Club für deutliche Aussprache. Der Grundstein für eine gute Zusammenarbeit war innerhalb von wenigen Minuten gelegt. Mir hatte Dr. Wagner ein halbes Jahr Erfahrung auf dem sehr glatten Bonner Parkett voraus. Daran ließ er mich teilhaben, was für mich die Zahl der Anfangsfehler wohl etwas verminderte. Wir trafen uns oft zum Gedankenaustausch, manchmal nur für wenige Minuten, manchmal aber auch auf ein Glas Bier, besprachen die Ereignisse des Tages und die Pläne des Hauses für die nähere Zukunft. Wir diskutierten mit dem oberbayerischen Molkereibesitzer Toni Meggle über das in zwei Güterzügen verladene und radioaktiv verstrahlte Molkepulver, von dem der Bayerische Umweltminister Alfred Dick vor laufenden Kameras einen Esslöffel selbst verzehrte, wobei wir uns schnell einig waren darüber, dass die politische Verstrahlung des Molkepulvers deutlich stärker war als die radioaktive. In der zweiten Woche unserer gemeinsamen Tätigkeit empfahl mir Staatssekretär Dr. Wagner, eine Delegation des Deutschen Jagdschutzverbandes mit dem Präsidenten Dr. Frank an der Spitze und eine Abordnung der Schriftleitung von Wild & Hund zu empfangen, die dem Ministerium ganze Waschkörbe voller Protestunterschriften gegen die kürzlich von der EU erlassene Rabenvogelrichtlinie überbrachten. Wir machten beide kein Hehl daraus, dass wir diese Rabenvogelrichtlinie für falsch hielten, konnten aber nur Unterstützung darin zusagen, dass wir für eine moderate Umsetzung dieser Richtlinie im Gespräch mit den Bundesländern werben wollen. Nachdem diese Richtlinie durch administrative Übereinstimmung zwischen Bonner und Brüsseler Stellen stark befördert wurde, wollten wir unseren politischen Willen zu diesem Unsinn in Brüssel deutlich zum Ausdruck bringen.

Gemeinsamkeiten stellten wir auch schnell in unserer politischen Arbeit fest. Wir bekannten uns zu einer aktiven Deutschlandpolitik, was vor allem von der SPD scharf kritisiert wurde, wir ließen keinen Zweifel an unserer christlichen Weltanschauung und warnten vor einer grünen Politik, welche Ökologie sagte und Umwandlung der Gesellschaft meinte. In all dem waren wir auch einig mit unserem Bundesminister Dr. Walter Wallmann, der mit großer Umsicht und Eloquenz, mit Strenge und Genauigkeit sein Amt führte und gleichzeitig Gentleman vom Scheitel bis zur Sohle war. In diese Gesellschaft passte auch der damalige persönliche Referent von Walter Wallmann – nämlich der heutige Oberbürgermeister von Wiesbaden – Helmut Müller. So bildete sich schon nach wenigen Tagen ein vertrauensvolles Verhältnis in der politischen Führung des Ministeriums, das auch den Parlamentarischen Staatssekretär Dr. Martin Grüner von der FDP mit einschloss. Er war dienstältester Palamentarischer Staatssekretär der Bundesregierung, weil er eine solche Funktion auch vorher während der sozialliberalen Koalition bekleidet hatte. Uns einte die Fröhlichkeit beim Anpacken dieser großartigen politischen Aufgabe, den Gedanken des Umweltschutzes auf naturwissenschaftlicher Grundlage in das Denken und Handeln von Politik und Wirtschaft und der gesamten Gesellschaft einzuführen.

Die Arbeit dieses Teams ging schon nach zwei Monaten zu Ende, weil Walter Wallmann die hessische Landtagswahl gewonnen hatte und in Wiesbaden als Ministerpräsident eine neue Landesregierung bilden musste. Dr. Wagner wurde Kultusminister, und Helmut Müller zog in die Staatskanzlei ein. Die einmal begründete Zusammenarbeit und Freundschaft wurde freilich fortgesetzt. Christean

Wagner und ich blieben in Verbindung, wir tauschten uns politisch aus und wir gingen zusammen auf die Jagd. Wir jagerten im Hessischen Forst auf Sauen ebenso wie im Hochgebirge in meinem Revier auf Gams. Ich freue mich über seinen hohen Anteil an Politikgestaltung im Land Hessen und über die Beachtung seiner politischen Aussagen auf Bundesebene auch bei denen, die zur Zeit politisch noch größere Gestaltungsmöglichkeiten haben.

Ich wünsche dem Christean zu seinem runden Geburtstag alles Gute, weiter viel Schaffenskraft und Gottes Segen und ich bedanke mich für ein viertel Jahrhundert politische Wegbegleitung und Freundschaft.

# Christean Wagner – ein treuer Freund und ein verlässlicher Kämpfer für die gute Sache

Günter Paul

Christean Wagner trat mir bei unserer ersten Begegnung als Staatsminister des Landes Hessen entgegen. Das Ministerbüro, in dem er mich empfing, war übersichtlich und aufgeräumt. Die Atmosphäre fühlte sich fast ein wenig kühl und sachlich und vor allem aber sehr konzentriert an. Die ganz persönliche und erkennbar so gar nicht routinemäßige Frage nach dem Wohlergehen indes stand warmherzig am Anfang und zunächst ganz im Vordergrund. Ministeramtliche Distanz klang zu keinem Augenblick durch. Hinter den Sachanliegen tauchte erst ganz langsam, aber dann doch ohne Umschweife der Mensch Christean Wagner auf. Das hatte ich früher an gleicher Stelle auch anders erlebt. Christean Wagner hat mich sofort für sich eingenommen.

So ist es bis heute geblieben: Christean Wagner geht es vor allem um die Sache. Und doch kommt immer erst der Mensch, der ihm gegenübertritt und erst danach das Anliegen, das er mitbringt. Auf solchem Boden wachsen Vertrauen. Aus solchem Boden erblühen auch Freundschaften, die dann ein Leben lang halten. Gewiss, das alles braucht Zeit. Das muss heranwachsen und reifen. Bei Christean Wagner wird nichts überstürzt. Geduld ist eine wichtige Tugend. Umso fester hält das, was auf solch stabiler Grundlage erbaut wurde.

So und nicht anders war es auch zwischen uns. Aber ich greife vor und will doch erst noch ein wenig in meinen Erinnerungen über den Anfang graben und die damaligen Rahmenbedingungen unserer Zusammenarbeit ins Gedächtnis zurückrufen:

Der Schulkampf hatte die heißeste Phase durchaus noch nicht hinter sich. Dabei war schon so viel geschehen: Gymnasien, Realschulen und Hauptschulen sollten von der rot-grünen Regierung unter Ministerpräsident Börner der integrierten Gesamtschule weichen. Lange schon war das geplant. Willfährig, aber mit unterschiedlichem Engagement hatten die SPD-Kultusminister von Friedeburg, Krollmann und Schneider (Bickenbach) diese Forderungen der Lehrergewerkschaft GEW aufgegriffen, die ihnen politisch auf engste verbunden war; von Friedeburg aus innerster Überzeugung, Krollmann und Schneider (Bickenbach) vielleicht mehr nolens, volens. Das gegliederte Schulsystem war in ernster Gefahr und in so manchen Teilen Hessens war es bereits abgeschafft; so etwa in

Mittelhessen in Wetzler und Gießen und in den Landkreisen rund um Frankfurt herum.

Der Hessische Elternverein hatte seit Anfang der 80er Jahre unter einer neuen Leitung in dieser Notlage alle anderen Themen in die zweite Reihe gestellt und nur noch das eine Hauptziel im Auge: die freie Schulwahl für Eltern und Kinder zu erhalten. Auch und vielleicht sogar gerade wegen dieses schulpolitischen Streits hatte Walter Wallman, erst legendärer Oberbürgermeister in Frankfurt, dann kurze Zeit Bundesumweltminister in Bonn, mit hauchdünnem Vorsprung die Landtagswahl gewonnen und erstmals in Hessen eine schwarz-gelbe Regierung bilden können. Zum ersten Kultusminister auf solch aufgeheiztem Boden hat er Christean Wagner berufen, seinen Staatssekretär aus Bonner Regierungszeit. In dieser Rolle nun begegneten wir uns.

Soweit in seinem Ministerium politische Farben eine Rolle spielten – und damals versicherten alle Kenner der Materie, dass sei bei diesem „Hause" in *allen* nennenswerten Positionen der Fall – war weit und breit nur Rot zu erkennen. Schwierige Rahmenbedingungen waren das. Und der Anfang in einem solchen Umfeld geriet sicher nicht zum Honigschlecken. Geschick und Geduld erforderten es, dieses Amt zu übernehmen, und viel Beharrlichkeit und Stehvermögen, eigene Ansichten umzusetzen, die doch von den allermeisten Mitarbeitern um ihn herum – jedenfalls bis dato – so nicht geteilt wurden. Umso mehr beeindruckte mich damals, mit welch selbstverständlicher Ruhe und Gelassenheit, Christean Wagner dieser seiner Aufgabe nachging; ganz so, als gäbe es weder die Hitze des Kulturkampfes noch die politischen Hindernisse in seinem „Hause".

Später habe ich Ähnliches erlebt, als Christean Wagner das Justizministerium übernahm. Aber ich greife schon wieder vor und wollte doch erst einmal gelassen auf die Anfänge unserer Zusammenarbeit zurückschauen.

In zahllosen Begegnungen unter vier Augen oder im kleinen Kreis haben wir versucht, ohne Schaum vor dem Mund sachbezogen und behutsam die schulpolitischen Weichen neu zu stellen. Das war nicht immer einfach. Zum Gedankenaustausch mussten wir uns meist fernab vom Ministerium zusammenfinden. Vertraulichkeit war immer schon eine Grundbedingung für den Erfolg. Wie häufig wird das heute falsch gemacht! Viel zu früh wird heut zu Tage die Öffentlichkeit angesprochen. Die Ideen sind unreif, die parlamentarische Zustimmung noch nicht abgeklärt. Aber in den Medien dürfen die Schlausten der Schlauen schon erwägen, bewerten und verwerfen, was sie in Wahrheit noch gar nicht kennen.

Vielleicht ist es heute aber auch viel schwerer, den Nachstellungen der Medien zu entkommen. Ich weiß es nicht. Ich weiß nur, dass Ideen reifen müssen und dass nicht jeder erste Gedanke schon für die öffentliche Überprüfung taugt. Wer Neues suchen und entwickeln will, muss erst einmal kritiklos alle nur denkbaren Ideen sammeln können. Die wichtigste Zusage an alle Diskussionsteilnehmer lautet deshalb bei jedem Gespräch, das Ergebnisse bringen soll: *Denkverbote gibt es nicht. Jeder Gedanke ist erlaubt. Keine Äußerung wird kritisiert. Die Zeit für Kritik und Bewertung ist erst gekommen, wenn alle, wirklich alle Ideen gesammelt auf dem Tisch liegen.* Genau das war auch die Philosophie von Christean Wagner in den regelmäßigen Begegnungen im kleinen Kreis, mit dem er die Schulpolitik dieser Jahre steuerte und erneuerte. Vorfestlegungen waren nicht seine Sache. Der offene Diskurs durfte auch einmal auf Abwege geraten, wenn am Ende bei Wertung und Würdigung der rechte Weg wieder gefunden wurde.

Würde das so auf allen politischen Ebenen praktiziert, wie wir das damals konsequent handhabten, gäbe es so manchen Missklang in den Koalitionen von heute nicht. Und manch plötzliche Kehrtwende bliebe der großen und der kleinen Politik erspart. Wir hätten als Folge davon bestimmt auch wesentlich weniger Politikverdrossenheit. Denn nicht die schlauen Alleswisser, sondern der beständige und bedächtige Politiker erwirbt sich die Anerkennung der breiten Öffentlichkeit.

Politik müsste eben wesentlich weniger eitel betrieben werden. Nach medialer Aufmerksamkeit zu hecheln, ist ja nicht einmal eine notwendige oder auch nur hilfreiche Bedingung für erfolgreiche Politik. Im Gegenteil: Viel häufiger ist Zurückhaltung gegenüber den Medien das Gebot der Stunde. Das schließt einen offenen und bereitwilligen Umgang mit allen Medienvertretern und umfassende Transparenz in allen demokratischen Vorgängen nicht aus. Wer noch nachdenkt, darf das ruhig sagen. Das hat noch keinem geschadet. Niemand muss mit halbfertigen Ideen die Öffentlichkeit beeindrucken. Zuzugeben, dass man noch nachdenkt und sich mit Partnern abstimmen möchte, ist ein Zeichen von Stärke, nicht von Schwäche. Bei den bohrenden Fragen der Journalisten ist das allerdings nicht ganz leicht umzusetzen. Christean Wagner hat die Kunst beherrscht. So konnten wir gewinnbringende Diskussionen ohne öffentliche Begleitmusik führen und haben, wenn ich recht sehe, in den meisten Fällen schnell und wirksam Lösungen gefunden, um die schulpolitische Landschaft in unserem Sinne wieder auf ein gutes und erfolgreiches Gleis zurückzulenken; genauer gesagt: Christean Wagner hat das in seinem Amt geschafft.

Nicht immer waren wir zu Beginn einer Diskussion einer Meinung, was bestimmte, einzelne Maßnahmen anging, die es zu ergreifen galt; manchmal vielleicht auch am Ende. Im gemeinsamen Ziel, an der übereinstimmenden Grundauffassung gab es aber nie auch nur den kleinsten Sachabstand zwischen uns.

Christean Wagner heißt nicht nur so. Er ist auch engagierter evangelischer Christ. Er trägt dies nicht wie ein Plakat weithin sichtbar vor sich her. Aber wir brauchten nicht lange, um auch diese sehr persönliche Perspektive unseres gemeinsam Lebens zu entdecken und uns darüber auszutauschen. Karl Barth hat in seiner Schrift über Bürger- und Christengemeinde zwar deutlich gemacht, dass es nur gute oder schlechte Politik gibt. Die Politik muss politischen Maßstäben genügen. Daran allein lässt sich ihre Qualität und ihr Erfolg bemessen. Aber gute

Politik hatte zu allen Zeiten ein Wertgerüst nötig. Christean Wagner brachte seines aus dem festen Glauben mit, der sein Leben prägt. Das gibt ihm Sicherheit und Gelassenheit zugleich.

Doch zurück zur Schulpolitik zum Ende der 80er Jahre in Hessen: Wir waren erfolgreich. Das gegliederte Schulwesen haben wir erhalten. Noch heute bestehen Haupt- und Realschulen sowie Gymnasien. Dabei ging es uns nicht darum, starre Fronten in der Gesellschaft zu etablieren. Das System sollte für alle durchgängig und flexibel sein. Leistung und Begabung, Fähigkeiten und Fleiß sollten allen, die sie leisten, auch persönlich zugute kommen. Niemand sollte gebremst werden nur, weil eine enge Ideologie von der Gleichheit auch bei Bildung und Erziehung aller träumte. Nein, das ist Illusion: Menschen unterscheiden sich nach Begabung und Leistungswillen, nach Fleiß und Fähigkeiten; und zwar ganz einerlei aus welcher Gesellschaftsschicht sie stammen.

Etwa ganz anderes war unser Ziel: Jeder sollte gleiche Startchancen bekommen. Und wer beim Start benachteiligt war, dem sollte geholfen werden. Das war unser Credo. Nicht einschläfernde Gleichmacherei, sondern gelebte Chancengleichheit, das wollten wir den Hessen zurückgewinnen, wo sie fehlte, und erhalten, wo es sich noch gab. Im kleinen Kreis interner Gespräche oder in öffentlichen Veranstaltungen vor vollen Sälen und im blendenden Licht der Fernsehkameras haben wir diesen Kampf für eine gute Sache Seite an Seite aufgefochten.

Wir konnten nicht alles gleich erreichen. Immer noch blieb ein deutlicher Abstand zwischen dem, was wir uns im Hessischen Elternverein als Ideal wünschten, und dem, was die Politik in den Kreisen und Städten unseres Landes umsetzen wollten und konnten. Nicht alle im Hessischen Elternverein und in der Bürgeraktion Freie Schulwahl haben das verstanden. So gab es notwendig auch Missverständnisse und Auffassungsunterschiede. Ich blieb aber zu allen Zeiten an der Seite von Christean Wagner und habe am Ende der Legislaturperiode den Weg aus der Schulpolitik der Auseinandersetzung mit ihm vorgezogen, die ich als falsch und kurzsichtig erkannte. Und in der Tat: Danach ist nichts mehr bewirkt worden, was als Fortschritt für die Chancengleichheit der Schüler und die Stärkung der freien Schulwahl hätte ausgegeben werden können.

So endete denn für mich kurz vor dem Ende der ersten Legislaturperiode der ersten konservativ-liberalen Regierung in Hessen Anfang der 90er Jahre mein Amt an der Spitze dieser beiden Verbände und mein schulpolitisches Engagement nach fast genau 18 Jahren und damit zugleich dieses Kapitel meiner Zusammenarbeit mit Christean Wagner.

Walter Wallmann wurde nicht wiedergewählt.

# Attacke

## Christean Wagner als Oppositionspolitiker

Rupert von Plottnitz

Für genuine Konservative wie Christean Wagner dürfte es schon schlechtere Zeiten als die 90er Jahre in Hessen gegeben haben. Zwar hatte das schwarz-gelbe Interregnum, das 1987 begonnen hatte und in dem Christean Wagner als Kultusminister amtierte, 1991 bereits wieder sein Ende gefunden. Danach ging es acht lange Jahre rot-grün zu. Aber die viel beschworenen harten Bänke der Opposition konnten einen Christean Wagner nicht ernsthaft schrecken. Schließlich war die Hessische CDU von jeher stolz darauf, die härteste Opposition in Deutschland zu stellen und verfügte zudem gerade in Hessen, das über Jahrzehnte hinweg als Stammland der SPD galt und als solches regiert wurde, über reichhaltige oppositionelle Erfahrungen.

Dafür gab es aber für einen wie Christean Wagner weit und breit noch keinerlei Anlass oder Notwendigkeit, von Hessen aus für die Gründung eines Berliner Kreises sorgen zu müssen, um den Konservativismus in der CDU nicht in Vergessenheit geraten zu lassen. Denn seinerzeit gab es noch einen Helmut Kohl, der sich als Bundeskanzler darauf verstand, Strickjacke, Familie und Vaterlandsliebe mit der Leidenschaft für Europa und den europäischen Einigungsprozess unter einen Hut zu bringen. Und noch galt der Gedanke, dass der mal einst eine geschiedene Pfarrerstochter aus der Ex-DDR mit Russischkenntnissen und Auslandserfahrungen in der Sowjetunion, bar jeder Erfahrung mit den politischen Männerbündeleien der alten Bundesrepublik, Einzug ins Kanzleramt halten könnte, als reichlich abwegige und exotische Vorstellung.

Konservativ: Das waren in den 90er Jahren in Hessen mehr noch als anderswo die Mitte und die Mehrheit in der CDU. Keine Experimente, Familie statt Kollektiv, Law and Order zum Schutze eines starken Staates mit möglichst folgsamen Bürgern und möglichst freiem Wirtschafts- und Kapitalverkehr. Da kam 1991 eine rot-grüne Landesregierung als gefundenes oppositionelles Fressen gerade recht. Allenthalben rot-grüne „Pakt-Partner" (Walter Wallmann) und vaterlandslose Gesellen (mitsamt Gesellinnen) in Regierungsämtern. Der Verlust der schwarz-gelben Regierungsmehrheit 1991 mag schmerzlich gewesen sein, für einen Christean Wagner aber war das Vergnügen, rot-grün den Marsch blasen zu können, ein erkennbar vergnüglicher Trost. Befreit von allen Zwängen und Rücksichtnahmen, wie sie zum Regierungshandeln gehören, war volle pulle Attacke angesagt.

In allen Bereichen gab es konservativen Rettungsbedarf: Wann immer es darum ging, die Schulen in Hessen vor den Gefahren der Gleichmacherei, das Wohlergehen der Wirtschaft vor den Zudringlichkeiten der Atomkraftgegner und den Staat ganz allgemein vor den Wölfen im Schafspelz der Bürgerrechte zu schützen, stand Christean Wagner stets an der Spitze im Landtag. Aus seiner Überzeugung, dass man mit leisen Tönen und hochgezogener parlamentarischer Gürtellinie der eigenen Sache nicht zum Erfolg verhelfen könne, hat er dabei nie einen Hehl gemacht. Die besondere Wachsamkeit Christean Wagners war im Umgang mit den Grünen im Landtag gefragt. Nicht nur, dass sie seit 1991 dabei waren, mit den Mitteln des Umweltministeriums und der Person Joschka Fischers die Welt der Wirtschaft und der Energie in Hessen unsicher zu machen. 1995 verfielen sie zudem auf den Gedanken, „klassisch" zu werden und einen der ihren im Justizministerium zu installieren. Gerade hatte man sich an Schlabberkleidung und Turnschuhe als grüne parlamentarische Dienstbekleidung gewöhnt, da tauchten Grüne plötzlich im Anzug und Krawatte auf und hielten Reden anlässlich der Amtseinführung hochmögender Gerichtspräsidentinnen und Präsidenten.

Grüne, Justiz und Gefängnisse: Ein wahrer Alptraum. Nur gut, dass Christean Wagner zur selben Zeit rechtspolitischer Sprecher seiner Fraktion war und jede Gelegenheit nutzte um der schleichenden Staatsgefahr, die da dräute, ein unüberhörbares und unmissverständliches oppositionelles Nein entgegenzuschleudern.

Dass es die Rechtspolitik, von der Kriminalpolitik über die Vollzugspolitik bishin zum Recht der richterlichen Nebentätigkeiten, in jenen Jahren in Hessen zu einer Prominenz brachte, die ihr ansonsten nirgendwo beschieden ist, war nicht zuletzt auch das oppositionelle Verdienst Christean Wagners.

Mit dem Satz „Klarheit vor Einheit" müsste Christean Wagner eigentlich viel anfangen können, auch wenn er von Rosa Luxemburg stammen soll, einer historischen Gestalt, die sicher nicht nach seinem politischen Gusto war.

Als Oppositionspolitiker in Hessen beharrte Christean Wagner auf dem Wert politischer Differenz und der Unterscheidbarkeit politischer Anschauungen und Positionen. Dabei hat er den politisch durchaus belebenden Nachweis erbracht, dass man auch in einer Partei, die wie die CDU die bürgerliche Mitte sein will, kein Mann der politischen Mitte sein muss.

Es mag sein, dass es die Gegenwart Politikern wie Christean Wagner nicht leicht macht. Politische Unterschiede werden geringer oder lösen sich ganz auf, alle gehen auf alle politisch zu. Trotzdem ist noch lange nicht ausgemacht, dass der Konservativismus, für den ein Christean Wagner steht, keine politische Zukunft haben muss. Schließlich sieht sich die Autorität des Staates derzeit gänzlich neuen Gefahren ausgesetzt, diesmal nicht mehr von den Grünen oder anderen Linken Staatsverderbern, sondern von meist anonym agierenden „Märkten" und anderen globalen Wirtschaftsinteressen. Das müsste doch gerade einen wie

Christean Wagner reizen, mit aller konservativen Energie zum Schutze des demokratischen Gemeinwesens auf den Plan zu treten. Schließlich hat er als Oppositionspolitiker im Landtag – anders als mancher früherer Ministerpräsident der CDU in Hessen – nie Wert auf den Eindruck gelegt, er ziehe die Marktkonformität der Staatskonformität vor.

# Grundsatztreu und durchsetzungsstark –
# Der Minister Wagner aus Sicht seines Regierungschefs

Roland Koch

Eine Festschrift hat immer den Hauch des akademischen. Politiker und auch solche, die es einmal waren, sollten damit vorsichtig umgehen. Dennoch ist die Festschrift für Christean Wagner etwas Besonderes. Er hat über viele Jahre und – was nur ganz wenigen vergönnt ist – auf allen politischen Ebenen unserer Republik mit großer Grundsatztreue wichtige Entscheidungen vorbereitet, getroffen und durchgesetzt. Nach meiner Erfahrung ist es bei politischen Entscheidungen von enormem Vorteil, wenn jemand die verschiedenen Ebenen kennt, weiß, wie sie atmen, was ihnen wichtig ist, nach welchen Kriterien sie entscheiden, wie die verschiedenen Welten ineinander wirken. Wer wie Christean Wagner ein äußerst erfahrener, hochrangiger Kommunalpolitiker war, der wusste in seinen späteren Funktionen, wie Bundes- und Landespolitik auf die vor Ort Verantwortlichen wirkt, vor allem aber auf die Menschen, für die politische Rahmenbedingungen gesetzt werden.

Landrat, Staatssekretär im Bundesumweltministerium, Minister in Landeskabinetten und Fraktionsvorsitzender einer Regierungsfraktion sind solche Stationen, die ein wirklich rundes Bild von Erfahrungen ausmachen – aus einem solch breiten Fundus von politischen Erfahrungen über viele Jahre hinweg können nur wenige in ihrer Arbeit zehren und darauf aufbauen.

Natürlich beziehe ich mich, wenn ich über Christean Wagner schreiben darf, besonders auf die gemeinsame Zeit in der Landespolitik. Ich kannte Dr. Christean Wagner schon aus seiner Zeit als Staatssekretär im Bundesumweltministerium, wo er mit dem damaligen CDU-Landesvorsitzenden und ersten Bundesumweltminister Dr. Walter Wallmann eine ausgesprochen spannende Pionierarbeit gestaltete. Wir begegneten uns 1987 nach der für die CDU gewonnenen Landtagswahl zuerst in der Schulpolitik. Wagner war der zuständige neue Kultusminister, dem „Freund und Feind" besonders viel Erwartungen in die Schultasche gelegt hatten, und ich als Neuling im Landtag war mit meiner juristischen Erfahrung in den Schulausschuss entsandt worden. Den Regierungswechsel verbanden in der Schulpolitik besonders viele und natürlich die Wählerinnen und Wähler der CDU mit besonders hohen Erwartungen und Hoffnungen, die politisch Andersdenkenden empfanden den Wechsel als bedrohlich. Die hessische Lehrerschaft war nicht sehr erfreut darüber, einen als konservativ bekannten und zu dieser Grundhaltung auch stehenden CDU-Politiker als neuen Vorgesetzten zu haben. So wurde der neue Kurs nicht nur im Landtag heftig diskutiert, es kam auch immer wieder zu Demonstrationen gegen die die neue Schulpolitik. Christean Wagner gelang es durch eigenes Handeln und durchaus auch dank des Widerstandes bestimmter Gruppen sehr schnell, Konturen zu zeigen und für ein klares Profil zu stehen. Kein Wunder, denn die rot-grüne Vorgängerregierung war gerade dabei gewesen, die Existenz der Gymnasien in Hessen zu beenden. Mit wenigen gesetzgeberischen Schritten in den ersten Monaten konnte dies gestoppt werden. Diese Gesetzgebung war nicht frei von Dramatik, da die Sozialdemokraten versuchten, die lebensgefährliche Erkrankung eines FDP-Landtagskollegen auszunutzen, um Wagners Gesetzgebung zu stoppen. Viele einzelne Kurskorrekturen wurden in den nächsten Jahren vorgenommen. Nur wer sich daran zu erinnern vermag, dass bis dato sozialdemokratische Kultusminister über Jahrzehnte die hessische Bildungspolitik und Bildungslandschaft geprägt hatten, nur wer sich zu erinnern vermag, dass die Sozialdemokraten schon in den 70er Jahren auf keinem Feld so sehr darauf aus waren, die Gesellschaft zu verändern, der weiß, welche Herkulesaufgabe Christean Wagner aufgegeben war. Sicherlich gehört zu den nicht einfachen Erfahrungen auch für Christean Wagner die Tatsache, dass Eltern, Lehrer und Öffentlichkeit bildungspolitische Entscheidungen nur kurzfristig danken, um dann doch wieder auf ein hohes Niveau von allgemeinem Lamento zurückzukehren. An dieser Debatte hat sich bis heute leider nicht viel verändert. Immer noch gibt es den natürlichen Konflikt, dass Eltern sich eine Lehrerversorgung wünschen, die dem Lehrer-Kinder-Verhältnis von 1:1 sehr nahe kommt und viele auch erwarten, dass gerade ihr eigenes Kind angesichts seiner unbestreitbaren, fast einmaligen Qualifikation natürlich den allerbesten Abschluss und schon auf dem Weg dahin die allerbesten Noten bekommt. Es kann kein Zweifel daran bestehen, dass dieser Spagat für eine Partei und Regierung, die sich an finanzieller Machbarkeit, an Leistungsfähigkeit und Leistungswillen orientieren will, nahezu unlösbar ist. Bis heute erhebt Christian Wagner daher zu Recht seine Stimme gegen Einheitsschule und Nivellierung. Die Stärkung der Hauptschule hat er mit großer Begeisterung und hohem finanziellen und kreativen Aufwand betrieben – und musste doch mit ansehen, wie Eltern ihr den Rücken kehrten.

Nach der sehr knapp und sicher nicht ohne Auswirkung des unmittelbar vor dem Wahltag beginnenden ersten Irak-Krieges verlorenen Landtagswahl blieb Christian Wagner gemäß dem Grundsatz, dass man sich nicht als ehemaliger Minister auf demselben Feld in den Reihen der Opposition tummeln sollte nicht im Feld der Schulpolitik. Stattdessen entschied er sich für die Übernahme der verantwortlichen Sprecherrolle der Opposition in der Rechtspolitik. Da hatte er einen guten Riecher: Denn dieses Feld sollte sich in den darauf folgenden acht Jahren der Opposition wie auch dann nach dem Regierungswechsel 1999 zu einem gesellschaftspolitisch ausgesprochen spannenden entwickeln. Dazu trug aber nicht nur Christian Wagner mit seinen Grundüberzeugungen und seinem

Temperament bei, der politische Gegner kam ihm auch zu Hilfe, in dem 1995 die Grünen – übrigens erstmals in Deutschland – in Person von Rupert von Plottnitz das Justizressort übernahmen. Kein Zweifel, die Grünen waren zu diesem Zeitpunkt noch in ihrem inneren Findungsprozess bezüglich der Anwendung der Instrumente des Rechtsstaats im Konflikt mit Rechtsbrechern. Es war der Weg einer Partei, die durch zivilgesellschaftlichen Widerstand, Demonstrationen, kalkulierte Konflikte mit der Polizei geprägt war, die insgesamt zumindest eine große Sympathie für all diejenigen empfand, die Überschreitungen der Gesetze als Bestandteil der politischen Kultur betrachteten, und nun den Weg in die zunehmende Etablierung gefunden hatte.

Man konnte somit das Justizressort einerseits für das Falscheste halten, was ein Grüner machen sollte. Andererseits war es sicherlich ein weiterer wichtiger Schritt für die Integration dieser Partei in das herkömmliche Normengefüge unserer Verfassung, eine Integration, die inzwischen sicherlich unstreitig als gelungen bezeichnet werden muss.

Zu einer besonders lange anhaltenden und symbolisch wichtigen Debatte über diese Fragen wurde die Diskussion über die „Härte" des Strafvollzugs. Von Plottnitz hatte das Problem, dass die Zahl der aus dem hessischen Strafvollzug geflohenen Personen permanent anstieg. Nach Auffassung der CDU und von Christean Wagner waren diese häufigen Ausbrüche und Entweichungen aus dem offenen Vollzug daraus zu erklären, dass immer mehr Gefangene in diesen überstellt wurden und die Mitarbeiter des Justizvollzuges den Eindruck bekommen mussten, dass die Rücksicht auf die Gefangenen der Ministeriumsführung wichtiger sei als deren Flucht zu verhindern. Immer häufiger wurde über flüchtende Straftäter berichtet, immer skurriler wurden die einzelnen Vorgänge und immer öfter musste der Justizminister sich den Angriffen der Opposition entgegenstellen, die ihn persönlich für diese laxe Haltung in der hessischen Justiz verantwortlich machte. Kein Wunder, denn während Christean Wagner die Straftäter hart anpacken wollte, um die Bürgerinnen und Bürger vor ihnen zu schützen, spürte man bei Rupert von Plottnitz, wie sehr es ihm eigentlich innerlich gegen den Strich ging, Menschen die Freiheit zu nehmen. Die Frage der Ernsthaftigkeit bei der Durchsetzung des Rechtsstaates war ganz sicher bei der Wahlentscheidung des Jahres 1999 für die Wähler wichtig. Die Debatte über den Justizvollzug war dort nur exemplarisch. Aber sie half, der Öffentlichkeit bewusst zu machen, dass es bezüglich des Umgangs mit rechtsstaatlichen Normen und der Durchsetzung dieser Normen Unterschiede zwischen den politischen Lagern gab. Mit dem Wahlsieg für die CDU Anfang des Jahres 1999 war es logisch und konsequent, dass Christean Wagner dann die Aufgabe des Justizministers im hessischen Kabinett übernahm. Er hatte dort viele Erwartungen zu erfüllen und ging mit großer Entschlossenheit ans Werk. Er hatte aber auch viele Risiken zu schultern, denn gerade bei der Frage eines erfolgreicheren Justizvollzugs ist es keineswegs selbstverständlich, dass man mit seiner Arbeit Erfolg haben wird.

Wagner startete seine Arbeit geradezu mit einem Feuerwerk von Initiativen. Er sorgte für die Verbesserung der Rahmenbedingungen im Justizvollzug, er sorgte schnell für mehr Haftplätze. Er entschied auch, dass die sehr großzügige Praxis des offenen Vollzugs im hessischen Strafvollzug weitestgehend beendet wurde. Es zeigte sich schon bald, dass dadurch auch die Zahl der sogenannten „besonderen Vorkommnisse", also der Ausbrüche oder der Fälle, in denen Gefangene den Freigang missbrauchten, sehr stark zurück ging und für die vielen kommenden Jahre kein wirklicher Gegenstand der politischen Diskussion in Hessen mehr war.

Um dies zu erreichen, war eine Vielzahl von gesetzgeberischen und organisatorischen Maßnahmen notwendig. Es ging zunächst einmal darum, die Arbeit der hessischen Justizvollzugsbediensteten endlich anzuerkennen und ihnen die Kraft zu geben, mit Autorität für geordnete Verhältnisse zu sorgen. Es ging aber auch um die Entlastung der Justizvollzugsanstalten durch die entschlossene Rückführung krimineller Ausländer zur Verbüßung ihrer Strafen in den Gefängnissen ihrer Heimatländer, nachdem sie von einem deutschen Gericht verurteilt worden waren. Schließlich entschied Wagner, bei der notwendigen Neuerrichtung einer Justizvollzugsanstalt erstmals in Deutschland den Weg einer öffentlichen/privaten Partnerschaft zu gehen. Die Justizvollzugsanstalt, deren Ort wahrlich nicht leicht zu finden war, aber mit Hünfeld gefunden und deren Bau dann gegen erhebliche Widerstände von Christean Wagner durchgesetzt wurde, ist bis zum heutigen Tag ein wichtiges Beispiel für diese öffentlich/private Partnerschaft in dem schwierigen Umfeld der Justiz und ein Beispiel für die Durchsetzung eines Projektes, das auf erhebliche Vorbehalte in der Bevölkerung stieß.

Doch Wagner konzentrierte sich in seiner Arbeit als Justizminister keineswegs ausschließlich auf diese schon in der Oppositionszeit vorbestimmte Debatte. Er befasste sich zugleich intensiv mit den organisatorischen Rahmenbedingungen des hessischen Gerichtswesens. Ihm ist es zu verdanken, dass es heute in der hessischen Justiz eine auf modernste Datenverarbeitung aufgebaute Organisation gibt. Gemeinsam mit seinem damaligen Staatssekretär und heutigem Richter am Bundesverfassungsgericht Professor Herbert Landau gelang es ihm, die Vorzimmer der Gerichte aus der Steinzeit in die Neuzeit zu holen. Jenseits kontroverser Auseinandersetzungen über Fragen der Rechtspolitik haben das alle hessischen Justizbediensteten einvernehmlich als einen großen Verdienst der Regierungszeit von Justizminister Wagner gewürdigt. Dass in einem solchen Umfeld auch der Gedanke der elektronischen Fußfessel entstand und von Christean Wagner mit großer Entschlossenheit durchgesetzt wurde, entspricht dieser Logik. Und es freut ihn, dass Hessen hier nicht nur mit Mut eine bundesweite Vorreiterrolle hatte, sondern andere Bundesländer diesem Schritt folgten.

Christean Wagner hat von seinen konservativen politischen Ansichten nie wirklich Abstriche gemacht. So ist es nicht verwunderlich, dass jenseits der harten operativen Entscheidungen des Justizministers die rechtspolitischen Fragestellungen immer eine wichtige Rolle spielten. Die Frage der Wahrung des Grundsatzes der Privatautonomie bei einer immer stärker ausufernden Gesetzgebung, etwa im Bereich der Antidiskriminierung, war ihm ebenso ein wichtiges Anliegen wie die Wahrung ethischer Grundsätze auch in einer modernen Welt. Sein Einsatz für einen uneingeschränkten Lebensschutz, zum Beispiel im Bereich der Embryonenforschung, ist dafür ein gutes Beispiel, dass weit über die Grenzen des Bundeslandes Hessen in der Erinnerung blieb.

Er war übrigens bei allen Diskussionen über die genaue Einhaltung aller Normen und Grenzen doch immer auch ein ganz normaler Mensch mit Stärken und Schwächen. Seine Leidenschaft – oder Schwäche – für das Rauchen ist bis heute trotz aller Gesetze nicht beherrscht. Die Öffentlichkeit erfuhr das spätestens bei der Amtseinführung eines Gerichtspräsidenten in Darmstadt. Trotz fürsorglicher Beschilderung rauchte Wagner seinen gewohnten Zigarillo, löste den Brandmelder des Gerichts aus und verursachte so einen veritablen Einsatz der Feuerwehr. Die 12 Feuerwehrleute, die unter Atemschutz die Veranstaltung stürmten, kosteten ihn dann auch privat gut 800 Euro. Dass ausgerechnet wenige Wochen später bekannt wurde, dass Christean Wagner es auch mit den strengen Regeln der Geschwindigkeitsbegrenzung – sicher einmalig – nicht so ganz ernst genommen hatte, brachte ihm auch deftige Schlagzeilen und den diskreten Zuspruch der wenigen Autofahrer, denen das auch schon mal passiert war.

Auf der Bundesebene bekam die Arbeit von Christean Wagner von Jahr zu Jahr mehr Aufmerksamkeit. So koordinierte er die Rechtspolitik der CDU und dann der Justizminister von unionsgeführten Landesregierungen auf der Bundesebene. Als Landesjustizminister wirkte er auch an den Verhandlungen der Arbeitsgruppen zur Bildung der Großen Koalition 2005 mit. Nicht vergessen sollte man dabei, dass die heute so interessiert in der Öffentlichkeit diskutierte Strafrechtsbestimmung zum sogenannten „Stalking", die immer mehr Menschen vor unerwünschten Nachstellungen schützen muss, seine Idee war.

Auf mein Bitten übernahm Christean Wagner nach dem Weggang von Franz Josef Jung als Verteidigungsminister in die Bundespolitik die Aufgabe des Fraktionsvorsitzenden im Landtag. Über viele Jahre hat Christean Wagner die Fraktion in wahrlich nicht immer einfachen, ja manchmal richtig turbulenten Zeiten zusammen gehalten und geführt. Ganz sicher war und ist er gerade dabei für alle kein einfacher Vorsitzender. Er hat seinen eigenen Stil und nach wie vor seine ganz feste eigene Meinung. Gerade unter diesem Gesichtspunkt ist es beachtlich, wie es Wagner mit seiner Prinzipientreue gelungen ist, eine sich auch gesellschaftspolitisch verändernde CDU-Fraktion in ihrer Geschlossenheit zu halten. Dabei macht er es weder den Mitgliedern seiner Fraktion noch seinen Ministerpräsidenten immer einfach. Sein beharrliches Festhalten am konservativen Diskussionszirkel auf der nationalen Ebene, auch wenn solche Zirkel sich doch eigentlich irgendwie überlebt haben, führt dann immer wieder zu schwierigen Schlagzeilen.

Bei all diesen Facetten bleibt immer klar: Das gemeinsame Fundament von Übereinstimmung zwischen Christean Wagner und seinem erfolgreichen Lebenswerk in der Politik einerseits und den Grundüberzeugungen der CDU andererseits ist breit und tragfähig. In der Politik dieser Tage werden Charaktere seltener. Es besteht die Gefahr, dass immer mehr Menschen in der Politik glauben, dass gesellschaftlicher Konsens dadurch zu erreichen sei, dass Widersprüche verschwiegen, Politiker stromlinienförmig und genormt werden. Diese Auffassung und diese Entwicklung sind nach meiner festen Überzeugung falsch. Es bedarf aber des Mutes, der Autorität und der Leidenschaft, um diese Überzeugung wirklich zu leben und auch die daraus folgenden Konsequenzen als Politiker zu tragen. Christean Wagner kann wegen all seiner Ecken und Kanten mit Selbstbewusstsein sagen, dass er alles getan hat, um den Menschen ihre Meinungsbildung zu erleichtern. Er hat aber auch immer so gehandelt, dass seine Ziele Stück für Stück Wirklichkeit wurden. Und das ist das Entscheidende.

# Dr. Christean Wagners
# Wirken als CDU-Fraktionsvorsitzender

Volker Bouffier

Ich lernte Christean Wagner Mitte der 70er Jahre kennen. Er war damals Erster Kreisbeigeordneter und stellvertretender Landrat im Landkreis Marburg-Biedenkopf und ich war stellvertretender Landesvorsitzender der Jungen Union in Hessen.

In der Folgezeit hielten wir losen Kontakt, der sich erst in der gemeinsamen Regierungszeit von 1987–1991 in der Regierung von Ministerpräsident Dr. Walter Wallmann vertiefte. Nach dem wir knapp die Landtagswahl 1991 gegen SPD und Grüne verloren hatten, kam es erstmals zwischen uns zu einer Kontroverse, die für das weitere Schicksal der hessischen Union nicht ohne Bedeutung war. Nachdem Dr. Wallmann sich zurückgezogen hatte, galt es, einen neuen Landesvorsitzenden und auch einen neuen Fraktionsvorsitzenden für die hessische CDU zu finden. Während Christean Wagner auf den früheren Finanzminister Manfred Kanther setzte, warb ich für Roland Koch als neuen Vorsitzenden. Kanther setzte sich mit Hilfe Wagners durch und im Ergebnis der Neuordnung fanden sich Christean Wagner und ich – beide als stellvertretende Fraktionsvorsitzende – unter dem Fraktionsvorsitzenden Manfred Kanther wieder.

In den folgenden Oppositionsjahren bis zur Landtagswahl 1999 entwickelte sich ein fruchtbares und zuweilen auch Rivalitätsverhältnis, da wir beide im Bereich der Innen- und Rechtspolitik unsere Schwerpunkte hatten.

Nach der gewonnen Landtagswahl 1999 entwickelte sich zwischen Christean Wagner als Justizminister und mir als Innenminister ein stabiles und von gegenseitigem Respekt getragenes Arbeitsverhältnis. Der Umstand, dass wir in den meisten Fragen die gleiche Überzeugung teilten, erleichterte uns die gemeinsame Arbeit sehr.

Ein neuer Abschnitt im politischen Leben von Christean Wagner war dann die Aufgabe seines Amtes als Justizminister und der Wechsel zum Vorsitzenden der CDU-Fraktion im Hessischen Landtag im November 2005. Christean Wagner hatte diesen Wechsel auf Bitte von Ministerpräsident Roland Koch vollzogen, der im Rahmen einer Kabinettsumbildung den damaligen Landrat des Hochtaunuskreises, Jürgen Banzer, in die Landesregierung holte. Dieser Wechsel war Christean Wagner nicht leicht gefallen, da er die Aufgabe des Justizministers gerne wahrnahm. Es spricht aber für das Grundverständnis von Christean Wagner, dass er seine eigenen Überlegungen im Interesse des gesamten Konzerns der hessischen CDU zurückstellte und in voller Loyalität zum Landesvorsitzenden und Ministerpräsidenten Koch die neue Aufgabe annahm.

In dieser Zeit, in der die CDU-Landtagsfraktion mit einer Stimme über die absolute Mehrheit im Hessischen Landtag verfügte, bedurfte es erheblicher Anstrengungen des Fraktionsvorsitzenden, diese Einstimmenmehrheit in den im Hessischen Landtag traditionell harten Gefechten sicherzustellen. Diese Aufgabe der angemessenen Mischung zwischen Sicherstellung der Gestaltungs- und Entschlussfähigkeit der CDU-Landtagsfraktion auf der einen Seite und der Berücksichtigung der vielfachen Interessen der einzelnen Fraktionsmitglieder auf der anderen Seite erforderte ein Höchstmaß an Einsatzfreude, Führungskompetenz und Fingerspitzengefühl im Umgang mit den Mitgliedern der Fraktion. Dies war umso notwendiger, als eine Parlamentsfraktion gegenüber ehemaligen Kabinettsmitgliedern an ihrer Spitze naturgemäß eine gewisse Skepsis an den Tag legt.

Christean Wagner hat sich dieser Aufgabe mit großer Akribie angenommen und schon nach kurzer Zeit war er in seinem neuen Amt angekommen.

Besonders spannend, schwierig und letztlich auch fordernd war dann die Zeit als Fraktionsvorsitzender nach der Landtagswahl im Jahre 2008. Die CDU hatte 12 Prozentpunkte im Vergleich zur vorangehenden Landtagswahl verloren und im Endergebnis nur noch 0,1 Prozent vor der SPD gelegen. Weder CDU und FDP noch SPD und Grüne konnten eine eigene Mehrheit bilden und durch die neu in den Landtag eingezogene Fraktion „Die Linke" war die Bildung einer neuen Landesregierung mehr als schwierig geworden. Die gefühlte Wahlsiegerin, Frau Ypsilanti, hatte als Spitzenkandidatin der SPD zwar vor der Wahl kategorisch eine Zusammenarbeit mit „Der Linken" ausgeschlossen, wandte sich jedoch nach der Wahl Stück für Stück von dieser Position ab. In dieser Zeit der dann folgenden geschäftsführenden Landesregierung war die Führung der Fraktion eine besondere Herausforderung, die Christean Wagner hervorragend meisterte. Im engsten Schulterschluss mit dem Landesvorsitzenden und Ministerpräsidenten Roland Koch gelang es zunächst, ein Regierungsbündnis von SPD, Grünen und Linken zu verhindern. Nur durch äußerste Disziplin der CDU-Landtagsfraktion und geschicktes Eingehen auf die unübersichtliche politische Situation gelang es, nicht nur zum einen die CDU-Fraktion beieinander zu halten, sondern auch den langjährigen intensiven Kontakt mit der FDP weiter zu pflegen. Nachdem in der SPD und bei den Grünen die Befürworter eines Bündnisses mit der Partei „Die Linke" sich durchgesetzt hatten, sollte dann am 4. November 2008 mit der Wahl von Frau Ypsilanti zur Ministerpräsidentin die Regierung Koch abgewählt und eine neue Landesregierung ins Amt gebracht werden. Da vier SPD-Landtagsabgeordnete diesen Wortbruch von Frau Ypsilanti nicht mitmachten, wurde der Machtwechsel abgeblasen und unter Zustimmung aller Parteien der Hessische Landtag aufgelöst.

In den darauf folgenden Landtagswahlen im Januar 2009 stürzte die SPD auf ihr schlechtestes Ergebnis der Geschichte mit 23,7 % ab, die CDU erhielt praktisch das gleiche Wahlergebnis wie im Jahr zuvor und auch die Linken zogen wieder in den Hessischen Landtag ein. Die Grünen erzielten ein deutlich besseres Wahlergebnis und die Freien Demokraten waren der große Wahlsieger mit sagenhaften 16,2 %.

In der anschließenden Regierungsbildung von CDU und FDP machte sich das neugewonnene Gewicht der FDP besonders bemerkbar, in dem die FDP erstmals 3 Ressorts und gerade das für die Union so wichtige Kultusministerium erhielt. Die dadurch ausgelöste nicht geringe Irritation in der CDU schlug sich natürlich auch auf die neue Fraktion nieder und der wiedergewählte Fraktionsvorsitzende Christean Wagner hatte erneut die Aufgabe, die Geschlossenheit der CDU-Landtagsfraktion für das neue Regierungsbündnis sicherzustellen.

Christean Wagner war der natürliche Kandidat für den Fraktionsvorsitzenden und erhielt ein überzeugendes Wahlergebnis. Aber schon damals gab es eine kleine Gruppe von Abgeordneten, die lieber einen Wechsel an der Fraktionsspitze gesehen hätten. Diese Debatte verstärkte sich, als Roland Koch seinen Rücktritt als Ministerpräsident und Landesvorsitzender im Mai 2010 ankündigte.

Es war auch für mich als neugewählter Landesvorsitzender und designierter Ministerpräsident klar, dass sowohl in der Partei, als auch in der Regierung deutliche Zeichen der Veränderung von mir erwartet wurden.

Nachdem auf meinen Vorschlag mit Eva Kühne-Hörmann und Lucia Puttrich zwei neue stellvertretende Landesvorsitzende gewählt wurden und die Landesregierung auf fünf Ministerpositionen neu bzw. umbesetzt worden war, wurde sowohl innerhalb als auch außerhalb der Partei natürlich auch intensiv darüber spekuliert, ob nicht auch Christean Wagner als Fraktionsvorsitzender sein Amt aufgeben werde und auch in dieser Spitzenposition eine sichtbare Veränderung vorzunehmen war.

Ich habe mich bewusst gegen diese Überlegungen entschieden und Christean Wagner auch nach Ablauf seiner Wahlzeit im Frühjahr 2011 zur Wiederwahl vorgeschlagen. Aus meiner Sicht erschien gerade die Mischung aus neuen Köpfen und bewährter stabiler Führung der Fraktion für die Union insgesamt die beste Lösung. Die breite Erfahrung von Christean Wagner sowohl in der Partei als auch in der Fraktionsführung erschien mir für eine erfolgreiche Arbeit der Union und der Regierungskoalition insgesamt notwendig.

Gerade die enge und vertrauensvolle Zusammenarbeit mit der nach dem fulminanten Wahlergebnis 2009 sehr selbstbewussten FDP erforderte einen erfahrenen, angesehenen und bei aller Standfestigkeit kompromissfähigen Fraktionsvorsitzenden.

Christean Wagner hat stets größten Wert auf ein enges Verhältnis zu den FDP-Fraktionsvorsitzenden – zunächst Florian Rentsch und später Wolfgang Greilich

– sowie auch zu dem Landesvorsitzenden der FDP, Jörg Uwe Hahn, gelegt. Diese intensive, vertrauensvolle, von gegenseitigem Respekt getragene Zusammenarbeit war ein wesentlicher Grundpfeiler der erfolgreichen Zusammenarbeit von CDU und FDP sowohl im Hessischen Landtag als auch in der Landesregierung.

Christean Wagner ließ dabei weder intern noch öffentlich Zweifel an seiner konservativen Grundhaltung aufkommen, bewies aber gleichzeitig die Fähigkeit, notwendige Kompromisse mit dem Koalitionspartner einzugehen.

Ob es dabei z. B. um die Gleichstellung gleichgeschlechtlicher Partnerschaften ging – die besonders der FDP wichtig war – oder darum, dass die Schulen selbst entscheiden können sollten, ob sie nun nach G8 oder G9 das Abitur ermöglichen wollen – dies sind zwei Beispiele für die Fähigkeit Christean Wagners, sich neuen Überlegungen angemessen zu öffnen und dann auch für deren Durchsetzung einzustehen.

Am deutlichsten ist dies vielleicht im Zusammenhang mit der so genannten „Energiewende" zu Tage getreten. Christean Wagner war überzeugt davon, dass diese Energiewende überstürzt, ohne hinreichende Planungen und insbesondere genügende Vermittlung nicht zuletzt auch in die eigene Partei hinein vollzogen wurde. Trotzdem hat er mich bei meinem Bemühen, die hessischen Parteien, Verbände, Kommunen, Wirtschafts- und Umweltinitiativen beim hessischen Energiegipfel im Jahre 2011 zusammenzuführen vorbehaltlos unterstützt.

Nicht zuletzt an diesem Beispiel wird deutlich, dass Christean Wagner auch bei durchaus vernehmbarer Skepsis im Detail seine Aufgabe als Fraktionsvorsitzender mit vollem Elan und in voller Solidarität und Loyalität mit dem Regierungschef erfüllte.

Diese Verlässlichkeit ist für einen Regierungschef eine große Hilfe und ein Schlüssel zum gemeinsamen Erfolg. Christean Wagner ist in seiner Arbeit als Fraktionsvorsitzender nie auf die Idee gekommen, sich in diesem Amt sozusagen zum „Nebenregierungschef" oder gar auch noch zum innerparteilichen Oppositionsführer aufzuschwingen. Im Gegenteil, die schon legendäre Einigkeit und Geschlossenheit der hessischen CDU war für Christean Wagner nie billiger Pathos oder mühselige politische Denkmalpflege, sondern Ausdruck seiner Grundüberzeugung, dass in Hessen die Union nur dann erfolgreich sein würde, wenn gerade die Spitzen von Partei und Fraktion diese Einigkeit und Geschlossenheit immer wieder beispielhaft pflegten.

Diese Bewertung wird auch nicht dadurch getrübt, dass ich durchaus auch unterschiedliche Positionen zu Christean Wagner vertrat, etwa in der Frage, wie wir am besten unsere Stammwähler halten und gleichzeitig neue Wähler gewinnen können. Diese Diskussion, die unter dem Stichwort „Berliner Kreis" – mehr in der Öffentlichkeit als in der eigenen Partei – Aufmerksamkeit erfuhr, war dem bundespolitischen Anspruch und Wirken Christean Wagners geschuldet. Christean Wagner, der zwischenzeitlich auch zum Vorsitzenden der Konferenz aller

Fraktionsvorsitzenden der CDU/CSU in Deutschland gewählt worden war, beschränkte sich in seiner Arbeit bewusst nicht nur auf das Management und die Führung der CDU-Landtagsfraktion, sondern er wollte auch für die Union in Deutschland insgesamt inhaltliche Positionen markieren. Mit anderen Gleichgesinnten trieb und treibt ihn die Sorge um, dass die Union zwar auf der einen Seite eine hochangesehene und anerkannte Bundesvorsitzende und Bundeskanzlerin hat, auf der anderen Seite aber ständig – insbesondere bei Landtagswahlen – verlor und ein nicht unbedeutender Teil des klassischen CDU-Mitglieder- und Wählermilieus sich in der CDU des Jahres 2009 folgende nicht mehr recht in der Partei aufgehoben fühlte. Diese Diskussion ist häufig als schlichte Kritik und Unwohlsein an der Parteivorsitzenden und Bundeskanzlerin Angela Merkel missinterpretiert worden. Eine solche Bewertung würde jedoch zu kurz greifen und dem Anliegen Christean Wagners und seiner Mitstreiter nicht gerecht werden. Deshalb war ich mir mit Christean Wagner immer einig, dass es richtig ist, die Stammkundschaft intensiv zu pflegen und gleichzeitig neue Wählergruppen anzusprechen – nur die Art und Weise, wie dies zu geschehen habe, wurde von uns unterschiedlich bewertet. Wenn Christean Wagner und seine Mitstreiter zeitweise den Gedanken der Gründung einer eigenen Organisation innerhalb der Union erwogen, so war ich immer der festen Überzeugung, dass dies eine Aufgabe für die gesamte Partei sein müsse und habe deshalb auch deutlich gegen die Gründung einer eigenen Unterorganisation in der Union Stellung bezogen. Im Ergebnis ist Christean Wagner dieser Überlegung gefolgt und ich bin froh, dass diese Diskussion zu einem einvernehmlichen Ergebnis geführt werden konnte.

Gleichwohl war diese Phase weder für mich, noch für Christean Wagner, noch für die CDU-Landtagsfraktion einfach und nicht zuletzt diejenigen, die ihm schon länger kritisch gegenüberstanden, hatten für ihre Kritik nun neue Nahrung. Die nicht immer sachliche Diskussion wurde von Christean Wagner ausgesprochen grundsatztreu jedoch nie engstirnig geführt und im Ergebnis führte diese offene Diskussion auch wieder mehr zusammen als auseinander.

Dabei haben auch diejenigen, die seine Position nicht teilen mochten, anerkannt, dass hier einer aus tiefer Überzeugung und Sorge um die weitere Regierungsfähigkeit der Union handelte und nicht aus persönlichem Geltungsbedürfnis.

Sein Engagement und sein Einsatz für die Grundwerte, Grundideen und Grundlinien der Union ziehen sich wie ein roter Faden durch sein politisches Wirken. Die Mitarbeit am Grundsatzprogramm der CDU, die Initiierung einer höchst erfolgreichen Veranstaltungsreihe der CDU-Landtagsfraktion unter dem Titel „Was uns leitet?" haben dieses Engagement und diese Ernsthaftigkeit seines Wirkens deutlich unterstrichen.

Die Fähigkeit Christean Wagners, bei aller Grundsatztreue sich Neuem zu öffnen, wird auch bei einem Blick auf den Umgang mit jungen oder neuen Kollegen in der Landtagsfraktion deutlich. In der Öffentlichkeit nahezu unbemerkt hat

Christian Wagner sich gerade um diese besonders bemüht und ihnen immer wieder, manchmal auch zum Verdruss „alter Parlamentshasen" besondere Aufgaben übertragen und Chancen zur eigenen Entfaltung eingeräumt. Ja sogar solche Kolleginnen und Kollegen, von denen man meinte, dass sie ihm kritisch gegenüber standen, haben seine Förderung erfahren.

Christian Wagner hat in einer Zeit vielfaltiger Brüche und Umbrüche die CDU-Landtagsfraktion auf Kurs gehalten und so einen unverzichtbaren Beitrag zur Regierungsfähigkeit der Union und des Koalitionsbündnisses geleistet.

In über 40 Jahren hat er verschiedenste Aufgaben für die CDU von der Kommunal- über die Landes- bis zur Bundespolitik engagiert wahrgenommen und sich große Verdienste erworben.

Er war aber nicht nur Fraktionsvorsitzender und engagierter CDU-Mann auf Kommunal-, Landes- und Bundesebene: Christian Wagner war und ist auch ein geselliger Mensch, der jedes Jahr nach Amrum in Urlaub fährt, das Skatspiel leidenschaftlich liebt, gerne auf die Jagd geht und beim Bergsteigen seine Talente und Leidenschaften ausleben kann.

Gerade diese gesellige und kameradschaftliche Ader hat es ihm sicherlich häufig ermöglicht, auch mit manchen, die in der Sache anders dachten, zusammenzukommen und das Gemeinsame vor das Trennende zu stellen.

Wenn ich zurückblicke, so kann ich sagen, dass mich mit Christian Wagner der Weg von der Bekanntschaft über zuweilen bestehende Rivalität hin zu erfolgreicher Zusammenarbeit und verlässlicher Partner- und Freundschaft geführt hat. Dafür bin ich sehr dankbar.

Zum 70. Geburtstag herzlichen Glückwunsch, aufrichtigen Dank und für die Zukunft stets ein gutes Blatt!

Ad multos annos!

# Christean Wagners Wirken als Wahlkreisabgeordneter

Stefan Heck

Das Ziel vieler Landtagsabgeordneter ist es, einmal als Staatssekretär oder Minister in der Regierung Verantwortung übernehmen zu können. Genau entgegengesetzt verlief der Start des Jubilars in seine nunmehr schon über zwanzig Jahre andauernde Tätigkeit im Hessischen Landtag. In der Regierung von Ministerpräsident Walter Wallmann war Christean Wagner von 1987 bis 1991 erfolgreicher Kultusminister, ohne jedoch, wie die meisten seiner damaligen Kabinettskollegen, gleichzeitig ein Landtagsmandat innezuhaben.[1] So strebte er 1990 als amtierender hessischer Kultusminister die Nachfolge des Landtagsabgeordneten Walter Troeltsch im Wahlkreis 12 (Marburg-Biedenkopf I) an, der erklärt hatte, für die nächste Wahlperiode nicht mehr zur Verfügung zu stehen. Bei der parteiinternen Nominierung am 17. März 1990 konnte sich Christean Wagner gegen den damaligen Vorsitzenden der CDU-Kreistagsfraktion und heutigen Landrat von Marburg-Biedenkopf, Robert Fischbach, durchsetzen. Dieser Entscheidung voraus ging ein intensiver Wettstreit innerhalb des CDU-Kreisverbandes, der letztlich mit einem Abstimmungsergebnis von 53 zu 46 Stimmen zugunsten von Christean Wagner endete. Dieses vermeintlich klare Ergebnis darf jedoch nicht darüber hinwegtäuschen, dass der Ausgang dieses Nominierungsparteitages bis zum Schluss offen blieb: In der Kreispartei erhofften sich weite Teile durch die Nominierung von Robert Fischbach, neben dem amtierenden und – im Falle eines Wahlsieges – wohl auch künftigen Kultusminister, einen weiteren Vertreter nach Wiesbaden entsenden zu können. Mir selbst berichtete Christean Wagner viele Jahre später einmal folgendermaßen über die Unsicherheiten der damaligen Kandidatur: „Im Vorfeld des Parteitages hatten mir 75 der insgesamt 99 Delegierten ihre Unterstützung fest zugesagt. Nach der Auszählung entfielen auf mich 53 Stimmen. Bei der anschließenden Gratulation versicherten mir nahezu alle 99, mich selbstverständlich gewählt zu haben." Bei der Landtagswahl am 20. Januar 1991 konnte Christean Wagner schließlich über die Landesliste in den Hessischen Landtag einziehen. Somit war dem Jubilar das Glück vergönnt, denjenigen Wahl-

---

[1] Der Autor dieser Zeilen durfte zwar ab 1989 die von Christean Wagner verantwortete hessische Schulpolitik ganz unmittelbar erleben, hatte aber im zarten Alter von sieben Jahren noch nicht die Möglichkeit, auch die lokale Politik mit der gebotenen Aufmerksamkeit zu verfolgen. Daher beruht die Darstellung der ersten Jahre von Christean Wagner als Landtagsabgeordneter im Wesentlichen auf der Auswertung von Zeitungs- und Augenzeugenberichten.

kreis in Wiesbaden vertreten zu dürfen, in dem er zuvor schon als Erster Kreisbeigeordneter und Landrat politische Verantwortung übernommen hatte.

Der Wahlkreis 12, den Christean Wagner nunmehr seit 22 Jahren in Wiesbaden vertritt, besteht aus insgesamt 15 Städten und Gemeinden im nördlichen, südlichen und vor allem westlichen Teil des Landkreises Marburg-Biedenkopf. Prägend in dieser waldreichen Mittelgebirgslandschaft ist das sogenannte „Hinterland"[2] rund um die ehemalige Kreisstadt Biedenkopf. Augenfällig ist die hohe Technikaffinität der Menschen in dieser Region, die zahlreiche hochspezialisierte metallverarbeitende Betriebe – darunter nicht wenige Weltmarktführer – ihr eigen nennt. Nicht ohne Stolz konnte Christean Wagner Besuchern in seinem Wahlkreis berichten, dass es auf Deutschlands Straßen wohl kaum ein Automobil gibt, in dem nicht auch ein Teil aus seinem Wahlkreis im hessischen Hinterland verarbeitet wurde. Neben technischer Begabung wird den Hinterländern aber auch eine gewisse Neigung zum Eigensinn bis hin zur Sturheit nachgesagt – kein schlechtes Umfeld also für einen gebürtigen Ostpreußen.

Und auch ansonsten passten Wahlkreis und Abgeordneter gut zusammen: Besonders fasziniert war Christean Wagner vom ausgeprägten Vereinsleben in den einzelnen Orten. Weit entfernt von den üblichen politischen „Sonntagsreden" erlebte ich ihn bei zahlreichen Terminen immer wieder tief beeindruckt vom ehrenamtlichen Einsatz der Menschen. Darüber hinaus pflegte er seit seiner Zeit als Brandschutzdezernent in Marburg-Biedenkopf enge Verbindungen zu den Freiwilligen Feuerwehren, die ihn auch als Abgeordneter immer sehr herzlich empfingen und freundschaftlich begleiteten. Schließlich sei noch die Freude an der Geselligkeit erwähnt, die dem Jubilar mit dem Hinterland gemein ist. So fügt es sich, dass die lediglich fünf deutschen Orte, in denen die Tradition der großen siebenjährigen Grenzgangfeste begangen wird, allesamt im Wahlkreis von Christean Wagner liegen. Die einmalige Verbindung dieses Brauchs von Heimatliebe, Naturverbundenheit und fröhlichem Beisammensein hat es dem Jubilar in besonderer Weise angetan. Als gesicherter Nachweis des Charmes von Christean Wagner kann es gelten, dass die ansonsten sehr auf Pünktlichkeit bedachten Hinterländer es ihrem Abgeordneten ohne weiteres nachsahen, wenn er nach langen Arbeitstagen in Wiesbaden zur ein oder anderen Veranstaltung nicht ganz pünktlich erschien.

Es ist unmöglich, sämtliche Erfolge und Wegsteine eines über zwanzigjährigen Wirkens als Abgeordneter im Wahlkreis zusammenfassen zu wollen. In den sieben Jahren, in denen ich ihn als Wahlkreismitarbeiter begleiten durfte, habe ich gelernt, dass es ganz häufig die alltäglichen Sorgen und Nöte der Menschen sind, um die sich ein Abgeordneter kümmern muss. So hielt Christean Wagner auch

---

[2] Die bis heute erhaltene und durchaus mit Stolz geführte Bezeichnung „Hinterland" rührt von der Zugehörigkeit der Region zu Hessen-Darmstadt her, aus dessen Sicht das Gebiet „ganz weit hinten" lag.

während seiner Zeit als Justizminister ganz selbstverständlich regelmäßige Bürgersprechstunden vor Ort ab. Vom Versetzungswunsch eines Studienrates über die Unterstützung eines Bauvorhabens bis hin zu Nachbarsschaftstreitigkeiten bietet sich einem Abgeordneten hier ein vielschichtiges Bild der Anliegen in seinem Wahlkreis. In vielen Fällen konnte Christean Wagner ganz unmittelbar helfen oder zumindest Kontakt zum richtigen Ansprechpartner vermitteln. Gleichwohl gab es auch aussichtslose Anliegen, die an ihn heran getragen wurden. Einige davon durchaus tragisch, andere eher unterhaltsam: So kann ich mich erinnern, dass ihn ein Ehepaar in der Sprechstunde aufsuchte, das einen erbitterten Rechtsstreit mit seinen Nachbarn über die Anordnung der Müllgefäße bei der morgendlichen Abholung führte. Nachdem schon die zuständige Gemeinde und auch der betroffene Zweckverband keine Abhilfe schaffen konnten, waren sie nunmehr entsetzt über die schlichte Ignoranz des zuständigen Richters gegenüber ihrer bemitleidenswerten Situation. Um einen offenkundigen Justizskandal in letzter Minute abzuwenden, ersuchten sie nun den hessischen Justizminister, die drohende Rechtsbeugung über einen korrigierenden Anruf beim Amtsgericht zu verhindern. Als dieser erläuterte, dass ihm in dieser Angelegenheit schon aus rechtsstaatlichen Gründen bedauerlicherweise die Hände gebunden seien, zeigten sie sich wenig verständnisvoll. Auch die anschließende Erläuterung des Gewaltenteilungsgrundsatzes durch den Wahlkreisreferenten vermochte beide nicht abschließend zu überzeugen.

Aber es gab auch große Projekte, die in Marburg-Biedenkopf nicht selten deshalb realisiert werden konnten, weil die Region mit Christean Wagner einen Fürsprecher an maßgeblicher Stelle in der Landeshauptstadt hatte. Hier sind zunächst die in einer ländlichen Region elementaren Straßenbauprojekte zu nennen: Angefangen von der Ortsumgehung Biedenkopf über den Lückenschluss der B 3a in Weimar bis hin zum Neubau der B 255 – all diese millionenschweren Vorhaben wurden durch den unermüdlichen Einsatz des Jubilars maßgeblich vorangetrieben, wenn nicht gar überhaupt erst ermöglicht. Besondere Verdienste erwarb sich Christean Wagner um die Lahn-Dill-Bergland-Therme in Bad Endbach. Schon lange hatten die Kommunalpolitiker in dem Kneipp-Heilbad den Plan verfolgt, eine Therme zu errichten. Die Hartnäckigkeit, mit der sie dieses Ziel angingen, Probebohrungen durchführten, Baupläne vorlegten und Geschäftspläne erarbeiteten, beeindruckte letztlich auch den Jubilar nachhaltig: In intensiven Gesprächen gelang es ihm durch geschicktes Verhandeln, einen Landeszuschuss in Höhe von rund fünf Millionen Euro zu vermitteln. Damit stand dem Bad Endbacher Mammutprojekt nichts mehr im Wege. Die Therme im hessischen Hinterland gilt heute als bundesweites Vorzeigeprojekt und freut sich täglich über bis zu 500 Badegäste.

Für mich selbst gehört die Begegnung mit Christean Wagner zu einem der großen Glücksfälle meines jungen Lebens. Trotz seiner Vorgesetztenfunktion mir gegenüber hat er mich in meinem persönlichen und beruflichen Werdegang stets auch fördernd begleitet. Als er mich im November 2001 am Rande einer Veranstaltung der Jungen Union Marburg im Café Vetter zur Seite nahm und mich fragte, ob ich mir vorstellen könnte, als Wahlkreismitarbeiter für ihn zu arbeiten, führte dies bei mir zunächst zu längerer Sprachlosigkeit. Als gerade einmal 18-jähriger Abiturient hatte ich mit einem solchen Angebot des hessischen Justizministers nun wirklich nicht gerechnet. Auch wenn ich mir die obligatorische Bedenkzeit erbat, war meine Entscheidung schon gefallen: Wenige Tage später sagte ich freudig zu und begann im Juni 2002 meine Tätigkeit für Christean Wagner. Dies stellte beide Seiten zunächst vor größere organisatorische Herausforderungen, denn für mich stand erst einmal ab Juli 2002 der Wehrdienst in der besonderen Form der Allgemeinen Grundausbildung an. Wenngleich ich das Glück hatte, „heimatnah" in Stadtallendorf stationiert zu sein, gab es gewisse Differenzen zwischen der telefonischen Erreichbarkeit eines jungen Rekruten und den diesbezüglichen Erwartungen des hessischen Justizministeriums. Schließlich verbrachte ich einen Großteil der Zeit im Gelände, Mobiltelefone waren nicht zugelassen, gleichzeitig nahte aber die Landtagswahl im Januar 2003. Dies führte dazu, dass gelegentlich Anrufe der Vorzimmerdame aus dem Ministerium, Frau Arnold, bei dem diensthabenden Unteroffizier in meiner Kompanie eingingen. Der besonderen Dienstbeflissenheit des zuständigen Unteroffiziers und der im Militär ausgeprägten Fähigkeit, in hierarchischen Strukturen zu arbeiten, war es letzten Endes zu verdanken, dass beim abendlichen Antreten nach einer langen Geländeübung dem seinerzeitigen Panzerschützen Heck vor versammelter Mannschaft aufgegeben wurde, er solle umgehend die „Hessische Justizministerin Frau Arnold" zurückrufen. Welchen Anteil an diesem Missverständnis das zuweilen resolute Auftreten jener Sekretärin hatte, konnte abschließend nicht mehr geklärt werden.

Als ich nach dem ersten Jura-Semester und intensiver, zunächst aber ziemlich freudloser Beschäftigung mit Willenserklärungen, Irrtumslehre und verfassungsimmanenten Schranken sehr ernsthaft zweifelte, ob Rechtswissenschaften das richtige Studienfach für mich sei, lud mich Christean Wagner im Sommer 2003 zu einer Unterredung auf seine Terrasse ein. In einem rund dreistündigen Gespräch berichtete er mir zunächst, dass er zu Beginn seines Studiums ganz ähnliche Zweifel an seiner Wahl gehabt habe und durchaus mit einem Wechsel zur Theologie liebäugelte. Sein eindringlicher Rat an mich war, das Studium noch zumindest ein weiteres Semester fortzusetzen und dann eine endgültige Entscheidung zu treffen. Obgleich der Abbruch des Jura-Studiums vor diesem Gespräch für mich selbst schon beschlossene Sache war, folgte ich etwas widerwillig seiner Empfehlung. Für diesen Ratschlag kann ich heute gar nicht dankbar genug sein; mit steigender Semesterzahl nahm bei mir auch die Freude an der Juristerei zu, und der Jubilar sollte mit seiner diesbezüglichen Prognose einmal mehr recht behalten.

Eine noch weitergehende Fürsorge durch Christean Wagner wurde mir bei der Anfertigung meiner Doktorarbeit zuteil. In früheren Jahrzehnten war es offenbar üblich, eine rechtswissenschaftliche Dissertation innerhalb eines Jahres komplett fertig zu stellen. Ich war so unklug, diesen Zeitraum ihm gegenüber in einem unbedachten Moment auch als mein eigenes Ziel zu formulieren. Als Christean Wagner nach eineinhalb Jahren bemerkte, dass die Anfertigung meiner Arbeit deutlich länger in Anspruch nehmen würde, stieg auch bei ihm die diesbezügliche Ungeduld. Seine Aufforderungen, die Arbeit nun endlich fertig zu stellen, waren zunächst höflich-fragend, dann deutlich-fordernd und später energisch-drängend. Nachdem die Halbwertszeit zwischen den einzelnen Nachfragen immer kürzer und unsere diesbezüglichen Unterredungen atmosphärisch deutlich schwieriger wurden, konnte ich die fertige Arbeit schließlich zum Jahresende 2011 vorweisen. In der Nachbetrachtung muss ich feststellen, dass der wesentliche Antrieb zur Fertigstellung letztlich weniger vom Ehrgeiz des Doktoranden, als von dessen Bestreben, weitere penetrante Nachfragen des Jubilars zu vermeiden, ausging.

Bei der vollständigen Würdigung der Wahlkreisarbeit von Christean Wagner dürfen auch die anderen Mitarbeiter nicht unerwähnt bleiben. Die Stelle des Wahlkreisreferenten wurde jeweils studien- bzw. referendariatsbegleitend von Thomas Schäfer (1991 bis 1998), Alexander Steiß (1998 bis 2002), Stefan Heck (2002 bis 2009) und Christian Weigel (seit 2009) übernommen. Als besonderer Glücksgriff erwies sich die weitere Wahlkreismitarbeiterin Rosi Jatsch, die seit 1999 in den Diensten Christean Wagners steht und deren Tätigkeitsfeld mit der Bezeichnung „Sekretärin" nur völlig unzureichend beschrieben wäre: Mit großem kommunikativen und fachlichen Geschick betreut sie die Wahlkreisarbeit des Jubilars und ist sein Ohr an der Basis von Wahlkreis und Partei.

Als Chef war und ist Christean Wagner anspruchsvoll. Dies gilt nicht nur in inhaltlicher, sondern auch und gerade in formaler Hinsicht. Hier hat er sich einige durchaus bemerkenswerte Besonderheiten zu eigen gemacht, die auch ehemalige Mitarbeiter noch lange begleiten und untereinander verbinden. Dazu gehört beispielsweise das Ausschreiben von Doktortiteln bei Anreden in Briefen. Wenn also z. B. der „Sehr geehrte Herr Doktor Mustermann" so angesprochen wird, spricht einiges dafür, dass der Absender der Zeilen irgendwann einmal Briefentwürfe für den Jubilar verfasst hat. Gleiches gilt für bestimmte, im Alltag ansonsten eher ungewöhnliche Redewendungen, die im aktiven Sprachwortschatz von Christean Wagner fest verankert sind. So mussten die Herausgeber dieser Festschrift der Versuchung widerstehen, die Begriffe „aus atmosphärischen Gründen", „ganz prima" und „nicht unnötig" in den Untertitel dieser Festschrift aufzunehmen. Auch das Wissen um bestimmte Anekdoten – gerne aus der Studentenzeit des Jubilars – verbindet die Mitarbeiter untereinander. Für manchen Streich von damals empfindet Christean Wagner auch heute noch eine solch jugendlich-unbekümmerte Freude, als würde er diesen als Studiosus heute noch einmal erleben.

Besonders beeindruckt mich an Christean Wagner, dass er – trotz seiner klaren Vorstellung von Führung – den begründeten Widerspruch durch Mitarbeiter im persönlichen Gespräch nicht nur ausdrücklich schätzt, sondern ein diesbezügliches Unterlassen gar als Pflichtverletzung ansieht. Hohe Ansprüche stellt Christean Wagner zudem auch an sich selbst. Kann er diesen einmal nicht genügen, steht er zu seinen Fehlern – eine Eigenschaft, die gerade im politischen Raum leider nicht oft anzutreffen ist. Hinzu kommt seine große Verlässlichkeit: Dies betrifft Sachentscheidungen, aber auch – und ganz besonders – die von ihm praktizierte, beispielhafte Förderung seiner (ehemaligen) Mitarbeiter, die im politischen Umfeld wohl einmalig ist. Dies gilt z. B. für Thomas Schäfer, der aus seinem Ministerbüro im Justizministerium zunächst als Büroleiter zum Ministerpräsidenten Roland Koch wechselte und heute bekanntlich hessischer Finanzminister ist. Ich selbst durfte von seiner nachdrücklichen und sehr engagierten Unterstützung profitieren, als ich mich 2008 erfolgreich um die parteiinterne Aufstellung als Bundestagskandidat bemühte.

Die endgültige Beurteilung von Führungskräften in Wirtschaft und Politik wird zu Recht auch davon abhängig gemacht, ob es dem Ausscheidenden gelingt, einen Nachfolger für die jeweilige Position aufzubauen und durchzusetzen. Wenn der Jubilar zum Ende der Wahlperiode aus dem Hessischen Landtag ausscheidet, hinterlässt er ein bestelltes Feld: Mit Thomas Schäfer wird sein ehemaliger Wahlkreismitarbeiter, Büroleiter und Landtagsstellvertreter sein Nachfolger als Abgeordneter. Der Wahlkreis 12 wird dadurch weiterhin durch einen Hochkaräter der Landespolitik in Wiesbaden vertreten sein.

Ich freue mich, dass aus meinem Arbeitsverhältnis mit Christean Wagner trotz des Altersunterschiedes von vierzig Jahren eine enge und belastbare Freundschaft geworden ist. Für seine fürsorgliche Begleitung und Förderung in politischen, juristischen aber insbesondere auch persönlichen Belangen bleibe ich dankbar.

# Christean Wagners Wirken
## in der Kommunalpolitischen Vereinigung

Ernst Gerhardt

Es war die Zeit des kommunalen Frühlings in Hessen. Überall in den Städten und Landkreisen wuchsen CDU-Mehrheiten aus dem Boden. Es war jene Zeit, als die CDU im Bundestag – obgleich stärkste Kraft – in die Opposition geschickt wurde. Die Partei formierte sich neu, gewann Kraft von der Basis her, von den Kommunen.

Aufgrund von neuen CDU-Mehrheiten waren qualifizierte Kandidaten für Bürgermeister, Beigeordnete und Landräte gefragt. Sie wurden für die bisherige hessische CDU-Diaspora in allen deutschen Landen gesucht.

Neben dem eigenen hessischen Nachwuchs hatten also qualifizierte und bewährte Mandatsträger aus anderen Bundesländern Chancen, vor allem solche, die sich dort schon bewährt hatten.

Ein solcher Kandidat war Christean Wagner, ein Import aus Niedersachsen, der für den Landkreis Marburg genau der Richtige war. In seinen örtlichen Aufgaben stieg er mit voller politischer Kraft ein. Aber darüber hinaus engagierte sich Christean Wagner sofort überörtlich, so im Landeswohlfahrtsverband Hessen, aber auch in der Kommunalpolitischen Vereinigung. Dort, auf beiden Feldern sind wir uns begegnet und haben von der ersten Stunde an kameradschaftlich und kooperativ zusammengearbeitet. Selbst, wenn wir gelegentlich unterschiedlicher Meinung gewesen sind, haben wir dies fair behandelt. So erwuchs eine persönliche Freundschaft, die sich bis zum heutigen Tage bewährt hat.

Lange Zeit war Christean Wagner mein Stellvertreter im Landesvorsitz der KPV. Es war folgerichtig, dass er nach meinem Ausscheiden aus dem aktiven Dienst mein Nachfolger wurde.

Er hat mit mir immer in großer Übereinstimmung die Linie vertreten, dass die KPV eine politische Organisation ist, die selbstverständlich auch die Fachberatung in die Kommunen hinein betreibt, aber vor allem darum bemüht ist, dass sich die CDU im öffentlichen Bewusstsein als kämpferische Kommunalpartei begreift, die weiß, was Selbstverwaltung und das Prinzip der Subsidiarität bedeuten. Diese bleibenden Zielrichtungen, so verstehe ich Christean Wagner, ist sein kommunalpolitisches Vermächtnis.

## Kirchliche und synodale Tätigkeit oder:
## Christ und Politiker

Claudia Kuhnhen

„Christen in der Politik, sind sie Bürger zweier Welten?" so fragt Manfred Kock[1], der damalige Präsident der Evangelischen Kirche Deutschlands (EKD), im Juni 2003. Diese Frage kann man auch stellen, wenn man Christean Wagner beschreiben will.

Als Christ hat er sich schon seit frühester Jugend empfunden. Er stammt, wie er einmal berichtete, aus einem christlichen Elternhaus, schon früh betete er, kindgerecht. Von seinem Taschengeld kaufte er sich mit 10 oder 11 Jahren eine kleine Bibel, die er immer in der Hosentasche bei sich trug! Er wuchs in der Gemeinschaft im Jugendkreis der evangelischen Kirchengemeinde in Bremen auf, es war immer normal für ihn, sich als „Christ" zu bezeichnen.

Je mehr er sich als Politiker profilierte, umso wichtiger wurde es ihm, die christlichen Grundwerte zu vermitteln. Als hessischer Kultusminister – 1987–1991 – lag ihm der Religionsunterricht als christlicher Erziehungsbeitrag[2] besonders am Herzen! In einer Zeit, in der immer weniger Wissen um diese Werte vermittelt wird, in der Menschen sich mehr der Selbstverwirklichung als den „Pflichtwerten" hingeben, forderte er, die christlichen Werte in der Schule nicht aufs Abstellgleis zu schieben! Erziehung und Unterricht müssen sich um den ganzen Menschen bemühen, sie müssen ihm Zuversicht und Hoffnung vermitteln und ihn befähigen, Fragen nach dem Sinn des Lebens zu stellen! Die Schule, speziell der Religionsunterricht, soll ihr Ziel darin erkennen, aus den anvertrauten Kindern und Jugendlichen lebensbejahende Erwachsene zu machen, die den Schöpfungsauftrag ernst nehmen und bereit und fähig werden, Verantwortung für das Ganze zu übernehmen! Diesen hohen Anspruch fordert er sozusagen bei den Religionslehrern ein: diese sollen ihre ganze Persönlichkeit, ihre ganze Glaubenserfahrung einbringen, glaubwürdig sein und sollen das Verlangte vorleben! Er gipfelt in dem Satz[3]: „Um es schlicht zu sagen: ich wünsche mir Religionslehrer, die gläubig sind". Kann man es noch deutlicher ausdrücken, dass er das Christ-

---

[1] EKD: Kock, Bürger zweier Welten? 26. Juni 2003: Johannisempfang in Berlin.
[2] Christean Wagner: Religionsunterricht als christlicher Erziehungsbeitrag, aus: Sittliche Bildung, Ethik in Erziehung und Unterricht, MUT-Verlag 1993, S. 401 ff.
[3] Wie Fn. 2, S. 410.

sein für essentiell im Leben hält? Und welche Inhalte soll der Unterricht vermitteln?

- Glaubenswege aufzeigen
- Den Umgang mit der Bibel lehren
- Das Verhältnis zu anderen christlichen Glaubensgemeinschaften verdeutlichen, um den eigenen Standpunkt zu erkennen
- Das Verhältnis zum Judentum und zum Islam verdeutlichen
- Die neuen spirituellen Bewegungen wie New age so unterrichten, dass die Unterschiede in der Wertigkeit klar erkannt werden können.

Er zeichnet in diesem Beitrag ein wunderbares Bild eines Pädagogen als Wegweiser der Jugend. Ich kann mir gut vorstellen, dass er selbst, wenn er nicht Jurist und Politiker, sondern Lehrer geworden wäre, diese hohen Ziele für sich als Maßstab angelegt hätte.

Es verwundert nicht, dass Christean Wagner auch in kirchliche Gremien berufen wurde: seit März 1984 bis heute ist er Mitglied der Synode des evangelischen Kirchenkreises Marburg Land, und seine Wortbeiträge hier wurden immer sehr geschätzt, waren profiliert und zeigten seine klare Meinung zu wertkonservativen Positionen auf. Das hinderte ihn jedoch nicht daran, sich auch neuen Herausforderungen zu stellen: dem deutschen evangelischen Kirchentag! Eine Zeitansage, wie es immer heißt! Eine Bewegung evangelischer Laien, die alle 2 Jahre zu einem Großereignis einlädt, das in wechselnden Städten unseres Landes stattfindet und jedes Mal unter einem anderen Motto steht.

Hier treffen sich Menschen, denen der christliche Glaube und das Engagement für die Gesellschaft, in der wir leben, wichtig sind und die sich in Diskussionen, Workshops und Gottesdiensten miteinander austauschen. Viele politische und gesellschaftliche Themen der Zeit werden aufgegriffen, der Dialog zwischen Christen und Juden, zwischen Christen und dem Islam wird gepflegt und eingeübt. Es ist auch ein Feld für Experimente in christlicher Lebenspraxis, in dem neue Gottesdienstformen ausprobiert werden, in dem neue Lieder bekannt gemacht werden, in dem intensive Gespräche und jeden Morgen sehr gut besuchte Bibelarbeiten stattfinden.

Im Juni 1999 besuchten wir zum ersten Mal gemeinsam den deutschen evangelischen Kirchentag in Stuttgart: Motto: *Ihr seid das Salz der Erde* (Bibelstelle aus der Bergpredigt: Matthäus 5, Vers 13).

Christean Wagner war zunächst zögerlich, was ihn da erwarten würde, aber er ließ sich auf das Geschehen ein: mit meinem Mann besuchte er die politischen Themen, mit mir die gemeindebezogenen Themen. Nach drei Tagen war er ein begeisterter Teilnehmer geworden! 2 Jahre später, 2001 in Frankfurt/Main, saß er als Diskutant auf einem Podium neben Margot Käßmann. Seither haben wir mehrere Kirchentage besucht, zuletzt im Juni 2011 in Dresden. Motto: *da wird auch dein Herz sein!*

Was er tut, das tut er mit ganzem Herzen!

Ich komme auf das Motto von Stuttgart zurück und frage: sind Christen in der Politik wie das Salz der Erde? 1: Salz konserviert und 2: Salz würzt!

Christen haben eine konservierende, eine bewahrende Aufgabe in unserer Gesellschaft. Sind sie sich dessen bewusst? Sind sie nicht manchmal ängstlich, weil es so wenige sind, bleiben sie mit ihrer Meinung „hinterm Berg" und bleiben lieber im „Salztopf"? Dann werden sie jedoch unnütz, eine Minderheit, der man nicht mehr zuhört, die man nicht braucht. Aber wie wirkt das Salz, wenn es seine Wirkung entfaltet? Durch einige Wenige, die zur rechten Zeit das Richtige sagen, wird eine Situation manchmal vor Eskalation bewahrt, die Umwelt geschützt, das Land oder die Stadt vor falschen Entscheidungen bewahrt! Ja, Christean Wagner ist mutig, er hat Rückgrat: wenn er eine Sache als richtig erkannt hat, steht er dazu und bringt sich ein! Wie schmeckt eine Suppe, ein Brot ohne Salz? Fad! Menschen mit seinem Pflichtgefühl, seiner Aufrichtigkeit und seinem Engagement würzen unsere Gesellschaft – und wenn sie kraftvoll würzen, verschwenden sie sich dabei selbst. Salz, das weder konserviert noch würzt, ist zu nichts nütze und wird weggeworfen!

Je länger ich Christean Wagner kannte, umso intensiver wurden unsere Gespräche über Glaubensfragen. Zunächst lernte ich ihn als meinen Dienstvorgesetzten kennen, als er Erster Kreisbeigeordneter, später Landrat in Marburg-Biedenkopf war und ich als Ärztin, später als Amtsärztin im Gesundheitsamt Marburg tätig war. Kirche und Glauben waren naturgemäß in dieser Zeit keines unserer Themen! Mit zunehmender auch persönlicher Bekanntschaft merkten wir, dass uns der christliche Anspruch beide bewegt und wir uns dazu gerne austauschten. Seit 12 Jahren treffen wir uns mit 3 Ehepaaren 1x im Monat – Sonntagnachmittag – im christlichen Hauskreis. Wir vertiefen unsere Bibelkenntnisse, sprechen über Glaubensfragen, lesen die Bekenntnisschriften oder beschäftigen uns mit Hiob, Luther, Bonhoeffer oder Bultmann. Wir versuchen zu verstehen, wie wir die christliche Botschaft in unseren Alltag übersetzen können. Wir haben in unseren Hauskreis gelegentlich Fachleute – Pfarrer – eingeladen, die uns bei Themen wie der Offenbarung, bei ethischen Themen wie der Theodizee oder Umgang mit Sterbehilfe oder anderen schwierigen Fragen helfen. Wir versuchen, die Gemeinsamkeiten und die Unterschiede zwischen der evangelischen und der katholischen Glaubenslehre zu finden und zu verstehen. Es ist ein Kreis von engagierten Christen, der eine Zeit der Besinnung für die Herausforderungen im Beruf und in der Familie darstellt.

Ein Hauskreis entwickelt sich nach Jahren des Austausches oft zu einem Freundeskreis, in dem man in geschützter Umgebung füreinander da ist, sich zuhört, Sorgen teilt und miteinander betet. Der Besuch des Gebetsfrühstückes in

Washington beim amerikanischen Präsidenten im Jahre 2011 war ein großartiges Erlebnis für Christean Wagner – obwohl er dort fast eingeschneit wäre!

Die Kraft des Gebetes zu kennen und es zu praktizieren, ist ein Markenzeichen für Christen, ob alleine im „Kämmerlein" oder in der vertrauten Gemeinschaft mit anderen Glaubensgeschwistern.

Das Gebet ändert sich im Laufe des Lebens, es gewinnt an Substanz und zeugt vom Vertrauen auf Gott. Es ist ein wunderbares Geschenk für den, der glaubt, dass Gott da ist!

Zufällig habe ich mal einen Versprecher erlebt, als jemand den Herrn Landrat nach einer Rede als „Herr Pfarrer Wagner" ansprach! Das hat ihn nicht erschreckt! Reden kann er – überzeugend, klar strukturierend, das Wesentliche schnell erfassend und zusammenfassend! Deshalb konnten wir es auch im Hauskreis schaffen, in 2 Stunden das Buch Hiob zu bearbeiten!

Christean Wagner zitiert gerne einen Leitspruch des Pietisten Oetinger, der ihm, wie er sagt, Lebensmut und Kraft gibt: *Gott gebe mir die Gelassenheit, Dinge hinzunehmen, die ich nicht zu ändern vermag, den Mut, Dinge zu ändern, die ich ändern kann und die Weisheit, das eine vom anderen zu unterscheiden!*

Ich komme auf die eingangs von mir gestellte Frage zurück: sind Christen in der Politik Bürger zweier Welten? Christen sind Menschen, die ihre Aufgabe, wo immer sie hingestellt sind, als von Gott übertragen ansehen, die sich als Politiker für die ihnen anvertrauten Menschen einsetzen, die zuerst eine dienende Grundhaltung haben und sich in ihrer Lebensgestaltung und Lebensführung vor Gott in der Verantwortung sehen. Besonders diese „dienende" Rolle für den Bürger hat Christean Wagner als Landrat seinen Mitabeitern der Kreisverwaltung immer wieder eingefordert.

Es ist gut, wenn christliche Politiker in beiden Bereichen bewandert sind, wenn sie, so könnte man sagen, beide Bereiche füreinander „übersetzen": christliche Grundüberzeugungen und politische Handlungszwänge gegenseitig erklären: seit Luther beschäftigen sich viele Theologen und Gelehrte mit der Frage der „Zwei-Reiche-Lehre". Welche Rolle spielt der einzelne Christ darin? Er ist aufgerufen, dem Nächsten zu dienen, damit der Friede und die Gerechtigkeit im „Reich der Welt" gewahrt bleiben.

In allen seinen Funktionen und Aufgaben, ob als Landrat, als Synodaler oder als Minister, hat Christean Wagner versucht, diesem Ideal gerecht zu werden. Die meisten Menschen in seinem Umfeld kennen ihn als prinzipienfesten Politiker. Sein Beharren auf Überzeugungen, die er für richtig erkannt hat, macht ihn für seine politischen Kontrahenten und Partner zu einem nicht immer leichten Verhandlungspartner. Darum ist es wichtig, auch seine andere Seite wahrzunehmen, seinen überzeugten Glauben, seine Ehrfurcht vor Gott und sein christliches Engagement. Es ist gut, hinter seine „Fassade" zu blicken und den Menschen kennenzulernen, der Lösungen für die täglichen Probleme nach den Wertmaßstäben der Bibel sucht. Erst dann erkennt man den Menschen Christean Wagner in einer seiner wichtigen Facetten, die zu seiner Persönlichkeit gehören.

Natürlich gibt es menschliches Fehlverhalten, auch menschliche Schwächen oder Brüche im Leben, die man als Herausforderung begreifen wird – aber als Christ hat man die großartige Zusage der Vergebung – verbunden mit dem Zusatz von Jesus in einigen Berichten: geh hin und sündige hinfort nicht mehr!

In diesem Licht christlicher Hoffnung kann ein Christ Politiker sein und beide Lebensbereiche in sich vereinen.

Zum Schluss möchte ich einen Segen zum Geburtstag[4] anfügen, in dem sich alle unsere guten Wünsche vereinen:

> Der HERR segne Dich und behüte Dich
> ER segne die Zeit, die vor Dir liegt,
> Dass sie erfüllt werde.
> ER behüte Deine Schritte
> Und stärke Dich für gesunde und gebrechliche Tage.
>
> Der HERR lasse sein Angesicht leuchten
> Über Dir und sei Dir gnädig
> ER helfe Dir auf, wenn Du an der Kraft des Glaubens,
> Der Hoffnung und der Liebe zweifelst.
>
> Der HERR hebe sein Angesicht über Dich
> Und gebe Dir Frieden.
> ER freue sich mit Dir in heiteren Stunden
> Und weine mit Dir in schweren Zeiten.
> ER segne Deine Seele, dass sie Ruhe finde bei ihm.
>
> Amen.

---

[4] Robert Huefner: Lebensspuren; Agentur des Rauhen Hauses Hamburg.

## Als Partner verlässlich, als Freund unschlagbar

Thomas Schäfer

Die Mitwirkenden an dieser Festschrift haben sich – soweit sie sich mit dem Lebensweg des Jubilars beschäftigt haben – mit jeweils unterschiedlichen biografischen Stationen auseinandergesetzt, auch übergreifende Entwicklungslinien beleuchtet und sich dabei dem Menschen und Politiker Christean Wagner auf individuelle Weise genähert. Mir verbleibt die ehrenvolle Aufgabe, dem einige Facetten aus persönlichem Erleben hinzuzufügen.

Wir beide sind uns Anfang der 1980-er Jahre erstmals begegnet, als ich begann, mich in der Jungen Union meiner Heimatstadt Biedenkopf zu engagieren. Vor einigen Wochen hat uns der damalige Kreisvorsitzende der Jungen Union und heutige Vorsitzende der CDU-Kreistagsfraktion, Werner Waßmuth, aus seinem persönlichen Fotoarchiv eine Aufnahme zugeschickt, die Christean Wagner und mich gemeinsam im Kommunalwahlkampf 1981 zeigt, ihn als amtierenden Ersten Kreisbeigeordneten und Landratskandidaten der CDU und mich im Kreise anderer JU-Freunde. Während seine Silhouette seit dem einigermaßen unverändert erscheint, haben sich doch bei mir die ein oder anderen phänotypischen Entwicklungspotentiale positiv erschlossen.

Aus gelegentlichen Begegnungen wurde eine immer belastbarere persönliche Verbindung, wobei ich noch sehr gut und für mich erstaunlich in Erinnerung habe, wie viel Zeit er sich zu seiner Landratszeit gelegentlich nahm, um mit mir als JU-Funktionär und Schulsprecher der seinerzeit im Ausbau befindlichen Lahntalschule in Biedenkopf allgemein- und schulpolitische Fragen zu diskutieren. Es hat unsere Beziehung auch nur kurzfristig herausgefordert, dass er in dieser Zeit einmal alle Hände voll zu tun hatte, den seinerzeitigen Fraktionsvorsitzenden im Biedenkopfer Stadtparlament und langjährigen schulpolitischen Sprecher der Kreistagsfraktion, Wolfgang Barth, vom Rücktritt von allen politischen Ämtern abzuhalten, nachdem wir aufmüpfige Mitglieder der Jungen Union ihm in einer Überraschungsaktion einen Gegenkandidaten auf der Liste der Delegierten für den Kreisparteitag beschert hatten, der zur Verblüffung aller dann auch noch in der Mitgliederversammlung eine Mehrheit erhielt.

Christean Wagners Lebensweg, der sich durch seine mannigfaltigen Erfahrungen auf den unterschiedlichsten politischen Ebenen auszeichnet, ist in dieser Vielfältigkeit aber nur erklärbar, weil dieser Weg keinesfalls frei von Brüchen und Enttäuschungen war, aus diesen sich aber stets wieder neue Perspektiven ergaben.

So stand die Kommunalwahl 1985 unter keinem guten politischen Vorzeichen. Bundespolitisch standen wir ziemlich genau in der Mitte der Legislaturperiode 1983 bis 1987 keineswegs glänzend da, sodass die Kommunalwahl hessenweit, aber auch in Marburg-Biedenkopf nach den grandiosen Wahlerfolgen der Jahre 1977 und 1981 mit einer Niederlage auf breiter Front endete. Landauf und landab wurden Landräte der Union, die seinerzeit ja noch von den Kreistagen berufen worden waren, abgewählt. Dieses Schicksal ereilte auch Christean Wagner, obwohl die CDU im Landkreis Marburg-Biedenkopf mit ihm als Spitzenkandidaten ein sehr gutes Ergebnis erzielt hatte, aber in Folge des Scheiterns der Freien Wähler an der 5%-Hürde eine rot-grüne Mehrheit nicht verhindern konnte. Mit einem Mal stand der politische Hoffnungsträger, gerade Anfang 40, sozusagen „auf der Straße". Nach einigen Monaten der Orientierung begann er eine Station als Geschäftsführer des Frankfurter Instituts für wirtschaftspolitische Forschung, das heute unter „Stiftung Marktwirtschaft" in Berlin firmiert. In diese Zeit fiel mein Einstieg in die ehrenamtliche Kommunalpolitik als Stadtverordneter in Biedenkopf. Gleich in einer der ersten Stadtverordnetensitzungen stand eine für mich damals sehr bedeutsame Entscheidung an, nämlich die Frage, ob die Stadt einen hauptamtlichen Stadtjugendpfleger einstellen sollte oder nicht. Während meine Partei dies vehement ablehnte, hatte die Junge Union unter meinem Vorsitz dies als Forderung erhoben, sodass für mich sehr schnell feststand, dass ich auch nach der erst sehr kurzen Zeit als Stadtverordneter an dieser Stelle nicht mit meiner Fraktion würde stimmen können. Das trug mir dann ein Telefonat mit Christean Wagner ein, das mein Bild von ihm lange Zeit, ja sogar bis heute geprägt hat. Im Gegensatz zu manch anderen Gesprächspartnern, die schlicht Druck auf mich ausgeübt haben, mich doch fraktionskonform zu verhalten, stellte er mit mir gemeinsam eine nüchterne Chancen- und Risikenanalyse an, gab mir einen Rat, fügte aber hinzu, dass ich mich genauso anders entscheiden könne, ohne dass ich eine Belastung unseres Verhältnisses befürchten müsse. Ich entschied mich anders, stimmte gegen die Fraktionslinie und war beeindruckt, in der Folgezeit von mehreren Gesprächspartnern zu erfahren, dass Christean Wagner in seinen Gesprächen mit Vertretern der Biedenkopfer CDU nachdrücklich um Verständnis für die Position des jungen Mannes geworben hatte. Diese Fähigkeit, unter vier Augen unterschiedlichste Standpunkte auch kontrovers auszutauschen, aber eine dann gemeinsam gefundene Lösung ohne auch nur mit der Wimper zu zucken gemeinschaftlich zu vertreten, ist eine Eigenschaft, die ihn bis heute auszeichnet.

Sein Weg führte ihn dann vom Frankfurter Institut nach kurzer Zeit an der Seite von Walter Wallmann in das Bundesumweltministerium nach Bonn und ein knappes Jahr später in die Hessische Landesregierung nach Wiesbaden. Neben den Begegnungen in der heimischen Union kreuzten sich unsere Wege auch weiter insoweit, als ich einige Zeit das schulpolitische Referat im Landesvorstand der Jungen Union zu betreuen hatte und er als Kultusminister naturgemäß ein gefragter Gesprächs- und Diskussionspartner war.

Als die Landtagswahl 1991 näher rückte und der damalige Landtagsabgeordnete Walter Troeltsch seinen Rückzug ankündigte, zeichnete sich schon bald ab, dass neben dem amtierenden Kultusminister Christean Wagner auch der seinerzeitige Fraktionsgeschäftsführer im Kreistag Robert Fischbach – heute Landrat des Landkreises Marburg-Biedenkopf und Präsident des Hessischen Landkreistages – Interesse an der Nachfolge anmelden würde. Im Vorfeld des entscheidenden Kreisparteitages sprach Christean Wagner mich an, ob ich bereit sein würde, auf dem Parteitag am Rednerpult für ihn Partei zu ergreifen, was ich aus Überzeugung gerne getan habe. Das Ergebnis war am Ende viel knapper als man es im Vorfeld erwarten konnte, führte ihn aber zur Wahlkreiskandidatur und am Ende über einen sicheren Listenplatz in den Hessischen Landtag. Zu Christean Wagners herausragenden Eigenschaften gehört vermutlich eher nicht, eine einmal gefestigte Beurteilung von Zeitgenossen kurzfristig zu revidieren, aber dennoch imponierte ihm die Rede des nunmehr langjährigen, ehrenamtlichen Kreisbeigeordneten Helmut Wege – eines Fürsprechers seines Mitbewerbers – so, dass er anschließend mit offen Armen auf ihn zuging, woraus seitdem eine belastbare freundschaftliche Verbindung geworden ist.

Seine Arbeit als Landtagsabgeordneter habe ich dann über eineinhalb Legislaturperioden als Wahlkreismitarbeiter begleiten dürfen. Aus dieser Zeit sind mir die zahlreichen, durchaus strapazierenden Befragungen zum aktuellen Status des Studiums und der detaillierten Examensplanung noch gut in Erinnerung. Diese den Betroffenen zuweilen eher anstrengende Form der Fürsorge erfüllt mich im Nachhinein mit großer Dankbarkeit. Wie viele Studien- und Berufsausbildungen von politisch engagierten haben keinen erfolgreichen Abschluss gefunden, weil das Hobby „Politik" so ungeahnt viele Möglichkeiten gibt, sich vom Lernen mit jeweils individuell guten Gründen auszuklinken? Hier hat schon mancher begabter Zeitgenosse seine persönliche Ausbildung für sein Engagement geopfert. Heute ertappe ich mich dabei, wie ich nahezu wortgleiche Ansprachen an den politischen Nachwuchs richte.

Aus den Jahren in der Opposition im Landtag stach sicherlich das Jahr 1993 hervor. Als Bundeskanzler Helmut Kohl den damaligen Fraktionsvorsitzenden im Hessischen Landtag, Manfred Kanther, als Innenminister ins Bundeskabinett berief, sahen nicht wenige Unionsabgeordnete Christean Wagner als seinen möglichen Nachfolger an. Gleichzeitig kandidierte auch Roland Koch, der das Amt bereits bis zum Regierungswechsel 1991 kurzzeitig innehatte. Nach reiflicher Überlegung verzichtete Christean Wagner auf die Kandidatur. Der Einfluss, den die Bundesspitze der CDU zugunsten von Roland Koch ausgeübt hatte, war sicher dafür ebenso ein Grund wie das in diese Zeit fallende Ende seiner ersten

Ehe. Diese familiäre Situation entwickelte sich für ihn zu einer besonderen Belastung, da von interessierter Seite vermeintliche Einzelheiten der familienrechtlichen Folgen in die publizistische Öffentlichkeit getragen wurden. Er setzte aber seine Arbeit weitgehend unbeeindruckt fort, und wer ihn nicht näher kannte, wird davon nur wenig bemerkt haben. Einige Zeitgenossen haben aus dieser Fähigkeit zur preußischen Selbstdisziplin eine fehlende Sensibilität abgeleitet, was eine eklatante Fehleinschätzung ist. Er trägt solche persönlichen Belastungen nach außen mit Fassung und differenziert sehr genau, wem gegenüber er seine Sensibilität offenbart.

Eine neuerliche Enttäuschung lag in den Vorbereitungen für die Landtagswahl des Jahres 1995. Spitzenkandidat und Bundesinnenminister Manfred Kanther nominierte ihn nicht für sein Schattenkabinett, obwohl er seinen eigenen Weg an die Spitze der Landtagsfraktion vier Jahre zuvor ganz entscheidend dem Engagement Christean Wagners zu verdanken hatte, der für diese Personalentscheidung sogar seine langjährige Freundschaft zu Walter Wallmann riskiert hatte.

Im Schattenkabinett von Roland Koch vier Jahre später war er hingegen als Justizminister gesetzt. In der Auseinandersetzung mit dem ersten grünen Justizminister in Deutschland, Rupert von Plottnitz, hatte er der sonst eher ein Schattendasein fristenden Rechtspolitik zu landesweiter und darüber hinausgehender Beachtung verholfen. In der Vorbereitungsphase auf diese Landtagswahl in der zweiten Jahreshälfte des Jahres 1998 fragte er mich dann, ob ich im Falle eines Wahlsieges mit ihm nach Wiesbaden als Leiter seines Ministerbüros kommen würde. Auf der Basis der damaligen Demoskopie gab ich ihm spontan ein positives Signal, was weniger der sicheren Überzeugung als der pragmatischen Überlegung geschuldet war: „Warum einen guten Freund enttäuschen, wenn das Risiko des Schadenseintrittes so gering ist."

In den darauf folgenden Wochen begegneten Christean Wagner und ich uns wechselseitig mit jeweils ambivalenter Gemütslage. Bei ihm mischte sich das eigene Interesse, mich für die Funktion im Justizministerium gewinnen zu wollen, mit dem „schlechten Gewissen", einen auch von ihm für hoffnungsvoll gehaltenen Weg in der Frankfurter Bankenwelt mit seiner Offerte zu beenden. Mein schlechtes Gewissen bezog sich auf die gegebene Zusage, ohne deren Finalität in diesem Moment vollständig überblickt zu haben, und wurde garniert mit den mannigfaltigen Abwägungen zwischen der Fortsetzung des eingeschlagenen Weges in der Privatwirtschaft und einer Funktion im politischen Management. Die Entscheidung wurde mir dann dadurch sehr erleichtert, dass die Verantwortlichen der Commerzbank das sehr pragmatische Angebot unterbreitete: „Schäfer, geh' nach Wiesbaden, und wenn Du keine Lust mehr hast, kommste einfach wieder." Mit dieser Rückfahrkarte in der Tasche habe ich dann zugesagt, mit dem Tag der Regierungsübernahme Anfang April 1999 in Wiesbaden meinen Dienst als Leiter des Ministerbüros des Justizministers Christean Wagner anzutreten. Ein Entschluss, den ich nicht einen Tag bereut habe!

Es begann eine ungeheuer arbeitsreiche, zugleich aber auch intensive Zeit des persönlichen Miteinanders. Seine Erfahrungen in der Führung großer administrativer Apparate auf den unterschiedlichsten Ebenen sowie eine akribische Vorbereitung der ersten zu ergreifenden Maßnahmen und strategischen Weichenstellungen waren eine sehr gute Grundlage für einen äußerst erfolgreichen Start in die neue Legislaturperiode. Hinzu kam ein von den Persönlichkeitsprofilen her durchaus heterogenes Team, das aber in der Lage war, die Unterschiedlichkeit der Beteiligten für den Erfolg der gemeinsamen Sache nutzbar zu machen. Staatssekretär Herbert Landau übernahm die Führung des Hauses mit seinem großen Geschäftsbereich, was auf Grund seiner breiten justiziellen Erfahrung und Vernetzung problemlos gelang. Mit Pressesprecher Martin Huff konnten wir den Justizverantwortlichen von der Frankfurter Allgemeinen Zeitung abwerben, was der Vermarktung unserer Politik sehr förderlich war. Mit Bernhard Lorenz übernahm ein erfahrener, in der Wiesbadener Kommunalpolitik verankerter Kopf die Leitung des Parlamentsreferates, und obwohl der persönliche Referent Oliver Franz diese Funktion als Berufseinsteiger übernommen hatte, überzeugte auch er schon nach kurzer Zeit das Haus und den Geschäftsbereich von seiner Leistungsfähigkeit. In diesem Team das politische Bindeglied sein zu dürfen, war tägliche Herausforderung und Vergnügen zugleich, zumal die Themenpalette extrem breit war. Sie reichte von neuen Schwerpunkten in der Kriminalpolitik wie der elektronischen Fußfessel über die Neustrukturierung des Strafvollzuges mit dem Bau neuer Haftplatzkapazitäten bis hin zur Bewältigung zweier Untersuchungsausschüsse. Auch wenn man sich schon über viele Jahre gut kennt, gewinnt die so enge Zusammenarbeit eine neue Qualität und offenbart auch noch die letzten liebenswerten Besonderheiten der Persönlichkeitsprofile. Christean Wagner galt von jeher als nicht einfacher Chef: hohe Ansprüche – quantitativ wie qualitativ – gepaart mit der Fähigkeit, beispielsweise die Bewertung eines Redeentwurfs an der Gestaltung der Gliederungsziffern festzumachen, haben so manchen Mitarbeiter an seine Leistungsgrenzen geführt. So beanspruchend der Arbeitsalltag auch war, so fürsorglich war Christean Wagner aber gegenüber seinen Mitarbeiterinnen und Mitarbeitern. Aus den vielen Jahrzehnten wahrgenommener Führungserfahrung sind mir nur ganz wenige Weggefährten bekannt, bei denen der Kontakt zu Christean Wagner abgebrochen ist, weil es im persönlichen Bereich zu dauerhaften Verstimmungen gekommen ist. Das hat ganz sicher damit zu tun, dass er Mitarbeiter in ihrem Fortkommen nie behindert, sondern ihre Entwicklung immer unterstützt hat – selbst wenn er in seinem Umfeld dadurch ungeplant zu Veränderungen gezwungen war. Dem langjährigen Justizminister Herbert Günther ging der schon fast legendäre Ruf voraus, eine breit verzweigte und langfristige Personalentwicklung sehr erfolgreich betrieben zu haben. Christean Wagners Bilanz steht dem nicht viel nach. Unter seinen ehemaligen Mitarbeitern finden sich heute hohe Repräsentanten in der Justiz als Gerichtspräsidenten oder Führungskräfte der Staatsanwaltschaften, Bundesrichter, Abteilungsleiter oder

Stellvertreter in der Ministerialbürokratie, Geschäftsführer in den Kammerorganisationen, Dezernenten in Großstadtverwaltungen usw. Die Aufstellung liest sich eindrucksvoll. Neben dem dienstlichen Miteinander kam auch das Persönliche nie zu kurz, was den Zusammenhalt des Ministerbüros zusätzlich festigte.

Deshalb fiel es mir auch sehr schwer, das Angebot von Roland Koch anzunehmen, die Nachfolge seines Büroleiters Helmut Müller anzutreten, als dieser 2002 in die hauptamtliche Wiesbadener Kommunalpolitik wechselte – nicht wegen der neuen Aufgabe, sondern wegen der Notwendigkeit, das Team zu verlassen. Hier zeigte Christean Wagner einmal mehr, dass ihm Fürsorge gegenüber seinen Mitarbeitern wichtiger war als sein eigener Nutzen: Er zögerte nicht eine Sekunde, mir mit allem Nachdruck zu raten, Roland Kochs Angebot anzunehmen: „Thomas, Du musst das machen!", lautete die kurze wie richtige Ansage.

Als dreieinhalb Jahre später, im Herbst 2005, Staatssekretär Herbert Landau zum Richter des Bundesverfassungsgerichtes gewählt und seine bisherige Position vakant wurde, setzte Christean Wagner zum „Revanchefoul" an: Er bat Roland Koch, mir diese Aufgabe zu übertragen, um mich damit zurückholen zu können. In dieser Situation konnte ich davon profitieren, dass auch Roland Koch seine eigenen Interessen im unmittelbaren Arbeitsumfeld hintanstellte und die Weiterentwicklungsmöglichkeiten seines Büroleiters nicht nur nicht blockierte, sondern sie aktiv beförderte. Am 1. November 2005 führte Christean Wagner mich in einer sehr warmherzigen Zeremonie in mein neues Amt ein.

Leider währte unsere gemeinsame zweite Zeit im Justizministerium nur wenige Wochen, da Christean Wagner sich seinerseits von Roland Koch in die Pflicht nehmen ließ und den Vorsitz der CDU-Landtagsfraktion übernahm, nachdem Franz Josef Jung in den Bundestag gewechselt und im Zuge der Bildung der Großen Koalition in Berlin an die Spitze des Bundesverteidigungsministeriums berufen worden war. Auch wenn Christean Wagner liebend gerne Justizminister geblieben wäre, stellte er sich dieser neuen Herausforderung. Die folgenden acht Jahre waren eine unglaublich spannende Zeit mit großen Erfolgen, aber auch einer schmerzhaften Niederlage Anfang 2008. Die Zeit der unklaren Mehrheitsverhältnisse 2008, die Chance zum Neustart in 2009, den Wechsel von Roland Koch zu Volker Bouffier ein Jahr später und den Weg hin zu den aufziehenden Landtagswahlen Ende 2013/Anfang 2014.

All das bewältigte und bewältigt Christean Wagner in der ihm eigenen Art, stets klar positioniert, streitbar und diskussionsfreudig, aber auch pragmatisch zum Kompromiss fähig und angewandt im Persönlichen. Er blieb als Wertkonservativer stets auf seinem Kurs, war und ist aber stets offen für neue Ideen. So hat er die Regierungsarbeit, die Landtagsfraktion und die Programmatik der Partei in den zurückliegenden Jahren mit zahlreichen Denkanstößen, nicht zuletzt bei der Mitarbeit am Grundsatzprogramm der CDU Deutschlands zu aktuellen Themen und Fragestellungen bereichert. Seine familiäre Herkunft aus dem heute vermeintlich so fernen Königsberg, und seine preußische Prägung haben seine Geisteshaltung und seine Arbeitseinstellung sicherlich nachhaltig beeinflusst. Disziplin, Fleiß, Loyalität, Pflichtbewusstsein und Zuverlässigkeit stellen für ihn keine leeren Worthülsen dar, sondern sind bewährte und gelebte Verhaltensmaximen im Umgang mit politischen Freunden und Gegnern. Sie alle schätzen an ihm seine persönlich verbindliche Art, jenseits aller Allüren von Anbiederung, die sich im politischen Geschäft verbreitet haben. Dies alles macht ihn als Partner verlässlich und als Freund unschlagbar.

## II. Recht und Justiz

# Tatort Gesundheitsmarkt

## Vermögensstraftaten und Korruption im Gesundheitswesen

Hans-Josef Blumensatt

### I. Vorbemerkung

Nichts berührt den Bürger mehr als die Sorge um seine Gesundheit.[1] Seit Jahrzehnten wird Gesundheit auch mit dem Begriff „Glück" in Verbindung gebracht.[2] Das Gesundheitswesen ist daneben zweifellos eine der wichtigsten Säulen des Sozialstaates.

Aber auch finanziell ist das Thema „Gesundheitsmarkt" von erheblicher Bedeutung. Im deutschen Gesundheitssektor arbeiten mittlerweile mehr als 4,5 Millionen Menschen.[3] Insgesamt etwa 280 Mrd. Euro jährlich setzt der Gesundheitsmarkt allein in Deutschland um. Ein Drittel der Kosten betreffen die Krankenhäuser, gefolgt von 17 Prozent Arzneikosten und mit 15 Prozent Arztkosten.

Nach Schätzungen von Experten sollen in Deutschland jährlich mindestens eine Milliarde Euro auf Vermögensstraftaten und Korruption im Gesundheitswesen entfallen.[4] Strafverfolger, die zahlreiche Verfahren aus diesem Bereich bearbeiten, schätzen den Schaden dagegen bereits auf einen zweistelligen Milliardenbetrag jährlich. Transparency International geht von etwa 20 Milliarden Euro aus. Nach einer Einschätzung des europäischen Anti-Korruptionsnetzwerks EHFCN (European Healthcare Fraud and Corruption Networks) verursachte der Betrug im EU-Gesundheitssektor bereits im Jahre 2005 schon einen Schaden von 56 Mrd. Euro, wovon Deutschland jährlich ein Gesamtschaden von 13,5 Mrd. Euro zugerechnet werde.[5]

---

[1] Auch der sogenannte „Organspendeskandal" vom Juli 2012, der von der Göttinger Universitätsklinik ausging und der sich mit der manipulierten Zuteilung von Spenderorganen anlässlich von Transplantationen befasst, zeigt, wie die intensive Berichterstattung in den Medien belegt, dass die Bevölkerung sehr sensibel auf „Ungereimtheiten" im Gesundheitswesen reagiert.

[2] Leitsatz im Volksmund: „Gesundheit ist nicht alles, aber ohne Gesundheit ist alles nichts!"

[3] Frankfurter Rundschau vom 23.2.2012.

[4] Spiegel online vom 19.7.2010.

[5] Frankfurter Rundschau vom 23.2.2012.

Wirklich belastbare Statistiken über die Gesamthöhe der Schäden fehlen jedoch. Zahlreiche Presseberichte vermitteln allerdings den Eindruck, dass die Anzahl der Straftaten und die damit verbundenen Schadenssummen insgesamt ansteigen.[6]

Veraltete, nicht transparente und komplizierte Gebührenordnungen und Vergütungssysteme, fehlende leistungsgerechte Vergütung in bestimmten Versorgungsbereichen und ständig steigender Kostendruck begünstigen Straftaten in diesem Bereich. Die Ermittlungen der Strafverfolgungsbehörden richten sich schwerpunktmäßig gegen die Leistungserbringer, z.B. Ärzte, Apotheker oder Verantwortliche von Pflegediensten oder Sanitätshäusern.

Nicht zu verkennen ist allerdings, dass die ganz überwiegende Anzahl der Ärzte, Apotheker und Therapeuten ihre Leistungen korrekt abrechnen. Und das Vertrauen von Patienten zu dieser Personengruppe ist gerade in unserem Gesundheitssystem von eminent wichtiger Bedeutung. Gerade deshalb sollte es Ziel von Krankenkassen und Ermittlungsbehörden sein, diejenigen zu entlarven, die dieses Vertrauenssystem durch Straftaten beschädigen.

Viele gesetzliche und private Krankenkassen lassen daher zu Recht Betrugsaktivitäten durch eigene Ermittlungsgruppen in Zusammenarbeit mit den Strafverfolgungsbehörden verfolgen.[7] Die nachhaltige Aufklärung von Betrugsstraftaten und die weitgehende Rückführung der Schadenssummen stehen dabei im Zentrum der gemeinsamen Ermittlungen von Krankenkassen und Strafverfolgungsbehörden. Denn es ist zweifellos von überragendem gesellschaftlichem Interesse, dass unser hochentwickeltes und extrem spezialisiertes Gesundheitssystem auch in Zukunft ohne größere Reibungsverluste funktioniert.

## II. Einrichtung einer Zentralstelle und deren Aufgaben

Polizei und Staatsanwaltschaft sahen sich bei Ermittlungen am „Tatort Gesundheitsmarkt" mit einer neuen Spezialmaterie konfrontiert. Ausgangspunkt bildete ein Ermittlungsverfahren der Staatsanwaltschaft Limburg gegen Verantwortliche einer privatärztlichen Abrechnungsstelle und mehrere hundert Ärzte, die ihre Leistungen über den Dienstleister abrechnen ließen. Der Verfahrenskomplex wurde seit 2002 von der Eingreifreserve der hessischen Generalstaatsanwalt-

---

[6] Die Süddeutsche Zeitung vom 23.2.2012 berichtet, dass die KKH-Allianz Abrechnungsbetrug im Gesundheitswesen anprangert. Allein im Jahre 2011 seien 589 Fälle aufgedeckt und dabei Forderungen in Höhe von 934.000 Euro geltend gemacht worden. „Unsaubere Geschäfte" seien von Physiotherapeuten, gefolgt von Apothekern und Mitarbeitern der häuslichen Pflege begangen worden. Insgesamt habe die KKH Allianz (so die Frankfurter Rundschau vom 23.2.2012), eine Kasse von mittlerer Größe mit insgesamt 1,8 Millionen Versicherten, bis zum Februar 2012 fast 10.000 „illegale Vorgänge" aufdecken können.

[7] Pressemitteilung der AOK vom 8.7.2010 „Den Schwarzen Schafen auf der Spur".

schaft bearbeitet. Im Laufe der Ermittlungen wurde die Expertise bei der Bearbeitung von Ermittlungsverfahren aus dem Tatort Gesundheitsmarkt stetig erweitert und nach und nach die Bearbeitung von Ermittlungsverfahren für sämtliche hessischen Staatsanwaltschaften übernommen.

Seit 1.10.2009 hat die Generalstaatsanwaltschaft in Frankfurt am Main eine „Zentralstelle zur „Bekämpfung von Vermögensstraftaten und Korruption im Gesundheitswesen" eingerichtet.

„Mit dieser bundesweit ersten Zentralstelle in diesem Teilbereich der Wirtschaftskriminalität nimmt Hessen eine Führungsrolle bei der Bekämpfung von Straftaten im Gesundheitswesen ein. Es entsteht eine vorbildliche Infrastruktur, die angesichts der hohen finanziellen Schäden durch z.B. betrügerische Abrechnungen zum Nachteil der gesetzlichen Krankenkassen auch dringend erforderlich ist."[8]

Hessen hat damit seine Vorreiterstellung bei der Schaffung einer Infrastruktur für die Verfolgung dieser Straftaten weiter ausgebaut. Mit drei bei der Generalstaatsanwaltschaft ansässigen hoch spezialisierten und qualifizierten Staatsanwälten werden zentral alle Ermittlungsverfahren aus sämtlichen Bereichen der medizinischen Versorgung und gegen ärztliche und nichtärztliche Leistungserbringer für alle Staatsanwaltschaften in Hessen dort bearbeitet.

Dies betrifft vor allem folgende Verfahrenskomplexe: Labor-, Pflegedienst-, Sanitätshaus-, Wegegeld- & Transportkosten-, Vorsorge-, Zeitprofil-,[9] Approbations- und Apothekenverfahren.

Außerdem entwickelt die Zentralstelle fortlaufend aktuelle Konzepte zur Bearbeitung dieser Verfahren, eine Schlüsselqualifikation, die auch von Staatsanwaltschaften anderer Bundesländer und den Krankenkassen häufig nachgefragt wird. Überhaupt ist die intensive Zusammenarbeit von Krankenkassen, Kassenärztlicher Vereinigung, Polizei und Staatsanwaltschaft von entscheidender Bedeutung für den Erfolg ihrer Ermittlungen. Nur wenn alle „Verfahrensbeteiligten" ihre unterschiedlichen Expertisen in ein Gesamtkonzept einbringen, kann eine effektive und nachdrückliche Bekämpfung dieses Zweigs der Wirtschaftskriminalität gelingen.

Geradezu zwingend ist selbstverständlich die Aufbereitung der im Gesundheitsbereich anfallenden umfangreichen Daten mittels speziell entwickelter Soft-

---

[8] Presseinformation des Hessischen Ministerium der Justiz, für Integration und Europa vom September 2009.
[9] Wegen des Verdachts des Betruges zum Nachteil der Kassenärztlichen Vereinigung Hessen sind im Jahre 2011 gegen hessische Ärzte 103 Ermittlungsverfahren eingeleitet worden. Es bedarf gerade bei derartigen Verfahrenskomplexen intensiver Ermittlungsarbeit und des zweifelsfreien Nachweises, ob und in welchem Umfang ärztliche Leistungen entweder überhaupt nicht oder zumindest nicht im gebührenrechtlich vorgeschriebenen Umfang erbracht worden sind.

ware und die umfassende Schulung von Mitarbeitern der Krankenkassen und Polizeibeamten. Bei den Straftaten im Gesundheitsbereich handelt es sich vornehmlich um sogenannte „Kontrolldelikte", die selten von Privatpersonen zur Anzeige gelangen. Dabei entfaltet die konzeptionelle Zusammenarbeit der Zentralstelle mit Krankenkassen und der Kassenärztlichen Vereinigung Hessen verstärkt auch eine präventive Wirkung, da Missstände im Gesundheitsbereich nicht nur einzelfallbezogen sondern letztlich auch strukturell verfolgt werden müssen.

Dabei ist die Tätigkeit der Zentralstelle nicht nur auf die Strafverfolgung exponierter Einzelfälle beschränkt. Vielmehr erstreckt sich ihr Tätigkeitsbereich auf eine Vielzahl kleinerer und mittlerer Rechtsverstöße, die sich überwiegend in einer Grauzone des Gebührenrechts bewegen und aus diesem Grunde sowohl in rechtlicher als auch in tatsächlicher Sicht besonders schwierig sind.

So wurden in den Jahren 2009 bis 2011 von der Zentralstelle über 1.000 Ermittlungsverfahren geführt.

Besonders bemerkenswert sind die durch die Zentralstelle bei Verfahrenseinstellungen nach § 153a StPO und Bewährungsauflagen abgeschöpften Gewinne bei den Beschuldigten. So wurden z. B. im Jahre 2009 etwa 5,5 Millionen Euro, im Jahre 2010 ca. 2,1 Millionen Euro und insgesamt seit dem Jahre 2009 bis Juni 2012 insgesamt mehr als 13 Millionen Euro von Beschuldigten gezahlt, die überwiegend als Schadensregulierung zu Gunsten der gesetzlichen und privaten Krankenkassen sowie der Kassenärztlichen Vereinigung erfolgt sind.[10]

Letztlich stellt diese „Vermögensrückführung" eine nicht unerhebliche Entlastung für die Versichertengemeinschaft dar, die unser Gesundheitswesen letztendlich finanziert. Nicht zu unterschätzen dürfte auch der diese Gewinnabschöpfung um ein Vielfaches übersteigende Einspareffekt durch die präventive Arbeit der Ermittlungsbehörden und durch die umfassende Presseberichterstattung über einschlägige Verfahren in der örtlichen und überörtlichen Presse sein.

### III. Ärzte im Gesundheitssystem

Eine zentrale Position in unserem Gesundheitssystem nehmen die Ärzte ein. Im August/September 2012 drohten sie vereinzelt mit zeitweiliger Schließung von Praxen, um ihren Gehaltsforderungen Nachdruck zu verleihen. Nach Daten der Kassenärztlichen Bundesvereinigung betrugen deren Überweisungen an die Ärzte im Jahre 2010 etwa 30,6 Milliarden. Euro. Der durchschnittliche Honorarumsatz je Kassenarzt betrug 195.000 Euro.[11] Die Erlöse aus den Abrechnungen

---

[10] Von der Zentralstelle wurden von 2002 bis Mitte 2012 insgesamt 4.131 Ermittlungsverfahren geführt und unrechtmäßige Gewinne in Höhe von 20.239.467 Euro abgeschöpft.

[11] Frankfurter Allgemeine Zeitung vom 15.3.2012.

mit Privatpatienten, die oft mit bis zu 20 Prozent des Kassenumsatzes kalkuliert werden, kommen noch hinzu.[12]

Allerdings geben diese Zahlen nur ein sehr vages Bild, da die Ärzte von diesen Erlösen auch ihre Kosten, nicht zuletzt auch ihre Steuern und Sozialabgaben zu entrichten haben. Auch ist die Verteilung innerhalb der Ärzteschaft sehr unterschiedlich.[13]

Hoch zufrieden mit der medizinischen Versorgung scheinen die Deutschen jedoch nicht zu sein. Nur 34 Prozent bewerten diese als „sehr gut".[14] Das berichten Forscher vom Institut für Qualität und Wirtschaftlichkeit im Gesundheitswesen. Offenbar ist in den meisten anderen Staaten der Zufriedenheitsgrad wesentlich größer. Allerdings wird von den befragten Patienten vorwiegend die fehlende Kommunikation zwischen Arzt und Patient beanstandet.

Ärzte können durch Verschreibung von Medikamenten, Empfehlungen von Fachärzten und Überweisungen in Kliniken in der Tat Entscheidungen treffen, die einen Milliardenbetrag bei weitem übersteigen. Daraus hat sich vereinzelt eine Art „Pharma-Marketing" entwickelt. Ärzte erhalten von Pharmaherstellern für angeblich wissenschaftliche Beobachtungen der Medikamentenwirkung Geld oder andere Zuwendungen (sogen. Behandlungs-Beobachtungen). Manche Ärzte erhalten auch andere geldwerte Vorteile, wie z. B. Eintrittskarten für hochwertige Veranstaltungen oder Reisen, wenn sie bestimmte Medikamente verschreiben. Die Höhe dieser Zuwendungen bestimmt sich regelmäßig nach dem Verordnungsvolumen des Arztes. Auch bezahlte Vorträge in ausgesuchten Urlaubsländern oder Beraterverträge locken. Zweifellos ist es hier im Einzelfall besonders schwierig, eine Strafbarkeit zu begründen.[15]

An Vorschlägen, welche Maßnahmen zur Bekämpfung von Korruption im Medizinbetrieb geeignet sind, fehlt es nicht. Teilweise wird ein Korruptionsbeauftragter für das Gesundheitswesen gefordert,[16] andere halten eine Kronzeugenrege-

---

[12] Vgl. Frankfurter Rundschau vom 27.9.2012: *Baumann* kritisiert dort die Ärzte und Ärztefunktionäre. Im Durchschnitt verdiene ein niedergelassener Arzt nach Abzug der Praxiskosten im Durchschnitt 134.000 € jährlich. Die Krankenkassen kämen sogar auf 165.000 €. Er hält die „Kampfrhetorik der Ärzte" für nicht gerechtfertigt. Vielmehr sollten sie, „statt Krankenkassen zu beschimpfen und den Streit zu Lasten der Patienten austragen, die Honorare gerecht verteilen."

[13] Auf der Gehaltsskala am unteren Ende stehen wohl die Haus- und Kinderärzte; Gutverdiener sind insbesondere die Radiologen. Der Leitsatz der unterschiedlichen Gehaltsstruktur dabei ist wohl: Je mehr Technik verwandt wird, desto höher sind die Einkünfte des Arztes; je verstärkter Kommunikation und Beratung des Patienten durch den Arzt, desto geringer ist sein Salär.

[14] *Koch* und *Sawicki* im Deutschen Ärzteblatt 2010, Bd. 107, S. 427.

[15] Dem Patienten geht es naturgemäß in erster Linie darum, eine genau auf ihn abgestellte Medikation und Beratung zu erhalten.

[16] So der SPD-Abgeordnete *Karl Lauterbach,* zitiert nach Wiesbadener Kurier vom 14.9.2009.

lung für diese Branche als besonders sachdienliche Lösung.[17] Fakt ist, dass über 95 Prozent aller Strafanzeigen aus dem Bereich der Kassenärztlichen Vereinigungen und der Krankenkassen kommen, und besonders typisch sind die Fälle, dass Abrechnungen von nicht oder nicht in angegebener Weise erbrachten Leistungen erfolgt sind. Dabei findet der Abrechnungsbetrug überall statt, gleich ob bei Ärzten, Optikern oder Hebammen.

Die Fraktion der SPD hatte im Jahre 2010 einen Antrag zur „wirksamen Bekämpfung der Korruption im Gesundheitswesen" eingebracht.[18] Durch ergänzende Regelungen im Strafgesetzbuch sollte u. a. sichergestellt werden, dass Korruptionshandlungen niedergelassener Vertragsärzte Straftatbestände darstellen. Als Begründung hierfür wurde auch angeführt, dass durch Korruption, Abrechnungsbetrug und Falschabrechnung der gesetzlichen Krankenversicherung erhebliche Summen an Versichertengeldern verloren gingen, und dass diese Verluste jährlich zwischen drei und zehn Prozent der Gesundheitsausgaben lägen (mithin zwischen 5 und 18 Mrd. Euro).

In der Tat war es in den letzten Jahren in der staatsanwaltschaftlichen Praxis und in der juristischen Literatur sehr umstritten, ob sich niedergelassene Vertragsärzte wegen Korruption strafbar machen könnten. Die Befürworter hielten dies mit der Begründung, der Vertragsarzt erscheine bei Erfüllung der ihm durch die Krankenkassen und Kassenärztlichen Vereinigung übertragenen öffentlichen Aufgaben als verlängerter Arm des Staates, für geboten.[19]

Der Bundesgerichtshof hat in einer Aufsehen erregenden Entscheidung des Großen Senats vom 29.3.2012 diese Rechtsfrage geklärt.[20] Er hat entschieden, dass ein niedergelassener, für die ärztliche Versorgung zugelassener Arzt bei der Wahrnehmung der ihm in diesem Rahmen übertragenen Aufgaben nicht als Amtsträger tätig sei. Vielmehr werde das Verhältnis der Versicherten zum Vertragsarzt wesentlich bestimmt von Elementen des persönlichen Vertrauens und einer der Bestimmungsfreiheit durch die Krankenkassen entzogenen Gestaltungsfreiheit. Mithin sei der Vertragsarzt nicht Angestellter oder Funktionsträger einer Behörde. Damit scheidet eine Strafbarkeit nach §§ 331 ff. StGB aus.

Aber auch die ebenfalls bis zu diesem Zeitpunkt umstrittene Strafbarkeit nach der Wettbewerbsvorschrift des § 299 StGB[21] hat der BGH nunmehr eindeutig

---

[17] So der Unionspolitiker *Willi Zylajew.*
[18] Bundestags-Drucksache 17/3685 vom 10.11.2010.
[19] *Pragal/Apfel,* A&R 2007, 10, 17; *Neupert,* NJW 2006, S. 2811, 2813.
[20] BGH-GS, Beschluss vom 29.3.2012 – GSSt 2/11, NStZ 2012, S. 505 ff.
[21] Für eine Strafbarkeit: Beschluss des OLG Braunschweig vom 23.02.2010 – Ws 17/10 (allerdings nur in einem obiter dictum!) und LG Hamburg im Urteil vom 9.12.2010 – 618 KLs 10/09; anders (jedenfalls bei der Verordnung von Hilfsmitteln) LG Stade im Urteil vom 4.8.2010 – 12 KLs 170 Js 18207/09.

geklärt: Ein niedergelassener Vertragsarzt handelt bei der Verordnung von Arzneimitteln auch nicht als Beauftragter der gesetzlichen Krankenkassen. Vielmehr begegnen sich die an der vertragsärztlichen Versorgung Beteiligten in kooperativem Zusammenwirken und damit notwendig auf einer Ebene der Gleichordnung. Der Vertragsarzt habe bei der Verordnung von Medikamenten zwar auch auf die wirtschaftlichen Belange der Krankenkassen Bedacht zu nehmen, dies ändere aber nichts daran, dass die ärztliche Behandlung in erster Linie im Interesse des Patienten sei und in seinem Auftrag erfolge. Bei der erforderlichen Gesamtbetrachtung stehe diese Bindung an den Patienten im Vordergrund.[22] Damit steht auch fest, dass eine Strafbarkeit eines Vertragsarztes nach § 299 StGB nicht vorliegt.

Der BGH hatte damit die bereits seit Jahren bestehende Rechtsauffassung der bei der Generalstaatsanwaltschaft Frankfurt eingerichteten Zentralstelle für die Bekämpfung von Vermögensstraftaten und Korruption im Gesundheitswesen nachdrücklich bestätigt.

Schon in den Jahren 2009 und 2010 hatte die Generalstaatsanwaltschaft zwei Ermittlungskomplexe, die sich gegen insgesamt 251 Beschuldigte (Außendienstmitarbeiter von Pharmaunternehmen und niedergelassene Ärzte) gerichtet hatten, nach umfassender Prüfung gemäß § 170 Abs. 2 StPO eingestellt.

Dadurch sind in erheblichem Umfang Ermittlungsressourcen bei der Polizei und der Staatsanwaltschaft gespart und evtl. Entschädigungsverfahren nach dem Strafrechtsentschädigungsgesetz, die im Falle der Durchführung von Ermittlungen und den damit meist einhergehenden prozessualen Zwangsmaßnahmen regelmäßig angefallen wären, vermieden worden.

Die nunmehr teilweise in den Medien verbreitete Auffassung, die Entscheidung des BGH sende das falsche Signale an Ärzteschaft und Industrie dergestalt, dass die Annahme materieller Zuwendungen zur Beeinflussung des Verordnungsverhaltens von Ärzten zulässig sei[23], wird in dieser Allgemeinheit nicht von der Generalstaatsanwaltschaft Frankfurt geteilt. Denn bereits jetzt ist die Beeinflussung des Verordnungsverhaltens eines Arztes nach den einschlägigen Landesberufsordnungen[24] für Ärztinnen und Ärzte unzulässig und können auch Ordnungswidrigkeiten nach dem UWG oder dem Heilmittelwerbegesetz (HWG) darstellen. Verstöße dagegen können mit entsprechenden Sanktionen selbst bis zum Entzug der Approbation geahndet werden. Es ist demnach eine differenziertere Darstel-

---

[22] BGH GSSt 2,11, aaO.
[23] Frankfurter Rundschau vom 17.7.2012.
[24] Vgl. z.B. § 34 der Berufsordnung für die Ärztinnen und Ärzte in Hessen: Danach ist es dem Arzt z.B. nicht gestattet, für die Verordnung von Arznei-, Heil- und Hilfsmitteln oder Medizinprodukten eine Vergütung oder andere Vorteile für sich oder Dritte zu fordern, sich oder Dritten versprechen zu lassen oder anzunehmen.

lung des Phänomens und der Sanktionsmöglichkeiten auch unterhalb der Ebene des Strafrechts geboten.

Von daher bleibt zu hoffen, dass – worauf die bei der Zentralstelle tätigen Staatsanwälte im Rahmen ihrer Vortragstätigkeiten bei Industrie und Ärzteschaft wiederholt hingewiesen haben –, im Anschluss an diese Entscheidung des Bundesgerichtshofs auch verstärkt außerstrafrechtliche Sanktionsmöglichkeiten und präventive Ansätze, insbesondere Compliance Lösungen auf Industrieseite, in den Blickpunkt geraten.

Ob darüber hinaus der Gesetzgeber sich nunmehr veranlasst sieht, durch Schaffung eines den §§ 331 ff. StGB entsprechenden Sondertatbestandes für niedergelassene Vertragsärzte eine Sonderregelung zu treffen, um die sozial inadäquate Verknüpfung des Verordnungsverhaltens von Ärzten mit materiellen Zuwendungen durch die Industrie zu sanktionieren, erscheint zweifelhaft.

Die Bundesregierung prüft derzeit, ob die derzeitige Rechtslage nach dem Urteil des BGH als ausreichend angesehen werden kann.

In einer Antwort auf eine Kleine Anfrage der Fraktion Die Linke[25] weist die Regierung darauf hin, dass die Berufsordnungen der Landesärztekammern bereits ein Verbot der Entgegennahme von Geschenken vorsehen und nach § 128 des Fünften Buches des Sozialgesetzbuches (SGB V) auch die Gewährung wirtschaftlicher Vorteile durch Unternehmen im Zusammenhang mit der Erbringung vom ärztlichen Leistungen.

Ferner hat sie angekündigt, dass das Bundesministerium für Gesundheit (BMG) die Wirksamkeit der einschlägigen berufs- und sozialrechtlichen Vorschriften prüfen werde. In diesem Zusammenhang werde auch eine Abfrage bei den für die Umsetzung dieser Vorschriften zuständigen Institutionen und Verbänden erfolgen.

Nicht zu verkennen ist nach den Erfahrungen der Generalstaatsanwaltschaft dabei, dass sich offenbar bereits in den letzten Jahren, insbesondere bei Pharmaunternehmen, positive Tendenzen bei der Entwicklung und dem Aufbau von Compliance Strukturen abgezeichnet haben, die aufgrund der höchstrichterlichen Entscheidung sicher fortgeführt werden und damit den Milliarden schweren Gesundheitsmarkt nachhaltiger vor negativen Auswirkungen von Unrechtsvereinbarungen zwischen Ärzten und Industrie zu schützen vermögen, als dies eine strafgerichtliche Verurteilung zu leisten vermag. Von daher sollte die zukünftige Entwicklung des Gesundheitsmarktes beobachtet werden.[26]

---

[25] BT-Drucksachen 17/10547, 17/10440; Mitteilung Nr. 382 vom 6.9.2012.
[26] Vgl. *Lieb* in FAZ vom 19.9.2012 „Mein Essen, werte Pharmaindustrie, zahle ich selbst"!

## IV. Ausgewählte Ermittlungsverfahren

Zweifellos rechnet die ganz überwiegende Anzahl der Ärzte, Apotheker und Therapeuten korrekt ab.[27] Im Jahre 2011 war ein inhaltlicher Schwerpunkt bei sogen. „Apotheken-Verfahren" zu verzeichnen, die betrügerische Abrechnungen hochpreisiger Rezeptverordnungen zum Gegenstand hatten. Dabei war auffällig, dass die Straftaten überwiegend aufgrund einer kollusiven Absprache zwischen Ärzten und Apothekern begangen wurden, wodurch ihre Aufklärung erheblich erschwert wurde. Diese – sich in den zurückliegenden Jahren bereits abzeichnende – Entwicklung bei Rezeptbetrügereien konnte nur durch eine speziell entwickelte (kostenträchtige) Software aufgedeckt werden. Im Hinblick auf die Höhe der im Raum stehenden Schadenssummen, die sich meist auf hohe fünfstellige Beträge belaufen, dürfte sich dieser finanzielle Einsatz jedoch lohnen.

Einige ausgewählte Ermittlungsverfahren mögen dies verdeutlichen:

a) Eine Ärztin aus Frankfurt wurde im Jahre 2010 wegen Betrugs und Urkundenfälschung in 77 Fällen angeklagt. Sie hatte über mehrere Jahre Rechnungen über angeblich durchgeführte Behandlungen gegenüber der Krankenversicherung abgerechnet und entsprechende Belege gefälscht. Der Schaden für die Krankenversicherung belief sich auf ca. 100.000 €. Anlässlich der Durchsuchung ihrer Praxis wurden die Ermittler auf weitere Straftaten eines Augenarztes aus Baden-Württemberg und eines weiteren Mittäters aufmerksam. Die Ärztin ist flüchtig und wird per Haftbefehl gesucht.

b) Ein Arzt aus Frankfurt wurde im April 2011 wegen Untreue in Tateinheit mit Betrug in 28 Fällen zu einer Gesamtfreiheitsstrafe von vier Jahren; ein Apotheker, der Beihilfe hierzu geleistet hatte, wurde zu einer Gesamtfreiheitsstrafe von drei Jahren und vier Monaten verurteilt. Der Arzt hatte fingierte Rezepte über Sprechstundenbedarfsartikel (z. B. Einwegspritzen, Tupfer und sonstiges Verbrauchsmaterial) ausgestellt, der Apotheker hatte diese gegenüber der AOK Hessen abgerechnet und einen Schaden von ca. 550.000 € verursacht.

c) Eine Ärztin aus dem Bereich Hanau wurde im Sommer 2010 zu einer Freiheitsstrafe von einem Jahr mit Bewährung verurteilt. Sie hatte über mehrere Jahre von ihrer Krankenversicherung Krankentagegeld bezogen, obwohl sie während der angeblichen Krankheitszeiten Patienten behandelt hatte. Der Schaden der Krankenversicherung in Höhe von 125.000 € wurde von ihr während der Dauer des Ermittlungsverfahrens wieder gut gemacht.

d) Ein ehemaliger Chef-Cardiotechniker einer nordhessischen Klinik wurde wegen Vorteilsannahme in drei Fällen zu einer Gesamtgeldstrafe von 140 Tages-

---

[27] Dies war auch im Jahre 2009 (Pressemitteilung vom 22.7.2009) die Auffassung der damaligen Bundesministerin für Gesundheit, Ulla Schmidt, die sich aber auch energisch dafür aussprach, härter durchzugreifen, damit Schwarze Schafe ans Licht kommen und das Vertrauen in die gesamte Ärzteschaft nicht erschüttert wird.

sätzen verurteilt, weil er über fünf Jahre von einem Lieferanten für Medizinprodukte Urlaubsreisen und Handy- sowie Tankkosten im Gesamtwert von 12.000 € erhalten und dafür als Gegenleistung die Klinik zur Bestellung von Produkten des Lieferanten veranlasst hatte.

e) Das Amtsgericht Frankfurt am Main hat am 29.8.2012 einen zur Tatzeit 32-Jährigen wegen gewerbsmäßigen Betruges und Urkundenfälschung in 35 Fällen zu einer Gesamtfreiheitsstrafe von zwei Jahren mit Bewährung verurteilt. Der Verurteilte hatte in der Zeit von Mitte Juni bis Anfang Juli 2011 in Apotheken im Großraum Rhein-Main gefälschte Rezeptverordnungen eingelöst und auf diese Weise hochpreisige Medikamente (z.B. Krebs-, Hepatitis- und HIV-Medikamente) im Gesamtwert von ca. 90.000 € erlangt.

## V. Pflegedienste in Hessen

Die Presse[28] berichtete kürzlich unter der Überschrift „Millionenbetrug in der Pflege" bzw. „Die gepflegte Abzocke" ausführlich über Abrechnungsbetrug bei ambulanten Pflegediensten und die Problematik solcher Betrugsstraftaten.

Zwar bezog sich der Artikel überwiegend auf die Situation in Berlin, jedoch gilt die dort getroffene Wahrnehmung, wonach den Sozialleistungsträgern durch falsche Abrechnungen der Pflegedienste erhebliche Schäden entstehen, zweifelsohne auch für das Bundesland Hessen.

Seit dem Jahre 2006 hat die Generalstaatsanwaltschaft insgesamt 76 Pflegedienstverfahren wegen Betrugs und Urkundenfälschung bearbeitet, davon im Jahre 2011 allein 27 Verfahrenskomplexe abgeschlossen. Durch Auflagen an die Beschuldigten gem. § 153a StPO sind im Wege der Schadenswiedergutmachung bereits mehr als 230.000 Euro in die Sozialkassen zurückgeflossen.

Im Wesentlichen wurden von Pflegediensten Leistungen abgerechnet, die nicht oder nicht in diesem Umfang bei den Pflegebedürftigen erbracht wurden. Um dies zu verschleiern, wurden Abrechnungsunterlagen und Belege gefälscht. Es versteht sich von selbst, dass sich Ermittlungen schon dann als besonders schwierig erweisen, wenn die Pflegebedürftigen der deutschen Sprache nicht hinreichend mächtig oder auch nicht zur Zusammenarbeit mit den Ermittlungsbehörden bereit sind. Außerdem sind die (oft erheblich pflegebedürftigen) Zeugen meist in höherem Alter, stehen aufgrund ihres eingeschränkten Gesundheitszustandes nur begrenzt als Zeugen zur Verfügung, und sind darüber hinaus noch von den Pflegediensten abhängig. Darüber hinaus steht in Hessen auch (noch) keine ausreichende Anzahl an Sachverständigen zur Verfügung, die die Strafverfolgungsbehörden bei den umfangreichen Auswertungen der Abrechnungsunter-

---

[28] Frankfurter Allgemeine Sonntagszeitung vom 4.3.2012.

lagen der Pflegedienste unterstützen können. Ungeachtet dessen sind Abrechnungsfehler von Pflegediensten keineswegs auch immer strafrechtlich relevant.

Aufgrund der aufgezeigten Beweisprobleme und der oft lange zurückliegenden Tatzeiten ist es daher oft schwer, einen konkreten Straftatbestand nachzuweisen. Ob das im März 2012 in Kraft getretene Hessische Gesetz über Betreuungs- und Pflegeleistungen (HGBP), das die ambulanten Pflegedienste nun erstmalig der Aufsicht der Versorgungsämter unterstellt und ihnen konkrete inhaltliche Anforderungen auferlegt, wesentliche Änderungen bringen wird, bleibt abzuwarten.[29]

Nicht zu verkennen ist allerdings, dass die demografische Entwicklung der Bevölkerung und die damit zu erwartende Zunahme des Bedarfs an Pflegeleistungen die Gesellschaft vor neue, bisher nicht gekannte Herausforderungen stellen wird.[30]

Durch die bei der Generalstaatsanwaltschaft in Frankfurt eingerichtete Zentralstelle für die Bekämpfung dieser Straftaten dürfte eine Beseitigung der Missstände im Pflegesektor allein jedoch nicht erwartet werden können, wie überhaupt das Strafrecht zur Lösung gesamtgesellschaftlicher Probleme denkbar ungeeignet ist. Dennoch bleibt zu hoffen, dass gesetzliche Maßnahmen und die Aufklärung und Sensibilisierung der Bevölkerung durch die Medien maßgeblich dazu beitragen werden, unseriösen und unzuverlässigen Betreibern von ambulanten Pflegediensten entgegenzuwirken, damit Strafrecht letztlich das bleibt, was es schon immer sein sollte, nämlich „ultima ratio"!

---

[29] Auch die Bundesregierung hat sich dem Thema „Pflege" besonders angenommen: Sie hat einen Gesetzentwurf (17/10747) zur Erweiterung des Assistenzpflegebedarfs vorgelegt. Danach soll die Möglichkeit für pflegebedürftige Behinderte, im Krankenhaus eine Assistenzpflege in Anspruch nehmen zu können, auf stationäre Vorsorge- und Rehabilitationseinrichtungen ausgeweitet werden (Heute im Bundestag – Mitteilung Nr. 422 vom 27.9.2012). Auswirkungen auf die Strafrechtspflege sind insoweit allerdings nicht zu erwarten.
[30] Frankfurter Allgemeine Zeitung vom 26.9.2012: Nach dem Ergebnis einer neuen Studie des Wirtschaftswissenschaftlers *Eckart Bomsdorf* von der Universität zu Köln wird im Jahre 2060 die Hälfte der in Deutschland Lebenden älter sein als 51 Jahre. Es sei eine doppelte Herausforderung, dass die Bevölkerung insgesamt abnehme und gleichzeitig älter werde.

# Die Lastschrift im Wechselspiel zwischen Rechtsprechung und Gesetzgebung

Jürgen Ellenberger

## I. Einleitung

Das Lastschriftverfahren ist eine Form des bargeldlosen Zahlungsverkehrs, das die deutsche Kreditwirtschaft entwickelt hat.[1] Die Rechtsverhältnisse zwischen den Teilnehmern des Verfahrens wurden durch Verträge und Abkommen gestaltet, ergänzend galten die Vorschriften des Geschäftsbesorgungs- und Auftragsrechts (§ 675 BGB iVm §§ 662 ff. BGB). Am 1.1.1964 trat das „Abkommen über den Lastschriftverkehr" (LSA) in Kraft, das zwischen den Spitzenverbänden des Kreditgewerbes vereinbart worden war. Dieses Abkommen führte einheitliche Verfahren ein und erlaubte so den Kreditinstituten und den Kunden weitgehende Rationalisierungsmaßnahmen. Die Kreditwirtschaft stellte zwei Lastschriftverfahren zur Verfügung. Das Abbuchungsauftragsverfahren, bei dem der Zahlungspflichtige seiner Bank vorab den Auftrag erteilt, eine bestimmte Lastschrift einzulösen, hat in der Praxis keine große Bedeutung erlangt. Das Einzugsermächtigungsverfahren, bei dem der Zahlungspflichtige seinen Gläubiger ermächtigt, fällige Zahlungsbeträge von seinem Konto einzuziehen, erfuhr eine beispiellose Verbreitung.[2] Der bargeldlose Zahlungsverkehr wird bezogen auf die Anzahl der Zahlungsverkehrsvorgänge zur Hälfte über Lastschriften abgewickelt,[3] wobei es sich ganz überwiegend um Einzugsermächtigungslastschriften handelt.

Die Dogmatik des Einzugsermächtigungsverfahrens war lange umstritten. Mitte der 2000er Jahre führte die Auslegung der herrschenden Genehmigungstheorie zu einem Streit zwischen dem für Bankrecht zuständigen XI. Zivilsenat und dem für das Insolvenzrecht zuständigen IX. Zivilsenat des Bundesgerichtshofs. Bewegung in die Dogmatik kam durch die Umsetzung der europäischen Zahlungsdiensterichtlinie mit Wirkung ab 31. Oktober 2009. Dies führte dazu, dass sich die zerstrittenen Senate in ihren Urteilen vom 20. Juli 2010[4] auf der

---

[1] Zur Entwicklung des Lastschriftverfahrens siehe *Ellenberger*, in: Schimansky/Bunte/Lwowski, Bankrechts-Handbuch, 4. Aufl., § 56 Rn. 1 ff.
[2] *Hadding/Häuser*, WM 83 Sonderbeilage Nr. 1 S. 7.
[3] Zahlungsverkehrsstatistik für das Jahr 2011, abrufbar unter www.bundesbank.de.
[4] BGH WM 10, 1543 und 1546.

Grundlage des neuen Rechts für die Zukunft einigten und den Banken eine Anpassung des Einzugsermächtigungsverfahrens an die neue europäische SEPA-Basislastschrift empfahlen. Der Deutsche Bundestag schloss sich dieser Empfehlung des Bundesgerichtshofs an. Die Bankwirtschaft stellte sodann mit Wirkung vom 9. Juli 2012 ihre Vertragswerke entsprechend dieser Empfehlung um. Der europäische Gesetzgeber wiederum bestimmte in der Verordnung zur Festlegung der technischen Vorschriften für Überweisungen und Lastschriften in Euro vom 14. März 2012 („Migrationsverordnung")[5], dass ab dem 1. Februar 2014 nur noch das europäische Lastschriftverfahren zulässig ist und die nationalen Verfahren in das europäische Verfahren übergeleitet werden. Dieses Wechselspiel zwischen Rechtsprechung und Gesetzgebung soll nachfolgend dargestellt werden.

## II. Dogmatik des deutschen Einzugsermächtigungsverfahrens

### 1. Rechtsverhältnisse im „Lastschriftviereck"

Man muss sich die Rechtsbeziehungen im „Lastschriftviereck" vor Augen führen, um die sich stellenden rechtlichen Frage sachgerecht beantworten zu können: Beim Einzugsermächtigungsverfahren sind im Wesentlichen vier selbständige Rechtverhältnisse zu unterscheiden. Zwischen Gläubiger (Zahlungsempfänger = Zahlungsdienstnutzer iSv § 675f Abs. 1 BGB) und Schuldner (Zahlungspflichtiger = Zahler = Zahlungsdienstnutzer iSv § 675f Abs. 1 BGB) einer Geldforderung, dem Valutaverhältnis (z.B. Kauf, Miete, Darlehen), wird vereinbart, dass die einredefreie Forderung des Gläubigers bei Fälligkeit vom Gläubiger eingezogen wird (Erteilung einer Einzugsermächtigung). Im Inkassoverhältnis zwischen Gläubiger und Gläubigerbank (erste Inkassostelle = Zahlungsdienstleister des Zahlungsempfängers) wird der Gläubiger mit der Inkassovereinbarung zum Einzugsermächtigungsverfahren zugelassen. Im Interbankenverhältnis sind die Rechte und Pflichten der ersten Inkassostelle, der Schuldnerbank (Zahlstelle = Zahlungsdienstleister des Zahlers) und weiterer Zwischenbanken durch das Lastschriftabkommen (LSA) geregelt. Im Deckungsverhältnis zwischen Schuldner (Zahlungspflichtiger = Zahler) und Schuldnerbank (Zahlstelle) ist der zwischen ihnen bestehende Girovertrag (Zahlungsdiensterahmenvertrag iSv § 675f Abs. 2) maßgeblich.[6]

### 2. Widerspruchsmöglichkeit des Zahlungspflichtigen

Die Besonderheit des Einzugsermächtigungsverfahrens besteht darin, dass der Gläubiger die Initiative zur Bezahlung seiner Forderung ergreift, indem er seine

---

[5] ABl. Nr. L. 94/22 vom 30. März 2012.
[6] *Ellenberger* (Fn. 1) § 57 Rn. 5.

Bank beauftragt, den Geldbetrag einzuziehen. Diese leitet den Auftrag an die Schuldnerbank weiter, die den Betrag dem Schuldnerkonto belastet und an die Gläubigerbank leitet, ohne dazu vom Schuldner eine direkte Weisung erhalten zu haben. Die Gläubigerbank schreibt sodann den eingezogenen Betrag dem Konto des Gläubigers gut. Wegen des Initiativrechts des Gläubigers und der fehlenden Mitwirkung des Schuldners bei der Belastung seines Kontos gehen sowohl die Bankwirtschaft als auch die führenden juristischen Theorien übereinstimmend davon aus, dass der Lastschriftschuldner der Kontobelastung für einen gewissen Zeitraum widersprechen kann, um unberechtigte Lastschrifteinzüge rückgängig machen zu können. Widerspricht der Schuldner der Kontobelastung, ohne die Belastungsbuchung zuvor genehmigt zu haben, muss die Schuldnerbank die Buchung berichtigen und gibt die Lastschrift im Interbankenverhältnis zurück. Die Gläubigerbank belastet sodann das Gläubigerkonto wieder mit dem zuvor gutgeschriebenen Betrag einschließlich Rücklastschriftgebühren. Der Streit über die juristische Einordnung der Rechtsbeziehungen im „Lastschriftviereck" entzündet sich vor allem an der Erklärung dieser Widerspruchsmöglichkeit des Schuldners. Dabei ist besonders brisant, dass der Widerspruch nicht nur im Deckungsverhältnis zu der Schuldnerbank zu beachten ist, sondern nach der herrschenden Genehmigungstheorie auch Auswirkungen auf die Erfüllung der Forderung im Valutaverhältnis zwischen Schuldner und Gläubiger hat.

### a) Genehmigungstheorie

In der Rechtsprechung des Bundesgerichtshofs hat sich nach einer Zeit nicht ganz eindeutiger Entscheidungen[7] die so genannte Genehmigungstheorie durchgesetzt, zu der sich erstmals der XI. Zivilsenat des Bundesgerichtshofs mit Urteil vom 14. Februar 1989[8] expressis verbis bekannt hat. Der Bundesgerichtshof legt die Parteierklärungen dahin aus, dass durch die Einzugsermächtigung nur die Benutzung des von der Kreditwirtschaft entwickelten technischen Verfahrens gestattet wird; es bestehe aus der Sicht des Schuldners kein Anlass, dem Gläubiger über die Verfahrensvereinfachung hinaus mehr Rechte einzuräumen (also insbesondere nicht die Verfügungsmacht über sein Konto), als diesem bei Überweisung oder Scheckzahlung zustehen würden. In dieser rechtlichen Deutung sieht der Bundesgerichtshof auch den Grund für die unbeschränkte Widerspruchsmöglichkeit des Schuldners, die das LSA voraussetze und die sich bei einer echten Ermächtigung oder Vollmacht dogmatisch nicht erklären lasse, weil sie weder aus Vereinbarungen zwischen Gläubiger und Schuldner, noch aus der Einzugsermächtigung folge, noch durch das LSA eingeräumt sei. Nur dieser in der un-

---

[7] Vgl. BGHZ 69, 82, 85; 74, 300, 305; 309, 312.
[8] BGH, WM 89, 520, 521; nachfolgend st. Rspr. des Bundesgerichtshofs: u. a. BGHZ 95, 103, 106; 144, 349, 353; 161, 49, 53 ff.; 162, 294, 303; 167, 171, 174; BGHZ 174, 84, Rn. 12; BGH, WM 96, 335, 337. WM 10, 1543 und 1546.

beschränkten Widerspruchsmöglichkeit bestehende Schutz des Schuldners vermeide die Gefahr, dass er sich mit seinem Kreditinstitut über die Berechtigung einer Lastschrift gerichtlich auseinandersetzen müsse, ein Risiko, das der Schuldner nach dem Inhalt seiner Erklärungen nicht übernehmen wolle. Für die Wirksamkeit der Belastungsbuchung, die zunächst ohne Weisung des Schuldners erfolgt, ist somit dessen Genehmigung nach §§ 684 Satz 2, 182 ff. BGB erforderlich. Erst durch diese Genehmigung entsteht der Aufwendungsersatzanspruch der Schuldnerbank.

b) Vertragliche Regelung zwischen 31. Oktober 2009 und 9. Juli 2012

Die Kreditwirtschaft hatte aufgrund des Inkrafttretens des neuen Zahlungsdiensterechts mit Wirkung ab dem 31. Oktober 2009 neue „Bedingungen für Zahlungen mittels Lastschrift im Einzugsermächtigungsverfahren"[9] mit ihren Kunden vereinbart, die der Genehmigungstheorie folgten. Im Deckungsverhältnis galt daher die Genehmigungstheorie in der Auslegung des Bundesgerichtshofs qua vertraglicher Vereinbarung bis zum Inkrafttreten der neuen Bedingungen zum 9. Juli 2012.

c) Verknüpfung von Deckungs- und Valutaverhältnis

Nach der Genehmigungstheorie hatte die Genehmigung der Lastschriftbuchung durch den Schuldner gegenüber der Schuldnerbank zugleich zur Folge, dass (erst dann) nach Anweisungsgrundsätzen auch Erfüllung der Forderung des Gläubigers im Valutaverhältnis (aus z.B. Kauf, Miete, Darlehen) eintrat.[10]

*3. Schwäche der Genehmigungstheorie*

Für die Rechtslage im Deckungsverhältnis lieferte die Genehmigungstheorie vor Inkrafttreten des neuen Zahlungsdiensterechts eine dogmatisch überzeugende Erklärung. Ihre Angreifbarkeit und Schwäche bestand aber zum einen darin, dass der Kontoinhaber regelmäßig keine ausdrückliche Genehmigung erteilt und daher unsicher ist, wann denn nun die Genehmigung vorliegt und damit der Aufwendungsersatzanspruch der Bank entstanden war. Dieser Schwebezustand konnte viele Monate dauern und bot das Einfallstor für die Zweckentfremdung des Einzugsermächtigungsverfahrens in der Insolvenz des Schuldners.[11] Da eine konkludente Genehmigung nicht schon in der kommentarlosen Entgegennahme von

---

[9] *Schimansky/Bunte/Lwowski,* Bankrechts-Handbuch, 4. Aufl., Anhang 3 zu §§ 56–59.
[10] *Ellenberger* (Fn. 1) § 58 Rn. 202.
[11] *Ellenberger* (Fn. 1) § 57 Rn. 15.

Kontoauszügen zu sehen ist[12] und eine ausdrückliche Genehmigung selten erklärt wird, hat es der Bundesgerichtshof gebilligt, dass nach § 7 Abs. 3 AGB-Banken aF (später Nr. 2.4 der „Bedingungen für Zahlungen mittels Lastschrift im Einzugsermächtigungsverfahren") die Genehmigung als erteilt gilt, wenn der Kunde sechs Wochen nach Rechnungsabschluss einer Belastungsbuchung nicht widersprochen hat, obwohl der Kunde auf das Genehmigungserfordernis und die Wirkung seines Schweigens im Rechnungsabschluss hingewiesen worden ist (fiktive Genehmigung).[13] Da Rechnungsabschlüsse üblicherweise vierteljährlich erteilt werden, führte das dazu, dass ein Schwebezustand von bis zu 4$^{1}$/$_{2}$ Monaten bestand. Wegen der von der Genehmigungstheorie postulierten Maßgeblichkeit der Genehmigung im Deckungsverhältnis für die Erfüllung im Valutaverhältnis betraf der Schwebezustand auch das Valutaverhältnis. So wurde beispielsweise die am 1. April fällige und auch per Lastschrift eingezogene Miete, wenn der Rechnungsabschluss für das 2. Quartal dem Schuldner am 1. Juli zuging, erst sechs Wochen später, also Mitte August erfüllt.

*4. Ausnutzen der Schwäche durch Insolvenzverwalter*

Auf Grundlage der Genehmigungstheorie war die im Einzugsermächtigungsverfahren erfolgte Lastschriftbuchung in der Insolvenz des Schuldners nicht insolvenzfest. Sowohl nach Eröffnung des Insolvenzverfahrens als auch bereits im Eröffnungsstadium konnte der vom Insolvenzgericht bestellte Insolvenzverwalter eine noch nicht genehmigte Lastschriftbuchung auf dem Schuldnerkonto durch seinen Widerspruch rückgängig machen, ohne die insolvenzrechtlich vorgesehenen Instrumente der Massesicherung benutzen zu müssen. Dies folgt daraus, dass die Genehmigung eine Verfügung im Sinne des § 21 Abs. 2 Satz 1 Nr. 2 InsO ist. Denn erst durch sie wird die bis dahin unberechtigte Kontobelastung wirksam und der Aufwendungsersatzanspruch der Schuldnerbank entsteht.[14]

Da nach der Genehmigungstheorie, die Gläubigerforderung im Valutaverhältnis erst mit Genehmigung der Belastungsbuchung im Deckungsverhältnis erfüllt war, teilte der Anspruch des Gläubigers gegen den Schuldner das Schicksal des Aufwendungsanspruchs der Schuldnerbank. Dies führte zu unverständlichen Ergebnissen, wenn der Insolvenzverwalter von dieser Möglichkeit in der Weise Gebrauch machte, dass er allen noch nicht genehmigten Lastschriften pauschal und unabhängig davon widersprach, ob gegen die dem Einzug zugrunde liegende Forderung eine sachlich berechtigte Einwendung bestand.[15] Der Widerspruch er-

---

[12] BGHZ 144, 349, 353 = WM 00, 1577 = NJW 00, 2667.
[13] BGHZ 177, 69 Rn. 27 f. = WM 08, 1963 = NJW 08, 3348.
[14] BGHZ 177, 69, Rn. 31 m.w.N.; im Ergebnis ebenso BGHZ 174, 84, Rn. 19; BGH WM 10, 1546 Rn. 11.
[15] *Ellenberger,* in: Ellenberger/Findeisen/Nobbe § 675x Rn. 48.

wies sich für den Gläubiger als kaum erträglicher Entzug der Früchte seiner (Vor-) Leistung, da die ihm bereits gutgeschriebenen Beträge zur Insolvenzmasse gezogen wurden, unabhängig davon, ob die Voraussetzungen einer Insolvenzanfechtung nach §§ 129 ff. InsO erfüllt waren. Da dieses Verhalten von der Insolvenzrechtsprechung als zwingende Konsequenz der Genehmigungstheorie aus insolvenzrechtlichen Gründen für berechtigt gehalten wurde,[16] machte sich der (vorläufige) Insolvenzverwalter durch den pauschalen Widerspruch auch nicht schadensersatzpflichtig. Damit fiel mit Beantragung des Insolvenzverfahrens ein Korrektiv weg, das geeignet war, den Schuldner selbst von unberechtigten Lastschriftwidersprüchen abzuhalten.[17] Auf diese „katastrophale" Konsequenz der Genehmigungstheorie hatte Canaris bereits frühzeitig hingewiesen.[18]

### III. Dogmatik des europäischen SEPA-Basislastschriftverfahrens

Die europäische Zahlungsdiensterichtlinie verfolgt im Wege der Vollharmonisierung den umfassenden Ansatz, europaweit einen einheitlichen Zahlungsverkehrsraum zu schaffen. Sie ermöglicht daher insbesondere grenzüberschreitende Lastschriften innerhalb Europas. Sie gibt allerdings kein Lastschriftverfahren zwingend vor, sondern bietet der Kreditwirtschaft die Möglichkeit, die Einzelheiten dieses Verfahrens selbst vertraglich auszugestalten. Insbesondere kann die Kreditwirtschaft nach ihr zum einen die Regelungen für grenzüberschreitende Lastschriften auch für reine Inlandsvorgänge wählen und zum anderen auch die bewährten inländischen Lastschriftverfahren beibehalten. Der deutsche Gesetzgeber hat die Vorgaben der Richtlinie im ZAG und in §§ 675c ff. BGB umgesetzt. Die europäische Kreditwirtschaft hat die Aktivitäten des europäischen Gesetzgebers zum Anlass genommen, vertraglich einen einheitlichen europäischen Zahlungsverkehrsraum zu schaffen (Single Euro Payments Area – SEPA)[19]. Hierzu hat die europäische Kreditwirtschaft als Fachgremium den European Payment Council (EPC) gegründet, der umfassende Regelwerke (SEPA-Rulebook) für den Zahlungsverkehr erarbeitet hat.[20] Das Rechtsverhältnis der Banken untereinander unterliegt belgischem Recht. Das Regelwerk stellt auch Regeln, Praktiken und Standards für den vollautomatischen Einzug von Lastschriften innerhalb der Länder der EU und des EWR sowie assoziierter Staaten auf (SEPA-Lastschriftverfahren).[21] Das SEPA-Lastschriftverfahren ermöglicht Lastschrifteinzüge in Euro-Be-

---

[16] BGHZ 161, 49, 52 ff.; 174, 84, Rn. 11; BGH WM 06, 2092, Rn. 8 f.; ZIP 09, 1477, Rn. 13; aA BGHZ 177, 69, Rn. 19.
[17] BGHZ 74, 300, 304 ff.; 101, 153, 156 f.; BGH WM 10, 1546 Rn. 12.
[18] *Canaris*, WM 80, 354, 363.
[19] Eingehend *Dippel*, in: Ellenberger/Findeisen/Nobbe, Kommentar zum Zahlungsverkehr, SEPA-Lastschrift Rn. 1 ff.
[20] Abrufbar unter www.europeanpaymentcouncil.eu.
[21] Lohmann, in: BuB Rn. 20/78.

trägen von Konten, die in SEPA-Ländern[22] geführt werden und die für den Einzug von Forderungsbeträgen durch SEPA-Lastschriften geöffnet wurden.[23] Bei dem SEPA-Regelwerk (Direct Debit Rulebook) handelt es sich um eine multilaterale vertragliche Vereinbarung, die Wirkungen nur im Interbankenverhältnis entfaltet, also zwischen Schuldner- und Gläubigerbank sowie eventuell eingeschalteten Zwischenbanken. Das Rulebook entfaltet keine eigenständige Regelungswirkung für das Deckungsverhältnis zwischen Schuldner und Schuldnerbank, für das Inkassoverhältnis zwischen Gläubiger und Gläubigerbank und für das Valutaverhältnis zwischen Gläubiger und Schuldner.[24]

*1. Deckungsverhältnis zwischen Schuldner und Schuldnerbank*

Im Deckungsverhältnis zwischen Schuldner (= Zahler) und Schuldnerbank (= Zahlungsdienstleister des Zahlers) ist durch die Neufassung des Zahlungsdiensterechts in den §§ 675c bis 676c BGB für Zahlungsvorgänge ab dem 31. Oktober 2009 mit Einführung des SEPA-Lastschriftverfahrens ein insolvenzfestes Zahlungsverfahren eingeführt worden.

a) Autorisierung

Gemäß § 675j Abs. 1 Satz 1 BGB ist für die Wirksamkeit des Zahlungsvorgangs maßgeblich, ob der „Zahler" diesem zugestimmt hat (Autorisierung). Ohne Autorisierung kann der „Zahlungsdienstleister" gegenüber seinem Kunden keine Rechte herleiten, insbesondere steht ihm kein Aufwendungsersatzanspruch gemäß § 675c Abs. 1, § 670 BGB zu (§ 675u Satz 1 BGB). Die Autorisierung des Zahlungsvorgangs erfolgt nach dem gesetzlichen Leitbild vorab. Auf dieser Grundlage bestimmen die zum Oktober 2009 neu gefassten „Bedingungen für Zahlungen mittels Lastschrift im SEPA-Basislastschriftverfahren", die als Allgemeine Geschäftsbedingungen den Zahlungsdiensterahmenvertrag konkretisieren, dass die Zahlung mittels Lastschrift in diesem Verfahren bereits vorab mit Erteilung des SEPA-Lastschriftmandats autorisiert wird. Das Mandat enthält danach eine Doppelweisung. Zum einen wird der Gläubiger ermächtigt, fällige Beträge vom Konto des Schuldners einzuziehen. Zum anderen wird die Schuldnerbank angewiesen, das Schuldnerkonto entsprechend zu belasten.

---

[22] Die 27 EU-Staaten, die EWR-Staaten Island, Liechtenstein und Norwegen und die assoziierten Staaten Schweiz, Monaco, Mayotte, St. Pierre und Miquelon.
[23] Lohmann, in: BuB Rn. 20/79.
[24] Lohmann, in: BuB Rn. 20/87.

### b) Insolvenzfestigkeit

Aufgrund dieses rechtlichen Inhalts des SEPA-Mandats hat die mittels eines SEPA-Lastschriftverfahrens bewirkte Zahlung auch dann Bestand, wenn nach der Belastungsbuchung über das Vermögen des Zahlungspflichtigen das Insolvenzverfahren eröffnet wird bzw. in einem Eröffnungsverfahren entsprechende Sicherungsmaßnahmen angeordnet werden. Nach Verfahrenseröffnung kommt allein die Anfechtung unter den Voraussetzungen der §§ 129 ff. InsO in Betracht.[25]

Im Deckungsverhältnis findet der Vermögensabfluss beim Schuldner bereits mit Belastung seines Kontos statt. Da er den Zahlungsvorgang vorab autorisiert hat, ist die Vornahme der Buchung wirksam, so dass die Bank ihren Aufwendungsersatzanspruch gemäß § 675c Abs. 1, § 670 BGB in den Kontokorrent einstellen kann. Wird nach diesem Zeitpunkt Antrag auf Eröffnung des Insolvenzverfahrens gestellt bzw. das Verfahren eröffnet, so ist ein (vorläufiger) Insolvenzverwalter nicht in der Lage, die Entstehung des Anspruchs noch zu verhindern. Insbesondere hängt die Wirksamkeit der Kontobelastung von keiner „Verfügung" im Sinne des § 21 Abs. 2 Satz 1 Nr. 2 Fall 2 InsO mehr ab. Auch der Schuldner hat in der Regel keine Möglichkeit, seinem Kreditinstitut diesen Aufwendungsersatzanspruch durch einseitige Erklärung wieder zu entziehen. Nach Zugang des Zahlungsauftrags bzw. der darin liegenden Autorisierung bei seiner Bank kann er diese nur noch „bis zum Ende des Geschäftstages vor dem vereinbarten Fälligkeitstag" widerrufen (§ 675j Abs. 2 Satz 1, § 675p Abs. 1, Abs. 2 Satz 2 BGB). Nur wenn der Zahlstelle der Widerruf bis zu diesem Zeitpunkt zugeht, ist die gleichwohl vorgenommene Belastungsbuchung ein nicht autorisierter Zahlungsvorgang, der gemäß § 675u Satz 2 BGB zu berichtigen ist.[26]

Ohne Einfluss auf den fortbestehenden Aufwendungsersatzanspruch der Zahlstelle ist das Recht des Zahlers, gemäß § 675x Abs. 1, Abs. 2, Abs. 4 BGB iVm Nr. 2.5 der „Bedingungen für Zahlungen mittels Lastschrift im SEPA-Basislastschriftverfahren"[27] binnen acht Wochen ab Belastungsbuchung von seiner Bank Erstattung des Zahlbetrages verlangen zu können. Der Erstattungsanspruch ist dem deutschen Widerspruch im Einzugsermächtigungsverfahren nachgebildet, um die Akzeptanz für das Lastschriftverfahren europaweit zu erhöhen. Die Verbraucher sollen sicher sein, dass sie unberechtigte Lastschrifteinzüge ohne Schwierigkeiten und Rechtsnachteile binnen acht Wochen ab Belastungsbuchung rückgängig machen können. Dogmatisch unterscheidet sich der Erstattungsanspruch aber erheblich von der Widerspruchsmöglichkeit des Einzugsermächtigungsverfahrens. § 675x BGB gibt dem Zahler einen eigenständigen Anspruch

---

[25] BGH WM 10, 1546 Rn. 18.
[26] BGH WM 10, 1546 Rn. 19.
[27] *Schimansky/Bunte/Lwowski*, Bankrechts-Handbuch, 4. Aufl., Anhang 3 zu §§ 56–59.

als aktives Gegenrecht, der die Autorisierung des ursprünglichen Zahlungsvorgangs nicht entfallen lässt.[28]

## 2. Valutaverhältnis zwischen Gläubiger und Schuldner

### a) Erfüllung der Gläubigerforderung

Im SEPA-Lastschriftverfahren ist die Forderung des Gläubigers bereits mit vorbehaltloser Gutschrift des Zahlbetrages auf seinem Konto – auflösend bedingt – erfüllt. Mit vorbehaltloser Gutschrift erlangt der Gläubiger die erforderliche uneingeschränkte Verfügungsbefugnis über den Zahlbetrag. Allerdings hat der Gläubiger im SEPA-Basislastschriftverfahren wegen § 675x BGB erst acht Wochen nach der Belastungsbuchung auch eine endgültig gesicherte Rechtsposition erlangt. Bis zu diesem Zeitpunkt kann der Zahler von seiner Bank ohne Angabe von Gründen Erstattung des Zahlbetrages verlangen, was aufgrund der vertraglichen Abreden im „Lastschriftviereck" dazu führt, dass die Valuta dem Gläubiger wieder genommen wird. Diese Rückbelastungsmöglichkeit, die der Schuldner mit seinem Erstattungsverlangen auslösen kann, rechtfertigt jedoch nicht die Annahme, der Parteiwille im Valutaverhältnis gehe dahin, dass auch der geschuldete Leistungserfolg erst nach Ablauf der Acht-Wochen-Frist erbracht ist Dies würde dem Umstand nicht gerecht, dass Zahlungen im Lastschriftverfahren in der Regel Bestand haben und nur ausnahmsweise eine Rückbelastung erfolgt.[29]

### b) Erstattungsanspruch des Schuldners nach § 675x Abs. 4 BGB

Die Zahlung ist auch dann insolvenzfest, wenn vor Ablauf der Acht-Wochen-Frist des § 675x Abs. 4 BGB das Insolvenzverfahren über das Vermögen des Zahlungspflichtigen eröffnet wird bzw. in einem Eröffnungsverfahren entsprechende Sicherungsmaßnahmen angeordnet werden.

Zwar hat der Zahler im SEPA-Basislastschriftverfahren binnen acht Wochen die Möglichkeit, mit seinem – voraussetzungslosen – Erstattungsverlangen, die Erfüllungswirkung im Valutaverhältnis entfallen zu lassen. Dieser Anspruch fällt jedoch im Falle der Eröffnung eines Insolvenzverfahrens nicht in die Insolvenzmasse, so dass der Insolvenzverwalter insoweit keine Verfügungsbefugnis nach § 80 Abs. 1 InsO erlangt.

Dies ergibt sich aus einer analogen Anwendung des § 377 Abs. 1 BGB. Danach ist das Recht des Schuldners, eine von ihm zur Schuldbefreiung hinterlegte Sache zurückzunehmen (§ 376 BGB), unpfändbar mit der Folge, dass der Anspruch auch nicht zur Insolvenzmasse gehört (§ 36 Abs. 1 Satz 1 InsO). Ist die

---

[28] BGH WM 10, 1546 Rn. 20.
[29] BGH WM 10, 1546 Rn. 24.

Hinterlegung wirksam und das Annahmerecht des Gläubigers nach § 382 BGB noch nicht erloschen, hat der Insolvenzverwalter keine Möglichkeit, die hinterlegte Sache zur Masse zu ziehen.[30] Dieser Rechtsgedanke lässt sich auf die mittels SEPA-Basislastschrift bewirkte Zahlung im Wege der Analogie übertragen. Mit Erteilung des Zahlungsauftrags an seine Bank hat der Schuldner gleichermaßen die endgültige Befriedigung des Gläubigers begonnen. Dabei hat er dem Gläubiger bereits uneingeschränkte Verfügungsmacht über das Geld und damit eine noch weitergehende Rechtsposition als im Hinterlegungsverfahren verschafft (vgl. §§ 12 ff. HinterlO). In diesen Zahlungsvorgang darf der Insolvenzverwalter nicht mehr eingreifen. Aufgrund der zuvor bereits eingetretenen Erfüllung der Verbindlichkeit ist sein insolvenzrechtlicher Auftrag, eine ungleichmäßige Befriedigung der Gläubiger zu verhindern, von vorneherein nicht tangiert. Keine analoge Anwendung findet hingegen § 377 Abs. 2 BGB. Verlangt der Schuldner nach Eröffnung des Insolvenzverfahrens Erstattung des Zahlbetrages, führt dies zu einem Neuerwerb der Insolvenzmasse.[31] Einer analogen Anwendung des § 377 Abs. 2 BGB bedarf es auch nicht zur Abwendung von Missbräuchen durch den Schuldner.[32] Denn der Schuldner selbst darf nicht wider Treu und Glauben den Eintritt der auflösenden Bedingung herbeiführen (§ 162 Abs. 2 BGB).[33] Daraus folgt, dass jedes Erstattungsverlangen des Schuldners, das nicht durch ein anerkennenswertes Interesse aus dem Valutaverhältnis gerechtfertigt ist, nach § 162 Abs. 2 BGB unbeachtlich ist. Es geht ins Leere und lässt den Erstattungsanspruch als Gegenrecht erst gar nicht entstehen. Ist also eine fällige und einredefreie Mietforderung vom Vermieter eingezogen worden, lägen dem Erstattungsverlangen des Mieters keine anerkennenswerten Gründe zugrunde und es wäre nach § 162 Abs. 2 BGB unbeachtlich.

Dass der Insolvenzverwalter in vorab autorisierte und begonnene Zahlungsvorgänge nicht eingreifen können soll, bringt auch die Vorschrift des § 116 Satz 3 InsO zum Ausdruck. Danach bestehen vom Schuldner vor Eröffnung des Insolvenzverfahrens erteilte Zahlungsaufträge – abweichend vom Grundsatz des § 116 Satz 1, § 115 Abs. 1 InsO – fort und sind zu Lasten der Masse auszuführen. Mit dieser Regelung hat der Gesetzgeber das Ziel verfolgt, die Insolvenzfestigkeit laufender Zahlungen sicherzustellen; das beruht auf der Erkenntnis, dass dies für ein funktionierendes Zahlungssystem von wesentlicher Bedeutung ist.[34] Führt die Zahlstelle einen ihr vor Insolvenzeröffnung mittels SEPA-Mandat erteilten konkreten Zahlungsauftrag nach Verfahrenseröffnung aus, erwirbt sie daher einen Aufwendungsersatzanspruch gegen die Masse. Könnte der Insolvenzverwalter nach

---

[30] BGH WM 10, 1546 Rn. 30.
[31] BGH WM 10, 1546 Rn. 31.
[32] Vgl. *Ellenberger,* in: Ellenberger/Findeisen/Nobbe § 675x Rn. 35.
[33] BGH WM 10, 1546 Rn. 33.
[34] BT-Drucks. 14/745, S. 29.

Ausführung der Zahlung gemäß § 675x BGB dennoch von der Zahlstelle Erstattung des Zahlbetrages verlangen, liefe dies dem Regelungszweck zuwider.[35]

Dem Insolvenzverwalter bleibt sein Anfechtungsrecht nach §§ 129 ff. InsO. Dabei kommt es für die Frage, ob ein Bargeschäft im Sinne des § 142 InsO vorliegt, weil der Zahlung eine auch in zeitlicher Hinsicht unmittelbare Gegenleistung des Zahlungsempfängers gegenübersteht, auch im SEPA-Verfahren auf den Zeitpunkt des Lastschrifteinzugs an.[36]

## IV. Übertragung der SEPA-Dogmatik auf das deutsche Einzugsermächtigungsverfahren

### 1. Anregung des Bundesgerichtshofs

Der Bundesgerichtshof hat in seinem Urteil vom 20. Juli 2010 angeregt, die Dogmatik des SEPA-Basislastschriftverfahrens auf das deutsche Einzugsermächtigungsverfahren vertraglich zu übertragen: Mit einer dem SEPA-Mandat entsprechenden Parteivereinbarung im Deckungsverhältnis zwischen dem Zahlungspflichtigen und seinem Kreditinstitut – Vorabautorisierung des Zahlungsvorgangs durch Erteilung des Zahlungsauftrags – wären auch die im Einzugsermächtigungsverfahren bewirkten Zahlungen insolvenzfest, so dass sie allein im Wege der Anfechtung unter den Voraussetzungen der §§ 129 ff. InsO zur Masse gezogen werden könnten.[37]

Unzweifelhaft wäre statt der bisherigen Einzugsermächtigungslastschriftbedingungen auch eine Parteivereinbarung möglich, nach der der Schuldner mit der Einzugsermächtigung zugleich auch der Zahlstelle den Zahlungsauftrag erteilt, die Lastschrift auszuführen (§ 675j Abs. 1 BGB). Ein solche Vereinbarung könnte in Allgemeinen Geschäftsbedingungen getroffen werden und würde der Klauselkontrolle nach §§ 307 ff. BGB standhalten. Namentlich die Kreditwirtschaft hat es damit nach Ansicht des Bundesgerichtshofs in der Hand, durch eine Neugestaltung der Sonderbedingungen für die Einzugsermächtigungslastschrift die Insolvenzfestigkeit der auf diesem Weg bewirkten Zahlungen herbeizuführen.[38]

### 2. Aufforderung des deutschen Bundestages

Der Deutsche Bundestag hat am 11. Mai 2011 einen Beschluss gefasst, in dem er die Anregung des Bundesgerichtshofs aufgegriffen hat.[39] Wörtlich heißt es:

---

[35] BGH WM 10, 1546 Rn. 32.
[36] BGH WM 10, 1546 Rn. 34.
[37] BGH WM 10, 1546 Rn. 35.
[38] BGH WM 10, 1546 Rn. 37 ff.
[39] BT-Drucks. 17/5768 S. 2.

„Das Urteil des Bundesgerichtshofs vom 20. Juli 2010 hat einen Weg für die Angleichung der bestehenden Einzugsermächtigen an die SEPA-Lastschriftmandate geebnet, der den Banken als Zahlungsdienstleister, den Unternehmen als Lastschriftnehmer sowie den Verbrauchern als Lastschriftgeber eine Umstellung der bestehenden Einzugsermächtigungen auf die SEPA-Mandate durch eine praktische und zugleich rechtssichere Lösung durch Änderung der Allgemeinen Geschäftsbedingungen ermöglicht. Der Deutsche Bundestag fordert die deutsche Kreditwirtschaft auf, diese Lösung konsequent und innerhalb einer angemessenen Frist selbständig umzusetzen, sowie unmittelbar die für diese Lösung notwendigen Vorbereitungen zu treffen und die Beteiligten, insbesondere auch den Deutschen Bundestag, über den Inhalt und den genauen Zeitplan für die Anpassung der Allgemeinen Geschäftsbedingungen der Banken zu informieren."

### 3. Reaktion der Kreditwirtschaft

#### a) Einzugsermächtigung als Vorabautorisierung

Mit Wirkung vom 9. Juli 2012 ist die Kreditwirtschaft der Aufforderung des Deutschen Bundestages nachgekommen und hat ihre Allgemeinen Geschäftsbedingungen und das LSA entsprechend der Anregung des Bundesgerichtshofs an das SEPA-Verfahren angeglichen. In Nr. 2.1.1 Abs. 3 und 4 der Bedingungen für Zahlungen mittels Lastschrift im Einzugsermächtigungs- und Abbuchungsauftragsverfahren heißt es jetzt:

„Diese Einzugsermächtigung ist zugleich die Weisung des Kunden gegenüber der Bank, die vom Zahlungsempfänger auf das Konto des Kunden gezogenen Lastschriften einzulösen. Der Zahlungsempfänger löst den jeweiligen Zahlungsvorgang aus, indem er über seinen Zahlungsdienstleister der Bank die Lastschriften vorlegt. Der Kunde kann bei einer autorisierten Zahlung aufgrund einer Einzugsermächtigungslastschrift binnen einer Frist von acht Wochen ab dem Zeitpunkt der Belastungsbuchung auf seinem Konto von der Bank die Erstattung des belasteten Lastschriftbetrages verlangen."

Auch das LSA wurde geändert und die Rückgabefrist im Interbankenbereich von sechs auf acht Wochen verlängert. Dadurch ist gesichert, dass bei der Geltendmachung des Erstattungsanspruchs nach § 675x BGB iVm Nr. 2.1.1 der Bedingungen in jedem Fall eine Rückbuchung in der Zahlungsverkehrskette bis zum Konto des Gläubigers erfolgt.

Mit der Änderung der Bedingungen sind die Schwächen des alten Einzugsermächtigungsverfahrens beseitigt. Auch dieses Verfahren ist nunmehr insolvenzfest.

### b) Vorkehrungen für eine Überleitung ins SEPA-Basislastschriftverfahren

Die Kreditwirtschaft ist zudem noch einen Schritt weitergegangen. Sie hat bereits Vorkehrungen zur Überführung des Einzugsermächtigungsverfahrens in das SEPA-Basislastschriftverfahren getroffen. In Nr. 4.4.2 der Bedingungen für den Lastschrifteinzug kann der Zahlungsempfänger eine Einzugsermächtigung als Mandat im SEPA-Basislastschriftverfahren verwenden. Dazu ist aber erforderlich, dass die Einzugsermächtigung schriftlich vorliegt und die für das SEPA-Mandat erforderlichen Autorisierungsdaten vorhanden sind. Weiter muss der Zahlungsempfänger den Zahlungspflichtigen darüber informieren, dass er vom Einzug im deutschen Einzugsermächtigungsverfahren zum Einzug im SEPA-Basislastschriftverfahren wechselt. Durch diese Regelung muss der Zahlungsempfänger beim Übergang ins SEPA-Verfahren kein ausdrückliches SEPA-Mandat einholen, sondern kann die erteilte Einzugsermächtigung nutzen.

## V. Reaktion des europäischen Gesetzgebers

Auf europäischer Ebene ist der politische Wille, den Zahlungsverkehr in den Staaten, in denen SEPA gilt, vollständig zu vereinheitlichen und die nationalen Zahlungsverkehrssysteme abzuschaffen, durch die „SEPA-Migrationsverordnung"[40] durchgesetzt worden. Ab dem 1. Februar 2014 ist auch für rein inländische Sachverhalte ausschließlich die SEPA-Lastschrift zulässig. Das deutsche Einzugsermächtigungsverfahren und das deutsche Abbuchungsauftragsverfahren sind dann Geschichte. Nach Art. 7 Abs. 1 der Migrationsverordnung bleiben Einzugsermächtigungen, die vor dem 1. Februar 2014 erteilt worden sind gültig und gelten ab diesem Datum als Zustimmung des Zahlers zum Einzug mittels SEPA-Basislastschrift (SEPA-Mandat). Dadurch ist eine geräuschlose und rechtssichere Überleitung des deutschen Einzugsermächtigungsverfahrens in das SEPA-Basislastschriftverfahren geschaffen worden, die auch den letzten Zweifler[41] an der dogmatischen Richtigkeit des durch das Urteil des Bundesgerichtshofs vom 20. Juli 2010 vorgeschlagenen Weg verstummen lassen dürfte.

## VI. Fazit

Die vorgenannten Ausführungen zeigen, wie fruchtbar das Wechselspiel zwischen Rechtsprechung und Gesetzgebung zur Überwindung vermeintlich unlösbarer juristisch dogmatischer Schwierigkeiten sein kann. Eine juristische Theorie, die zu unverständlichen Ergebnissen im täglichen Rechtsleben führt, muss

---

[40] Verordnung (EU) zur Festlegung technischer Vorschriften für Überweisungen und Lastschriften in Euro vom 14. März 2012 – ABl. Nr. L 94/22 vom 30. März 2012.
[41] *Nobbe,* ZIP 12, 1937 ff.

überdacht und wenn nötig aufgegeben werden. Juristische Dogmatik ist wichtig, da sie dem Ziel dient, in der Rechtsanwendung zu berechenbaren und überprüfbaren Ergebnissen zu gelangen. Sie ist allerdings kein Selbstzweck, um unverständliche Ergebnisse um jeden Preis zu rechtfertigen. Das Leben muss sich nicht nach der Dogmatik richten, sondern die Dogmatik muss das Leben erklären.

Aus der dogmatischen Sackgasse, in die die Schwäche der Genehmigungstheorie die Rechtsprechung im Falle der Insolvenz des Lastschriftschuldners geführt hatte, konnte mit Hilfe der Gesetzgebung (der Zahlungsdiensterichtlinie und ihrer Umsetzung in deutsches Recht) wieder herausgefunden werden. Die Rechtsprechung hat diesen Ausweg am 20. Juli 2010 aufgezeigt und die Änderung der Allgemeinen Geschäftsbedingungen der Banken und Sparkassen angeregt. Im „Doppelpass" mit der Rechtsprechung forderte der Deutschen Bundestag daraufhin die Kreditwirtschaft ultimativ auf, den aufgezeigten Weg zu beschreiten, so dass sich die Anregung zu einem „Befehl" verdichtete. Durch die Änderung der Allgemeinen Geschäftsbedingungen der Kreditwirtschaft und des LSA ist die Genehmigungstheorie mitsamt ihrer Schwachstelle obsolet geworden und die Dogmatik des neuen Zahlungsdiensterechts gilt seitdem auch für das deutsche Einzugsermächtigungsverfahren. Den Schlussstein dieser Entwicklung setzt nun wieder die Gesetzgebung mit der EU-Migrationsverordnung. Dadurch wird europaweit (im SEPA-Raum) ab dem 1. Februar 2014 allein das SEPA-Verfahren zwingend vorgeschrieben. Bemerkenswert daran ist, dass die Bundesregierung, die noch bei der Zahlungsdiensterichtlinie erfolgreich für den Erhalt der deutschen Lastschriftverfahren gekämpft hatte, aufgrund der geänderten nationalen Rechtsprechung und der neuen Vertragsbedingungen der Kreditwirtschaft nun bereit war, die nationalen Verfahren zu opfern. Da das Einzugsermächtigungsverfahren seit dem 9. Juli 2012 sich in seiner rechtlichen Ausgestaltung ohnehin nicht mehr vom SEPA-Verfahren unterscheidet, war es verzichtbar geworden. Es war auch deswegen verzichtbar geworden, weil die vom Bundesgerichtshof für das SEPA-Verfahren entworfene Dogmatik dem Missbrauch des Lastschriftverfahrens effektiv entgegenwirkt und das SEPA-Basislastschriftverfahren in Effektivität, Wirtschafts- und Verbraucherfreundlichkeit dem deutschen Einzugsermächtigungsverfahren nahezu ebenbürtig ist.

# Compliance in der öffentlichen Verwaltung und die Aufgaben eines Rechtsamtes

Stefan Fuhrmann*

## I. Compliance und öffentliche Verwaltung: Herausforderungen und Besonderheiten

Schmiergeldzahlungen, Vetternwirtschaft, Preisabsprachen bei Auftragsvergaben – wohl nirgendwo sonst finden solche Missstände größere öffentliche Beachtung als in der Verwaltung. Das ist nur zu verständlich, denn schließlich lebt die öffentliche Hand von Steuergeldern, und wie sie damit umgeht, treibt die Bürger zu Recht um: Wer den Staat bezahlt, darf sich viel mehr als dies bei Privatunternehmen der Fall ist, darauf verlassen, dass sein Geld rechtmäßig, zweckmäßig und sparsam verwandt wird. Darum ist es für den Staat essentiell, sich an Regeln zu halten. Einen Fehltritt der öffentlichen Hand verzeiht der Bürger und Wähler weniger als eine Regelverletzung durch private Unternehmen.

Die öffentliche Verwaltung trägt dieser Erkenntnis seit geraumer Zeit mit Instrumenten Rechnung, die sich unter dem Begriff „Compliance" zusammenfassen lassen. Die Bezeichnung als solche mag mancherorts noch unbekannt sein, für ihren Inhalt gilt das nicht. „Compliance" bedeutet die Einhaltung und Befolgung bestimmter Gebote wie etwa Gesetze, Richtlinien, aber auch freiwilliger Kodizes und umfasst die Summe der Maßnahmen, mit denen rechtstreues Verhalten gewährleistet werden soll. Eine gesetzliche Pflicht zur Einführung eines (bestimmten) Compliance-Systems in der öffentlichen Verwaltung gibt es freilich nicht. In den Handbüchern für öffentliche bzw. kommunale Verwaltung finden sich bislang kaum vertiefte Ausführungen zu Compliance, und auch an einschlägigen Monographien fehlt es. Allenfalls Zeitschriftenaufsätze und Seminare nehmen sich bisher des Themas in Teilbereichen an. In der öffentlichen Verwaltung erfährt wohl die Korruptionsbekämpfung als Teilaspekt von Compliance gegenwärtig am meisten Aufmerksamkeit. Zudem beschäftigen sich öffentliche Unter-

---

* Der Autor ist Leiter des Rechtsamts der Stadt Frankfurt am Main. Zuvor war er als Rechtsanwalt in einer internationalen Wirtschaftskanzlei, als Richter sowie als Referatsleiter im Hessischen Ministerium der Justiz und im Hessischen Kultusministerium tätig. Als Amtsleiter des Rechtsamtes der Stadt Frankfurt, das sämtliche Fachämter der Stadt juristisch betreut, kommt er mit vielfältigen Ausgestaltungsformen von Compliance in Berührung. Die Ausführungen geben nur seine persönliche Meinung wieder.

nehmen[1] in wachsendem Maße mit Compliance, nicht zuletzt aufgrund von Prüfungsstandards der Wirtschaftsprüfer.[2]

Die folgenden Ausführungen sollen anhand der Organisation und des Verwaltungsablaufs der Stadt Frankfurt am Main[3] zeigen, dass Compliance mehr ist als nur Korruptionsbekämpfung und einen Einblick geben, wie sich Compliance in der öffentlichen Verwaltung, insbesondere an den Aufgaben des Rechtsamtes, darstellt.

Nach dem Grundsatz der Gesetzmäßigkeit der Verwaltung aus Art. 20 Abs. 1 und Abs. 3 GG ist die Verwaltung an das geltende Recht gebunden, ihre Rechtstreue mithin eine Selbstverständlichkeit. Gleichwohl ist es alles andere als einfach, diese „Selbstverständlichkeit" in der Organisation zu verankern. Grund hierfür ist insbesondere die enorme Regelungsdichte und die damit einhergehende normative Komplexität.

Beides speist sich aus zahlreichen Quellen. Nationale Gesetze und Verordnungen – einschließlich der Spezialvorschriften für die öffentliche Verwaltung wie etwa das Verwaltungsverfahrensgesetz – wollen beachtet sein, und jährlich werden unzählige Gerichtsentscheidungen gefällt und in Fachzeitschriften veröffentlicht, die für das Handeln einer Großstadt mit ihren vielfältigen, auch wirtschaftlich relevanten Aufgaben und Aktivitäten von großer Bedeutung sind. Die Verwaltung selbst schafft sich zusätzliche Reglementierungen durch Verwaltungsvorschriften (Anordnungen, Dienstanweisungen, Erlasse, Richtlinien oder Verfügungen). Die Europäisierung treibt diesen Prozess der Verrechtlichung noch weiter voran, schafft dabei aber nicht nur einen einheitlichen Rechtsrahmen, sondern bisweilen auch zusätzliche Verwirrung. So besteht häufig große Unsicher-

---

[1] Die Gesellschaften der öffentlichen Hand werden aufgrund ihrer Aufgaben und ihrer organisatorischen Verflechtung mit der Verwaltung in der Öffentlichkeit als deren Teil angesehen und demgemäß ebenso kritisch betrachtet. Gleichwohl soll es im Folgenden allein um Compliance in der öffentlichen (Kern-)Verwaltung gehen.

[2] Wie etwa das IDW, das Wirtschaftsprüfer und Wirtschaftsprüfungsgesellschaften Deutschlands auf freiwilliger Basis vereint. In seinen Prüfungsstandards legt es die Berufsauffassung dar, nach der Wirtschaftsprüfer unbeschadet ihrer Eigenverantwortlichkeit Prüfungen durchführen und Zeugnisse erstellen. Mit dem Prüfungsstandard IDW 980 etwa werden die Anforderungen an ein allgemein anerkanntes Compliance-Management-System festgelegt.

[3] Die Stadt Frankfurt mit ihren ca. 700.000 Einwohnern ist eine der wirtschaftsstärksten Großstädte in Deutschland, die angesichts ihrer vielfältigen Facetten – u. a. Wirtschafts- und Finanzhauptstadt, Bevölkerungsdrehscheibe und größte Kommune Hessens – die Stadtverwaltung vor besondere Herausforderungen stellt. Das Haushaltsvolumen der Stadt beträgt im Jahr 2012 knapp 2,8 Milliarden Euro. Rund 13.000 Beamte und Arbeitnehmer in 62 Ämtern und Betrieben sorgen dafür, dass das geltende Recht eingehalten wird und den Bürgern sowie Besuchern umfangreiche Leistungen geboten werden. In den 346 Beteiligungsgesellschaften (54 direkte Beteiligungen, davon 27 Mehrheitsbeteiligungen; 292 indirekte Beteiligungen) der Stadt sind weitere ca. 16.000 Mitarbeiter tätig. Die Bilanzsumme der Beteiligungen belief sich im Jahr 2011 auf 7,3 Milliarden Euro.

heit bei der Anwendung europarechtlicher Vorgaben, nicht zuletzt deshalb, weil die Vorschriften schon nach kurzer Zeit novelliert werden.

Zu diesem ohnehin komplizierten Geflecht treten vertragliche Regelungen hinzu, wie sie etwa dort nötig sind, wo Private in die Aufgabenerfüllung einbezogen werden. Beispielhaft seien hier nur das Abgabenrecht, die Wirtschaftsförderung, Public-Private-Partnership oder auch Kooperationen bei der Projektentwicklung genannt.

Diese rechtlichen Vorgaben sind aber keineswegs die einzigen Restriktionen der öffentlichen Verwaltung. Auch über ihre finanziellen Mittel kann sie – anders als ein Unternehmen der Privatwirtschaft – nicht ohne Weiteres verfügen. Der Umgang mit Steuermitteln muss klaren Regeln folgen, die sowohl dem Wirtschaftlichkeitsmaßstab genügen als auch geeignet sind, Korruption, Unterschlagung und andere Straftaten zu verhindern. Gleichzeitig fordern die Bürger gerade beim Umgang mit ihrem Geld Transparenz. Die Finanzen der öffentlichen Hand allgemein und speziell der Haushalt sind daher Bereiche, die eine besondere Regelungsdichte aufweisen.

Angesichts ihrer Gesetzesbindung (Art. 20 Abs. 3 GG) steht die Verwaltung unter dem besonderen Druck, stets alle aktuellen rechtlichen Vorgaben zu kennen und auch anzuwenden. Dies lässt sich am ehesten gewährleisten, indem das Verwaltungsverfahren möglichst formal gestaltet und dezentralisiert betrieben wird und das Handeln des Einzelnen Kontrollmechanismen in Gestalt hierarchischer Strukturen unterliegt. Denn es ist nahezu unmöglich, dass jeder Mitarbeiter sämtliche sein Verwaltungshandeln betreffende gesetzlichen Regelungen und Verwaltungsvorschriften kennt.

Um den Ansprüchen der Bürger an die öffentliche Verwaltung zu genügen, reicht heute freilich gesetzeskonformes Verhalten allein nicht mehr aus. Die Verwaltung soll zugleich Dienstleister sein und überdies flexibel, effizient und wirtschaftlich arbeiten. Traditionelle Werte wie Gemeinwohl, Integrität, Verantwortung und Gerechtigkeit treffen damit auf Zielvorgaben der Privatwirtschaft, die Effizienz und Wirtschaftlichkeit in den Vordergrund stellen. Konflikte sind hier programmiert.

Während sich die Verwaltung so einem immer dichteren Regelwerk gegenübersieht, innerhalb dessen sie sich fehlerfrei bewegen muss, wächst umgekehrt die Bereitschaft Betroffener, sich gegen behördliche Entscheidungen zu wehren. Nicht selten enden solche Auseinandersetzungen vor Gericht.[4] Auch steigt das Haftungsrisiko der Verwaltung.

---

[4] Dies belegen die vom Rechtsamt der Stadt Frankfurt geführten Verfahren: Die Anzahl der zu bearbeitenden Widersprüche ist von 1.306 im Jahr 2008 auf 1.860 im Jahr 2011 gestiegen (Eingänge). Mit Stand Ende Mai 2012 waren insgesamt 2.577 offene Widerspruchsverfahren zu verzeichnen. Ebenso deutlich ist die Entwicklung bei den Gerichtsverfahren. Sie stiegen von 1.176 im Jahr 2006 auf 1.663 im Jahr 2011. Mit Stand Ende Mai 2012 betreute das Rechtsamt 2.459 laufende Gerichtsverfahren.

Aufgabe von Compliance muss es vor diesem Hintergrund sein, Regeltreue zu gewährleisten. Daneben dient sie aber auch der Regelsteuerung, um gesellschaftliche, politische oder verwaltungsinterne Ziele zu verwirklichen. Unter diesem Blickwinkel hat Compliance für die öffentliche Verwaltung im Wesentlichen vier Funktionen:

- Haftungsfälle und Imageschäden vermeiden (Risikobegrenzungsfunktion)
- Transparenz und Verantwortungsbewusstsein herstellen (Allgemeine Informationsfunktion)
- Kontroll- und Überwachungsfunktion
- öffentliche Präsenz und „politisches" Ansehen steigern (Stärkungsfunktion)

## II. Verwaltungsorganisation als Anknüpfungspunkt für Compliance

Es gibt viele Möglichkeiten, Compliance in die Verwaltungsorganisation zu implementieren. Insbesondere durch eine systematische Aufbau- und Ablauforganisation kann der Verwaltungsalltag gesteuert, kontrolliert und reguliert werden. Während die Aufbauorganisation die Struktur der Verwaltung bestimmt, befasst sich die Ablauforganisation mit der Erfüllung von Aufgaben. Beide Bereiche sind eng miteinander verbunden, so dass es oft nicht möglich ist, die Aufbauorganisation ohne Berücksichtigung der Ablauforganisation zu betrachten und umgekehrt.

### 1. Aufbauorganisation in der Stadt Frankfurt

Die Aufbauorganisation ordnet die Aufgaben einer Behörde verschiedenen organisatorischen Einheiten und Hierarchieebenen zu. Aufgaben und ihre jeweiligen Teilaufgaben werden herausgearbeitet, sachgerecht gebündelt und mit den für die Aufgabenerledigung erforderlichen Befugnissen und Verantwortlichkeiten einzelnen Stellen und Organisationsbereichen zugewiesen. Darüber hinaus regelt die Aufbauorganisation das Zusammenwirken und die Beziehungen der Organisationseinheiten im Gesamtgefüge der Behörde.

Die Aufbauorganisation einer Kommune und ihrer Verwaltung ist teils gesetzlich vorgegeben, insbesondere durch die HGO, teils ist sie Ausprägung der kommunalen Selbstverwaltungsgarantie und wird daher durch eigene Organisationspläne geregelt (in Frankfurt: Aufgabengliederungsplan und Verwaltungsgliederungsplan). Schließlich übernehmen Kommunen vielfach die Vorschläge der Kommunalen Gemeinschaftsstelle für Verwaltungsmanagement (KGSt), die speziell auf Kommunen zugeschnittene Organisationspläne entwickelt, vorstellt und begleitet. Dazu gehören etwa die bundeseinheitlichen Ordnungsziffern für Ämter (z.B. Rechtsamt = Amt 30).

Die Aufbauorganisation der Stadt Frankfurt setzt sich zusammen aus der Stadtverordnetenversammlung sowie dem ausführenden Verwaltungsorgan, dem Magistrat, an dessen Spitze der Oberbürgermeister steht.

Nach dem hessischen Gemeindeverfassungssystem wählen die Mitglieder der Stadtverordnetenversammlung den Magistrat, die „Regierung" der Stadt. Als Verwaltungs- und „ausführendes" Organ trifft der Magistrat als Kollegialorgan Entscheidungen zu laufenden Verwaltungsangelegenheiten, bereitet Beschlüsse der Stadtverordnetenversammlung vor und führt diese aus, § 66 HGO. Darin wird er von der Stadtverwaltung unterstützt.

Der Frankfurter Magistrat setzt sich derzeit aus Oberbürgermeister, Bürgermeister, Stadtkämmerer und weiteren sieben hauptamtlichen und 14 ehrenamtlichen Stadträten zusammen. Der Oberbürgermeister, der zugleich Vorsitzender des Magistrats ist, § 65 HGO, wird direkt von den Frankfurter Bürgern gewählt, alle anderen Magistratsmitglieder wählt die Stadtverordnetenversammlung. Die Amtsperiode des Oberbürgermeisters dauert 6 Jahre (§ 39 HGO). Als Spitze des Magistrats bereitet er dessen Beschlüsse vor, leitet die Sitzungen und vertritt den Magistrat nach außen, soweit er diese Aufgaben nicht einzelnen Dezernenten zugeteilt hat.

Der Oberbürgermeister ist Dienstvorgesetzter der gesamten Stadtverwaltung, § 73 Abs. 2 HGO, mit Ausnahme der Magistratsmitglieder. Zu seinen besonderen Kompetenzen gehören das Recht zur Geschäftsverteilung im Magistrat (§ 70 Abs. 1 HGO) und die Befugnis, besonders eilbedürftige Magistratsentscheidungen allein zu treffen (§ 70 Abs. 3 HGO). Zudem hat er Beanstandungsrechte gegen Beschlüsse des Magistrats und der Stadtverordnetenversammlung, wenn sie z. B. geltendes Recht verletzen, §§ 63, 74 HGO, und darf gegenüber der Stadtverordnetenversammlung auch vom Magistrat abweichende Auffassungen vertreten (§ 59 Satz 4 HGO).

Hauptamtliche Magistratsmitglieder, die Dezernenten, werden für sechs Jahre gewählt, ehrenamtliche für die laufende Wahlperiode der Stadtverordnetenversammlung, § 39a Abs. 2 HGO. Magistratsmitglieder können nie zugleich Stadtverordnete sein und umgekehrt.

Die hauptamtlichen Magistratsmitglieder verantworten einen eigenen Geschäftsbereich, ihr „Dezernat", dem jeweils verschiedene Ämter zugeordnet sind. Derzeit sind 62 Ämter und Dienststellen der Stadtverwaltung 11 Dezernaten zugeordnet. Die Aufgaben und Zuständigkeiten der einzelnen Ämter sind in einem Aufgabengliederungsplan geregelt. Die Ämter wiederum sind jeweils unterschiedlich in Abteilungen, Fachbereiche, Sachgebiete, Teams o. ä. untergliedert.

Die demokratisch legitimierte Stadtverordnetenversammlung ist das oberste Entscheidungs- und Beschlussorgan und entscheidet über wichtige Dinge des kommunalen Lebens und alle grundlegenden Angelegenheiten der Stadt, §§ 9, 50, 51 HGO. Dazu tagt sie einmal im Monat im Plenum, der Vollversammlung der Stadtverordneten. Ihre Entscheidungen werden in den Ausschüssen vorbereitet (§ 62 HGO). Die Plenarsitzungen sind grundsätzlich öffentlich. Der Magistrat ist an die Beschlüsse der Stadtverordnetenversammlung gebunden. Zu den wichtigen Rechten der Stadtverordnetenversammlung gehört die Verabschiedung des städtischen Haushalts, mit dem stets auch politische Schwerpunkte für das kommende Jahr gesetzt werden. Zudem ist die Stadtverordnetenversammlung Kontrollorgan, überwacht also die Führung der Stadtverwaltung, § 50 Abs. 2 HGO. Auch die Funktionen der Stadtverordnetenversammlung beinhalten insofern Elemente von Compliance.

Die aktuellen Themen der Stadtpolitik sowie die Tagesordnungen und Beschlüsse der Stadtverordnetenversammlung, der Ortsbeiräte und der weiteren Gremien sind im Parlamentsinformationssystem (PARLIS) online abrufbar. Die Stadt macht damit ihre Entscheidungen und Beschlüsse für jedermann transparent. Lediglich vertrauliche Informationen, die aus Gründen des Datenschutzes nicht der Öffentlichkeit zugänglich gemacht werden dürfen, werden verschlüsselt. Wichtig ist auch das „Amtsblatt", das amtliche Bekanntmachungsorgan der Stadt Frankfurt. Hier werden die Tagesordnungen der politischen Gremien, Satzungen und Verordnungen sowie sämtliche Bekanntmachungen und Hinweise veröffentlicht. Darüber hinaus gilt in Frankfurt eine Informationsfreiheitssatzung, die jeden Bürger Frankfurts berechtigt, amtliche Informationen über behördliche Vorgänge zu verlangen.

Diese Kontroll- und Informationsmöglichkeiten sowie Informationsansprüche führen, ganz im Sinne der angestrebten Compliance, zu größerer Transparenz und noch sorgfältigerem Verwaltungshandeln.

## 2. Ablauforganisation in der Stadt Frankfurt

Die Ablauforganisation bildet das räumliche und zeitliche Zusammenwirken der Personen und Sachmittel ab, die an der Erledigung einer Aufgabe beteiligt sind. In der öffentlichen Verwaltung ist die Ablauforganisation in weiten Teilen insbesondere durch die Verwaltungsverfahrensgesetze bereits vorgegeben. Indem der Gesetzgeber den Kommunen nur einen entsprechend reduzierten Handlungsspielraum belassen hat, wollte er einerseits die Rechtsstaatlichkeit des Verwaltungshandelns und andererseits dessen Effektivität und Effizienz als Merkmale moderner Verwaltungsorganisation sicherstellen, also nicht den einzelnen Kommunen zur freien Gestaltung überlassen. Die gesetzlichen Vorgaben haben ihre Entsprechungen im Innenrecht in Form von Verwaltungsvorschriften.

So hat die Stadt Frankfurt die interne Ablauforganisation vorwiegend in der Allgemeinen Dienst- und Geschäftsanweisung für die Stadtverwaltung (AGA) geregelt.[5] Als innerdienstliche Vorschrift normiert die AGA den allgemeinen

---

[5] Daneben gibt es noch spezielle Verfahrensvorschriften in Einzelbereichen, z.B. die „Frankfurter Richtlinien" für den Bereich Soziales und die Vergabeordnung etc.

Dienstbetrieb und den Geschäftsgang bei der Stadtverwaltung. Eine unmittelbare Verbindlichkeit der AGA für den Außenrechtskreis besteht nicht. Im Zweifel ist das Verwaltungshandeln daher selbst dann wirksam, wenn es nicht innenrechtskonform ist.

Die AGA enthält sowohl Vorschriften, die von der gesamten Stadtverwaltung einschließlich der Eigenbetriebe[6] zu beachten sind, als auch Regelungen, die entweder nur für bestimmte Personenkreise und Aufgabengebiete gelten oder sich nur auf einzelne Rechtsbereiche und -grundlagen (z. B. Haushaltsrecht) beziehen. Die AGA soll dazu beitragen, die Arbeit der Verwaltung nach einheitlichen Grundsätzen auszurichten und transparent zu gestalten. Zudem soll sie rechtskonformes Verhalten sicherstellen und Korruption vorbeugen.

Da die Ämter stark arbeitsteilig vorgehen, die Zuständigkeiten fest vorgegeben und die Dienstwege einzuhalten sind, ist die Steuerung der Verwaltung sehr formal. Entsprechend regelt die AGA der Stadt Frankfurt folgende Bereiche:

- Die AGA I enthält Vorschriften, die ihrem Wesen nach allgemeiner Natur sind. Sie „begleitet" alle Mitarbeiterinnen und Mitarbeiter der Stadtverwaltung während der gesamten Beschäftigungs- und Dienstzeit: Allgemeine Vorschriften, allgemeine Dienstangelegenheiten, allgemeine Verwaltungsangelegenheiten, Verwaltungsverfahren, Geschäftsgang, Dienstgebäude.
- Die AGA II enthält spezielle, nicht dem Personalwesen zugehörige Bestimmungen, die entweder nur für bestimmte Personenkreise und Aufgabengebiete (z. B. Verwaltungsabteilungen, Rechnungsführungen) oder in Abhängigkeit von bestimmten Rechtsgrundlagen (z. B. Haushaltsrecht) gelten.
- Die AGA III, ursprünglich als Personalhandbuch konzipiert, enthält Bestimmungen über das Personalwesen des öffentlichen Dienstes und personalbezogene Regelungen der Stadtverwaltung Frankfurt. Sie richtet sich in erster Linie an die Mitarbeiter, die mit Personalangelegenheiten befasst sind.

Die sehr detaillierten Regelungen der AGA sind erforderlich, um einen reibungslosen Verwaltungsgang zu garantieren und ein einheitliches Auftreten der Stadt nach außen zu gewährleisten. Im Folgenden wird anhand von 4 Beispielen erörtert, wie Compliance anhand externer und interner Regelungen durchgesetzt werden kann:

a) Abgabe verpflichtender Erklärungen

Mit ihren klaren Regelungen dient die AGA insofern der Compliance, als sie unter anderem helfen kann, Amtshaftungsfälle zu vermeiden oder Unklarheiten

---

[6] Als Eigenbetrieb werden gemeindeeigene unselbständige Unternehmen bezeichnet, die Teil der Gemeinde sind und als Sondervermögen in den Haushalt eingehen.

über die Verantwortlichkeiten zu beseitigen. Deutlich wird das am Beispiel der Vorschriften zur Abgabe verpflichtender Erklärungen. Darunter versteht man alle Willenserklärungen, mit denen unmittelbare Verpflichtungen für die Stadt übernommen oder herbeigeführt werden sollen. Im Verwaltungsalltag spielen sie eine große Rolle. Um das damit verbundene Risiko zu minimieren, behält die HGO die Abgabe verpflichtender Erklärungen mit Ausnahme von Geschäften der laufenden Verwaltung stets dem Oberbürgermeister vor. Ergänzend bestimmt die AGA, dass verpflichtende Erklärungen grundsätzlich schriftlich im Namen des Magistrats abgegeben werden müssen und nur dann rechtsverbindlich sind, wenn sie von dem Oberbürgermeister oder seiner allgemeinen Vertretung sowie von einem weiteren Magistratsmitglied unterzeichnet sind.

Ausgenommen von diesen strengen Formvorschriften sind Geschäfte der laufenden Verwaltung, die für die Gemeinde von nicht erheblicher Bedeutung sind. Das sind solche Rechtsgeschäfte, die im betreffenden Amt öfter vorkommen, nach feststehenden Grundsätzen behandelt werden (z.B. Miet- und Pachtverträge, Arbeitsverträge, Bestellungen im Rahmen der Bestellbefugnis), einen Gegenstandswert von weniger als € 250.000,00 aufweisen und für die entsprechende Haushaltsmittel verfügbar sind. Ausnahmen von diesen Wertgrenzen können durch Magistratsbeschluss zugelassen werden.

Daneben sind solche Geschäfte besonders zu behandeln, die der Beschlussfassung der Stadtverordnetenversammlung vorbehalten sind (§ 51 HGO). Dazu zählen unter anderem die Errichtung, Erweiterung, Übernahme und Veräußerung von öffentlichen Einrichtungen und wirtschaftlichen Unternehmen sowie die Beteiligung an diesen (§ 51 Nr. 11 HGO), ferner der Abschluss von Vergleichen bei Rechtsstreitigkeiten größerer Bedeutung (§ 51 Nr. 18 HGO). Über diese Angelegenheiten kann der Magistrat nicht eigenständig entscheiden, sondern bedarf der Zustimmung der Stadtverordnetenversammlung.

Eine Verpflichtungserklärung, die den genannten Formvorschriften nicht genügt, ist im Privatrechtsverkehr gemäß den Regeln über die Ausübung der Vertretungsmacht nach §§ 164 ff. BGB schwebend unwirksam. Behebt die Stadt den Formfehler nicht, kann sie von dem Empfänger der Verpflichtungserklärung grundsätzlich nicht in Anspruch genommen werden. Er kann lediglich nach Art. 34 GG i.V.m. § 839 BGB Ersatz für den Schaden verlangen, der ihm wegen seines Vertrauens auf die Wirksamkeit der Verpflichtungserklärung entstanden ist.

b) Regelungen für bare und unbare Einnahmen und Ausgaben

Ein weiteres Beispiel für die Risikobegrenzungs- und Kontrollfunktion von Compliance ist die Finanzsteuerung. Hier hat die Stadt Frankfurt im Einklang mit den Vorgaben der Hessischen Gemeindeordnung, der Landeshaushaltsordnung und der Gemeindekassenverordnung in der AGA und in Rundschreiben des

Stadtkämmerers allgemeine Regelungen für alle baren und unbaren Einnahmen und Ausgaben aufgestellt.

Um Einnahmen entgegenzunehmen oder Ausgaben zu leisten, ist jeweils eine Anordnung notwendig, welche die sachliche und rechnerische Richtigkeit feststellt und von einem Anordnungsberechtigten unterzeichnet ist.

Mit der Unterschrift für die sachliche Richtigkeit wird insbesondere bestätigt, dass das jeweilige Amt zuständig ist, die Angaben der Antragsteller zutreffen, die Leistungen den geltenden Vorschriften entsprechen, die unmittelbare Auszahlung gerechtfertigt ist und die Überweisungsdaten stimmen. Mit der Unterschrift für die rechnerische Richtigkeit werden alle Berechnungen, die zur Ermittlung des Auszahlungsbetrages führen, als korrekt anerkannt. Mit der Unterschrift unter die Anordnung wird letztlich bestätigt, dass die städtischen Interessen gewahrt sind, die sachliche und rechnerische Richtigkeit ordnungsgemäß von den hierzu Ermächtigten bescheinigt wurde, die Zahlungsanordnung alle erforderlichen Angaben enthält und die haushaltsrechtlichen Voraussetzungen vorliegen.

Amtsintern sind die Amtsleitungen berechtigt, die erforderlichen Prüfungsbefugnisse einzelnen Beschäftigten zu übertragen. Amtsextern, also gegenüber dem Kassen- und Steueramt, das die Zahlung vornimmt, ist die Anordnungsbefugnis dagegen nach der dienstlichen Stellung gestaffelt. Einzelne Sachbearbeiter können über Ein- und Auszahlungen bis zu einem Betrag von maximal € 10.000,00 entscheiden, Fachbereichsleiter bis maximal € 25.000,00. Nur Amtsleiter und Dezernenten haben gegenüber dem Kassen- und Steueramt eine unbegrenzte Anordnungsbefugnis.

Hinzu kommt als weiteres Compliance-Element die Teilung der Verantwortlichkeiten. So dürfen Mitarbeiter, die sowohl über die Befugnis zur Bestätigung der sachlichen und rechnerischen Richtigkeit als auch über die Anordnungsbefugnis verfügen, von beiden nur alternativ Gebrauch machen. Sachbearbeitende Mitarbeiter können ausschließlich die sachliche und rechnerische Richtigkeit bescheinigen, während die Anordnung Beschäftigten mit entsprechender Anordnungsbefugnis vorbehalten ist. Dies gilt sowohl auf der Fach- als auch auf der Leitungsebene. Auf diese Art und Weise wird das „Vier-Augen-Prinzip" eingehalten.

### c) Sponsoring

Unter Sponsoring wird die Gewährung von Geld oder geldwerten Vorteilen durch Unternehmen zur Förderung von sportlichen, kulturellen, wissenschaftlichen, sozialen, ökologischen oder ähnlich bedeutsamen gesellschaftspolitischen Anliegen anderer verstanden, mit der die Unternehmen regelmäßig auch eigene Ziele der Werbung oder Öffentlichkeitsarbeit verfolgen.

Sponsoring unterstützt somit einerseits die öffentliche Hand bei der Erfüllung ihrer Aufgaben, andererseits eröffnet es dem Sponsor die Möglichkeit, einen

Werbeeffekt oder sonst einen öffentlichkeitswirksamen eigenen Vorteil zu erreichen. Die Förderung kann aber auch Ausdruck privaten Engagements sein, wenn es sich um Spenden und sonstige Schenkungen oder Zuwendungen handelt.

Grundsätzlich sind öffentliche Aufgaben durch Haushaltsmittel zu finanzieren. Sponsoring kommt daher nur unter engen Voraussetzungen in Betracht. Entscheidend ist, dass Integrität und Neutralität des Staates gewahrt werden. Aus diesem Grund muss jeder Einzelfall anhand nachvollziehbarer Kriterien entschieden und bereits der Anschein vermieden werden, Dienststellen oder ihre Beschäftigten ließen sich von den Interessen des Sponsors leiten oder behördliche Entscheidungen würden durch sachfremde Erwägungen beeinflusst.

Die Stadt Frankfurt hat deshalb in der AGA Leitlinien und Handlungsanweisungen für die Praxis des Sponsorings in der Stadtverwaltung beschlossen. Danach werden zur Vermeidung der Parteilichkeit und als Beitrag wirksamer Korruptionsbekämpfung mehrere Bedingungen für wirksames Sponsoring aufgestellt: In allen Fällen muss eine schriftliche Vereinbarung (Sponsoringvertrag) geschlossen werden, die Art und Umfang der Leistung des Sponsors und der Stadt beschreibt. Wenn die Leistung des Sponsors € 50.000,00 übersteigt, bedarf der Abschluss des Sponsoringvertrags der vorherigen Zustimmung des Magistrats. Das antragstellende Dezernat hat die Interessenlage der Vertragsbeteiligten zu erläutern sowie etwa auf die Stadt zukommende Auswirkungen (Folgekosten, steuerliche Effekte) darzulegen. Sponsoringverträge unterhalb von € 50.000,00 bedürfen der Unterschrift des Dezernenten. Das Antikorruptionsreferat, das Revisionsamt und die Stadtkämmerei erhalten Kopien des Sponsoringvertrages, was wiederum zusätzliche Transparenz und Kontrolle im Sinne von Compliance schafft.

### d) Vergabeverfahren

Öffentliche Ausschreibungen der Stadt Frankfurt werden von den jeweils betroffenen Fachämtern selbst durchgeführt. Sie sind mit dem konkreten Projekt vertraut und können den gewünschten Auftrag daher am besten definieren. Die Fachämter werden bei ihren Ausschreibungen fachlich von der Magistratsvergabekommission betreut, die in die Stadtkämmerei eingegliedert ist. Weiterhin ist die Magistratsvergabekommission zuständig für den Zentraleinkauf, die Auftragsvergabe und den Ausschreibungsservice.

Eine eigens für den Bereich Vergabe zuständige Organisationseinheit ist nötig, weil öffentliche Auftraggeber heute besonders gefordert sind, das System aus EU-Richtlinien und -Verordnungen, nationalem Vergaberecht und Haushaltsvergaberecht sicher zu beherrschen. Die Fülle der öffentlichen Aufträge und vergaberechtlichen Verfahren kann nur von einer Stelle bewältigt werden, die sich hierauf konzentriert und entsprechende Fachkompetenz gebündelt vorweisen kann. Unterstützt wird die Magistratsvergabekommission durch das Rechtsamt, dessen Juristen in der Regel nicht erst tätig werden, wenn es zur Anfechtung von Vergabeverfahren kommt, sondern häufig schon in die Vorbereitungsphase eingebunden sind.

Bei der Auftragsvergabe bedient sich die Stadt Frankfurt moderner elektronischer Verfahren wie der „Vergaberechtsplattform"[7]. Dort werden alle städtischen Ausschreibungen veröffentlicht, so dass auswärtige Bieter sich über das Internet an Vergabeverfahren beteiligen können. Außerdem kann man über die Vergaberechtsplattform auf ein elektronisches Vergabemanagementsystem zugreifen, das nützliche Informationen, die einschlägigen Normen sowie wichtige Formulare für das Vergabeverfahren bereithält. Abrufbar sind hier beispielsweise die von der Stadt beschlossene „Vergabeordnung" sowie interne Verwaltungsvorschriften, die alle Dienststellen bei der Auftragsvergabe binden. Sie schreiben die Geltung und Anwendungsverpflichtung aller einschlägigen Vergabevorschriften vor (VOB, VOL und VOF), nennen die Wertgrenzen für die einzelnen Vergabeverfahren und enthalten Handlungsvorgaben für die Bediensteten. Damit erleichtert die jedermann zugängliche Internet-Datenbank einerseits die tägliche Arbeit aller mit Beschaffungsvorgängen betrauter Personen und dient andererseits den städtischen Mitarbeitern wie den Bietern, indem sie Transparenz und Rechtssicherheit schafft und auf diesem Wege einen wichtigen Beitrag im Sinne von Compliance leistet.

### III. Compliance-Funktionen des Rechtsamts

Es gibt innerhalb der Stadtverwaltung insbesondere drei Ämter, die im Sinne von Compliance darauf achten, dass die AGA sowie sonstige Regelwerke und Normen von den Ämtern und Mitarbeitern der Stadt Frankfurt eingehalten werden: das Rechtsamt, das Antikorruptionsreferat und das Revisionsamt.[8] Eine wesentliche Aufgabe dieser Ämter ist es, das Verwaltungshandeln zu kontrollieren und seine Rechtmäßigkeit sicherzustellen. Zum Teil geschieht dies im Rahmen

---

[7] www.vergabe-stadt-frankfurt.de

[8] Nach der Hessischen Gemeindeordnung ist das Revisionsamt Rechnungsprüfungsamt im Sinne der §§ 128 ff. HGO. Es prüft daher den Jahresabschluss und die Jahresrechnung sowie die Kassenvorgänge und Belege. Weiterhin obliegt ihm die dauernde Überwachung der Kassen der Gemeinde und der Eigenbetriebe. Darüber hinaus sieht das Gesetz weitergehende Prüfpflichten vor, die von dem Oberbürgermeister fakultativ auf das Revisionsamt übertragen werden können. In Frankfurt ist dies unter anderem bei der Prüfung von Vergaben der Fall. Zudem wurde dem Revisionsamt die Prüfung der Ordnungsgemäßheit, Zweckmäßigkeit und Wirtschaftlichkeit der Stadtverwaltung auferlegt. Aufbauorganisatorisch ist das Revisionsamt unabhängig von den übrigen Ämtern und Betrieben. Das Revisionsamt ist verpflichtet, seine Aufgaben selbständig und unabhängig wahrzunehmen. Auch weitere (Zentral-)Ämter der Stadt wie Stadtkämmerei und Personal- und Organisationsamt bzw. weitere Organisationseinheiten wie der Datenschutzbeauftragte, Magistratsvergabekommission, Innenrevision haben vergleichbare, allerdings weniger übergreifende Funktionen. Im Folgenden werden nur die Aufgaben des Rechtsamtes näher beleuchtet.

festgelegter Ablaufpläne, im Übrigen durch routinemäßige Kontrollen und konkrete Prüfaufträge der (Fach-)Ämter.

Im Rechtsamt sind alle Amtsjuristen[9] der Stadtverwaltung zusammengefasst. Grundsätzlich ist für jeweils ein Dezernat/Amt/Betrieb ein Amtsjurist in allen rechtlichen Fragen zuständig.[10] Ist der Arbeitsanfall so groß, dass die Vorgänge nach Bezirken oder Buchstaben aufgeteilt werden müssen (in Frankfurt etwa im Baubereich, Sozialbereich, Ordnungsamt), können auch mehrere Juristen für ein Dezernat/Amt zuständig sein. Zudem bestehen Sonderzuständigkeiten für einzelne Rechtsgebiete (z.B. Kommunalrecht, Vergaberecht, Europarecht, Beihilferecht, Urheberrecht etc.). Die Festlegung von Sonderzuständigkeiten lässt die dezernats- bzw. ämterbezogene Zuständigkeitsverteilung unberührt. Der Amtsjurist entscheidet nach eigenem Ermessen, den/die Vertreter der Sonderzuständigkeit zur internen Beratung hinzuzuziehen. Nach Absprache ist auch eine vollständige Übernahme der betroffenen Angelegenheit im Rahmen der Sonderzuständigkeit möglich. Der Amtsleiter kann Aufgaben zudem abweichend zuweisen.

Die AGA weist dem Rechtsamt die Aufgabe zu, alle Rechtsangelegenheiten der Stadt zu bearbeiten und bei rechtlich schwierigen und grundsätzlichen Entscheidungen mitzuwirken. Dies umfasst auch die Prüfung von Verträgen, die Erarbeitung von Musterverträgen, Benutzungsordnungen und allgemeinen Bedingungen sowie den Erlass von Verwaltungsvorschriften. Das Rechtsamt führt alle Rechtsstreitigkeiten der Stadt und beauftragt die für die Stadt tätigen Rechtsanwälte und Notare. Daneben hat es auf die Einhaltung der geltenden Gesetze und Regelungen zu achten. Hierbei obliegt dem Rechtsamt insbesondere die rechtliche Prüfung aller Vorlagen an Magistrat und Stadtverordnetenversammlung. Ferner bearbeitet es unter anderem Fragen des Gemeindeverfassungsrechts, wirkt beim Entwurf von Satzungen und sonstigen ortsrechtlichen Vorschriften mit und führt die Anhörung im verwaltungsrechtlichen Vorverfahren durch. Zudem hat es gesetzliche Vorgaben, Rechtsprechung und juristische Fachliteratur für die Bedürfnisse der Verwaltung auszuwerten und umzusetzen.[11]

---

[9] Im Rechtsamt der Stadt Frankfurt sind derzeit 33 Juristen und 36 sonstige Mitarbeiter tätig.

[10] Z.B. ein Jurist für die rechtliche Betreuung des Dezernates 01, entsprechend der Dezernatsverteilung mit der Zuständigkeit für das Büro des Oberbürgermeisters, das Büro der Stadtverordnetenversammlung, das Hauptamt, das Presse- und Informationsamt, das Revisionsamt, das Amt für multikulturelle Angelegenheiten und die Geschäftsstelle der Kommunalen Ausländervertretung betraut.

[11] Daneben obliegt dem Rechtsamt noch die
- Mitwirkung bei der Geltendmachung von Schadenersatzansprüchen gegen Bedienstete
- Bearbeitung der Schadensfälle und Entschädigungsansprüche Dritter, soweit nicht anderen Ämtern zuständig sind
- Strafanzeigen und Strafanträge wegen strafbarer Handlungen zum Nachteil der Stadt, soweit nicht anderen Ämtern zugewiesen
- Herausgabe des „Frankfurter Stadtrechts"

Nach der AGA muss das Rechtsamt bei allen Vorgängen, bei denen die Rechtslage nicht eindeutig ist, zum frühestmöglichen Zeitpunkt beteiligt werden. Nur regelmäßig wiederkehrende Rechtsangelegenheiten, bei denen sich eine feste Übung herausgebildet hat, bearbeiten die Ämter ohne Mitwirkung des Rechtsamtes. Sind Fachamt und Rechtsamt unterschiedlicher Auffassung, so ist die Angelegenheit zwischen den Amtsleitungen zu erörtern. Kommt eine Einigung auch dort nicht zustande, müssen die zuständigen Dezernenten damit befasst werden, und notfalls entscheidet der Magistrat. Städtische Ämter, Betriebe und mit mehrheitlich städtischer Beteiligung geführte juristische Personen dürfen untereinander keine Rechtsstreitigkeiten führen. Im Streitfall entscheidet zunächst die Leitung des Rechtsamtes. Wird die Entscheidung von dem zuständigen Dezernenten oder dem zuständigen Organ der jeweiligen juristischen Person nicht anerkannt, ist die Angelegenheit dem Magistrat zur endgültigen Klärung vorzulegen.

Erhält die Stadt oder eine ihrer Einrichtungen eine Stiftung, Schenkung oder andere Zuwendung, so ist unverzüglich das Rechtsamt zu benachrichtigen und über den Gegenstand der Zuwendung, etwa damit verbundene Auflagen und sonstige Modalitäten zu informieren. Auch über Erbschaften, Vermächtnisse und Nachlässe ist unverzüglich das Rechtsamt in Kenntnis zu setzen, das die Bearbeitung übernimmt. Das Amt ist ermächtigt, die innerhalb der gesetzlichen Frist des § 1944 BGB erforderlichen Erklärungen abzugeben. Es hat den Magistrat von seiner Entscheidung zu unterrichten. Die Annahme und Verwendung von Spenden, Stiftungen und letztwilligen Zuwendungen bedarf der Genehmigung des Magistrats, die über das Rechtsamt und die Stadtkämmerei einzuholen ist.

Ein Beispiel für eine wichtige Compliance-Funktion des Rechtsamtes sind die Regelungen in den besonderen Bestimmungen für Vorlagen an den Magistrat, die Stadtverordnetenversammlung und die Ortsbeiräte. Hiernach müssen Beschlussvorlagen für den Magistrat in allen Teilen stets vom Rechtsamt rechtlich geprüft werden. Das Ergebnis der Prüfung ist auf dem Antragsvordruck bzw. auf einer Anlage zu vermerken. Eine Vorlage bedarf zusätzlich der Stellungnahme eines anderen Zentralamtes, wenn die vorgeschlagenen Festlegungen oder Aussagen nicht ohne dessen Beteiligung möglich erscheinen. Die Beteiligung ist dann geboten, wenn der Zuständigkeitsbereich eines anderen Zentralamtes berührt ist. So ist das Hauptamt einzuschalten bei Vorlagen grundsätzlicher oder gemeindeverfassungsrechtlicher Art, das Personal- und Organisationsamt bei Vorlagen mit personellen, organisatorischen oder stellenplanmäßigen Auswirkungen, die Stadtkämmerei bei Vorlagen mit finanziellen Folgen, und das Revisionsamt muss Vorlagen mitzeichnen, die z. B. nach der Revisionsordnung einer Prüfung bedürfen.

- Rechtshilfeangelegenheiten
- Aufgaben der Unteren Standesamtlichen Aufsichtsbehörde
- Stiftungsaufsicht.

Unter dem Aspekt von Haftungsvermeidung und Compliance sind Rechtsrisiken „normale" Risiken, die in allen Bereichen der Stadtverwaltung auftreten können. Um ihnen zu begegnen ist es weder zwingend erforderlich noch ist es umgekehrt in jedem Falle ausreichend, eine eigenständige Compliance-Instanz zu schaffen oder besondere Compliance-Richtlinien aufzustellen, seien sie durch Dritte zertifiziert oder nicht. Solche formalen Vorgaben allein nützen in der Sache wenig, solange sie nicht mit Leben gefüllt werden. Im Gegenteil: Sie können die Betroffenen sogar in falscher (Rechts-)Sicherheit wiegen. Entscheidend ist, dass Compliance gelebt, die Umsetzung von rechtlichen Vorgaben geprüft und Verstöße geahndet werden. Zentraler Bestandteil jedes Compliance-Systems sind qualifizierte Juristen, die (rechtliche) Risiken erkennen und bewerten. Wichtige Aufgabe des Rechtsamtes ist es daher, die Beachtung der rechtlichen Vorgaben in der Stadt sicherzustellen, die Einhaltung von Verfahrensregeln und die einheitliche Rechtspraxis zu gewährleisten, rechtliche Probleme frühzeitig zu erkennen, Prozess- und Haftungsrisiken zu minimieren und unabhängig zu entscheiden.

Mit Blick auf die Schutz-, Kontroll- und Überwachungsfunktion des Rechtsamts ist es von Vorteil, die Juristen nicht in den einzelnen (Fach-)Ämtern anzusiedeln, sondern in einem zentralen Rechtsamt zusammenzufassen. Der „dezentrale" Jurist ist schnell in der Gefahr, sich mit dem Fachamt zu identifizieren, das er doch eigentlich unabhängig beraten soll, und gerät so u. U. in Interessenskollisionen. Nur ein zentral organisiertes Rechtsamt kann die erforderlichen Aufgaben im Compliancemanagement bestmöglich wahrnehmen.[12]

Durch die Auslagerung der Rechtsberatung auf externe Kanzleien ließen sich vergleichbare Effekte dagegen nicht erzielen. Denn neben den Vorteilen der Zeitersparnis durch feste und jederzeit verfügbare Ansprechpartner, schneller amtsübergreifender Informationsgewinnung und dem Wissensvorsprung des mit gleich gelagerten Fällen vertrauten In-House-Juristen sichert der Rückgriff auf das eigene Haus auch die vorrangige Bearbeitung sensibler Themen. Und nicht zuletzt spart die Einschaltung des Rechtsamts Geld: Die Arbeitsstunde eines Amtsjuristen inklusive aller Nebenkosten (Sach- und Betriebskosten, Personalkosten für Sekretariat etc.) ist mit ca. 90,00 € zu veranschlagen. Soweit nicht wie üblich nach dem Rechtsanwaltsvergütungsgesetz abgerechnet wird, fallen bei externen Rechtsanwälten deutlich höhere Stundenhonorare nach üblichen Marktpreisen an, die in der Regel zwischen € 200 und € 500 liegen.[13]

---

[12] Im Übrigen spricht für das zentrale Rechtsamt vor allem der Wissensaustausch unter den Kollegen sowie die Entwicklung von Know-How und Standards, die innerhalb der Stadt einheitlich gehandhabt werden (z. B. einheitliche Klauseln in Verträgen etc.).

[13] Nur bei sehr komplexen Fällen oder Rechtsfragen werden überhaupt Stundenhonorare vereinbart.

## IV. Compliance und Korruptionsbekämpfung

Einen wesentlichen Teil von Compliance macht die Korruptionsbekämpfung aus. Korruption widerspricht dem Gesetz sowie den grundlegenden ethischen, rechtlichen und ordnungspolitischen Anforderungen unseres Staates. Zudem schwächt Korruption im öffentlichen Dienst das Vertrauen der Bürger in die Verwaltung und verursacht nicht selten erhebliche materielle Schäden. Die Unbestechlichkeit jedes einzelnen Mitarbeiters ist daher unabdingbare Voraussetzung für eine gut funktionierende öffentliche Verwaltung.

### 1. Begriff und Folgen der Korruption

Unter Korruption im juristischen Sinne versteht man den Missbrauch einer Vertrauensstellung in einer Funktion in Verwaltung, Justiz, Wirtschaft oder Politik, um einen materiellen oder immateriellen Vorteil zu erlangen, auf den kein Anspruch besteht.

Im Strafgesetzbuch existiert der Begriff Korruption nicht. Jedoch gibt es eine Reihe von Vorschriften, die korruptes Handeln ahnden. Im öffentlichen Sektor werden Fälle von Bestechung und Bestechlichkeit sowie Vorteilsannahme und Vorteilsgewährung der strafbewehrten Korruption zugeordnet (§§ 331 bis 336 StGB). Daneben gibt es auch beamtenrechtliche Dienstvergehen, die unter Korruption fallen. So regeln beispielsweise § 70 BBG und § 42 BeamtStG, dass der Beamte – auch nach Beendigung seines Beamtenverhältnisses – keine Belohnungen oder Geschenke in Bezug auf sein Amt annehmen darf. Ausnahmen bedürfen der Zustimmung des Dienstherrn. Entsprechendes gilt nach § 3 Abs. 2 TVöD auch für Angestellte des öffentlichen Dienstes.

Studien belegen, dass Korruption überall in erheblichem Umfang zu finden ist. Das Dunkelfeld ist allerdings sehr groß: Vermutlich bleibt eine Vielzahl der Korruptionsfälle unentdeckt. Die Anzahl der erfassten Fälle allein belegt daher weniger die Anfälligkeit einer Kommune für Korruption als vielmehr die Qualität ihrer Korruptionsbekämpfung.

Korruption im Bereich der öffentlichen Verwaltung kann materielle wie immaterielle Schäden verursachen. So können beispielsweise Aufträge an Unternehmen vergeben werden, die objektiv weder die günstigste noch qualitativ beste Leistung erbringen. Schätzungen gehen davon aus, dass neun von zehn öffentlichen Auftragsvergaben manipuliert sein könnten. Bestechung und Preisabsprachen können die Preise in die Höhe treiben – zu Lasten der Steuerzahler. Zudem nimmt das Vertrauen der Bürger in die öffentliche Verwaltung Schaden.

Kernelement korrupten Verhaltens ist das Ausnutzen einer Machtposition. Korruption gedeiht am besten dort, wo das Risiko der Aufdeckung gering und die Verlockung groß ist und sich Kontrollmechanismen leicht überwinden lassen.

Deshalb sind neben der abschreckenden Wirkung von Strafandrohungen die Optimierung der Ablauforganisation, Sensibilisierung und Fortbildung, Einschränkung von Nebentätigkeiten, Beschleunigung von Disziplinarverfahren und arbeitsrechtlichen Maßnahmen, Transparenz sowie ein umfangreiches Kontrollsystem besonders wichtig. Letzteres kann beispielsweise ein Korruptionsregister, das Vier-Augen-Prinzip, Personalrotation in korruptionsgefährdeten Bereichen und Routinekontrollen umfassen.

*2. Korruptionsbekämpfung in der Stadtverwaltung*

Die Stadt Frankfurt verfügt bereits seit Ende der achtziger Jahre über eine zentrale Einheit als Anlaufstelle zur Korruptionsbekämpfung. Seit dem 12. Dezember 2002 obliegt diese Aufgabe dem „Antikorruptionsreferat". Wesentliche Aufgabe des zentralen Antikorruptionsreferates der Stadt Frankfurt ist es, Hinweisen auf korrupte Handlungen nachzugehen, im Rahmen seiner Präventionsfunktion das Antikorruptionsmodell der Stadt auszubauen und zu optimieren, dienst- und arbeitsrechtliche Konsequenzen zu koordinieren sowie Amtshilfe für die Ermittlungsbehörden, insbesondere die Staatsanwaltschaft zu leisten. Die Zuständigkeit des Antikorruptionsreferats erstreckt sich auf die gesamte Stadtverwaltung. Es ist Ansprechpartner für die Bürger sowie für andere öffentliche Verwaltungen, Ermittlungsbehörden und die eigenen Beschäftigten.

Nicht vom Antikorruptionsreferat betreut werden die vom Kern der Stadtverwaltung unabhängigen Organisationseinheiten wie Beteiligungsgesellschaften, öffentlich milde Stiftungen und stadtnahe Vereine. Um auch hier Unterstützung bei der Korruptionsvermeidung zu leisten, hat die Stadt Frankfurt den „Public Corporate Governance Kodex" herausgegeben, der Richtlinien guter Unternehmensführung enthält und im Wesentlichen das Zusammenwirken der Beteiligten sowie Transparenz und Kontrollmaßnahmen regelt.

Ein wesentlicher Baustein der Korruptionsbekämpfung in Frankfurt ist ein Leitfaden für Führungskräfte, der das Wesen der Korruption detailliert beschreibt und eine Reihe präventiver Maßnahmen darstellt.

Eingangs benennt der Leitfaden Situationen, die besonders anfällig für Korruption sind, im Einzelnen also diejenigen Bereiche, in denen Erlaubnisse und Genehmigungen erteilt, finanzielle Leistungen gewährt, „knappe Güter" (z.B. Wohnungen, Standplätze auf Märkten etc.) vorgehalten, Sanktionen verhängt und Gebühren erhoben werden.

Das Frankfurter Antikorruptionsmodell hat drei grundsätzliche Komponenten im Blick: Verhalten (Mitarbeiterverhalten), Verfahren (ablauforganisatorische Änderungen) und Kontrolle (Aufsicht und Kontrolle).

Hinsichtlich des Mitarbeiterverhaltens hat sich die Stadt Frankfurt entschlossen, Vorgesetzte und Mitarbeiter stärker zu sensibilisieren, was vornehmlich durch den Leitfaden für Führungskräfte sowie ein Merkblatt für sämtliche Mitarbeiter geschieht. Dieses Merkblatt weist auf das grundsätzliche Verbot der Annahme von Zuwendungen einschließlich seiner Ausnahmen hin und stellt die Folgen seiner Nichtbeachtung ebenso dar wie dienst- und arbeitsrechtliche Folgen von Korruption. Beispielsfälle und eine Auswahl von Gerichtsentscheidungen dienen der Anschaulichkeit. Jeder Mitarbeiter muss den Empfang sowie die inhaltliche Kenntnisnahme des Informationsblattes schriftlich quittieren.

Eine weitere Maßnahme besteht darin, die Beschäftigten zur Wahrung dienstlicher Objektivität anzuhalten. Ihnen wird empfohlen, private Kontakte zu Firmen, mit denen auch dienstliche Berührungspunkte bestehen, der Amts- oder Betriebsleitung von vornherein offenzulegen.

Die Komponente der ablauforganisatorischen Veränderungen betrifft Maßnahmen, die Korruption weitgehend erschweren sollen. Im Bedarfsfall erörtert das Antikorruptionsreferat deshalb mit den Amts- und Betriebsleitungen in Einzelgesprächen die individuelle Gefährdungslage, vor deren Hintergrund dann gemeinsam über Präventionsmaßnahmen nachgedacht werden kann.

Bei der dritten Komponente „Aufsicht und Kontrolle" schließlich stehen die Amts- und Betriebsleitungen selbst im Fokus. Als Vorgesetzte haben sie die Pflicht, Kontrollbereiche zu definieren, Arbeitsvorfälle zu prüfen, die Form von Dokumentationen festzulegen und die Kontrollen an sich zu überwachen. Dieses „Vorgangskontrollverfahren" soll dem Vorgesetzten helfen, seine Korruptionsvorsorge anhand eines systematischen Verfahrens zu optimieren.

## V. Fazit

Compliance in der öffentlichen Verwaltung ist mehr als nur Korruptionsbekämpfung. Die öffentliche Verwaltung ist in besonderer Weise darauf verwiesen, Regeln zu beachten und rechtstreu zu handeln. Dies sicerzustellen ist die Aufgabe von Compliance. Damit sie ihre Wirkungen entfalten kann ist es allerdings weder zwingend noch reicht es umgekehrt in jedem Falle aus, eigenständige Compliance-Instanzen zu schaffen oder besondere Compliance-Richtlinien aufzustellen. Die formale Festlegung von Compliance-Vorgaben allein, seien sie durch Dritte zertifiziert oder nicht, spiegelt lediglich eine vermeintliche (Rechts-) Sicherheit vor, ohne in der Sache viel zu bewirken. Erforderlich sind vielmehr formalisierte Organisationsstrukturen und klare Arbeitsabläufe, die in verbindlichen Regelwerken niedergelegt werden müssen. Sie dienen nicht nur dazu, den Verwaltungsalltag so einfach und wirtschaftlich wie möglich zu gestalten, sondern gewährleisten auch, dass das Verwaltungshandeln in Einklang mit dem geltenden Recht steht. Die Einhaltung der Regeln muss begleitet und überwacht werden. Hierzu sind in der Stadt Frankfurt namentlich das Rechtsamt, das Antikorruptionsreferat und das Revisionsamt berufen. Insbesondere dem Rechtsamt obliegt neben der verwaltungsinternen Rechtsberatung vor allem die Aufgabe, die gesetzlichen Vorgaben umzusetzen, die Einhaltung von Verfahrensregeln und die einheitliche Rechtspraxis zu sichern, rechtliche Probleme frühzeitig zu erkennen, Prozessrisiken zu minimieren und unbeeinflusst zu entscheiden.

# Praktische Erfahrungen mit dem Straftatbestand der Nachstellung (§ 238 StGB)

Helmut Fünfsinn

## I. Einleitung

Der zu Ehrende war maßgeblich an der Entwicklung des Stalking-Bekämpfungsgesetzes beteiligt[1] und hat sich hierzu auch wissenschaftlich geäußert,[2] so dass es naheliegend erscheint – jedenfalls unter Berücksichtigung der für hessische Normen erforderlichen Evaluierung –, nach über fünf Jahren vertieft der Frage nachzugehen, ob die Erwartungen des Gesetzgebers und mit ihm der Beratungs- und Strafrechtspraxis erfüllt werden konnten. Diese Frage hat auch deshalb eine gewisse Bedeutung, weil sich die Justizministerinnen und -minister sowohl auf ihrer 83. Konferenz am 13. und 14. Juni 2012 in Wiesbaden als auch auf der Herbstkonferenz am 15. November 2012 in Berlin mit der Frage beschäftigt haben, ob der Straftatbestand der Nachstellung alle strafwürdigen Fälle erfasst und sie nach der Durchführung einer Praxisbefragung einen gesetzgeberischen Handlungsbedarf gesehen haben.[3]

Der Beitrag greift frühere Überlegungen des Verfassers auf[4] und aktualisiert die dort aufgeführten Erfahrungsberichte. Die Untersuchung wird auch hier die Erfahrungen der Beratungs- und Interventionsstellen (insbesondere derjenigen gegen häusliche Gewalt), der Polizei und der Justiz getrennt betrachten und dabei auch kurz auf die Erwartungshaltungen eingehen. Begonnen werden soll mit einem sehr knappen Rückblick auf die Gesetzgebungsgeschichte, der Wiederholung der Ziele des Gesetzgebers, der Kritik der Wissenschaft und einer ebenfalls knappen Auswertung der justiziellen Zahlen zur Anwendung des Nachstellungs-

---

[1] Die Hessische Landesregierung hatte sich im Regierungsprogramm 2003–2008 am 28. März 2003 unter V. Justiz Nr. 3 (S. 54) verpflichtet, sich dafür einzusetzen, dass aggressives Nachstellen bzw. Belästigen („Stalking") als Straftatbestand in das Strafgesetzbuch aufgenommen wird.

[2] *Wagner*, in: FPR 2006, 208 ff.

[3] Siehe Beschluss zu TOP II.7 der 83. Konferenz der Justizministerinnen und Justizminister und TOP II.12 der Herbstkonferenz 2012 der Justizministerinnen und Justizminister.

[4] *Fünfsinn:* Erste praktische Erfahrungen mit dem Straftatbestand der Nachstellung (§ 238 StGB – „Stalking-Bekämpfungsgesetz"), in: Festschrift für Arthur Kreuzer. Zweite erweiterte Auflage, 2009, 170 ff.

tatbestandes, insbesondere aber der staatsanwaltschaftlichen Verfahrenszahlen in Hessen.

## II. Rückblick

Mit dem am 31. März 2007 in Kraft getretenen Gesetz zur Strafbarkeit beharrlicher Nachstellungen (40. Strafrechtsänderungsgesetz)[5] war eine für Gesetzgebungsverfahren nicht sehr lange, aber doch sehr heftige Diskussion[6] um den richtigen Standort der Stalkingbekämpfung und damit auch des (strafrechtlichen) Opferschutzes erst einmal beendet worden.[7] International betrachtet war Deutschland mit dem Abschluss des Strafgesetzgebungsverfahrens eher Nachzügler als Vorreiter in Sachen Stalking-Strafgesetzgebung[8], das weltweit erste Anti-Stalking-Gesetz ist bereits 1990 in Kalifornien in Kraft getreten.[9] Nachdem Österreich schon im Bereich der Bekämpfung von häuslicher Gewalt mit dem Wegweisungsrecht im deutschsprachigen Raum eine gewisse Vorreiterrolle spielte,[10] hat Österreich mit § 107a des österreichischen Strafgesetzbuches im Jahre 2006 auch vor Deutschland einen eigenen Straftatbestand geschaffen.[11]

Die Genese des Strafgesetzes zeigt, dass im Rahmen des Gesetzgebungsverfahrens u.a. unterschiedliche kriminalpolitische Vorstellungen in den einzelnen Entwürfen des Bundesrates und der Bundesregierung miteinander gerungen haben[12] und am Ende – durchaus ungewöhnlich[13] – eine leicht veränderte Fassung eines Kompromissvorschlages zwischen Bundesregierung und Ländern Gesetz geworden ist. Es ist an dieser Stelle weder der Raum noch die Absicht, die Ge-

---

[5] Gesetz zur Strafbarkeit beharrlicher Nachstellungen (40. StrÄndG) vom 22. März 2007, BGBl. I 354.

[6] Vgl. z. B. *H.J. Albrecht*, in: FPR 2006, 204 ff.; *Freudenberg*, in: NKrimPol 2005, 84 ff.; *Fünfsinn*, in: NKrimPol 2005, 82 ff. sowie ausführlich *Fünfsinn*: Bedarf es eines Stalking-Bekämpfungsgesetzes? – Vorstellung des hessischen Gesetzentwurfs, in: Weiß/Winterer (Hrsg.), Stalking und häusliche Gewalt, 105 ff. und (instruktiv) die Anhörung der Sachverständigen in: BT 16. Rechtsausschuss, Protokoll Nr. 30.

[7] Siehe hierzu *Mosbacher*, in: NStZ 2007, 665 ff.; *Mitsch*, in: NJW 2007, 1237 ff.; *Gazeas*, in: JR 2007, 297 ff.; *Valerius*, in: JuS 2007, 319 ff.; *Lackner/Kühl*, in: StGB, 27. Auflage, § 238 Rn. 1 ff. jeweils auch zur Auslegung der Vorschrift und m.w.N.

[8] So zu Recht *Gazeas*, in: JR 2007, 297.

[9] Section 64.6.9 des Penal Code California.

[10] Siehe BT-Drs. 14/5429, 38 und 56 ff.

[11] Siehe hierzu *Krüger*: Stalking als Straftatbestand – Betrachtungen zu § 238 dtStGB unter Einbezug von § 107a öStGB, in: Krüger (Hrsg.), Stalking als Straftatbestand, 81 ff.

[12] Bei dem ersten hessischen Gesetzentwurf und dem Gesetzentwurf des Bundesrates (BR-Drs. 551/04) stand der umfassende Opferschutz im Vordergrund, siehe *Fünfsinn*, in: NKrimPol 2005, 82. Einschränkungen wurden – gut nachvollziehbar – mit dem Bestimmtheitsgrundsatz begründet, siehe zur Diskussion auch *Gazeas*, in: KJ 2006, 247 und JR 2007, 297.

[13] Siehe hierzu *Gazeas*, in: JR 2007, 297 m.w.N.

nese des Gesetzes nochmals nachzuzeichnen,[14] aber es wird sich nicht vermeiden lassen, bei dem Versuch, die Erfahrungen mit dem Gesetz in der Praxis zu benennen, auf diese unterschiedlichen kriminalpolitischen Vorstellungen zurückzugreifen. Diese unterschiedlichen Vorstellungen erlangten im Übrigen durch die derzeitigen Erörterungen auf den Konferenzen der Justizministerinnen und -minister wieder höchste Aktualität.

### III. Ziele des Gesetzgebers

Aus den Begründungen der Gesetzentwürfe lässt sich herauslesen, dass ein in mannigfaltigen Formen auftretendes „neues Phänomen, das systematisch-zielgerichtete Belästigen bzw. Verfolgen von Personen (Stalking), ... als Verhaltensweise mit erheblichen Beeinträchtigungen für das Opfer und damit strafrechtlicher Bedeutung erkannt worden ist."[15] Als wesentliche viktimologische Dimension ist vor allem die sich über die Einbußen aus der jeweiligen Einzelhandlung hinaus ergebende Beeinträchtigung des Opfers durch die ständige Wiederholung der Belästigungen bezeichnet worden.[16] Darüber hinaus stellten die Entwürfe auf die Schwierigkeiten ab, mit dem Gewaltschutzgesetz einen umfassenden Opferschutz im Bereich des Stalkings zu gewähren.[17] Mit der Aufnahme eines Straftatbestandes in das Kernstrafrecht ist die Erwartung verknüpft worden, durch ein früheres Einschreiten der Strafverfolgungsbehörden den Schutz des Opfers grundsätzlich von der zivilrechtlichen Durchsetzung seiner Rechte abzukoppeln.[18] Den „Bedrohungs- bzw. Gewaltspiralen" mit tödlichem Ausgang, von denen insbesondere Frauen in Trennungssituationen betroffen sein können, soll durch eine „Deeskalationshaft", die eine frühere, sichernde Intervention ermöglicht, entgegengetreten werden.[19]

Zusammenfassend kann somit festgestellt werden, dass der Gesetzgeber unter Aufgreifen auch der kriminalpolitischen Diskussion des Opferschutzgedankens, der Beachtung der Frauenrechte und der Erkenntnisse der gesamtgesellschaftlichen Kriminalprävention[20] die Strafwürdigkeit von Stalkinghandlungen konstatiert und in diesem Bereich einen spezifischen Opferschutz gewährleisten will.

---

[14] Zu Einzelheiten der hessischen Bundesratsinitiative von 2004 und der Bundesratsinitiative vom 18. März 2005 (BR-Drs. 551/04) siehe *Fünfsinn:* Bedarf es eines Stalking-Bekämpfungsgesetzes? – Vorstellung des hessischen Gesetzentwurfs, in: Weiß/Winterer (Hrsg.), Stalking und häusliche Gewalt, 105 ff. sowie zu allen Entwürfen nochmals *Gazeas,* in: JR 2007, 297.
[15] BR-Drs. 551/04, 4.
[16] BR-Drs. 551/04, 4.
[17] BT-Drs. 16/575, 2.
[18] BT-Drs. 551/04, 6 und BT-Drs. 16/575, 2.
[19] BT-Drs. 16/1030, 6.
[20] *Fünfsinn,* in: NKrimPol 2005, 82 (83).

## IV. Kritik der Wissenschaft

Die Aufnahme des Tatbestandes „Nachstellung" in das Kernstrafrecht erfuhr in der engeren strafrechtsdogmatischen Diskussion überwiegend deutliche Kritik. Der Hinweis, „dem Gesetzgeber sei es erwartungsgemäß nicht gelungen, eine verfassungsrechtlich vollkommen unbedenkliche Vorschrift zu schaffen",[21] war noch zurückhaltend gegenüber dem Attest der Verfassungswidrigkeit.[22] Die Kritik stellte einerseits sehr gut nachvollziehbar die Bestimmtheit und Berechenbarkeit der Norm,[23] also die verfassungsrechtlichen Vorgaben, in den Mittelpunkt der Überlegungen und verweist andererseits auf die kriminalpolitische „Hypertrophie" des Strafens.[24] Insoweit wurde kriminalpolitisch der „Hang zu einem perfektionistischen Strafrecht, das sich vom Postulat eines fragmentarischen und subjektiven Rechtsgüterschutzes des Strafrechts verabschiedet hat",[25] gerügt und die Einführung als überflüssig bezeichnet.[26]

Auf der anderen Seite sind dem Gesetz auch handwerkliche Unzulänglichkeiten und dogmatische Ungenauigkeiten aufgrund der behaupteten gewählten Gesetzgebungstechnik nach Textbausteinen vorgeworfen worden.[27] Gemeint war damit der Versuch, in einer Kompromisslösung die Entwürfe des Bundesrates und der Bundesregierung nach Entscheidung der Streitfragen – Erfolgsdelikt statt Gefährdungsdelikt, Qualifizierung für die Anwendung der Deeskalationshaft und Öffnungsklausel – schlicht zusammenzufügen. Mit der Gestaltung der Vorschrift zum Erfolgsdelikt, aber auch durch das Beharrlichkeitserfordernis ist deshalb auch insoweit eine bloße gesetzgeberische Symbolik befürchtet und eine retardierte Strafverfolgungsdynamik besorgt worden.[28]

Zusammengefasst erwarteten Teile der strafrechtsdogmatischen Wissenschaft die (baldige) Feststellung der Verfassungswidrigkeit der Norm oder doch einzelner Tatbestandsalternativen und zum anderen Teil Schwierigkeiten in der Anwendung und das Nichterreichen des Ziels umfassenden Opferschutzes durch die eingebauten Bremsen in der Normgestaltung.[29]

---

[21] *Mitsch,* in: NJW 2007, 1237 (1242).

[22] Siehe z. B. *Gazeas,* in: KJ 2006, 247 und JR 2007, 297; *Vander,* in: KritV 2006, 81 (89) für § 238 Abs. 1 Nr. 5 StGB; heftige Kritik schlägt auch § 112a StPO entgegen, siehe z. B. *Vander,* in: KritV 2006, 81 (92); *Gazeas,* in: KJ 2006, 247 (265).

[23] *Neubacher,* in: ZStW 118 (2006), 855 (864) mit dem Hinweis auf BVerfGE 17, 306 (314).

[24] *Neubacher,* in: ZStW 118 (2006), 855 (864 und 867).

[25] *Neubacher,* in: ZStW 118 (2006), 855 (867).

[26] *Pollähne,* in: StraFo 2006, 398 (401).

[27] *Krüger:* Stalking als Straftatbestand – Betrachtungen zu § 238 dtStGB unter Einbezug von § 107a öStGB, in: Krüger (Hrsg.), Stalking als Straftatbestand, 81 (84).

[28] *Mitsch,* in: NJW 2007, 1237 (1242).

[29] Siehe nur einerseits *Vander,* in: KritV 2006, 81 ff. zur Frage der möglichen Verfassungswidrigkeit und andererseits *Mitsch,* in: NJW 2007, 1237 ff. und insbesondere

## V. Statistiken zur Anwendung des Nachstellungstatbestandes

Schon 2009 wurde konstatiert,[30] dass der Tatbestand der Nachstellung in der Praxis angekommen ist. Dabei beruhte diese Feststellung wohl weniger auf dem Blick der Verurteilungen nach § 238 StGB, die laut Strafverfolgungsstatistik 2008 bundesweit bei 505, 2009 bei 561 und 2010 bei 414 lagen,[31] sondern viel eher auf den Zahlen in der polizeilichen Kriminalstatistik, die sich wie folgt darstellen:

| Erfasste Fälle | Bund | Hessen |
|---|---|---|
| 2007* | 11.401 | 671 |
| 2008 | 29.273 | 2.106 |
| 2009 | 28.536 | 1.994 |
| Veränderung ggü. Vorjahr in % | – 2,52 | – 5,32 |
| 2010 | 26.848 | 1.783 |
| Veränderung ggü. Vorjahr in % | – 5,92 | – 10,58 |
| 2011 | 25.038 | 1.487 |
| Veränderung ggü. Vorjahr in % | – 6,74 | – 16,60 |

\* Der Straftatbestand der Nachstellung ist erst zum 1. April 2007 in Kraft getreten, so dass die Ergebnisse des Jahres 2007 mit denen der Folgejahre nicht vergleichbar sind, zumal eine Erfassung in allen Bundesländern erst seit dem Berichtsjahr 2008 realisiert werden konnte.

Diese Zahlen lassen unschwer erkennen, dass dem hohen Anteil der in der polizeilichen Kriminalstatistik erfassten Fälle in diesem Bereich nur eine verhältnismäßig sehr geringe Anzahl von strafrechtlichen Verurteilungen gegenübersteht.[32] Damit scheint auf den ersten Blick die Kritik der Wissenschaft ihre Berechtigung erlangt zu haben,[33] doch gibt es Stimmen aus der Polizei, die diese Ansicht gleichwohl nicht teilen. Sehr plakativ wird darauf hingewiesen, dass „der Vorteil der Einführung des Tatbestandes der Nachstellung bereits darin zu sehen" ist, „dass vielfach schon nach einer ersten verantwortlichen Vernehmung des Beschuldigten unter Hinweis auf die Strafbarkeit wegen Nachstellung die Täter ihre Verhaltensweise einstellen."[34] Der Fortgang der Untersuchung soll insbesondere auch diesen Aspekt aufnehmen.

---

1242 zur Befürchtung der retardierten Strafverfolgungsdynamik sowie insgesamt die Kritik mit Überblick zusammenfassend *Rackow*, in: GA 2008, 552 (567 f.).

[30] *Peters*, in: NStZ 2009, 238; siehe auch *Krüger*, in: NStZ 2010, 546.
[31] Vgl. jeweils Statistisches Bundesamt, Fachserie 10, Reihe 3, Rechtspflege, Strafverfolgung, Tabelle 2.1.
[32] So schon *Krüger*, in: NKrimPol 2008, 144.
[33] *Krüger*, in: NKrimPol 2008, 144 (145).
[34] Siehe *Peters*, in: NStZ 2009, 238 (239) m.w.N.

## VI. Erfahrungen der Beratungs- und Interventionsstellen

Breite wissenschaftliche Erkenntnisse über die Auswirkungen der Aufnahme des Nachstellungstatbestandes in das Kernstrafrecht in der Beratungspraxis liegen soweit ersichtlich noch nicht vor. Berücksichtigt man die geäußerten Erwartungen der Beratungs- und Interventionsstellen bei der Implementierung des Straftatbestandes, wie sie sich etwa aus der öffentlichen Anhörung des Rechtsausschusses des Deutschen Bundestages entnehmen lassen,[35] so dürfte die Verstärkung eines umfassenden Opferschutzes durch die erweiterte Nutzung der polizeilichen Maßnahmen und des strafverfahrensrechtlichen Instrumentariums im Mittelpunkt stehen. Nach den Erfahrungen aus der Beratungspraxis auch einer im Gesetzgebungsverfahren angehörten Sachverständigen ist eine letztlich positive Wirkung zu verzeichnen.[36] Der Nachstellungstatbestand im Kernstrafrecht führt zu mehr Klarheit in der Beratungs- und Interventionssituation und zu einer deutlicheren Übersicht hinsichtlich des zivilrechtlichen, polizeirechtlichen und strafrechtlichen Eingriffsinstrumentariums, mit anderen Worten: mehr Handlungssicherheit.

Opferbefragungen aus den USA[37] und Großbritannien[38] – nach Implementierung einer spezifischen Stalking-Strafgesetzgebung – und aus Deutschland[39] – vor Aufnahme des Nachstellungstatbestandes in das Strafgesetzbuch – bestätigen eine eher indirekte Wirkung des Strafrechts. Polizeiliches Einschreiten wird generell häufiger als effektives Mittel eingeschätzt als juristische Maßnahmen.[40] Es spricht damit viel dafür, dass das Strafrecht eine gesellschaftliche Sensibilisierung für das Thema und eine erhöhte Aktionsfähigkeit der Polizei bei Stalkingfällen erreichen kann und auch schon erreicht hat.

## VII. Erfahrungen der Polizei

Die Polizei hat sich frühzeitig mit dem Phänomen des Stalkings auseinander gesetzt und ähnlich wie im Fall des Umgangs mit der häuslichen Gewalt bzw. der Gewalt im sozialen Nahraum reagiert. Die Diskussion um häusliche Gewalt, Part-

---

[35] *Hecht,* BT 16. Rechtsausschuss, Protokoll Nr. 30.9.10; *Gabel,* BT 16. Rechtsausschuss, Protokoll Nr. 30.6 und 8.

[36] *Gabel/Bischoff-Fichtner/Michel,* Stellungnahme des Fachkreises der rheinland-pfälzischen Interventionsstellen zur Novellierung des § 238 StGB vom 13. September 2012.

[37] *Tjaden/Thoennes:* Stalking in America – Findings from the National Violence against Women Survey, 21.

[38] *Walby/Allen Domestic:* Violence: Sexual Assault and Stalking: Findings from the British Crime Survey, 68.

[39] *Voß/Hoffmann/Wondrak,* Stalking in Deutschland, 30, 83 ff.

[40] *Hoffmann,* Stalking, 160.

nertötungen und Stalking wird in der Polizeiwissenschaft geführt,[41] Fortbildungsveranstaltungen greifen das Thema auf,[42] Handlungsleitlinien werden für die Polizeibeamtinnen und -beamten der einzelnen Bundesländer zur Hilfestellung herausgegeben[43] und Sonderauswertungen zu einzelnen Themenbereichen erstellt.[44] Zudem zeigt sich die Polizei teilweise unter dem Überbau gesamtgesellschaftlicher Kriminalprävention[45] in spezifischen Netzwerken vor allem zur Bekämpfung häuslicher Gewalt, wo zumeist ein möglichst ganzheitliches Fallmanagement angestrebt wird.[46] Hintergrund dieses Engagements ist die Erkenntnis, dass polizeiliche Maßnahmen allein zu kurz greifen und dass eine frühzeitige und umfassende Hilfe für Gewaltopfer erforderlich macht, polizeiliche Interventionsmaßnahmen in ein Gesamtkonzept aller örtlicher Verantwortungsträger einzubinden.[47]

Die Polizei kann im Übrigen auf die Erfahrungen mit dem Gewaltschutzgesetz und den Umgang mit dem Problem der häuslichen Gewalt aufbauen. Gerade in akuten Gefahrensituationen bietet die Polizei als erste Institution Hilfe an. Wegweisungsrecht, Betretungsverbot, Gefährderansprache und andere polizeiliche Abwehrmaßnahmen werden sowohl von den Beratungs- und Interventionsstellen[48] als auch von den Opfern[49] durchaus als sinnvolle Schutzinstrumente gesehen. Gleichwohl hat das Gefahrenabwehrrecht dort eine Grenze,[50] wo eine unmittelbare Gefahr nicht vorliegt und bislang weder die Voraussetzungen bestehender Strafgesetze erfüllt noch die Opferrechte aus dem Gewaltschutzgesetz erstritten worden sind. Deshalb wird auch aus polizeirechtlicher Sicht darauf hingewiesen, dass eine Strafnorm bestehende Handlungsunsicherheiten auf dem Ge-

---

[41] Beispielhaft sei auf die Tagung „Polizei und Psychologie" am 3./4. April 2006 in Frankfurt am Main verwiesen, dokumentiert bei Lorei (Hrsg.), Polizei und Psychologie 2006, Band I und II; die Beiträge zum Thema Stalking von *Rusch/Stadler/Henbrock, Hoffmann/Özsöz, Tschan* und *Fünfsinn* finden sich in Band I, 201 ff.

[42] Siehe z. B. *Schröder/Berthel:* Gewalt im sozialen Nahraum II, Frankfurt 2005, 11 ff.

[43] Siehe für Hessen die Handlungsleitlinien Stalking, Hessisches Landeskriminalamt 2006.

[44] Vgl. die jährliche Sonderauswertung zur häuslichen Gewalt in Hessen durch das Hessische Landeskriminalamt.

[45] *Fünfsinn:* Gewaltschutzgesetz – Ein Beispiel für die ressortübergreifende Zusammenarbeit, in: Schröder/Berthel, Gewalt im sozialen Nahraum II, Frankfurt 2005, 31 (38 ff.).

[46] *Stürmer:* Sind Partnertötungen präventabel?, in: Schröder/Berthel, Gewalt im sozialen Nahraum II, Frankfurt 2005, 46 (55).

[47] *Stürmer:* Sind Partnertötungen präventabel?, in: Schröder/Berthel, Gewalt im sozialen Nahraum II, Frankfurt 2005, 46 (55).

[48] *Hecht,* BT 16. Rechtsausschuss, Protokoll Nr. 30.10.

[49] Siehe *Hoffmann/Özsöz:* Die Effektivität juristischer Maßnahmen im Umgang mit Stalking, in: Lorei (Hrsg.), Polizei und Psychologie 2006, Band I, 227 (240 ff.).

[50] *Müller:* Notwendigkeit eines eigenständigen Stalking-Straftatbestandes im Hinblick auf dessen praktische Relevanz, in: Krüger (Hrsg.), Stalking als Straftatbestand, 17 (74).

biet des Gefahrenabwehrrechts beseitige.[51] Diese Sichtweise korrespondiert mit Erfahrungen aus dem Ausland, wonach durch die Einführung von strafrechtlichen Anti-Stalking-Gesetzen der Polizei mehr Handlungssicherheit verliehen wurde, was wiederum ein offensiveres polizeiliches Vorgehen mit sich brachte.[52]

### VIII. Erfahrungen der Justiz

Praktische Erfahrungen lassen sich insbesondere aus der Strafverfolgungsstatistik zu § 238 StGB herauslesen:

**Ab- und Verurteilungen wegen Nachstellung (Stalking) nach § 238 StGB**
Abgeurteilte und Verurteilte in der Bundesrepublik in den Jahren 2007 bis 2010

| Art der Angabe | 2007 | 2008 | 2009 | 2010 | 2011 |
|---|---|---|---|---|---|
| Abgeurteilte | 108 | 778 | 988 | 748 | liegen noch nicht vor |
| darunter<br>– Einstellung ohne Maßregeln | 21 | 225 | 346 | 282 | |
| Verurteilte<br>darunter<br>– Freiheitsstrafen insgesamt<br>davon mit Strafaussetzung | 87<br><br>10<br>7 | 505<br><br>100<br>80 | 561<br><br>158<br>133 | 414<br><br>123<br>102 | |
| *Dauer der Freiheitsstrafen\**<br>– unter 6 Monaten<br>– 6 bis 9 Monate<br>– mehr als 9 bis 12 Monate<br>– mehr als 1 bis 2 Jahre | <br>4 (2)<br>5 (4)<br>1 (1)<br>0 | <br>29 (27)<br>43 (36)<br>21 (14)<br>7 (3) | <br>61 (56)<br>58 (51)<br>26 (21)<br>12 (5) | <br>40 (37)<br>52 (48)<br>12 (9)<br>18 (8) | |
| *Sonstiges*<br>Geldstrafe<br>Zuchtmittel (Verurteilung nach Jugendstrafrecht)<br>Jugendstrafen | <br>77<br>1<br><br>0 | <br>380<br>21<br><br>3 (2) | <br>383<br>17<br><br>2 (1) | <br>273<br>12<br><br>3 (3) | |

\* in Klammern: Strafaussetzungen zur Bewährung
*daneben 2009 und 2010: Freiheitsstrafe von mehr als 2 bis 3 Jahre: jeweils 1*
Quelle: Strafverfolgungsstatistik des Statistischen Bundesamtes

---

[51] *Müller:* Notwendigkeit eines eigenständigen Stalking-Straftatbestandes im Hinblick auf dessen praktische Relevanz, in: Krüger (Hrsg.), Stalking als Straftatbestand, 17 (80).

[52] *Hoffmann/Özsöz:* Die Effektivität juristischer Maßnahmen im Umgang mit Stalking, in: Lorei (Hrsg.), Polizei und Psychologie 2006, Band I, 227 (241); *Linke,* Auswirkungen des § 238 StGB auf die polizeiliche Praxis, in: Weißer Ring e. V. (Hrsg.), Stalking, 153 (155); *Keller,* in: Der Kriminalist 12/2009-1/2010, 8 ff.

Praktische Erfahrungen mit dem Straftatbestand der Nachstellung (§ 238 StGB) 135

*Abgeurteilte:* Angeklagte, gegen die Strafbefehle erlassen wurden bzw. Strafverfahren nach Eröffnung des Hauptverfahrens durch Urteil oder Einstellungsbeschluss rechtskräftig abgeschlossen worden sind.

*Verurteilte:* Angeklagte, gegen die nach allgemeinem Strafrecht Freiheitsstrafe, Strafarrest oder Geldstrafe verhängt worden ist, oder deren Straftat nach Jugendstrafrecht mit Jugendstrafe, Zuchtmittel oder Erziehungsmaßregel geahndet wurde.

Für Hessen stellen sich die Zahlen wie folgt dar:

**Ab- und Verurteilungen wegen Nachstellung (Stalking) nach § 238 StGB**
Abgeurteilte und Verurteilte in Hessen in den Jahren 2007 bis 2011

| Art der Angabe | 2007 | 2008 | 2009 | 2010 | 2011 |
|---|---|---|---|---|---|
| Abgeurteilte darunter | 4 | 40 | 63 | 58 | 48 |
| – Einstellung ohne Maßregeln | 0 | 16 | 27 | 27 | 23 |
| Verurteilte darunter | 4 | 22 | 33 | 28 | 19 |
| – Freiheitsstrafen insgesamt | 1 | 3 | 6 | 12 | 3 |
| davon mit Strafaussetzung | 1 | 2 | 5 | 10 | 1 |
| *Dauer der Freiheitsstrafen\** | | | | | |
| – unter 6 Monaten | 0 | 1 (0) | 2 (2) | 3 (3) | 0 (0) |
| – 6 bis 9 Monate | 0 | 1 (1) | 1 (1) | 8 (7) | 3 (1) |
| – mehr als 9 bis 12 Monate | 1 (1) | 0 | 1 (1) | 0 | 0 |
| – mehr als 1 bis 2 Jahre | 0 | 1 (1) | 2 (1) | 1 | 0 |
| *Sonstiges* | | | | | |
| Geldstrafe | 3 | 18 | 26 | 12 | 14 |
| Zuchtmittel (Verurteilung nach Jugendstrafrecht) | 0 | 1 | 1 | 2 | 2 |

\* in Klammern: Strafaussetzungen zur Bewährung

daneben 2010: *1 Jugendstrafe (6 Monate); 1 (1) Jugendstrafe von mehr als 6 bis 9 Monate; 1 Erziehungsmaßregel*

Quelle: Strafverfolgungsstatistik des Hessischen Statistischen Landesamtes

Zahlen der hessischen Staatsanwaltschaften zu § 238 StGB:

| Art der Angabe (Hessen) | 2007 | 2008 | 2009 | 2010 | 2011 |
|---|---|---|---|---|---|
| Eingegangene Ermittlungsverfahren | 559 | 2.099 | 1.998 | 1.803 | 1.524 |
| Einstellung des Verfahrens* | 437 | 621 | 709 | 598 | 854 |
| Verweisung auf den Privatklageweg* | 52 | 263 | 250 | 247 | 257 |
| Erledigung auf sonstige Weise** | 35 | 166 | 169 | 145 | 90 |

\*   Teilweise mangels Angabe unvollständig
\*\*  z.B. durch Abgabe an eine andere Staatsanwaltschaft, Verbindung pp.

Die hohe Einstellungsquote ergibt sich nach den insoweit einvernehmlichen Berichten der hessischen Staatsanwaltschaften aus dem Umstand, dass die überwiegende Anzahl der Strafanzeigen – sowohl die durch Privatpersonen erfolgten, aber auch die durch die Polizei mit dem Vorwurf des § 238 StGB aufgenommenen – den Tatbestand der Nachstellung nicht erfüllt. Teilweise liegen indes die Voraussetzungen anderer Straftatbestände – wie etwa die der Beleidigung – vor.

Die Fälle, die den meisten eingeleiteten Verfahren zugrunde liegen, betreffen überwiegend gescheiterte Beziehungen, in deren Kontext vor allem schwerpunktmäßig Tathandlungen nach § 238 Abs. 1 Nr. 1 StGB – Aufsuchen der räumlichen Nähe – und Nr. 2 – Nachstellen unter Verwendung von Telekommunikationsmitteln – zur Anzeige gebracht wurden. Schwere Fälle nach § 238 Abs. 2 und 3 StGB sind bislang in Hessen nicht angezeigt worden.

Hinsichtlich des Tatbestands der Nachstellung wird teilweise von Beweisschwierigkeiten berichtet, die darauf zurückzuführen sind, dass die bzw. der Anzeigende die Tathandlungen nicht hinsichtlich Zeit, Anzahl und Ausführung hinreichend konkretisieren kann oder sie erst gar nicht sicher dem Beschuldigten zuzuordnen sind, etwa anonyme Anrufe, bei denen die Vermutung ausgesprochen wird, dass sie vom Beschuldigten ausgehen. Darüber hinaus berichten sämtliche hessischen Staatsanwaltschaften einhellig, dass der Praxis insbesondere die Tatbestandsmerkmale „beharrlich" und „schwerwiegende Beeinträchtigung" Schwierigkeiten bereiten. Schließlich fallen auch die Konkurrenzlösungen noch uneinheitlich aus.

Im Einzelnen: Soweit Beweisschwierigkeiten insbesondere aufgrund mangelnder Konkretisierung von Tathandlungen angesprochen sind, dürften sich diese durch eine gezieltere polizeiliche und justizielle Beratung der Opfer wahrscheinlich mittelfristig beheben lassen.

Da sämtliche Stalkinghandlungen allerdings erst tatbestandsmäßig sind, wenn sie der Täter beharrlich ausführt, wird dieses Merkmal in der Literatur zu

Recht[53] als ein „beträchtliches Maß an Unbestimmtheit" innewohnendes Merkmal kritisiert und deshalb auch in Zukunft Definitionsschwierigkeiten aufweisen. Zum einen differenzieren die anzeigenden bzw. anzeigeaufnehmenden Polizeibeamten oft nicht zwischen einzelnen belästigenden, beleidigenden und/oder bedrohenden Handlungen und einem „beharrlichen Nachstellen". Zur Frage, welcher Zeitraum bzw. welche Häufigkeit welcher Handlung hierfür erforderlich ist, hat der Bundesgerichtshof[54] erste Feststellungen getroffen:

Beharrliches Handeln i.S.d. § 238 StGB setzt demnach wiederholtes Tätigwerden voraus. Darüber hinaus ist erforderlich, dass der Täter aus Missachtung des entgegenstehenden Willens oder aus Gleichgültigkeit gegenüber den Wünschen des Opfers in der Absicht handelt, sich auch in Zukunft entsprechend zu verhalten. Eine in jedem Einzelfall Gültigkeit beanspruchende, zur Begründung der Beharrlichkeit erforderliche (Mindest-)Anzahl von Angriffen des Täters kann nicht festgestellt werden.[55]

Im Übrigen setzt nach Auffassung des Bundesgerichtshofs beharrliches Handeln objektive und subjektive Elemente, nämlich wiederholte Tatbegehung und Missachtung des entgegenstehenden gesetzlichen Verbotes, voraus.[56]

Große Schwierigkeiten bestehen auch, den Taterfolg, also die schwerwiegende Beeinträchtigung eines Menschen in seiner Lebensgestaltung, festzustellen. Dieses Erfolgsmerkmal war im Gesetzentwurf des Bundesrates nicht vorgesehen.[57] Im Regierungsentwurf wird diese Tatbestandseinschränkung mit der Notwendigkeit begründet, „eine Abgrenzung der Freiheitssphären von Täter und Opfer vorzunehmen, ... weil die in den Nrn. 1 und 2 des Tatbestands enthaltenen Handlungsalternativen als einzelne Handlungen sozial adäquat sind."[58] Die Schwierigkeiten in der Praxis bestehen nun darin, dass Sachverhalte zur Anzeige gebracht werden, die von den Betroffenen „lediglich" als bloße Belästigungen empfunden werden und daher wohl nicht die Voraussetzung einer schwerwiegenden Beeinträchtigung in der Lebensführung erfüllen. In den Fällen, in denen greifbare Folgen bei den Opfern hervorgebracht werden, handelt es sich häufig um eine angespannte psychische Verfassung, die mit einer Angst, ans Telefon zu gehen, Schlafstörungen sowie der Reduktion sozialer Kontakte einhergeht. Ob diese Beeinträchtigungen als „schwerwiegend" einzustufen sind, wird in der Praxis noch

---

[53] Siehe nur *Mitsch,* in: NJW 2007, 1237 (1240); *Gazeas,* in: KJ 2006, 247 (255) und JR 2007, 497 (502).
[54] BGHSt 54, 189 ff.
[55] BGHSt 54, 189, 1. Leitsatz.
[56] BGHSt 54, 189 (195).
[57] BR-Drs. 551/04.
[58] BT-Drs. 16/575, 7.

uneinheitlich beantwortet. Der Bundesgerichtshof[59] hat inzwischen hohe Anforderungen an die Bejahung der schwerwiegenden Beeinträchtigung gestellt:

Die Lebensgestaltung des Opfers wird demnach schwerwiegend beeinträchtigt, wenn es zu einem Verhalten veranlasst wird, das es ohne Zutun des Täters nicht gezeigt hätte und das zu gravierenden, ernst zu nehmenden Folgen führt, die über durchschnittliche, regelmäßig hinzunehmende Beeinträchtigungen der Lebensgestaltung erheblich und objektivierbar hinausgehen.[60] Die Beeinträchtigung der Lebensgestaltung ist dann schwerwiegend, wenn das Opfer zu Maßnahmen der Eigenvorsorge gezwungen wird, die die Lebensgestaltung erheblich beeinflussen.[61]

Diese Erfahrungen und die Feststellungen des Bundesgerichtshofs zeigen wiederum die Berechtigung einzeln vorgetragener Kritik in der Literatur. So weist demnach Mitsch[62] zu Recht darauf hin, dass der restriktiv zugeschnittene Tatbestand sich nur dem Mittelfeld der Stalkingopfergesamtpopulation widmet: Überängstliche, die schon nach einmaligem Nachstellen in höchste Aufregung versetzt werden, schließe das Beharrlichkeitsmerkmal vom Strafrechtsschutz aus. Hartgesottene, die sich nicht aus der Ruhe bringen lassen oder dem Stalker sogar die Stirn bieten und ihn vertreiben, berücksichtigt der Tatbestand ebenfalls nicht, weil als Erfolg ja gerade eine objektiv zurechenbare schwerwiegende Beeinträchtigung der Lebensgestaltung vorausgesetzt wird.[63] Sicher ist jedenfalls, dass der Opferschutz durch die Ausgestaltung des § 238 StGB als Erfolgsdelikt deutlich reduziert ist, denn die Hoffnung, mit Hilfe eines strafrechtlichen Vorgehens eine Änderung der Lebensführung vermeiden zu können, geht fehl, weil genau eine solche Änderung überhaupt erst die Möglichkeit strafrechtlichen Einschreitens eröffnet.

Ob es einem rechtsstaatlichen Tatstrafrecht widerspräche, wenn der Stalkingtatbestand als Gefährdungsdelikt, wie der Bundesratsentwurf es vorsah, ausgestaltet würde, ist in der Wissenschaft tief umstritten.[64] Es ist an dieser Stelle nicht der Raum, den Streit im Einzelnen auszubreiten und zu entscheiden, doch bestanden hier nochmals deutlich gewordene gute Gründe,[65] den Tatbestand im Bundesratsentwurf als Gefährdungsdelikt auszugestalten, eine Figur, die in vielen Tatbestandsgestaltungen als rechtsstaatlich unbedenklich angesehen wird.

---

[59] BGHSt 54, 189 ff.
[60] BGHSt 54, 189 (190), 2. Leitsatz.
[61] BGHSt 54, 189 (196 f.).
[62] *Mitsch*, in: NJW 2007, 1237 (1240).
[63] *Mitsch*, in: NJW 2007, 1237 (1240).
[64] Siehe nochmals *Neubacher*, in: ZStW 118 (2006), 855 (863); *Gazeas*, in: KJ 2006, 247 und JR 2007, 297; *Vander*, in: KritV 2006, 81 (89) einerseits sowie *Mitsch*, in: NJW 2007, 1237 (1240) und *Mosbacher*, in: NStZ 2007, 665 (666) andererseits.
[65] Siehe hierzu *Mitsch*, in: NJW 2007, 1237 (1240) und *Mosbacher*, in: NStZ 2007, 665 (666).

Allerdings ist diese Auseinandersetzung wieder hoch aktuell, weil – wie schon angesprochen – die Justizministerinnen und Justizminister auf ihrer 83. Konferenz am 13. und 14. Juni 2012 in Wiesbaden erörtert haben, ob der Straftatbestand der Nachstellung seinen Zweck optimal erfüllt. Zu dieser Frage haben sie vereinbart, eine Praxisbefragung in den Ländern durchzuführen, um auf der Grundlage dieser Ergebnisse bei ihrem nächsten Zusammentreffen einen möglichen Handlungsbedarf zu erörtern. Der Vorschlag für die Gesetzesänderung greift die Struktur des Gesetzentwurfs des Bundesrates wieder auf und lautet wie folgt:

§ 238 StGB (E):

„(1) Wer einem Menschen in einer Weise unbefugt nachstellt, die geeignet ist, ihn in seiner Lebensgestaltung schwerwiegend zu beeinträchtigen, indem er beharrlich … und dadurch seine Lebensgestaltung schwerwiegend beeinträchtigt, wird mit Freiheitsstrafe bis zu drei Jahren oder mit Geldstrafe bestraft."

Die Begründung für den von Bayern unterbreiteten Vorschlag greift dabei die Erfahrung auch der bayerischen Praxis auf, dass eine Verurteilung häufig allein aufgrund des Erfordernisses der Verursachung einer schwerwiegenden Beeinträchtigung der Lebensgestaltung ausgeschlossen ist.

Uneinheitlich geht die staatsanwaltschaftliche Praxis in Hessen auch die Konkurrenzproblematik an.[66] Die bisher ergangenen Anklagen bzw. Strafbefehle gehen teils von Tatmehrheit einzelner Nachstellungshandlungen, teils von Tateinheit aus, wobei die Tat(en) des Nachstellens dabei ihrerseits häufig in Tateinheit mit anderen Delikten steht (bzw. stehen). Einerseits wird hier die Auffassung vertreten, dass das Tatbestandsmerkmal beharrlich bereits impliziert, dass über einen gewissen Zeitraum kontinuierlich erfolgte Nachstellungen insgesamt als nur eine Tat zu werten sind. Würde hier Tatmehrheit angenommen werden, würden sich nach dieser Einschätzung bei Vorliegen einer Vielzahl von einzelnen Nachstellungen – etwa bei Telefon- oder SMS-Terror – die einzelnen Vorfälle kaum mit der für eine Anklageerhebung von Einzeltaten erforderlichen Konkretisierung aufklären lassen dürfen.

Dagegen wird die Annahme angeführt, dass es den Zielen des Gesetzgebers – ein verbesserter Opferschutz durch die Ahndung des spezifischen Unrechtsgehalts beharrlicher Nachstellungen[67] – näherkomme, wenn verschiedene Nachstellungshandlungen, sobald sie beharrlich sind, in Tatmehrheit zueinander stehen. Die letztere Auslegung werde auch eher Sinn und Zweck der Vorschrift gerecht, da andernfalls die Täter, die beispielsweise neben fünf Körperverletzungshandlungen auch (jeweils) die Voraussetzungen des § 238 StGB erfüllen, durch die

---

[66] Siehe zu den Einzelheiten der Konkurrenzproblematik z.B. *Mosbacher*, in: NStZ 2007, 665 (669); *Valerius*, in: JuS 2007, 319 (323); *Lackner/Kühl*, in: StGB, 27. Auflage, § 238 Rn. 12.

[67] BT-Drs. 16/575, 1.

Anwendung des klammernden § 238 StGB gegenüber denjenigen begünstigt würden, denen allein fünf Fälle der Körperverletzung zur Last gelegt werden.

Der Bundesgerichtshof[68] hat zur Konkurrenzproblematik bislang folgendes festgestellt: § 238 StGB ist kein Dauerdelikt. Einzelne Handlungen des Täters, die erst in ihrer Gesamtheit zu der erforderlichen Beeinträchtigung des Opfers führen, werden jedoch zu einer tatbestandlichen Handlungseinheit zusammengefasst, wenn sie einen ausreichenden räumlichen und zeitlichen Zusammenhang aufweisen und von einem fortbestehenden einheitlichen Willen des Täters getragen sind.[69] Aber auch wenn § 238 StGB kein Dauerdelikt ist, bilden die zur Herbeiführung des Erfolgs erforderlichen Teilakte jedoch eine tatbestandliche Handlungseinheit.[70]

Damit zeigen die Erfahrungen der Justiz insgesamt, dass – belegt durch die vielen angezeigten Fälle in den letzten Jahren – die Strafnorm einerseits zumindest in Teilen gesellschaftliche Realität abbildet und grundsätzlich erforderlich erscheint. Auf der anderen Seite zeigen gerade die Schwierigkeiten in der Anwendung der Norm, dass es dem Gesetzgeber letztlich nicht gelungen ist, durch höchste Präzision Auslegungsschwierigkeiten entgegenzutreten. Es dürfte wohl in der Natur des Rechtsguts „Freiheit der Lebensgestaltung, seelisches Wohlbefinden" und an der Vielgestaltigkeit des Kriminalitätsphänomens „Stalking" liegen, dass eine präzise strafgesetzliche Beschreibung der tatbestandsmäßigen Verhaltensweisen schwierig bleibt.

## IX. Fazit

Das Gesetz erleichtert nach den Erfahrungen die Arbeit der Beratungs- und Interventionsstellen und zudem die Tätigkeit der Polizei bei ihren ersten Einsätzen, weil es vor allem in der Beratungs- und Krisenintervention eine gewisse Rechtssicherheit vermittelt. Zudem zeigen schon die bisherigen Erfahrungen, dass das Gesetz eine Strafbarkeitslücke im Vorfeld bzw. Umfeld der Körperverletzungs- und Freiheitsdelikte in Teilen schließt.

In der praktischen Anwendung des Gesetzes durch Staatsanwaltschaft und Gericht bestehen jedoch teilweise noch große Unsicherheiten, die sich u.a. aus der schwankenden Entwicklung des Gesetzgebungsverfahrens[71] und die dadurch bedingten Friktionen im Gesetzestext ergeben.[72] Dem Gesetzgeber ist es deshalb

---

[68] BGHSt 54, 189 ff.
[69] BGHSt 54, 189 (190), 3. Leitsatz; kritisch hierzu *Mitsch,* in: NStZ 2010, 513 (514).
[70] BGHSt 54, 189 (201); kritisch hierzu *Mitsch,* in: NStZ 2010, 513 (514 f.).
[71] Siehe die kurze Zusammenfassung bei *Gazeas,* in: JR 2007, 497 m.w.N.
[72] Siehe hierzu *Krüger*: Stalking als Straftatbestand – Betrachtungen zu § 238 dtStGB unter Einbezug von § 107a öStGB, in: Krüger (Hrsg.), Stalking als Straftatbestand, 81 (84).

auch – erwartungsgemäß – nicht gelungen, eine verfassungsrechtlich vollkommen unbedenkliche Vorschrift zu schaffen. Die Last der Konkretisierung und der Präzisierung wird daher vor allem durch die Rechtsprechung getragen werden müssen, die wie die Entscheidung des 3. Strafsenats des Bundesgerichtshofs exemplarisch zeigt, sich dieser Aufgabe auch widmet. Nur wenn die genannten Unsicherheiten durch die Rechtspraxis oder gegebenenfalls sogar durch ein Nachsteuern des Gesetzgebers aufgehoben werden können, dürfte das Ziel des Gesetzgebers, den Opferschutz in diesem Bereich deutlich zu erhöhen, umfassend erreicht werden können. Ein nochmaliges Tätigwerden des Gesetzgebers ist nach den Diskussionen auf der 83. Konferenz und der Herbstkonferenz 2012 der Justizministerinnen und Justizminister jedenfalls nicht ausgeschlossen.

# Die Öffentlichkeitsarbeit im Zusammenhang mit der Justiz – Wird Litigation-PR zu einer Selbstverständlichkeit?

Martin W. Huff

## I. Einleitung

Dr. Christean Wagner hat sich in seiner Zeit als Justizminister in Hessen immer für die Abläufe in der Justiz interessiert. Mit großem Interesse hat er verfolgt, wie Staatsanwaltschaft und Gerichte arbeiten und insbesondere wie diese sich gegenüber der Öffentlichkeit verhalten und wie die Tätigkeit der Justiz in der Öffentlichkeit wahrgenommen wird. Ihm war immer wichtig, dass die Behörden eine gute, zielorientierte Öffentlichkeitsarbeit betreiben und damit ihre Stellung als „dritte Gewalt" in unserer Demokratie entsprechend wahrgenommen wird. Aus seiner Zeit als Unternehmensberater war ihm bewusst, dass die Frage der Außendarstellung eine ganz entscheidende Frage auch für die Akzeptanz der Justiz nach außen – gerade in der Bevölkerung, aber auch gegenüber den anderen Kabinettskollegen, insbesondere dem Finanzminister – ist. Zwar hat die Justiz nur einen kleinen Anteil (meist 3–4 Prozent) am Landeshaushalt, aber die Bedeutung ist deutlich größer.

Nicht immer war der Jubilar einverstanden mit dem, was die Justizbehörden taten, immer wieder gab es – durchaus berechtigte – Kritik an manchen Handlungsweisen gerade von Ermittlungsbehörden. Aber Christean Wagner hat diese Fragen hinter verschlossenen Türen mit seinen Vertrauten diskutiert und nach Wegen gesucht, Verbesserungen durchzusetzen. Die ersten großen Schritte zur Modernisierung der hessischen Justiz wurden in seiner Amtszeit zusammen mit Staatssekretär Prof. Herbert Landau begonnen. Und er hat damit immer die Unabhängigkeit der Justiz respektiert und sich zu laufenden und abgeschlossenen Verfahren nicht öffentlich geäußert. Dies ist auch nicht Aufgabe des Justizministers, auch wenn die Bürger immer wieder davon ausgehen, dass ein Minister natürlich Richter anweisen und auch versetzen kann. Nicht wenige Briefe mit diesen Anträgen gingen zu meiner Zeit im Ministerbüro ein.

Wagner war immer bereit neue Ideen auszuprobieren, um Rechtsfragen der Öffentlichkeit und insbesondere den Journalisten im Wiesbadener Landtag und darüber hinaus zu vermitteln. Um zum Beispiel die Frage nach den Möglichkeiten der Privatisierung von bestimmten Aufgaben im Justizvollzug zu diskutieren, beließ er es nicht nur bei der Arbeit einer Expertengruppe, sondern er ging mit

Journalisten und Landtagsabgeordneten auf Reisen und besichtigte Justizvollzugsanstalten in Frankreich. Auch wenn nicht alle Journalisten den Überlegungen zur Privatisierung zustimmten, eines erreichte er damit: Das Thema war an den Tagen der Reise und danach Gegenstand vieler Berichte in den Print- und elektronischen Medien, das Thema wurde wahrgenommen und diskutiert – es wurde aus der Ecke der komischen Ideen, wo es am Anfang stand, herausgeholt. Das Ziel einer gezielten Medienarbeit war erreicht.

Dieses Beispiel zeigt besonders deutlich, wie wichtig heute die Öffentlichkeitsarbeit rund um die Justiz ist.

Und gerade die Vorgänge um die Fall Mollath in Bayern und die Verhaltensweise der bayerischen Justizministerin Beate Merk machen immer wieder deutlich, wie schnell auch ein Justizminister in das öffentliche Schussfeld kommt, auch wenn an dem Ursprungsfehler ihn keinerlei Schuld trifft, aber das Krisenmanagement ist entscheidend, die Überlegungen, wie mit der Öffentlichkeit umgegangen wird. Hier sind heute auf allen Seiten Konzepte gefragt, nicht nur in einem Ministerium.

Denn ein Justizminister steht schnell im Fokus der Öffentlichkeit, sobald er sich zu einem Verfahren äußert oder auch nicht äußert. Journalisten stellen gerne die Frage – auch einfach ins Blaue hinein – ob der Minister von diesem oder jenen Verfahren wußte und Einfluss genommen hat. Aussagen können in beide Richtungen hin schlecht sein. Hat er etwas getan, kann dies verkehrt sein, genauso wie wenn er nichts getan hat.

Diese Entwicklung wird besonders deutlich – und zeigt auch immer mehr die „Anfälligkeit" von juristischen Sachverhalten in der öffentlichen Wahrnehmung – wenn es heute um die sogenannte Litigation-PR geht. So seit Mitte 2008 macht ein neues Schlagwort die Runde unter Richtern und Rechtsanwälten. Es lautet: „Litigation-PR". Dieser Begriff wird von einigen Rechtsanwälten und auf dieses Thema mittlerweile spezialisierte Agenturen als Chance für ihre Mandanten gesehen. Viele Richter und Staatsanwälten sehen dies als Gefahr für die ihre Tätigkeit, vielen stehen dem Phänomen aber auch entspannt gegenüber.

Immer mehr Veröffentlichungen – vom Buch über Aufsätze – mit ganz unterschiedlichen Zielrichtungen erscheinen und beschäftigen sich mit diesem Phänomen. Zuletzt erschienen ist das Werk von Rademacher/Schmitt-Geiger, „Litigation-PR – Alles was Recht ist"[1], in dem – im Gegensatz zu den ersten Werken, die verschiedenen Seiten sehr ausgeglichen zu Wort kommen.

Doch worum geht es eigentlich?

---

[1] Springer-Verlag 2012.

## II. Begriff der Litigation-PR

Unter Litigation-PR (oder besser prozessbegleitende Öffentlichkeitsarbeit) wird eine spezielle Art der Öffentlichkeitsarbeit (Public Relations) verstanden, bei der die Kommunikation vor, während und nach juristischen Auseinandersetzungen von Beteiligten gesteuert wird. Dabei beginnt die Litigation-PR oft schon weit vor einem Bekanntwerden etwa eines Zivilprozesses oder eines Ermittlungsverfahrens. Der Fall Kachelmann soll hier nur kurz angesprochen werden, weil er nicht typisch ist und eher ein Medienhype darstellte, als dass er zum Schluss auf viel Interesse der Bürger stieß. Und die Auseinandersetzungen bis in das Ende des Jahres 2012 hinein, sowohl um das Verteidigerhonorar, Verbote von Büchern oder andauernde Auseinandersetzungen über Detailfragen von Veröffentlichungen[2], bestätigen, dass hier schon viel Verbitterung enthalten ist.

Ziel der Litigation-PR ist es, die juristische Strategie der beteiligten Anwälte unter dem Aspekt der Öffentlichkeitsarbeit zu unterstützen, das Ergebnis der juristischen Auseinandersetzung mit Hilfe der Öffentlichkeit zu beeinflussen und gleichzeitig Schaden von der Reputation des Mandanten abzuhalten bzw. zu mindern. Denn alle mit Rechtsthemen befassten wissen, dass schon die Berichterstattung über einem Prozess oder ein Verfahren erhebliche Auswirkungen haben kann. Ein Extrembeispiel in der vergangenen Wochen war, dass ein MAN-Manager versuchte, die heute übliche Aushändigung der Anklageschrift (ohne das wesentliche Ergebnis der Ermittlungen) an die Journalisten zu verhindern. Die Berichterstattung über diesen Versuch war breit und man kann sich fragen, ob hier das gesteckte Ziel erreicht wurde.

Litigation-PR wird im deutschen Sprachraum auch „strategische Rechtskommunikation" genannt. Es bestehen hierbei enge Beziehungen zum Reputationsmanagement und zur Krisen-PR, beides Fragen, die für den Betroffenen tatsächlich eine besondere Bedeutung haben. Der Begriff Litigation-PR setzt sich zusammen aus dem englischen Begriff Litigation und der Abkürzung des Begriffes Public Relations. Die Litigation-PR hat ihren Ursprung in den Vereinigten Staaten, wo vor allem in den 1980er Jahren die Erkenntnis reifte, dass die herkömmlichen Mittel und Werkzeuge der Public Relations bei juristischen Auseinandersetzungen ihre Ziele verfehlen. Während Litigation-PR vor allem in den USA, Großbritannien und Australien zur Anwendung kommt, ist der Begriff in Deutschland erst 2008 in das öffentliche Bewusstsein der Juristen gelangt.

Hintergrund ist die schon alte Erfahrung: Wenn ein Unternehmer oder ein Unternehmen in juristische Auseinandersetzungen verwickelt wird, dann kann das der Reputation und dem Image massiven Schaden zufügen. Juristische Auseinandersetzungen und Gerichtsverfahren können massiven Einfluss auf die Geschäfts-

---

[2] s. dazu OLG Köln, Urt. v. 14.2.2012 – 15 U 125/11 – K&R 2012, 360 m. Anm. Huff, K&R 2012, 365.

abläufe und -entwicklungen haben, etwa was einen Börsenkurs oder aber die Lieferantenbeziehungen betrifft. Auch können solche Vorgänge erhebliche Verunsicherung bei den Mitarbeitern auslösen. Konsequenzen aus negativen Gerichtsentscheidungen können gravierende Folgen haben. Aber auch die Einstellung eines Verfahrens, etwa nach § 153a StPO, kann für den Betroffenen auf Dauer schädlich sein.

### III. Ist Öffentlichkeitsarbeit bei juristischen Auseinandersetzungen neu?

Immer dann, wenn plötzlich ein Begriff aus einem anderen Land nach Deutschland schwappt, ist die Frage erlaubt, ob das alles wirklich so neu, was die beschrieben wird. Dies gilt auch für die Litigation-PR.

Denn die Erkenntnis, dass die Reaktion der Medien auf eine juristische Auseinandersetzung ein wichtiger Punkt für das Verhalten aller Beteiligten ist, ist nun wirklich nicht neu. Zum einen hat bereits Joachim Wagner vor nunmehr 23 Jahren ein Buch zu diesem Phänomen[3] veröffentlicht, dass bis heute in den Grundzügen aktuell ist.

Zum anderen haben bereits zumindest seit Beginn der 1990er Jahre Staatsanwaltschaften und Strafverteidiger erkannt, was die Anforderungen an eine Öffentlichkeitsarbeit sind, die auch von den Medien wahrgenommen wird. An dieser Stelle geht es nicht um die Frage, ob und wie die Öffentlichkeitsarbeit der Justiz sinnvoll und richtig ist[4] und ob dies auch unter den Begriff der Litigation-PR fällt[5].

Es ist nur festzustellen, dass es diese Medienarbeit schon lange gibt. So wurde etwa durch die Staatsanwaltschaft Frankfurt am Main Mitte der 90er Jahre die Anklage gegen die Verantwortlichen des Schneeball-Systems European Kings Club erstmals in einer großen Pressekonferenz mit Folien, Graphiken und Tabellen und nicht mehr nur in einer schriftlichen Medieninformation vorgestellt.

Und für viele Journalisten war die unorganisierte aber medienträchtige Vorstellung der Anklage gegen den Opel- und VW-Vorstand Lopez in den Räumen der Staatsanwaltschaft Darmstadt unvergesslich, wo erstmals auch private Fernsehsender live berichteten, z.T. noch als der Behördenleiter und der Dezernent die Anklage vorstellten.

Auf der anderen Seite, nämlich der Seite der Verteidiger ist die Öffentlichkeitsarbeit auch nicht neu. Der Verfasser kann sich daran erinnern, dass in den

---

[3] Strafprozessführung über Medien, 1987.
[4] s. dazu ausführlich Huff, in: Schwartmann: Handbuch IT- und Pressrecht, 2011, Kapital 16.
[5] So wohl Boehme-Neßler, ZRP 2009, 228.

1990er Jahren mit ihm als damaligen Mitglied der Wirtschaftsredaktion der Frankfurter Allgemeinen Zeitung vor großen Strafprozessen „Hintergrundgespräche" sowohl mit den Verteidigern als auch mit weiteren Verfahrensbeteiligten stattfanden. In diesen Gesprächen wurden bereits damals Verteidigungsstrategien vorgestellt und versucht die Motivation der Angeklagten zu erläutern. Auch Unternehmen und Gewerkschaften luden zu Gesprächen ein, auch um zu zeigen, welche Konsequenzen man aus den Geschehnissen gezogen hat oder ziehen wolle. Der Strafverteidiger Rainer Hamm hat dann 10 Jahre nach Wagner eine Art Zwischenbilanz gezogen[6].

Auffallend ist, dass es bei den Strafverteidigern zwei Gruppen zu geben scheint: Da sind diejenigen Verteidiger, die sich offen zu diesen Gesprächen bekennen und sie für richtig halten. Und es gibt Anwälte, die solche Gespräche kategorisch ablehnen, wobei ich mich bei manchen des Eindrucks nicht erwehren kann, dass hier neuerdings bestimmte Dienstleister diese Arbeit übernehmen.

Und nicht nur im Strafverfahren gibt es seit langen Jahren eine gezielte Öffentlichkeitsarbeit. Als in den 1990er Jahren das Unternehmen Milupa erheblichen Ärger mit Zucker in seinen Kindertees hatte, musste sich der BGH mit Fragen der Produkthaftung befassen. Über die Fälle fand von Anfang an eine breite Berichterstattung statt, gerade die Bilder von Kindern mit schwarzen Zähnen sorgten für Eindruck. Und die Berichterstattung auch in Wirtschaftsmedien war durchaus kritisch für das Unternehmen. Daher hat das Unternehmen vor einer zweiten wichtigen Verhandlung vor dem BGH[7] die aus Karlsruhe berichtenden Journalisten am Vorabend der mündlichen Verhandlung zu einem Pressegespräch eingeladen um seine Sicht der Dinge vorzustellen und insbesondere die Entwicklung der umstrittenen Warnhinweise aufzuzeigen. Dies war auch eine Reaktion auf die sehr intensive Medienarbeit eines Rechtsanwalts, der betroffene Eltern vertrat und gut mit den Medien umgehen konnte. Der Kollege hatte schon vor über 15 Jahren erkannt, dass nicht nur Strafverfahren von den Medien wahrgenommen werden.

Es kann seit dieser Zeit festgehalten werden, dass die Medienarbeit ein selbstverständlicher Teil von juristischen Auseinandersetzungen ist, auch wenn es dafür noch keinen eigenen Namen gab. So neu, wie jetzt der Eindruck erweckt wird, ist das „Phänomen Litigation-PR" nicht.

**IV. Neue Formen der Medienarbeit in Prozessen**

Allerdings haben Entwicklungen in der Öffentlichkeit dazu geführt, dass die Medienarbeit bei juristischen Themen tatsächlich immer wichtiger wird: Zum

---

[6] Große Prozesse und die Macht der Medien, 1997.
[7] s. BGH, NJW 1994, 932.

einen gibt es deutlich mehr Medien, die sich für juristische Themen, oder besser für angebliche juristische Sensationen, interessieren. Auch ist unsere Welt wesentlich komplexer geworden, gesetzliche Vorschriften regeln immer mehr das Leben und für den Bürger ist es immer wichtiger zu wissen, wie er sich verhalten muss oder soll.

Zudem nimmt der Einfluss des Internets immer mehr zu. Dies bedeutet, dass sich die Geschwindigkeit der Berichterstattung rasant erhöht hat. Eine Medieninformation ist heute oft innerhalb weniger Minuten nach der Veröffentlichung im Internet nicht nur beim Anbieter, sondern auf vielen Seiten abrufbar. Es bilden sich bei wichtigen Themen rasch Betroffene, die sich gegenseitig informieren und im Internet zusammenschließen. Der Begriff der „Schwarmintelligenz" oder auch eine oft zu findende Unkenntnis haben hier zum Teil fatale Folgen für die Betroffenen.

Auch befinden wir uns auf dem Weg zum „Statement-Journalismus". Nicht mehr das ausführliche Interview steht im Vordergrund, sondern das knappe Statement verschiedener Betroffener.

Zudem steht das „Geschichte-Erzählen" immer mehr im Vordergrund. So wird nicht mehr ein Thema als Meldung aufgegriffen, sondern es wird eine Geschichte erzählt, etwa anhand des Falls eines Geschädigten. „Verkleidete Fakten" wurde hier als treffende Überschrift eines Beitrags von Menzfeld/Wittrock[8] gewählt. Dazu muss auch immer der richtige „Original-Ton" – der „O-Ton" – kommen.

Daher ist eine Feststellung richtig und wichtig: Zur Arbeit eines Rechtsanwalts gehört es heute auch, seinen Mandanten dahin gehend zu beraten, welche Auswirkungen eine juristische Auseinandersetzung in den Medien haben kann und wie man damit umgehen muss[9].

Kann er diese Dienstleistung nicht erbringen, so tut er gut daran, sich hier Rat durch einen erfahrenen Berater einzuholen und mit ihm Strategien für den Mandanten zu erarbeiten, wie mit den Medien umzugehen ist. Daher hat das Buch von Holzinger/Wolff[10], die beide diese Dienstleistung anbieten, durchaus seine Berechtigung darin, diese Dienstleistung vorzustellen, auch wenn viele Teile überhaupt nicht neu sind (s. auch die kritische Besprechung von Wieduwilt in der FAZ: „Mäppchen für die Journalisten"[11]).

Aber die Überschätzung und die Überraschung, die dieses Werk erfahren hat, sind überzogen, zeigen, dass alles was mit der Medienarbeit von Juristen zusam-

---

[8] prmagazin Heft 3/2010, S. 39 ff.
[9] s. dazu ausführlich nur Huff, in: Festschrift für Felix Busse, 2005, S. 163 ff.; ders., in: Pepels/Steckler, Anwaltsmarketing, 2. Aufl. 2012, S. 53 ff.; Gostomzyk, AnwBl. 2008, 587.
[10] Im Namen der Öffentlichkeit, 2009.
[11] F.A.Z. vom 26.1.2009.

menhängt, immer noch für Aufmerksamkeit sorgt, auch deswegen, weil sich viele Anwälte, Richter und Staatsanwälte mit diesen Fragen nur selten beschäftigen. Wie eine gute Medienarbeit aussieht, hängt wesentlich vom Fall ab. Karl-Dieter Möller[12] hat sehr anschaulich auf die Grenzen einer Öffentlichkeitsarbeit hingewiesen, besonders was Versuche der Einflussnahme bei laufenden Gerichtsprozessen betrifft. Denn zu Recht sind viele Journalisten skeptisch, wenn ihnen rechtliche Themen nicht vom Anwalt sondern von einem Berater angeboten werden.

Aber: Sich intensiv mit den damit zusammenhängenden Fragen zu befassen, ist schon richtig.

### V. Medieneinfluss auf Prozessbeteiligte und andere

Das Thema der Medienarbeit wird natürlich auch deswegen interessant, weil es nicht nur um die Darstellung in der Öffentlichkeit geht, sondern auch darum, wie die Verfahrensbeteiligten selber auf die Medienberichterstattung reagieren.

Auch hier gibt es anscheinend, so wird der Eindruck erweckt, neue Entwicklungen. Ist der Einfluss der Medien auf alle Prozessbeteiligten wirklich so groß, wie es immer wieder vertreten wird? Neuerdings wird diese These auf eine Untersuchung von Kepplinger/Gerhardt gestützt, die zuerst in der FAZ vom 11.1. 2008 in einer Zusammenfassung erschien und bisher wohl nur länger in der Zeitschrift Publizistik[13] vorgestellt wird. Gerhardt[14] fasst die Ergebnisse nur zusammen. Doch mit dieser Untersuchung ist Vorsicht geboten. Zum einen handelt es sich um eine Studienabschlussarbeit, die auf einer Online-Befragung von knapp 700 Richtern und Staatsanwälten in fünf Bundesländern beruht. Was genau gefragt wurde, wie die Richter und Staatsanwälte ausgewählt wurden und vieles mehr bleibt dabei offen. Tendenzen kann man aus dieser Studie sicher erkennen (die oft aber nicht neu sind), überbewerten sollte man sie aber auf keinen Fall. Vergessen darf man bei auch nicht die Tatsache, wie Richter in den Medien dargestellt werden. Sehr qualifiziert hat Tappert[15] z.B. das Richterbild in der Öffentlichkeit untersucht und beschrieben.

Eine Tatsache kann man allerdings festhalten: Natürlich liest jeder Richter und Staatsanwalt das, was über ihn, über sein Verfahren geschrieben wird. Die auch den Richter beschreibende Gerichtsreportage hat dabei eine lange Tradition und ist nicht erst ein Thema unserer Zeit.

---

[12] AnwBl. 2010, 184.
[13] 2009, 216 ff.
[14] ZRP 2009, 247.
[15] DRiZ 2009, 45.

Allerdings beginnt heute die Medienberichterstattung oft lange vor einer mündlichen Verhandlung. Und dies nicht nur aufgrund der Medienarbeit der Justiz, sondern auch deswegen, weil immer öfter Verfahren angekündigt werden, Strafanzeigen bei den Medien vor Eingang bei der Justiz landen, Schadenersatzklagen wegen Produkthaftung in Pressekonferenzen vorgestellt werden. Das alle Beteiligten darauf reagieren ist klar – ob eine Berichterstattung der Medien wirklich den Richter und Staatsanwalt und wenn ja, wie, beeinflusst, kann man bisher nur vermuten, aber nicht wissenschaftlich untersucht, festhalten. Sorge bereitet mir manchmal die Situation der Schöffen, die sich plötzlich und meist ohne professionelle Vorbereitung im Lichte der Öffentlichkeit sehen und sich zum Beispiel filmen lassen müssen. Und sie müssen auch entsprechend geschult werden, damit es in Zukunft nicht mehr zu einer ganzseitigen Schöffenbefragung der Bild-Zeitung im Fall Kachelmann kommt, in dem sich nicht am Verfahren beteiligte Schöffen äußerten[16].

Doch auch andere Beteiligte nehmen natürlich die Berichterstattung zur Kenntnis. Auch ein Justizminister und sein Ministerium müssen dies tun. Denn wenn sich etwa organisatorische Fragen stellen, dann muss unter Umständen ein Ministerium schnell Ressourcen zur Verfügung stellen. Man denke hier nur an die Tausenden von Verfahren vor dem Landgericht Frankfurt/Main im Zusammenhang mit dem Börsengang der Telekom AG und den immer noch nicht abgeschlossenen Klageverfahren. Es würde wohl auch auf Unverständnis stoßen, wenn ein Ministerium kritische Berichterstattung nicht zur Kenntnis nimmt. Nur wie es darauf reagiert, dies ist die entscheidende Frage, s. dazu oben.

## VI. Blick in die Zukunft

Die Medienarbeit in Zusammenhang mit juristischen Auseinandersetzungen – vom Widerspruch gegen eine Behördenentscheidung bei Industrieanlagen bis hin zur Hauptverhandlung gegen Unternehmensverantwortliche wegen Korruption – ist heute ein notwendiger Bestandteil einer Rechtsberatung, denn mit einer Medienberichterstattung ist heute öfter als früher zu rechnen und Mandant und Anwalt müssen darauf vorbereitet sein, Medieninformationen müssen vorbereitet sein, auch wenn vielleicht kein Journalist ein Thema aufgreift. Aber lange nicht jeder Prozess wird jetzt durch eine umfangreiche Medienarbeit begleitet werden. Schon die Einbeziehung der Kommunikationsabteilung eines Unternehmens reicht oft aus. Befürchtungen, Verfahren nur mit einer „Litigation-PR" bewältigen zu können, sind übertrieben, zeigen ihrerseits schon wieder eine geschickte Öffentlichkeitsarbeit der Anbieter dieser Dienstleistung.

---

[16] s. dazu zu Recht kritisch Lieber, RohR 2011, 51.

Richtern und Staatsanwälten – die gesamte Justiz – muss bewusst sein, dass es diese Medienarbeit gibt, ängstlich sollten sie darauf aber nicht reagieren. Klar sein muss ihm aber, dass er bei seiner Arbeit mehr als früher beobachtet und auch sein Verhalten bewertet und auch kritisch hinterfragt wird. Es ist heute notwendig, sich insbesondere als Vorsitzender Richter damit zu befassen und auch eventuell Vorsorge – durch begleitende Medieninformationen des Pressesprechers der Behörde – zu treffen, damit erkennbare Probleme erkannt werden. Eigene Medienarbeit verbietet sich aber.

# Die Modernisierung der Justiz:
## Zwischen Zeitgeist und Rationalisierungsdruck

Ralf Köbler

## I. Vorbemerkung

Im Jahr 2000, als Dr. Christean Wagner das Amt des Hessischen Ministers der Justiz innehatte, wurde auf der Grundlage des Berichtes einer Expertenrunde, der „Modernisierungskomission", an der neben den Spitzen der hessischen Justiz exponierte Vertreter der Anwaltschaft und der Wirtschaft teilnahmen, die bislang folgenreichste Entscheidung zum IT-Einsatz in der hessischen Justiz getroffen: Es sollte binnen 8 Jahren eine vernetzte IT-Infrastruktur mit Anschluss aller hessischer Gerichte und Justizbehörden geschaffen und alle sinnvoll unterstützbaren Arbeitsplätze mit PCs und den verfügbaren zukunftsfähigen Fachanwendungen ausgestattet werden. Dafür stand nach Verhandlungen mit dem Finanzminister im Gegenzug zu einer namhaften Personaleinsparung der Finanzrahmen von 80 Millionen Euro zur Verfügung. Es war ein justizpolitischer Auftrag, den es zu operationalisieren und in Effekte für Rechtsuchende und Bedienstete, letztlich in die Beschleunigung der Verfahrensabläufe umzusetzen galt.

Am Ende wurden rund 60 Millionen Euro und sechs Jahre benötigt, um in und für die hessische Justiz eine technische Infrastruktur zu schaffen, die intern moderne Geschäftsabläufe und eine digitale und interaktive Außenbeziehung zu den „Kunden" der Justiz erst ermöglicht. Die Modernisierung ist niemals zu Ende. Sie steht immer wieder neu an einem Beginn. Können Sie sich noch an die Einführung des Faxgerätes mit dem sehr kurzfristig verblassenden Thermopapier erinnern? Im Grunde setzte es den ersten elektronischen Rechtsverkehr nach der Telegrafie um.

Wohin sollte justizpolitisches Denken heute in der Folge der erfolgreichen Modernisierungsoffensive weisen, ist die Frage, der der vorliegende Beitrag nachzugehen sucht.

## II. Die Anfänge des Einsatzes von Informationstechnik in der Justiz

Lassen wir das Telegramm, das letztlich zu umwälzenden Auslegungskunststücken zum verfahrensrechtlichen Schriftformerfordernis Anlass gab, und das Telefax, das eine nicht minder beeindruckende Rechtsprechung erzeugt hat, außen vor. Informationstechnik in der Justiz ist neben der eher länderspezifischen Frage der Ausgestaltung der Arbeitsplätze mit Endgeräten vor allem eine Frage der Zusammenarbeit in unterschiedlichen Länderverbünden, um die auf den bundeseinheitlichen Verfahrensgesetzen beruhenden und mithin in allen Ländern gleichen justiziellen Aufgaben mit Hilfe gemeinschaftlich entwickelter und gepflegter Justiz-IT-Fachverfahren kostengünstig und effizient bearbeiten zu können. Formal feststellbarer Ausgangspunkt der Zusammenarbeit ist ein Beschluss der Justizministerkonferenz des Jahres 1969, der die Schaffung einer Länderarbeitsgruppe zur Prüfung der Möglichkeiten länderübergreifender IT-Anwendungen vorsah. Damals war natürlich noch von „EDV" die Rede:

„Die Justizminister und -senatoren sind der Auffassung, daß die Möglichkeiten für den Einsatz elektronischer Datenverarbeitungsanlagen im Justizbereich mit dem geplanten juristischen Informationssystem nicht erschöpft sind."

Aus dieser Arbeitsgruppe erwuchs die Bund-Länderkommission für Datenverarbeitung und Rationalisierung in der Justiz, die sich nach dem juristischen Fachinformationssystem (heute: juris GmbH) in der Folgezeit der Schaffung des elektronischen Grundbuchs und des Automatisierten Mahnverfahrens widmete – die drei „Klassiker" justizieller IT-Großverfahren, die sich in der Praxis großer Akzeptanz erfreuen. Dieser Liste lässt sich noch die ebenso erfolgreiche Anwendung des elektronischen Handelsregisters hinzufügen.

Die Bund-Länder-Kommission arbeitete bis 2012 auf der Grundlage der eher formlosen Einsetzung durch die Justizministerkonferenz. Erst auf der Justizministerkonferenz im Mai 2012 konnte mit der Unterzeichnung einer Verwaltungsvereinbarung des Bundes und der Länder der E-Justice-Rat als Gremium der Amtschefs der Landesjustizverwaltungen geschaffen und zugleich die Umfirmierung der Bund-Länder-Kommission von jener „für Rationalisierung und Datenverarbeitung" in die umfassendere „für Informationstechnik in der Justiz" vollzogen werden. Zugleich wird dem IT-Planungsrat des Bundes damit ein justizeigenes Gremium an die Seite gestellt, und die Bund-Länder-Kommission erhielt erstmals eine förmliche Rechtsgrundlage. In Zeiten des Smartphones und der IP-Telefonie liegt es nahe, den im Grunde sehr viel engeren Begriff der Datenverarbeitung hin zu einem weiten Verständnis von Informationstechnik zu öffnen.

Die weitere Entwicklung des IT-Einsatzes in der Justiz beruhte in der Folgezeit bis Mitte der neunziger Jahre des letzten Jahrhunderts in erster Linie auf Einzelentwicklungen, z. T. engagierter Richter und anderer Justizbediensteter, und hat den Begriff „Flickenteppich" verdient. Der Großteil dieser Anwendungen waren Einzelplatzlösungen, Vernetzungen waren nur selten vorzufinden, häufig beschränkt auf einzelnen Sachgebiete und Abteilungen. Schließlich entstanden aus diesen Anfängen die Entwickler- und Betriebsverbünde der „großen" Fachanwendungen, z.B. ForumStar (Federführung Bayern mit derzeit 10 Mitgliedsländern), EUREKA für die ordentliche Gerichtsbarkeit mit 6 Mitgliedsländern,

Die Modernisierung der Justiz: Zwischen Zeitgeist und Rationalisierungsdruck 155

EUREKA-Fach mit zwölf Mitgliedsländern und dem nordrhein-westfälischen Monolithen Judica. Alle diese Programme sind darauf ausgerichtet, die Verwaltung der Verfahrensstammdaten zu übernehmen (Verfahrensverlauf, Statistik, Namens- und Adressdaten der Parteien, Prozessvertreter, Zeugen, Sachverständige etc.) und zugleich aus diesem Datenbestand die Texterzeugung in den Verfahren mit Hilfe zahlloser Textvorlagendateien effizient zu unterstützen und Briefpost zu erzeugen. Damit war ein Sachstand erreicht, der einer schreibmaschinengestützten Texterzeugung und der Karteikartenverwaltung der Verfahren um Längen überlegen war, aber noch keinen flächendeckenden Einsatz fand. Von Internetanwendungen für Justizbedienstete oder „Kunden" konnte in diesem Stadium der Entwicklung noch keine Rede sein.

### III. Die Modernisierungsoffensive der Jahre 2000 bis 2006

Die hessische Landesregierung erklärte 1999 eine umfassende „Modernisierungsoffensive der hessischen Justiz" zu einem wichtigen Punkt ihres Regierungsprogramms. Zur Umsetzung dieses Regierungsauftrages wurde eine Kommission gegründet, die sich aus hochrangigen Vertretern der Wirtschaft und Justiz zusammensetzte und den Auftrag erhielt, bis Anfang 2000 eine wirtschaftlich wie fachlich umsetzbare Modernisierungsstrategie zu entwickeln – die bis heute verfolgte Umsetzungsstrategie der Binnenmodernisierung:

- Vollverkabelung aller Justizbehörden

- EDV-Vollausstattung (auch Laptops) und Einführung zukunftsfähiger Justizfachanwendungen

- Aufbau von Client/Server-Netzwerken mit modernen Kommunikationsmöglichkeiten, vor allem E-Mailing

- Flächendeckende Einrichtung von Serviceeinheiten

Das mit der IT-Strategie verfolgte EDV- und Kommunikationskonzept setzt auf standardisierte, marktübliche Systeme, lässt darüber hinaus aber auch den Betrieb von Individualsoftware zu, der insbesondere im Kernbereich der Rechtsfindung große Bedeutung zukommt. Seit Juni 2004 können an allen Richter-, Staatsanwalts- und Rechtspflegerarbeitsplätzen und allen anderen Arbeitsplätzen, an denen Bedarf dafür besteht, Internetzugänge mittels einer sicheren und vom hessischen Datenschutzbeauftragten geprüften Terminalserverlösung genutzt werden. Zudem stehen mehrere kommerzielle Fachinformationssysteme zur Nutzung an den Arbeitsplätzen zur Verfügung. Digitales Diktat und Spracherkennungssoftware sind ebenfalls seit einigen Jahren erfolgreich nutzbar.

Mit enormem Schulungsaufwand wurden die als zukunftsfähig identifizierten Fachanwendungen an allen geeigneten Arbeitsplätzen zum Einsatz gebracht. Dabei ist der Konnex zu einer wichtigen Organisationsveränderung und Neuordnung des Personaleinsatzes zu erwähnen: Während die früheren „Geschäftsstellen" der Gerichte und Staatsanwaltschaften sehr stark arbeitsteilig vorgingen und zwischen Registratur und Schreibdienst unterschieden, wurden zeitgleich mit der Einführung der Fachanwendungen die Geschäftsstellen und Schreibdienste zu „Serviceeinheiten" bzw. „Sekretariaten" umgestaltet. Sie haben das Prinzip des „Mischarbeitsplatzes" zur Grundlage: Die Bediensteten erledigen alle in einem Vorgang anfallenden Aufgaben ganzheitlich „aus einer Hand". Dieses Konzept führt nicht nur zu einer Erhöhung der Grundqualifikation und einer Verbreiterung des Tätigkeitsspektrums. Es bewirkt zugleich einen erhöhten Identifikationseffekt, wenn ein Verfahren immer von den gleichen Bediensteten ganzheitlich betreut wird: *„Meine* Akte, die ordentlich zu bearbeiten ist".

Die Modernisierungsoffensive konnte nach landgerichts- bzw. fachgerichtsbarkeitsweisem Vorgehen und der Einbeziehung von 600 bis 1000 Arbeitsplätzen pro Jahr in sechs statt acht Jahren und mit deutlich geringerem Finanzaufwand als ursprünglich geschätzt erfolgreich abgeschlossen werden: Die meisten Bediensteten, Zuhause längst mit dem PC vertraut, hatten die Modernisierung ihrer Arbeitsplätz und die Angleichung an das Ausstattungsniveau in Anwaltschaft und Wirtschaft längst erwartet oder gar ersehnt.

Ähnliche Ausstattungs- und Reorganisationsprogramme wurden mehr oder weniger zeitgleich in allen Ländern und bei den Bundesgerichten durchgeführt, so dass die deutsche Justiz durch derartige „Kraftakte" heute flächendeckend über einen Mindeststandard vernetzter Informationstechnik verfügt, der vom Grundkonzept her den Möglichkeiten und Vorstellungen zu einer Rechner-Vernetzung der neunziger Jahre des letzten Jahrhunderts entspricht.

Vorsicht, Überholgefahr!

Natürlich veralten Geräte und Betriebssysteme. Um auch künftig den Anforderungen an eine moderne und leistungsfähige Justiz gerecht werden zu können, wurde bereits 2005 damit begonnen, die in den Jahren 2000 und 2001 modernisierten Justizstandorte gezielt durch die Einrichtung von entsprechenden Neuausstattungsprojekten den permanent weiterentwickelten EDV-Standards anzupassen, EDV-Hardware nach einer Laufzeit von rund vier Jahren turnusmäßig auszutauschen und damit die erforderliche Kontinuität der Modernisierungsstandards zu gewährleisten, um an der technischen Entwicklung im erforderlichen Maße partizipieren zu können. Es ist damit sichergestellt, dass die Ausstattung der hessischen Justiz der technischen Weiterentwicklung fortlaufend sinnvoll angepasst wird.

Der neueste Trend in diesem Bereich enthält eine wichtige Modifikation des Modernisierungskonzeptes: Der Einsatz „virtualisierter Arbeitsplatzumgebungen" wird bereits in der Verwaltungsgerichtsbarkeit auf knapp 400 Arbeitsplätzen und den in den letzten Jahren geschaffenen rund 550 Telearbeitsplätzen pilotiert. Die Virtualisierung verlegt den individuellen Rechenbetrieb des Arbeitsplatzrechners auf einen Server im Betriebszentrum – der PC am Arbeitsplatz stellt nur noch den Bildschirminhalt dar und überträgt Befehle, ohne dass die tatsächlichen Rechenoperationen noch dort stattfinden. Diese Technik hat mehrere günstige Effekte: Es kann kostengünstigere Hardware mit erheblichen längeren Laufzeiten bei deutlich niedrigerem Stromverbrauch eingesetzt werden. Hier dürfte der Standard des IT-Arbeitsplatzes der Zukunft liegen. Siehe: Technik und Zeitgeist korrelieren auch hier.

## IV. eJustice: Die Wendung zur Kundenorientierung

Nahezu parallel zur Einführung der vollvernetzten IT in der Justiz beginnen die Länder gemeinsam, sich nach der notwendigen Selbstbeschäftigung der „Kundenbeziehung" zuzuwenden: Mit der Website www.justiz.de wurde ein zentraler Einstiegspunkt in justizielle Dienstleistungen geschaffen.[1] Dabei ist es für die Begriffspraxis der wiewohl in Deutschland erfundenen, indessen stark amerikanisch geprägten Informationstechnik geradezu unumgänglich, dass ein Anglizismus die wichtige Abgrenzung zu online-Verwaltungsdienstleistungen übernimmt: „eJustice" ist nicht E-Government! Der Begriff des eJustice, der sich in den letzten Jahren fest etabliert hat,[2] verdeutlicht, dass – ohne die Rabulistik der Gewaltenteilung und der richterlichen Unabhängigkeit strapazieren zu wollen[3] – Justiz mit Rechtsprechung und Rechtspflege eben kein Government ausübt, sondern den Auftrag hat, Recht und Gesetz zu wahren und Rechtsfrieden zu schaffen. Dass die Staatsanwaltschaften auch in diesen Zusammenhang gehören, obwohl sie doch ohne Zweifel ausgesprochen exekutiv tätig sind, ergibt sich aus ihrem rechtsstaatlichen „Filterauftrag" gegenüber der Polizei und aus dem strafprozessualen Legalitätsprinzip. eJustice ist dezidiert etwas anderes als E-Government, wiewohl natürlich gemeinsame Aktivitäten möglich und wirtschaftlich sinnvoll sein können.

Der Aufbau einer Systematik interaktiver Dienstleistungen der Justiz zu ihren „Kunden" ist die konsequente Nutzung der aufgebauten IT-Infrastruktur: Es ge-

---

[1] Vertiefend *Köbler,* Ralf: eJustice in Hessen: Justiz goes online, in: Fachanwalt Arbeitsrecht 2008, S. 354 ff.

[2] Instruktiv *Köbler,* Ralf: eJustice: Vom langen Weg in die digitale Zukunft der Justiz, in: NJW 2006, S. 2089 ff.

[3] Zu dieser Problematik siehe *Bertrams,* Michael: Eingriff in die Unabhängigkeit der Dritten Gewalt durch Zentralisierung der IT-Organisation unter dem Dach der Exekutive, in: Nordrhein-Westfälische Verwaltungsblätter 2010, S. 209 ff. Anderer Auffassung BGH, Dienstgericht des Bundes, Urteil vom 6.10.2011 – RiZ (R) 7/10. Dazu *Köbler,* Ralf: IT-Einsatz in der Justiz verletzt richterliche Unabhängigkeit nicht, NJW 2011, S. 14 sowie ders.: Professioneller IT-Betrieb für die Dritte Gewalt: Kein unzulässiger Eingriff in die Unabhängigkeit, DRiZ 2012, S. 162 sowie *Scholz,* Bernhard Joachim: Verfassungsrechtliche Rahmenbedingungen der IT-Ausstattung der Justiz, DRiZ 2012, S. 158.

nügt nicht, in einem aus guten Gründen hoch abgesicherten internen Netzwerk zu arbeiten und zu kommunizieren. Es bedarf, sollen Zeitgeist und Rationalisierung harmonieren, des Angebotes substanzieller Dienstleistungen für Bürger, Wirtschaft und professionelle Justiznutzer wie Anwälte und Notare. Dabei liegt es auf der Hand, den wiederum im Anglizismus auszudrückenden Gedanken des „self-services" zu nutzen, um optimale Rationalisierungseffekte zu erreichen. Die Banken haben es uns vorgemacht: Den Kontoauszug gibt es nur noch am Selbstbedienungsautomaten, das Bargeld kann praktisch nur noch in Ausnahmefällen am guten alten Schalter abgeholt werden, und wer die Vorzüge des 7/24 verfügbaren online-Bankings schätzen gelernt hat und das notwendige Vertrauen in die Sicherheit dieser Technik erwirbt, dürfte eine Bankfiliale nur noch selten betreten müssen.

Für die Justiz bedeutet die Umsetzung dieses Gedankens in einem ersten Schritt, im Sinne des Gesetzes berechtigten und in der Regel über ein Zulassungsverfahren für die praktische Nutzung legitimierten Personen Zugriff auf Justizinformationen zu gewähren und zugleich den Abruf, in der Regel im Sinne eines Ausdrucks, zuzulassen. So kann Einsicht in das elektronische Handelsregister, in das elektronische Grundbuch und in die Insolvenzbekanntmachungen genommen werden. In der Praxis bewirken diese Einsichtsmöglichkeiten eine Rationalisierung innerhalb der von Einsichtsanträgen und Publikumsverkehr entlasteten Gerichte und zugleich eine Reduzierung der Aufwände bei Anwälten und Notaren, entfällt doch der ewig gleiche Weg zur Einsichtnahme bei Gericht.

Eine Erweiterung des Dienstleistungsspektrums stellen die über www.justiz.de zugänglichen Zwangsversteigerungsinformationen dar: Hier werden neben den reinen Terminsmitteilungen auch Exposées zu den Immobilien bereitgestellt. Die noch nicht von allen Ländern genutzte Plattform „Justiz-Auktion" transportiert den Zeitgeist ganz unmittelbar in die oft als ach so verstaubt angesehene Justiz und gibt der Mobiliarzwangsversteigerung ein neues, optionales Gewand: Der Gerichtsvollzieher kann gepfändete Gegenstände online versilbern mit der sehr guten Chance auf höheren Ertrag als bei der herkömmlichen Versteigerung. Die neu geschaffene Vorschrift des § 814 Abs. 2 ZPO fügt die „Justiz-Auktion" ausdrücklich den Verwertungsmöglichkeiten hinzu. Im Gegensatz zu der dem geneigten Zeitgenossen wohlbekannten üblichen privatrechtlichen „online-Versteigerung" ist die „Justiz-Auktion" eine echte öffentlich-rechtliche Versteigerung mit öffentlich-rechtlicher Eigentumsübertragung und Gewährleistungsausschluss. Die zivilrechtliche „online-Versteigerung" hingegen erreicht den Status einer Versteigerung im Rechtssinne nicht: Die „echte" Versteigerung lebt von der gleichzeitigen Anwesenheit der Bieter und schafft die Übereinstimmung der Willenserklärungen durch den Zuschlag, an dem es bei der privatrechtlichen online-Auktion fehlt. Die Rechtsprechung hat sie daher zutreffend als „Kauf auf Höchstgebot" ein- und damit den Regeln des Fernabsatzgeschäftes untergeordnet.

Der Zugang zum Mahnverfahren über www.justiz.de eröffnet eine andere Dimension, die von den übrigen eJustice-Angeboten nicht erreicht wird. Der online-Mahnantrag, wachsweich über die Formulierung des § 690 Abs. 3 ZPO eingeführt („maschinell lesbar"), ermöglicht die elektronische Antragstellung in einem justiziellen Massenverfahren: Während pro Jahr mit geringer Schwankungsbreite nur etwa 1,6 Mill. Zivilklagen in Deutschland eingereicht werden, überwiegen die Mahnverfahren mit einer Zahl von jährlich etwa 6,5 Mill. doch ganz erheblich. Der mit qualifizierter elektronischer Signatur einzureichende online-Mahnantrag führt in die juristische Denkwelt der kontradiktorischen Anspruchsdurchsetzung ein: nicht mehr nur exklusive Fachinformation, sondern die Schaffung eines Vollstreckungstitels über das elektronische Medium. Der elektronische Rechtsverkehr, wie er Gegenstand des vorletzten Abschnitts dieses Beitrages ein soll, wird erkennbar – das wird die Zukunft sein: Hochindividuelle und zugleich sichere Verfahrenskommunikation auf elektronischem Weg. Der elektronische Gerichtsbriefkasten ersetzt den Fristenbriefkasten und das liebgewonnene, schon fast antiquierte Telefaxgerät.

Der nächste Schritt des eJustice-Angebotes ist die Inbetriebnahme des Vollstreckungsportals auf der Grundlage des Gesetzes zur Reform der Sachaufklärung in der Zwangsvollstreckung vom 29. Juli 2009[4] zu Jahresbeginn 2013: Der Gerichtsvollzieher übermittelt zu Beginn des Zwangsvollstreckungsverfahrens die Erklärung des Schuldners über seine Vermögensverhältnisse elektronisch an das zentrale Vollstreckungsgericht, das diese Information dem bundesweiten Schuldner- und Vermögensverzeichnisregister zur Verfügung stellt und das Vollstreckungsgläubigern helfen soll, fruchtlose Vollstreckungsversuche zu vermeiden – eine sinnvolle Weiterentwicklung des Angebotes justizieller online-Dienstleistungen in der Internetgesellschaft.

## V. Zum Zeitgeist der Internetgesellschaft

Das Internet hat unserem bodenständigen Leben eine neue virtuelle Welt hinzugefügt und, wenn wir mal ganz ehrlich sind, neue Möglichkeiten eröffnet, die unser Verhalten in vielerlei Hinsicht deutlich verändert haben, weil wir sie als angenehm, funktional und durchaus auch bequem empfinden:

- E-Mail und SMS haben sich als asynchrone Kurz-Kommunikation gegenüber dem Telefonat durchgesetzt, das Web2.0 hat die facebook-Kommunikation hinzugefügt. Mit dem Smartphone ist all das wie aber auch das Internet jederzeit und vor allem überall auf Schritt und Tritt und ohne Bindung an die Netzdose im Arbeitszimmer verfügbar.
- Der Griff zum Lexikon ist durch die Webpräsenz lexikalischer Informationen entbehrlich geworden, und die Nutzung von Quellen, die als „common sour-

---

[4] BGBl. I S. 2258.

ces" bezeichnet werden können, erlaubt den Zugang zum Wissen vieler Menschen, die sich an der Darstellung des Wissens beteiligen, das bei allen Gefahren, die eine Informationsquelle wie Wikipedia birgt, vielfältiger, aktueller und vor allem verfügbarer als jede andere Informationsquelle ist.

- Der Einkauf vieler Gegenstände des täglichen Lebens hat sich ins Internet verlagert, ob online-Auktion oder etablierte Versandhändler: Der online-Einkauf geht für viele längst über den Buchkauf hinaus, und es kann auch immer öfter mal ein E-Book sein. Über das Internet lässt sich das Wunsch-Auto nicht nur finden, ob neu oder gebraucht, kinderleicht lassen sich die nächsten Ziele und die Wege dorthin recherchieren und dazu die Öffnungszeit des Hallenbades am Urlaubsort. Und weil das Internet damit nicht nur negativ formuliert der größte Tatort der Welt, sondern natürlich auch der größte Marktplatz der Welt geworden ist, nimmt die Gesellschaft es nicht nur ganz praktisch in Anspruch, sondern hat Rechtsregeln geschaffen, die z. B. mit den Normen zum Fernabsatzgeschäft und dem sog. Computerstrafrecht den universellen Geltungsanspruch des Rechtes manifestieren – das Internet ist kein rechtsfreier Raum und kein hoheitsloses Terrain.
- Die Nutzung von online-Banking und Dienstleistungen der Versicherungen im Internet eröffnen über Kauf und Information hinaus den online-Zugang zu Geldgeschäften und anderen Diensten, die bisher nur über die Beachtung von Öffnungszeiten in Anspruch genommen werden konnten. Alles wird „7/24", den virtuellen Ladenschluss hat bisher niemand gefordert.

Die virtuelle Welt hat sich längst unentbehrlich gemacht und ist Teil des Lebens von derzeit über 75% der Deutschen geworden, Teil unserer Kultur: Wir nutzen es nicht nur, wir leben damit. Und dies impliziert *selbstverständlich,* dass der Bürger, wenn er Leistungen des Staates oder der Kommune in Anspruch nehmen möchte, das Internet nutzen will und nach entsprechenden Angeboten sucht. Der Abfallkalender oder die Öffnungszeiten des Museums sind dabei als eindimensionale Informationen heutzutage auch problemlos verfügbar, aber mit echten Interaktionen tun sich E-Government und eJustice noch relativ schwer. Und natürlich sucht der Bürger in diesem Zusammenhang zunehmend auch nach Informations- und Interaktionsangeboten der Justiz. Das Internet ist Kulturgut geworden, die Erwartungshaltung der Bürger auch gegenüber staatlichen und justiziellen Leistungen ist inzwischen enorm ausgeprägt. Also: Noch mehr Justiz ins Netz, als dies bereits der Fall ist!

## VI. Rationalisierungsdruck: Von der Unmöglichkeit des Denkens mit dem spitzen Stift im Kopf

Während die gesetzlichen und auch die qualitativen Anforderungen an justizielle Dienstleistungen in den letzten Jahrzehnten deutlich gestiegen sind, wurden die Personalkörper nicht wesentlich aufgestockt, in toto eher verkleinert.

Einzelne IT-Anwendung wie Elektronisches Grundbuch und Elektronisches Handelsregister haben dafür gesorgt, dass in bestimmten Sachgebieten der Gerichte der Personaleinsatz um bis zu 50% heruntergefahren werden konnte.

Die Prognose liegt nicht fern, dass die unumkehrbare demographische Situation Deutschlands in Kombination mit der für 2020 festgeschriebenen verfassungsrechtlichen Schuldenbremse bei gleichbleibenden oder weiter steigenden Anforderungen an justizielle Leistungen bundesweit zu schrumpfenden Personalkörpern in der Justiz führen wird. Mehr leisten mit weniger Personal setzt erfolgreiche Rationalisierung voraus, die in der Justiz vor allem noch über die Reduzierung organisatorischer Aufwände beim Umgang mit ein- und ausgehenden Dokumenten möglich erscheint, und so wenig erstrebenswert dies vielen Justizangehörigen derzeit noch erscheinen mag: Die Einführung vollelektronischer Geschäftsprozesse mit elektronischem Rechtsverkehr und elektronischen Akten wird der Schlüssel dazu sein.

Der Weg dorthin ist indessen noch weit, und er kann auch ohne Investitionen nicht gegangen werden. Einspareffekte sind nur mittelfristig erzielbar, und wenn Haushälter und Finanzminister (auftragsgemäß, sei zu ihrer Entlastung eingefügt) unermüdlich nach unmittelbar „gegenrechenbaren" Einsparungen fragen, so haben sie möglicherweise Schwierigkeiten mit dem Grundverständnis, was und vor allem wann IT Beiträge zu Einsparkonzepten leisten kann. Es ist immer wieder schwierig, Innovationsideen aus der Ecke der angeblichen „Spielereien" herauszubringen.

Es sind mehrere qualitative Arten von Informationstechnik zu unterscheiden, um den Rationalisierungsbeitrag von Informationstechnik bewerten zu können:

- Es gibt Grundkosten für Hardware, Netzbetrieb, Betriebssysteme und Standardsoftware wie Textverarbeitungssoftware, die in den Nutzen, indessen nur anteilig in den Nutzen sämtlicher Anwendungen, einzurechnen sind, um sinnvolle Wirtschaftlichkeitsgedanken niederlegen zu können. Das ist im Detail ausgesprochen schwierig in der Betrachtung und Differenzierung.

- Es gibt Kosten für Software, die als „unentbehrlich" angesehen und am besten gar nicht hinterfragt wird, die aber keinen wirklich monetär messbaren Nutzen hat, wohl aber der gesellschaftlichen Erwartung entsprechen. Hierzu zählen die E-Mail-Systeme und vor allem Internetauftritte und Informationsangebote für Bürger wie Bedienstete.

- Es gibt Fachsoftware, die darstellbare Vereinfachungen der Arbeitsabläufe bewirkt und damit berechenbare Personaleinsparungen ermöglichen könnte. Da die Einsparungen in der Praxis in der Regel als Vorgaben ohne Bezug zu konkreten Einsparmöglichkeiten vollzogen werden, können diese Anwendungen allenfalls der Kompensation der geschehenen Einsparungen dienen nach dem Motto „nur so lässt sich die kaum weniger gewordene Arbeit mit geringerem

Personaleinsatz überhaupt bewältigen." Weitere Einsparungen sind da kaum möglich.

- Es gibt Anwendungen, die in erster Linie Effekte bei Außenstehenden, etwa bei Rechtsanwälten, erzeugen und für die Justiz in erster Linie Kosten. Beispiele hierfür sind die Veröffentlichungen von Insolvenz- oder Zwangsversteigerungsdaten im Internet. Volkswirtschaftlich sinnvolle Möglichkeiten, und schließlich ist der Staat nicht für sich selbst, sondern für die Bürger da.

Diese Beispiele zeigen, wie schwierig die Frage nach Einsparungen für IT-Verantwortliche zu beantworten ist, zumal wenn IT-Systeme nur als Kompensation für bereits umgesetzte Einsparungen dienen. Die Wirtschaftlichkeitsbetrachtung von IT-Systemen sollte daher durchaus stattfinden, aber die Aspekte der Qualitätssteigerung, der Kulturerwartung, des Nutzens für Dritte und der Kompensation sollten stärker in den Vordergrund gestellt werden. Der spitze Bleistift allein reicht bei weitem nicht. Und das nur eindimensionale kamerale Denken in sofort mit Minderausgaben zu kompensierenden Mehrausgaben auch nicht.

## VII. Die Zukunft: Elektronischer Rechtsverkehr und elektronische Aktenführung

Weltweit hat sich das E-Mailing als Kommunikationsmedium der Wahl durchgesetzt, ob es durch „Posten" in Facebook oder „Twittern" abgelöst wird, bleibt abzuwarten. Die E-Mail ist nicht nur einfach zu schreiben und hat ihre doch recht formlose Etikette, die von manchem nicht geschätzt wird, sie ist schnell und zuverlässig. Nur eines ist sie nicht: Sie ist nicht sicher. Sie wird in der Regel unverschlüsselt auf nicht vorherbestimmbaren Wegen übertragen, es findet keine „von-Ende-zu-Ende"-Kommunikation statt, wie wir sie von Telefonie und Fax kennen: Die E-Mail wird nicht erst losgesandt, wenn die Gegenseite den Hörer abnimmt, sie wird in den Ozean des Internets geworfen. Sie ist leicht fälschbar, sie gibt keine Sicherheit über die Identität des Absenders. Kurz: Die datenschutz- und datensicherheitsrechtlichen Anforderungen an Authentizität und Integrität einer elektronischen Nachricht werden von der E-Mail nicht erfüllt. Der Gesetzgeber hat sich daher schon mit dem Signaturgesetz vom 16. Mai 2001[5], dem Gesetz zur Anpassung der Formvorschriften des Privatrechts und anderer Vorschriften an den modernen Rechtsgeschäftsverkehr vom 13. Juli 2001[6] und dem Gesetz über die Verwendung elektronischer Kommunikationsformen in der Justiz (Justizkommunikationsgesetz) vom 22. März 2005[7] darauf festgelegt, dass rechtssichere

---

[5] BGBl. I S. 876, zuletzt geändert durch Artikel 4 des Gesetzes vom 17. Juli 2009, BGBl. I S. 2091.

[6] BGBl. I S. 1542.

[7] BGBl. I S. 837.

## Die Modernisierung der Justiz: Zwischen Zeitgeist und Rationalisierungsdruck

elektronische Kommunikation mit der Justiz im Rahmen der gerichtlichen Verfahrensordnungen und mit Erfüllung der verfahrensrechtlichen Formerfordernisse nur unter Verwendung qualifizierter elektronischer Signaturen zulässig ist. Dies setzt technische Infrastruktur auf allen Seiten voraus: Der Einreicher benötigt Signatur und Signaturkarte, ein externes Kartenlesegerät sowie die für den elektronischen Rechtsverkehr von Bund und Ländern bereitgestellte Software, in aller Regel das elektronische Gerichts- und Verwaltungspostfach (EGVP).

Das EGVP stellt seit einigen Jahren die erforderliche Verbindung zur Verfügung, verwaltet elektronische Postfächer und Postfachadressen, hält die Instrumente für die Signatur- und Integritätsprüfung bereit und dokumentiert die Prüfprozesse. EGVP wird seit 2006 in allen Bundesländern für die Handelsregister genutzt: Die Notare sind durch § 12 HGB verpflichtet, ausschließlich elektronisch zum Handelsregister einzureichen – der vollelektronische Geschäftsablauf vom Antragsteller über den gerichtlichen Entscheider bis zum Eintrag im Register ist in diesem Rechtsgebiet, mit wenigen Ausnahmen, geschaffen. Darüber hinaus wird auch das online-Mahnverfahren über die EGVP-Technik abgewickelt. Dabei ist EGVP allerdings weitgehend „Expertensystem" für Notare und Anwälte geblieben und erreicht Bürger und Wirtschaft allenfalls punktuell. Und wer verfügt als Bürger schon über eine Karte mit qualifizierter elektronischer Signatur? Zudem sind die wenigsten Bundesländer den Weg der weitgehenden Eröffnung des elektronischen Rechtsverkehrs gegangen[8] – Hessen als erstes Flächenland bereits Ende 2007. Um den elektronischen Rechtsverkehr zum Standardpostweg zur Justiz zu machen, bedarf es auch „einfacher" erreichbarer und bedienbarer elektronischer elektronischer Zugangsmöglichkeiten, die dem berechtigten Sicherheitsbedarf der Justiz gleichwohl Rechnung tragen.

Dabei kann das erkennbare Rationalisierungspotenzial durchgehend elektronischer Geschäftsprozesse nur dann realisiert werden, wenn die elektronische Post auch elektronisch verwaltet und bearbeitet wird und mit elektronischen Postausgängen geantwortet werden kann. Es bedarf daher neben der Infrastruktur für den elektronischen Rechtsverkehr auch der elektronischen Aktenführung – sicher, einfach zu bedienen und gut lesbar.[9] Dass dies, und damit ist die verbindliche Einführung elektronischen Rechtsverkehrs und „führender" elektronischer Akten in gerichtlichen und staatsanwaltschaftlichen Verfahren für alle Länder und auch für die Bundesgerichte und den Generalbundesanwalt gemeint, eine gewaltige technische, organisatorische und vor allem auch finanzielle Herausforderung ist,

---

[8] Vgl. die eher pessimistische Einschätzung bei *Radke,* Holger: Zwischen Wagemut und Angststarre – Elektronischer Rechtsverkehr und elektronische Aktenführung in der Justiz, in: ZRP 2012, S. 113 ff.

[9] Wie dornig der Weg dorthin sein wird, dürfte die sog. Handelsregisterrichter-Entscheidung des Dienstgericht des BGH, Urteil vom 21.10.2010, RiR (R) 5/09. Anmerkung dazu *Köbler,* Ralf: Die elektronische Akte lebt!, in: Fachanwalt Arbeitsrecht 2011, S. 72 ff.

die nur gemeinsam in kollegialer föderaler Zusammenarbeit bewältigt werden kann, liegt auf der Hand.

Dass es zu schaffen ist, zeigen zwei Beispiele aus Hessen, das – wie erwähnt – bereits Ende 2007 den elektronischen Rechtsverkehr für alle Gerichte und Gerichtsbarkeiten und für die Staatsanwaltschaften zugelassen hat. Die Infrastruktur steht mithin vollständig und hat sich auch im Praxisbetrieb bewährt. Von den mittlerweile jährlich rund 200.000 Posteingängen sind rund 30% sog. „allgemeine Nachrichten", die nicht zum Handelsregister oder zum Mahnverfahren gehören. Dem stehen über 300.000 elektronische Postausgänge gegenüber. In Hessen wird nicht auf den elektronischen Posteingang gewartet, wenn sich eine elektronische Postfachadresse für den Adressaten automatisiert finden lässt – im Projekt „eRechnung" wird dies erfolgreich pilotiert, für den Kunden mit dem Komfort der online-Bezahlbarkeit der eRechnung. Das ist eine Entwicklung, die sich sehen lassen kann, aber auch keine Überforderung der Bediensteten gebracht hat.

Im Verfahren eOWi, das seit mehreren Jahren bei der Bußgeldstelle des Regierungspräsidiums Kassel, im Amtsgericht und bei der Staatsanwaltschaft Kassel im Praxisbetrieb ist und ab 2013 nach Frankfurt und anschließend hessenweit ausgerollt wird, konnten bislang rund 20.000 Verfahren reibungslos vollelektronisch und ohne jede Papierakte bearbeitet werden, elektronische Akteneinsicht und Telearbeit auf Justizseite inklusive. Den vollelektronischen Ablauf in weniger standardisierten Gerichtsverfahren erprobt Hessen ab Ende des Jahres mit der dafür angepassten Justizfachanwendung in der hessischen Sozialgerichtsbarkeit. Der elektronische Postein- und -ausgang dient dabei im Rechtsverkehr mit Sozialverbänden und Behörden als Standardkommunikationsweg, es wird eine vollständige elektronische Duploakte geführt, die auch zur Akteneinsicht bereitsteht. Der Weg führt hin zu umfassendem elektronischen Rechtsverkehr und elektronischer Aktenführung, auch wenn er noch weit ist.[10]

Das Vorgehen der Gerichte und Staatsanwaltschaften ist im Rechtsstaat der Bundesrepublik Deutschland an Recht und Gesetz, an Bestimmtheit und Bestimmbarkeit des gesetzlichen Richters gebunden. Es geht um rechtliche Verbindlichkeit, die von der anderen Seite, den Anwälten und Notaren aus wirtschaftlichem Blickwinkel als Verlässlichkeit im Sinne von Investitionssicherheit gesehen werden darf. Die Einführung elektronischen Rechtsverkehrs als verbindlichen Kommunikationsweges zwischen Prozessvertretern und Justiz bedarf daher eines verlässlichen Rechtsrahmens, der mit Änderungen der Verfahrensordnungen durch das Formvorschriftenanpassungsgesetz 2001 und das Justizkommunikationsgesetz 2005 auch weitgehend bereits geschaffen worden ist. Dieser Rechtsrahmen hat allerdings Ergänzungsbedarf in mehrfacher Hinsicht: Es fehlt

---

[10] Weiterführend *Köbler,* Ralf: Quo vadis, Justiz-IT: Trends und Glaskugel, DRiZ 2010, S. 170 ff.

weitgehend an Vorschriften über die Verbindlichkeit der Nutzung des elektronischen Rechtsverkehrs, und elektronische Dokumente bedürfen nach geltender Rechtslage ganz überwiegend einer qualifizierten elektronischen Signatur, die ein kompliziertes Prüfverfahren zu durchlaufen hat, bevor sie verifiziert werden kann.

Um den normativen Ergänzungs- und Optimierungsbedarf zu decken, haben sich im Frühjahr 2010 acht Bundesländer unter der Federführung Baden-Württembergs, Hessens und Sachsens zu einer Arbeitsgruppe zusammengefunden und den Entwurf eines „Gesetzes zur Förderung des elektronischen Rechtsverkehrs" erarbeitet,[11] der von der Justizministerkonferenz im Mai 2012 verabschiedet wurde und im September in den Bundesrat eingebracht wurde.

Kern der Reformvorschläge ist die Verbindlichmachung des elektronischen Rechtsverkehrs für sog. „professionelle Einreicher" im Verlauf von zehn Jahren in mehreren Stufen. Dabei ist eine entscheidende Vereinfachung des elektronischen Rechtsverkehrs vorgesehen: Für Rechtsanwälte soll eine eigenständige Postfach-Domäne geschaffen werden, die nach Verbindlichkeit des elektronischen Rechtsverkehrs zumindest von all jenen Rechtsanwälten zu nutzen ist, die forensisch tätig sind und Geschäftsverkehr mit der Justiz pflegen. Das Postfach, dessen Adresse im Internet im elektronischen Anwaltsverzeichnis verfügbar sein soll und nur nach persönlicher Identifikation eingerichtet wird, soll Vertrauensschutz genießen: Die Post der Anwälte aus diesem „besonderen Anwaltspostfach" wird ohne qualifizierte elektronische Signatur rechtsgültig sein und als unterschrieben im verfahrensrechtlichen Sinne gelten. Das ist eine wesentliche Vereinfachung.

Darüber hinaus sieht der Gesetzentwurf die Möglichkeit der Länder vor, neben dem Übertragungsweg des EGVP weitere „sichere Verfahren", z.B. die gesetzlich normierte De-Mail, zuzulassen.

Daneben enthält der Entwurf zahlreiche Änderungsvorschläge, die es ermöglichen sollen, gescannte Papierpost nur kurz aufzubewahren und dann vernichten zu dürfen, ohne sie bis zur Rechtskraft zuvor papiernen Doppelakten zuordnen zu müssen, sowie den weitgehenden Verzicht auf Beglaubigungserfordernisse, um ohne große Umstände elektronische Aktenauszüge oder ganze Akten zur Verfügung stellen zu können und nicht elektronisch zustellbare Post über große Postbearbeitungsanlagen schicken zu können und die manuellen Arbeitsaufwände in den Gerichten zu verringern. Zudem sind Vorschriften vorgesehen, um verbliebene Papierbekanntmachungen und -veröffentlichungen der Justiz ins Internet zu

---

[11] Vgl. *Bernhardt,* Wilfried/*Kriszeleit,* Rudolf/*Limperg,* Bettina: Arbeitsgruppe forciert IT-Einsatz, in Moderne Verwaltung, 2011, S. 34 ff. Siehe auch *Hansen,* Hans-Georg: Durchbruch für den elektronischen Rechtsverkehr?, DRiZ 2012, S. 150 sowie *Radke,* Holger: E-volution – Auf dem Weg zum virtuellen Gericht?, in: NJW 2012, Editorial zu Heft 12.

verlagern. Letztlich: Der Entwurf sieht die Normierung des Internet-Schutzschriftenregisters vor, um die Verbindlichkeit der Nutzung des im Internet bereits gewerblich angebotenen Schutzschriftenregisters durch Anwälte und Gerichte zu erreichen und damit die greifbaren Aufwandsreduzierungen zu realisieren.

Alles in allem ein recht umfassendes „Ergänzungspaket", dessen Umsetzung den Durchbruch für den elektronischen Rechtsverkehr bedeuten wird!

## VIII. Schlussbemerkung

Der Einsatz der Informationstechnik in der Justiz ist in einer Weise fortgeschritten, dass die Schaffung durchgängig elektronischer Geschäftsprozesse vom professionellen Antragsteller oder „Kunden" über den Schreibtisch des Entscheiders und seiner Mitarbeiter bis zurück zu den betroffenen Parteienvertretern als realistische, wenn auch gewiss aufwändige Zukunftsaufgabe ansteht, die sich verlässlich nur über sicheren elektronischen Rechtsverkehr erfüllen lässt. Einzelne Verfahrensarten hat diese Denke bereits erfolgreich erfasst.

Natürlich wird es eine schwierige und nur mittelfristig zu erfüllende Aufgabe sein, die den Einsatz erheblicher Finanzmittel und vor allem kundigen Personals mit tauglich zu machender Technik voraussetzt, ohne dass spürbare Einsparungen unmittelbar vollzogen werden könnten. Gleichwohl ist es eine wichtige Aufgabe der Justizpolitik, den mittel- und langfristigen Blick auf die Erwartungen der Internetgesellschaft und die Rationalisierungschancen der Zukunft zu richten und die Einführung des verbindlichen elektronischen Rechtsverkehrs und der elektronischen Akten durch- und umzusetzen. Eine große Aufgabe.

Vergessen wir das Faxgerät.[12]

---

[12] Schon der Vermeidung der Problematik halber, die sich derzeit im Themenkomplex Fax- und E-Mail-Einreichung entwickelt und die durch konsequente Hinwendung zum elektronischen Rechtsverkehr auflösbar erscheint; siehe dazu *Köbler, Ralf*: Wiedereinsetzung bei misslungenen Fax- und E-Mail-Sendungen, in: Fachanwalt Arbeitsrecht 2011, S. 324 ff.

# Neue Justizvollzugsgesetze –
# Gesetzgebungsstand und Weg des Landes Hessen

Torsten Kunze

## I. Einleitung

Durch das *Gesetz zur Änderung des Grundgesetzes vom 28. August 2006*[1] wurde nicht nur Berlin als Bundeshauptstadt im Grundgesetz verankert, auch im Bereich der Kompetenzverteilung zwischen Bund und Ländern gab es für den Justizvollzug im Rahmen der sogenannten Föderalismusreform eine einschneidende Veränderung: Die Gesetzgebungskompetenz für diesen Bereich wurde vom Bund auf die Länder übertragen. Dieser Schritt war, insbesondere aus Kreisen der Vollzugswissenschaft, heftig kritisiert worden. Befürchtet wurden negative Folgen einer Rechtszersplitterung, eine Überbetonung von Sicherheitsgesichtspunkten sowie eine Absenkung vollzuglicher Standards aus finanziellen Gründen[2]. Andererseits wurde die Hoffnung geäußert, dass die Neuordnung der Gesetzgebungskompetenz zu einem „Wettbewerb der besten Praxis" führe[3].

Nachdem nun sechs Jahre seit der Föderalismusreform vergangen sind, besteht Gelegenheit zu einer ersten Bilanz hinsichtlich des Standes der von den Ländern umgesetzten oder geplanten Vollzugsgesetze allgemein und der inhaltlichen Ausgestaltung der hessischen Gesetze im Besonderen.

## II. Stand der Gesetzgebung

Seit dem Jahre 2006 ist auf dem Gebiet des Justizvollzugs eine rege Gesetzgebungstätigkeit der Länder zu verzeichnen, die die Bereiche des Erwachsenen- und Jugendstrafvollzugs, der Untersuchungshaft, der Sicherungsverwahrung sowie auch des Jugendarrests umfasst.

### 1. Jugendstrafvollzugsgesetze

In einem ersten Schritt haben alle Länder nach der Entscheidung des Bundesverfassungsgerichts vom 31. Mai 2006[4], das die bisherige Rechtsgrundlage für

---

[1] BGBl. I 2006, 2034.
[2] Nachweise bei *Arloth* StVollzG, 3. Auflage 2011, Einleitung Rn. 6.
[3] *Arloth,* Frank: Neue Gesetze im Strafvollzug, in: GA 2008, 129, 141.
[4] *BVerfG,* Urteil vom 31.5.2006, NJW 2006, 2093.

verfassungswidrig erklärt hatte, Gesetze zum Vollzug der Jugendstrafe erlassen, die entsprechend der vom Bundesverfassungsgericht gesetzten Übergangsfrist spätestens zum 1. Januar 2008 in Kraft traten[5]. Zuvor existierte keine umfassende gesetzliche Regelung des Jugendstrafvollzugs. So enthielten das Jugendgerichtsgesetz (in §§ 91, 92 a. F.) und das Strafvollzugsgesetz (in §§ 176, 178) nur einzelne Vorschriften, die eigentliche Ausgestaltung des Vollzugs wurde jedoch durch bundeseinheitliche Verwaltungsvorschriften (VVJug) bestimmt.

Gesetzessystematisch entschieden sich letztlich Bayern, Baden-Württemberg und Niedersachsen dazu, den Jugendstrafvollzug in allgemeine Vollzugsgesetze zu integrieren. Hamburg, das zunächst auch diesem Weg eingeschlagen hatte, nahm im Jahre 2009 davon wieder Abstand. Hessen hatte sich – wie die übrigen Länder – dazu entschieden, für die jeweiligen Vollzugsbereiche in sich abgeschlossene Einzelgesetze zu schaffen, um die Unterschiede in Zielsetzung und Ausgestaltung zwischen den unterschiedlichen Arten des Vollzugs auch formal zu verdeutlichen und die Handhabbarkeit in der Praxis zu verbessern. Dabei beruhte die Gesetzgebung in 10 Ländern[6] auf einem gemeinsamen Musterentwurf.

## 2. Untersuchungshaftvollzugsgesetze

In den Jahren 2008 bis 2011 folgten sodann in allen Ländern die Untersuchungshaftvollzugsgesetze[7], zuletzt diejenigen in Bayern und Schleswig-Holstein[8]. Auch hier war die vorhergehende Rechtslage systematisch der im Jugendstrafvollzug ähnlich. Im Gesetz (im Wesentlichen § 119 StPO a. F. und § 93 JGG a. F.) fanden sich nur Anknüpfungsvorschriften, das Wesentliche wurde durch die Untersuchungshaftvollzugsordnung (UVollzO) geregelt. Dabei handelte es sich – anders als ihr Name vermuten lässt – ebenfalls (nur) um eine Verwaltungsvorschrift. Das Bundesverfassungsgericht hatte zwar in ständiger Rechtsprechung[9] diese Rechtslage für verfassungsgemäß befunden, gleichwohl gab es schon lange Stimmen, die auch für diesen Bereich eine umfassende gesetzliche Regelung gefordert hatten[10].

---

[5] Nachweise bei *Eisenberg* JGG, 15. Auflage 2012, § 92 Rn. 8.

[6] Dies sind die Länder Berlin, Brandenburg, Bremen, Mecklenburg-Vorpommern, Rheinland-Pfalz, Saarland, Sachsen, Sachsen-Anhalt, Schleswig-Holstein und Thüringen.

[7] Nachweise bei BeckOK-StPO/*Krauß* § 119 Rn. 4.

[8] Bayern: BayUVollzG vom 20.12.2011 (GVBl. 2011, 678), Schleswig-Holstein: UVollzG vom 16.12.2011 (GVOBl 2011, 322), beide in Kraft getreten zum 1.1.2012.

[9] Siehe BVerfG, Beschluss vom 10.1.2008, NStZ 2008, 521, 522 m.w.N. zur ständigen Rechtsprechung.

[10] Siehe KK-StPO/*Schultheiß*, 6. Auflage 2008, § 119 Rn. 1 und *Ostendorf* JGG, 7. Auflage 2007, Grundlagen zu § 93 Rn. 5, für weitere Nachweise.

Bei den neuen Untersuchungshaftvollzugsgesetzen der Länder handelt es sich – bis auf Niedersachsen[11] – um Einzelgesetze. Die Umsetzung beruht in 10 Ländern auf einem gemeinsam erarbeiteten Musterentwurf. Hamburg und Hessen orientieren sich an diesem Entwurf.

### 3. Erwachsenenstrafvollzugsgesetze

Landes-Strafvollzugsgesetze gibt es bislang nur in Baden-Württemberg, Bayern, Hamburg, Hessen und Niedersachsen[12]. In den übrigen Bundesländern gilt nach Art. 125a GG das bisherige Strafvollzugsgesetz (StVollzG) des Bundes noch fort. Auch in diesen Ländern gibt es jedoch aktuelle Bestrebungen, eigene Landes-Strafvollzugsgesetze in Kraft zu setzen. 10 Länder haben dazu bereits am 6. September 2011 einen gemeinsamen Arbeitsgruppen-Entwurf für ein entsprechendes Gesetz vorgestellt[13]. Mit weiteren Aktivitäten ist daher zu rechnen.

### 4. Sicherungsverwahrungsvollzugsgesetze

Nachdem das Bundesverfassungsgericht in seiner Entscheidung vom 4. Mai 2011[14] die Regelungen zum Vollzug der Sicherungsverwahrung – sowohl im StVollzG (§§ 129 ff.) als auch in den fünf bereits bestehenden Ländergesetzen – für verfassungswidrig erklärt hat, besteht auch hier gesetzgeberischer Handlungsbedarf bis zum Ablauf der gesetzten Übergangsfrist am 31. Mai 2013. Bislang war die Sicherungsverwahrung quasi als „Anhängsel" zu den Strafvollzugsgesetzen konzipiert gewesen, indem es einige Sondervorschriften gab, im Wesentlichen jedoch auf die Vorschriften über den Vollzug der Strafhaft verwiesen wurde. Alle Länder haben sich nach der Entscheidung im Auftrag der Konferenz der Justizministerinnen und Justizminister in einer Arbeitsgruppe zusammengefunden und „Gesetzliche Grundlagen zur Neuregelung des Vollzugs der Sicherungsverwahrung" erarbeitet, die als Grundlage für die Umsetzung der Sicherungsverwahrungsvollzugsgesetze dienen werden.

---

[11] Niedersachsen hat auch den Bereich der U-Haft in sein Justizvollzugsgesetz integriert.

[12] Baden-Württemberg: JVollzGB vom 10. November 2009 (BGl. S. 545), Bayern: BayStVollzG vom 10. Dezember 2007 (GVBl. S. 866), Hamburg: HmbStVollzG vom 14. Juli 2009 (HmbGVBl. S. 257), Hessen: HStVollzG vom 28. Juni 2010 (GVBl. I S. 185), Niedersachsen: NJVollzG vom 14. Dezember 2007 (Nds. GVBl. S. 72).

[13] Siehe: Gemeinsame Pressemitteilung der Senatorin für Justiz des Landes Berlin, des Senators für Justiz und Verfassung der Freien Hansestadt Bremen und der Justizministerinnen und Justizminister der Länder Brandenburg, Mecklenburg-Vorpommern, Rheinland-Pfalz, Saarland, Sachsen, Sachsen-Anhalt, Schleswig-Holstein und Thüringen vom 6. September 2011.

[14] *BVerfG* NJW 2011, 1931, 1939 f.

### 5. Jugendarrestvollzugsgesetze

Rechtsgrundlage für den Vollzug des Jugendarrests ist bislang § 90 JGG in Verbindung mit der Jugendarrestvollzugsordnung[15]. Bemerkenswert erscheint, dass es sich insoweit um das einzige Vollzugsrechtsgebiet außerhalb des Erwachsenenstrafvollzugs handelt, das bislang nicht nur durch Verwaltungsvorschriften – wie die VVJug oder die UVollzO – ausgestaltet wird, sondern durch eine Rechtsverordnung im formalen Sinne. Gleichwohl haben die Länder erkannt, dass für einen modernen Jugendarrest auch in diesem Bereich die Schaffung einer landesgesetzlichen Grundlage sinnvoll erscheint. Erste Eckpunkte für eine Neuregelung haben 14 Länder[16] bereits in einer Arbeitsgruppe im Auftrag des Strafvollzugsausschusses erarbeitet[17]. Im Jahre 2012 hat Nordrhein-Westfalen den Entwurf eines Jugendarrestvollzugsgesetzes in den Landtag[18] eingebracht, Schleswig-Holstein hat einen Entwurf vorgestellt[19]. Die übrigen Länder werden ihre Beratungen voraussichtlich nach Abschluss der laufenden Gesetzgebungsprojekte zu den Sicherungsverwahrungsvollzugsgesetzen und – soweit noch ausstehend – den Strafvollzugsgesetzen fortsetzen[20].

## III. Bewertung

Aufgrund der dargestellten gesetzgeberischen Aktivitäten wird man konstatieren müssen – es tut sich einiges auf dem Gebiet der Vollzugsgesetzgebung. Auch wenn manche Prozesse, wie im Jugendstrafvollzug oder bei der Sicherungsverwahrung, vom Bundesverfassungsgericht – um es vorsichtig zu formulieren – angestoßen wurden, ist die eindeutige Tendenz erkennbar, alle Bereiche des Justizvollzugs mit einer eigenständigen gesetzlichen Regelung zu versehen. Dies ist keine Selbstverständlichkeit. Vor der Föderalismusreform erwies sich Vollzugsgesetzgebung als langwieriges, in vielen Fällen nahezu aussichtsloses Unterfangen. Bereits ab 1871 gab es Bestrebungen und mehrere Versuche, den Vollzug der Freiheitsstrafe auf eine gesetzliche Grundlage zu stellen[21]. Eine tatsächliche Umsetzung dieses Vorhabens gelang nach jahrelangen Vorarbeiten und Diskussionen erst mit Inkrafttreten des Strafvollzugsgesetzes (StVollzG) am 1. Januar 1977. Für den Jugendstrafvollzug und die Untersuchungshaft blieben die Bemühungen trotz mehrerer vorgelegter Entwürfe seit Beginn der 80er-Jahre des letz-

---

[15] Jugendarrestvollzugsordnung in der Fassung der Bekanntmachung vom 30. November 1976 (BGBl. I S. 3270).
[16] Nicht beteiligt waren Nordrhein-Westfalen und Bremen.
[17] *Roos,* Helmut: Eckpunkte zum Jugendarrest, in Forum Strafvollzug 2011, 100.
[18] Landtagsdrucksache 16/746.
[19] Siehe *Justizministerium Schleswig-Holstein*: Presseinformation vom 1.2.2012.
[20] *Roos* a.a.O., Seite 103.
[21] Zur Entstehungsgeschichte siehe *Calliess/Müller-Dietz* StVollzG, 11. Auflage 2008, Einleitung Rn. 2 bis 15.

ten Jahrhunderts ohne Erfolg, da sich Bund und Länder letztlich nicht auf einen konsensfähigen Entwurf verständigen konnten[22]. Dieses Problem wird in der Politikwissenschaft unter dem Stichwort „Politikverflechtungsfalle" thematisiert, die Föderalismusreform hat insoweit zu einer funktionierenden Abhilfe beitragen. Die Übertragung der Gesetzgebungszuständigkeit auf die Länder hat hier nämlich Positives bewirkt, da die Landesgesetzgeber schneller Gesetzgebungsverfahren ohne langwierig zu erarbeitende Kompromissformeln umsetzen und flexibler auf aktuelle Entwicklungen reagieren können.

Dem Vorwurf der Rechtszersplitterung wird man dabei entgegenhalten müssen, dass die Zuständigkeit der Länder einen unmittelbaren Ausfluss des grundgesetzlich besonders geschützten Föderalismusprinzips (Art. 79 Abs. 3 GG) darstellt und auch für andere bedeutsame Bereiche wie Polizei- und Schulrecht gelten. Die Regelungen des Grundgesetzes sind Teil der historisch gewachsenen Erkenntnis, nicht alle Befugnis einer starken Zentralgewalt zu überlassen. Zu berücksichtigen ist zudem, dass die Ausgestaltung des Justizvollzugs auch unter Geltung des StVollzG in den Ländern eine teilweise sehr unterschiedliche Ausprägung erfahren hatte.

Allein die Tatsache, dass es nun viele neue Gesetze gibt und geben wird – auch in Gebieten, in denen das bislang kaum zu erwarten war –, lässt allerdings noch keine abschließende Aussage über den Inhalt dieser Gesetze zu. Ist der Vorwurf der „Schäbigkeit" und der „Sicherheitslastigkeit" doch gerechtfertigt? Dies soll am Beispiel der bestehenden hessischen Vollzugsgesetzgebung im Folgenden näher betrachtet werden.

### 1. Das Hessische Jugendstrafvollzugsgesetz (HessJStVollzG)

Durch das HessJStVollzG konnten erhebliche Verbesserungen der Standards gegenüber der bisherigen Rechtslage (VVJug) erreicht werden. Stichpunktartig lässt sich das wie folgt zusammenfassen:

- Konsequente Ausrichtung des Vollzugs auf das Erziehungsziel unter Beachtung des Schutzes der Allgemeinheit und des Opferschutzes. Festschreibung des Grundsatzes der frühestmöglichen Förderung. Die gesamte Vollzugszeit soll so weit wie möglich zur Erreichung des Erziehungsziels sinnvoll genutzt werden. Die Gefangenen sind hierbei zur Mitwirkung verpflichtet.
- Festlegung einer qualifizierten Zugangsdiagnostik zur Ermittlung des Förderbedarfs. Einrichtung sozialtherapeutischer Abteilungen auch im Jugendvollzug.

---

[22] Zu den letzten Sachständen siehe S/B/J/L-*Böhm/Jehle* StVollzG, 4. Auflage 2005, § 1 Rn. 6 und 7.

- Unterbringung in kleinen Wohngruppen mit 8 bis maximal 10 Gefangenen und die Einzelunterbringung zur Nachtzeit werden als Regelunterbringungsformen festgeschrieben. Wohngruppen als Orte sozialen Lernens werden durch multidisziplinäre Teams betreut – auch am Wochenende.
- Der geschlossene Vollzug ist der Regelvollzug. Vollzugsöffnende Maßnahmen werden systematisch und begrifflich neu geordnet.
- Verzahnte Entlassungsvorbereitung als Schwerpunkt: Frühzeitiger Beginn, Zusammenarbeit mit Dritten, Verpflichtung der Bewährungshilfe zur Zusammenarbeit, Freistellung zur Entlassungsvorbereitung bis 6 Monate.
- Ausweitung der Besuchsmöglichkeiten auf mindestens vier Stunden im Monat.
- Ausbildung und Arbeit werden als zentrale Fördermaßnahmen normiert. Ausbildung hat dabei Vorrang vor bloßer Beschäftigung. Hierzu ist ein Mindestanteil der Ausbildungsplätze von 75 % festgelegt.
- Sicherheitsvorschriften werden aktuellen Entwicklungen angepasst – beispielsweise wurden gesetzliche Grundlagen für Urinkontrollen, Videoüberwachung und Trennscheibenbesuch geschaffen.
- Umfangreiche wissenschaftliche Begleitforschung zur Wirksamkeitskontrolle.

In der Folgezeit ist das HessJStVollzG als das in mehreren Bereichen „am besten durchdachte Regelwerk" in der Fachliteratur bewertet worden[23]. Zudem wurde es als vorbildhaft im Sinne eines positiven Wettbewerbs bezeichnet[24]. Alle Aufwendungen für eine erzieherische Ausgestaltung dürfen jedoch nicht den Blick für notwendige Maßnahmen zum Schutz der Allgemeinheit verstellen. So bleibt auch im Jugendvollzug der geschlossene Vollzug der Regelvollzug. Da es gerade jungen Gefangenen häufig an der erforderlichen Zuverlässigkeit und ausreichenden Festigung ihrer Persönlichkeit fehlt, kommt dem offenen Jugendvollzug im gesamten Bundesgebiet eine anteilsmäßig deutlich geringere Bedeutung zu als im Erwachsenenvollzug.

Erfolgreich rechtsfortbildend wirkte sich die begriffliche Neuausrichtung der bisherigen Maßnahmen Unterbringung im offenen Vollzug, Vollzugslockerung und Urlaub (Nr. 5 bis 8 VVJug) aus, die unter dem Oberbegriff „Vollzugsöffnende Maßnahmen" in § 13 HessJStVollzG zusammengefasst wurden. Diese Terminologie hat nicht nur Eingang in alle übrigen hessischen Vollzugsgesetze gefunden, sondern wurde mittlerweile auch auf Bundesebene übernommen[25].

---

[23] *Dünkel,* Frieder/*Pörksen,* Anke: Stand der Gesetzgebung zum Jugendstrafvollzug und erste Einschätzungen, in: Neue Kriminalpolitik 2007, 55, 65.
[24] *Kreuzer,* Arthur/*Bartsch,* Tillmann: Vergleich der Landesstrafvollzugsgesetze, in: Forum Strafvollzug 2010, 87, 88.
[25] Siehe § 66c Abs. 1 Nr. 3 StGB-E und Seite 22 der Begründung des Entwurfs eines Gesetzes zur bundesrechtlichen Umsetzung des Abstandsgebotes im Recht der Sicherungsverwahrung (BR-Drs. 173/12).

## 2. Das Hessische Strafvollzugsgesetz (HStVollzG)

Bei der landesgesetzlichen Ausgestaltung des Erwachsenenstrafvollzugs hat sich der Gesetzgeber davon leiten lassen, den Behandlungsauftrag zu stärken[26], gleichwohl aber Sicherheitserfordernisse realistischer und aus den Erfahrungen der Praxis zu bewerten, als dies in manchen Regelungen des StVollzG der Fall war. Dies liegt auch darin begründet, dass sich die Gefangenenklientel seit der Entstehung des StVollzG erheblich verändert hat. In den Jahren 1960 bis 1969 lag der Anteil der Verurteilungen zu unbedingter Freiheits- oder Jugendstrafe an den Gesamtverurteilungen noch bei 20 bis 30 Prozent[27]. Im Jahre 2011 betrug diese Quote in Hessen nur noch 4,6 Prozent[28]. Dies bedeutet einerseits erfreulicher Weise, dass viele Verurteilte mit positiverer Prognose, die im Sinne des § 10 StVollzG für den offenen Vollzug geeignet sein konnten, gar nicht mehr in den Vollzug kommen. Andererseits bedeutet es aber auch, dass die verbleibende Vollzugsklientel insgesamt eine negativere Prognose aufweist als dies noch vor 50 Jahren der Fall war. Weitere Faktoren wie ein erhöhter Anteil von drogenabhängigen Gefangenen oder Gefangenen mit psychischen Auffälligkeiten sollen hier nur ergänzend Erwähnung finden. Im Jahre 2012 waren zwei Drittel der Strafgefangenen in Hessen vorbestraft, davon wieder zwei Drittel mehr als zwei Mal[29]. Über 40 Prozent der Gefangenen wurden wegen Gewalt- oder Sexualstraftaten verurteilt[30].

Hinzu kommt, dass die Öffentlichkeit – insb. aber auch die Medienöffentlichkeit – weitaus sensibler auf vollzugliche Vorkommnisse oder vollzugspolitische Vorhaben reagiert als früher, wie die kürzlich sehr emotional geführte Debatte um Urlaub für Lebenslängliche schon nach fünf Jahre Verbüßungsdauer zeigt[31].

Das HStVollzG trägt dem wie folgt Rechnung:

- Eingliederung und Sicherheit werden als gleichrangige Vollzugsaufgaben normiert.
- Der Gesichtspunkt des Opferschutzes wird ausdrücklich gesetzlich verankert.
- Der geschlossene Vollzug ist der Regelvollzug. Für die Gewährung vollzugsöffnender Maßnahmen gilt ein sorgfältiger Prüfungsmaßstab.

---

[26] *Cassone,* Stefan: Das neue HStVollzG, in: Forum Strafvollzug 2011, 33, 34.

[27] *Bundesministerium des Innern/Bundesministerium der Justiz:* Zweiter Periodischer Sicherheitsbericht 2006, Seite 556.

[28] Vgl. *Hessisches Statistisches Landesamt:* Statistische Berichte B VI 1 – j/11 (Rechtskräftig abgeurteilte und verurteilte Personen in Hessen 2011), Seite 15.

[29] Vgl. *Hessisches Statistisches Landesamt*: Statistische Berichte B VI 6 – j/12 – Teil 1 (Der Strafvollzug in Hessen im Jahr 2012), Seite 20.

[30] Vgl. *Hessisches Statistisches Landesamt* a. a. O. [Fn. 30], Seite 5.

[31] Vgl. *Bild-Online* vom 10.4.2012: „Langzeit Urlaub für Mörder – Hat dieser Minister nicht alle Tassen im Schrank?"

- Sicherheitsvorschriften werden wie im Jugendvollzug aktuellen Entwicklungen angepasst.
- Der Empfang von Paketen mit Nahrungs- und Genussmitteln ist nicht mehr gestattet.

Es ist voreilig anzunehmen, dass eine Betonung der Sicherheit zwangsläufig negative Auswirkungen auf die Resozialisierung nach sich ziehe[32]. Es dient weder dem Schutz der Allgemeinheit noch der Resozialisierung, wenn Gefangene, die dafür nicht ausreichend geeignet sind, vollzugsöffnende Maßnahmen erhalten, wenn sich Gefangene in subkulturellen Aktivitäten verstricken oder wenn Drogenkonsum und -handel nicht wirksam bekämpft werden kann. Zudem entspricht es den Erfahrungen der Praxis, dass gerade an sich sehr förderungswürdige Maßnahmen wie Besuch, Paketempfang oder vollzugsöffnende Maßnahmen missbraucht werden, um verbotene Gegenstände – insbesondere Drogen – in die Anstalten einzuschmuggeln. Insoweit bedarf es stets eines ausgewogenen Konzepts von Resozialisierung und Sicherheit.

Der Sorge, die Festlegung des geschlossenen Vollzugs als Regelvollzug könne zu einer restriktiveren Praxis bei der Gewährung von vollzugsöffnenden Maßnahmen führen, ist entgegenzuhalten, dass dadurch nur die bisherige hessische Praxis einer sorgfältigen Prüfung Aufnahme in das Gesetz gefunden hat. Aktuelle Zahlen bestätigen eine rückläufige Entwicklung nicht. So stieg die Anzahl gewährter Ausgänge, Freigänge und Freistellungen aus der Haft in Hessen von 66.265 gewährten Maßnahmen im Jahr 2010, dem Jahr des Inkrafttreten des HStVollzG, auf 68.117 Maßnahmen im Jahr 2011 an. Hessen liegt bezüglich der Anzahl der gewährten Maßnahmen bezogen auf die Anzahl der Gefangenen im Bundesdurchschnitt, jedoch mit einer deutlich niedrigeren Missbrauchsquote[33].

Im Gesetz wird die Stärkung der Sicherheit nach außen und innen verbunden mit intensiven Maßnahmen zu einer erfolgreichen Eingliederung während der Haft, insbesondere aber zum Ende der Haft:

- Das Angebot vollzuglicher Maßnahmen erfolgt zielgerichtet nach eingehender Behandlungsuntersuchung und Vollzugsplanung. Gefangene sollen an ihrer Eingliederung aktiv mitarbeiten. Der Grundsatz der Differenzierung wird ausdrücklich als Gestaltungsziel festgeschrieben.
- Arbeit und Ausbildung werden als zentrale Mittel der Eingliederung ausgestaltet. Es besteht Arbeitspflicht. Zur Verbesserung der Anerkennung von Arbeit wird die Möglichkeit geschaffen, durch regelmäßige Arbeit Verfahrenskosten zu tilgen.

---

[32] So aber: *Köhne*, Michael: Fünf Landesstrafvollzugsgesetze – ein „Wettbewerb der besten Praxis"?, in JR 2012, 14, 17.

[33] Siehe *Hessischer Landtag*, Drucksache 18/1396, Seite 86.

- Verbesserte Entlassungsvorbereitung und verzahntes Übergangsmanagement werden u. a. durch frühzeitige Einbindung der Bewährungshilfe zu Schwerpunkten. Vollzugsöffnende Maßnahmen können in dieser Phase unter erleichterten Voraussetzungen gewährt werden.
- Eine Vollzugsplanung zur Vorbereitung der Entlassung ist auch bei kurzstrafigen Gefangenen vorzunehmen. Der Vollzug von Ersatzfreiheitsstrafen soll soweit wie möglich vermieden werden.
- Das bewährte Direkteinweisungsverfahren in den offenen Vollzug für Selbststeller ohne Gewalt- und Sexualdelikte mit einer Verbüßungsdauer unter zwei Jahren wird gesetzlich festgeschrieben.
- Einzelunterbringung wird zur Regel, auf Übergangsvorschriften wie in § 201 Nr. 3 StVollzG wird verzichtet.

Zur Umsetzung einer verzahnten Entlassungsvorbereitung hat das Land Hessen u. a. als erstes Bundesland im Oktober 2011 eine Integrationsvereinbarung zwischen dem Justizressort, dem Sozialressort sowie der Bundesagentur für Arbeit, dem Hessischen Städtetag, dem Hessischen Landkreistag, dem Landeswohlfahrtsverband und dem Landeszusammenschluss für Straffälligenhilfe abgeschlossen[34]. Damit wurde in Umsetzung von §§ 7, 16 Abs. 1 HStVollzG ein ebenso wichtiger wie innovativer Standard erreicht, um die Vernetzung zwischen den verschiedenen Stellen sicher zu stellen.

Auch im Bereich der Ausbildung während der Haft werden erhebliche Anstrengungen unternommen. Bei einer Durchschnittsbelegung von 5.178 Gefangenen haben im Jahr 2011 in Hessen insgesamt 3.421 Gefangene an einer schulischen oder beruflichen Bildungsmaßnahme teilgenommen[35].

Diese Aspekte zur Stärkung des Behandlungsvollzugsvollzugs spielen in Bewertung in der Literatur bedauerlicher Weise bislang jedoch kaum eine Rolle[36].

### 3. Das Hessische Untersuchungshaftvollzugsgesetz (HUVollzG)

Die rechtspolitische Diskussion wurde beim HUVollzG weit weniger leidenschaftlich geführt als bei den übrigen Vollzugsgesetzen. Dies mag damit in Zusammenhang stehen, dass wesentliche Kernpunkte wie die Aufgabenstellung an den Vollzug, die Orientierung an der Unschuldsvermutung und der Ausschluss von vollzugsöffnenden Maßnahmen zu Behandlungszwecken im Wesentlichen

---

[34] Siehe *Hessisches Ministerium der Justiz, für Integration und Europa/Hessisches Sozialministerium*: Presseinformation Nr. 305 vom 13. Oktober 2011 – auch mit einer Auflistung weiterer Eckpfeiler des Übergangsmanagements.
[35] Siehe *Hessisches Ministerium der Justiz, für Integration und Europa*: Presseinformation Nr. 333 vom 22. September 2012.
[36] *Köhne* a. a. O., *Kreuzer/Tillmann* a. a. O., anders: *Cassone* a. a. O.

vorgegeben sind. Als maßgebliche Verbesserung konnte die Angleichung der Entlohnung an die der Strafgefangenen (vormals nur etwa die Hälfte) und die Übernahme der hohen Standards des Jugendstrafvollzugszugs für den Bereich der Jugenduntersuchungshaft mit dem Prinzip der frühestmöglichen Förderung erreicht werden.

### 4. Kosten

Die Umsetzung der drei vorgenannten Vollgesetze ist mit erheblichen finanziellen Aufwendungen verbunden, die sich allein im Personal- und Sachkostenbereich auf rund 11 Millionen Euro jährlich zusätzlich belaufen. So wurden insgesamt rund 150 neue Stellen geschaffen, davon allein etwa 105 im Bereich des Sozialdienstes, der Bewährungshilfe sowie des psychologischen und pädagogischen Dienstes. Von einem „Wettlauf der Schäbigkeit" oder von einem Weg zurück zum Verwahrvollzug kann daher keinerlei Rede sein. Die Mehrkosten liegen im Interesse der gesamten Gesellschaft. Im Strafvollzug sind die Sicherheit der Allgemeinheit und die erfolgreiche Eingliederung von Gefangenen notwendige und Gewinn versprechende staatliche Aufgaben. Durch die Vermeidung von Rückfällen können – abgesehen von dem in jedem Fall vorrangigen Schutz möglicher Opfer – langfristig auch Kosten für die Gesellschaft reduziert werden.

### IV. Zusammenfassung und Fazit

Seit der Übertragung der Gesetzgebungszuständigkeit auf die Länder hat eine rege Gesetzgebungstätigkeit eingesetzt, die das Ziel erkennen lässt, sämtliche vollzuglichen Bereiche in absehbarer Zeit durch Gesetz zu regeln. Für den Jugendstrafvollzug und die Untersuchungshaft ist dies bereits flächendeckend erreicht, im Übrigen sind konkrete Initiativen zu verzeichnen. Eine Regelung durch Gesetz war für die Bereiche außerhalb des Erwachsenenstrafvollzugs vielfach gefordert worden und verbessert die Rechtslage im Hinblick auf den verfassungsrechtlichen Grundsatz des Vorbehalts des Gesetzes.

Inhaltlich wurden in Hessen mit der modernen Ausgestaltung des Jugendstrafvollzugs und der Jugenduntersuchungshaft erhebliche Reformschritte erreicht. Diese werden im gesamten Bereich der Strafhaft ergänzt durch einen Schwerpunkt bei Arbeit und Ausbildung sowie eine deutlich verbesserte Entlassungsvorbereitung. Die Stärkung des Behandlungsvollzugs ist jedoch Bestandteil eines ausgewogenen Konzepts, das die notwendigen Sicherheitsbelange mit einbezieht. Beides dient – um abschließend § 2 Satz 3 HStVollzG zu zitieren – dem Schutz der Allgemeinheit vor weiteren Straftaten.

# Selbstverwaltung der Justiz – Zukunft oder Irrweg?

Roman Poseck

## I. Vorbemerkung

Rechtsstaatlichkeit ist ein zentrales Element der Bundesrepublik Deutschland seit ihrer Gründung und ein entscheidender Faktor für ihren Erfolg. Im scheinbaren Widerspruch hierzu steht, dass Fragen der Organisation des Rechtsstaats eher das Fachpublikum denn eine breite Öffentlichkeit interessieren. Dieses Desinteresse an Detailfragen des Rechtsstaats gründet allerdings auch auf dem positiven Umstand, dass der Rechtsstaat mit seinen Grundprinzipien zu einer Selbstverständlichkeit geworden ist. Trotzdem ist es richtig, die Bedeutung der Rechtsstaatlichkeit immer wieder hervorzuheben. Bundespräsident *Joachim Gauck* hat aus Anlass der Turbulenzen der Finanzkrise beispielsweise davor gewarnt, „die inneren Werte Europas" zu vergessen. Das westliche Europa brauche dringend „die Überzeugung, dass Freiheit und Rechtsstaatlichkeit so hohe Werte sind, dass sie weit über den Sorgen stehen, ob wir genügend Geld verdienen, ob die Prosperität und die finanzielle Sicherheit gewährleistet ist."[1]

Das Bekenntnis zur Rechtsstaatlichkeit erklärt aber noch nicht, wie dieser Rechtsstaat am besten organisiert wird. Unbestritten ist, dass die Unabhängigkeit der Richterinnen und Richter zentrales Element des Rechtsstaats ist. Wie weit diese Unabhängigkeit allerdings reicht, ob sie nur den Einzelnen im Rahmen des Entscheidungsprozesses betrifft, oder ob sie auch eine organisatorische Selbständigkeit von der Exekutive notwendig oder zumindest sinnvoll macht, ist seit langem Gegenstand der Diskussion.

Bereits der 37. Deutsche Juristentag 1949 in Köln hat sich mit dem Thema befasst. Der 40. Deutsche Juristentag 1953 in Hamburg hat gesetzgeberische Maßnahmen angemahnt, um die Unabhängigkeit des erkennenden Richters sowohl durch die Art seiner Auswahl und Beförderung als auch durch seine Stellung gegenüber der Verwaltung institutionell zu sichern. Das 1962 in Kraft getretene Deutsche Richtergesetz hat diese Forderungen zum Teil aufgegriffen.[2]

---

[1] Bundespräsident Joachim Gauck in einem Interview mit dem Deutschlandfunk am 30.09.2012.
[2] Vgl. zum Ganzen: *Frank,* Selbstverwaltung der Justiz, in: 300 Jahre Oberlandesgericht Celle, S. 217.

In den letzten Jahren hat die Diskussion über die Einführung einer Selbstverwaltung der Justiz in der Bundesrepublik Deutschland wieder an Fahrt aufgenommen. Die Ursachen dürften zum einen in europäischen Einflüssen und zum anderen in einer zunehmenden Unzufriedenheit mit der finanziellen und organisatorischen Ausstattung der Justiz in den Ländern zu suchen sein. Auffallend ist, dass Rufe aus der Politik nach einer Selbstverwaltung der Justiz vor allem in Oppositionszeiten populär sind, diese in Regierungsverantwortung aber nicht immer konsequent weiter verfolgt werden.[3] Über Gründe lässt sich nur spekulieren: Einsicht, aber auch machtpolitisches Kalkül können jedenfalls eine Rolle spielen.

Die praktischen Modelle in einzelnen Bundesländern, vor allem in Schleswig-Holstein und Hamburg, zur Einführung einer stärkeren organisatorischen Selbständigkeit der Dritten Gewalt haben Regierungs- oder Ministerwechsel im Regelfall nicht überdauert.

Die Fachwelt und die Berufsverbände diskutieren das Thema dagegen weiter intensiv. So hat sich auch der 64. Deutsche Juristentag 2002 in Berlin unter anderem dem Thema „Mehr Selbstverwaltung für die Dritte Gewalt?" gewidmet. Die aktuelle Diskussion wird dabei durch konkrete Selbstverwaltungsmodelle der Berufsverbände, namentlich des Deutschen Richterbundes und der Neuen Richtervereinigung, bereichert.[4]

Die Diskussion über die Selbstverwaltung hat sowohl staatsorganisationsrechtliche als auch sehr praktische Ebenen. Es geht dabei um Grundsatzfragen der Gewaltenteilung genauso wie um die Frage: Was nutzt der Justiz? In Anbetracht der prekären Lage öffentlicher Haushalte steht herbei oft im Mittelpunkt, ob eine selbstverwaltete Justiz mit einem parteifernen Repräsentanten bei den Haushaltsverhandlungen mehr erreichen kann als ein parteipolitisch erfahrener Justizminister. Allein dieser Gesichtspunkt wird die Diskussion über die Selbstverwaltung der Justiz auch in nächster Zeit am Leben halten, da zu befürchten ist, dass die notwendige Konsolidierung der öffentlichen Haushalte auch der Justiz weitere Einsparungen abfordern wird. So hat auch der Präsident des Oberlandesgerichts Stuttgart *Eberhard Stilz* in seinen Thesen zum 66. Deutschen Juristentag in Stuttgart darauf hingewiesen, dass die Forderung nach einer Selbstverwaltung der Justiz umso verständlicher werde, je deutlicher die gebotene Ausstattung fehle.[5]

---

[3] Aktuelles Beispiel ist die amtierende Bundesjustizministerin Sabine Leutheusser-Schnarrenberger, die Forderungen nach einer Selbstverwaltung der Justiz, die sie noch 2009 gegenüber europäischen Institutionen erhoben hatte, in der Zeit ihrer Regierungsverantwortung (bislang) nicht weiterverfolgt hat.

[4] Vgl. hierzu ausführlich: *Schulte-Kellinghaus,* Die Gesetzentwürfe des Deutschen Richterbundes und der Neuen Richtervereinigung zur Selbstverwaltung der Justiz – Ein Vergleich im Überblick, KritV 2010, S. 256 ff.

[5] Vgl. hierzu: *Frank,* aaO, S. 217.

## II. Rechtlicher Rahmen

Das Grundgesetz stellt Rahmenbedingungen für den Rechtsstaat auf. Ausdrückliche Regelungen zur organisatorischen Selbstverwaltung finden sich dagegen nicht. Das Grundgesetz räumt der Justiz aber insoweit Bedeutung und Eigenständigkeit ein, als es die maßgeblichen Regelungen in einem eigenen Abschnitt (Artikel 92 ff. GG) zusammenfasst. Nach Artikel 92 GG ist die rechtsprechende Gewalt den Richtern anvertraut. Artikel 97 GG bestimmt, dass die Richter unabhängig und nur dem Gesetz unterworfen sind. Gemeint ist dabei die sachliche und persönliche Unabhängigkeit des Richters.

Gleichzeitig misst das Grundgesetz dem Demokratieprinzip höchste Priorität zu und unterstellt auch die Justiz diesem Grundsatz. Nach Artikel 20 Abs. 2 GG geht alle Staatsgewalt vom Volke aus. Sie wird vom Volke in Wahlen und Abstimmungen und durch besondere Organe der Gesetzgebung, der vollziehenden Gewalt und der Rechtsprechung ausgeübt. Die Rechtsprechung ist gemäß Artikel 20 Abs. 3 GG an Gesetz und Recht gebunden. Die Unabhängigkeit des Richters wird damit nicht grenzenlos gewährt, sondern durch das Demokratieprinzip limitiert. Auch die Legitimation der Rechtsprechung leitet sich nach dem Grundgesetz zumindest mittelbar vom Volke ab.

Die Unabhängigkeit des Richters hat auch einfachgesetzlich an verschiedenen Stellen Niederschlag gefunden, so beispielsweise in § 1 GVG, nach dem die richterliche Gewalt durch unabhängige, nur dem Gesetz unterworfene Gerichte ausgeübt wird. Das Richtergesetz untermauert schließlich den Grundsatz der Gewaltenteilung, indem § 4 Abs. 1 DRiG festlegt, dass ein Richter Aufgaben der rechtsprechenden Gewalt und Aufgaben der gesetzgebenden oder der vollziehenden Gewalt nicht zugleich wahrnehmen darf. Dieser Grundsatz wird dann allerdings in § 4 Abs. 2 DRiG insoweit gelockert, als ein Richter außer Aufgaben der rechtsprechenden Gewalt auch Aufgaben der Gerichtsverwaltung erfüllen darf.

Allein das Bundesverfassungsgericht verwaltet sich derzeit beinahe ausschließlich selbst. Es ist mit einer umfassenden Personal- und Organisationshoheit ausgestattet und hat eine weitgehende Budget- und Geschäftsordnungsautonomie.[6]

In den meisten Bundesländern gibt es bereits mehr oder weniger ausgeprägte Elemente gerichtlicher Selbstverwaltung. Sie sind dadurch gekennzeichnet, dass der Richterschaft bei Personalentscheidungen und organisatorischen Fragen Mitwirkungsrechte eingeräumt werden, die über das übliche Maß hinausgehen. In Hessen nehmen die Richterräte die Beteiligungsrechte vor allem in organisatorischen Angelegenheiten wahr, wobei ihre Rechtsstellung mit derjenigen der Personalräte nach dem Personalvertretungsrecht im Wesentlichen vergleichbar ist. So verweist auch § 25 Abs. 2 HRiG ausdrücklich auf die Vorschriften des Hessi-

---

[6] Vgl. *Sennekamp*, Alle Staatsgewalt geht vom Volke aus!, NVwZ 2010, S. 213 ff.

schen Personalvertretungsrechts. Stärker ist dagegen die Beteiligung in personellen Angelegenheiten ausgestaltet, und zwar sowohl bei der Einstellung als auch bei der Beförderung. Über die Einstellung eines neuen Richters und seine Berufung auf Lebenszeit entscheidet nach Artikel 127 Abs. 2 der Hessischen Verfassung der Justizminister gemeinsam mit einem Richterwahlausschuss. Dieser Ausschuss setzt sich aus sieben Abgeordneten des Hessischen Landtags und fünf gewählten Vertretern aller Gerichtsbarkeiten sowie einem Vertreter der Anwaltschaft zusammen (vgl. § 9 HRiG).

Bei Beförderungsentscheidungen ist der Präsidialrat zu beteiligen (vgl. § 46 Abs. 1 HRiG). Dieses Gremium besteht nach § 41 Abs. 1 Nr. 1 HRiG aus dem Präsidenten des Obergerichts und sechs von den Richtern des Gerichtszweigs gewählten Mitgliedern. Der Justizminister beteiligt den Präsidialrat bei Beförderungsverfahren und räumt ihm die Möglichkeit ein, zu der fachlichen und persönlichen Eignung des zur Beförderung vorgeschlagenen Bewerbers Stellung zu nehmen oder auch selbst einen anderen Bewerber vorzuschlagen. In den praktisch eher seltenen Fällen eines Dissenses zwischen Justizminister und Präsidialrat kann der Präsidialrat ein Einigungsgespräch verlangen. Nach dem Einigungsgespräch kann der Minister die von ihm beabsichtigte Ernennung aussprechen (vgl. § 47 Abs. 6 HRiG). Insoweit kommt es in der Praxis gelegentlich vor, dass sich der Justizminister über das Votum des Präsidialrats hinwegsetzt. Anders als in anderen Bundesländern ist es in Hessen bislang nicht vorgesehen, bei abweichenden Auffassungen von Präsidialrat und Justizminister ein weiteres Gremium, zum Beispiel den Richterwahlausschuss, mit der Entscheidungsfindung zu betrauen.

Außerdem ist das Präsidium ein zentrales Organ richterlicher Selbstverwaltung, indem es die Besetzung der Spruchkörper bestimmt und die Geschäfte verteilt (vgl. § 21 e GVG).

Die Grundsatzverantwortung für den Justizhaushalt liegt in Hessen weiterhin beim Justizministerium. Der Justizminister führt die entscheidenden Gespräche im Kabinett über die Mittelausstattung der Justiz. Dies gilt für zusätzliche Mittel genauso wie für die Beteiligung an etwaigen Einsparrunden. Gemeinsam mit dem Finanzminister vertritt er die Belange der Justiz gegenüber dem Parlament als Haushaltsgesetzgeber. Die Justiz als Dritte Gewalt ist an dem Haushaltsaufstellungsverfahren nur rudimentär beteiligt, indem sowohl die Gerichtsleitungen als auch die Personalvertretungen üblicherweise vor den entscheidenden Gesprächen zwischen dem Justizminister und dem Finanzminister Gelegenheit erhalten, ihre Vorschläge anzubringen.

Im Rahmen der Haushaltsausführung räumt das neue Haushaltswesen den Justizbehörden, insbesondere den Präsidialgerichten, Spielräume durch die so genannte Budgetierung ein. Faktisch begrenzt aber die knappe Finanzausstattung die eigentlich wünschenswerte Eigenverantwortung bei dem Einsatz der Personal- und Sachmittel.

## III. Akzeptanz der deutschen und der hessischen Justiz

Die Betrachtung des Status quo ist Grundvoraussetzung für mögliche Veränderungsprozesse. Derjenige, der grundlegende Veränderungen herbeiführen will, steht in der Pflicht nachzuweisen, dass seine Reformvorstellungen zu einer Verbesserung führen. Veränderung darf nicht Selbstzweck sein.

Die Geschichte der Justiz in der Bundesrepublik Deutschland und in Hessen ist in den vergangenen mehr als 60 Jahren eine große Erfolgsgeschichte gewesen. Allein die hessische Justiz wickelt jedes Jahr mehrere hunderttausend Verfahren zügig, qualitativ hochwertig und völlig geräuschlos ab. Während andere Teile der Gesellschaft, wie Parteien, Gewerkschaften und Kirchen, immer wieder Vertrauenskrisen durchlebt haben, ist das Vertrauen in die Dritte Gewalt jedenfalls weitgehend ungebrochen.

Das hohe Vertrauen in die Dritte Gewalt ist umso erstaunlicher, als die Anforderungen an die Justiz auch von außen immer mehr zugenommen haben. Egal welche Veränderungen oder Krisen in der Gesellschaft auftreten, von der fortschreitenden Technisierung bis zur Bankenkrise, die Justiz ist immer aufgerufen, Probleme zu lösen und Fehlentwicklungen Grenzen zu setzen. Hinzu kommt, dass es die Justiz naturgemäß nicht allen recht machen kann. Es dürfte unbestritten sein, dass unsere funktionierende Dritte Gewalt ein wichtiger Standortfaktor ist und ihre Verlässlichkeit und Schnelligkeit auch zur Stabilität und Prosperität der Gesellschaft beitragen. Die Unabhängigkeit der einzelnen Richterin oder des einzelnen Richters ist dabei fest verankert. Übergriffe anderer Staatsgewalten in konkrete Entscheidungen der Dritten Gewalt stehen nicht in Rede. Die Unabhängigkeit des Richters ist selbstverständlich.

Auch die Anhänger einer Selbstverwaltung der Justiz stellen nicht in Abrede, dass die Justiz unter den aktuellen Rahmenbedingungen sehr gute Arbeit leistet. Der derzeitige Vorsitzende des Deutschen Richterbundes, *Christoph Frank,* hebt ebenfalls hervor, dass die deutsche Justiz leistungsstark sei, sie bei der Erledigung der ihr übertragenen besonderen Aufgabe der Rechtsgewährung die eigenen hohen Qualitätsansprüche erfülle und bei den Bürgern, aber auch im internationalen Vergleich, hohes Ansehen genieße.[7] Dies folge aus Umfragen zum Vertrauen sowie aus objektiv messbaren Aufhebungs-, Vergleichs- und Erledigungsdaten.

## IV. Forderungen nach einer Selbstverwaltung

Die Befürworter der Selbstverwaltung der Justiz stützen den Reformbedarf unter anderem auf eine defizitäre Personalausstattung in den Ländern.[8] Dies beein-

---

[7] Hierzu und zum Folgenden: *Frank,* aaO, S. 218.
[8] Hierzu und zum Folgenden: *Frank,* aaO, S. 218 f.

trächtige den Rechtsgewährungsanspruch der Bürger. Auch habe die Justiz im geltenden System nicht die ihr gebührende Aufmerksamkeit. Eine breit angelegte und gerade auch in Krisenzeiten gebotene Diskussion über den Wert der Justiz finde zu selten statt. Durch die Einführung einer selbstverwalteten Justiz könnte es dagegen zu unmittelbaren, messbaren Verbesserungen in der Qualität der Entscheidungen und der Dauer der Verfahren kommen.[9] Eine selbstverwaltete Justiz erlaube aufgrund der verbesserten Einbeziehung von Sach- und Fachkenntnissen vor Ort in den Gerichten einen treffsicheren und transparenteren Einsatz von Personal und Mitteln. So würde eine selbstverwaltete Justiz andere Prioritäten setzen. Während die Exekutive mehr an der Bewahrung ihrer Machtposition als an der Funktionsfähigkeit der Institutionen interessiert sei, habe die selbstverwaltete Justiz ein originäres Interesse am Funktionieren ihrer Organe.[10] Schließlich werde eine politische Einflussnahme auf Personalentscheidungen verhindert.

Als aktuelle Negativbeispiele für das geltende System werden die mehrmonatige Vakanz in der Position des Präsidenten des Bundesfinanzhofs im Jahre 2011[11] und die Ernennung eines OLG-Präsidenten in Rheinland-Pfalz bei Unterlaufen des Grundrechts auf wirkungsvollen Rechtsschutz des Mitbewerbers[12] angeführt.

Neben diesen praktischen Gesichtspunkten rekurrieren die Befürworter der Selbstverwaltung auf den Gewaltenteilungsgrundsatz. Die derzeitige Struktur beruhe auf einem überholten Staatsverständnis. Wie aller Macht wohne auch der Macht einer Regierung über die Richter die Tendenz inne, so lange nach ihrer Erweiterung zu streben, bis sie auf Grenzen stoße. Das Können der deutschen Exekutive gegenüber der Dritten Gewalt durch das Setzen objektiver und klarer Grenzen einzuschränken, sei ein Gebot des Gewaltenteilungsprinzips, das aus Artikel 20 Abs. 2 GG folge.[13]

Schließlich beziehen sich die Reformbefürworter auf einen Vergleich mit anderen europäischen Ländern. Deutschland stehe mit seinem System isoliert da. Mit Ausnahme von Österreich, Finnland und Tschechien hätten alle anderen EU-Länder die strukturelle Unabhängigkeit mehr oder weniger verwirklicht. Die deutsche Justizstruktur würde heute schwerlich die EU-Beitrittskriterien erfüllen.[14] So habe die Parlamentarische Versammlung des Europarates Deutschland unter der Berichterstattung der jetzigen Bundesjustizministerin *Leutheusser-*

---

[9] *Frank,* aaO, S. 219 f.

[10] *Weber-Grellet,* Weitere Schritte auf dem Weg zur Selbstverwaltung der Justiz – Teil 2, DRiZ 2012, S. 46, 48.

[11] *Weber-Grellet,* aaO, S. 48.

[12] *Hochschild,* Von den Möglichkeiten der deutschen Exekutive zur Beeinflussung der Rechtsprechung, ZRP 2011, S. 65, 67.

[13] *Hochschild,* aaO, S. 67.

[14] *Frank,* aaO, S. 220.

*Schnarrenberger* mit Entschließung vom 30.09.2009 aufgefordert, ein System der Selbstverwaltung der Justiz einzuführen, und zwar gemäß den Justizräten, die in den meisten europäischen Staaten vorhanden seien. Zudem möge Deutschland die Möglichkeit abschaffen, dass Justizminister der Staatsanwaltschaft Anweisungen zu einzelnen Fällen gäben.[15]

## V. Modelle einer Selbstverwaltung

In Deutschland existieren zur Selbstverwaltung vor allem zwei Modelle von Richterverbänden und zwei in den Bundesländern Hamburg und Schleswig-Holstein vorübergehend verfolgte Ansätze.

### *1. Deutscher Richterbund*

Der Deutsche Richterbund hat den Entwurf für ein Landesgesetz der Selbstverwaltung der Justiz im Jahr 2009 vorgelegt, das er als geeigneten Ausgangspunkt zur Entwicklung landesspezifischer Lösungen ansieht. Die Selbstverwaltung basiert dabei auf einem „Zwei-Säulen-Modell".[16] Eine Säule bildet der Justizwahlausschuss, der sich mehrheitlich aus vom Parlament gewählten Abgeordneten und aus direkt gewählten Richtern und Staatsanwälten zusammensetzt. Den Vorsitz führt der Landtagspräsident, dessen Stimme in Pattsituationen den Ausschlag gibt. Aufgabe des Justizwahlausschusses ist es, die Mitglieder des Justizverwaltungsrats zu wählen und Entscheidungen bei einem Dissens zwischen dem Justizverwaltungsrat und den Personalvertretungsgremien zu treffen. Die zweite Säule ist der Justizverwaltungsrat als administrative Spitze der Justiz. Ihm gehört mindestens ein Mitglied der jeweiligen Gerichtsbarkeiten und der Staatsanwaltschaft an. An seiner Spitze steht der Justizpräsident als Leiter der Justizverwaltung. Er wird aus den Mitgliedern des Justizverwaltungsrats vom Parlament gewählt. Der Justizverwaltungsrat trifft alle Personalentscheidungen und nimmt die Dienstaufsicht wahr. Er stellt das Gesamtbudget der Justiz auf und vertritt es gegenüber dem Finanzminister und dem Parlament. Er soll ein Rederecht im Parlament und im Haushaltsausschuss haben.

Das Justizministerium hätte nach diesem Modell nur noch reduzierte Aufgaben, es verbliebe bei den Zuständigkeiten im Bereich der Gesetzesarbeit, der Juristenausbildung, der Notaraufsicht, dem Gnadenrecht und dem Strafvollzug.

### *2. Neue Richtervereinigung*

Die Neue Richtervereinigung hat ein Modell entworfen, das den Präsidien der Gerichte die Verwaltung der einzelnen Gerichte überträgt und den von den Rich-

---

[15] *Frank,* aaO, S. 221.
[16] Vgl. im Einzelnen: *Schulte-Kellinghaus,* aaO, S. 256 ff.

terinnen und Richtern des jeweiligen Gerichts gewählten Präsidenten als ausführendes Organ des Präsidiums ansieht. Der hierarchische Aufbau der Justizverwaltung soll mithin abgeschafft werden.[17]

### 3. Schleswig-Holstein

Das Bundesland Schleswig-Holstein verfolgte vor ca. fünf Jahren das Ziel, Aufgaben, die dem operativen Geschäft zuzuordnen sind, wie der Justizhaushalt, die Justizorganisation und die Justizinformationstechnologie, aus dem Ministerium auszugliedern und auf die Gerichte zu verlagern. Alle Gerichtsverwaltungsaufgaben sollten auf die oberen Landesgerichte übertragen werden, wobei das Oberlandesgericht Aufgaben der Fachgerichte mitübernehmen sollte. Ein Verwaltungsrat, der sich aus den Chefpräsidenten und gewählten Richterinnen und Richtern in gleicher Zahl zusammensetzt, sollte die gerichtsübergreifenden Fragen beraten und koordinieren. Im Zuge von Umsetzungsschwierigkeiten und aufgrund eines Wechsels in der Spitze des Justizministeriums ist das Projekt zwischenzeitlich aufgegeben worden.

### 4. Hamburg

Ausgangspunkt für die Reformbestrebungen der Freien und Hansestadt Hamburg war der schwarz-grüne Koalitionsvertrag vom April 2008, der unter der Überschrift Justizpolitik, Gerichte und Staatsanwaltschaften folgendes formulierte:

„Die Koalitionspartner sind sich einig, ergebnisoffen in einen Diskussionsprozess zur Selbstverwaltung der Justiz einzusteigen, in dem auch die Steigerung der Effizienz thematisiert wird. Es soll geprüft werden, ob die Präsidentinnen und Präsidenten der 57 Gerichte ihre Belange im Haushaltsverfahren in der Bürgerschaft ähnlich dem Datenschutzbeauftragten vertreten können sollen."

Die auf der Grundlage dieser Vereinbarung entwickelte Konzeption lehnte sich an das Zwei-Säulen-Modell des Deutschen Richterbundes an. Ein Justizwahlausschuss als Wahl- und Kontrollorgan und ein Justizverwaltungsrat als oberste Justizverwaltungsbehörde sollten die Organe der autonom verwalteten Justiz bilden. Außerdem sollten die Leitungsfunktionen in der Gerichtsverwaltung künftig nur noch auf Zeit wahrgenommen werden.

In Hamburg wurden die Bestrebungen der Selbstverwaltung nach einem Regierungswechsel zwischenzeitlich ebenfalls aufgegeben.

### 5. Europa

Im europäischen Raum lassen sich heute fast überall Elemente der Selbstverwaltung finden, die allerdings unterschiedlich ausgestaltet sind. Prinzipiell kann

---

[17] Vgl. *Schulte-Kellinghaus,* aaO, S. 259.

zwischen Süd- und Nordeuropamodellen unterschieden werden. Während bei ersteren vor allem die Selbstverwaltung der richterlichen Laufbahn (Einstellung, Beförderung, Aus- und Fortbildung, Disziplinargewalt) im Vordergrund steht, liegen bei letzteren hauptsächlich die Befugnisse der Geschäfts- und Haushaltsführung (des finanziellen und administrativen Managements) in den Händen eines Obersten Richterrats.[18]

Formal bietet das italienische Modell justizieller Selbstverwaltung einen hohen Grad an struktureller Unabhängigkeit und eine klare Trennung der Gewalten. Es zeichnet sich vor allem durch einen starken und autonomen Obersten Richterrat (Consiglio Superiore della Magistratura) aus, dem beispielsweise die gesamte Personalverwaltung der Justiz übertragen ist. Der Richterrat setzt sich überwiegend aus gewählten Mitgliedern zusammen, wobei die Richter und Staatsanwälte zwei Drittel der Mitglieder und das Parlament ein Drittel wählen.[19]

Ähnlich ist die Lage in Spanien. Auch hier sind die personellen Befugnisse dem Justizminister entzogen und auf Richterräte übertragen. Allerdings wird immer wieder darauf hingewiesen, dass die Richtervereinigungen, welche die Richterräte tragen, in Spanien einer starken Politisierung ausgesetzt sind.[20]

Aus dem nordeuropäischen Raum kann auf das dänische Modell verwiesen werden, in dem ein Richterernennungsrat für die Ernennung der Richter und ein Gerichtsverwaltungsrat für finanzielle und administrative Aufgaben zuständig ist.[21]

## VI. Bewertung der unterschiedlichen Ansätze

Rechtlich und tatsächlich ist ein System der strukturellen Unabhängigkeit der Justiz in Deutschland und auch in Hessen möglich, geboten ist es indes nicht. Es kommt mithin auf einen Abwägungsprozess der Vor- und Nachteile an, in dessen Mittelpunkt die Frage stehen sollte, welcher Weg der Justiz den größten Nutzen bringt. Dabei stehen sich Erkenntnisse zu dem bisherigen System und Prognosen zur selbstverwalteten Justiz gegenüber.

Rechtlich ist die Selbstverwaltung vor allem am Maßstab des Demokratieprinzips zu messen. Dieses ist im geltenden System jedenfalls gewahrt, in dem der Justizminister die parlamentarische Verantwortung innehat. Er leitet seine Stellung von der Wahl des Parlaments über die Wahl des Ministerpräsidenten unmittelbar vom Volk ab. Die demokratische Legitimation jedes einzelnen Richters ist grundsätzlich gegeben, weil der Richterwahlausschuss in Hessen und in anderen

---

[18] Vgl. *Jeschke,* Modelle einer selbstverwalteten Dritten Gewalt in Europa, KritV 2010, S. 233.
[19] *Jeschke,* aaO, S. 236 ff.
[20] *Jeschke,* aaO, S. 248.
[21] Vgl. auch hierzu: *Jeschke,* aaO, S. 250.

Bundesländern eine Mehrheit der unmittelbar demokratisch legitimierten Mitglieder (Abgeordnete, Minister) aufweist.[22]

An diesem Maßstab sind auch etwaige weitere Selbstverwaltungsgremien der Justiz zu messen. Daher sieht auch das Reformmodell des Deutschen Richterbundes vor, dass der Justizwahlausschuss mehrheitlich aus demokratisch unmittelbar legitimierten Mitgliedern besteht; dem Landtagspräsidenten und neun Mitgliedern des Landtags stehen neun Mitglieder aus der Justiz sowie ein Rechtsanwalt mit (nur) beratender Stimme gegenüber. Entscheidungen bedürfen einer doppelten Mehrheit, nämlich der Mehrheit der Stimmen der anwesenden Mitglieder sowie der anwesenden Mitglieder des Landtags. Auch das Modell der Neuen Richtervereinigung setzt auf eine Mehrheit der Volksvertreter, indem der Richterwahlausschuss zu zwei Dritteln aus Abgeordneten bestehen soll.

Die Forderung nach einer größeren Selbstverwaltung wird vor allem mit der Gefahr begründet, dass der Justizminister als Personalverantwortlicher politische Gesichtspunkte in seine Personalentscheidungen einfließen lassen könnte. In der Tat lässt sich eine solche Gefahr nicht von vornherein negieren. Allerdings setzt auch das geltende System klare Grenzen. Diese folgen schon daraus, dass sich jeder Minister parlamentarisch verantworten muss. Bereits aus Gründen des politischen Selbstschutzes wird er sich davor hüten, politisch motivierte Auswahlentscheidungen zu treffen. Schließlich sind politischen Einflussnahmen auch gesetzliche und verfassungsrechtliche Grenzen, wie zum Beispiel durch den in Artikel 33 Abs. 2 GG verankerten Grundsatz der Bestenauslese, gesetzt. Personalentscheidungen, die nicht nach dem Grundsatz der Bestenauslese getroffen würden, hätten in etwaigen nachfolgenden Konkurrentenstreitverfahren keinen Bestand. Im Übrigen ist der Einfluss der Justiz im Bereich der Personalentscheidungen bedeutsamer, als die wiederholten Rufe nach einer größeren Selbstverwaltung glauben machen. So werden die den Auswahlentscheidungen des Justizministers zugrundeliegenden dienstlichen Beurteilungen der Richterinnen und Richter von der Justiz selbst verfasst. Die hessischen Beurteilungsrichtlinien für Richter und Staatsanwälte sehen eine Überbeurteilungskompetenz des Justizministeriums gerade nicht vor.[23] Dem Justizminister ist es durch diese Vorbereitung des Besetzungsverfahrens innerhalb der Justiz grundsätzlich verwehrt, einen politisch genehmen Kandidaten einem besser bewerteten Mitbewerber vorzuziehen.

Wer gleichwohl politische Implikationen bei Besetzungsverfahren beklagt, sollte sich vor allem die Frage stellen, ob diese denn in den Modellen der Selbst-

---

[22] Vgl. hierzu: *Sennekamp,* aaO, S. 214.
[23] Vgl. Ziffer III.5 der Richtlinien zur dienstlichen Beurteilung der Richterinnen und Richter, Staatsanwältinnen und Staatsanwälte, HessischesJMBl. 2012, S. 196, 199. Die Ziffer sieht allein eine Überbeurteilungskompetenz der Präsidenten der Obergerichte und des Generalstaatsanwalts zur Einhaltung eines einheitlichen Beurteilungsmaßstabs vor.

verwaltung ausgeschlossen wären. Auch hier haben Parteivertreter allein schon aufgrund der notwendigen Legitimationskette einen hohen Einfluss. Der Verlust eines politisch Verantwortlichen in Gestalt des Justizministers könnte sogar dazu führen, dass die Hemmschwelle für politische Betrachtungen bei Personalentscheidungen sinkt. Auch der Blick ins europäische Ausland, namentlich nach Spanien, zeigt, dass Systeme der Selbstverwaltung vor einer Politisierung nicht gefeit sind.

Eine maßvolle Ausweitung der Beteiligung der Justiz an Auswahlentscheidungen könnte sinnvoller sein als ein abrupter Systemwechsel. Für Hessen könnte beispielsweise erwogen werden, den Präsidialrat, der aufgrund des Letztentscheidungsrechts des Ministers oft als „zahnloser Tiger" angesehen wird, mit mehr Kompetenzen auszustatten. Dabei sind sowohl die Einführung eines echten Vetorechts als auch die Beteiligung eines weiteren Gremiums, zum Beispiel des Richterwahlausschusses, bei einem Dissens zwischen Justizministerium und Präsidialrat denkbar.

Die Befürworter einer weit gefassten Selbstverwaltung führen darüber hinaus an, dass diese zu einer besseren Ausstattung der Justiz führe, weil die Justiz ihre Belange dem Parlament unmittelbar vortragen könne. Diese Behauptung lässt sich weder belegen noch widerlegen, weil es an belastbaren Beispielen fehlt. Es sprechen jedenfalls gewichtige Gründe für die Annahme, dass die ständige Präsenz der Justiz am Kabinetttisch in Gestalt des Justizministers einer angemessenen Ausstattung eher nützt als schadet. Im Übrigen entspricht es der Gesamtverantwortung einer Regierung, dass sie unterschiedliche Interessen, die bei der Verteilung begrenzter staatlicher Mittel zu beachten sind, austariert und vor den Wählerinnen und Wählern verantwortet. Dabei dürfte ein Justizminister im Interesse seines politischen Erfolges immer gut beraten sein, für die Justiz positive Ergebnisse zu erreichen.

Es bestehen Zweifel, ob eine selbstverwaltete Justiz praktisch überhaupt in der Lage wäre, das Haushaltsaufstellungsverfahren durchgängig und mit der erforderlichen Intensität zu begleiten. Die Verweise auf die Datenschutzbeauftragten oder die Verfassungsgerichte dürften insoweit nicht tragfähig sein, weil sie wesentlich kleinere Bereiche verantworten. Zu besorgen ist im Übrigen, dass eine selbstverwaltete Justiz vor schwierigen Verteilungskämpfen stehen würde. Es darf insoweit bezweifelt werden, dass die neu zu bildenden Räte überhaupt die notwendige Schlagkraft und Handlungsfähigkeit besitzen würden. Das Justizministerium als insoweit neutrale und hierarchisch gegliederte Instanz bietet jedenfalls eher die Gewähr dafür, dass die Belange aller Gerichtsbarkeiten und der Staatsanwaltschaften in angemessener Weise zum Tragen kommen. Ohnehin ist anzuerkennen, dass die Justizministerien in der Regel viel justizfreundlicher handeln, als es die Forderungen nach Selbstverwaltung vermuten lassen. Immer wieder weisen die Justizministerien gegenüber anderen Ressorts, nicht zuletzt den Finanzministerien, auf die zu beachtenden Besonderheiten der Dritten Gewalt hin. Zu der justizfreundlichen Sichtweise trägt auch bei, dass die Justizministerien ihr Personal in der Regel aus der Justiz selbst über vorübergehende Abordnungen rekrutieren. Eine Abkapselung der Justiz würde den Austausch zwischen Theorie und Praxis, von dem alle Seiten profitieren, deutlich reduzieren.

Eine Selbstverwaltung der Justiz könnte schließlich zu einer Schieflage innerhalb der Justiz führen. Zum einen besteht die Gefahr einer ausgesprochen starken Richterzentrierung, die zu Lasten des nichtrichterlichen Personals gehen könnte. Die Gesamtverantwortung des Justizministeriums gewährleistet auch hier am ehesten einen gerechten Ausgleich. Zum anderen könnten die Staatsanwaltschaften abgekoppelt werden. Eine Spaltung der Justiz in eine selbstverwaltete Gerichtsbarkeit und eine davon ausgenommene Staatsanwaltschaft wäre zu beklagen, weil sie die Staatsanwaltschaften zu Justizbehörden zweiter Klasse machen und die anzustrebende Durchlässigkeit von Richteramt und Staatsanwaltsamt erschweren würde. Mittelfristig wären Auswirkungen auch auf die Einstellungskriterien und die Besoldung bei den Staatsanwaltschaften zu befürchten.

Letztlich eignen sich auch die Modelle der anderen europäischen Länder nicht als positive Beispiele. Jedes Land hat seine eigene Tradition, die nicht leichtfertig auf andere Staaten mit einer anderen Geschichte übertragen werden kann. Italien und Spanien sind Beispiele für eine umstrittene, im politischen Fokus stehende Justiz. Auch wenn die Ursachen hierfür nicht allein in der Selbstverwaltung liegen, spricht das gute und letztlich auch bessere Funktionieren der deutschen Justiz doch gegen ein Nacheifern.

## VII. Zusammenfassung und Ausblick

Die Selbstverwaltung der Justiz ist weder Zukunft noch Irrweg. Die Wahrheit liegt wie so oft in der Mitte. Verbesserungen innerhalb des geltenden Systems, das bereits einzelne Elemente einer Selbstverwaltung enthält, scheinen vorzugswürdig. Mögliche Ansatzpunkte für eine weitere Stärkung der Dritten Gewalt liegen in einem Ausbau bestehender Beteiligungsrechte. So könnte die Stellung des Präsidialrats gestärkt werden, indem ihm eine echte Mitbestimmung ermöglicht wird. Daneben könnten die Beteiligungsrechte aller Richterräte auch in Hessen durch die Schaffung eines übergeordneten, für alle Bereiche zuständigen Hauptrichterrats, den es bereits in vielen Bundesländern gibt, gebündelt werden. Weiterhin sind Ansätze zu begrüßen, welche die Stellung der Staatsanwaltschaften weiter stärken und diese den Gerichten annähern. Hierzu könnte auch ein Verzicht auf das externe Weisungsrecht gehören, zumal dieses in der Praxis in aller Regel ohnehin nicht ausgeübt wird.

Die Diskussion über die Selbstverwaltung der Justiz wird aktuell bleiben und weiter Eingang in den politischen Diskurs finden. Wichtig ist, dass der Diskussionsprozess breit geführt wird. Schließlich geht es um Grundsatzfragen des Staatsgefüges. Die Meinungsführerschaft sollte nicht allein denen überlassen bleiben, die durch eine Selbstverwaltung Macht verlieren, nämlich den Justizministerien, oder gewinnen, nämlich den Richtervertretungen. Ideologische Grabenkämpfe nutzen der Justiz an dieser Stelle nicht. Im Gegenteil: Es bestünde die Gefahr, dass die Bevölkerung in ihrem Grundvertrauen in die Justiz eher verunsichert wird. Ziel sollte es sein, die Debatte pragmatisch und ohne ideologische Scheuklappen zu führen. So wird der Justiz am meisten genutzt. Und um diesen Nutzen sollte es doch allen Beteiligten gehen.

# Dienstaufsicht und richterliche Unabhängigkeit

Johann Nikolaus Scheuer

Der Gerichtspräsident ist für das ordnungsgemäße Funktionieren seines Gerichts verantwortlich. Es muss gewährleistet sein, dass die Justizgewährungspflicht erfüllt wird und sämtliche Mitarbeiter des Gerichts ihre gesetzlichen Aufgaben erfüllen. Vor diesem Hintergrund ist die Dienstaufsicht über seine Mitarbeiter eine der wichtigsten Aufgaben eines Gerichtspräsidenten. Denn nur dadurch ist eine Gewähr für die Erfüllung aller Aufgaben und Pflichten in einem Gericht gegeben. Besonderheiten gelten für die Dienstaufsicht über Richter, die im Folgenden behandelt werden soll.

Die Dienstaufsicht über Richter findet ihre Rechtsgrundlage in § 26 des Deutschen Richtergesetzes. Dort heißt es:

„(1) Der Richter untersteht einer Dienstaufsicht nur, soweit nicht seine Unabhängigkeit beeinträchtigt wird.

(2) Die Dienstaufsicht umfasst vorbehaltlich des Absatzes 1 auch die Befugnis, die ordnungsgemäße Art der Ausführung eines Amtsgeschäfts vorzuhalten und zu ordnungsgemäßer, unverzögerter Erledigung der Amtsgeschäfte zu ermahnen.

(3) Behauptet der Richter, dass eine Maßnahme der Dienstaufsicht seine Unabhängigkeit beeinträchtigt, so entscheidet auf Antrag des Richters ein Gericht nach Maßgabe dieses Gesetzes."

Aus dieser Formulierung wird bereits deutlich, in welchem Spannungsfeld sich die Dienstaufsicht bewegt. Die in Art. 97 Abs. 1 GG enthaltene Garantie, wonach „die Richter unabhängig sind und nur dem Gesetz unterworfen" bedeutet bei Dienstaufsichtsmaßnahmen eine ständige Prüfung der Vereinbarkeit mit der richterlichen Unabhängigkeit. Auch dass in § 25 DRiG formuliert ist „der Richter ist unabhängig und nur dem Gesetz unterworfen" lässt erkennen, dass zunächst die Unabhängigkeit des Richters zu wahren ist und erst danach Maßnahmen der Dienstaufsicht in Betracht kommen. Wird in die Unabhängigkeit des Richters nicht eingegriffen, sind Maßnahmen der Dienstaufsicht immer zulässig.

## I. Maßnahme der Dienstaufsicht

Nach gefestigter Rechtsprechung ist der Begriff Maßnahme der Dienstaufsicht weit auszulegen. Nur so kann die richterliche Unabhängigkeit wirkungsvoll geschützt werden.[1] Um eine solche Maßnahme annehmen zu können, genügt jede Einflussnahme einer dienstaufsichtsführenden Stelle, die sich auch nur mittelbar auf die Tätigkeit des Richters auswirkt. Allerdings muss ein konkreter Bezug zu der Tätigkeit des Richters bestehen.[2] Auch Anregungen oder Meinungsäußerungen dienstaufsichtsführender Stellen, die sich auf irgendeine Art und Weise kritisch mit dem dienstlichen Verhalten eines Richters in einem konkreten Fall befassen und auf eine direkte oder indirekte Weise nahelegen, wie der Richter in Zukunft verfahren oder entscheiden soll, sind Maßnahmen der Dienstaufsicht.[3] Dagegen stellen bloße Meinungsäußerungen zu Rechtsfragen keine solchen Maßnahmen dar, auch wenn der oder die Richter anderer Meinung sind. Es muss sich vielmehr um einen konkreten Konfliktfall zwischen der Justizverwaltung und einem Richter oder mehreren handeln, wobei die Dienstaufsicht sich gegen das Verhalten oder die Tätigkeit eines bestimmten Richter oder einer bestimmten Gruppe von Richtern wenden muss.[4]

Dienstaufsichtsmaßnahmen können sich sowohl auf das richterliche Verhalten als auch auf Tätigkeiten in der Gerichtsverwaltung (die als weisungsgebundene Tätigkeit nicht von der richterlichen Unabhängigkeit tangiert wird) beziehen. Auch das außerdienstliche Verhalten des Richters kann davon erfasst werden. Sämtliche Dienstaufsichtsmaßnahmen, auch die das außerdienstliche Verhalten eines Richters betreffenden, können auf entsprechenden Antrag nach § 26 Abs. 3 DRiG durch das Dienstgericht überprüft werden.[5]

Nicht nur der einzelne Richter oder eine gesamte Kammer unterliegen der Dienstaufsicht, sondern auch die Mitglieder des Präsidiums hinsichtlich ihrer Entscheidungen über die Geschäftsverteilung.[6] Anlass für ein Tätigwerden nach § 26 Abs. 2 DRiG könnte z.B. die Weigerung eines Präsidiums sein, bestehende Geschäfte auf Richter zu verteilen oder umzuverteilen (etwa im Falle einer längeren Nichtbesetzung eines Dezernats oder eine Nichtentlastung einer Strafkammer, wenn nur dadurch eine drohende Haftentlassung wegen der Frist des § 121 Abs. 1 und 2 StPO vermieden werden kann). Die Tätigkeit im Präsidium ist eine Dienstpflicht, so dass ein Teilnahmezwang für das gewählte Mitglied besteht. Nur im Falle der Verhinderung (Urlaub, Krankheit, Sitzungstätigkeit) entfällt dieser Zwang. Zumindest wenn die Gefahr der Beschlussunfähigkeit besteht, geht die Mitwirkung im Präsidium allen anderen Dienstpflichten vor.

---

[1] BGH Urt. vom 06.10.2011, DRiZ 2012, 169.
[2] BGH aaO.; BGH Urt. v. 10.01.1985, BGHZ 93, 238, 241; Urt. v. 16.11.1990, BGHZ 113, 36, 38.
[3] BGH Urt. v. 20.01.2011, NJW – RR 2011, 700.
[4] BGH Urt. v. 01.03.2002, NJW – RR 2002, 929, 931; Urt. v. 05.02.1980, DRiZ 1980, 312, 313.
[5] BGH Urt. v. 11.02.1969, BGHZ 51, 363, 367; Urt. v. 12.05.2011, RiZ ® 4/09, zitiert nach Juris n. 20.
[6] BGH Urt. v. 07.06.1966, BGHZ 46, 147, 149.

Dienstaufsichtsmaßnahmen dürfen nur von dem Dienstvorgesetzten oder seinem Vertreter im Amt ergriffen werden. Dies sind der jeweils zuständige Präsident oder der Vizepräsident als sein Vertreter im Amt. Zu beachten ist, dass diese Befugnis nicht auf einen Richter übertragen werden darf. Die Entscheidung ob und wie Dienstaufsichtmaßnahmen getroffen werden sollen, muss ausschließlich dem Dienstvorgesetzten vorbehalten bleiben. Er darf sich anderer Richter zur Vorbereitung der Entscheidung und zur Ermittlung des Sachverhalts bedienen. Diese dürfen nur als ausführendes und nicht als entscheidendes Organ in Erscheinung treten.[7]

## II. Beaufsichtigung, Beobachtung und Berichtswesen

Um eine wirksame Dienstaufsicht überhaupt gewährleisten zu können, muss der Vorgesetze über die notwendigen Informationen verfügen. Informationen erlangt der Dienstvorgesetzte aufgrund eigener Wahrnehmung (z.B. Teilnahme an Sitzungen) oder durch Informationen und Berichte seiner Mitarbeiter. Der Dienstvorgesetzte kann seine Aufgaben, nämlich eine geordnet funktionierende Rechtspflege zu gewährleisten, nur dann erfüllen, wenn er befugt ist, sich durch ständige Beobachtung des Dienstbetriebes und der Arbeit der Richter zu informieren.[8] Ein Tätigwerden der Dienstaufsicht ist nicht nur dann angezeigt, wenn Dienstaufsichtsbeschwerden eingelegt werden. Der Dienstvorgesetzte ist vielmehr immer berechtigt, sich durch die Beobachtung des Geschäftsbetriebs Klarheit darüber zu verschaffen, ob organisatorische Entlastungsmaßnahmen oder dienstaufsichtsrechtliche Maßnahmen ergriffen werden müssen. In diesem Rahmen dürfen Richter auch um Berichte über die Bearbeitung von in ihre Zuständigkeit fallenden Verfahren gebeten werden.[9] Insbesondere ist es zulässig, von Richtern eine turnusmäßige Meldung überjähriger Zivilprozesse mit einer zumindest stichwortartigen Begründung für die Nichterledigung zu verlangen.[10] Die Dienstaufsicht ist auch befugt, die Ursachen für zurückgegangene Erledigungen zu ermitteln.[11] Überprüfungen der Richterdezernate dürfen turnusmäßig und aus besonderem Anlass vorgenommen werden.

Der Gebrauch technischer Geräte und anderer Hilfsmittel darf beobachtet werden, etwa um einer missbräuchlichen Benutzung für private Zwecke vorzubeugen und unnötige Kosten zu vermeiden.[12]

---

[7] BGH Urt. v. 12.05.2011, RiZ ® 4/09, zitiert nach Juris Rn. 32; Urt. v. 31.01.1984, BGHZ 90, 34, 40.
[8] BGH Urt. v. 14.09.1990, BGHZ 112, 189, 193; BGH Urt. v. 06.10.2011, DRiZ 2012, 169.
[9] BGH Urt. v. 05.10.2005, NJW 2006, 692, 693.
[10] BGH Urt. v. 14.09.1990, NJW 1991, 421, 423.
[11] BGH Urt. v. 10.01.1985, NJW 1985, 1471, 1473.
[12] BGH Urt. v. 24.11.1994, NJW 1995, 731, 732.

Allerdings gibt es auch bereits in diesem Stadium Schranken, die sich aus der richterlichen Unabhängigkeit ergeben. So dürfen sämtliche Beobachtungs- und Beaufsichtigungsmaßnahmen nicht in die richterliche Unabhängigkeit eingreifen. Ein solcher Eingriff kann vorliegen, wenn mit der Beaufsichtigung Maßnahmen verbunden sind, die bestimmt oder geeignet sind, durch psychischen Druck oder auf andere Weise zumindest mittelbar Einfluss auf die richterliche Rechtsfindung zu nehmen.[13] So kann der Bericht über eine richterliche Geschäftsprüfung die richterliche Unabhängigkeit verletzen, wenn darin zu dem Inhalt einer Beweisanordnung Stellung genommen und der Bericht bekanntgegeben wird.[14] Dass im Einzelfall vielfältige Fragen und Abgrenzungsprobleme auftauchen, ist durch viele Entscheidungen belegt.

### III. Einzelne Maßnahmen der Dienstaufsicht

#### *1. Kernbereich richterlicher Tätigkeit*

Grundsätzlich sind Dienstaufsichtmaßnahmen, die den Kernbereich der richterlichen Tätigkeit betreffen, unzulässig.[15] Zum Kernbereich gehören die eigentliche richterliche Spruchtätigkeit (Verhandlung und Entscheidung) und alle Maßnahmen, die unmittelbar oder mittelbar der Rechtsfindung dienen. Darunter fallen auch alle vorbereitenden prozessleitenden Anordnungen und auch nachfolgende Sach- und Verfahrensentscheidungen.[16] Beispielsweise wurde eine Verletzung der richterlichen Unabhängigkeit angenommen, wenn ein Dienstvorgesetzter einem Richter den Hinweis gibt, den Dienstweg einzuhalten, und sich dieser Hinweis auf prozessleitende Verfügungen des Richters in dem anhängigen Verfahren bezieht.[17] Entscheidend ist, dass es jeweils um richterliche Handlungen geht, die in einem konkreten Verfahren mit der Aufgabe des Richters, Recht zu sprechen und den Rechtsfrieden zu sichern, unmittelbar oder mittelbar im Zusammenhang stehen.

Allerdings sind Maßnahmen der Dienstaufsicht in Ausnahmefällen auch in diesem Kernbereich zulässig, wenn es sich um einen offensichtlichen Fehler in der Rechtsanwendung handelt.[18] In neueren Entscheidungen sieht der Bundesgerichtshof Eingriffe in den Kernbereich dann als zulässig an, wenn es sich um einen offensichtlichen, jedem Zweifel entrückten Fehlgriff handelt.[19] Es müssen

---

[13] BGH aaO.
[14] BGH Urt. v. 05.02.1980, DRiZ 1980, 312, 313.
[15] BGH Urt. v. 20.01.2011, NJW – RR 2011, 700, 701; Urt. v. 30.03.1987, NJW 1987, 2441, 2442.
[16] BGH Urt. v. 09.03.1967, BGHZ 47, 275, 287.
[17] BGH Urt. v. 17.04.2008, NJW – RR 2008, 1660, 1661.
[18] BGH Urt. v. 30.03.1987, NJW 1987, 2441, 2442.
[19] BGH Urt. v. 17.04.2008, NJW – RR 2008, 1660, 1661; BGH Urt. v. 05.07.2000, NJW – RR 2001, 498, 499.

ein evidenter Fehlgriff und eine offensichtlich unvertretbare Entscheidung zweifelsfrei vorliegen.[20] Zu den vielfältigen Einzelfragen existiert bereits eine umfassende Rechtsprechung.

In Abgrenzung von diesem Kernbereich gibt es richterliche Tätigkeiten, die nicht dem eigentlichen Kernbereich, sondern der äußeren Ordnung zuzuordnen sind.[21] Geht es um die Sicherung eines ordnungsgemäßen Geschäftsablaufs und die äußere Form der Erledigung der Amtsgeschäfte oder um solche Fragen, die dem Kernbereich der eigentlichen Rechtsprechung so weit entrückt sind, dass sie nur noch als zur äußeren Ordnung gehörig anzusehen sind, dann stellen Maßnahmen der Dienstaufsicht keine Verletzung der richterlichen Unabhängigkeit dar.[22]

## 2. Gesetzesverstöße, Fehler bei der Rechtsanwendung

Grundsätzlich ist davon auszugehen, dass offensichtliche Gesetzesverstöße immer eine dienstaufsichtrechtliche Maßnahme rechtfertigen. In vielen dieser Fälle dürften ein Vorhalt und eine Ermahnung nach § 26 Abs. 2 DRiG nicht ausreichen, sondern ein Disziplinarverfahren einzuleiten sein. Entscheidendes Kriterium für einen offensichtlichen, zweifelsfreien Fehlgriff ist dabei, ob das Gesetz dem Richter einen Ermessensspielraum einräumt oder eine Auslegung zulässt. Ist dies wegen des eindeutigen Wortlauts nicht der Fall, sind bei einem Fehlverhalten des Richters Eingriffe in den Kernbereich zulässig.

Zu solchen offensichtlich zweifelsfreien Verstößen gehören beispielsweise:

- die Zurückverweisung eines Rechtsstreits durch das Berufungsgericht nach § 538 Abs. 2 ZPO, obwohl der nach dem eindeutigen Gesetzeswortlaut zwingend erforderliche Antrag, nicht gestellt worden ist;[23]
- die Verkündung eines Urteils, ohne dass dies nach § 310 Abs. 2 ZPO vollständig abgefasst ist.[24] Hier kann sich der Richter in aller Regel nicht auf Überlastung berufen, da er diesem Umstand bei der Terminierung der Verfahren Rechnung tragen kann.[25] Auf für ihn unvorhergesehene Umstände kann er mit der Verlegung des Verkündungstermins reagieren;
- die Nichtbearbeitung einer Verfahrensakte über 6 Monate trotz Anberaumung eines Verkündungstermins;[26]

---

[20] BGH Urt. v. 04.06.2009, BGHZ 181, 268.
[21] BGH Urt. v. 05.07.2000, NJW – RR 2001, 498, 499.
[22] BGH Urt. v. 11.12.1987, BGHZ 102, 369, 372.
[23] BGH Urt. v. 22.06.2004, NJW – RR 2004, 1637, 1639.
[24] Zu dieser zwingenden Verpflichtung vgl. BVerfG Beschl. v. 17.07.1996, NJW 1996, 3203; BGH Urt. v. 19.05.2004, NJW – RR 2004, 1439.
[25] OLG Dresden Urt. v. 06.07.2007, NJW – RR 2008, 936, 939.
[26] OLG Dresden Urt. v. 24.06.2009, DRiZ 2012, 97.

- die Anwendung eines aufgehobenen Gesetzes und die Nichtanwendung eines geltenden Gesetzes;[27]
- die Nichteinhaltung gesetzlicher Fristen und Termine, soweit sie außerhalb richterlichen Ermessens liegen.[28] Dazu gehören zum Beispiel die unbegründete Überschreitung der Drei-Wochen-Frist des § 310 Abs. 1 Satz 2 ZPO und der Drei-Monats-Frist des § 128 Abs. 2 Satz 3 ZPO.

*3. Feste Dienstzeiten*

Nach völlig h. M. kann dem Richter durch die Dienstaufsicht nicht vorgeschrieben werden, seine Tätigkeit innerhalb des Gerichtsgebäudes und zu festen bestimmten Dienstzeiten zu verrichten.[29] Deshalb kann der Richter auch außerhalb der üblichen Bürostunden oder der Öffnungszeiten des Gerichts seinen Pflichten nachkommen. Insbesondere hat er sogar einen Anspruch darauf, dass ihm auch außerhalb der üblichen Bürozeiten der Zugang zu seinem Dienstzimmer ermöglicht wird.[30]

Rechtspolitisch werden die freien Dienstzeiten nicht ernsthaft mehr in Frage gestellt.[31] Im Zeitalter der Telearbeit und der gleitenden Arbeitszeiten ist eine solche Diskussion sowieso obsolet geworden. Dass der Richter für die Erledigung bestimmter Aufgaben (z. B. Sitzungen, Dezernatsarbeit) präsent oder für Eilsachen erreichbar (wenn kein Vertreter zur Verfügung steht) sein muss, ist eine Selbstverständlichkeit. Erfordert die Bearbeitung der in elektronischer Form vorliegenden Eingaben zum Handelsregister die Anwesenheit des Richters an seinem Arbeitsplatz, muss er dort präsent und tätig sein.[32]

*4. Terminierung und Bearbeitung bestimmter Verfahren*

Grundsätzlich darf in die Terminierungspraxis des Richters nicht eingegriffen werden. Es unterliegt seinem freien Ermessen, wann und wie viele Verfahren er terminiert. Auch die Auswahl bestimmter Verfahren zur Terminierung bleibt al-

---

[27] BGH Urt. v. 07.06.1966, BGHZ 46, 147, 150.
[28] BGH Urt. v. 22.09.1998, NJW 1999, 426, 429.
[29] Vgl. nur BGH Urt. v. 16.11.1990, NJW 1991, 1103, 1104 (mit besonders eingehender Begründung; Urt. v. 04.09.2001, NJW 2001, 3275, 3276; Urt. v. 25.09.2002, NJW 2003, 282.
[30] BGH Urt. v. 25.09.2002 aaO.
[31] Anders war dies noch im Jahre 2005, vgl. etwa *Faltlhauser*, Feste Dienstzeiten für Richter, ZRP 2005, 103 und *Schott* ebenda; *Schröder*, Dienstzeiten und Anwesenheitspflichten für Richterinnen und Richter, NJW 2005, 1160; *Böhm*, Arbeitszeit und Stechuhr für Richter, DRiZ 2005, 138.
[32] BGH Urt. v. 21.10.2010, DRiZ 2011, 66, 68.

lein ihm überlassen. Von daher ist es unzulässig, den Richter um die umgehende Bearbeitung ganz bestimmter Verfahren aus seinem Dezernat zu ersuchen.[33] Dem Richter darf auch nicht vorgeschrieben werden, mehr als einen Sitzungstag in der Woche abzuhalten.[34] Unzulässig sind auch Bitten oder Anweisungen, Verkündungstermine zu bestimmten Zeiten anzuberaumen. Ein Richter muss sich auch nicht nachträglich für eine Bearbeitungsreihenfolge rechtfertigen.[35] Das Verlangen, Verfahren, in denen Dienstaufsichtsbeschwerden drohen oder bereits vorliegen, schneller als andere Verfahren zu erledigen, ist unzulässig. Allerdings kann bei verzögerlicher Terminierung älterer Sachen ein Vorhalt eine zulässige Ausübung von Dienstaufsicht sein.[36] Dass die Beurteilung der Entscheidungsreife einer Streitsache der Dienstaufsicht entzogen ist, ist selbstverständlich. Bei verzögerlicher Bearbeitung eines Verfahrens in einem objektiv vertretbaren Zeitraum kommt ein schwerwiegender Rechtsverstoß in Betracht, wenn der Richter mit seiner Verfahrensweise aus sachfremden Erwägungen gezielt zum Vorteil oder Nachteil einer Partei handelt.[37]

Zulässig ist es, einen Richter anzuhalten, seine Arbeitsweise so zu gestalten, dass Verjährungen möglichst vermieden werde.[38] Der allgemeine Vorhalt, dass der Richter das in Haftsachen geltende Beschleunigungsgebot verletzt und er in Zukunft seine Amtsgeschäfte ordnungsgemäß zu erledigen habe, beeinträchtigt die richterliche Unabhängigkeit nicht.[39]

Die grundlose Verlegung von bereits anberaumten Terminen steht in keinem Zusammenhang mit der Rechtsfindung, so dass insoweit ein Vorhalt wegen nicht ordnungsgemäßer Dienstausübung zulässig ist.[40] Erfolgt eine Terminsverlegung aus Gründen, die nicht der Vorbereitung der Entscheidung dienen und mit dem konkreten Verfahren nichts zu tun haben, gehört diese Maßnahme zu dem äußeren Ordnungsbereich (im Gegensatz zum Kernbereich der richterlichen Tätigkeit) und ermöglicht dienstaufsichtsrechtliche Maßnahmen. Die beabsichtigte Teilnahme an einer Demonstration hat mit der Entscheidung in einem konkreten Verfahren nichts zu tun und rechtfertigt eine Terminsverlegung nicht.[41]

---

[33] BGH Urt. v. 06.11.1986, NJW 1987, 1197, 1198.
[34] BGH aaO.
[35] BGH Urt. v. 05.10.2005, NJW 2006, 692.
[36] BGH Urt. v. 27.01.2995, DRiZ 1995, 352, 353.
[37] BGH Urt. v. 04.09.2001, 3275, 3276.
[38] BGH Urt. v. 08.11.2006, NJW 2001, 281, 282.
[39] BGH Urt. v. 05.07.2000, NJW – RR 2001, 498, 499.
[40] BGH Urt. v. 21.10.1982, BGHZ 85, 145, 162 zur Verlegung von 30 terminierten Zivilsachen.
[41] KG Urt. v. 25.05.1994, NJW 1995, 2115.

### 5. Verkündungstermin und Verlegung von Verkündungsterminen

Die Bestimmung eines Verkündungstermins und dessen Verlegung gehören ebenso wie die Terminierung zum geschützten Kernbereich der richterlichen Tätigkeit. Wegen des eindeutigen Wortlauts des § 310 Abs. 1 ZPO gilt für die Anberaumung eines Verkündungstermins eine Drei-Wochen-Frist. Diese darf nur dann überschritten werden, wenn wichtige Gründe, insbesondere der Umfang oder die Schwierigkeit der Sache, dies erfordern. Im Umkehrschluss ergibt sich daraus, dass eine grundlose Überschreitung der Drei-Wochen-Frist und demzufolge auch eine grundlose Verlegung eines Verkündungstermins unzulässig sind.

Zu den Gründen, die eine Fristüberschreitung und die Verlegung eines Verkündungstermins über die Frist hinaus rechtfertigen, sind beispielsweise zu zählen:

– Umfang oder die Schwierigkeit der Sache (§ 310 Abs. 1 ZPO)
– Arbeitsüberlastung des zuständigen Richters [42]
– Urlaub
– Krankheit
– Arbeitsüberlastung des Schreibdienstes.

Da die grundlose Überschreitung der Drei-Wochen-Frist eine iSd. § 26 Abs. 2 DRiG nicht ordnungsgemäße Art der Ausführung des Amtsgeschäfts darstellt, ist ein Einschreiten der Dienstaufsicht in solchen Fällen zulässig. Wird eine Fristüberschreitung oder eine Verlegung nicht begründet, kann von einem Richter eine dienstliche Erklärung verlangt werden. Denn nur auf diese Weise kann festgestellt werden, inwieweit der Richter sachliche Gründe anführen kann und sich damit im geschützten Kernbereich der richterlichen Unabhängigkeit befindet. Der Richter ist auf jeden Fall immer verpflichtet, wichtige Gründe darzulegen.[43] Für den Fall der Verlegung eines Verkündungstermins folgt dies bereits aus § 227 Abs. 4 ZPO. Danach ist die Entscheidung über die Aufhebung sowie die Verlegung eines Termins kurz zu begründen. Sie ist unanfechtbar.

### 6. Beurteilungen

Beurteilungen von Richtern durch den Dienstvorgesetzten sind immer zulässige Maßnahmen der Dienstaufsicht.[44] Sie sind mit der verfassungsrechtlich garantierten Unabhängigkeit vereinbar. Die Amtsführung eines Richters und spezifisch richterliche Fähigkeiten dürfen bewertet werden.[45] Die richterliche Unab-

---

[42] BVerfG Beschl. v. 05.06.1992, NJW – RR 1993, 253.
[43] BGH Urt. v. 19.05.2004, NJW – RR 2004, 1439.
[44] BVerfG Beschl. v. 14.06.1975, DRiZ 1975, 284.
[45] BGH Urt. v. 04.06.2009, NJW 2010, 302; Urt. v. 10.08.2001, NJW 2002, 359, 361.

hängigkeit steht einer Leistungsbeurteilung nicht entgegen. Eine Grenze ist dann überschritten, wenn die Beurteilung auf eine direkte oder indirekte Weisung hinausläuft, wie der Richter in Zukunft verfahren oder entscheiden soll. Demnach sind solche kritischen Anmerkungen unzulässig, die den Richter veranlassen könnten, in Zukunft eine andere Verfahrens- oder Sachentscheidung als ohne diese Kritik zu treffen.[46] Über die Feststellung von Tatsachen und der Bewertung, es lägen Rechtsverstöße vor, hinausgehende unsachliche und persönlich herabsetzende Aussagen (z. B. der Richter ist nicht gewillt, sich gesetzes- und verfassungskonform zu verhalten) stellen immer eine Verletzung der richterlichen Unabhängigkeit dar.[47] Wichtig ist, dass der Beurteilung nur beweisbare Tatsachen zu Grunde gelegt werden dürfen.

Vor diesem Hintergrund sind Tatsachenfeststellungen zulässig, wonach der Richter in einer Vielzahl von Fällen (hier sollte die konkrete Zahl benannt werden) die gesetzliche Drei-Wochen-Frist des § 310 Abs. 2 ZPO ohne Gründe überschritten hat. Die darauf folgende Bewertung, es handele sich insoweit um Rechtsverstöße, ist ebenfalls nicht zu beanstanden. Das Gleiche gilt, wenn entgegen § 310 Abs. 2 ZPO das Urteil zum Verkündungstermin nicht vollständig abgefasst vorliegt.

Die Belastbarkeit eines Richters ist ein typisches Beurteilungskriterium. Daher ist es gerechtfertigt, die Erledigungszahlen eines Richters zu erörtern und mit denen anderer Kollegen zu vergleichen.[48] In diesem Zusammenhang darf auch die Leistung des Richters als unterdurchschnittlich oder als nicht befriedigend bezeichnet werden. Dass daneben die Qualität der Entscheidungen in gleicher Weise von Bedeutung ist, ist eine Selbstverständlichkeit.

Inhaltlich darf die Beurteilung folgende kritische Bewertungen über die Fähigkeiten eines Richters enthalten: „Ihre Voten waren umfangreiche Rechtsgutachten, die mit zahlreichen Rechtsprechungs- und Literaturhinweisen gestützt waren. Dementsprechend waren auch ihre Urteile, von denen sie zahlreiche veröffentlicht hat, von Rechtsausführungen bestimmt, manchmal blieb sie dabei allerdings mehr dem Gutachtenstil als dem praktisch zielgerichteten Urteilsstil verhaftet, in Einzelfällen schien mir die genaue Verbindung der Rechtssätze mit den konkreten Tatsachen des Falls nicht ganz gelungen." Mit diesen Formulierungen wird keine direkte oder indirekte Einflussnahme auf die richterliche Tätigkeit im Einzelfall ausgeübt.[49]

Als zulässigen Inhalt einer Beurteilung hat der Bundesgerichtshof in seinem Urteil vom 14.01.1991[50] die Formulierungen bewertet, dass die Richterin im

---

[46] So ausdrücklich BGH Urt. v. 04.06.2009, NJW 2010, 302, 303.
[47] BGH aaO.
[48] BGH Urt. v. 10.08.2001, NJW 2002, 359, 361.
[49] BGH Urt. v. 25.09.2002, NJW – RR 2003, 492, 494.
[50] NJW 1992, 46.

Drang der Geschäfte Fehler nicht immer zu vermeiden vermöge und sie um eine gute Zusammenarbeit bemüht sei. Auch wenn in der Beurteilung von teilweise auftretenden Unregelmäßigkeiten gesprochen wird, ist dies kein Eingriff in die richterliche Unabhängigkeit.

Zu der Verhandlungsführung eines Richters ist in einer Beurteilung immer Stellung zu nehmen. Wird diese verallgemeinernd negativ bewertet, ohne konkrete Tatsachen anzuführen, kann dies als eine allgemeine Kritik an der Verhandlungsführung des Richters verstanden werden und auf die Weisung hinauslaufen, zukünftig anders oder im Sinne des Beurteilers zu verfahren. Dann allerdings wird die richterliche Unabhängigkeit beeinträchtigt.[51] Es empfiehlt sich daher immer, konkrete Tatsachen und auch die konkrete Verhandlung mitzuteilen. Nur dann können auch die erforderlichen Beweise im Streitfall erbracht werden. Fehler in der Verhandlung dürfen als solche Tatsachen angeführt werden. In Betracht kommen beispielsweise: Vergessen der Zeugenbelehrung, das letzte Wort wird nicht gewährt, ein Vergleich wird nicht vorgelesen.

### 7. Verfahrensverzögerung

Die aus dem Rechtsstaatsprinzip abgeleitete Pflicht zur Gewährung wirkungsvollen Rechtsschutzes und zur Herstellung von Rechtssicherheit gebietet es, dass streitige Rechtsverhältnisse in angemessener Zeit geklärt werden.[52] Mit zunehmender Verfahrensdauer steigert sich die Pflicht des Gerichts, sich nachhaltig um die Förderung und Beendigung des Verfahrens zu bemühen. Bei Entscheidungsreife muss unverzüglich eine Entscheidung getroffen werden.

Vor diesem verfassungsrechtlichen Hintergrund erfährt auch der Satz „schnelles Rechts ist gutes Recht" seine Rechtfertigung. Bei richtigem Verständnis wird hierin schnelles Recht nicht zum Selbstzweck erhoben. Es geht nicht darum, kurzen Prozess zu machen. Mit diesem Postulat wird vielmehr zum Ausdruck gebracht, dass für den rechtsuchende Bürger die Zeitkomponente eine ganz wesentliche Rolle spielt. Wer die Hilfe des Gerichts in Anspruch nimmt, der erwartet, dass seine Angelegenheit in einem angemessenen zeitlichen Rahmen abschließend bearbeitet wird. Auch der Angeklagte hat einen Anspruch darauf, dass sein Strafverfahren zeitnah beendet wird. Gebietet die Verfassung bereits eine Entscheidung in angemessener Zeit und verbietet damit gleichzeitig eine Nicht- oder verzögerliche Bearbeitung, so spiegelt sich diese Pflicht auch in § 26 Abs. 2 DRiG wieder. Nach dieser Bestimmung darf der Richter nämlich zu unverzögerter Erledigung seiner Amtsgeschäfte ermahnt werden.

---

[51] BGH Urt. v. 04.06.2009, NJW 2010, 302.
[52] BVerfG Beschl. v. 23.05.2012, NJW 2012, 2334; Beschl. v. 17.11.1999, NJW 2000, 797; Beschl. v. 15.11.2001, NJW – RR 2002, 424; Beschl. v. 29.03.2005, NJW 2005, 3488; BGH Urt. v. 04.11.2010, NJW 2011, 1072, 1073.

Welche Verfahrensdauer angemessen ist, hängt immer von den Umständen des Einzelfalls ab. Da die Dienstaufsicht grundsätzlich in den Kernbereich der richterlichen Tätigkeit nicht eingreifen darf, dürfte ein Tätigwerden nur in eindeutigen Fällen in Betracht kommen. Im Zweifel für die richterliche Unabhängigkeit.[53] Bei der Prüfung der angemessenen Verfahrensdauer sind zunächst alle Maßnahmen eines Richters zu akzeptieren, die nicht offensichtlich grob fehlerhaft sind. Ihm steht ein Ermessensspielraum zu, innerhalb dessen er eine eigene Gewichtung der Verfahren vornehmen und Prioritäten auch in Abweichung von der Reihenfolge des Eingangs setzen darf.[54] Dieser Gestaltungsspielraum des Richters besteht aber dann nicht mehr, wenn ein übergeordnetes Gericht festgestellt hat, dass bereits die bisherige Untätigkeit in dem konkreten Verfahren rechtswidrig war.[55]

Dass die Dienstaufsicht immer eingreifen darf, wenn ohne sachliche Rechtfertigung Verfahren längere Zeit nicht bearbeitet werden, steht außer Frage. Auch das unbefriedigende Arbeitspensum eines Richters kann beanstandet werden.[56] Unangemessene ohne sachliche Gründe gerechtfertigte lange Urteilsabsetzungsfristen können durch einen Vorhalt gerügt werden.[57] Eine verzögerte Erledigung seiner Amtsgeschäfte kann dem Richter vorgehalten werden, wenn ihm kein Pensum abverlangt wird, das sich allgemein, also auch nicht von anderen Richtern in sachgerechter Weise erledigen lässt.[58] Obwohl sich aus einem allgemeingültigen Pensenschlüssel (neuerdings Pebb§y Belastungsberechnung) keine individuelle Belastung des Richters ergibt, kann dieser als Ausgangspunkt für eine vertretbare Belastung angenommen werden.[59] Ein unzulässiger Erledigungsdruck verletzt immer die richterliche Unabhängigkeit.[60] Werden Verkündungstermine grundlos nicht eingehalten, ist die Dienstaufsicht zum Einschreiten sogar verpflichtet.

Ein Ärgernis für alle Beteiligten stellen die sogenannten Altfälle dar. Darunter sind Rechtsstreitigkeiten zu verstehen, die bereits mehrere Jahre anhängig sind. In aller Regel handelt es sich um besonders umfangreiche und komplexe Verfahren mit hohen Streitwerten, bei denen schwierige Rechtsfragen zu klären und umfangreiche Beweisaufnahmen (meistens Einholung eines Gutachtens) durchzuführen sind. Dazu hat das Bundesverfassungsgericht den Grundsatz aufgestellt, dass mit zunehmender Dauer des Verfahrens sich die mit dem Justizgewährleistungsanspruch verbundene Pflicht verdichtet, sich nachhaltig um eine Beschleu-

---

[53] BGH Urt. v. 05.02.1980, DRiZ 1980, 312, 313.
[54] BVerfG Beschl. v. 29.03.2005, 3488, 3489.
[55] So ausdrücklich BVerfG, aaO.
[56] BGH Urt. v. 22.09.1998, NJW – RR 1999, 426, 428.
[57] BGH Urt. v. 06.10.2011, NJW 2012, 939.
[58] BGH Urt. v. 08.11.2006, NJW – RR 2007, 281, 282.
[59] BGH Urt. v. 03.12.2009, BeckRS 2010, 1285.
[60] BGH Urt. v. 05.10.2005, NJW 2006, 692.

nigung des Verfahrens und dessen Beendigung zu bemühen.[61] Bei besonders langer Verfahrensdauer muss der Richter sämtliche ihm zur Verfügung stehenden Möglichkeiten der Verfahrensbeschleunigung nutzen.[62] Das Bundesverfassungsgericht hat für Verfahren mit langer Verfahrensdauer, in den entschiedenen Fällen ging es um eine Verfahrensdauer von 14, 15 und 22 Jahren, zumindest folgende richterliche Pflichten festgeschrieben:

- Streitsachen mit langer Verfahrensdauer sind vorrangig zu bearbeiten.
- Schriftsätze dürfen nicht nur gewechselt werden. Das Gericht hat vielmehr irgendetwas zu veranlassen.
- Steht fest, dass mehrere Gutachten eingeholt werden müssen, sind diese parallel in Auftrag zu geben.
- Zur Vermeidung von Verzögerungen sind Zweitakten anzufertigen.
- Insbesondere bei der Beauftragung von Sachverständigen sind alle Beschleunigungsmöglichkeiten zu nutzen. Bereits bei der Auswahl des Sachverständigen ist dessen voraussichtlicher Bearbeitungsaufwand zu berücksichtigen. Während der Bearbeitungszeit ist der Zeitfaktor durch zeitnahe Überwachung und durch das Setzen von Bearbeitungsfristen im Blick zu behalten. Nach Eingang des Gutachtens ist dies unverzüglich den Parteien zuzuleiten.[63]

Bleibt ein Gericht während eines 15 Jahre dauernden Zivilrechtsstreits nahezu 3 Jahre untätig, ist dies objektiv unangemessen. Dies kann nicht mit einer häufigen Erkrankung und einer Überlastung der zuständigen Berichterstatterin gerechtfertigt werden.[64]

Die Dienstaufsicht ist nicht nur berechtigt, bei derartigen Altfällen tätig zu werden, sondern sogar dazu verpflichtet. Die Grundsätze des Bundesverfassungsgerichts bedeuten eine Beschränkung der richterlichen Unabhängigkeit. Dem zuständigen Richter ist nunmehr die Bearbeitungsreihenfolge und eine besondere Beschleunigungspflicht vorgegeben. Altfälle haben Vorrang. Dass diese Altfälle statistisch zu erfassen sind, liegt auf der Hand. Beim Landgericht Frankfurt werden Statistiken für Verfahren ab einer Dauer von mehr als 2 Jahren erstellt. Hat das Verhalten des Richters die Verzögerung des Verfahrens über mehrere Jahre herbeigeführt (indem er die von dem Bundesverfassungsgericht konkretisierten Pflichten nicht beachtet hat), dann sind zumindest Maßnahmen nach § 26 Abs. 2

---

[61] Beschl. v. 20.07.2000, NJW 2001, 214, 215.
[62] BVerfG Beschl. v. 02.09.2009, VersR 2010, 1617, 1619; BVerfG Beschl. v. 30.07.2009, NJW – RR 2010, 207, 209.
[63] Auch der EGMR weist in seinem Urteil vom 25.03.2010, Az.: 901/05, zitiert nach juris Rn. 57, auf die Pflicht des Gerichts hin, erforderliche Sachverständigengutachten zügig und effizient einzuholen.
[64] BVerfG Beschl. v. 17.11.1999, NJW 2000, 797.

DRiG zu ergreifen. Auf die richterliche Unabhängigkeit kann er sich dann nicht berufen.

Probleme tauchen in der gerichtlichen Praxis zumeist dann auf, wenn Verfahren wegen vermeintlicher oder tatsächlicher Überlastung verzögerlich oder überhaupt nicht bearbeitet werden. Das Bundesverfassungsgericht hat in seinem Beschluss vom 23.05.2012 einige Grundsätze aufgestellt, die für diese Fälle von Bedeutung sein können.[65] Ausgangspunkt ist für das Bundesverfassungsgericht die Feststellung, dass die Möglichkeit der freien Gestaltung der Arbeitszeit nicht bedeutet, dass der Richter zeitlich unbegrenzt zur Arbeitsleistung verpflichtet ist. Die zu erbringende Arbeitsleistung habe sich vielmehr pauschalierend an dem Arbeitspensum zu orientieren, das ein durchschnittlicher Richter vergleichbarer Position in der für Beamte geltenden regelmäßigen wöchentlichen Arbeitszeit bewältigt. Diese Aussage ist dahin zu interpretieren, dass Richter insgesamt auch eine bestimmte Arbeitszeit aufzuwenden haben, um ihren Pflichten nachzukommen (hier wird man schon an die 42 Stunden Woche erinnern dürfen). Wie und wo sie dies machen, unterliegt allerdings ihrer Entscheidung.

Überschreite das zugewiesene Arbeitspensum die so zu bestimmende Arbeitsleistung – auch unter Berücksichtigung zumutbarer Maßnahmen wie zum Beispiel eines vorübergehenden erhöhten Arbeitseinsatzes – erheblich, dann könne der Richter nach pflichtgemäßer Auswahl unter sachlichen Gesichtspunkten die Erledigung der ein durchschnittliches Arbeitspensum übersteigenden Angelegenheiten zurückstellen.[66] Das Bundesverfassungsgericht stellt klar, dass in solchen Fällen der zurückgestellten Aufgaben und der dadurch begründeten verzögerten Bearbeitung der zuständige Richter seine Überlastung anzeigen muss. Denn nur dann könne er dienstaufsichtsrechtlich nicht zur Verantwortung gezogen werden. Hier ist anzumerken, dass allein die Überlastungsanzeige den Richter noch nicht aus der Verantwortung entlässt. Vielmehr muss auch die tatsächliche Überlastung feststellbar sein. Diese ist nach den vom Bundesverfassungsgericht entwickelten und oben dargestellten Grundsätzen zu ermitteln.

Dass in den Fällen, in denen der Richter einen Verkündungstermin ohne Bearbeitung verstreichen lässt und die Akte ein halbes Jahr unbearbeitet liegen lässt, der Richter sich nicht auf Überlastung berufen kann, ist auch nach der Rechtsprechung des Bundesverfassungsgerichts dienstrechtlich zu ahnden.

Dass die Missachtung des in Haftsachen geltenden Beschleunigungsgebots zu einem zulässigen Tätigwerden der Dienstaufsicht führen muss, ist selbstverständlich.[67] Eine solche Verzögerung dürfte insbesondere bei Unterlassen einer Überlastungsanzeige in aller Regel nicht zu entschuldigen sein.

---

[65] NJW 2012, 2334.
[66] BVerfG aaO. S. 2336.
[67] BGH Urt. v. 05.7.2000, NJW – RR 2001, 498, 499.

## 8. Rechtsschutz bei überlangen Gerichtsverfahren

Überlange Gerichtsverfahren beschäftigen seit längerem den Europäischen Gerichtshof für Menschenrechte.[68] In vielen Fällen wurde die Bundesrepublik Deutschland wegen Verletzung des Rechts auf Verhandlung innerhalb angemessener Zeit (Verstoß gegen Art. 6 Abs. 1 EMRK) verurteilt. Durch das Gesetz über den Rechtsschutz bei überlangen Gerichtsverfahren und strafrechtlichen Ermittlungsverfahren vom 24.11. 2011[69], in Kraft getreten am 03.12.2011, hat der Gesetzgeber den Rechtsschutz für die Fälle überlanger Verfahrensdauer verstärkt. Damit soll den Vorgaben des Europäischen Gerichtshofs für Menschenrechte Genüge getan werden.

Kernpunkt des Gesetzes ist nach dem neuen § 198 GVG die Einführung eines Entschädigungsanspruchs gegen das jeweilige Bundesland bei einer unangemessenen Dauer eines Gerichtsverfahrens. Voraussetzung für die Geltendmachung eines derartigen Anspruchs ist die Rüge der Dauer des Verfahrens (Verzögerungsrüge) bei dem zuständigen Richter. Wird eine Verzögerungsrüge erhoben, wird der zuständige Richter für sich selbst zu prüfen haben, ob das konkrete Verfahren hinreichend gefördert worden ist oder ob er zu einer beschleunigten Erledigung beitragen kann. Den Vorwurf einer unangemessenen langen Verfahrensdauer sollte er tunlichst zu vermeiden suchen. Im Falle einer Verzögerungsrüge ist besonders die Dienstaufsicht gefordert.

Die Dienstaufsicht hat zur Vermeidung überlanger Verfahrensdauer und wegen ihrer gemäß § 21e GVG zugewiesenen Aufgaben Verantwortung für die Gewährleistung eines sachangemessenen zügigen Verfahrens.[70] Dazu hat sie ausreichendes Personal zur Verfügung zu stellen. Aufgabe der Präsidien ist es dann, für eine gleichmäßige Verteilung der Geschäfte zu sorgen. Ergeben sich Personalengpässe ist dies der vorgesetzten Behörde zu melden und entsprechender Mehrbedarf geltend zu machen.

Im Falle von Dienstaufsichtsbeschwerden, Überlastungsanzeigen und Verzögerungsrügen ist ein Tätigwerden der Dienstaufsicht erforderlich. Da die Verzögerungsrüge zu einem Entschädigungsanspruch führen kann, darf die Dienstaufsicht nicht untätig bleiben. Es ist vielmehr zwingend geboten, dass das konkret beanstandete Verfahren überprüft wird und die entsprechenden Akten eingesehen werden. Nur bei Wahrnehmung dieser Beobachtungsfunktion und Kontrollfunktion kann das Erforderliche veranlasst werden. Dazu gehört auch, dass im Falle einer Überlastung die Dienstaufsicht das Präsidium informiert und entsprechende Abhilfevorschläge macht. Wird eine nicht ordnungsgemäße Amtsführung festge-

---

[68] Vgl. nur EGMR Urt. v. 02.09.2010, NJW 2010, 3355; Urt. v. 21.10.2010, NJW 2011, 1055.
[69] BGBl. I S. 2302.
[70] BbgVerfG Urt. v. 17.12.2009, DRiZ 2011, 103, 104.

stellt, sind Maßnahmen nach § 26 Abs. 2 DRiG zu ergreifen. Bleibt ein Präsident bei einer solchen Verzögerungsrüge untätig, so dürfte er seine Amtspflichten nicht hinreichend erfüllen. Das Gleiche gilt für eingereichte Dienstaufsichtsbeschwerden und Überlastungsanzeigen.

### 9. Verbale Exzesse

Grundsätzlich können „verbale Exzesse" Gegenstand einer dienstaufsichtsrechtlichen Maßnahme sein. Voraussetzung ist, dass Äußerungen eines Richters in der mündlichen Verhandlung oder auch in Urteilen dem Kernbereich der Rechtsfindung so weit entrückt sind, dass für sie die Unabhängigkeitsgarantie des Art. 97 Abs. 1 GG vernünftigerweise nicht mehr in Anspruch genommen werden kann.[71] Steht die Äußerung in einem inneren Zusammenhang mit dem Inhalt der Entscheidung und kann sie davon nicht gelöst werden, so verbietet sich ein Einschreiten der Dienstaufsicht. Sind Formulierungen geeignet, den Inhalt einer Entscheidung mitzubestimmen, gehört dies zum Kernbereich der Rechtsfindung. Etwas anderes gilt dann, wenn ein pauschales Unwerturteil gefällt wird oder objektiv herabwürdigende Äußerungen getätigt werden. Wird eine Partei von einem Richter gefragt, ob sie ihn nicht verstehen wolle oder zu dumm sei, ihm zu folgen, werden Grenzen überschritten.[72] Hier darf die Dienstaufsicht einschreiten.

### 10. Urlaub

Dem Richter steht ein gesetzlicher Anspruch auf einen bestimmten Jahresurlaub zu. Dieser Anspruch darf weder In Frage gestellt noch willkürlich verweigert werden. Der Richter hat jedoch keinen Anspruch darauf, seinen Urlaub (Zeit und Länge) selbständig und ohne Berücksichtigung dienstlicher Belange festzulegen.[73] War das Dezernat des Richters über längere Zeit unbesetzt und haben sich erhebliche Rückstände gebildet, ist es nicht zu beanstanden, wenn von einem beantragten 6-wöchigen Urlaub nur 3 Wochen genehmigt werden. Hierbei ist zwingend auch das Interesse des Vertreters zu berücksichtigen.

Zulässig ist es auch, einen bereits genehmigten Urlaub zu widerrufen, wenn nur dadurch die Einhaltung zwingender gesetzlicher Fristen gewährleistet werden kann.[74] Dazu zählen insbesondere die Absetzungsfristen bei Strafurteilen. Ähnliches gilt, wenn wegen eines bereits genehmigten Urlaubs ein Vertreter an einer zwingend erforderlichen Strafverhandlung teilnehmen müsste.

---

[71] BGH Urt. v. 24.06.1991, DRiZ 1991, 410.
[72] BGH Urt. v. 22.02.2006, DRiZ 2006, 319.
[73] BGH Urt. v. 11.12.1987, BGHZ 102, 369, 371.
[74] BGH Urt. v. 11.12.1987, aaO.

## 11. E-Justice

Die Modernisierung der Justiz hat in den letzten Jahren beeindruckende Fortschritte gemacht. Sämtliche Arbeitsplätze in der Justiz sind in aller Regel mit technischen Hilfsmitteln ausgestattet. Dazu gehören der Einsatz von Computern mit modernster Hard- und Software. Die Nutzung von Internet und Rechtsprechungsdatenbanken sowie der Zugriff auf elektronische Verlagspublikationen sind selbstverständlich. Spracherkennung, digitale Diktiergeräte und Videokonferenzen sind weitere Hilfsmittel zur Erleichterung der Arbeitsprozesse. Das Stichwort E-justice (im Unterschied zu E-Government) zeigt, wohin die Reise gehen wird. Mit der Einführung der elektronischen Akte dürfte der entscheidende Meilenstein auf dem Weg zu einer technisierten elektronischen Justiz in der Informationsgesellschaft erreicht sein.

Die zunehmende Technisierung wirft vielfältige Fragen auf. Der Bundesgerichtshof musste sich zuletzt mit der Frage befassen, ob die richterliche Unabhängigkeit durch den Betrieb und die Administration des EDV-Netzes im Bereich der rechtsprechenden Tätigkeit die richterliche Unabhängigkeit beeinträchtigt.[75] Hintergrund war, dass der Betrieb und die Administration des EDV-Netzes der hessischen Justiz bei der Hessischen Zentrale für Datenverarbeitung (HZD), einer Oberbehörde der Landesfinanzverwaltung, und nicht bei den Gerichten angesiedelt ist. Zwar geht der Bundesgerichtshof zu Recht davon aus, dass die von einem Richter zur Vorbereitung seiner Entscheidung angefertigten und ins Netz gestellten Dokumente (wie z.B. Voten, Entscheidungsentwürfe, Notizen, Vermerke über Beratungen) der Rechtsfindung dienen und Maßnahmen der Dienstaufsicht, die einen Richter veranlassen können, seinen Dienstcomputer und das EDV-Netz zur Erledigung verschiedener Aufgaben nicht in dem von ihm für sachgerecht gehaltenen Umfang zu benutzen, die richterliche Unabhängigkeit beeinträchtigen können. Gleichzeitig stellt der Bundesgerichtshof aber fest, dass die hessische Praxis keine Verletzung der richterlichen Unabhängigkeit darstellt. Er begründet dies in deutlichen Worten damit, dass vernünftigerweise nicht damit zu rechnen sei, das EDV-Netz werde von dienstvorgesetzen Stellen oder Dritten zu einer inhaltlichen Kontrolle richterlicher Dokumente im Kernbereich der Rechtsprechung genutzt. Die systemimmanente Einsichts- und Zugriffsmöglichkeit der obersten Administratoren des EDV-Netzes seien nicht zur inhaltlichen Kontrolle richterlicher Dokumente bestimmt. Sie diene vielmehr dem sachgerechten Betrieb und der ordnungsgemäßen Verwaltung des EDV-Netzes und sei zu diesem Zweck unerlässlich.

Diese Entscheidung des Bundesgerichtshofs hat weitreichende Bedeutung für die weitere technische und elektronische Entwicklung in der Justiz. Bedeutet sie doch, dass allein die abstrakte, theoretische Möglichkeit durch Nutzung gespei-

---

[75] BGH Urt. v. 06.10.2011, DRiZ 2011, 169.

cherter Daten Einfluss auf die richterliche Tätigkeit nehmen zu können, nicht ausreicht, um eine Verletzung der richterlichen Unabhängigkeit annehmen zu können. Die Geeignetheit einer technischen Einrichtung zu Missbrauch und die Möglichkeit des Missbrauchs bieten keinen Anhaltspunkt dafür, dass sie tatsächlich und bewusst zur inhaltlichen Kontrolle der richterlichen Tätigkeit benutzt wird. Infolgedessen setzt die richterliche Unabhängigkeit keine Grenzen für die Einführung neuer technischer Hilfsmittel und Techniken.

Bei den weitreichenden Neuerungen stellt sich sofort die Frage, inwieweit ein Richter durch die Dienstaufsicht gezwungen werden kann, die technischen Hilfsmittel oder auch eine bestimmte Technik zu benutzen. Da der Richter an Recht und Gesetz gebunden ist, kann der Gesetzgeber dem Richter entsprechende Weisungen, wie er seine richterliche Arbeit zu verrichten hat, erteilen. Ist dies gesetzlich vorgesehen, kann auch die Dienstaufsicht auf diese Weise tätig werden. Probleme können entstehen, wenn technische Neuerungen eingeführt werden, ohne dass der Gesetzgeber gleichzeitig eine Pflicht zur Benutzung vorschreibt.

Dass ein Richter grundsätzlich nicht verpflichtet ist, seine Arbeit mit Hilfe eines Computers oder eines Sprachprogramms zu verrichten, ist wegen des Fehlens einer gesetzlichen Grundlage unzweifelhaft (anders bereits beim elektronischen Grundbuch oder beim Gebrauch elektronischer Hilfsmittel, siehe unten IV). Findet die Kommunikation innerhalb eines Gerichts jedoch regelmäßig über e-mails statt, so wird man von einem Richter verlangen können, dass er sich diesem Kommunikationsmittel nicht verschließt. Er hat nämlich keinen Anspruch darauf, dass er durch ausgedruckte papierne Umläufe informiert wird. Es wird auch nicht bezweifelt werden können, dass ein Richter seine Urteile diktieren oder wenn er nicht diktieren will, selbst schreiben muss, da er insoweit keinen Anspruch auf eine Schreibkraft hat, der er seine Urteile diktieren kann. Dies dürfte bereits gewohnheitsrechtlich anerkannt sein.

Zweifelhaft ist, in welchem Umfang sich der Richter für eine mündliche Verhandlung einer Protokollkraft bedienen kann oder ob er ein Diktiergerät verwenden muss. Die Vorschrift des § 159 ZPO geht grundsätzlich davon aus, dass das Protokoll der mündlichen Verhandlung auf einem Ton- oder Datenträger vorläufig aufgezeichnet werden muss. Allerdings kann für die Protokollführung ein Urkundsbeamter der Geschäftsstelle zugezogen werden, wenn dies auf Grund des zu erwartenden Umfangs des Protokolls, in Anbetracht der besonderen Schwierigkeiten der Sache oder aus einem sonstigen wichtigen Grund erforderlich ist. Letztlich liegt es im Ermessen des zuständigen Richters, ob er diese Voraussetzungen bejaht oder nicht. Selbst wenn ein Richter für alle seine Verhandlungen eine Protokollkraft anfordert (für alle Verhandlungen dürfte kaum immer eine Protokollkraft erforderlich sein), hat die Dienstaufsicht kaum eine Möglichkeit, dagegen einzuschreiten. Hier besteht gesetzgeberischer Handlungsbedarf zur Klarstellung, da die Aufzeichnung mit Hilfe eines Diktiergeräts vorteilhafter ist und sich bewährt hat und keine sachlichen Gründe dagegen sprechen.

Die Einführung der elektronischen Akte stellt ebenso wenig wie die Papierakte einen Eingriff in die richterliche Unabhängigkeit dar. Dass Richter nach ihrer gesetzlichen Einführung mit der elektronischen Akte arbeiten müssen, liegt auf der Hand. Information und Bearbeitung sind bei der elektronischen Akte nicht anders als bei der papiernen. Führt der Gesetzgeber die elektronische Akte ein, so ist jeder Richter auch ohne ausdrückliche gesetzliche Weisung verpflichtet, diese zu nutzen und zu bearbeiten. Der Richter hat keinen Anspruch auf die Beibehaltung der Papierakte. Dass jeder Richter sich die entsprechenden Kenntnisse zur Nutzung der elektronischen Akte verschaffen muss, ist genauso selbstverständlich wie der Erwerb von Kenntnissen in neuen Rechtsgebieten. Im Übrigen dürften bei Einführung der neuen Akte frühestens im Jahre 2020 die dann vorhandenen Richter keine Probleme mit dieser Technik haben. Die heutigen vermeintlichen Probleme sind dann keine mehr.

Die Dienstaufsicht darf einem Richter grundsätzlich nicht vorschreiben, welcher Hilfsmittel er sich zur Erledigung seiner richterlichen Geschäfte bedient. Sie muss dem Richter jedoch die notwendigen Hilfsmittel zur Verfügung stellen, damit er seine Aufgaben erfüllen kann. Die Einführung neuer Techniken verändert allerdings die Möglichkeiten des Richters, bestimmte Hilfsmittel frei auszuwählen. Als Beispiel sei nur die Einführung des elektronischen Grundbuchs genannt. Diese hat zur Folge, dass gemäß §§ 8 und 9 HGB Eingaben zum Handelsregister in elektronischer Form eingereicht werden müssen. Der zuständige Richter verfügt also nicht mehr über einen Papierausdruck, sondern muss die Eingaben elektronisch bearbeiten. Dazu hat der Bundesgerichtshof klargestellt, dass der Gesetz- und Verordnungsgeber das elektronische Grundbuch und damit die elektronischen Eingaben als Grundlage für die Sachbearbeitung durch den Richter des Registergerichts bestimmt hat.[76] In einem solchen Falle sei der Richter zur entsprechenden Nutzung des computergestützten Arbeitsplatzes verpflichtet. Einen Anspruch auf einen Ausdruck in Papierform habe der Richter nicht, da dies über das vom Gesetzgeber vorgesehene Maß der elektronischen Bearbeitung hinausgehe.

Die vielfältigen Möglichkeiten des Internet (die Nutzung des Internet ist heute fast auf jedem Justizarbeitsplatz möglich) fordern die Dienstaufsicht auf vielfältige Weise. Die Nutzung zu dienstlichen Zwecken ist immer zulässig. Selbst die private Nutzung wird in geringem Umfang zu dulden sein. Wegen der Abgrenzungsprobleme im Einzelnen wird man im Zweifel zu Gunsten des Nutzers entscheiden müssen. Zulässig sind Maßnahmen der Dienstaufsicht, die eine missbräuchliche Nutzung untersagen. Dazu gehören z. B. das Verbot, sich an Auktionen (ebay) zu beteiligen oder sich in einem Chatroom zu betätigen. Dass hier turnusmäßige oder anlassbedingte Kontrollen zulässig sind, ist selbstverständlich.

---

[76] BGH Urt. v. 21.10.2010, DRiZ 2011, 66, 67.

## 12. Feststellung der Dienstunfähigkeit

Ordnet ein Gerichtspräsident die Untersuchung der Dienstfähigkeit eines Richters an, handelt es sich immer um eine Maßnahme der Dienstaufsicht. Eine solche Anordnung muss sachgerecht und willkürfrei sein, d.h. sie darf nur erfolgen, wenn es konkrete tatsächliche Anhaltspunkte dafür gibt. Nach § 71 DRiG iVm. § 26 Abs. 1 BeamtStG kann als dienstunfähig angesehen werden, wer innerhalb eines Zeitraums von sechs Monaten mehr als drei Monate keinen Dienst getan hat und keine Aussicht besteht, dass innerhalb einer Frist, deren Bestimmung dem Landesrecht vorbehalten bleibt, die Dienstfähigkeit wieder voll hergestellt ist.

In Hessen ist diese Frist nach § 51 Abs. 1 S. 1 HBG auf sechs Monate festgesetzt worden. Ein Tätigwerden des Dienstvorgesetzten ist danach bereits dann gerechtfertigt, wenn ein Richter länger als 3 Monate erkrankt ist und ein Ende der Erkrankung nicht abzusehen ist.

Besteht der Verdacht, dass ein Richter seine Erkrankung nur vortäuscht oder dass wegen des außerdienstlichen Verhaltens des Richters (Teilnahme an Veranstaltungen, Reisen ins Ausland, Veranstaltungen von Empfängen oder Teilnahme an Empfängen) Zweifel an den eingereichten ärztlichen Attesten erwachsen, dann muss ein Dienstvorgesetzter die amtsärztliche Untersuchung anordnen können.

In den Verfahren zur Anordnung der Untersuchung und in den folgenden Rechtsbehelfsverfahren darf der Dienstvorgesetzte alle Tatsachen zur Aufklärung mitteilen. Hierbei dürfen nicht nur Tatsachen aus dem Bereich der äußeren Ordnung und offenkundig unvertretbare Fehlgriffe im Einzelfall dargelegt werden.

Es ist vielmehr auch zulässig, unterhalb dieser Grenze liegende auffällige Besonderheiten bei der Verfahrensgestaltung, im Umgang mit Parteien oder bei der Entscheidungsfindung offenzulegen. Die insoweit notwendige Abgrenzung zwischen dem Kernbereich der richterlichen Tätigkeit und der Aufsicht- und Fürsorgepflicht des Dienstvorgesetzten muss sich im Wesentlichen danach richten, ob Äußerungen und Mitteilungen als Maßnahme der Dienstaufsicht geeignet und geboten sind, um die Aufklärung der Frage der Dienstfähigkeit zu ermöglichen oder zu erleichtern. Gehen die gegebenen Informationen darüber hinaus, haben sie für die Beurteilung der Dienstfähigkeit keine Bedeutung oder greifen sie in den Kernbereich richterlicher Tätigkeit ein, ohne in einem notwendigen inneren Zusammenhang mit möglichen Ursachen einer zu prüfenden Dienstunfähigkeit zu stehen, dann beinträchtigen sie die richterliche Unabhängigkeit und sind unzulässig.[77] Entscheidend ist demnach, dass alle Informationen hinsichtlich des Kernbereichs einen inneren Zusammenhang mit den tatsächlichen Feststellungen, die zur Dienstfähigkeit führen können, aufweisen. Angaben zu einem offensicht-

---

[77] BGH Urt. v. 12.05.2011, RiZ ® 4/09 zitiert nach Juris Rn. 26.

lichen, unvertretbaren Fehlgriff sind auch im Bereich der richterlichen Entscheidungsfindung immer zulässig.[78] In dem entschiedenen Fall hat der Bundesgerichtshof die Äußerung eines Gerichtspräsidenten gegenüber einem Presseorgan, dass der betroffene Richter in seinem außerdienstlichen Verhalten das Mäßigungsgebot verletzt habe, als unzulässig bewerte. Eine solche Missbilligung sei nicht durch den Untersuchungsauftrag geboten. Auch der Hinweis in dem Untersuchungsauftrag, der Richter habe eine private Erfahrung bei der Begründung einer Entscheidung herangezogen, sei nicht geeignet, den Untersuchungsauftrag zu erläutern oder zu fördern. Zulässig sind allerdings Angaben hinsichtlich der privaten Lebensführung, wenn der über mehrere Monate krankgeschriebene Richter in dieser Zeit eine umfangreiche Tätigkeit als Vorsitzender eines Vereins entfaltet, Veranstaltungen leitet, Auslandsreisen unternimmt oder private Empfänge veranstaltet oder an solchen teilnimmt. Daraus können nämlich Rückschlüsse auf die Ursachen der Erkrankung oder deren Umfang gezogen werden sowie Feststellungen getroffen werden, ob der Richter überhaupt dienstunfähig krank ist.

### IV. Personelle und sachliche Ausstattung des Gerichts und des Richterarbeitsplatzes

Grundsätzlich ist das jeweils zuständige Bundesland verpflichtet, seiner aus dem Rechtsstaatsprinzip folgenden Verpflichtung zur Gewährung wirkungsvollen Rechtsschutzes, dem damit einhergehenden rechtsstaatlichen Gebot zügiger Verfahrenserledigung und der daraus folgenden Pflicht zur angemessenen personellen und sachlichen Ausstattung der Gerichte nachzukommen.[79] Hier ist der Gesetzgeber, insbesondere der Haushaltgesetzgeber gefordert. Genügt die personelle und sachliche Ausstattung eines Gerichts nicht den Anforderungen, dann wird die richterliche Unabhängigkeit tangiert. Diese kann z. B. dann verletzt sein, wenn der Richter mangels hinreichender Personalausstattung überlastet ist oder wenn er die notwendigen sachlichen Hilfsmittel mangels ausreichender Finanzmittel nicht zur Verfügung gestellt bekommt.

Die Problematik der mangelnden finanziellen Ausstattung der Gerichte und die dadurch möglicherweise bedingte Verletzung der richterlichen Unabhängigkeit sind jedoch grundsätzlich nicht im Bereich der Dienstaufsicht einzuordnen. Die Zuweisung der Finanzmittel und die Zuweisung von Personal werden letztlich durch den Haushaltgesetzgeber vorgenommen. Es geht also dabei gerade nicht um ein Verhalten oder eine Maßnahme eines Dienstaufsichtsorgans, die gegen einen bestimmten Richter oder eine Gruppe von Richtern gerichtet ist. Dem-

---

[78] BGH aaO.
[79] So ausdrücklich BGH Urt. v. 03.11.2004, NJW 2005, 905, 906; Urt. v. 12.12.1973, BGHZ 36, 64, 275.

zufolge kann bei fehlender oder ungenügender Zuweisung von Finanzmitteln der Dienstaufsicht kein Vorwurf gemacht werden, so dass ein Vorgehen nach § 26 Abs. 3 DRiG wegen der Verletzung der richterlichen Unabhängigkeit nicht in Betracht kommt.[80] In solchen Fällen dürfte lediglich eine Verfassungsbeschwerde wegen Verletzung der hergebrachten Grundsätze des richterlichen Amtsrechts in Betracht kommen.

Anders ist es jedoch zu beurteilen, wenn die Dienstaufsicht Maßnahmen gegen einen Richter oder eine Gruppe von Richtern ergreift, die sich unmittelbar oder mittelbar auf seine richterliche Tätigkeit auswirken. Als typisches Beispiel ist die Nichtzurverfügungstellung einer Protokollführerin für die mündliche Verhandlung anzuführen. Hat der zuständige Richter gemäß § 159 Abs. 1 S. 2 ZPO aus sachlichen Gründen einen Urkundsbeamten der Geschäftsstelle angefordert, dann darf ihm dies nicht verwehrt werden. Wird ihm dies wegen personeller Engpässe verweigert, stellt dies eine unzulässige Ausübung der Dienstaufsicht dar. Dagegen kann entsprechend § 26 Abs. 3 DRiG vorgegangen werden.

Zur Grundausstattung eines Richterarbeitsplatzes gehört das Bereitstellen von Fachliteratur. Dass hierbei nicht der subjektive Wunsch des Richters entscheidend ist, sondern objektive Maßstäbe anzulegen sind, liegt auf der Hand. In welchem Umfang Literatur zur Verfügung gestellt werden muss, ist immer eine Einzelfallentscheidung. Zumindest muss ein ordnungsgemäßes Arbeiten gewährleistet sein. Der Gerichtspräsident kann den einzelnen Richter auch auf die Gerichtsbibliothek verweisen, wenn finanzielle Mittel nicht in ausreichendem Maße vorhanden sind. Zunehmend taucht die Frage auf, ob es ausreicht, wenn Informationen elektronisch abgefragt werden können. Zwischenzeitlich ist die Modernisierung der Justiz soweit fortgeschritten, dass in Hessen die wichtigsten Informationen online abgefragt werden können. Zu erwähnen sind hier die Rechtsprechungsdatenbanken, Juris und beck-online. Zudem ist das bundesweite Kommunikationsnetz soweit ausgebaut, dass vor Ort nicht vorhandene Spezialliteratur binnen kürzester Zeit angefordert werden kann. Da der einzelne Richter keinen konkreten subjektiven Anspruch – auch nicht aus dem Gesichtspunkt der richterlichen Unabhängigkeit – auf eine bestimmte Informationsquelle an seinem Arbeitsplatz hat, muss er sich auf die elektronischen Informationsmittel verweisen lassen. Dies kann bedeuten, dass in absehbarer Zeit keine Bücher mehr zur Verfügung gestellt werden müssen, wenn die Fachliteratur und Entscheidungen online abgerufen werden können. Dabei ist in Kauf zu nehmen, dass bei solchen Gegebenheiten ein Zwang zur Benutzung der elektronischen Hilfsmittel erwächst. Hierbei handelt es sich aber um Maßnahmen im Bereich der äußeren Ordnung, die immer zulässig sind. Es ist kein sachlicher Grund ersichtlich, dies dem richterlichen Kernbereich zuzuordnen. Natürlich bleibt es dem einzelnen Richter immer überlassen, den Weg des § 26 Abs. 3 DRiG zu beschreiten.

---

[80] BGH Urt. v. 03.11.2004, NJW 2005, 905.

## V. Fazit

Dienstaufsicht und richterliche Unabhängigkeit stehen immer in einem Spannungsverhältnis zueinander. Allgemeine Grundsätze vermögen Richtlinien aufzuzeigen. Es wird aber immer der Einzelfallentscheidung überlassen bleiben müssen, ob und inwieweit die Dienstaufsicht tätig werden muss. Dass eine sensible Handhabung geboten ist, dürfte im Hinblick auf das hohe Gut der richterlichen Unabhängigkeit nicht bezweifelt werden können. Allerdings müssen bei eindeutigem Fehlverhalten auch entschiedene Maßnahmen ergriffen werden. Nur so kann die Pflicht des Richters zu achtungs- und vertrauenswürdigem Verhalten durchgesetzt werden.

# Die Zukunft der gerichtsinternen Mediation

## Hintergründe und praktische Konsequenzen des im Vermittlungsausschuss gefundenen Kompromisses zum Mediationsgesetz

Harald Schmitt

Die einvernehmliche Beilegung von Rechtsstreitigkeiten (Mediation) durch Anwälte und andere Freiberufler bekommt eine gesetzliche Grundlage. Der Deutsche Bundestag stimmte am 28. Juni 2012 einer Einigung zu, die der Vermittlungsausschuss ausgehandelt hatte. Gelegentlich seiner Sondersitzung zur Ratifikation des Fiskalvertrages tags darauf billigte der Bundesrat „en passant" die Einigung. Das Mediationsgesetz ist am 26. Juli 2012 in Kraft getreten. Richter dürfen nach dem neuen Recht weiterhin solche Verfahren leiten, heißen dann aber künftig „Güterichter".

## I. Entstehungsgeschichte

Der schrittweise Aufbau eines europäischen Raumes der Freiheit, der Sicherheit und des Rechts wurde mit dem am 1. Mai 1999 in Kraft getretenen Vertrag von Amsterdam auf den Weg gebracht. Der Europäische Rat vom Oktober 1999 von Tampere initiierte daraufhin Fünfjahresprogramme zur Verwirklichung der vertraglichen Ziele im Bereich Inneres/Recht und veranlasste dabei halbjährliche Fortschrittsberichte der der Kommission. Eines der in Tampere beschlossenen Etappenziele war die europaweite Stärkung der alternativen Streitbeilegung im Zivil- und Handelsrecht.[1] Am 19. April 2002 legte die Kommission der Europäischen Union ein Grünbuch vor.[2] Dem folgte am 22. Oktober 2004 einen Richtlinienentwurf.[3] Dieser mündete in der am 22. Mai 2008 im Amtsblatt der Europäischen Union veröffentlichten Richtlinie.[4] Die Richtlinie ordnet keine Vollhar-

---

[1] s. Schlussfolgerungen des Vorsitzes, Buchst. B, Teilziff. 30, http://www.europarl.europa.eu/summits/tam_de.htm.

[2] Grünbuch über alternative Verfahren zur Streitbeilegung im Zivil- und Handelsrecht, http://eur-lex.europa.eu.LexUriServ/site/de/com2002_0196de01.pdf).

[3] Vorschlag für eine Richtlinie über bestimmte Aspekte der Mediation in Zivil- und Handelssachen, http//eur-lex.europa.eu/LexUriServ.do?uri=COM:2004:0718:FIN:DE:PDF).

[4] Richtlinie 2008/52/EG des Europäischen Parlaments und des Rates über bestimmte Aspekte der Mediation und Handelssachen, ABl. L 136/3.

monisierung an, sondern verpflichtet die Mitgliedstaaten lediglich zu Regelungen von Sachverhalten mit grenzüberschreitendem Bezug (Art. 1 Abs. 2 S. 1 RiLi), wobei es nach Erwägungsgrund Nr. 8 ausdrücklich freigestellt wird, die Bestimmungen der Richtlinie auch für innerstaatliche Sachverhalte für anwendbar zu erklären. Der durch die Konzentration auf Auslandssachverhalte ohnehin beschränkte Anwendungsbereich der Richtlinie schaffte zudem insoweit kein einheitliches Konzept, sondern griff lediglich wenige Einzelthemen auf, die in den Mitgliedstaaten einheitlich gewährleistet werden sollen. Neben Zwecksetzung, Begriffsbestimmungen und Umsetzungsvorschriften in acht Artikeln betreffen lediglich sechs weitere Artikel die Mediation selbst: Qualitätskontrolle (Art. 4 RiLi), Inanspruchnahme (Art. 5), Vollstreckbarkeit (Art. 6), Vertraulichkeit (Art. 7), Verjährung (Art. 8) und Öffentlichkeitsinformation (Art. 9).

Der überwiegende Teil der in der Richtlinie geforderten materiellen Regeln in den Mitgliedstaaten war bereits vor In-Kraft-Treten des Mediationsgesetzes in Deutschland ausreichend verwirklicht. Dies betrifft die in den vorgenannten Art. 5 bis 8 genannten Bereiche[5], womit der Auftrag an den deutschen Gesetzgeber und die Justizverwaltung, Regelungen zu Qualitätssicherung zu schaffen sowie die Öffentlichkeit hinreichend über die Möglichkeiten der Mediation zu informieren (Art. 4 und 9 RiLi) überschaubar war. Der Grund für die 15-monatige Überschreitung der dreijährigen Umsetzungsfrist lag woanders.

Das Bundesministerium der Justiz hatte die Notwendigkeit der Richtlinienumsetzung zum Anlass genommen, die konsensuale Streitbeilegung insgesamt zu fördern. Entsprechend sollte ein die Mediation umfassend regelndes Gesetzeswerk geschaffen werden. Um eine Grundlage hierfür zu legen, beauftragte das Ministerium u.a. eine rechtsvergleichende Studie, deren Umfang von knapp 1.200 Seiten einen Gutteil der Erklärung für den langen Zeitablauf ausmacht.[6]

Der umfassende Ansatz des Gesetzes besteht in erster Linie darin, in der ZPO und den Verfahrensordnungen der Fachgerichte Verweisungsmöglichkeiten des Gerichts auf Mediationsverfahren zu schaffen sowie in einem eigenständigen Stammgesetz grundlegende Überlegungen wie die der Vertraulichkeit und der Pflicht zur Aus- und Fortbildung zu kodifizieren. Der Bereich des Strafrechts blieb wegen jüngerer Spezialregelungen wie der zur Verständigung im Strafprozess und zum Täter-Opfer-Ausgleich ausgenommen (§§ 46a, 257c StPO). Der Referentenentwurf vom 4. August 2010 sowie der insoweit überstimmende Kabinettbeschluss vom 12. Januar 2011 sahen vor, dem in der überwiegenden Mehrheit der Länder praktizierten Pilotprojekt „richterliche Mediation" (Art. 1 Abs. 1 Nr. 1, Art. 2 RefE/GE) einen dauerhaften Status zu verleihen. Ergänzend

---

[5] *Hanns Prütting,* Das neue Mediationsgesetz: Konsensuale Streitbeilegung mit Überraschungen, AnwBl 2012, 205.

[6] *Klaus J. Hopt/Felix Steffek,* Mediation – Rechtstatsachen, Rechtsvergleich, Regelungen, Tübingen 2008.

sah der Kabinettbeschluss (in Art. 3 Nr. 4 GE) vor, das mit der richterlichen Mediation nicht vergleichbare Konzept des „Güterichters" ebenfalls in eine Dauerlösung zu überführen, welches zur Zeit des Gesetzesberatung in Bayern und Thüringen als Pilotprojekt durchgeführt wurde. Der Unterschied zwischen richterlichem Mediator und Güterichter besteht in Folgendem: Während sich ein Richter in seiner Eigenschaft als Mediator jeder rechtlichen Bewertung enthalten sollte, kann der Güterichter rechtliche Bewertungen vornehmen und den streitenden Parteien Vorschläge zur Lösung des Konflikts machen.[7] Im Unterschied zum gerichtsinternen Mediator kann der Güterichter auch ohne Zustimmung der Parteien in Gerichtsakten Einsicht nehmen.

In seiner am 18. März 2011 beschlossenen, zwanzig Punkte umfassenden Stellungnahme, die Regelungsziel und Konzeption des Vorhabens begrüßt, machte der Bundesrat Änderungs- sowie Ergänzungsvorschläge und regte die vertiefte Prüfung weiterer Einzelfragen im Zusammenhang mit der Mediation an.[8] In die letzte Kategorie fallen zwei Prüfbitten des Bundesrats hinsichtlich der Qualifikation von Mediatoren. Einerseits sei es angezeigt, über eine weitere Konkretisierung der Qualitätsanforderungen an Mediatoren im Gesetz nachzudenken. Ferner sei eine Verordnungsermächtigung zu prüfen, mit der die Regierung Standards präzisieren könne. Die Gegenäußerung der Bundesregierung vom 13. April 2011 ist knapp gehalten und ihrem Grundtenor zurückhaltend. Hinsichtlich der Anregungen des Bundesrats zu den Qualifikationen begründete sie die diesbezügliche Offenheit des Gesetzeswortlauts mit der Schwierigkeit, solche Standards grundgesetzkonform am Maßstab der Berufsfreiheit zu formulieren.[9] Im Ergebnis sagte die Bundesregierung aber eine weitere Prüfung zu.

## II. Der zeitweise Sieg des bayerisch-thüringischen „Güterichtermodells"

Die überwiegende Mehrzahl der am 25. Mai 2011 durchgeführten öffentlichen Anhörung des Bundestagsrechtsausschusses begrüßte das Vorhaben der Bundesregierung in seiner Zielrichtung. Die meisten Sachverständigen äußerten sich zum Teilaspekt der „gerichtsinternen Mediation". Anita von Hertel verwies auf verfassungsrechtliche Bedenken an der Zulässigkeit der gerichtsinternen Mediation. Sie sprach sich dafür aus, dass die Bezeichnung *Mediator* den nichtrichterlichen Berufen vorbehalten bleiben sollte. Dies sei schon deswegen nötig, weil der zur Abgrenzung anderenfalls notwendig erscheinende Zusatz „außergerichtlich" für die übrigen Mediatoren abwertend klinge. Die im Ausschuss seinerzeit

---

[7] *Jörg Risse,* Wirtschaftsmediation, NJW 2000 1614, 1616, sieht in der Trennung von Sachverhalt und Beurteilung eines der Erfolgsgeheimnisse der Mediation.
[8] BR-Drucksache 60/11 (Beschluss).
[9] BT-Drucksache 17/5496.

beratene Entwurfsfassung differenzierte demgemäß in ihrem Paragrafen 1 nach außergerichtlicher, gerichtsnaher und gerichtsinterner Mediation. Reinhard Greger bezeichnete die von Gesetzentwurf seinerzeit angestrebte Kodifizierung der gerichtsinternen Mediation als bedenklich. Wegen der nach seiner Beobachtung guten Erfahrungen, die die Praxis bei entsprechenden Modellprojekten gemacht habe, sollten diese Projekte zwar fortgeführt werden, meinte Greger. Indessen sollten deren Verfahrensweisen seiner Ansicht nach längerfristig außerhalb der Geltung des Mediationsgesetzes in den Zivilprozess integriert werden. In der Anhörung verwies Greger auf an anderer Stelle gemachte Äußerungen, in denen er es bemängelt hatte, dass der gerichtsinterne Mediator weder Akten beiziehen noch geschlossene Vergleiche protokollieren könne. In der sich später als zutreffend herausgestellten Annahme, dass die gesetzliche Regelung zur gerichtsinternen Mediation zur Verzögerung des Gesetzgebungsverfahrens führen würde, plädierte Greger dafür, dass Thema auszuklammern und einer späteren Regelung vorzubehalten. Wilfried H. Hausmanns sah einen Widerspruch darin, dass Anwaltsvergleiche gebührenpflichtig seien, die vor einem Gericht zustande gekommenen Mediationsergebnisse aber nicht. Das führe in der Anwaltschaft zu einem Zielkonflikt. Der Anwalt, der ja stets das Kosteninteresse seiner Mandantschaft im Auge behalten müsse, könnte gehalten sein, auf Möglichkeiten der gerichtsinternen Mediation hinzuweisen. Da diese aber nur nach Einreichen der Klageschrift bestünden, berge dies die Gefahr, dass zerschlagenes Porzellan, endgültig zerhackt würde, so Hausmanns. Deswegen empfahl er, die gerichtsinterne Mediation gebührenpflichtig zu machen.[10] Michael Krämer bezweifelte den Nutzen der Mediation für die kontinentaleuropäische, insbesondere deutsche Praxis. Stattdessen plädierte er für eine Rückbesinnung auf Traditionen der Streitentscheidung, die sich seiner Meinung nach bewährt hätten. Die Methoden der alternativen Streitbeilegung seien vor dem Hintergrund enorm hoher Rechtsverfolgungskosten in den USA und in Großbritannien dort entstanden und vorangetrieben worden. Durch die mit dem Gesetz bezweckte Stärkung sah Krämer das Risiko, dass sich das relativ kostengünstige kodifizierte deutsche Recht zu einem *case law* anglo-amerikanischer Prägung entwickle. Christoph C. Paul wies auf die aus seiner Sicht exzellente Arbeit hin, die richterliche Mediatoren leisteten. Es sei daher justizpolitisch nicht zu verantworten, ein solches funktionierendes System abzuschaffen. Dem pflichtete Michael Plassmann bei. Gleichwohl störte er sich an dem Regelungsstandort der Mediation im Stammgesetz. Das erwecke den falschen Eindruck, dass es sich um gleichwertige Methoden der Streitbeilegung

---

[10] Der Parlamentarische Staatssekretär im Bundesjustizministerium, *Max Stadler,* bekundete später im Bundesratsverfahren, dass bei den Rechtspolitikern des Deutschen Bundestags diese Lösung die Bedingung gewesen wäre, die gerichtsinterne Mediation überhaupt fortzuführen (BR-Plenarprotokoll 2012, 32). In diesem Sinne äußerten sich auch die Abg. *Andrea Voßhoff* bei der abschließenden 2./3. Lesung des Gesetzes im Bundestagsplenum (BT-Plenarprotokoll 17. WP, 17841) und der Abg. *Patrick Sensburg* (a. a. O. 17845).

handele, meinte Plassmann. Die in der seinerzeitigen Entwurfsfassung enthaltene Regelung blende nämlich aus, dass die Mediation am besten in einem frühen Stadium deeskalierend wirken könne – seiner Ansicht nach ein Webfehler im Gesetz. Deswegen sei es ein anzustrebender Kompromiss, die Modelle der gerichtsinternen Mediation in das Güterichtermodell „umzuschichten". Oliver Sporré begrüßte hingegen eine ausdrückliche Regelung im Mediationsgesetz. So werde den Parteien eine große Palette an Konfliktlösungsmöglichkeiten eröffnet. Er fand es kritikwürdig, dass die Durchführung der gerichtsinternen Mediation nach § 15 GVG-E von einer Landesverordnung abhängig gemacht werden sollte. Mit Blick auf eine sonst drohende Rechtszersplitterung sprach sich Sporré stattdessen für eine bundeseinheitliche Regelung aus.

Die in der Anhörung im Mai 2011 (und nicht nur dort) aufgekommenen teils grundsätzlichen, teils detailkritischen Bedenken führten im Bundestagsverfahren zu einer Neufassung des Gesetzestextes. Im Stammgesetz sowie in den weiteren Artikeln, die bestehende Gesetze ändern sollten, war nur der geringste Teil ohne Änderungen in die Neufassung übernommen worden. In dem halben Jahr zwischen der öffentlichen Anhörung des Bundestagsrechtsausschuss (dem einzigen mit dem Vorhaben befassten Bundestagsausschuss) und der Beschlussfassung im Plenum fand zwischen den Berichterstattern der fünf Bundestagsfraktionen und Vertretern des Bundesjustizministeriums eine Reihe von Gesprächen statt. Die wichtigsten Änderungen unter vielen betrafen die Qualifikation der Mediatoren und die künftige Rolle der richterlichen Mediatoren. Hinsichtlich der Qualifikation wurde die Anregung des Bundesrates aufgegriffen, die persönlichen Voraussetzungen der Mediatoren zu normieren. Zu nennen sind hier vor allen die nachzuweisenden Kenntnisse über Grundlagen der Mediation sowie Verhandlungs- und Kommunikationstechniken. Auch die weitere Anregung des Bundesrats fand Eingang in das Gesetz, Ausbildungsanforderungen an zertifizierte Mediatoren im Rahmen einer Verordnungsermächtigung näher zu konkretisieren. Nach der Amtlichen Begründung des Bundestagsrechtsausschusses soll die geplante Verordnung frühestens ein Jahr nach ihrem Erlass in Kraft treten, um Verbänden und Kammern Vorbereitungszeit zu geben.[11] Beide Änderungen beseitigten allzu offensichtliche Mängel der ursprünglichen Vorlage und riefen, keine öffentliche Kritik hervor. Anders verhält es sich mit dem nach dem seinerzeitigen Beschluss des Deutschen Bundestags[12] den richterlichen Mediatoren zugedachten Rolle. Diese sollten nach der im Dezember 2011 beschlossenen Gesetzesfassung ein Jahr nach In-Kraft-Treten des Gesetzes ihre Tätigkeit beendet haben (Art. 1 § 9 des Gesetzesbeschlusses vom 15. Dezember 2012). Dabei wurde das Konzept des Güterichters, welches wie erwähnt zeitlich nach der richterlichen Mediation in den Entwurfstext aufgenommen worden war, mit einer Monopolstellung aus-

---

[11] BT-Drucksache 17/8058, 20.
[12] BT-Plenarprotokoll 17. WP, 17848, BT-Drucksache 17/8058, 4–15.

gestattet. Zweck der Änderung war es, die Möglichkeiten der Entwicklung der außergerichtlichen Mediation und anderer Formen außergerichtlicher Konfliktbeilegung zu erweitern, so die einstimmig beschlossene Begründung des Bundestagsrechtsausschusses.[13] Im Bundestagsplenum stimmten alle Fraktionen dem Gesetz schließlich zu, nachdem sich in der Aussprache alle neun Redner lobend bis überschwänglich zu dem Vorhaben geäußert hatten. Nicht zufrieden waren die drei FDP-Abgeordneten Mechthild Dykmanns, Jörg van Essen und Gudrun Kopp, die die geplante Überführung der richterlichen Mediation in das Güterichtermodell als eine Schwächung der Mediation insgesamt ansahen; deswegen empfahlen sie in einer schriftlichen Protokollerklärung den Ländern, einen Weg zu finden, die Bundestagsentscheidung „zugunsten der Bürgerinnen und Bürger" zu korrigieren.[14]

### III. Das Vermittlungsverfahren und sein Ergebnis

Der so vorgezeichnete Weg wurde in der Bundesratssitzung vom 10. Februar 2012 beschritten, indem das Plenum der Empfehlung des Bunderatsrechtsausschusses folgend den Vermittlungsausschuss mit dem Ziel anrief, die gerichtliche Mediation (wieder) im Gesetz zu verankern.[15] Nach der in dem Bundesratsbeschluss bekräftigten Ansicht habe sich die richterliche Mediation bewährt und sei im Interesse der Methodenvielfalt zu erhalten.[16] Zugleich macht der Bundesratsbeschluss vom 10. Februar 2012 in seinem Schlusssatz klar, dass die Grundsatzentscheidung des Deutschen Bundestags nicht geändert werden solle, nach der der Einsatz mediativer Elemente künftig einheitlich im Rahmen einer Güteverhandlung zu erfolgen habe. Entsprechend wurden im Vermittlungsverfahren nur mehr punktuelle Änderungen in zwei Sitzungen des Vermittlungsausschusses am 13. und 27. Juni 2012 angestrebt und realisiert. Der Deutsche Bundestag stimmte der Einigung am 28. Juni 2012 ohne Aussprache einstimmig zu.[17] Der Bundesrat ließ das geänderte Vorhaben in der tags darauf stattgefundenen Plenarsitzung passieren, indem der Bundesratspräsident schlicht feststellte, dass kein Einspruchsantrag gestellt worden ist.[18]

Nach der so erfolgten Einigung soll der Güterichter auch Methoden der Mediation einsetzen dürfen (§ 278 Abs. 5 S. 2 ZPO neu). Ferner ist den Ländern über eine Öffnungsklausel erlaubt worden, durch eine Rechtsverordnung Gebührenermäßigungen (ggfs. bis auf null) vorzusehen, wenn ein Rechtsstreit durch

---

[13] BT-Drucksache 17/8058, 17.
[14] BT-Plenarprotokoll 17. WP, 17959.
[15] BR-Drucksache 10/12 (Beschluss).
[16] Vgl. BR-Drucksache 60/11 (Beschluss).
[17] BT-Plenarprotokoll 17. WP, 22359.
[18] BR-Plenarprotokoll 2012, 296.

außergerichtliche Mediation oder ein anderes Verfahren der außergerichtlichen Streitbeilegung und Klagerücknahme beendet wurde. Die Auswirkungen der Öffnungsklausel sollen in die ohnehin vorgesehene Evaluierung nach fünf Jahren einbezogen werden.

### IV. Die Interpretationen des Vermittlungsergebnisses

Noch bevor der Vermittlungsausschuss zu seiner abschließenden Sitzung zusammengekommen war, hatte der Hamburger Justizstaatsrat Ralf Kleindiek einen von einer informellen, d.h. ohne formellen Auftrag des Vermittlungsausschuss tätigen Arbeitsgruppe, vorgelegten Vermittlungsvorschlag in einer Pressemitteilung[19] als Durchbruch begrüßt, mit dem die Richtermediation entgegen dem Bundestagsbeschluss nun doch dauerhaft gesetzlich abgesichert sei.

Darauf replizierte der Bundestagsabgeordnete Patrick Sensburg ebenfalls per Pressemitteilung, dass die gerichtsinterne Mediation nach Ablauf eines Jahres nicht mehr durchgeführt werden dürfe; dabei erwähnte auch er, dass nach dem Beschluss des Vermittlungsausschusses klar gestellt worden sei, dass die nach Ablauf eines Jahres nur noch mögliche Güterichterverhandlungen „alle Methoden der Konfliktbeilegung einschließlich der Mediation" einsetzen dürfe.[20]

Nach der durch den Bundesrat nicht in Zweifel gezogenen Grundsatzentscheidung des Deutschen Bundestag, die Gerichtsmediation in ein erweitertes Güterichtermodell zu überführen, ist der Eindruck falsch, es ändere sich bei der Gerichtsmediation nichts. Der unzweideutige Wortlaut der Übergangsbestimmung (§ 9 Mediationsgesetz) verpflichtet die Justizverwaltung dazu, die Gerichtsmediation ab dem 1. August 2013 aus ihrem Programm zu streichen. Alternative Konfliktbeilegung darf sich dann nur noch am Maßstab des § 278 ZPO bzw. den entsprechenden Vorschriften der Prozessordnungen der Fachgerichte orientieren. Wenn nun nach der Einigung im Vermittlungsverfahren ausdrücklich die Methoden der Mediation angewendet werden dürfen, ist es aber auch geklärt, dass sich der Güterichter – mit Zustimmung der Parteien – von der klassischen Richterrolle lösen kann, d.h. insbesondere keine eigenen Lösungsvorschläge macht, keine Prognose über den Ausgang eines kontradiktorischen Verfahrens im Falle des Scheiterns der Mediation abgibt und auch sonst keine rechtlichen Einschätzungen äußert. Mit der Entscheidung des Gesetzgebers haben Rechtsanwälte, Psychologen und die Angehörigen anderer so genannter Quellberufe einen Bezeichnungsschutz gegenüber den Richtern erhalten. Die Justizverwaltung kann nun entscheiden, ob sie die in den Ländern nur punktuell angebotene Mediation, die nicht mehr so heißen darf, flächendeckend anbieten möchte oder ob es über-

---

[19] http://www.hamburg.de/pressearchiv-fhh/3471224/2012-06-26-bjg-mediation.html.
[20] http://www.patrick-sensburg.de/articles/files/va_einigt_sich_auf_güterichtermodell.29.06.2012.pdf.

wiegend dabei bleibt, den Güterichter mit den klassischen richterlichen Handlungsoptionen zu belassen.

## V. Fazit

Nachdem das Vermittlungsergebnis im Deutschen Bundestag gänzlich ohne Aussprache einstimmig bestätigt worden ist und sich im Bundesratsverfahren mangels eines Landesantrags auf Einlegung des Einspruchs ebenfalls keine Gegenstimme erhoben hat, spricht alles dafür, dass ein tragfähiger Kompromiss gefunden worden ist. Dadurch dass das ursprüngliche Konzept aufgegeben worden ist, gerichtliche, gerichtsnahe und außergerichtliche Mediation als gleichwertige Modelle nebeneinander zu stellen, sind die Mediatoren, die *vor* Einschaltung des Gerichts Konflikte lösen wollen, von einem begrifflichen Makel befreit. Durch die Anrufung des Vermittlungsausschusses durch den Bundesrat konnte aber vermieden werden, dass das Kind gleich mit dem Bade ausgeschüttet wird und Konfliktlösungsmöglichkeiten, die sich offensichtlich bewährt haben, vor allem aus berufsständischem Interesse sachwidrig abgeschafft werden müssen. Die wie in vielen modernen Gesetzen angelegte wissenschaftliche Begleitforschung wird zeigen, ob meine positive Prognose stimmt. Jedenfalls hat der Vermittlungsausschuss seinem Namen Ehre gemacht und zu einem Vorhaben, das das lateinische Übersetzungswort für Vermittlung im Titel trägt in überschaubarer Zeit ein vorzeigbares Ergebnis vorgelegt. Während im Umfeld zahlreicher Euro-Rettungsmaßnahmen allenthalben von einer *Krise der Institutionen* gesprochen wird, hat der Vermittlungsausschuss gezeigt, dass er davon ausgenommen werden kann.

# Der ehrliche Anwalt

## Anspruch und Herausforderung im Lichte des § 43 a BRAO

Torsten Spieker

> Unterhalten sich zwei Kinder:
> „Mein Vater ist Ingenieur." –
> „Echt cool, meiner ist Anwalt."
> „Wow, ehrlich?" –
> „Nee, natürlich nicht, nur ein ganz normaler!"

*„Alle Menschen sind Lügner",* heißt es im Psalm 116 Vers 11. In welchem Ausmaß ist ungeklärt. Nach verschiedenen Untersuchungen lügt der „normale" Mensch im Durchschnitt zwischen zwei und zweihundert Mal am Tag.[1] Die Frequenz hängt davon ab, was man unter dem Begriff „Lüge" versteht: Schönfärberei, Flunkern, Täuschen oder nur böswilliges Betrügen. Vielleicht aber auch vom ausübenden Beruf ...

Obiger Kinderscherz sowie Beschimpfungen wie „Rechts- und Wortverdreher" bzw. „Winkeladvokat" gehen davon aus, dass „ehrlich" und „normal" sich in der Person des Rechtsanwalts ausschließen. Das englische Wortspiel zwischen Lyer und Lawyer spricht manchem Vorurteil aus dem Herzen. Der bekannte Kenner des anwaltlichen Berufstands Kleine-Cosack stellt in seinem BRAO-Kommentar fest: *„Jeder Richter und jeder selbstkritische Rechtsanwalt wie auch die Öffentlichkeit wissen, dass es mit der Wahrheitsliebe der Advokaten in der Wirklichkeit nicht so bestellt ist, wie es von deren Seite in schönstem Selbstbetrug behauptet wird."*[2]

Im Folgenden geht es nicht darum, die Ehrlichkeit von Anwälten wissenschaftlich zu untersuchen oder gar zu widerlegen. Ob es eher Wahrheitsfanatiker oder Wahrheitsfeinde in diesen Berufsstand zieht, bleibt ungeklärt. Ebenso wie eine definitive Feststellung, ob in der Anwaltskanzlei oder im Gerichtssaal mehr gelogen wird als anderswo. Wichtiger wird die Frage sein, welchen rechtlichen und tatsächlichen Einflüssen der Rechtsanwalt in seiner Tätigkeit ausgesetzt ist. Denn

---

[1] Vgl. *Zittlau,* Berliner Morgenpost vom 14.05.2012, zitiert nach http://www.morgenpost.de/web-wissen/article106305867/Jeder-Mensch-luegt-mindestens-zwei-Mal-am-Tag.html.

[2] *Kleine-Cosack,* 9. Aufl., 2009, § 43 a BRAO, Rn. 67.

an den Anwaltsberuf knüpfen sich ein besonderer Anspruch und eine besondere Herausforderung an. Für keine andere Berufsgruppe sonst hat sich der Gesetzgeber die Mühe einer expliziten gesetzlichen Regelung gemacht. Und keine andere Berufstätigkeit – deshalb als letzte Ursache doch – steht derart im Spannungsfeld verschiedener Interessen und Erwartungen und damit in der Gefahr von Lügen.

Die folgenden Ausführungen werden keine klaren Antworten darauf geben, wo die exakte Grenze zwischen Wahrheit und Lüge im anwaltlichen Berufsalltag verläuft oder verlaufen sollte. Sie sollen lediglich einen Gedankenanstoß zum Selbst- und Erscheinungsbild des Anwalts leisten sowie einen Beitrag zur seit wenigen Jahren intensiv geführten Debatte zur Anwaltsethik. Wie weit sie den Berufsalltag des einzelnen von rund 160.000 zugelassenen Rechtsanwälten[3] in Deutschland wiedergeben, wird letztlich jeder Anwalt nur für sich selbst entscheiden können. Darüber hinaus ist nicht auszuschließen, dass ein Teil der Beobachtungen auch auf den einen oder anderen nicht-anwaltlichen Leser zutreffen könnten.

## I. Anspruch des § 43a Abs. 3 S. 2 BRAO

Nach § 43a Abs. 3 S. 2 BRAO darf sich der Rechtsanwalt *„bei seiner Berufsausübung nicht unsachlich verhalten. Unsachlich ist insbesondere ein Verhalten, bei dem es sich um die bewusste Verbreitung von Unwahrheiten oder solche herabsetzenden Äußerungen handelt, zu denen andere Beteiligte oder der Verfahrensverlauf keinen Anlass gegeben haben."*[4]

### *1. Entstehungsgeschichte*

Dem Laien könnte diese Vorschrift leicht als Ausfluss staatlichen Misstrauens gegenüber dem Rechtsanwalt erscheinen, ähnlich der legendären Verordnung des preußischen Königs Friedrich Wilhelm II., als dieser (angeblich) im Februar 1713 kurz nach der Thronbesteigung Anwälten bei Strafandrohung das Tragen des „Advokatenmantels" verordnete, *„damit man die Spitzbuben schon von weitem erkennen und sich vor ihnen hüten könne"*.[5] Da der Rechtsanwalt bis 1878 noch in einem staatsdienerähnlichen Subordinationsverhältnis lebte, bedurfte es bis dahin keiner expliziten berufsethischen Regelung, die über die beamtenrechtlichen Pflichten hinausging. Mit der Emanzipation der Rechtsanwaltschaft und dem Inkrafttreten der Rechtsanwaltsordnung am 1.7.1878 wurde in § 28 klargestellt, der Anwalt habe *„seine Berufstätigkeit gewissenhaft auszuüben und durch sein Verhalten in Ausübung des Berufs sowie außerhalb desselben sich der Achtung wür-*

---

[3] Vgl. www.brak.de/w/files/.../statistiken/statistiken2012/mggross2012.pdf.
[4] Wortgleich zu finden auch in § 39a Abs. 3 Pat-AnwO.
[5] *Weißler*, Geschichte der Rechtsanwaltschaft, 1905 (Neudruck Frankfurt a. M. 1967), S. 310.

*dig zu zeigen, die sein Beruf erfordert."*[6] Die Aufnahme einer ausdrücklichen Wahrheitspflicht schien angesichts ihrer Selbstverständlichkeit im 19. Jahrhundert nicht erforderlich. Mit § 43 BRAO, der 1959 an die Stelle des § 28 RAO trat, beließ es der Gesetzgeber beinahe wortgleich bei einer berufsethischen Generalklausel. Kurz vorher, nämlich 1957, hatte die Bundesrechtsanwaltskammer aufgrund von § 177 Abs. 2 Nr.2 BRAO a.F. in § 68 Abs.1 S.1 der anwaltlichen Richtlinien dem Strafverteidiger eine Wahrheitspflicht auferlegt.[7] Damit wurde allerdings nur eine allgemeine Auffassung deklaratorisch *„festgestellt"* und nicht konstitutiv *„aufgestellt".*[8]

Ausgangspunkt für § 43a Abs. 3 S. 2 BRAO waren die sogenannte *„Bastille-Entscheidung"* des Bundesverfassungsgerichts. Das Bundesverfassungsgericht nahm ein Ehrengerichtsverfahren gegen einen Rechtsanwalt, in dem ihm vom anwaltlichen Ehrengericht eine Rüge erteilt worden war, weil er sich beleidigend gegenüber einem Staatsanwalt geäußert hatte, zum Anlass, das anwaltliche Standesrecht als Rechtsquelle zu verwerfen. Die Entscheidung des Ehrengerichts wurde mit der Begründung aufgehoben, dass die Rüge als Eingriff in die Berufsfreiheit nur aufgrund eines Gesetzes hätte ergehen dürfen, was die Standesrichtlinien wiederum nicht waren.[9] Damit war der Gesetzgeber zum Handeln gezwungen.

Im Gesetzgebungsverfahren zur Novellierung des anwaltlichen Berufsrechts spielte der neue § 43a BRAO nur eine untergeordnete Rolle. Das Bundesjustizministerium versuchte, sich bei den Formulierungen eng an die Vorgaben des Bundesverfassungsgerichts zu halten. Die zur Konkretisierung des allgemeinen Sachlichkeitsgebotes des § 43a Abs. 3 S. 1 BRAO aufgeführten Regelbeispiele[10] entstammten ebenso der Feder der Verfassungsrichter wie auch die wortwörtliche Begründung[11], dass *„Beleidigungen und die bewusste Verbreitung von Unwahrheiten (...) sich emotionalisierend und schädlich für die Wahrnehmungs- und Urteilsfähigkeit anderer Verfahrensbeteiligter auswirken."*[12]

Die Unsicherheit des Bundesjustizministeriums bei der Frage, ob eine Konkretisierung des allgemeinen Sachlichkeitsgebotes überhaupt vorzunehmen sei, lässt sich auch daran ablesen, dass beim Referentenentwurf der heutige Abs. 3 S. 2 mit der Fußnote *„die Abstimmung zu Satz 2 ist im BMJ noch nicht abgeschlossen"* noch in Klammern gesetzt wurde. Erst im Regierungsentwurf verschwanden die Klammern. Bei der Verbändebeteiligung kam es zwischen der Bundes-

---

[6] Vgl. *Gaier/Wolf/Göcken*, 2010, § 43 BRAO, Rn. 11.
[7] *Lingenberg/Hummel – Hummel*, 1988, § 68 RLRAO, Rn. 10.
[8] Vgl. *Gaier*, BRAK-Mitt. 2012, 142.
[9] BVerfGE 76, 171 ff.
[10] BVerfGE 76, 171, 193.
[11] BVerfGE 76, 171, 193.
[12] BT-Drucksache 12/4993 S. 27.

rechtsanwaltskammer und dem Deutschen Anwaltsverein zu einem kurzen Schlagabtausch im Hinblick auf die Erforderlichkeit des vorgeschlagenen § 43a Abs. 3 BRAO. Der DAV forderte in seiner Stellungnahme vom Oktober 1993 die komplette Streichung desselben. Eine Regelung zur Sachlichkeit, deren grundsätzliche Geltung das Bundesverfassungsgericht bereits in seinem Beschluss festgestellt habe, gehöre nicht in das Gesetz, sondern allenfalls in eine spätere Berufsordnung.[13] Die BRAK stellte sich dagegen auf den Standpunkt, *„dass die im Regierungsentwurf vorgesehene Konkretisierung … dem vom Bundesverfassungsgericht … im Interesse der Funktionsfähigkeit der Rechtspflege für notwendig erachteten Mindestinhalt des Sachlichkeitsgebots"* entspreche. Sie sei *„zusätzlich … Handlungsanweisung für die Ausgestaltung der Berufsordnung durch Satzung."*[14] Damit waren die Positionen ausgetauscht. Sowohl in den beiden Bundesratsdurchgängen, in den Ausschussbefassungen im Bundestag als auch im durchgeführten Vermittlungsverfahren fand der neue § 43a Abs. 3 BRAO bei den beteiligten Abgeordneten, Ländern und Sachverständigen bis zu seiner Verabschiedung am 2.9.1994 keine Beachtung mehr.

Das Gesetzgebungsverfahren zeigt, wie schwer sich die Beteiligten mit der Konkretisierung des Sachlichkeitsgebots und der Wahrheitspflicht taten. Soweit die Hoffnung bestand, dass die Anwaltschaft von der Ermächtigung des § 59b BRAO Gebrauch machen würde, um eigene Vorstellungen in Satzungsform zu gießen, wurde diese nicht erfüllt.[15] Ein kurz nach Inkrafttreten der BRAO-Novelle der Satzungsversammlung vorgelegter Vorschlag, wie man den Begriff der Sachlichkeit ausfüllen könne, wurde von der Mehrheit abgelehnt. Die Gegner einer gesonderten Satzungsregelung verwiesen darauf, dass sich die Anwaltschaft nicht mehr Fesseln anlegen sollte, als es die Richter in ihrem Berufsstand täten. Das Plenum der Satzungsversammlung griff das Thema bis heute nicht mehr auf.[16] Am Ende führte dies dazu, dass die Konkretisierung von Rechtsprechung und Schrifttum vorgenommen wurde.

### 2. Auslegung

Wie schon im Gesetzgebungsverfahren deutlich wurde, kommt der Vorschrift des § 43a Abs. 3 S. 2 BRAO vor allem ein Appellcharakter zu. Zu schwer ist die Lüge zu greifen. Anhand von drei Tatbestandsmerkmalen will § 43a Abs. 3 S. 2 BRAO das *„rechtsethische Minimum"*[17] bei Anwälten bewahren.

---

[13] Stellungnahme des DAV zur BT-Drs. 12/4993 vom Oktober 1993.

[14] Erwidernde Stellungnahme der BRAK vom 15.11.1993.

[15] § 59b BRAO ist eine reine Ermächtigungsnorm, die eine Verpflichtung zu einer Regelung durch die Satzungsversammlung nicht begründet; vgl. *Hartung, Römermann – Hartung,* 4. Aufl., 2008, § 43a BRAO, Rn. 2.

[16] *Hartung, Römermann – Hartung,* 4. Aufl., 2008, § 43a BRAO, Rn. 56.

[17] Vgl. *Jellinek,* Die sozialethische Bedeutung von Recht, Unrecht und Strafe, 2. Aufl., 1908, S. 45.

a) Unwahrheit

*„Was ist Wahrheit?"* fragte vor 2000 Jahren Pilatus den vor ihm angeklagten Jesus im wohl berühmtesten Rechtsstreit der Weltgeschichte.[18] Haben Philosophen vor dieser Frage größtenteils kapituliert und überlässt auch die Gesellschaft jedem Bürger grundsätzlich die freie Entscheidung, wie sie mit der Wahrheit umgeht[19], kann sich die Justiz ihrer staatlich zugewiesenen Aufgabe, nämlich die der Ermittlung der Wahrheit, nicht entziehen. Ohne wahre Tatsachengrundlage ist der Versuch einer gerechten Entscheidungsfindung von Vornherein zum Scheitern verurteilt. Da im Gerichtverfahren nach dem Grundsatz *„ius curia novit"* den Beteiligten und daher auch den Anwälten vor allem der Sachvortrag obliegt, beziehen sich die *„Unwahrheiten"* i. S. d. § 43a Abs. 3 S. 2 BRAO im Kern nur auf Tatsachen. Hinsichtlich der Rechtsauffassungen und Werturteile besteht keine Wahrheitspflicht des Anwalts.[20]

Wie schwierig die Ermittlung von Wahrheit im gerichtlichen Alltag ist, weiß schon der Volksmund: *„Nirgendwo wird so viel gelogen, wie im Gerichtssaal"*, heißt es landläufig. Nach Bertrand Russel ist *„die Wahrheit, die in einen Gerichtssaal gelangt, nicht die nackte Wahrheit, sondern die Wahrheit in Gerichtskleidung, die alle ihre weniger anständigen Teile verhüllt."* Da die Grenzen der menschlichen Wahrnehmung, aber auch der gute Wille bei Zeugen und Prozessbeteiligten, bekannt, aber nur unzureichend aufklärbar sind, stützt sich das Rechtssystem auf eine relative und formelle, anstatt auf eine absolute Wahrheit. Beispielhaft ist der Ausspruch des italienischen Richters Hellmann, der die amerikanische Studentin Amanda Knox 2011 freisprach, nachdem sie zwei Jahre zuvor wegen Mordes zu 26 Jahren Gefängnis verurteilt worden war: *„Das ist das Ergebnis der Wahrheit, die wir im Prozess ermittelt haben. Die echte Wahrheit könnte eine ganz andere sein."*[21]

Fühlt sich der Richter hilflos, stellt sich für den Rechtsanwalt erst recht die Frage, inwiefern von ihm aktiv verlangt werden kann, auf das *„richtige Ergebnis"*, also auf eine außerhalb des Prozesses liegende ontologische Wahrheit hinzuwirken. § 43a Abs. 3 S. 2 BRAO gibt dafür jedenfalls keinen Anhaltspunkt. Anders als noch in § 68 Abs. 1 RichtlRA bezieht sich diese Vorschrift auf keine

---

[18] Bibel: Johannes 18, 38.
[19] Rechtliche Zulässigkeitsgrenzen sind verschiedene Rechtsgüter wie die Ehre (§ 186 StGB) und das Vermögen Dritter (§ 263 StGB), der Vertrauensschutz bei Urkunden (§ 267 StGB) und das Funktionieren der Rechtspflege (§§ 145 d, 164 StGB) bzw. das Verbot der „Auschwitzlüge" (§ 130 Abs. 3 StGB); weitere Ausführungen bei Rössel, Wahrheit als Rechtsgut, in: Müller/Nissing, Die Lüge, 2007, S. 141 ff.
[20] *Kleine-Cosack,* 9. Aufl., 2009, § 43a BRAO, Rn 73; *Feuerich/Weyland – Böhnlein,* 8. Aufl., 2012, § 43a BRAO, Rn. 39; *Henssler/Prütting – Henssler,* 3. Aufl., 2010, § 43a BRAO, Rn. 140.
[21] http://www.faz.net/aktuell/gesellschaft/kriminalitaet/amanda-knox-von-der-teufelin-zum-unschuldslamm-11508301.html vom 27.10.2011.

Pflicht zur Wahrheit, sondern ausdrücklich nur auf ein Verbot, Unwahrheit bewusst zu verbreiten. Dabei lässt sich auch ein Unterschied zu den CBEE-Berufsregeln feststellen, die in Nr. 4.4. auch die Irreführung sanktionieren: *„Der Rechtsanwalt darf dem Gericht niemals vorsätzlich unwahre oder irreführende Angaben machen".*

In Ergänzung des § 43a Abs. 3 S. 2 BRAO kann auch § 138 Abs. 1 ZPO keine spezielle Wahrheitspflicht des Anwalts entnommen werden. Auch hier geht es nicht lediglich um die Verpflichtung der Zivilparteien[22], ihre Erklärungen wahrheitsgemäß abzugeben. Mit § 138 Abs. 1 ZPO eine über den Zivilprozess hinausgehende Wahrheitspflicht des Anwalts begründen zu wollen, macht auch deshalb keinen dogmatischen Sinn, da sich an seine Verletzung keine unmittelbaren Sanktionen gegen den Anwalt knüpfen, sondern nur gegen die Partei im Rahmen der freien Beweiswürdigung.[23] Letztlich kann die allgemeine Wahrheitspflicht auch nicht dem Anwalt aufgrund seiner grundsätzlichen Funktion als *„Organ der Rechtspflege"* im Sinne des § 1 BRAO[24] entnommen werden. Mag es auch ein historisch gewachsenes Bild des *„guten Anwaltes"* geben, so ist § 1 BRAO zu unbestimmt gefasst, um daraus eine konkrete Handlungspflicht abzuleiten.[25]

### b) Verbreitung

Bei § 43a Abs. 3 S. 2 BRAO handelt es sich um einen Äußerungstatbestand, so dass man ihn tatsächlich eher als *„Lügenverbot"* anstatt als *„Wahrheitsgebot"* bezeichnen kann. Unter *„Verbreiten"* ist immer nur positives Handeln und nie eine Unterlassen zu verstehen. Der schweigende Anwalt handelt niemals pflichtwidrig im Sinne dieser Vorschrift.[26] Dass § 43a Abs. 3 S. 2 BRAO den Anwalt nicht zur Aufklärung zwingen kann, ergibt sich auch aus seinen ansonsten damit kollidierenden Verpflichtungen gegenüber dem Mandanten, vor allem aus seiner Schweigepflicht gemäß § 43a Abs. 2 BRAO. Lediglich bei einem Vortrag, der durch seine Lückenhaftigkeit in seiner Gesamtwirkung die Wahrheit eindeutig verfälscht, gerät das *„partielle Schweigen"* des Anwalts zu einem aktiven Tun und damit zu einem Verstoß gegen § 43a Abs. 3 S. 2 BRAO.[27] Pointiert ausge-

---

[22] Darunter fallen unstreitig auch die sie vertretenden Rechtsanwälte, vgl. *Thomas/Putzo*, ZPO, 32. Aufl., 2011, § 138 Rn. 2; BGH NJW 1952, 1148, wonach aber keine Pflicht des Anwalts besteht, Prozessbetrug der eigenen Partei offen zu legen.

[23] Vgl. *Hirtz,* AnwBl 2006, 780, 781.

[24] Vgl. BGH NJW 1952, 1148, wonach die allgemeine Berufspflicht eines Anwaltes sei, der Wahrheit und Gerechtigkeit zu dienen.

[25] In diesem Sinne auch BVerfGE 76, 171 ff.

[26] *Gaier/Wolf/Göcken* – Zuck, § 43a BRAO, 2010, Rn. 72; auch aus der anwaltlichen Schweigepflicht geht hervor, dass der Anwalt nicht alles sagen muss, alles zur Wahrheit beizutragen braucht.

[27] *Henssler/Prütting* – Henssler, 3. Aufl., 2010, § 43a BRAO, Rn. 143; vgl. dazu auch BGHSt 9, 20, 22; BGHSt 38, 345, 348, wo dem Anwalt untersagt wurde, durch

drückt, heißt dies: *„Alles was der Anwalt sagt, muss wahr sein, aber er darf nicht alles sagen, was wahr ist."*[28] Davon zu trennen ist das Verhalten des Mandanten. Insgesamt darf dieser nicht faktisch dazu gezwungen werden, durch das Mitwirken und der Wahrheitspflicht seines Anwalts, sich der *„mittäterschaftlichen"* Lüge zu enthalten.[29] Ihm bleibt das *„Recht"*, Geschichten zu erfinden und Tatsachen zu verdrehen.[30]

Dass im Gegensatz zu § 186 StGB nicht das originäre *„Behaupten"* mitaufgeführt ist, ist dem Umstand geschuldet, dass der Anwalt üblicherweise kein eigenes Sachverhaltswissen hat. Dennoch ist das Aufstellen einer unwahren Behauptung in dem *„Verbreiten"* bereits enthalten. Dabei gilt das *„Lügenverbot"* uneingeschränkt und nicht nur im gerichtlichen Verfahren.[31] Ob der Anwalt auch in eigener Sache dem *„Lügenverbot"* unterworfen ist, ist dagegen umstritten.[32]

### c) Vorsatz

*„Bewusst"* im Sinne des § 43 Abs. 3 S. 2 BRAO verbreitet der Rechtsanwalt eine Tatsache, wenn er weiß, dass es die Unwahrheit ist.[33] Hält er eine von ihm aufgestellte Behauptung nur möglicherweise für falsch, verstößt er nicht gegen das *„Lügenverbot"*.[34] Im Berufsalltag werden die meisten Versuche, den Anwalt zur Verantwortung zu ziehen, an diesem einschränkenden Tatbestandsmerkmal scheitern. Üblicherweise erklärt der Mandant nicht, dass seine Behauptungen erlogen sind. Sollte er es dennoch tun, wird dies dem Anwalt, der sich auf seine Schweigepflicht berufen kann, nicht nachzuweisen sein. Selten sind die Informationen so offenkundig falsch, dass man fest vom Eventualvorsatz des Anwalts ausgehen kann.

Dem Anwalt kann auch keine Aufklärungspflicht auferlegt werden, mögliche Zweifel am Mandantenvortrag durch Nachfragen zu beseitigen. Dem Rechtsanwalt würde ansonsten auf dem Weg zur richterlichen Wahrheitsermittlung die Funktion einer *„Vorprüfung"* zugewiesen werden, die über das übliche Bera-

---

aktive Verdunkelung und Verzerrung des Sachverhalts die Wahrheitserforschung zu erschweren oder Beweisquellen zu verfälschen.

[28] Vgl. *Singer,* AnwBl 2009, 393, 398.
[29] *Salditt,* AnwBl 2012, 805, 810.
[30] Ausnahme im Strafprozess ist § 348 StGB; im Zivilprozess unterliegt die Partei natürlich auch dem § 138 Abs. 1 ZPO, sanktionsfähige Grenzen der Verletzung dieser Wahrheitspflicht ist letztlich nur der Prozessbetrug.
[31] *Koch/Killian – Koch,* Anwaltliches Berufsrecht, 2007, Rn. 730; *Hartung, Römermann – Hartung,* 4. Aufl., 2008, § 43a BRAO, Rn. 45.
[32] Weitere Nachweise bei *Gaier/Wolf/Göcken – Zuck,* 2010, § 43a BRAO, Rn. 74.
[33] *Feuerich/Weyland – Böhnlein,* 8. Aufl., 2012, § 43a BRAO, Rn. 39; *Henssler/Prütting – Henssler,* 3. Aufl., 2010, § 43a BRAO, Rn. 138.
[34] *Feuerich/Weyland – Böhnlein,* 8. Aufl., 2012, § 43a BRAO, Rn. 39.

tungsgespräch hinausginge³⁵. Dies hieße, dass der rechtssuchende Mandant erst vor dem geschulten kritischen Wahrheitsempfinden des Rechtsanwaltes bestehen müsste, bevor dieser seine Angelegenheit zur eigenen macht. Diese „*Vorprüfung*" wäre zum einen wegen der Vertraulichkeit des anwaltlichen Beratungsgesprächs, aber auch wegen des nicht bestimmbaren Wahrscheinlichkeitsgrads, ab wann eine Behauptung unplausibel ist, nicht justiziabel. Letzten Endes hieße die Zugangsbarriere einer „*Vorprüfung*" einen nicht geringen Teil der rechtssuchenden Bürger mit ihrer nicht leicht nachvollziehbaren Geschichte von der Rechtsdurchsetzung auszuschließen, obwohl auch diese grundsätzlich einen Anspruch auf rechtliches Gehör und auch in abwegigsten Fällen eine Erfolgschance vor Gerichten haben. Abgesehen davon würde eine „quasi-richterliche" Nachforschungspflicht das Vertrauen zwischen Anwalt und Mandant zerstören.³⁶ Im Ergebnis bedeutet dies, dass der Anwalt seinem Mandanten grundsätzlich vertrauen darf, es sei denn, es bestehen besonders gravierende Anhaltspunkte für die Unrichtigkeit des mitgeteilten Sachverhaltes.³⁷

## II. Anwendung des § 43a Abs. 3 S. 2 BRAO

Der Charakter des anwaltlichen Mandats ist schließlich auch der Hauptgrund, warum es zu einer Diskrepanz zwischen Theorie und Praxis, zu Schwierigkeiten bei der Einhaltung des „*Lügenverbots*" kommen könnte. Die Anwaltsschelte im Corpus Juris Fridericianum, nämlich „*sich weniger um die Aufklärung der Sache und Erforschung der Wahrheit, als vielmehr nur darum bekümmert (zu) haben, wie sie den Prozess gewinnen*"³⁸, ist berechtigt und unberechtigt zugleich. Gemäß § 3 Abs. 1 BRAO ist der Rechtsanwalt vor allem der „*berufene unabhängige Berater und Vertreter*" des Mandanten. Die in § 3 Abs. 1 BRAO hervorgehobene „*Unabhängigkeit*" macht die Grenzen des Weisungsrechts gemäß §§ 675, 665 BGB im Hinblick auf gesetzliche Vorschriften und berufsständische Pflichten deutlich.³⁹ Daraus ergibt sich ein Spannungsfeld zwischen der zivilrechtlich ausgestalteten Vertragsebene und der öffentlich-rechtlich ausgestalteten Berufsebene.⁴⁰

---

[35] In nicht wenigen Fällen wird sich eine Aufklärungspflicht auch aus dem anwaltlichen Fürsorgegebot ergeben, dem z.B. eine Rechtsverfolgung aufgrund eines unplausiblen Sachverhaltes ohne weitere Nachfragen widersprechen würde.

[36] *Feuerich/Weyland – Böhnlein*, 8. Aufl., 2012, § 43a BRAO, Rn. 40.

[37] BVerfG 2003, 3263, 3264; *Henssler/Prütting – Henssler*, 3. Aufl., 2010, § 43a BRAO, Rn. 125; *Hartung, Römermann – Hartung*, 4. Aufl., 2008, § 43a BRAO Rn. 45.

[38] Zitiert bei *Gneist,* Freie Advokatur, Die erste Forderung aller Justizreform in Preußen, 1867, S. 5.

[39] *Henssler/Prütting – Henssler,* 3. Aufl, 2010, § 43a Rn. 33; in § 8 RichtlRA hieß es: „*Eine Weisung des Auftraggebers kann einen Verstoß gegen das Standesrecht nicht rechtfertigen.*"

[40] *Gaier/Wolf/Göcken – Zuck,* 2010, § 43a BRAO, Rn. 22.

Hinzu kommen die oft kaum unterscheidbaren „*Graubereiche*" der Wahrheit. Allein im deutschen Sprachgebrauch gibt es 130 Synonyme für das Wort „Lüge", davon 36 Varianten für eine „*Absicht*", etwas Unwahrheit zu sagen, 38 Begriffe für das Lügen selbst, 19 Formulierungen für die Wirkung, die der Lügner erzielen will, und 73 Möglichkeiten, die der Lügner hat, um seine Entlarvung zu verhindern.[41] Dies bedeutet zum einen die Einsicht des Gesetzgebers, nicht jede „*kleine Ungenauigkeit*", die sich bei anwaltlichen Auseinandersetzungen fast zwangsläufig ergibt, sanktionieren zu wollen.[42] Zum anderen eröffnen die Graubereiche dem Anwalt entsprechende Spielräume. „*Die Lüge ist ein Sprachspiel, das gelernt sein will wie jedes andere*", stellt der Sprachphilosoph Ludwig Wittgenstein fest.[43] Wenn der in Rhetorik und Strategie geschulte Anwalt es darauf anlegt, wird es ihm in vielen Fällen nicht schwer fallen, eine für seinen Mandanten günstige Gerichtswahrheit zu „*konstruieren*", ohne der „*platten Lüge*" verfallen zu müssen.

Vor diesem Hintergrund erhebt sich die kritische Stimme Kleine-Cosacks, der das Verbot der Anwaltslüge „*verlogen*" nennt.[44] Es sei unkritisch, undifferenziert und wirklichkeitsfremd. Es verkenne die damit verbundenen Probleme in anwaltsidealistischer Weise.[45] Stattdessen solle endlich selbstkritisch eingeräumt werden, dass das uneingeschränkte Lügenverbot weder allgemein und erst recht nicht bei Anwälten Geltung beanspruchen könne. Wenn überhaupt dürfe es sich auf Klugheitserwägung stützen, nicht aber auf grundsätzliche ethische Erwägungen.[46] Schon das Fehlen einschlägiger Judikatur verdeutliche, dass es sich mehr um ein theoretisches Problem handele.[47] Der Anwalt dürfe sich nicht weiter vorlügen, sich nicht beruflich der Lüge zu bedienen.[48]

Tatsächlich lassen sich viele Grenzfälle beschreiben, in denen das „*Lügenverbot*" den Anwalt in den Konflikt bringt zu seiner Pflicht, die Interessen seines Mandanten wahrzunehmen. Zu nennen wäre die Problematik einer bewusst unwahren Prozesslüge[49] oder die Berechtigung des Verteidigers, dem Gericht auch

---

[41] Vgl. *Schneider,* Die Wahrheit über die Lüge, 2012, S. 221 ff.

[42] *Gaier/Wolf/Göcken – Zuck,* 2010, § 43a BRAO, Rn. 47 mit Verweis auf BVerfGE 76, 171, 192 f.

[43] *Wittgenstein,* Philosophischen Untersuchungen, Werksausgabe Bd. 1, Frankfurt am Main, 1984, S. 577.

[44] *Kleine-Cosack,* AnwBl 2009, 495; der Autor hatte bereits die „Bastille-Entscheidungen" erstritten.

[45] *Kleine-Cosack,* AnwBl 2009, 495; Kleine-Cosack, 9. Aufl., 2009, § 43a BRAO, Rn. 66.

[46] *Kleine-Cosack,* 9. Aufl., 2009, § 43a BRAO, Rn. 69.

[47] *Kleine-Cosack,* 9. Aufl., 2009, § 43a BRAO, Rn. 67.

[48] *Kleine-Cosack,* 9. Aufl., 2009, § 43a BRAO, Rn. 69.

[49] Vgl. BGH NJW 2006, 3579, 3580 f., der schließlich die jahrzehntelange Übung, dass ein Anwalt ein Urteil mit der auf das Protokoll gestützte Verfahrensrüge angreifen durfte, obwohl er wusste, dass das Protokoll falsch war, verwarf.

zweifelhafte und möglicherweise vom Mandanten gefälschte Urkunden trotz eigener Bedenken vorzulegen.[50] Auch ist das „Lügenverbot" mit dem berechtigten Bemühen des Anwalts in Einklang zu bringen, seinen Mandanten auch dann mit dem Ziel des Freispruchs zu verteidigen, obwohl er selbst von dessen Schuld überzeugt ist.[51] Insgesamt darf der Anwalt alle prozessualen Möglichkeiten (Rechtsmittel, Beweis- und Prozessanträge) ausschöpfen, auch wenn er weiß, dass sie keinerlei Erfolgsaussicht haben.[52]

Gegen die Forderung, dass der Anwalt einzelfallbezogen mit der Wahrheit umzugehen habe, lässt sich die Funktion des Anwaltes für die Rechtspflege einwenden. Die Legalisierung der Lüge im anwaltlichen Berufsalltag führe in die falsche Richtung. Zum Anwalt als Organ der Rechtspflege, als Mitgarant des Rechtsstaates, als Vertrauensperson für die Öffentlichkeit und für den Mandanten, passe nicht die Unwahrheit.[53] Auf Dauer könne er seine Funktionen nur dann erfolgreich ausüben, wenn er das Vertrauen des Bürgers zu ihm als Garant des Rechtes unabhängig vom Einzelfall pflege.[54] Deshalb dürfe der Anwalt nicht vor der Lebenswirklichkeit kapitulieren, zumal er mit unwahrem Verhalten schnell in Bereiche geriete, die strafrechtlich relevant seien. So mache die Lüge nur dann einen Sinn, wenn sie entscheidungserhebliche Tatsachen betreffe. In diesem Fall würde der Anwalt aber häufig einen Straftatbestand erfüllen (z.B. Prozessbetrug, Begünstigung). Sei die Lüge dagegen nicht entscheidungserheblich, gebe es wegen ihrer Sinnlosigkeit keinerlei Rechtfertigung dafür.[55]

### III. Herausforderung

Die Verhaltensökonomie benennt drei allgemeine Faktoren, die den rationalen Entscheidungsprozess, ob man unmoralisch handeln sollte, maßgeblich bestimmen: Zum einen der Nutzen der Grenzüberschreitung; zweitens die Wahrscheinlichkeit der Überführung; und drittens die Schwere der erwarteten Strafe.[56] Anstatt einen kleinteiligen anwaltlicher Pflichtenkatalog mit hohen Strafen bei Zuwiderhandlung auszuweisen und beides mit einem engmaschigen Kontrollapparat zu verknüpfen, hat der Gesetzgeber dem Anwalt eine weitgehende Unabhängigkeit eingeräumt, um die aus der Anwaltsberatung sich ergebenden unmittelbaren persönlichen Vorteile zu minimieren. Die Unabhängigkeit bildet in § 1 BRAO

---

[50] BGHSt 38, 354.
[51] *Feuerich/Weyland – Böhnlein*, 8. Aufl., 2012, § 43a BRAO, Rn. 44; *Henssler/Prütting – Henssler*, 3. Aufl., 2010, § 43a BRAO, Rn. 148.
[52] *Feuerich/Weyland – Böhnlein*, 8. Aufl., 2012, § 43a BRAO, Rn. 41 ff.
[53] *Gaier/Wolf/Göcken – Zuck*, 2010, § 43a BRAO, Fn. 149; *Hirtz*, AnwBl 2006, 780, 783.
[54] *Busse*, Berufsethik (anwaltverein.de/downloads/Ratgeber/Berufsethik.pdf), S. 62.
[55] *Gaier/Wolf/Göcken – Zuck*, 2010, § 43a BRAO, Fn. 149.
[56] Vgl. *Ariely*, The Honest Truth about Dishonesty, New York, 2012, S. 14 m.w.N.

nicht nur die Überschrift über seinen Status, seine Funktion und sein Selbstbild, sondern in § 43a Abs. 1 BRAO auch über seine grob skizzierten Berufspflichten. Die Unabhängigkeit i. S. d. BRAO bezieht sich historisch gesehen zwar erst einmal auf den Staat[57], gewachsen aus dem erfolgreichen Kampf im 19. Jahrhundert gegen staatliche Bedürfnis- und Zulassungsverfahren, Exekutiv- und Disziplinargewalt.[58] Im heutigen Berufsalltag meint der in § 43a Abs. 1 BRAO an den Anwalt gerichtete Appell vor allem die freiwillig eingegangenen *"Bindungen"*, die seinen Berufspflichten entgegenstehen. Wenn dort die Formulierung *"gefährden"* anstatt von *"beeinträchtigen"* gewählt wird, sollen bereits im Vorfeld anwaltlichen Tätigwerdens alle unmittelbare Anreize zum pflichtwidrigen Handeln im Keim erstickt werden.

Dies geschieht in den wenigsten Fällen durch gesetzgeberische Maßnahmen, da jeder Eingriff in die Berufsfreiheit die verfassungsrechtliche Frage aufwirft, wie viel *"Bindung"* und *"Freiheit zur Bindung"* mit dem Grundsatz der *"anwaltlichen Unabhängigkeit"* in Einklang zu bringen ist. Hervorzuheben ist das Verbot der Vertretung widerstreitender Interessen, das nicht nur nach § 43 Abs. 4 BRAO berufsrechtlich, sondern auch über § 356 StGB strafrechtlich sichergestellt wird. In diesem Zusammenhang ist auch das grundsätzliche Verbot von Erfolgshonoraren zu sehen, mit dem der Rechtsanwalt davor geschützt werden soll, den Ausgang eines Mandats zu seiner eigenen *"wirtschaftlichen Angelegenheit"* zu machen (§ 4a RVG, § 49b Abs. 2 BRAO).[59] Auch die Abtretung von Forderungen des Mandanten an den Anwalt, um einen Zeugen zu gewinnen oder um eine Honorarforderung auszugleichen, dürfte als Verstoß gegen § 43a Abs. 1 BRAO zu werten sein.[60]

Schwieriger abzugrenzen sind allgemeine *"wirtschaftliche Bindungen"*, die den Anwalt zu unmoralischem Verhalten, also auch zur Lüge veranlassen könnten. Mit der voranschreitenden Kommerzialisierung des Anwaltsberufs[61] sind die Möglichkeiten und Schwierigkeiten, aber auch die Organisationsformen und Arbeitsweisen vielfältiger geworden. Eine weitgehende Freiheit, das lehrt nicht nur die aktuelle Finanzkrise, bedeutet immer ein Gefährdungspotential, auch für Anwälte.[62] Dabei darf nie vergessen werden, dass ein Anwalt unternehmerisch handeln muss, *"nach außen für Geschäfte zu sorgen"* und so zu wirtschaften, *"dass*

---

[57] BVerfGE 34, 293, 302; BVerfGE 62, 266, 282; *Hartung, Römermann – Hartung*, § 43a BRAO, 4. Aufl., 2008, Rn. 5 m.w.N.

[58] Vgl. *Singer*, AnwBl 2009, 393, 396.

[59] *Henssler/Prütting – Kilian*, 3. Aufl., 2010, § 49b Rn. 66; zur Verfassungswidrigkeit des ausnahmslosen Verbotes und Begründung einer differenzierteren Betrachtungsweise, siehe BVerfG, NJW 2007, 979.

[60] *Hartung, Römermann – Hartung*, 2008, 4. Aufl., § 43a BRAO, 4. Aufl., Rn. 13; *Henssler/Prütting – Kilian*, 3. Aufl., 2010, § 43a BRAO, Rn. 29.

[61] *Zuck*, ZRP 2012, 61, 62.

[62] *Singer*, BRAK-Mitt. 2012, 145, 151.

*die Einnahmen die Kosten des Büros decken und endlich Gewinn erzielt wird".*[63] Dies kann sowohl ein ungezügeltes Gewinnstreben als auch eine Existenzangst auslösen. So ist bekannt, dass sich der Anwaltssenat beim BGH unverändert mit einer großen Zahl von Fällen anwaltlichen Vermögensverfalls zu beschäftigen hat.[64] Am Ende ist egal, ob ein Rechtsanwalt als Syndikus, als Angestellter, als Aufsichtsratsmitglied in einer Aktiengesellschaft oder als Einzelanwalt mit zwei Großmandaten[65] arbeitet. Mit Blick auf CCBE 1.1.[66] wird nur er selbst seine Abhängigkeiten von Menschen und Umständen richtig einschätzen und seine Unabhängigkeit gewährleisten können.

Dies ist umso wichtiger, als eine effektive externe Kontrolle seiner unzulässigen *„Bindungen"* i.S.d. § 43a Abs.1 BRAO und der Beachtung des *„Lügenverbots"* i.S.d. § 43a Abs. 3 S. 1 BRAO kaum möglich ist. Das anwaltliche Sanktionssystem ist wenig übersichtlich und schreckt Anwälte, wenn sie es einmal kennengelernt haben, wenig.[67] Verstöße gegen das Lügenverbot werden selten verfolgt und allenfalls als Trivialfälle geahndet.[68] Legt es ein Anwalt darauf an zu lügen, wird ihm der *„Erfolg"* sicher sein.[69] Er hat immer genügend Möglichkeiten, sich durch einseitigen Parteivortrag und Halbwahrheiten Vorteile zu verschaffen.

Dass es dennoch im anwaltlichen Berufsalltag seltener geschieht, als es diese rationale Verhaltensbeschreibung von Vorteil und Strafe vermuten ließe, hängt mit dem Selbstbild des Menschen und natürlich auch – vielleicht sogar erst recht – dem des Anwalts als moralisch handelnden Wesen zusammen. Der Psychologe und Verhaltensökonomiker Dan Ariely fand in umfangreichen Verhaltensexperimenten heraus, dass gerade im Bereich der Ehrlichkeit Menschen von verschiedenen irrationalen Motiven und Widersprüchen bestimmt werden. Auch andere Psychologen gehen davon aus, dass die Neigung zum Lügen weniger von der

---

[63] Vgl. *Gleiss,* Soll ich Rechtsanwalt werden?, 3. Aufl., 1992, S. 75.
[64] Vgl. *Quaas,* BRAK-Mitt. 2012, 46.
[65] Zur Sicherung der wirtschaftlichen Unabhängigkeit diskutieren Berufsvertreter die Begrenzung von Mandaten auf zwei bis höchstens fünf Prozent des Umsatzes, vgl. *Heussen,* Anwalt und Mandat, 1999, S. 100; *Busse,* Berufsethik (anwaltverein.de/downloads/Ratgeber/Berufsethik.pdf), S. 62.
[66] CCBE 1.1. S.4 lautet: „Mit der Ausführung seines Auftrags unterliegt der Rechtsanwalt zahlreichen gesetzlichen und berufsrechtlichen Pflichten, die zum Teil zueinander in Widerspruch zu stehen scheinen. Es handelt sich dabei um Pflichten gegenüber dem Mandanten, Gerichten und Behörden, denen gegenüber der Rechtsanwalt seinem Mandanten beisteht und in vertritt, seinem Berufsstand im allgemeinen und jedem Kollegen im Besonderen, der Gesellschaft, für die ein freier, unabhängiger und durch sich selbst auferlegte Regeln integrer Berufsstand ein wesentliches Mittel zur Verteidigung der Rechte des Einzelnen gegenüber dem Staat und besonderen Interessensgruppen ist."
[67] *Teichmann/Bürglen,* AnwBl 2010, 735.
[68] *Kleine-Cosack,* AnwBl 2009, 495.
[69] *Kleine-Cosack,* 9. Aufl., 2009, § 43a BRAO, Rn. 67.

Persönlichkeit abhängt[70] als von den vorherrschenden Situationen und Bedingungen – und vor allem davon, wie sie unbewusst empfunden werden. Im Folgenden wird versucht, die in Arielys Bestseller *„The Honest Truth about Dishonesty"*[71] festgestellten Umstände, unter denen Menschen lügen, auf den anwaltlichen Berufsalltag anzuwenden. Damit soll keine Zwangsläufigkeit, sondern nur das Gefährdungspotential für den jeweiligen Anwalt verdeutlicht werden.

Grundlegende These Arielys ist, dass die meisten Leute bei der Entscheidung darüber, ob sie die Wahrheit sagen oder nicht, unbewusst einen Konflikt zwischen dem erstrebten Vorteil und dem eigenen Selbstbild als ehrliche und ehrenwerte Menschen in sich austragen.[72] Im Normalfall wolle jeder sich anschließend noch im Spiegel betrachten können. So gebe es bei fast allen einen Hang zu kleinen *„Mogeleien"*. Gleichzeitig habe jeder Mensch eine persönliche Grenze, bei der sich das Lügen *„unmoralisch unvertretbar"* anfühle.[73] Dies deckt sich auch mit den Untersuchungen anderer Psychologen, wonach in nur 1,7 Prozent aller Unwahrheiten eine böse Absicht festzustellen ist.[74] Dennoch könnten äußere Umstände jeden Menschen dazu bringen, sein Selbstbild und damit sein moralisches Handeln dem jeweiligen Vorteil anzupassen, ohne es zu reflektieren. Bei dieser Wechselwirkung zwischen Vorteil und Selbstbild seien besonders kreative und innerlich flexible Menschen gefährdet.[75]

Anwälte haben sich dabei mit vier Einflüssen auf ihr Unterbewusstes auseinanderzusetzen, die als eine Art *„Robin-Hood-Effekt"* bezeichnet werden können. Es handelt sich dabei um vordergründig positive Einstellungen, die sich aber paradoxerweise als Kehrseite gleichzeitig negativ auf den Wahrheitssinn auswirken, weil sie den moralischen Unwert der Lüge im Gesamtkontext legitimieren. Sie lauten: *Altruismus, Fairness, Mittelbarkeit und Anpassung.*

### 1. Altruismus

Warum diese bewundernswerte soziale Tugend der Wahrheitsliebe entgegensteht, erschließt sich dem aufmerksamen Leser nicht sofort. Dennoch fand Ariely in verschiedenen Untersuchungen heraus, dass die Vorstellung, anderen Menschen damit helfen zu können, die Bereitschaft zur Unwahrheit im Vergleich zur

---

[70] A.A. Studien des die davon ausgehen, dass die Disposition entscheidend auch von einer gewissen Hirnmasse abhängt; Lügner hätten danach im Durchschnitt 22 Prozent mehr weiße Gehirnsubstanz in den Stirnlappen der Großhirnrinde, vgl. http://www.spiegel.de/wissenschaft/meensch/studie-luegner-haben-andere-hirne-a-377606.html.

[71] *Ariely,* The Honest Truth About Dishonesty, New York, 2012.

[72] *Ariely,* aaO, S. 27.

[73] *Ariely,* aaO, S. 29 und S. 44.

[74] *Metzger,* FOCUS vom 7.12.1998, zitiert nach http://www.focus.de/intern/archiv/psychologie-das-geheimnis-der-luege_aid_172422.html.

[75] *Ariely,* aaO, S. 27; auch hier dürfte die Berufsgruppe der Anwälte besonders gefährdet sein.

bloßen Eigennützigkeit erheblich steigert. Dabei kommt es weniger auf das Näheverhältnis zu der betreffenden Person an, sondern vielmehr auf die allgemeine soziale Ader, für andere Menschen nützlich sein zu wollen[76] Entscheidend ist die in unserem Selbstbild als gute Menschen enthaltene Vorstellung, dass wir uns um andere kümmern.[77] Kommen dabei noch eigennützige Motive hinzu, ist der Hang zum Lügen am stärksten. Ariely schließt seine Untersuchungen mit dem Fazit: Es könne darauf hinauslaufen, dass die, die sich am meisten um ihre Mitmenschen kümmern, gleichzeitig am meisten lügen.[78]

Eng verbunden mit diesem Ergebnis ist die traditionelle Unterscheidung zwischen „guten" und „schlechten" Lügen. Diese kennt man unter anderem im angloamerikanischen Raum mit der „*white lie*" und der „*black lie*". Erstere gilt als gut und hilfreich, letztere als schlecht und verhinderswert.[79] Die Notlüge ist dabei eng mit der „*white lie*" verwandt. Hinter ihr steckt keine böse Absicht, sondern eine Notlage und ein guter Zweck. Die Schwäche der „*white lie*" ist allerdings, dass sie nur funktioniert, solange sie sich aufrechterhalten lässt, so dass sie weitere Anschlusslügen nach sich ziehen kann.[80] Wegen der zentralen Vorstellung des „*guten Motivs*" endet die Bereitschaft, anderen Leuten durch Lügen zu helfen, dort, wo Überwachung anfängt. Falls andere Menschen das unrechtmäßige Mittel beobachten, lässt sich das Selbstbild als guter Mensch eben nicht mehr aufrechterhalten.[81]

Nach § 3 Abs. 1, Abs. 3 BRAO ist der „*Rechtsanwalt der berufene unabhängige Berater und Vertreter in allen Rechtsangelegenheiten. Jeder hat ... das Recht, sich in Rechtsangelegenheiten durch einen Rechtsanwalt seiner Wahl beraten und ... vertreten zu lassen.*" Da es bei den „*Rechtsangelegenheiten*" – zumindest aus Sicht des Mandanten – in der Regel um existenzielle Probleme geht, sind die Erwartungen an den Anwalt entsprechend hoch. Diese bedient der Anwalt auch gezielt, um sich in den Augen des Mandanten, aber sicherlich auch in seinen eigenen Augen betreffend seine Funktion im Rechtsstreit zu legitimieren. „*Ihr Schutzengel hat Jura studiert*", „*Erklären Sie denen mal, dass das Radargerät falsch eingestellt war*", „*Es gibt nur einen unabhängigen Berater: Ihren Anwalt.*", „*Können Sie es sich leisten, keinen Anwalt zu haben?*", „*Schreiben Sie ihren Namen nur mit Hilfe Ihres Anwalts*" oder „*Rechte haben Sie auch ohne Anwalt, Recht bekommen nicht*" lauten vom DAV vorgeschlagene Werbeslogans.[82] Die Rolle des „*Beschützers der Hilflosen und Entrechteten*" auszufül-

---

[76] *Dan Ariely*, aaO, S. 226.
[77] *Dan Ariely*, aaO, 2012, S. 223.
[78] *Dan Ariely*, aaO, S. 233.
[79] *Mayer*, Lob der Lüge, 2007, S. 17.
[80] *Reinhard*, Unsere Lügengesellschaft, 2006, S. 112.
[81] *Ariely*, aaO, S. 227.
[82] http://anwaltverein.de/leistungen/werbung/werbekampagne/anzeigenpool/anzeigen-fuer-anwaltvereine.

len, ist nicht leicht. Nicht dass der Anwalt in dieser Funktion zielgerichtet eine Entschuldigung für unmoralisches Handeln suchen würde. Sie verleitet ihn, wie Ariely ausführt, aber unbewusst dazu, Grenzen der Wahrheit zu strapazieren. Die Vorstellung, zur Unterstützung hilfebedürftiger Menschen zu außergewöhnlichen Mitteln gegriffen zu haben, lässt das Selbstbild des Anwalts als ehrlichen und ehrenwerten Menschen weitgehend unberührt.

Zum anderen ist die Versuchung zur Lüge beim Anwalt damit verbunden, dass eine Überwachung bzw. straf- bzw. berufsgerichtliche Sanktionen in der Regel nicht stattfinden.[83] Bei steigenden Anwaltszahlen nehmen Anwaltsgerichtsverfahren eher ab.[84] Der Anwalt kann mit einer Unwahrheit scheinbar nur gewinnen und gerät unbewusst schnell in die Illusion der perfekten Lüge entsprechend der irischen Kaufmannsregel: *„Das Geheimnis des Geschäftserfolgs ist Ehrlichkeit. Wer die vortäuschen kann, ist ein gemachter Mann!"*[85] Danach kann eine Lüge, je besser sie gelingt, umso weniger als eine unmoralische Tat identifiziert werden. Für die anwaltliche Tätigkeit bedeutet dies, entweder das Gericht glaubt seiner *„Lüge"* und *„legitimiert"* sie durch eine entsprechende Entscheidung. Oder es glaubt sie nicht und verwirft sie als zulässiges Verfahrensmittel, ohne dass es zu einer persönlichen Schuldzuweisung gegenüber dem Anwalt kommt. Für die Anwaltschaft als Gesamtheit birgt dies die Gefahr, dass man sich aufgrund der niedrigen Zahl der festgestellten Verstöße sich immer einreden kann, dass Anwälte alles andere als *„normal"*, sondern sogar in außergewöhnlichem Maße wahrheitsliebend sind.

## 2. Fairness

Des Weiteren beobachtete Ariely bei seinen Experimenten, wie die Neigung zur Unehrlichkeit zunahm, sobald sich die Probanden schlecht behandelt fühlten.[86] Bemerkenswert ist, dass es den Probanden nicht um Rache im eigentlichen Sinne ging, also um einen gezielten Ausgleich eines zuvor erlittenen Unrechts.[87] Es genügte das diffuse Gefühl, vom Gegenüber nicht ausreichend respektiert zu werden, um daraufhin selbst zu unlauteren Mitteln zu greifen. Ariely nennt dies eine paradoxe Vorstellung von Fairness, weswegen sich Menschen mittels der Lüge zu revanchieren versuchen, um den eigenen Respekt und das Selbstbild als ehrliche und ehrenwerte Menschen wiederherstellen.[88]

---

[83] *Kleine-Cosack,* 9. Aufl., 2009, § 43a BRAO, Rn. 67; *Feuerich/Weyland – Böhnlein,* 8. Aufl., 2012, § 43a BRAO, Rn. 33.
[84] Vgl. *Singer,* AnwBl 2009, 393, 394.
[85] Zitiert bei *Schneider,* Die Wahrheit über die Lüge, 2012, S. 11.
[86] *Ariely,* aaO, S. 178.
[87] Rache mag sich eher auf einer rationalen Ebene abspielen.
[88] *Ariely,* aaO, S. 178.

Um diese Erkenntnis auf den Rechtsanwalt anzuwenden, muss man seine Rolle im Gerichtsverfahren in den Blick nehmen. Vor Gericht geht es um die *"Aufdeckung der Wahrheit"* und die *"Überführung von Lügnern"*. Bestimmende Kräfte sind Richter und Staatsanwalt. Egal ob Beibringungs- oder Amtsermittlungsgrundsatz, am Ende zählt einzig und allein die richterliche Überzeugung von der *"Wahrheit"*.[89] Nach dem Grundsatz „ius novit curia" ist darüber hinaus allein das Gericht für die Rechtsauslegung und -anwendung zuständig. Die Ermittlung des anzuwendenden Rechts wird als Gegenstand der freien richterlichen Forschung betrachtet, auf den die Parteien, also auch die Anwälte, keinen bestimmenden Einfluss haben sollen.[90]

Nicht selten wird dem Rechtsanwalt von Gericht und Staatsanwaltschaft das Gefühl vermittelt, dass er eigentlich überflüssig, vielleicht sogar störend sei. Wenn überhaupt, kommt ihm bei der Wahrheitsermittlung die Rolle eines *"Hilfsarbeiters"*, viel öfter aber die des *"Gegners"* zu. Schnell gerät der Anwalt, der seine Partei oder den Angeklagten zu schützen versucht, in eine Frontstellung zum Gericht. Schon das Bundesverfassungsgericht beschrieb den Zwiespalt des Anwalts wie folgt: *"Die Wahrnehmung dieser Aufgaben erlaubt es dem Anwalt ... nicht, immer schonend mit den Verfahrensbeteiligten umzugehen."*[91] Diese Frontstellung drängt den Anwalt zu Abwehr- und Ausgleichsmaßnahmen, die auch moralische Grenzen überschreiten können. In einem Zeitungsartikel der Süddeutschen Zeitung gesteht der Rechtsanwalt „Joachim": *"Ich bin nicht froh darüber, ständig lügen zu müssen, aber man gewöhnt sich daran. Für die Gerechtigkeit ist der Richter zuständig, ich muss versuchen, das Beste für meine Mandanten rauszuholen. Die meisten meiner Klienten haben wenig Chancen und ich wäre schnell arbeitslos."*[92]

Die Empfindung von Misstrauen und Hilflosigkeit kann beim Anwalt dazu führen, dass er sich nicht mehr der *"formellen Wahrheit"* der Rechtspflege, sondern ausschließlich nur noch der erfolgreichen *"subjektiven Wahrheit"* seines Mandanten verpflichtet fühlt. Mit ihr wehrt er sich außerdem gegen das Misstrauen des Gerichts und strebt einen Ausgleich zwischen dem vergeblich angestrebten Respekt und den vermeintlichen Rechten seines Mandanten an. Nicht unterschätzt werden darf dabei das psychologische Moment der *"Hilflosigkeit"* beim Anwalt, wenn er nur noch durch die *"Lüge"* Einfluss auf den Prozessausgang nehmen zu können glaubt. Der Anwalt wird sich immer wieder einreden,

---

[89] Vgl. *Schockenhoff*, Zur Lüge verdammt, 2. Aufl., 2005, der in seinem Kapitel „Wahrheitsfindung im Recht" (S. 355–401) gänzlich ohne die Erwähnung des Anwalts auskommt.

[90] MüKo-ZPO/Prütting, 3. Aufl., 2008, § 293 Rn. 2.

[91] BVerfG, AnwBl 1996, 538, 539.

[92] Zitiert nach *Odyniec*, http://www.sueddeutsche.de/wissen/gestaendnisse-ja-wir-luegen-1.910727.

dass die Wahrheitspflicht kein Selbstzweck sei, sondern nur ein Mittel zur Erreichung eines gerechten Urteils.[93]

Natürlich werden hier lediglich psychologische Muster beschrieben, die weder verallgemeinerungsfähig noch unvermeidlich sind. Abhilfe ist jedenfalls nur dadurch zu schaffen, dass Gericht und Staatsanwaltschaft dem Verteidiger als seriösem Gegenüber begegnen, aber ihn auch entsprechend erleben. Eine Lüge, mit welcher der Anwalt „auffliegt", wird jeden weiteren Tatsachenvortrag dem Misstrauen der Justiz aussetzen und damit für den Kampf des Verteidigers kontraproduktiv sein.[94] Am Ende wird niemandem geholfen sein, wenn vor Gericht mit den Waffen des Stärkeren anstatt mit den Mitteln des Rechts gekämpft wird.[95]

### 3. Mittelbarkeit

Eine dritte Entdeckung Arielys ist der psychologische Zusammenhang zwischen Tat und Schaden. Ariely fand heraus, dass mit der Anzahl von Zwischenschritten zwischen dem eigenen Beitrag, dem unehrlichen Akt an sich sowie dem eingetretenen Schaden die Hemmschwelle zum Lügen abnimmt. Je länger und unbestimmter die Kausalkette dem Handelnden erscheint, desto eher kann er sich innerlich der Verantwortung entziehen.[96] So erklärt sich kriminologisch auch die Zunahme von Internetstraftaten. Der Diebstahl von Geldscheinen aus einem Portemonnaie fällt den meisten Menschen eben schwerer als der einer PIN-Nummer mit anschließendem Kreditkartenbetrug.[97] Auch ist ein illegaler Download von urheberrechtlich geschützten Werken für den Einzelnen leichter zu rechtfertigen als der Plattendiebstahl im Geschäft. Letztlich geht es hier wieder darum, dass sich das Selbstbild als ehrlicher und ehrenwerter Mensch am besten dadurch aufrechterhalten lässt, dass man eine möglichst große Distanz zur Tathandlung und zum Schadenseintritt aufbaut.

Diese Distanz erlebt der Rechtsanwalt bereits dadurch, dass er den Sachverhalt nicht aus eigener Wahrnehmung kennen kann. Damit fehlt ihm bereits der für die Lüge erforderliche subjektive Bezugspunkt.[98] Er kann sich immer auf den inneren Standpunkt zurückziehen, dass sein Mandant die Verantwortung für die vorgetragenen falschen Tatsachen trägt – entweder weil dieser sie ihm ausdrücklich mitgeteilt oder „auf Nachfrage oder auf Zuraten" bestätigt hat. Sein ehrliches Selbstbild kann der Anwalt immer dadurch schützen, dass er jegliche „Schuldgefühle" an den Mandanten delegiert.

---

[93] *Kleine-Cosack,* AnwBl 2009, 495.
[94] *Wolf,* AnwBl. 2010, 725, 729.
[95] *Zuck,* NJW 2012, 1681, 1682.
[96] *Ariely,* aaO, S. 59.
[97] *Ariely,* aaO, S. 34.
[98] Vgl. *Reinhard,* Lügengesellschaft, S. 131.

Zum anderen gibt es keinen unmittelbaren Zusammenhang zwischen der anwaltlichen Lüge und dem angerichteten „*Schaden*". Die Entscheidung des Richters gründet sich auf seine Beweiswürdigung. Diese wiederum bezieht sich nicht auf den anwaltlichen Vortrag, sondern auf die jeweiligen Beweismittel und -regeln. Der Anwalt kann sich immer darauf berufen, für den „Schaden", z. B. die Durchsetzung eines unberechtigten Rechtsanspruchs oder die Abwehr eines berechtigten Rechtsanspruchs, selbst nicht verantwortlich zu sein. Im Gegenteil, letztlich legitimiert eine materiell falsche richterliche Entscheidung scheinbar seinen unwahren Vortrag.

Darüber hinaus wird der Anwalt nur selten mit dem „*Schaden*" konfrontiert, den er mit seiner Lüge angerichtet hat. Da das Ziel einer absoluten Wahrheit im gerichtlichen Verfahren fehlt, kann der Anwalt – vor allem, wenn er es schafft, seinen Blick auf den Einzelfall und die erreichten Erfolge zu verengen[99] – die Vorstellung, etwas Schlimmes angerichtet zu haben, völlig verdrängen. Existiert aber kein Schaden, greift die gängige Auffassung, dass eine Lüge, mit der man niemandem einen Schaden zufügt, moralisch nicht verwerflich sei.[100]

### 4. Anpassung

Als letzten Faktor, warum Menschen die Wahrheit sagen oder nicht, ermittelte Ariely die soziale Umgebung. Dabei meint er nicht den unbestrittenen langfristigen Einfluss prägender Bezugspersonen auf das Wertesystem des Einzelner nach dem Motto: „*Schlechter Umgang verdirbt die guten Sitten.*" Neu und überraschend ist die kurzfristige negative Auswirkung von Lügen, die im unmittelbaren Vorfeld der eigenen moralischen Entscheidung erlebt werden. Einzig und alleine der unbewusste Beobachtungsvorgang, wie Menschen lügen, setzt beim Betroffenen einen Nachahmungsprozess in Gang, da ihm unbewusst signalisiert wurde, dass man es mit der Wahrheit nicht so ernst zu nehmen braucht.[101] Dabei steigt die Anpassung, je stärker der Identifikations- und Solidaritätsgrad mit dem Lügner ist.[102] Langfristig werden durch die regelmäßige Beobachtung von Unehrlichkeiten im eigenen Umfeld Wertemaßstab und Selbstbild schleichend ausgehöhlt.[103] Dies deckt sich mit den Untersuchungen anderer Psychologen, die

---

[99] Abgesehen vom „Mitleid" mit dem Richter als Opfer, dessen Freiheit zur Entscheidung man durch die Falschbehauptung beeinträchtigt.

[100] *Stiegnitz,* ZEIT-Online vom 27.05.2011, zitiert nach http://www.zeit.de/sport/2011-05/armstrong-hamilton-doping-luege; auch der Rechtsphilosoph Hugo Grotius (1582–1645) unterschied zwischen den Begriff „*mendacium*" und „*falsiloquim*": Die Lüge *(medacium)* verletze immer das Recht des angesprochenen; liege keine Rechtsverletzung vor, handele es sich nur um eine Unwahrheit *(falsiloquim).*

[101] *Ariely,* aaO, S. 193 ff.

[102] *Ariely,* aaO, S. 206.

[103] *Ariely,* aaO, S. 215 auch mit Hinweis auf die Mechanismen der Finanzkrise.

den unmittelbaren Einfluss der Wertevorstellungen anderer auf unsere Ehrlichkeit bestätigen.[104]

Für den Rechtsanwalt bedeutet dies eine besondere Herausforderung im Hinblick auf seine Zusammenarbeit mit seinen Mandanten. Zwar soll keineswegs unterstellt werden, dass diese grundsätzlich, die Unwahrheit sagen. Im Ergebnis geht es hier allerdings auch nur um die Fälle, bei denen ein Mandant mit unlauteren Mitteln zum Erfolg zu gelangen versucht – durch erfundene, verzerrte, übertriebene und lückenhafte Sachverhalte. Entscheidend für den unbewussten Einfluss auf den Anwalt ist der Umstand, dass ihm, gleichgültig ob er seine Zweifel reflektiert oder nicht, ständig signalisiert wird, dass der Wahrheitstreue kein allzu hoher Wert einzuräumen sei. Verstärkend kommt hinzu, dass aufgrund der anwaltlichen Verschwiegenheitspflicht nach §§ 43a Abs. 2 BRAO, 203 Abs. 1 Nr.3 StGB es zu einer exklusiven mit dem Mandanten gemeinsam entwickelten Vorstellung von „Wahrheit" kommen kann, an deren Zuverlässigkeit der Anwalt selbst glauben will. Im Gesamtzusammenhang mit der ohnehin im Rechtsverkehr und Gerichtsprozess nur sehr brüchigen Wahrheit wird es größerer professioneller Widerstandskraft bedürfen, um sich von einem unehrlichen Einfluss des Mandanten frei zu machen. Der moralische „Standpunkt" des Anwalts ist im Ergebnis eng verknüpft mit dem seines Mandanten. Weil er Interessenvertreter ist, teilt er unweigerlich auch ein Stück des Ethos seines Mandanten.[105]

## IV. Ausblick

Zusammenfassend lässt sich feststellen, dass der Gesetzgeber mit § 43a Abs. 3 S. 2 BRAO zwar einen wichtigen Appell leistet. Eine Hoffnung, dass mit dieser Vorschrift die „Lüge" aus dem Berufsalltag des Anwalts verbannt wird, trügt allerdings. So stellt § 43a Abs. 3 S. 2 BRAO, wenn überhaupt, das „rechtsethische Minimum"[106] sicher, damit Anwaltsgerichte gegen die schlimmsten Auswüchse der Lüge im Rechtsverkehr vorgehen können. Darüber hinaus gehende Selbstverpflichtungen des Einzelnen, aber auch der organisierten Anwaltschaft, werden nur im Zusammenwirken mit Justiz und Gesellschaft erarbeitet werden können.

Trotz der Feststellung Kants „Die Lüge schadet der Menschheit überhaupt, indem sie die Rechtsquelle unbrauchbar macht"[107] kann es beim Streben um

---

[104] *Stiegnitz*, ZEIT-Online vom 27.05.2011, zitiert nach http://www.zeit.de/sport/2011-05/armstrong-hamilton-doping-luege; vgl. auch *Zittlau*, Berliner Morgenpost vom 14.05.2012, zitiert nach http://www.morgenpost.de/web-wissen/article106305867/Jeder-Mensch-luegt-mindestens-zwei-Mal-am-Tag.html.
[105] *Hirtz,* AnwBl 2006, 780, 783.
[106] Vgl. *Jellinek*, Die sozialethische Bedeutung von Recht, Unrecht und Strafe, 2. Aufl., 1908, S. 45.
[107] *Kant,* Über ein vermeintes Recht aus Menschenliebe zu lügen, 1797.

mehr Wahrheitsliebe im anwaltlichen Berufsalltag nicht um ein „*Entweder-Oder*" gehen: Die selbstsüchtige und rücksichtslose Situationsethik in einem sich immer weiter verschärfenden Wettbewerb auf der einen Seite und die kompromisslose heroische Selbstaufopferung des Anwalts auf der anderen Seite. Das zentrale Anliegen muss sein, vor dem Hintergrund der verschiedenen Herausforderungen sich immer wieder am Ideal der der Rechtspflege dienenden Anwaltschaft auszurichten und die langfristigen Auswirkungen für den Zugang zum Recht kritisch zu hinterfragen.[108] Der Beruf des Rechtsanwalts als ein staatlich gebundener Vertrauensberuf[109] wird auf Dauer keinen Bestand haben, wenn er nicht eben diesem Vertrauen gerecht wird, welches in ihn gesetzt wird.[110]

Vertrauen entsteht immer nur in langfristigen Prozessen. Bei Herodot lesen wir über die Sitten der Perser: „*Sie unterweisen die Knaben vom fünften bis zum zwanzigsten Jahr; aber nur drei Dinge lernen sie: Reiten, Bogenschießen und die Wahrheit sagen.*"[111] Ob die Einübung der Wahrheit bei der Anwaltschaft gelingt, hängt vorrangig vom einzelnen Rechtsanwalt ab und seinen vielfältigen Entscheidungen im Berufsalltag, die wiederum seinen Charakter und seine Persönlichkeit formen.[112] Dabei mag ihm eine ausdifferenzierte Kasuistik zum § 43a Abs. 3 S. 2 BRAO helfen, eine konkrete Berufsethik, auf deren Einhaltung die Anwaltschaft auch über rechtliche Sanktionen hinaus achtet, sowie das Grundvertrauen der Bürger, die im Anwalt einen „*Kämpfer für Recht und Gerechtigkeit*" sehen. Auch wenn nach der Bastille-Entscheidung die Ehrengerichte von den Anwaltsgerichten abgelöst wurden[113], wird man den Wahrheitssinn von Anwälten weiter weniger an gesetzlichen Normen messen können als an Vorstellungen von Moral und Ehre.

---

[108] *Wolf,* AnwBl. 2010, 725, 734.
[109] BVerfGE 38, 103, 105.
[110] *Ignor,* NJW 2011, 1537, 1539.
[111] *Reinhard,* Lügengesellschaft, S. 120.
[112] *Gaier/Wolf/Göcken – Zuck,* § 43a BRAO, Rn. 21.
[113] *Gaier/Wolf/Göcken – Zuck,* § 43a BRAO, Rn. 9.

# Das Hessische Gaststättenrecht seit 01.05.2012

Alexander Steiß

Dieser Aufsatz ist an der Begründung des Gesetzentwurfs orientiert und bezieht sich daher auch textlich auf diesen. Insofern sind textliche Übereinstimmungen nicht zu vermeiden.

## I. Geschichtliche Entwicklung des Gaststättenrechts

Das Gaststättenrecht blickt auf eine wechselvolle Geschichte vor allem im Spannungsverhältnis Regulierung – Deregulierung zurück. Der Blick soll sich richten auf die in den letzten Jahren vollzogenen Änderungen und Umbrüche. Bereits mit Wirkung zum 1.7.2005 hatte der Bundesgesetzgeber eine erste tiefgehende Deregulierung des Gaststättenrechts des Bundes vorgenommen. Durch das „Gesetz zur Umsetzung von Vorschlägen zu Bürokratieabbau und Deregulierung aus den Regionen" vom 21. Juni 2005 (BGBl. I S. 1666, 1669) wurde die Erlaubnispflicht für Beherbergungsbetriebe und Gaststätten *ohne Alkoholausschank* abgeschafft.

Der seinerzeit verfolgte Deregulierungsansatz war nichts Anderes als ein Systemwechsel, der die unmittelbaren Eingriffsmöglichkeiten der Behörden erschwerte und die seitdem bestehende Rechtslage mit Wertungswidersprüchen und logischen Brüchen belastete. Diese sollen nunmehr im Rahmen des Landesgaststättengesetzes durch Fortsetzung des 2005 eingeleiteten Deregulierungskurses beseitigt werden. Dass dies dem Landesgesetzgeber überhaupt möglich ist, resultiert aus der Förderalismusreform von 2006, in deren Zuge die sog. konkurrierende Gesetzgebung des Art. 74 Nr. 11 GG geändert wurde.

Der Wortlaut des Art. 74 Nr. 11 GG lautet seitdem:

„Das Recht der Wirtschaft (Bergbau, Industrie, Energiewirtschaft, Handwerk, Gewerbe, Handel, Bank- und Börsenwesen, privatrechtliches Versicherungswesen) *ohne das Recht des Ladenschlusses, der G a s t s t ä t t e n , der Spielhallen, der Schaustellung von Personen, der Messen, der Ausstellungen und der Märkte*".

Die *kursiv* gesetzten Aussagen wurden in diesem Zusammenhang neu eingefügt. Es wird somit deutlich, dass die Bundesländer u.a. das Gaststättenrecht in eigener Zuständigkeit regeln dürfen.

Die nunmehrige Regelung des Landesgesetzgebers setzt die 2005 eingeleitete Systematik weiter fort und verändert wesentliche Praktiken des Gaststättenrechts.

## II. Hintergründe der Regelungen im HGastG

Die Überlegungen des Landesgesetzgebers sollen zunächst übersichtlich wiedergegeben werden.

1. Die bisherige Erlaubnispflicht bei Alkoholausschank sollte nicht aufrecht erhalten bleiben, da hierin eine Ungleichbehandlung mit Gastgewerbetreibenden, die auf Alkoholausschank verzichteten und daher keine solche Konzession benötigten, erblickt wurde. Ausreichend soll es zukünftig vielmehr sein, bei Alkoholausschank ähnlich der Grundgedanken des § 38 GewO zu verfahren und die Anzeige nach § 14 GewO zum Anlass einer Überprüfung der Zuverlässigkeit zu machen. Um das Gefahrenpotential des Alkohols einzudämmen, wurde folgendes konkretisiert:

   - Ausdrückliche und eigenständige Erwähnung des Vorschubleistens von übermäßigem Alkoholkonsum als Unzuverlässigkeitsgrund (neben dem bisherigen Missbrauch von Alkohol – § 4 Abs. 1 Satz 1 HGastG);
   - ausdrückliches und bußgeldbewehrtes Verbot von Flatrate-Partys und sonstigen Billig-Alkohol-Veranstaltungen (§§ 11 Abs. 3 Nr. 5, 12 Abs. 1 Nr. 7 HGastG) bei gleichzeitiger signifikanter Erhöhung der einschlägigen Bußgeldobergrenze von 5.000 € auf 10.000 € (§ 12 Abs. 2 Satz 2 HGastG).

2. Das neue Gaststättenrecht wurde von sog. ortsbezogenen Voraussetzungen befreit, um Überschneidungen in den einzelnen Verantwortungsbereichen zu vermeiden. Versagungsgründe aus dem Gaststättengesetz des Bundes (§ 4 Absatz 1 Nr. 2 und Nr. 3) haben in das Gaststättengesetz des Landes keinen Eingang gefunden. Erreicht werden soll hierdurch eine Entflechtung behördlicher Zuständigkeiten und in der Konsequenz dessen eine Verbesserung der Rahmenbedingungen für effiziente Verfahrensabläufe.

3. Das HGastG verzichtet auf das Erfordernis des Unterrichtungsnachweises, notwendige lebensmittel-rechtliche Kenntnisse zu besitzen. Dieser Nachweis wurde regelmäßig durch die IHKs bescheinigt, wird nunmehr aber unter Verweis auf § 4 Absatz 1 der Lebensmittelhygiene-Verordnung als nicht mehr notwendig angesehen.

4. Als Konsequenz der Abschaffung der Erlaubnispflicht für den Alkohol-Ausschank werden die rechtlichen Rahmenbedingungen für Straußwirtschaften deutlich vereinfacht.

5. Zukünftig kommt es auch im Bezug auf gaststättenrechtliche Überlegungen auf eine Unterscheidung zwischen stehendem Gewerbe und Reisegewerbe im Sinne der Gewerbeordnung (GewO) an, da reisegewerbliche Gaststättentätigkeiten nunmehr nach den Vorschriften über das Reisegewerbe geregelt werden.

## III. Begriff der Gaststätte

Ein Gaststättengewerbe betreibt, gewerbsmäßig Getränke oder Speisen zum Verzehr an Ort und Stelle verabreicht, wenn der Betrieb jedermann oder bestimmten Personenkreisen zugänglich ist, § 1 Abs. 2 HGastG. Maßgeblich ist also vor allem eine enge räumliche und zeitliche Beziehung zwischen Verabreichen und Verzehr. Die Definition dient aber auch der Abgrenzung zu ausschließlich privaten Geselligkeiten.

## IV. Bisherige Rechtslage nach dem Gaststättengesetz des Bundes

Wer ein Gaststättengewerbe betreiben will, bedarf grundsätzlich der Erlaubnis, § 2 Abs. 1 BGastG. Allerdings ergeben sich erlaubnisfreie Betätigungen im Gaststättenbereich aus § 2 Abs. 2 und § 14 BGastG.

Grundsätzlich besteht ein subjektiv-öffentliches Recht auf Erteilung einer Gaststättenerlaubnis. Die Erlaubnis ist nur zu versagen, wenn einer der Gründe des § 4 Abs. 1 BGastG vorliegt.

§ 4 Abs. 1 Nr. 1 BGastG spricht von der erforderlichen Zuverlässigkeit des Antragstellers. Der unbestimmte Rechtsbegriff der Zulässigkeit ist relativ: Die eine Unzuverlässigkeit begründeten Tatsachen müssen in Bezug auf die angestrebte Betriebsart mit Wahrscheinlichkeit vermuten lassen, dass eine ordnungsgemäße Gewerbeausübung nicht zu erwarten ist. Widerruf und Rücknahme der Erlaubnis sind in § 15 BGastG geregelt.

## V. Abgrenzung des stehenden Gewerbes vom Reisegewerbe

Eine gewerbliche Tätigkeit kann als stehendes Gewerbe, als Reisegewerbe oder als Marktverkehr ausgeübt werden. Durch die Dreiteilung der gewerblichen Betätigung wird eine differenzierte Behandlung der verschiedenen Gewerbearten ermöglicht, wobei hier der Blick auf die Abgrenzung des stehenden Gewerbes vom Reisegewerbe gelegt werden soll. Gemäß dieser Dreiteilung ist die GewO in verschiedene Titel gegliedert. Die Vorschriften für eine Gewerbeart sind jeweils unter einem Titel zusammengefasst, sodass Vorschriften aus anderen Titeln *nicht* entsprechend angewandt werden können. Daher ist im Einzelfall festzustellen, welche Art gewerblicher Betätigung vorliegt, um die richtigen Vorschriften anzuwenden.

1. Stehendes Gewerbe (Titel II)

Die GewO definiert den Begriff „stehendes Gewerbe" nicht. Man könnte den Begriff zunächst wie folgt umschreiben:

Stehendes Gewerbe ist jede Tätigkeit, die weder Reisegewerbe noch Marktverkehr darstellt.

Das stehende Gewerbe ist nach § 14 GewO grundsätzlich nur anzeigepflichtig. Für bestimmte Gewerbearten ist eine Genehmigungspflicht notwendig, so wie bisher nach dem BGastG für Gaststätten mit Alkoholausschank.

2. Reisegewerbe (Titel III)

Besteht keine gewerbliche Niederlassung oder werden außerhalb einer solchen ohne vorherige Bestellung des Kunden Waren feilgeboten oder angekauft, Leistungen angeboten oder um Bestellungen nachgesucht, liegt ein Reisegewerbe vor (§ 55 GewO).

Die Abgrenzung des Reisegewerbes zum stehenden Gewerbe ist aufgrund der erschwerten Kontrollmöglichkeiten bei dessen Ausübung erforderlich, da umherziehende Personen in den häuslichen Bereich des Kunden unaufgefordert eindringen.

## VI. Konsequenzen im HGastG

Durch den früheren § 13 BGastG wurde die Anwendbarkeit der Vorschriften über das Reisegewerbe der Gewerbeordnung auf die im Reisegewerbe betriebenen Gaststätten ausgeschlossen. Dies vermied eine Kollision der Normen mit denen des BGastG. Die unterdessen im Herbst 2007 erfolgte Aufhebung des § 13 BGastG ermöglicht es den Ländern, im Rahmen etwaiger Landesgaststättengesetze Gaststätten im Reisegewerbe der Reisegewerbekartenpflicht nach der Gewerbeordnung zuzuführen.

Diesem Gedanken trägt das HGastG Rechnung. Ausgehend von dem Grundgedanken der Föderalismusreform werden jetzt die beiden Erscheinungsformen der Gastronomie unterschiedlichen Rechtskreisen zugeordnet. So wird das stehende Gewerbe wegen des in der Betriebsstätte verkörperten „lokalen Bezugs" landesrechtlich geregelt, während Gaststätten im Reisegewerbe aufgrund des Fehlens eines verfestigten lokalen Bezugs dem bundesrechtlichen Ordnungsrahmen des Titels III der Gewerbeordnung unterstellt werden. Die Gastgewerbetreibenden benötigen also eine Reisegewerbekarte (vgl. §§ 55, 57 GewO), müssen mithin im Gegensatz zu den Gastgewerbetreibenden mit einem stehenden Gewerbe eine Erlaubnispflicht erfüllen.

## VII. Begriff und Definition der „Zuverlässigkeit"

1. Zum Begriff

Der Begriff der „Zuverlässigkeit" ist einer der wichtigsten im gesamten Gewerberecht und somit auch im Gaststättenrecht. Es handelt sich um einen unbestimmten Rechtsbegriff, d.h., er ist von den Gerichten in vollem Umfange überprüfbar.

Aufgabe von § 1 Absatz 1 Satz 1 HGastG ist es, den Schutz der Öffentlichkeit vor unzuverlässigen Gastgewerbetreibenden sicherzustellen.

2. Definition

Gemeinhin ist als unzuverlässig anzusehen, wer mit Blick in die Zukunft ein bestimmtes Gewerbe nicht ordnungsgemäß betreiben wird. Dies ist aus dem Blickwinkel des Schutzes der Allgemeinheit zu betrachten und zu bewerten. Nicht jeder Verstoß wird automatisch zu einer Unzuverlässigkeit führen, auch nicht eine Mehrzahl kleinerer Verstöße. Durchaus maßgeblich ist die Frage, wie die Gesetzestreue des Gewerbetreibenden zu prognostizieren ist. Jedenfalls unbeachtlich ist ein etwaiges Verschulden, dieses kann zur Unzuverlässigkeit führen, ist aber keinesfalls Bedingung dafür.

Die in § 4 Absatz 1 HGastG genannten Merkmale sind Beispiele, die die geforderte Zuverlässigkeit näher illustrieren sollen. Auffällig im Vergleich zu der entsprechenden Regelung im BGastG ist, dass veraltete bzw. nicht mehr gebräuchliche Begriffe keine Verwendung mehr finden, ohne dass diese jedoch bedeutungslos werden. Zu beachten sein wird die hierzu ergangene Rechtsprechung ebenso wie im gleichen Hinblick auf die ansonsten von Literatur und Rechtsprechung entwickelten Grundsätze.

Auf einzelne Facetten soll der Blick im Sinne des Gesetzgebers besonders gerichtet werden.

a) Alkoholmissbrauch

Offensichtlich als Gegenpol zur Abschaffung der Konzessionserfordernis bei Alkoholausschank wird hier ein Schwerpunkt gelegt. Die gesellschaftliche Problematik des Alkoholkonsums wird stärker in den Mittelpunkt der Betrachtung gerückt, nicht nur schwerwiegende Fälle bilden sich in diesem Maßstab ab. Auch entsprechende, auf erheblichen Alkoholkonsum ausgelegte und kostentechnisch so gestaltete Veranstaltungen werden nunmehr stärker erfasst.

b) Gesundheits- und Lebensmittelrecht

Dieser umfassende Gesichtspunkt wird ebenfalls explizit genannt und macht deutlich, dass von den Gewerbetreibenden ebensolche Kenntnisse erwartet werden.

c) Straftaten/Ordnungswidrigkeiten

Nunmehr werden nicht mehr einzelne Straftatbestände wie im BGastG benannt. Straftaten und Ordnungswidrigkeiten werden gebündelt und das rechtstreue Verhalten an sich bzw. das Nichtbeachten dieser Normen sind der Maßstab für die Frage nach Zuverlässigkeit oder Unzuverlässigkeit.

## VIII. Überblick über die wesentlichen Neuregelungen

Die wohl wesentlichste Komponente der Neuregelungen ist der Wegfall der gaststättenrechtlichen Konzession beim Ausschank von Alkohol. Wie bereits dargelegt, verfolgt der Landesgesetzgeber hier die Richtung des Bundesgesetzgebers weiter, die dieser bereits 2005 mit der damaligen Neuregelung des BGastG vorgegeben hatte. Weitere Änderungen beziehen sich auf die ehemalige Gestattung, aber auch auf die Eingriffsmöglichkeiten nach § 4 HGastG.

## IX. Verzicht auf die gaststättenrechtliche Konzession

Durch den Verzicht auf die gaststättenrechtliche Konzession entfällt die hessische Besonderheit der Parallelzuständigkeit bei der Unzuverlässigkeit eines Gastgewerbetreibenden. Bisher erteilten (und entzogen) die Kommunen die gaststättenrechtliche Konzession, die Regierungspräsidien waren für die Untersagung des stehenden Gewerbes gemäß § 35 GewO zuständig. Nunmehr hat der Landesgesetzgeber mit dem HGastG klargestellt, dass es sich bei den in § 4 Abs. 1 HGastG normierten Regelungen um spezielle Untersagungsbestimmungen im Sinne von § 35 Abs. 8 GewO handelt, die die Anwendung des § 35 Abs. 1 GewO sperren. Festzuhalten ist damit, dass die Untersagung gastgewerblicher Tätigkeiten mit Ausnahme solcher im Reisegewerbe durch die Gaststättenbehörden erfolgt und somit nicht mehr nach § 35 GewO durch die Regierungspräsidien.

## X. Neuregelung der bisherigen Gestattung

§ 6 HGastG findet Anwendung auf die Gestattungsfälle des bisher geltenden § 12 BGastG. Dabei wird das Gestattungserfordernis ebenso wie die Erlaubnispflicht beim stehenden Gewerbe mit Alkoholausschank nicht mehr gefordert. Gleichwohl bleibt der zu Grunde liegende Anlass Causa für eine entsprechende Anzeige spätestens vier Wochen vor der Veranstaltung, § 6 Satz 1 HGastG. Dies gilt gemäß Satz 2 nicht für die dort geregelten Ausnahmen. Insbesondere § 6 Satz 1 Ziffer 4 HGastG soll den Behörden eine etwaige Einschätzung der Veranstaltung ermöglichen, um ggf. entsprechende Anordnungen nach § 10 Absatz 2 HGastG erlassen zu können. Auf Grund der logischen Nachfolge für § 12 BGastG kann die Rechtsprechung zu dieser Norm durchaus herangezogen werden.

Durch die Anzeigepflicht wird die zuständige Behörde über vorübergehende gastgewerbliche Aktivitäten in ihrem Bereich informiert und so in die Lage versetzt, derartige Veranstaltungen ggf. durch konkrete Kontrollen zu überwachen.

Ohne eine solche Anzeigepflicht bestünde dagegen die Gefahr, dass diese gastgewerblichen Tätigkeiten wegen ihrer vorübergehenden Natur jeglicher behördlichen Aufsicht entzogen wären. Im Einzelfall kann die Behörde von der Einhaltung der vierwöchigen Anzeigepflicht absehen.

## XI. Bescheinigung der Zuverlässigkeit

Gemäß § 3 Absatz 3 HGastG ist die festgestellte Zuverlässigkeit auf Verlangen zu bescheinigen. Hierbei handelt es sich nicht um einen Verwaltungsakt! Vielmehr beschränkt sich die Bescheinigung auf die Wiedergabe der in den überprüften Unterlagen enthaltenen Erkenntnisse. Enthalten die Unterlagen im für den Gastgewerbetreibenden im besten Falle keine Erkenntnisse, so wird genau dies bescheinigt. Dies macht gerade den Rechtscharakter der Bescheinigung aus. Es handelt sich um ein Instrument des Erkenntnistransfers und dient allem voran als Erkenntniszugang für Anliegen nach dem HGastG für weitere, spätere Verfahren oder gaststättenrechtlichen Anliegen gegenüber anderen hessischen Kommunen.

## XII. Verschiedene Eingriffsmöglichkeiten

Fehlt den Behörden nunmehr die Möglichkeit, unzuverlässigen Gastgewerbetreibenden die gaststättenrechtliche Konzession zu entziehen, so stehen dennoch Eingriffsmöglichkeiten zur Verfügung, wobei Aspekte des Ordnungswidrigkeitenrechtes zunächst zurück gestellt werden.

1. § 4 HGastG normiert die Untersagung gastgewerblicher Tätigkeiten bei Vorliegen einer Unzuverlässigkeit. Das Vorgehen nach § 4 Absatz 1 Satz 1 HGastG entspricht etwa dem Vorgehen gemäß § 35 GewO.

2. Neu gestaltet werden die Eingriffsmöglichkeiten durch § 4 Absatz 1 Satz 2 HGastG. Anders als in Satz 1 ermöglicht Satz 2 eine Untersagung schon im Vorfeld bei zu besorgender Unzuverlässigkeit des Gastgewerbetreibenden. Hierzu sind die Behörden bei entsprechender Ausgangslage sogar verpflichtet.

3. Die Untersagungsvorschrift des § 4 Abs. 1 Satz 1 HGastG soll nach dem Willen des Landesgesetzgebers bei allen gastgewerblichen Tätigkeiten im Sinne des § 1 Abs. 2 – also auch beim Betrieb von Straußwirtschaften (§ 5) und bei vorübergehender Ausübung des Gaststättengewerbes (§ 6) – zur Anwendung gelangen.

4. Schließlich kann (nicht muß) die Behörde gemäß § 4 Absatz 2 HGastG die Ausübung des Gaststättengewerbes untersagen, wenn die Gewerbeanzeige oder die Anzeigen nach § 5 Absatz 2 und § 6 HGastG nicht bzw. nicht ordnungsgemäß erstattet werden. Hier hat die Behörde also Ermessen. Diese behördliche Untersagungsmöglichkeit ist auch dann gegeben, wenn die nach

§ 3 Absatz 1 Satz 1 Nr. 1–4 erforderlichen Unterlagen pflichtwidrig nicht beigebracht werden.

5. Der Behörde bleibt es unbenommen, ggf. durch Anordnungen gemäß § 10 Absatz 2 HGastG eine Veranstaltung zu flankieren.

## XIII. Sanktionsmöglichkeiten nach den Maßstäben des Rechtes der Ordnungswidrigkeiten

Die Sanktionsmöglichkeiten nach den Maßstäben des Rechtes der Ordnungswidrigkeiten richten sich vor allem nach § 12 HGastG. Dessen Absatz 1 legt in den Ziffern 1–9 die einschlägigen Tatbestände fest. In Absatz 2 wird dargestellt, dass eine Geldbuße bis 10.000 € für entsprechende Ordnungswidrigkeiten erhoben werden kann. Damit geht § 12 Absatz 2 HGastG deutlich über den generellen Rahmen aus § 17 OwiG hinaus und diesem als lex specialis vor. Ausweislich § 12 Absatz 1 Satz 1 HGastG ist sowohl sie vorsätzliche, als auch die fahrlässige Begehensform zu sanktionieren. Da ein gemeinsamer Bußgeldrahmen in Absatz 2 normiert ist, ist im Hinblick auf den Zusammenhang zwischen Begehensform und Bußgeldhöhe § 17 Absatz 2 (ggf. auch Absatz 4!) OwiG zu beachten.

Die Abgrenzung zwischen Vorsatz und Fahrlässigkeit ist oftmals nicht ganz einfach, zumal es an einer Definition des Vorsatzes sowohl im HGastG als auch im OwiG fehlt. Lediglich § 11 Absatz 1 Satz 1 OwiG formuliert, in welchen Fällen gerade *kein* Vorsatz gegeben ist. Grundsätzlich gilt, dass vorsätzlich handelt, wer billigend in Kauf nimmt, dass er der tatbestandliche Erfolg eintritt, während der (nur) fahrlässige Täter darauf vertraut, dass der tatbestandliche Erfolg gerade nicht eintritt. Die Bewertung dieser Abgrenzung erfolgt an Hand einer „Parallelwertung in der Laiensphäre", also aus der Sicht eines objektiven Dritten.

## XIV. Die Situation der Straußwirtschaften

Die dargestellten Änderungen im Zuge der Umstellung vom BGastG zum HGastG haben den Landesgesetzgeber auch dazu bewogen, die rechtlichen Bedingungen für die Straußwirtschaften in der Verordnung über Zuständigkeiten nach der Gewerbeordnung und dem Gaststättengesetz zu modifizieren. Eine Vielzahl von Vorschriften, beispielhaft seien nur die räumlichen Vorgaben in § 4 der Verordnung genannt, wurden gestrichen.

Erhalten geblieben sind ausschließlich die Anzeigepflicht der Betreiber und die in diesem Zusammenhang von ihnen geforderten Angaben (siehe § 5 Abs. 2 HGastG) sowie die maximale Öffnungsdauer von vier Monaten im Jahr (§ 5 Abs. 1).

## XV. Bewertung und Ausblick

Wie jede neue Rechtslage begegnete auch diese Materie schon vor ihrer Umsetzung vielerlei Bedenken der Kommunen und in der Konsequenz auch der kommunalen Spitzenverbände. Wenig überraschend ist, dass die Bedenken zum Teil übertrieben waren, zum Teil aber in der Praxis nunmehr ihre Berechtigung dokumentiert wird. So ist die Ersetzung der ehemaligen Gestattung für den temporären Betrieb einer Gaststätte durch die nunmehrige generelle Anzeigepflicht auch bei Veranstaltungen ohne Alkoholausschank vier Wochen vor der Veranstaltung in der praktischen Umsetzung problematisch. Nicht selten wird diese Frist von Vereinen unterschritten, oft in Unkenntnis der neuen Rechtslage. De jure könnte nunmehr der entsprechende bußgeldrechtliche Tatbestand bemüht werden – ein Beitrag zur Motivation ehrenamtlichen Wirkens wird hierin aber kaum erblickt werden können.

Sinnvoll hingegen erscheint die ungefähre Angabe der erwarteten Besucherzahl, die Lehren aus der Katastrophe von Duisburg finden wohl hier ihren Niederschlag. Für die Anzeiger von Veranstaltungen ist gerade dies aber nicht immer einfach zu schätzen.

Die Abschaffung der Doppelzuständigkeit bei Unzuverlässigkeit, die nach altem Recht gegeben war, ist sinnvoll, bürdet den Kommunen jedoch jetzt die alleinige Entscheidung auf.

Das Abheben auf die heutigen gesellschaftlichen Realitäten insbesondere im Hinblick auf die Gefahren des Alkohols macht den Wert des Gesetzes aus. Das Ablösen überkommener Rechtsbegriffe aus dem Bundesgaststättenrecht, ohne mit der hierzu ergangenen Rechtsprechung zu brechen, ist zukunftsweisend und wappnet die Behörden für aktuelle Problemstellungen.

Ganz grundsätzlich ist die Frage zu stellen, ob es der Übersichtlichkeit der Gesetzeslage dienlich ist, in der Bundesrepublik Deutschland ggf. in jedem Bundesland ein eigenes Gaststättenrecht, ein eigenes Nichtraucherschutzrecht und ein eigenes Ladenöffnungsrecht (neben anderen denkbaren Rechtsetzungen) vorzufinden. Der verfassungsändernde Gesetzgeber hat dies mit der Föderalismusreform eindeutig beantwortet. Auf die Praxistauglichkeit darf man auch in den nächsten Jahren gespannt sein.

# Besorgte Bürger –
# ehemalige Sicherungsverwahrte in der Nachbarschaft

Christoph Ullrich

Aufgrund einer Entscheidung des Europäischen Gerichtshofes für Menschenrechte[1] kamen im Sommer 2010 innerhalb kurzer Zeit[2] drei kurzfristig aus der Sicherungsverwahrung entlassene Straftäter nach Marburg. Die auslösende Entscheidung des europäischen Gerichts führte zur Entlassung von Personen, die als gefährlich galten. Sie war rechtsstaatlich begründet aber für die Bürger schwer verständlich.

Nach zum Teil jahrzehntelanger Haft und anschließender Sicherungsverwahrung sowie nur mit kurzer Vorbereitung der Entlassung waren drei Männer plötzlich „Nachbarn" in einer überschaubaren Wohngegend. Missbrauch von Kindern, Vergewaltigung und Tötungsdelikte im Strafregister beunruhigten die Bürger sehr. Sie hatten Angst um sich und ihre Kinder. Die Justiz war gefordert im Hinblick auf die Bewährungshilfe, Führungsaufsicht, Strafvollstreckungskammer und ihre Zusammenarbeit mit vielen anderen Beteiligten.

Aufgrund der Entscheidung des Europäischen Gerichtshofs für Menschenrechte erfolgte die Entlassung von Straftätern, die kurz zuvor von Sachverständigen noch als gefährlich eingeschätzt worden waren. Hier ist es Aufgabe der Justiz, die Bürger ernst zu nehmen und sich der Sorgen anzunehmen. Justiz ist für die Bürger da.

## I. Was ist Sicherungsverwahrung

Das Gericht hat je nach vorangegangenem Delikt eine schuld- und tatangemessene Strafe festzusetzen. Nach Verbüßung einer angeordneten Haft ist der Täter freizulassen; unabhängig davon, ob er durch die Haft geläutert wurde und eine Rückfallgefahr nicht mehr gegeben ist.

Ergänzt wird dies durch die Sicherungsverwahrung, die im Deutschen Strafrecht eine sogenannte freiheitsentziehende „Maßregel der Besserung und Siche-

---

[1] Verfahren M. gegen Deutschland Nr. 19359/04, Entscheidung vom 17.12.2009, rechtskräftig seit 10.5.2010.
[2] 24.6.2010, 1.7.2010 und 20.7.2010.

rung" ist[3]. Die Sicherungsverwahrung zählt zu den in den letzten Jahren umstrittensten Rechtsinstituten im deutschen Strafrecht.

Die Sicherungsverwahrung kann angeordnet werden bei Wiederholungstätern und bei Ersttätern, sofern bestimmte Katalogstraftaten begangen wurden[4]. Die Details unterlagen in den letzten Jahren verschiedenen Veränderungen. Die Sicherungsverwahrung wird schuldunabhängig auf nicht geisteskranke oder nicht geistesgestörte Hangtäter angewendet, die für die Allgemeinheit gefährlich sind.

Nicht erfasst davon sind die aufgrund einer akuten Erkrankung andere gefährdenden Personen, für die das Hessische Freiheitsentziehungsgesetz[5] mit den Möglichkeiten einer geschlossenen Unterbringung eingreift. Diese Regelung verlangt allerdings eine akute und konkrete Gefährdung wesentlicher Rechtsgüter. Eine solche akute Gefährdung ist für die Unterbringung in der Sicherungsverwahrung nicht notwendig.

In Hessen ist die Justizvollzugsanstalt Schwalmstadt landesweit für die Vollstreckung der Sicherungsverwahrung zuständig. Die Unterbringung wird in Abständen von zwei Jahren durch die örtlich zuständigen Strafvollstreckungskammern, in der Regel des Landgerichts Marburg im Hinblick auf die örtliche Zuständigkeit, gerichtlich überprüft[6].

Die Sicherungsverwahrung ist nicht befristet[7]. Der Untergebrachte wird erst dann entlassen, wenn von ihm keine erheblichen Taten gegen andere Personen mehr zu erwarten sind. Die gerichtlichen Entscheidungen setzen die Begutachtung durch Sachverständige voraus.

Die Sicherungsverwahrung konnte nach früherem Recht nur gemeinsam mit der Verurteilung zur Freiheitsstrafe angeordnet werden. In Fällen, in denen sich die Gefährlichkeit des Verurteilten als Wiederholungs- oder Triebtäter erst nach der Verurteilung während der Haft herausstellte, musste nach früherer Rechtslage der Verurteilte trotzdem nach vollständiger Verbüßung seiner Haft in die Freiheit entlassen werden.

Der mit dieser Festschrift zu ehrende frühere Hessische Justizminister Wagner hat sich in seiner Amtszeit insbesondere in den Jahren 2000 bis 2002 intensiv für die Einrichtung der nachträglichen Sicherungsverwahrung eingesetzt. Der Verfasser dieses Beitrages war in den Jahren 2001 und 2002 Pressesprecher des Hessischen Ministeriums der Justiz.

---

[3] §§ 66 ff. StGB.
[4] § 66 Abs. 1 StGB.
[5] Gesetz über die Entziehung der Freiheit geisteskranker, geistesschwacher, rauschgift- oder alkoholsüchtiger Personen vom 19. Mai 1952, zuletzt geändert durch Artikel 48 des Gesetzes vom 15. Juli 1997.
[6] § 67a Abs. 4 StGB.
[7] Aktuelle Rechtslage; früher: 10 Jahre.

Im Vorfeld der Beratung des Bundesrates vom 21. Dezember 2000 hatte sich das Hessische Landeskabinett mit dem Thema beschäftigt und eine entsprechende Initiative beschlossen[8]:

„Es gibt Straftäter, bei denen sich die besondere Gefährlichkeit erst während des Strafvollzuges herausstellt. Hier muss die Möglichkeit geschaffen werden, auch nachträglich verhindern zu können, dass der Straftäter nach der Verbüßung seiner Haft entlassen und somit eine Gefahr für die Öffentlichkeit wird", erklärte Wagner im Dezember im Bundesrat in Berlin. Er zeigte sich erfreut darüber, dass sich nach dem heutigen Beschluss des Bundesrates die entsprechenden Ausschüsse mit dem Antrag befassten.

Mit der nachträglichen Sicherungsverwahrung würde die Möglichkeit geschaffen, Straftäter, deren besondere Gefährlichkeit sich erst in der Haft herausstellt, auch nach Verbüßung ihrer eigentlichen Strafe in Haft zu behalten. Bisher ist dies nur möglich, wenn die Sicherungsverwahrung schon Bestandteil der ursprünglichen Verurteilung ist. Hessen fordert mit seinem Bundesrats-Antrag die Bundesregierung zu entsprechendem gesetzgeberischen Handeln auf. Wagner bedauerte sehr, dass im Frühjahr 2000 entsprechende Gesetzesvorschläge, die auch von Hessen unterstützt wurden, im Bundesrat keine Mehrheit fanden. „Der Fall Frank Schmökel hat jetzt hoffentlich auch denjenigen Landesregierungen die Augen geöffnet, die bisher meinten, eine solche Regelung sei nicht erforderlich", sagte er. Hessen werde alles daran setzen, um die Bürger vor solchen Gewalttätern zu schützen, bei denen sich im Strafvollzug eine hohe Gefahr der Rückfälligkeit ergebe. „Jeder Fall in diesem Bereich ist ein Fall zuviel", betonte Wagner."

In der Sitzung des Bundesrates von 9. März 2001 sprach Justizminister Dr. Wagner unter anderem zwei aktuelle Fälle aus seinem Zuständigkeitsbereich an[9]:

„1. Ein 27-jähriger Verurteilter verbüßt derzeit eine Jugendstrafe von 10 Jahren wegen gemeinschaftlichen Mordes in vier Fällen. Das Strafende ist für den 13. März 2001 – also in vier Tagen! – notiert. Das eingeholte psychiatrische Gutachten sagt: Sozialprognose äußerst negativ: antisoziale Persönlichkeitsstörung. Aus diesem Grunde wird der Verurteilte erst zum Endstrafentermin aus dem Vollzug entlassen werden, ohne dass ihm vorbereitende Ausgänge, Urlaub oder offener Vollzug gewährt werden konnten. Wegen der mutmaßlich fortbestehenden Gefährlichkeit des Verurteilten ist eine Entlassung hier aber nicht zu verantworten.

Dennoch wird sie nach der lückenhaften Gesetzeslage erfolgen müssen.

2. Bei einem wegen Totschlags in Tateinheit mit versuchter Vergewaltigung und wegen schweren Raubes zu einer Gesamtfreiheitsstrafe von 15 Jahren Verurteilten konnte im Urteil ebenfalls keine Sicherungsverwahrung angeordnet werden. Während des Strafvollzugs stellte der Verurteilte im Rahmen einer gewährten Lockerung jedoch seine weiterhin bestehende Gefährlichkeit unter Beweis, indem er ohne jede Vorwarnung einen Mann mit einem gläsernen Bierseidel niederschlug. Das eingeholte Gutachten sagt: ungünstige Sozialprognose. Es empfahl dringend eine therapeutische Aufarbeitung. Der Verurteilte ließ es jedoch an jeglicher Therapiebereitschaft

---

[8] Pressemeldung Justizministerium Nr. 15/2001 vom 30. Januar 2001.
[9] Pressemeldung Justizministerium Nr. 37/2001 vom 9. März 2001.

mangeln. Vollzugslockerungen konnten aus diesem Grunde nicht gewährt werden. Auch hier: Es können kaum Zweifel an der nach wie vor von dem Verurteilten ausgehenden erheblichen Gefahr bestehen. Dennoch muss er aufgrund der geltenden Gesetzeslage nach Ablauf seiner Strafhaft entlassen werden."

In dieser Rede macht er Ausführungen zur Motivation betreffend dieses Gesetzgebungsvorhabens. Die Sicherheit der Bürger steht im Mittelpunkt und er führt aus[10]:

„Zum Abschluss ein paar Worte zum Grundsätzlichen: Der Blickwinkel des Rechtsstaates darf sich nicht ausschließlich auf den Täter und die Wahrung seiner Rechte verengen. Der Schutz der Allgemeinheit und damit auch der Schutz potentieller weiterer Opfer gehören nicht minder zu den Kernaufgaben des Rechtsstaates. Dieser Schutz aber verpflichtet den Bundesgesetzgeber zur Schaffung des Korrektivs der nachträglichen Sicherungsverwahrung. Die Schaffung der Voraussetzungen für eine nachträgliche Anordnung der Sicherungsverwahrung ist unumgänglich!"

Anlässlich einer weiteren Initiative erklärten Justizminister Wagner und der damalige Innenminister Bouffier am 22. Januar 2002[11]:

„Gefährliche Gewalttäter, die sich im Strafvollzug als nicht therapierbar erwiesen haben, sollen in Hessen auch nach Verbüßung der Strafe ‚hinter Schloss und Riegel' bleiben. Das ist das Ziel von Gesetzesinitiativen der Landesregierung auf Bundesrats- und Landesebene. ‚Das geltende Strafrecht schützt die Bürgerinnen und Bürger vor gefährlichen Straftätern insbesondere vor Sexualstraftätern nur lückenhaft. Dies wollen wir ändern. Der Schutz der Bürger ist uns sehr wichtig', erklärten heute Justizminister Dr. Christean Wagner und Innenminister Volker Bouffier in Wiesbaden anlässlich der Übergabe des Berichts einer gemeinsamen Arbeitsgruppe von Justiz- und Innenministerium an die Minister. ...

Leider seien vorangegangene Anträge im Bundesrat und von der Bundesregierung abgelehnt worden. ‚Die Bürgerinnen und Bürger in Hessen müssen wegen der Untätigkeit der Bundesregierung mit dem täglichen Risiko von tickenden Zeitbomben leben. Jetzt wird sich zeigen, ob die vorgegebenen Bedenken der Bundesregierung ernst gemeint waren oder nur vorgeschoben', betonte Wagner. Jetzt sei eine für alle annehmbare Lösung gefunden."

Letztlich waren die Bemühungen erfolgreich und es kam zur Erweiterung der Möglichkeiten zur Anordnung einer nachträglichen Sicherungsverwahrung[12].

Im Hinblick auf die damalige öffentliche Diskussion und den erweiterten Anwendungsbereich, der Sicherungsverwahrung kam es zu einer erheblichen Ausweitung dieser Maßnahme. Nach Zahlen, die auf dem Symposium zur Sicherungsverwahrung[13] des Hessischen Justizministeriums am 20. August 2012 veröffentlicht wurden, gab es im Jahre 2000 bundesweit 183 in der Sicherungsver-

---

[10] Justizministerium, Pressemeldung Nr. 37/2001 vom 9. März 2001.
[11] Presseinformation 5/2002 des Hessischen Ministeriums der Justiz vom 22.1.2002.
[12] § 66b StGB.
[13] Vgl. Pressemeldung Justizministerium vom 20.8.2012.

wahrung einsitzende Personen; während diese Zahl bis zum Jahre 2010 auf 536 anstieg. Die Anzahl der Verurteilungen zur Sicherungsverwahrung waren in den Neunziger Jahren bei ca. 30 im Jahr und stiegen im Jahre 2010 auf 101.

Die Sicherungsverwahrung wird – wie die Strafhaft – bisher in allgemeinen Justizvollzugsanstalten vollzogen. In Hessen ist dafür in der Regel die Justizvollzugsanstalt Schwalmstadt zuständig. Den Sicherungsverwahrten werden jedoch zusätzliche Hafterleichterungen gewährt. Ihr Aufenthalt knüpft nicht an ihre Schuld an sondern sie befinden sich dort lediglich zum Schutze der Allgemeinheit im Hinblick auf die von Ihnen ausgehende Gefährlichkeit. Der Sicherungsverwahrte erbringt somit ein Sonderopfer, da er durch die Strafhaft seine Strafe vor Antritt der Sicherungsverwahrung vollständig verbüßt hat. Im Hinblick darauf haben die Sicherungsverwahrten auch in den Haftanstalten größere Freiheiten als Inhaftierte.

## II. Warum entlassen?

Einer der drei letztlich nach Marburg entlassenen Straftäter hatte beim Europäischen Gerichtshof für Menschenrechte (EGMR) die Entscheidung vom 17. Dezember 2009[14] erreicht, wonach die bei ihm gegebene besondere Verletzung der Sicherungsverwahrung gegen die Europäische Menschenrechtskonvention verstößt. Der Europäische Gerichtshof war der Auffassung, dass die Sicherungsverwahrung als eine „Strafe" anzusehen sei. Sie unterscheide sich nur unmaßgeblich von der Strafhaft.

Im Ergebnis führte dies dazu, dass in Hessen insgesamt sieben Straftäter frei kamen, bei denen die bisherigen regelmäßig durchzuführenden Überprüfungen der Gefährlichkeit ergeben hatten, dass sie für eine Freilassung nicht geeignet waren. Die Haftentlassungen erfolgten ohne dass hier die übliche und notwendige umfangreiche Entlassungsvorbereitung durchgeführt werden konnte. Die Gefangenen hatten zum Teil Jahrzehnte hinter Gittern verbracht und waren kaum auf ein Leben in der Freiheit vorbereitet unabhängig von der Frage ihrer Gefährlichkeit. In anderen Bundesländern kam es zur Entlassung von Personen, bei denen im Hinblick auf die Gefährlichkeit eine Rund-um-die-Uhr-Betreuung durch ein ganzes Kommando von Polizeikräften erforderlich war, um eine Gefährdung der Bürger zu verhindern.

In den Medien wurden diese Entscheidungen des Europäischen Gerichtshofes für Menschenrechte und die darauf folgenden Entlassungen sehr kritisch gewertet. Die politischen Parteien diskutierten heftig, wie Nachfolgeregelungen für die unwirksam erachtete Form der Sicherungsverwahrung eingeführt werden könnten.

---

[14] Verfahren M. gegen Deutschland Nr. 19359/04, Entscheidung vom 17.12.2009, rechtskräftig seit 10.5.2010.

In dieser Stimmung kam es zur Entlassung von drei Straftätern innerhalb weniger Wochen nach Marburg.

### III. Wer kam nach Marburg?

Am 24. Juni 2010 traf *Herr M.* in Marburg ein. Er hatte das Verfahren bei dem Europäischen Gerichtshof für Menschenrechte betrieben und war der erste hessische Sicherungsverwahrte, der auf diesem Wege die Freiheit erlangte.

Herr M. war zuletzt im Jahr 1986 vom Landgericht Marburg wegen versuchten Mordes in Tateinheit mit Raub zu einer Freiheitsstrafe von fünf Jahren und anschließender Sicherungsverwahrung verurteilt worden. Sieben Vorstrafen, zunächst wegen Eigentumsdelikten und später auch Haftstrafen wegen Raub- und Körperverletzungsdelikten kamen hinzu. Die zuletzt angeordnete Freiheitsstrafe war 1991 vollständig vollstreckt und seit der Zeit befand sich Herr M. in Sicherungsverwahrung.

Am 1. Juli 2010 folgte ihm *Herr K.*, geb. 1954, und zuletzt 1996 vom Landgericht Limburg wegen sexuellen Missbrauchs eines Kindes in zwei Fällen sowie wegen Straßenverkehrsdelikten zu einer Gesamtfreiheitsstrafe von drei Jahren und neun Monaten verurteilt. Zusätzlich wurde die Sicherungsverwahrung angeordnet. Vorangegangen waren Vorstrafen wegen sexuellen Missbrauchs von Kindern und wegen Mordes eines sechsjährigen Kindes zu einer Jugendstrafe von 8 Jahren und 8 Monaten.

Zur Gefährdung und zur Persönlichkeitsstruktur des Entlassenen ist in einer Drucksache des Landtages[15] zu lesen:

„Der Sicherungsverwahrte K. hat während seiner Unterbringung in der Justizvollzugsanstalt Schwalmstadt drei Ausführungen erhalten. Die geringe Anzahl der vollzugsöffnenden Maßnahmen ist in der fehlenden Aufarbeitung der kriminogenen Persönlichkeitsfaktoren begründet. Gutachterlich war am 27. März 2009 festgestellt worden, dass bei Herrn K. zunächst eine nicht näher bezeichnete Störung des Sozialverhaltens vorgelegen habe, die dann in eine dissoziale Persönlichkeitsstörung übergegangen sei. Der Sachverständige legte dar, dass sowohl die allgemeinen Merkmale der Persönlichkeitsstörung vorlägen, wie auch die spezifischen für eine dissoziale Persönlichkeitsstörung. Die Prüfung zur Einschätzung des Risikos habe ergeben, dass im Fall des Herrn K. von einer hohen Rückfallwahrscheinlichkeit auszugehen sei, wobei Herr K. nicht den Typ des intelligenten und gerissenen Psychopathen verkörpere, sondern in seinen Selbstdarstellungen, seiner Empathielosigkeit und seiner Impulsivität auf dem Boden einer intellektuellen Mangelausstattung eine gereifte Form der dissozialen Persönlichkeitsstörung zeige. Es seien mit hoher Wahrscheinlichkeit gleichartige Strafen wie im Einweisungsurteil – Herr K. war wegen sexuellen Missbrauchs von Kindern verurteilt worden – zu erwarten. Ein Szenario für eine Risiko-

---

[15] Drucksache 18/2664 des Hessischen Landtages, Antwort des Justizministeriums aufgrund einer kleinen Anfrage.

beschränkung war nicht erkennbar, weil Herr K. keinerlei Einsicht und Behandlungswillen hat erkennen lassen."

Am 20. Juli 2010 kam als dritter Entlassener *Herr B.* dazu. Herr B., geb. 1952, wurde zuletzt durch Urteil des Landgerichts Darmstadt von 1986 zu acht Jahren Freiheitsstrafe und anschließender Sicherungsverwahrung wegen versuchter Vergewaltigung, sexueller Nötigung, vorsätzlicher Körperverletzung und weiterer Delikte verurteilt. Sieben weitere Verurteilungen wegen Eigentumsdelikten und insbesondere zwei Verurteilungen wegen Vergewaltigung gingen dem voraus.

Diese drei Personen entschieden sich bei ihrer Haftentlassung ihren Wohnsitz in Marburg zu nehmen. Rechtlich gab es weder durch das Gericht noch durch die Bewährungshilfe Möglichkeiten den drei Männern einen konkreten (anderen) Aufenthaltsort vorzuschreiben.

### IV. Situation in Marburg

Die beiden zunächst entlassenen Personen M. und K. hatten zunächst ihren Wohnsitz in einer Pension in einem am Stadtrand gelegenen Ortsteil[16]. Der zuletzt Entlassene, Herr B., wohnte zunächst einige Tage in einem Hotel in einem anderen Teil der Stadt und bezog dann eine Wohnung in einer Unterkunftseinrichtung der Stadt Marburg für Obdachlose.

Sämtliche Personen wurden von der Bewährungshilfe beim Landgericht Marburg bereits kurz vor der Haftentlassung in der Justizvollzugsanstalt aufgesucht und dann bereits am Gefängnistor abgeholt und zu ihren jeweiligen, zuvor von der Haftanstalt organisierten, Unterkünften gebracht.

Alle aus der Sicherungsverwahrung entlassenen Personen standen unter Führungsaufsicht[17], zu deren näherer Ausgestaltung Beschlüsse durch die Strafvollstreckungskammer des Landgerichts Marburg ergangen sind. Die Weisungen wurden individuell abgestimmt und sahen unter anderem vor, dass sich die Probanden mindestens einmal wöchentlich bei der Bewährungshilfe melden mussten, dass regelmäßige Hausbesuche durch die Bewährungshilfe erfolgten sollten. Jeder Wohnsitzwechsel war zu melden und zunächst durfte der Wohnort auch nicht ohne Erlaubnis der Führungsaufsichtsstelle verlassen werden. Sie waren verpflichtet sich bei der Arbeitsagentur zu melden und mussten jeden Wechsel einer eventuellen Arbeitsstelle mitteilen. Ihnen war das Mitführen von Waffen und gefährlichen Gegenständen verboten und bei entsprechender Vorbelastung erhielten sie das Verbot alkoholische Getränke zu konsumieren. Im Einzelfall kamen bestimmte Aufenthalts- und Kontaktverbote hinzu, die sich aus den früheren Straftaten der Verurteilten ergaben.

---

[16] „Stadtwald", Marburg, Stadtteil Ockershausen.
[17] § 68 ff. StGB.

Durch die Führungsaufsicht hatte die Bewährungshilfe die Möglichkeit ganz gezielt auf die Probanden einzuwirken. Da die Auflagen Gegenstand des Beschlusses über die Ausgestaltung der Führungsaufsicht waren, wäre ein eventueller Verstoß dagegen eine Straftat[18].

Das Landgericht Marburg war mit der Entlassung über die Strafvollstreckungskammer befasst, die neben der Entscheidung über die Entlassung auch die Ausgestaltung der Führungsaufsicht regelte und die entsprechenden Anordnungen getroffen hat. Es oblag der Führungsaufsichtsstelle beim Landgericht Marburg die Einhaltung dieser Auflagen zu überwachen. Die Bewährungshilfe beim Landgericht Marburg hatte die Entlassenen zu betreuen.

Das Hessische Ministerium der Justiz richtete im Jahre 2008 als gesondertes Sachgebiet innerhalb der Bewährungshilfe das Sicherheitsmanagement ein. Vom Sicherheitsmanagement werden seit dieser Zeit alle Sexualstraftäter in Hessen betreut, die unter Bewährungs- oder Führungsaufsicht stehen. Die entlassenen Sicherungsverwahrten wurden ebenfalls von diesen speziell geschulten und besonders qualifizierten Mitarbeitern betreut. Im Sicherheitsmanagement werden die Probanden zu Beginn nach ihrer Gefährlichkeit in Kategorien eingeteilt. Danach orientiert sich die Intensität der Betreuung und die Häufigkeit der Kontakte[19] des Bewährungshelfers. Die Kontakte finden sowohl am Dienstsitz als auch im häuslichen Umfeld des Probanden statt. Dafür wurden im Landeshaushalt zusätzliche Stellen für Bewährungshelfer bewilligt. Umfangreiche hochqualifizierte Fortbildungsmaßnahmen erfolgten mit der Einrichtung des Sicherheitsmanagements.

Die drei nach Marburg entlassenen ehemaligen Sicherungsverwahrten wurden in der Anfangszeit ihres Aufenthalts in Marburg fast täglich von den Bewährungshelfern vielfältig unterstützt aber auch kontrolliert. Im Vordergrund standen zunächst Angelegenheiten des Alltags, von der Meldung bei den entsprechenden Behörden bis zum Umgang mit Fahrplänen und öffentlichen Verkehrsmitteln sowie aktuelle Telefontechnik.

### V. Sorgen der Bürger

Die in Marburg ansässige Oberhessische Presse als lokale Heimatzeitung begleitete die Entlassung der Sicherungsverwahrten von Anbeginn an mit umfangreichen Artikeln zum Teil bereits auf der Titelseite.

Die Stimmung wurde geprägt von Überschriften wie „Als gefährlich eingestufter Mann jetzt frei", „Entlassene Gewalttäter leben in Marburg", „Besorgte An-

---

[18] § 145a StGB.
[19] Zwischen wöchentlichen Kontakten bei sehr gefährlichen Tätern bis hin zu monatlichen Gesprächen bei weniger gefährlichen Probanden, die schon länger problemlos betreut wurden.

fragen von Bürgern", „Straftäter sollen weg", „Wir leben in einem Geisterviertel" oder „Bürger prangern Ex-Sextäter an".

In der ersten Zeit nach Entlassung der beiden Männer in den Ortsteil „Stadtwald" verging kaum ein Tag, an dem es nicht einen Bericht in der heimischen Presse gab. Dies wurde ergänzt um Radio- und Fernsehbeiträge verschiedener überregionaler öffentlich rechtlicher und privater Sender.

Zu dem journalistischen Interesse kamen die Aktivitäten von Ortsbeirat und diversen Gruppierungen und Organisationen, die sich um die Lage im „Stadtwald" sorgten und versuchten einen Wegzug der entlassenen Sicherungsverwahrten zu erreichen.

Die Stimmung heizte sich auf und viele Bürger hatten Angst sich in der Nähe der Pension, in der M. und K. untergebracht waren, aufzuhalten und erst recht ihre Kinder alleine auf die Straße zu lassen.

## VI. Bürger mit der Angst nicht alleine lassen

Aufgrund der Entscheidung des Europäischen Gerichtshofs für Menschenrechte erfolgte die Entlassung von Straftätern, die kurz zuvor von Sachverständigen noch als gefährlich eingeschätzt worden waren. Hier war es Aufgabe der Justiz, die Bürger ernst zu nehmen und sich der Sorgen anzunehmen.

Bereits bei dem ersten nichtöffentlichen Treffen auf Initiative von Oberbürgermeister Vaupel hat neben einem Mitarbeiter des Justizministeriums auch der Verfasser dieses Beitrages in seiner Funktion als Präsident des Landgerichts teilgenommen. Daneben waren dort Vertreter von Kirchen, Schulen, Stadtteilgemeinde und anderen Einrichtungen sowie von verschiedenen Stellen der Stadt anwesend. Die heimische Polizei war ebenfalls hochrangig vertreten.

Hier – wie auch bei vielen anderen Gesprächen/Versammlungen mit unmittelbar betroffenen Bürgern – zeigte sich, dass das Auftreten hochrangiger Vertreter von Polizei und Justiz aus verschiedenen Gründen sinnvoll ist.

In der von Emotionen besetzten Lage wurden viele „Geschichten" erzählt und weiter erzählt. Manch schauerliche „Tatsache" oder Vermutung schürte weiter die Angst der Beteiligten. Durch das Auftreten kompetenter Vertreter und deren offenen Stellungnahmen konnten etliche beängstigende Fehlvorstellungen beseitigt werden. Auch unter Wahrung des Datenschutzes im Hinblick auf die entlassenen Straftäter und in Kenntnis von deren privater und strafrechtlicher Lebensgeschichte war es möglich einige „Vermutungen" und „Informationen", die sich über das Prinzip der „stillen Post" weiter verbreitet hatten, gerade zu rücken.

Ich konnte feststellen, dass die Bürger offizielle Stellen suchten, bei denen sie ihre Ängste äußern konnten. Hier war es wichtig zuzuhören und den Ärger der Bürger zur Kenntnis zu nehmen. Es ist Aufgabe von Führungskräften der Justiz hier auch gegebenenfalls die Sorgen und auch die Beschimpfungen der Bürger zur Kenntnis zu nehmen und auszuhalten. Bürger, die mit ihren Ängsten alleine gelassen werden, fühlen sich von den staatlichen Stellen nicht ausreichend erst genommen in ihrer schwierigen Lage.

Bereits bei diesen ersten inoffiziellen Treffen habe ich für die Justiz erklärt, dass ich jederzeit zu Gesprächen/Informationsveranstaltungen und sonstigen Hilfestellungen bereit bin.

Als Justiz ist es erforderlich nicht nur zu reagieren sondern auch zu agieren. Aufgrund eines kleinen einspaltigen Artikels über die Sitzung des Ortsbeirates des Stadtteils Ockershausen[20], in dem die Herren K. und M. untergebracht waren, ergab sich, dass dieses Gremium sich unter anderem mit den entlassenen Straftätern in seiner öffentlichen Sitzung am nächsten Tag beschäftigte. Ich habe daraufhin sofort Kontakt mit dem Ortsvorsteher, Herrn Schneider aufgenommen und meine Teilnahme an der Sitzung angekündigt/angeboten. Die Polizei konnte ebenfalls motiviert werden zu diesem Termin zu kommen.

In dieser von vielen Bürgern besuchten Sitzung zeigte sich erneut, dass mit Informationen etliche Ängste abgemildert werden konnten und zudem intensiv über die Arbeit der Bewährungshilfe/des Sicherheitsmanagements informiert werden konnte. Meine in verschiedenen Varianten immer wieder vorgebrachte Aussage war, dass wir als Justiz und Bewährungshilfe mit qualifizierten und engagierten Bewährungshelfern an den Probanden dran sind und diese intensiv und fachlich hoch qualifiziert betreuen, um Rückfälle zu verhindern. Garantieren können wir dies aber nicht. Nähere Ausführungen zum Tätigkeitsgebiet der Bewährungshilfe und zur Qualifikation der im Sicherheitsmanagement eingesetzten Mitarbeiterinnen und Mitarbeiter waren dabei hilfreich.

Von Seiten der Polizei wurde ähnlich verfahren und über die umfangreichen Bemühungen berichtet, ohne dass dabei Details der nichtöffentlichen Einsatzplanung verbreitet werden mussten.

Die weiteren Institutionen, die mit Entlassung und Betreuung der Probanden befasst waren und nicht anwesend waren, wurden heftig kritisiert und hatten keine Gelegenheit über ihre ebenfalls qualifizierte Arbeit zu berichten.

Zur dann folgenden Bürgerversammlung, die vom Ortsbeirat organisiert wurde, hieß es bereits in der Unterzeile des Vorberichtes der heimischen Presse[21]: „Im Stadtwald informieren heute Polizei und Justiz über Ex-Sicherungsverwahrte."

Die von Oberbürgermeister Vaupel geleitete öffentliche Veranstaltung mit weit mehr als 100 Besuchern, etlichen Journalisten und dem Kamerateam eines Pri-

---

[20] Oberhessische Presse, 16.8.2010.
[21] Oberhessische Presse, 30.9.2010.

vatsenders verlief stellenweise sehr emotional aber insgesamt geordnet und sachlich. Die Bürger konnten ihre Sorgen und Ängste äußern. Die Vertreter der beteiligten Behörden und Institutionen standen dazu Rede und Antwort und berichteten über ihre Maßnahmen zum Schutz der Bürger. Für die Justiz habe ich immer wieder darauf hingewiesen, dass wir mit dem Sicherheitsmanagement speziell ausgebildete und besonders engagierte Mitarbeiter haben, die sich intensiv um die entlassenen Sicherungsverwahrten kümmern.

Die Herren K. und M. waren zwischenzeitlich in dem Stadtteil auch bekannt und wurden intensiv von den Bürgern beobachtet. Im Hinblick darauf habe ich immer in öffentlichen Veranstaltungen erwähnt, dass ich jederzeit als Ansprechpartner zur Verfügung stehe für ein verdächtiges Verhalten der Herren, damit gegebenenfalls über die Bewährungshilfe auf die Männer einwirkt werden kann.

Dies erfolgte nicht zuletzt im Hinblick auf ein immer wieder auftauchendes Gerücht, wonach der entlassene Sicherungsverwahrte K., der mehrfach wegen sexuellen Missbrauchs von Kindern verurteilt worden war, angeblich in der Nähe von Schulen gesehen worden war. Weder Polizei noch Justiz wurden Einzelheiten dazu bekannt. Auch von Seiten der um Information gebetenen Bürger kamen keine weiteren Hinweise. Letztlich konnte nur festgestellt werden, dass Herr K. als Fußgänger auf dem Bürgersteig vor einer der in Marburg zahlreich vorhandenen Schulen unterwegs gewesen ist. Von einem dabei in irgendeiner Weise ungewöhnlichen oder auffälligen Verhalten konnte niemand berichten.

Bei diversen weiteren Gelegenheiten verwies ich für die Justiz auf unsere vorzeigenswerte Arbeit und stand als Ansprechpartner für die Sorgen der Bürger zur Verfügung.

Die Justiz sollte in der Öffentlichkeit von einem hochrangigen örtlichen Repräsentanten vertreten werden. Der den Vorgang bearbeitende Bewährungshelfer oder der nach der Veranstaltung wieder abreisende Vertreter des Ministeriums sind dafür weniger gut geeignet. Justiz ist für die Bürger da. Dies gilt gerade dann, wenn die Bürger Sorgen und berechtigte Ängste haben. Dabei müssen wir auch aushalten, dass die Bürger kritische Fragen stellen und eigentlich die Anwesenheit von entlassenen Sicherungsverwahrten in ihrer Nachbarschaft nicht wollen.

Während der ganzen Zeit war die Zusammenarbeit der beteiligten Stellen, insbesondere Stadt, Polizei und Justiz sehr gut. Offene Fragen wurden unkompliziert und direkt miteinander besprochen. Unter Wahrung von Datenschutz und der jeweiligen Aufgabe erfolgte ein völlig unkomplizierter Austausch von Wissen. Dies erleichterte die Betreuung der Sicherungsverwahrten stark und verbesserte die Möglichkeiten die Sorgen und Ängste der Bürger zu berücksichtigen und dem entgegen zu wirken. Dabei wuchs ständig das Verständnis für die jeweilige Aufgabe der Beteiligten und deren Gestaltungsmöglichkeiten.

## VII. Wie ging es weiter?

Nach nunmehr mehr als zwei Jahren[22] seit der Entlassung der drei Sicherungsverwahrten ist festzuhalten, dass sich die Herren M. und K. noch in der Stadt Marburg aufhalten. Herr M. hat zwischenzeitlich einen unbefristeten Arbeitsvertrag und lebt mit seiner Ehefrau zusammen, die er nach Haftentlassung kennengelernt und geheiratet hat. Herr K. hielt sich rund zwei Jahre in der Pension auf, wo er für deren Inhaberin diverse handwerkliche Arbeiten verrichtete. Er lebt noch immer in Marburg.

Bei beiden entlassenen Straftätern sind bis jetzt keine Rückfalltaten bekannt geworden. Die Situation im Stadtteil, in dem Herr K. wohnt, hat sich etwas beruhigt. Die allgemeine öffentliche Diskussion über die Sicherungsverwahrten ist ruhig geworden.

Herr B., der Letzte der drei nach Marburg entlassenen ehemaligen Sicherungsverwahrten ist nur wenige Monate nach Entlassung verstorben.

## VIII. Ausblick

Nach weiteren obergerichtlichen Entscheidungen und zuletzt dem Beschluss des Bundesverfassungsgerichts[23] wird das Recht der Sicherungsverwahrung weiter verändert.

Aus verschiedenen Gründen ist aktuell nicht mehr mit solchen Entlassungen zu rechnen, wie dies im Jahre 2010 erfolgte. Auch wenn sich der Maßstab etwas geändert hat, erfolgt eine Freilassung nur nach vorheriger eingehender Begutachtung und nur dann, wenn die Freilassung von der Strafvollstreckungskammer verantwortet werden kann.

## IX. Zusammenfassung

Die Justiz muss die Sorgen der Bürger ernst nehmen und sich der öffentlichen Diskussion stellen. Wir verfügen mit dem Sicherheitsmanagement und der Bewährungshilfe über engagierte und besonders qualifizierte Mitarbeiterinnen und Mitarbeiter, die sich intensiv um die entlassenen Sicherungsverwahrten und sonstige entlassene Straftäter kümmern. Wir können stolz auf diese Arbeit sein und müssen dies nach außen hin vertreten.

---

[22] Stand Dezember 2012.
[23] BVerfG, 4.5.2012, 2 BvR 2365/09; 2 BvR 740/10; 2 BvR 2333/08; 2 BvR 1152/10, 2 BvR 571/10.

# Wer zusammenlegt, errichtet neu

Zur Frage der Bildung eines Präsidiums nach den Vorgaben
des Gerichtsverfassungsgesetzes im Falle der Zusammenlegung
von Gerichten und zur Auslegung des § 21j GVG

Wilhelm Wolf*

## I. Einleitung

In seiner Amtszeit als Hessischer Minister der Justiz stellte sich dem Jubilar neben der Herausforderung, die dringend erforderliche Modernisierung der Justiz im Bereich ihrer IT-Ausstattung mit Macht und gegen nicht geringe Widerstände voranzutreiben, mit der Umsetzung der strategischen Entscheidung der damaligen Landesregierung in Form der Operation sichere Zukunft im Geschäftsbereich der Justiz die nicht minder zu achtende Aufgabe, der hessischen Gerichtsbarkeit eine neue Organisationsstruktur zu geben. Denn nach intensiver fachlicher Prüfung war bald offenkundig, dass die Schließung kleinerer Gerichte und ihre Zusammenlegung zu größeren Einheiten die einzigen Mittel der Wahl blieben, um seitens der Justiz die erforderlichen Einsparungen zu realisieren, ohne einschneidendere Kürzungen in der Personalausstattung vorzunehmen. Dieser Prozess mündete in das Gesetz über den Sitz und den Bezirk der Gerichte der ordentlichen Gerichtsbarkeit und der Staatsanwaltschaften (Gerichtsorganisationsgesetz) in der Fassung vom 11. Februar 2005.[1]

Die rechtspolitische Debatte um diese Strukturreform der hessischen Justiz wogte heftig und erlebte den Jubilar als engagierten streitbaren Kämpfer in der Sache, der sich letztlich auch parlamentarisch durchzusetzen vermochte. In der Folge großer rechtspolitischer Projekte stellen sich indes in der Phase der Umsetzung des Gesetz gewordenen Reformwillens nicht selten im Gesetzgebungsverfahren offen gebliebene komplizierte rechtliche Fragen. Das ist mitunter ausdrücklich gewollt, wenn der Gesetzgeber bewusst die Klärung dieser im Gesetzgebungsverfahren erkannten Fragen z.B. der Rechtsprechung überantworten wollte. Es geschieht ebenso häufig jedoch ungewollt, wenn das sich stellende Rechtsproblem den unmittelbaren Regelungsgegenstand des Reformgesetzes nicht berührt. Und schließlich können Fragen betroffen sein, die durch das Ge-

---

\* Der Aufsatz gibt ausschließlich die private Auffassung des Verfassers wieder.
[1] GVBl. I 2005, 98.

setzgebungsprojekt aufgeworfen werden, deren Beantwortung jedoch nicht der Kompetenz der normsetzenden Körperschaft unterfällt. In diese Kategorie fällt das Problem der Zusammensetzung eines Gerichtspräsidiums an einem Gericht, das mit einem anderen Gericht auf Grund einer landesrechtlichen Änderung der Gerichtsorganisation zusammengelegt wird. Denn die Gesetzgebungskompetenz für diese dem Gerichtsverfassungsgesetz zuzuordnende Rechtsfrage liegt allein beim Bund. Das Problem ist daher unabhängig von der reformierenden gerichtsorganisatorischen Entscheidung des Landesgesetzgebers nach bundesrechtlichen Vorgaben zu lösen.

## II. Das Problem

Das die Zusammensetzung der Gerichtspräsidien, denen die Verteilung der richterlichen Dienstgeschäfte im Wege der Aufstellung und Beschlussfassung über den Geschäftsverteilungsplan obliegt, allein bestimmende Gerichtsverfassungsgesetz (GVG) enthält keine ausdrückliche Regelung zur Zusammensetzung eines Präsidiums an einem Gericht, das durch die Zusammenlegung zweier Gerichte entstanden ist. Unproblematisch sind allerdings die Fälle, in denen das durch Zusammenlegung entstandene Gericht eines ist, an dem es einer Wahl des Präsidiums nicht bedarf. Das sind nach § 21a Abs. 1, Abs. 2 Nrn. 4, 5 GVG i.V.m. § 21b Abs. 1 GVG die Gerichte mit einer bis sieben Richterplanstellen[2]. Denn an diesen Gerichten besteht ein sog. Plenarpräsidium, dem alle wählbaren Richter dieses Gerichts kraft Gesetzes angehören (§ 21a Abs. 2 Nr. 5 GVG), so dass sich die Zusammensetzung des Präsidiums ohne jeden Wahlakt aus dem Gesetz selbst ergibt und bestimmt ist.

Anders verhält es sich jedoch bei den Gerichten, deren Planstellenzahl ein Plenarpräsidium nach der Zusammenlegung nicht mehr zulässt. Hier sieht § 21a Abs. 2 GVG kategorisch ein gewähltes Präsidium vor, setzt dabei aber erkennbar die Existenz des jeweiligen Gerichts gleichsam voraus[3]. Eben daran fehlt es indes bei der Zusammenlegung zweier Gerichte. Es ergibt sich die besondere Schwierigkeit, dass in diesen Fällen zum Zeitpunkt des Wirksamwerdens der Zusammenlegung ein gewähltes Präsidium für das neue Gericht noch nicht besteht und nicht bestehen kann, gleichwohl aber die Aufgaben des Präsidiums, insbesondere die der Geschäftsverteilung nach § 21e Abs. 1 GVG mit der Zusammenlegung entstehen und zu erfüllen sind.

Dieses Problem tritt ähnlich bei der Neuerrichtung von Gerichten auf, ein Vorgang, der tatsächlich zuletzt wohl im Zuge der deutschen Einigung vermehrt praktische Relevanz erfuhr. Der Gesetzgeber sah das Problem und hat sich in § 21j Abs. 1 GVG dazu entschlossen, im Falle der Errichtung eines Gerichts das

---

[2] Vgl. *Kissel/Mayer*, GVG, 6. A., § 21a, Rdnr. 11.
[3] *Kissel/Mayer*, a.a.O., § 21j, Rdnr. 1.

Problem eines zunächst fehlenden gewählten Präsidiums dadurch zu lösen, dass die gemäß § 21e GVG durch das Präsidium zu treffenden Anordnungen, also insbesondere die Erstellung des Geschäftsverteilungsplans für die richterlichen Aufgaben, bis zur Bildung des Präsidiums von dem Präsidenten oder aufsichtsführenden Richter des errichteten Gerichts getroffen werden. Fraglich ist, ob diese gesetzliche Regelung auch im Falle der Zusammenlegung zweier Gerichte zur Anwendung zu bringen ist.

### III. Zur Anwendbarkeit des § 21j GVG in Fällen der Zusammenlegung von Gerichten

Die Anwendbarkeit des § 21j GVG auf Fälle der Zusammenlegung von Gerichten wäre ohne weiteres dann abzulehnen, wenn aus dem Wortlaut der Norm selbst, ihrer Auslegung, ihrer systematischen Stellung im Gesetz oder auf Grund des Gesetzeszwecks der Anwendungsbereich auf Fälle der Neuerrichtung von Gerichten beschränkt wäre.

*1. Unmittelbare Anwendung von § 21j GVG*

Ansetzend am Wortlaut des § 21j Abs. 1 GVG könnte gegen die Anwendbarkeit der Norm auf Fälle der Zusammenlegung sprechen, dass es sich bei beiden Gerichten, die zusammengelegt werden, um bereits existierende handelt, eine Errichtung im Sinn einer Neuerrichtung also nicht vorliegt, da an beiden Gerichten bereits vor der Zusammenlegung nach den Regeln des GVG eingesetzte Präsidien bestanden.

Diese Argumentation kann nicht überzeugen. § 21j Abs. 1 GVG setzt schon seinem Wortlaut nach keineswegs die Neuerrichtung eines Gerichts voraus. Dieser Begriff wird allein in der nicht offiziellen in Parenthese gesetzten Überschrift der Norm verwandt. Aber auch der vom Gesetz gewählte Wortlaut der Errichtung schließt die Anwendung auf Fälle der Zusammenlegung nicht aus; das Gegenteil trifft zu. Denn richtig ist zwar, dass es bis zum Zeitpunkt der Zusammenlegung bereits bestehende, also errichtete, Gerichte gab. Richtig ist aber auch, dass das entstehende Gericht in seiner Verfasstheit ab dem Zeitpunkt, den der Landesgesetzgeber für die Zusammenlegung der bis dahin bestehenden Gerichte angeordnet hat, gerichtsorganisatorisch mit den bis zu diesem Zeitpunkt existierenden Gerichten nicht identisch ist. Das lässt sich exemplarisch zeigen. Ausweislich des Hessischen Gesetzes zur Änderung gerichtsorganisatorischer Regelungen vom 16.09.2011[4] wurde der Bereich der örtlichen Zuständigkeit etwa des AG Büdingen um die Orte, die vormals in die örtliche Zuständigkeit des AG Nidda mit Ausnahme des Gerichtssprengels Hungen fielen, erweitert. Gleichzeitig wurde

---

[4] GVBl. I 2011, 409.

das AG Nidda geschlossen und ging in dem größer gewordenen AG Büdingen auf. Unverändert blieb lediglich der Name des nach der Zusammenlegung bestehenden AG Büdingen. Diese Kontinuität in der Bezeichnung des Gerichts schließt indes die Annahme, dass hierin eine dem Wortlaut des § 21j GVG entsprechende Errichtung eines Gerichts liegt, gerade nicht aus. Dies folgt schon aus der historischen Auslegung der Norm, wie sie sich aus den Gesetzesmaterialien zur Einführung des mit § 21j GVG wortgleichen § 30 Rechtspflege-Anpassungsgesetz vom 26.06.1992[5] ergibt. Die Gesetzesbegründung lässt die Motive des Gesetzgebers klar erkennen. Ausgehend von der Feststellung, dass das bis dahin geltende Recht keine ausdrücklichen Vorschriften über die Bildung von Präsidien und die Wahrnehmung der ihnen übertragenen Aufgaben bei der Errichtung von Gerichten enthielt, sah man in den Fällen einen dem § 21j GVG entsprechenden Regelungsbedarf für diejenigen Gerichte, bei denen die Präsidien zu wählen seien. Einer Regelung bedürfe es demgegenüber nicht in den Fällen, in denen sich das Präsidium des Gerichts gemäß § 21a Abs. 2 S. 2 Nr. 3 GVG aus allen wählbaren Richtern zusammensetze. Denn dort könne das Präsidium nach der Errichtung des Gerichts alsbald zusammentreten und vor dem Beginn der Rechtsprechungstätigkeit die Geschäftsverteilung beschließen. Wegen der notwendigen Vorbereitung der Präsidiumswahl könne dies aber nicht für die Präsidien der Gerichte gelten, bei denen ein Präsidium sich nicht aus allen wählbaren Richtern zusammensetzt, sondern durch Wahl ermittelt werde.

Das umschreibt den Anwendungsbereich des § 21j GVG recht präzise: Entscheidend ist danach weder die Kontinuität in der Bezeichnung des Gerichts, noch die Frage, ob es in anderer Form vor seiner Errichtung schon bestand. Vielmehr ist diese Norm dann anzuwenden, wenn auf Grund gerichtsorganisatorischer Entscheidungen des Gesetzgebers ein Gericht entsteht, für das auf Grund seiner Größe zum Entstehungszeitpunkt ein Präsidium von Gesetzes wegen (Plenarpräsidium) nicht besteht. Dieser Fall ist immer dann gegeben, wenn auf Grund der Zusammenlegung beider Gerichte die Richterplanstellenzahl auf mindestens acht anwächst. Dann ist die Grenze überschritten, nach der bei diesem Gericht gemäß § 21a Abs. 2 Nr. 4 GVG ein Präsidium aus vier gewählten Richtern zu bilden ist, das schon nach der Wahlordnung[6] nicht am ersten Tag der Existenz des Gerichts vorhanden sein kann. Diese Veränderung der Richterplanstellenzahl bei dem durch Zusammenlegung entstandenen Gericht ist schließlich auch auf einen Akt der Gerichtsorganisation zurückzuführen und nicht lediglich etwa einer schlichten Erweiterung des Stellenplans an einem bestehenden Gericht geschuldet.

---

[5] BGBl. I S. 1147.
[6] Wahlordnung für die Präsidien der Gerichte vom 19. September 1972 (BGBl. I S. 1821); zuletzt geändert durch Art. 209 Abs. 2 des Gesetzes vom 19.04.2006 (BGBl. I S. 866).

## 2. Analoge Anwendung von § 21j GVG

Selbst wenn man indes eine unmittelbare Anwendung des § 21j GVG auf Fälle der Zusammenlegung von Gerichten wegen des Wortlauts ablehnt[7], bleibt zu prüfen, ob eine analoge Anwendung der Norm in Betracht kommt. Erforderlich ist hierfür, dass § 21j GVG Analogiefähigkeit besitzt. Daran würde es fehlen, wenn die Vorschrift als Ausnahmeregelung anzusehen ist, deren Regelungsgehalt im Übrigen mit den grundlegenden Wertungen des GVG nicht zu vereinbaren ist.

### a) § 21j GVG ist keine Ausnahmeregelung

§ 21j GVG ist keine Ausnahmeregelung. Dergleichen ergibt sich weder aus ihrem Wortlaut noch aus ihrer systematischen Stellung. Auch der Wille des Gesetzgebers spricht gegen eine derartige Annahme. Geschaffen wurde die Regelung ursprünglich in § 30 Rechtspflegeanpassungsgesetz im Zusammenhang mit der deutsch-deutschen Wiedervereinigung. Bei der Einfügung des § 21j GVG, der den § 30 Rechtspflegeanpassungsgesetz wortlautidentisch ersetzte, durch Art. 17 Nr. 2 Erstes Gesetz über die Bereinigung von Bundesrecht im Zuständigkeitsbereich des BMJ vom 19.04.2006[8] hat der Gesetzgeber vielmehr in der klaren Erkenntnis, dass die ursprünglich durch die deutsche Einigung bedingte Veranlassung zum Erlass dieser Vorschrift weggefallen war, die Wertung vorgenommen, es handele sich zwar um eine im einigungsbedingten Recht versteckte, aber eben *allgemein gültige* Vorschrift, die deshalb mit ihrer Überführung in das Gerichtsverfassungsgesetz richtig verortet werde[9]. § 21j GVG steht daher keineswegs in einem Regel-Ausnahme-Verhältnis zu anderen Vorschriften des GVG betreffend die Zuständigkeit für den Erlass von Geschäftsverteilungsplänen, sondern ist seinem Wortlaut nach allein anzuwenden, wenn ein Gericht errichtet wird. Die herrschende Meinung geht daher auch zutreffend davon aus, dass die Norm des § 21j GVG weit auszulegen und ohne weiteres auch bei der Zusammenlegung zweier Gerichte zur Anwendung zu bringen ist[10]. Dem lässt sich auch nicht mit dem Hinweis auf § 21e Abs. 1 GVG entgegen treten, der die Aufgabe der Geschäftsverteilung dem Präsidium als zentralem und von der Justizverwaltung unabhängigem Bestandteil richterlicher Selbstverwaltung zuweist. Nur auf den ersten Blick scheint insoweit ein Widerspruch zu dem Regelungsmodell des § 21j GVG zu bestehen, der im Falle der Errichtung eines Gerichts mit einem zu wählenden Präsidium dem Präsidenten oder aufsichtsführenden Richter eine nach

---

[7] So einzig MüKo/*Zimmermann*, ZPO (3. A.), § 21j GVG.
[8] BGBl. I S. 866.
[9] Vgl. BT-Drs. 16/47, S. 49.
[10] *Kissel/Mayer*, GVG § 21j, Rdnr. 2; ausdrücklich eine weite Auslegung fordernd: *Stein/Jonas/Jacobs*, ZPO, § 21j GVG Rdnr. 2; *Zöller/Lückemann*, ZPO (28. A.) § 21j GVG Rdnr. 2; *Löwe-Rosenberg*, StPO (26. A.), § 21j, Rdnr. 1 a.E.

§§ 21j Abs. 1, 21i Abs. 2 S. 2 GVG zeitlich begrenzte Kompetenz zur Regelung der Geschäftsverteilung zuweist. Denn die Anordnungen des Präsidenten oder des aufsichtsführenden Richters nach § 21j Abs.1 S. 2 GVG i.V.m. § 21i Abs. 2 S. 2 bis 4 GVG sind eben nicht Entscheidungen, die nach ihrem rechtlichen Charakter der Justizverwaltung zuzuordnen wären, sondern solche, die von Notvertretern des Präsidiums als Akte justizieller Selbstverwaltung auch nach Auffassung des Bundesverfassungsgerichts in richterlicher Unabhängigkeit[11] getroffen werden[12], mithin Präsidiumsentscheidungen.

b) Das Bestehen einer planwidrigen Regelungslücke

Für eine entsprechende Anwendung des § 21j GVG auf die Fälle der Aufnahme eines Gerichts durch ein anderes besteht ausschließlich dann ein rechtlich anzuerkennendes Bedürfnis, wenn nicht eine andere gesetzliche Vorschrift den Fall regelt und das Unterlassen einer entsprechenden ausdrücklichen Regelung nicht gesetzgeberisch gewollt ist.

Eine die Analogie zu § 21j GVG verdrängende unmittelbare Anwendung von § 21d GVG scheidet aus. Diese Norm regelt im Kern die Größe eines Präsidiums in Abhängigkeit von der Anzahl der Richterplanstellen an einem Gericht. § 21d Abs. 3 GVG trifft darüber hinaus Aussagen zur Anpassung der Größe eines Präsidiums, wenn die für die bisherige Größe des Präsidiums maßgebende Höchstzahl an Richterplanstellen gestiegen ist. § 21d GVG erfasst schon seinem Wortlaut nach, aber auch unter Berücksichtigung von Sinn und Zweck der Norm, nicht den Fall der Zusammenführung zweier Gerichte. Denn die Vorschrift gilt ihrem Wortlaut nach zwar für eine Erhöhung von Richterplanstellen bei einem Gericht, enthält jedoch in ihren Abs. 2 und 3 gerade keine Regelung für den hier gegebenen Fall, dass aus einem Plenarpräsidium ein solches nach § 21a Abs. 2 Nr. 1 bis 4 GVG wird.

Schon allein daraus wird ersichtlich, dass auch Abs. 1 des § 21d GVG für Plenarpräsidien nicht anwendbar ist, der für die Größe des Präsidiums die Zahl der Richterplanstellen sechs Monate vor Beginn des Geschäftsjahrs für erheblich erklärt. Der dort verwendete Begriff „Größe des Präsidiums" stellt auf die gesetzlich vorgeschriebene Anzahl von *gewählten* Präsidiumsmitgliedern nach § 21a Abs. 2 Nr. 1 bis 4 GVG ab[13], so dass § 21d GVG insgesamt direkt nur Regelungen über die Auswirkungen einer Veränderung der Planstellenzahl bei Präsidien nach § 21a Abs. 2 Nr. 1 bis 4 GVG enthält. Anders ausgedrückt: § 21d GVG

---

[11] Vgl. *Kissel/Mayer,* GVG, § 21i Rdnr. 8 a.E. unter Bezugnahme auf BVerfG NJW 1982, 29.

[12] Vgl. *Kissel/Mayer,* GVG, § 21i, Rdnr. 9.

[13] So auch *Zöller-Lückemann,* ZPO, § 21d GVG, Rdnr. 1.

setzt das Bestehen eines gewählten Präsidiums voraus, erklärt aber nicht, wie es gebildet wird. Auch Zimmermann[14] sieht die Bedeutung des (frühen) Stichtags in Abs. 1 allein in der Notwendigkeit einer geordneten Vorbereitung einer etwa anstehenden Präsidiumswahl. Daher wäre auch § 21d GVG allenfalls entsprechend auf den hier zu beurteilenden Fall anzuwenden[15] mit der Folge, dass das nach § 21a Abs. 2 Nr. 5 GVG gebildete Plenarpräsidium zunächst im Amt bleibt bis zum nächstfolgenden Geschäftsjahr ein Präsidium nach § 21a Abs. 2 Nr. 4 GVG gewählt ist. Dass § 21d GVG eine direkte Regelung des hier vorliegenden Falls des Anwachsens der Planstellenzahl eines Gerichts auf mindestens acht im Wege der Zusammenlegung zweier Gerichte auf Grund gerichtsorganisatorischer Anordnung enthielte, lässt sich vor diesem Hintergrund nicht vertreten.

Das verkennt nicht, dass eine beachtliche Stimme aus dem Schrifttum die Auffassung vertritt, dass aus § 21d GVG für den Fall des Ansteigens der Richterplanstellenzahl an einem Gericht von unter acht auf mindestens acht zu entnehmen sei, dass bis zur Neuwahl des Präsidiums alle wählbaren Richter des Gerichts unabhängig von der Zahl der Richterplanstellen das Plenarpräsidium bildeten und demzufolge auch für die Erstellung des Geschäftsverteilungsplans zuständig sind[16]. Gelten soll diese Regelung indes ausdrücklich und ausschließlich im Fall der alleinigen Erhöhung der Richterplanstellen an einem Gericht, nicht aber für die hier interessierende Konstellation der Zusammenführung zweier Gerichte und der dadurch bedingten Richterplanstellenzunahme. Dass Kissel/Mayer zwischen beiden Fällen deutlich differenzieren, stellen sie selbst klar: Wenn die Zusammenlegung von Gerichten in der Form der Aufnahme des einen Gerichts durch ein anderes erfolge, liege nicht nur eine nach § 21d GVG zu behandelnde Veränderung der Richterzahl beim aufnehmenden Gericht vor, sondern eine Veränderung der Gerichtsorganisation, die wie eine Neuerrichtung zu anderen örtlichen Gerichtszuständigkeiten führe und nach § 21j GVG zu behandeln sei[17].

c) Die Ausfüllung der Lücke durch § 21j GVG

Gerade hieraus folgt aber das Bedürfnis für die zumindest entsprechende Anwendung des § 21j GVG, wenn Gerichte zusammengelegt werden und sich hierdurch die Planstellenzahl bei dem aufnehmenden Gericht in einer nach § 21a Abs. 2 GVG relevanten Weise ändert. Denn § 21j GVG setzt abstellend auf die Errichtung von Gerichten bei gerichtsorganisatorischen Veränderungen an und steht damit dem Regelungsgegenstand näher als § 21d GVG, der alleine die Va-

---

[14] MüKo, ZPO, § 21d GVG, Rdnr. 2.
[15] Vgl. auch *Zöller-Lückemann*, 21d GVG, Rdnr. 3.
[16] *Kissel/Mayer*, GVG § 21d, Rdnr. 8 a.E.
[17] Vgl. *Kissel/Mayer*, GVG § 21j Rdnr. 2.

riabilität der Größe eines gewählten Präsidiums in Abhängigkeit von der Planstellenanzahl im Blick hat, ohne deren Ursache mit zu berücksichtigen.

Insbesondere dann, wenn man zu Recht die Bedeutung der justiziellen Selbstverwaltung in der gesetzlichen Ausprägung der §§ 21a ff. GVG im Rahmen der richterlichen Geschäftsverteilung gewahrt und gestärkt sehen will, verlangt dies darüber hinaus die analoge Anwendung des § 21j GVG. Nur die Auslegung oder analoge Anwendung des § 21j GVG auf die Zusammenlegung von Gerichten gewährleistet, dass zeitnah ein Präsidium durch Wahl bestimmt wird, das in Größe und Zusammensetzung den Vorgaben des § 21a GVG entspricht. Die Wahl des Präsidiums würde ansonsten im Anwendungsfall der Zusammenlegung von Gerichten, die regelmäßig zum 1.1. eines Jahres erfolgt, bei analoger Anwendung des § 21d Abs. 3 GVG erst für das nächstfolgende Geschäftsjahr beginnend am 1.1. des Folgejahres stattfinden können. Zudem wären unter der Geltung des § 21d Abs. 3 GVG die Richter des aufgelösten Gerichts von der Geschäftsverteilung für das erste Jahr der Existenz des zusammengelegten Gerichts vollständig ausgeschlossen. Denn § 21e Abs. 1 S. 2 GVG und das dort konstituierte Vorauswirkungsprinzip sind insoweit eindeutig: Das Präsidium trifft die Anordnungen zur Geschäftsverteilung *vor* dem Beginn des Geschäftsjahrs für dessen Dauer. Zu diesem Zeitpunkt aber gehörten die Richter des aufgelösten Gerichts dem zusammengelegten noch nicht an und waren daher auch nicht Mitglieder des Plenarpräsidiums.

Anders verhält es sich bei analoger Anwendung des § 21j GVG. Hier wären diese Richter spätestens drei Monate nach Zusammenlegung der Gerichte in dem nunmehr gewählten Präsidium repräsentiert, welches die Geschäftsverteilung des Präsidenten oder des aufsichtsführenden Richters nach § 21i GVG hätte genehmigen, aber auch abändern können, ohne gegen das Jährlichkeitsprinzip zu verstoßen. Hierin liegen die entscheidenden Vorzüge der analogen Anwendung des § 21j GVG:

Die Dauer der Geltung einer auf § 21i GVG beruhenden Geschäftsverteilung wird auf eine unumgängliche Mindestdauer zur Wahl des der Richterplanstellenzahl gemäß § 21a Abs. 2 Nr. 4 GVG entsprechenden Präsidiums von drei Monaten (§ 21j Abs. 2 S. 1 GVG) beschränkt und mithin der Zeitraum, in dem ein Präsidium amtiert, das in seiner Größe und Zusammensetzung nicht den gesetzlichen Regelvorgaben des § 21a GVG entspricht, auf ein Minimum reduziert.

## IV. Ergebnis

In den Fällen der gerichtsorganisatorischen Zusammenlegung von Gerichten, die nach ihrer Zusammenlegung über mindestens acht Richterplanstellen verfügen, kommt unmittelbar – zumindest aber analog – § 21j GVG zur Anwendung. Zuständig für die nach § 21e GVG zu treffenden Anordnungen, insbesondere die Geschäftsverteilung, ist danach der Präsident oder der aufsichtsführende Richter.

Eine analoge Anwendung von § 21d Abs. 1 oder Abs. 3 GVG kommt demgegenüber nicht in Betracht. Dem steht nicht zuletzt entgegen, dass die Anwendung dieser Normen dazu führen würde, dass über einen Zeitraum von einem Jahr nach der Zusammenlegung der Gerichte die Zusammensetzung des Präsidiums nicht der gesetzlichen Regelung des § 21a GVG entspräche. Dies ist vor dem Hintergrund der Regelung des § 21j GVG, die längstens nach drei Monaten eine dem § 21a GVG entsprechende Zusammensetzung des Präsidiums sicherstellt, nicht zu rechtfertigen.

In diesem Sinne errichtet Gerichte auch, wer sie zusammenlegt, wie der Jubilar dies als Hessischer Minister der Justiz getan hat – ad multos annos.

# III. Staat und Verfassung

# Individualer und kommunaler Rechtsschutz gegen untergesetzliches Landesrecht im Bermudadreieck zwischen Bundesverfassungsgericht, Hessischem Staatsgerichtshof und Hessischem Verwaltungsgerichtshof

Steffen Detterbeck

## I. Einführung

Einem Landrat ist das kommunale Wohlergehen schon von Amts wegen ein Herzensanliegen. Deshalb dürfte der Gedanke jedenfalls nicht abwegig sein, dass der Jubilar in seiner Eigenschaft als Landrat des hessischen Landkreises Marburg-Biedenkopf von 1981 bis 1985 Rechtsvorschriften, die den Gemeinden und Landkreisen neue Lasten aufbürdeten, bisweilen kritisch gegenüberstand. Ob er darüber hinaus auch von verfassungsrechtlichen Zweifeln geplagt wurde oder sogar die Möglichkeit gerichtlichen Rechtsschutzes in Erwägung gezogen hat, ist nicht bekannt. Hätte er dies getan, wäre er vor der Entscheidung gestanden, das Bundesverfassungsgericht im Wege der kommunalen Verfassungsbeschwerde nach Art. 93 Abs. 1 Nr. 4b GG oder den Hessischen Verwaltungsgerichtshof nach § 47 VwGO anzurufen. Mit der Einführung der kommunalen Grundrechtsklage zum Hessischen Staatsgerichtshof nach § 46 StGHG im Jahre 1994 lautet die Alternative wegen der Subsidiaritätsbestimmung des Art. 93 Abs. 1 Nr. 4b HS 2 GG nunmehr grundsätzlich Staatsgerichtshof oder Verwaltungsgerichtshof. Ein freies Wahlrecht besteht indes nicht. Einerseits prüft nach § 47 Abs. 3 VwGO der Verwaltungsgerichtshof nicht, ob eine hessische Rechtsvorschrift mit der Hessischen Verfassung vereinbar ist, soweit diese Prüfung ausschließlich dem Staatsgerichtshof vorbehalten ist. Art. 132 HV ordnet ein solches Entscheidungsmonopol für hessische Gesetze und Rechtsverordnungen an. Andererseits kann nach § 44 Abs. 1 S. 1 StGHG Grundrechtsklage zum Staatsgerichtshof erst erhoben werden, wenn vorher ein zur Verfügung stehender fachgerichtlicher Rechtsweg erschöpft wurde. Der das gesamte Landes- und Bundesverfassungsrecht beherrschende Grundsatz der allgemeinen Subsidiarität der Verfassungsbeschwerden und Grundrechtsklagen, der nach der überwiegenden Auffassung neben dem gesetzlich geregelten Gebot der Rechtswegerschöpfung steht, tritt ergänzend hinzu.

Dieses Nebeneinander fach- und verfassungsgerichtlichen Rechtsschutzes samt den Rechtsvorschriften, die die vorrangige Zuständigkeit der jeweils anderen Gerichtsbarkeit anordnen, wirft rechtstheoretische und rechtspraktische Fragen auf, deren Beantwortung für den rechtswissenschaftlich promovierten Jubilar und späteren Justizminister des Landes Hessen (1999–2005) von Interesse sein könnten. Möglicherweise werden ihn die nachfolgenden Ausführungen in seiner Auffassung bestätigen, dass es bisweilen erfolgversprechender ist, auch juristische Streitfragen auf politischem Wege zu bereinigen, als gerichtlich auszufechten. Andererseits wäre es schön, wenn der Jubilar und die übrigen Leser das Verhältnis zwischen Bundesverfassungsgericht, Hessischem Staatsgerichtshof und Hessischem Verwaltungsgerichtshof nach Lektüre dieses Beitrags nicht mehr als Bermudadreieck, sondern als magisches Dreieck begreifen würden.

## II. Rechtswegerschöpfung und allgemeine Subsidiarität der Verfassungsbeschwerde und Grundrechtsklage

### 1. *Verfassungsbeschwerde zum Bundesverfassungsgericht, Art. 93 Abs. 1 Nr. 4a GG*

#### a) Rechtswegerschöpfung, § 90 Abs. 2 S. 1 BVerfGG

Nach § 90 Abs. 2 S. 1 BVerfGG ist eine Verfassungsbeschwerde zum Bundesverfassungsgericht nur zulässig, wenn vorher der Rechtsweg erschöpft wurde. Die Anrufung des Bundesverfassungsgerichts ist grundsätzlich unzulässig, wenn nicht sämtliche fachgerichtliche Rechtsbehelfe, die unmittelbar gegen den Angriffsgegenstand der Verfassungsbeschwerde zur Verfügung standen, eingelegt wurden. Die bloße Beschreitung des Rechtsweges genügt nicht. Erforderlich ist auch die Durchschreitung des Rechtsweges.

Soll das Bundesverfassungsgericht gegen eine untergesetzliche Rechtsvorschrift des Landesrechts, also insbesondere eine landesrechtliche Rechtsverordnung oder Satzung angerufen werden, muss vorher erfolglos eine Normenkontrolle beim Oberverwaltungsgericht nach § 47 VwGO durchgeführt und anschließend Revision zum Bundesverwaltungsgericht eingelegt werden, wenn dies möglich ist. Die Normenkontrolle nach § 47 VwGO gehört zum Rechtsweg nach § 90 Abs. 2 S. 1 BVerfGG[1]. Dem steht unstreitig auch nicht die im einzelnen umstrittene Fristvorschrift des § 93 Abs. 3 BVerfGG[2] entgegen. Zwar vertritt eine Mindermeinung, Gesetze i. S. d. Vorschrift seien nur formelle Gesetze sowie Rechtsvorschriften, die nicht der Normenkontrolle nach § 47 VwGO unterlägen. Demgegenüber erfasst nach der zutreffenden ganz überwiegenden Auffassung

---

[1] BVerfGE 70, 35 (53 f.); 71, 305 (335 f.); 76, 107 (114 f.); 107, 1 (8); BVerfGK, 9.6.1992 – 2 BvR 1742/91 – juris Rn. 2; DVBl. 1993, 649; NVwZ 1994, 59; *Bethge,* in: Maunz/Schmidt-Bleibtreu, BVerfGG, § 90 Rn. 391 (Stand: März 2010) m.w.N.
[2] Dazu näher unten III. 1. a) u. c) bb).

der Gesetzesbegriff dieser Vorschrift auch nach § 47 VwGO überprüfbare Rechtsvorschriften. Die Argumentation, weil § 93 Abs. 3 BVerfGG sämtliche Rechtsvorschriften erfasse und davon ausgehe, dass gegen sämtliche Rechtsvorschriften kein Rechtsweg zur Verfügung stehe, sei § 90 Abs. 2 S. 1 BVerfGG auf Rechtsvorschriften von vornherein nicht anwendbar, wird indes soweit ersichtlich nicht vertreten. Sie wäre nicht nur zirkulär, sondern auch mit § 90 Abs. 2 S. 1 BVerfGG völlig unvereinbar.

### b) Grundsatz der allgemeinen Subsidiarität

Nach der überwiegenden Auffassung verlangt § 90 Abs. 2 S. 1 BVerfGG lediglich, dass der Rechtsweg, der unmittelbar gegen den Beschwerdegegenstand offen steht, erschöpft wird. Formelle Gesetze können fachgerichtlich schon deshalb nicht direkt angegriffen werden, weil es sich hierbei um eine verfassungsrechtliche Streitigkeit handelt, über die Fachgerichte nicht principaliter entscheiden dürfen[3]. Ist eine Normenkontrolle nach § 47 VwGO nicht statthaft, weil z.B. keine landesrechtliche Bestimmung nach § 47 Abs. 1 Nr. 2 HS 2 VwGO existiert, gibt es auch gegen untergesetzliche landesrechtliche Rechtsvorschriften keinen unmittelbaren fachgerichtlichen Rechtsschutz.

Steht unmittelbar gegen den Angriffsgegenstand von vornherein kein fachgerichtlicher Rechtsschutz zur Verfügung, muss der Beschwerdeführer nach dem ungeschriebenen Grundsatz der allgemeinen Subsidiarität der Verfassungsbeschwerde versuchen, sein Interesse mittels anderweitigen fachgerichtlichen Rechtsschutzes zu verfolgen. Zu denken ist an verwaltungsgerichtliche Anfechtungsklagen gegen behördliche Ausführungsakte, die auf die angegriffene Rechtsvorschrift gestützt werden, soweit die Verfassungsbeschwerde nicht schon wegen fehlender unmittelbarer Betroffenheit des Beschwerdeführers unzulässig ist. Ein probates Mittel sind auch verwaltungsgerichtliche Feststellungsklagen. Sie können auf die gerichtliche Feststellung gerichtet sein, dass der Kläger das in einer Rechtsvorschrift – auch in einem formellen Gesetz – normierte Ge- oder Verbot nicht befolgen muss[4].

Der Grundsatz der allgemeinen Subsidiarität der Verfassungsbeschwerde greift nach dieser Konzeption über das gesetzlich geregelte Erfordernis der Rechtswegerschöpfung hinaus, steht neben ihm und gelangt nur zur Anwendung, wenn § 90 Abs. 2 S. 1 BVerfGG nicht anwendbar ist[5]. Nach anderer und zutreffender

---

[3] BVerfGE 70, 35 (55).
[4] BVerfGE 74, 69 (76); BVerfGK, NVwZ-RR 2000, 473; NVwZ 2004, 977 (979); *Kopp/Schenke,* VwGO, 18. Aufl. 2012, § 43 Rn. 8 h.
[5] BVerfGE 74, 102 (113); 77, 381 (401); 81, 22 (27); 104, 65 (70); 114, 258 (279); 115, 81 (91 f.); *Bethge* (Fn. 1), § 90 Rn. 401; *Löwer,* in: Isensee/Kirchhof, Handbuch des Staatsrechts, Bd. III, 3. Aufl. 2005, § 70 Rn. 198.

Auffassung gebietet § 90 Abs. 2 S. 1 BVerfGG indes auch die Inanspruchnahme fachgerichtlichen Rechtsschutzes, der sich nicht unmittelbar gegen den Angriffsgegenstand der Verfassungsbeschwerde richtet[6]. Die im Zentrum dieser Abhandlung stehende Thematik soll nicht durch die Einbeziehung zusätzlicher theoretischer Streitfragen überfrachtet werden. Deshalb gehen die folgenden Ausführungen von der traditionellen Unterscheidung zwischen dem Erfordernis der Rechtswegerschöpfung und dem darüber hinausgehenden Grundsatz der allgemeinen Subsidiarität der Verfassungsbeschwerde aus.

c) Angriffsgegenstand und Frist

Angriffsgegenstand einer Individualverfassungsbeschwerde kann nach erfolglosem Abschluss des fachgerichtlichen Verfahrens grundsätzlich jeder belastende Akt der öffentlichen Gewalt sein, d.h. das formelle Gesetz, auf ihm beruhende Rechtsvorschriften und behördliche Einzelvollzugsakte sowie sämtliche klageabweisenden gerichtlichen Entscheidungen[7]. Für jeden Angriffsgegenstand müssen aber die Zulässigkeitsvoraussetzungen der Verfassungsbeschwerde erfüllt sein. War deshalb eine Rechtssatzverfassungsbeschwerde unzulässig, weil der Beschwerdeführer durch die angegriffene Rechtsvorschrift nicht unmittelbar beschwert war, ist eine Rechtssatzverfassungsbeschwerde auch unzulässig, wenn der Rechtsweg gegen einen Vollzugsakt erschöpft wurde. Denn dadurch ändert sich nichts daran, dass der Beschwerdeführer nicht durch die Rechtsvorschrift, sondern erst durch den Vollzugsakt unmittelbar betroffen ist.

Zu beachten ist, dass für die verschiedenen Angriffsgegenstände unterschiedliche Fristvorschriften gelten[8]. Umstritten ist in dem hier interessierenden Zusammenhang, wann die Beschwerdefristen zu laufen beginnen, wenn gegen eine untergesetzliche Rechtsvorschrift erfolglos das Normenkontrollverfahren nach § 47 VwGO durchgeführt wurde. Gegen die Rechtsvorschrift kann innerhalb der Jahresfrist des § 93 Abs. 3 BVerfGG Rechtssatzverfassungsbeschwerde erhoben werden, gegen die verwaltungsgerichtliche(n) Normenkontrollentscheidung(en)[9] ist innerhalb der Monatsfrist des § 93 Abs. 1 BVerfGG die Entscheidungsverfassungsbeschwerde möglich.

Nach einer bundesverfassungsgerichtlichen Kammerentscheidung und einem Teil der Literatur beginnt die Jahresfrist des § 93 Abs. 3 BVerfGG für die indivi-

---

[6] Zuletzt etwa *Detterbeck*, AöR 136 (2011), 258 m.w.N.; *Schenke*, in: Festschrift U. Steiner, 2009, S. 705 ff.; siehe auch BVerfGE 107, 395 (414): in § 90 Abs. 2 BVerfGG verankertes Prinzip; BVerfGE 108, 370 (386) subsumiert den Grundsatz der Subsidiarität der Verfassungsbeschwerde unmittelbar unter § 90 Abs. 2 S. 1 BVerfGG.

[7] Ausführlich *U. Stelkens*, DVBl. 2004, 403 ff.

[8] Näher *U. Stelkens*, DVBl. 2004, 410.

[9] Angriffsgegenstand können die Entscheidungen des VGH und die Revisionsentscheidungen des BVerwG sein.

duale Rechtssatzverfassungsbeschwerde erst mit Rechtskraft der abweisenden verwaltungsgerichtlichen Normenkontrollentscheidung zu laufen[10]. Zur Begründung wird im wesentlichen auf die bundesverfassungsgerichtliche Senatsrechtsprechung zur kommunalen Verfassungsbeschwerde verwiesen. Nach ihr beginnt die Jahresfrist für eine kommunale Verfassungsbeschwerde in der Tat erst mit Abschluss des Normenkontrollverfahrens nach § 47 VwGO zu laufen[11]. Diese zutreffende Rechtsprechung beruht aber lediglich darauf, dass anderenfalls eine unzumutbare Rechtsschutzlücke entstünde. Denn mit der kommunalen Verfassungsbeschwerde können die verwaltungsgerichtlichen Normenkontrollentscheidungen nicht angegriffen werden. Ein bundesverfassungsgerichtlicher Rückgriff auf die Rechtsvorschrift über § 95 Abs. 3 S. 2 BVerfGG ist deshalb ausgeschlossen.

Im Falle einer individualen Rechtssatzverfassungsbeschwerde besteht dagegen kein Bedürfnis für eine solche Handhabung der Fristvorschrift des § 93 Abs. 3 BVerfGG. Hier bleibt es beim Grundsatz, dass die Jahresfrist mit dem Inkrafttreten der Rechtsvorschrift zu laufen beginnt[12]. Sie beginnt auch dann zu laufen, wenn nach dem Grundsatz der allgemeinen Subsidiarität der Verfassungsbeschwerde zunächst Vollzugsakte, die aufgrund der Rechtsvorschrift erlassen werden, verwaltungsgerichtlich angegriffen werden[13] oder anderweitiger verwaltungsgerichtlicher Rechtsschutz etwa mittels Feststellungsklage in Anspruch genommen wird[14]. In all diesen Fällen ist regelmäßig die Jahresfrist des § 93 Abs. 3 BVerfGG verstrichen, wenn das verwaltungsgerichtliche Verfahren abge-

---

[10] BVerfGK 11, 337 (341 f., 348); *Hömig,* in: Maunz/Schmidt-Bleibtreu, BVerfGG, § 93 Rn. 80 (Stand: Okt. 2008); *Heusch/Sennekamp,* in: Umbach/Clemens/Dollinger, BVerfGG, 2. Aufl. 2005, § 93 Rn. 85; *Rozek,* in: Festschrift zum 100-jährigen Jubiläum des Sächsischen Oberverwaltungsgerichts, 2002, S. 391 ff. Andere Kammerentscheidungen haben sich zum Fristbeginn einer individualen Rechtssatzverfassungsbeschwerde nach Abschluss des verwaltungsgerichtlichen Normenkontrollverfahrens soweit ersichtlich nicht geäußert. Dies gilt auch für BVerfGK, 9.6.1992 – 2 BvR 1742/91 – juris; NVwZ 1992, 972 f.; DVBl. 1993, 649; NVwZ 1994, 59 f. Diese sehr kurzen Nichtannahmeentscheidungen übertragen die bundesverfassungsgerichtliche Senatsrechtsprechung zur kommunalen Verfassungsbeschwerde auf die individuale Rechtssatzverfassungsbeschwerde lediglich in einem Punkt: Eine nachfolgende Verfassungsbeschwerde gegen untergesetzliche Rechtsvorschriften ist nur zulässig, wenn vorher innerhalb der Jahresfrist des § 93 Abs. 3 BVerfGG ein – damals noch nicht fristgebundener – Normenkontrollantrag nach § 47 VwGO gestellt wurde. Zum Fristbeginn der nachfolgenden Rechtssatzverfassungsbeschwerde äußerten sich die vier Kammerentscheidungen jedoch nicht.
[11] BVerfGE 76, 107 (115 f.); 107, 1 (8); ebenso BVerfGK 16, 396 (402); dazu unten III. 1. c) bb).
[12] *Hömig* (Fn. 10), § 93 Rn. 73 m.w.N.
[13] BVerfGK 16, 396 (402 f.); *Heusch/Sennekamp* (Fn. 10), § 93 Rn. 84; *Klein/Sennekamp,* NJW 2007, 955.
[14] *Detterbeck,* DÖV 1990, 563; a.A. selbst insoweit BVerfGK 11, 337 (346) unter unreflektierter Berufung auf die Senatsrechtsprechung zur kommunalen Verfassungsbeschwerde.

schlossen ist. Eine Rechtsschutzlücke entsteht aber nicht. Denn im Rahmen einer Entscheidungsverfassungsbeschwerde, die gem. § 93 Abs. 1 BVerfGG innerhalb eines Monats nach rechtskräftigem Abschluss des verwaltungsgerichtlichen Verfahrens erhoben werden kann, greift das Bundesverfassungsgericht nach § 95 Abs. 3 S. 2 BVerfGG auf die den verwaltungsgerichtlichen Entscheidungen zugrundeliegende Rechtsvorschrift durch.

Die Durchgriffsmöglichkeit nach § 95 Abs. 3 S. 2 BVerfGG besteht auch, wenn eine Normenkontrollentscheidung nach § 47 VwGO mit der Entscheidungsverfassungsbeschwerde angegriffen wird[15]. Zwar ist die Rechtsvorschrift im verwaltungsgerichtlichen Normenkontrollverfahren nicht nur vorgreiflich. Sie ist Angriffsgegenstand. Gleichwohl beruht eine antragsabweisende verwaltungsgerichtliche Normenkontrollentscheidung auf einem verfassungswidrigen Gesetz i. S. v. § 95 Abs. 3 S. 2 BVerfGG, wenn die Abweisung des Normenkontrollantrages auf die Verfassungsmäßigkeit der angegriffenen Rechtsvorschrift gestützt wird[16]. Zumindest ist § 95 Abs. 3 S. 2 BVerfGG dementsprechend weit auszulegen. Dies ist allemal einer systemwidrigen Handhabung des § 93 Abs. 3 BVerfGG, die nur in absoluten Notfällen aus Gründen der Effektivität des Rechtsschutzes gerechtfertigt sein kann, vorzuziehen.

Im übrigen würde es für den Beschwerdeführer keinen nennenswerten Nachteil bedeuten, wenn das Bundesverfassungsgericht im Zuge einer Entscheidungsverfassungsbeschwerde die verwaltungsgerichtliche Normenkontrollentscheidung im Tenor aufheben und die Verfassungsmäßigkeit und Nichtigkeit der mittelbar angegriffenen Rechtsvorschrift lediglich in den Entscheidungsgründen feststellen würde. Auch wenn dieser Normverwerfung keine Bindungswirkung nach § 31 Abs. 1 BVerfGG zukommen sollte – Gesetzeskraft nach § 32 Abs. 2 BVerfGG scheidet von vornherein aus –, würde eine solche inzidente Normenverwerfung eine faktische allgemeine Bindungswirkung entfalten.

Auf gar keinen Fall darf die bundesverfassungsgerichtliche Senatsrechtsprechung zur Jahresfrist der kommunalen Verfassungsbeschwerde nach vorheriger verwaltungsgerichtlicher Normenkontrolle auf die *individuale* Rechtssatzverfassungsbeschwerde übertragen werden, wenn vor dieser aus Gründen ihrer allgemeinen Subsidiarität verwaltungsgerichtlicher Rechtsschutz zum Zwecke einer inzidenten Normenkontrolle in Anspruch genommen wurde[17]. Zwar ist es nur konsequent, diese Senatsrechtsprechung auch auf die Jahresfrist für eine *kommunale* Verfassungsbeschwerde nach vorherigem inzidenten verwaltungsgerichtli-

---

[15] BVerfGE 98, 106 (107 f., 114, 133); auf dieser Linie liegt es auch, wenn nach BVerfGE 69, 112 (118) selbst solche Gesetze nach Art. 100 Abs. 1 GG vorlagepflichtig sein können, über die das vorlegende Gericht principaliter zu entscheiden hat; a. A. *Rozek* (Fn. 10), S. 394 ff.

[16] A. A. *Rozek* (Fn. 10), S. 394 ff.

[17] So aber BVerfGK 11, 337 (348).

lichem Rechtsschutz anzuwenden, soweit von den Kommunen verlangt wird, ihn aus Gründen der allgemeinen Subsidiarität der Verfassungsbeschwerde in Anspruch zu nehmen, um sich die Möglichkeit einer späteren kommunalen Verfassungsbeschwerde offen zu halten[18]. Denn nur dann lassen sich unzumutbare Rechtsschutzdefizite vermeiden. Im Falle einer Individualverfassungsbeschwerde besteht diese Gefahr indes nicht. War der Beschwerdeführer wegen des Grundsatzes der allgemeinen Subsidiarität der (Rechtssatz-)Verfassungsbeschwerde gezwungen, gegen die von ihm angegriffene Rechtsvorschrift inzidenten verwaltungsgerichtlichen Rechtsschutz in Anspruch zu nehmen, kann das Bundesverfassungsgericht bei einer nachfolgenden Entscheidungsverfassungsbeschwerde eine tenorierte Normverwerfung ohne weiteres auf § 95 Abs. 3 S. 2 BVerfGG stützen. Es besteht keinerlei Bedürfnis, dem Beschwerdeführer durch eine systemwidrige Handhabung der Fristvorschrift des § 93 Abs. 3 BVerfGG die Möglichkeit einer Rechtssatzverfassungsbeschwerde offen zu halten. Dies würde sämtliche guten und allgemein anerkannten Grundsätze zur Bestimmung der Jahresfrist des § 93 Abs. 3 BVerfGG ohne Not über Bord werfen.

Es ist festzuhalten: Die Jahresfrist für eine individuale Rechtssatzverfassungsbeschwerde beginnt zu laufen, wenn die angegriffene Rechtsvorschrift in Kraft getreten ist. Dies gilt auch, wenn gegen diese ein Normenkontrollverfahren nach § 47 VwGO durchgeführt wird oder wenn anderweitiger verwaltungsgerichtlicher Rechtsschutz in Anspruch genommen wird, um die Rechtsvorschrift einer inzidenten verwaltungsgerichtlichen Kontrolle zu unterziehen[19]. Nach Ablauf der Jahresfrist ist nur noch eine Entscheidungsverfassungsbeschwerde möglich, für die die Monatsfrist des § 93 Abs. 1 BVerfGG gilt. Im Rahmen einer solchen Entscheidungsverfassungsbeschwerde kann das Bundesverfassungsgericht die mittelbar angegriffene Rechtsvorschrift nach § 95 Abs. 3 S. 2 BVerfGG für nichtig erklären.

## 2. Grundrechtsklage zum Hessischen Staatsgerichtshof, § 43 StGHG

### a) Rechtswegerschöpfung, § 44 Abs. 1 S. 1 StGHG

Die Grundrechtsklage zum Hessischen Staatsgerichtshof nach § 43 StGHG ist das Pendant zur Verfassungsbeschwerde nach Art. 93 Abs. 1 Nr. 4a GG. Zum

---

[18] Dazu unten III. 1. c) bb).
[19] Ebenso *Kopp/Schenke* (Fn. 4), § 47 Rn. 86 a.E.; *Ziekow*, in: Sodan/Ziekow, VwGO, 3. Aufl. 2010, § 47 Rn. 20; *Zuck*, Das Recht der Verfassungsbeschwerde, 3. Aufl. 2006, Rn. 883 a.E.; *Warmke*, Die Subsidiarität der Verfassungsbeschwerde, 1993, S. 188 f. mit Fn. 458, S. 190; *Gröpl*, NVwZ 1999, 968; vgl. auch *Schenke* (Fn. 6), S. 722, 724 ff., der § 93 Abs. 3 BVerfGG generell für unanwendbar hält, wenn gegen Rechtsvorschriften prinzipaler oder inzidenter fachgerichtlicher Rechtsschutz möglich ist; eine nachfolgende Rechtssatzverfassungsbeschwerde scheide dann von vornherein aus, möglich sei nur eine Entscheidungsverfassungsbeschwerde.

Rechtsweg, der nach § 44 Abs. 1 S. 1 StGHG vor einer Erhebung einer Grundrechtsklage erschöpft sein muss, gehören jedenfalls sämtliche fachgerichtliche Rechtsbehelfe, die sich unmittelbar gegen den Gegenstand der Grundrechtsklage richten. Hierzu zählt auch die Normenkontrolle nach § 47 VwGO, wenn mit der Grundrechtsklage eine untergesetzliche landesrechtliche Rechtsvorschrift angegriffen wird[20]. Auch hier wird – ebenso wie zu § 93 Abs. 3 BVerfGG – von niemandem vertreten, sämtliche Rechtsvorschriften, also auch solche i. S. v. § 47 Abs. 1 VwGO, seien Hoheitsakte, gegen die nach der Fristvorschrift des § 45 Abs. 2 StGHG der Rechtsweg nicht offen stehe, und deshalb sei § 44 Abs. 1 S. 1 StGHG auf Rechtsvorschriften nicht anwendbar[21]. Der Staatsgerichtshof hat es lediglich offen gelassen, ob § 45 Abs. 2 StGHG als solcher für Rechtsvorschriften gilt, gegen die nach § 47 VwGO Rechtsschutz durch ein Normenkontrollverfahren möglich ist[22].

Eine ganz andere Frage ist es, ob eine zulässige Grundrechtsklage zum Staatsgerichtshof, die sich gegen eine hessische Rechtsverordnung richtet, deshalb keine vorherige erfolglose Normenkontrolle vor dem Hessischen Verwaltungsgerichtshof voraussetzt, weil nach Art. 132 HV nur der Staatsgerichtshof entscheidet, ob ein Gesetz oder eine Rechtsverordnung mit der Hessischen Verfassung übereinstimmt. Der Staatsgerichtshof hatte in seiner älteren Rechtsprechung die Zulässigkeit einer Grundrechtsklage nicht davon abhängig gemacht, dass der Grundrechtskläger vorher das Normenkontrollverfahren nach § 47 VwGO durchgeführt hat[23]. Begründet hat der Staatsgerichtshof dies nicht. Der Grund kann aber nur Art. 132 HV i.V.m. § 47 Abs. 3 VwGO sein. Nach Art. 132 HV entscheidet nur der Staatsgerichtshof, ob ein Gesetz oder eine Rechtsverordnung mit der Hessischen Verfassung in Widerspruch steht. Erfasst sind allerdings nur formelle hessische Gesetze und Rechtsverordnungen, die gem. Art. 107, 118 HV von der Landesregierung oder von Staatsministern erlassen worden sind, nicht dagegen auch Verordnungen der Bezirks-, Kreis- und Ortsbehörden[24]. Nur die

---

[20] *Günther*, Verfassungsgerichtsbarkeit in Hessen, 2004, § 44 Rn. 4, 14; *Groß*, in: Hermes/Groß, Landesrecht Hessen, 7. Aufl. 2011, § 4 Rn. 53 zur kommunalen Grundrechtsklage nach § 46 StGHG; *Bettermann*, in: Starck/Stern, Landesverfassungsgerichtsbarkeit, Teilband II, 1983, S. 526 zu § 48 Abs. 3 StGHG a. F.; *Pestalozza*, Verfassungsprozessrecht, 3. Aufl. 1991, S. 565, soweit dem Verwaltungsgerichtshof trotz § 47 Abs. 3 VwGO eine Normenkontrolle gestattet ist.

[21] Zu § 90 Abs. 3 BVerfGG oben II. 1. a) a. E.

[22] HessStGH, StAnz. 2000, 2920 (2921).

[23] HessStGH, ESVGH 22, 4 (6); 29, 210 (211); 30, 7 (8); 35, 1; zustimmend *v. Coelln*, Anwendung von Bundesrecht nach Maßgabe der Landesgrundrechte?, 2001, S. 73; *Gehb*, Verfassung, Zuständigkeiten und Verfahren des Hessischen Staatsgerichtshofs, 1987, 235 ff.

[24] *v. Zezschwitz*, in: Zinn/Stein, Verfassung des Landes Hessen, Art. 137 Rn. 262 (Stand: 16. Lfg. 1999); *Günther* (Fn. 20), § 39 Rn. 20; großzügiger HessStGH, StAnz. 1970, 531 (534).

zuerst genannten Rechtsverordnungen unterliegen deshalb dem Vorbehalt des § 47 Abs. 3 VwGO.

Aber schon der Wortlaut dieser Vorschrift entzieht dem Verwaltungsgerichtshof die prinzipale Entscheidungskompetenz nur insoweit, wie sie Art. 132 HV dem Staatsgerichtshof vorbehält. Das Normverwerfungsmonopol des Staatsgerichtshofs besteht nur, soweit es um die Frage geht, ob die von Art. 132 HV erfasste Rechtsvorschrift mit der Hessischen Verfassung übereinstimmt. Soweit es um die Frage der Übereinstimmung mit sonstigem höherrangigen Recht geht, greift Art. 132 HV und damit auch § 47 Abs. 3 VwGO nicht ein. Diese beiden Bestimmungen beschränken nicht den Prüfungsgegenstand, sondern nur den Prüfungsmaßstab des Verwaltungsgerichtshofs[25]. Ihm ist es nicht verwehrt, eine Rechtsverordnung i. S. v. Art. 132 HV daraufhin zu überprüfen, ob sie mit dem formellen hessischen Gesetzesrecht sowie dem gesamten Bundesrecht einschließlich dem Bundesverfassungsrecht übereinstimmt. Auch Bundesverfassungsrecht, das mit dem hessischen Landesverfassungsrecht inhaltsgleich ist, gehört zum Prüfungsmaßstab des Verwaltungsgerichtshofs[26]. Deshalb muss er vor Erhebung einer Grundrechtsklage auch dann angerufen werden, wenn sich die Grundrechtsklage gegen eine Rechtsverordnung wendet, die in den Anwendungsbereich des Art. 132 HV fällt. Auch in diesem Fall gehört die Normenkontrolle nach § 47 VwGO zum Rechtsweg, der nach § 44 Abs. 1 S. 1 StGHG erschöpft werden muss[27].

Der Staatsgerichtshof rekurriert aber nach wie vor nicht auf § 44 Abs. 1 S. 1 StGHG. Statt dessen verweist er nunmehr auf den Grundsatz der allgemeinen Subsidiarität der Grundrechtsklage und gelangt dadurch zum selben Ergebnis[28]. Eine Begründung für diese prozessuale Pirouette gibt er indes nicht. Sie lässt sich auch nicht finden. In zwei aktuellen Entscheidungen zur kommunalen Grundrechtsklage nach § 46 StGHG hat er ohne dogmatische Festlegung verlangt, dass ein Normenkontrollverfahren nach § 47 VwGO durchgeführt wird, wenn dies möglich und zumutbar ist[29]. Durchgreifende Argumente, § 44 Abs. 1 S. 1 StGHG auf eine individuale Rechtssatzgrundrechtsklage nicht anzuwenden, gibt es nicht. Der Anwendung des § 44 Abs. 1 S. 1 StGHG auf Grundrechts-

---

[25] *Kopp/Schenke* (Fn. 4), § 47 Rn. 101 m. N. pro et contra.
[26] VGH Kassel, ESVGH 38, 273 (274 f.); 42, 62 (63); NVwZ 1988, 642 (Leitsatz 1); so auch zum bayer. Verfassungsrecht BayVerfGHE 37, 35 (38); allgemein *Ziekow* (Fn. 19), § 47 Rn. 334; a. A. noch VGH Kassel, ESVGH 31, 1 (1 f.); offen lassend HessStGH, StAnz. 1995, 1060 (1061).
[27] N. in Fn. 20.
[28] HessStGH, StAnz. 1995, 1057 (1058); StAnz. 1995, 1060 (1061); StAnz. 2000, 2920 (2921); 9.8.2000 – P.St. 1564 – juris; ebenso zur kommunalen Grundrechtsklage nach § 46 StGH HessStGH, NVwZ-RR 2004, 713 (714 f.).
[29] HessStGH, 6.6.2012, P.St. 2292, Umdruck S. 15; 6.6.2012, P.St. 2294, Umdruck S. 2.

klagen auch gegen Rechtsverordnungen, die unter Art. 132 HV fallen, steht § 44 Abs. 1 S. 2 u. 3 StGHG nicht entgegen.

b) Angriffsgegenstand und Frist, § 44 Abs. 1 S. 2, § 45 StGHG

Wird der Grundrechtskläger auf das Normenkontrollverfahren nach § 47 VwGO verwiesen, kann er gem. § 44 Abs. 1 S. 2 StGHG mit seiner Grundrechtsklage – außer im Falle des § 44 Abs. 2 StGHG – nur die antragsabweisende Entscheidung des Verwaltungsgerichtshofs angreifen. Zwar hat der Staatsgerichtshof in seiner älteren Rechtsprechung § 48 Abs. 3 StGHG a. F., der inhaltsgleich mit § 44 Abs. 1 S. 2 StGHG ist, für unanwendbar erklärt, wenn sich die Grundrechtsklage unmittelbar gegen eine Rechtsvorschrift richtet[30]. Dies beruht aber lediglich darauf, dass der Staatsgerichtshof in diesen Entscheidungen vom Erfordernis der Rechtswegerschöpfung stillschweigend abgesehen hat. Da der Staatsgerichtshof aber nunmehr die vorherige Durchführung des Normenkontrollverfahrens nach § 47 VwGO verlangt, kann die Anwendbarkeit des § 44 Abs. 1 S. 2 StGHG nicht mehr von vornherein ausgeschlossen sein. Dem Verwaltungsgerichtshof war es allerdings aufgrund von § 47 Abs. 3 VwGO i. V. m. Art. 132 HV verwehrt, die Rechtsverordnung wegen Verstoßes gegen die Hessische Verfassung gem. § 47 Abs. 5 S. 2 VwGO für unwirksam zu erklären. Zwar schließt es § 47 Abs. 3 VwGO nicht absolut aus, dass der Verwaltungsgerichtshof eine Rechtsverordnung, die unter Art. 132 HV fällt, am Maßstab des hessischen Verfassungsrechts prüft. Denn Art. 132 HV verbietet es nur, dass ein hessisches Gericht die betreffenden Rechtsvorschriften rechtsverbindlich für unvereinbar mit der Hessischen Verfassung erklärt. Einer bloßen Überprüfung am Maßstab der Hessischen Verfassung steht § 47 Abs. 3 VwGO i. V. m. Art. 132 HV deshalb nicht entgegen[31]. Sie kann sogar geboten sein, wenn eine Richtervorlage zum Staatsgerichtshof nach Art. 133 Abs. 1 HV in Betracht kommt[32]. Aus § 47 Abs. 3 VwGO i. V. m. Art. 132 HV folgt aber, dass der Verwaltungsgerichtshof Rechtsvorschriften, die unter Art. 132 HV fallen, nicht für unwirksam erklären darf[33]. Eine andere Interpretation des § 47 Abs. 3 VwGO würde diese Vorschrift sinnentleeren.

Im Ergebnis darf der Verwaltungsgerichtshof auch keine Rechtsvorschriften i. S. v. Art. 132 HV, die prinzipaler Angriffsgegenstand seiner Normenkontrolle

---

[30] HessStGH, ESVGH 22, 4 (6); 29, 210 (210 f.).

[31] Zu diesem Unterschied, der auf den abweichenden Formulierungen des § 47 Abs. 3 VwGO und des Art. 132 HV beruht, *Kopp/Schenke* (Fn. 4), § 47 Rn. 100 einerseits und *Ziekow* (Fn. 19), § 47 Rn. 313 sowie *Gerhardt/Bier*, in: Schoch/Schneider/Bier, VwGO, § 47 Rn. 90 (Stand: Juli 2005) andererseits.

[32] HessStGH, ESVGH 21, 1 (8).

[33] Vgl. HessStGH, ESVGH 21, 1 (8); VGH Kassel, NVwZ 1991, 1098 (1099); zum bayer. Recht BayVerfGHE 37, 35 (36).

sind, dem Staatsgerichtshof im Wege der konkreten Normenkontrolle nach Art. 133 HV vorlegen. Auf die Frage, ob Rechtsvorschriften, die prinzipaler Gegenstand einer Normenkontrolle sind, überhaupt nach Art. 100 Abs. 1 GG oder Art. 133 HV vorgelegt werden können[34], kommt es dabei gar nicht an. Da der Verwaltungsgerichtshof Rechtsvorschriften i.S.v. Art. 132 HV wegen ihrer Landesverfassungswidrigkeit nicht für unwirksam erklären und dem Normenkontrollantrag insoweit nicht stattgeben darf, ist die Frage ihrer Vereinbarkeit mit der Hessischen Verfassung nicht entscheidungserheblich[35].

All dies scheint zunächst gegen die Möglichkeit zu sprechen, die Entscheidung des Verwaltungsgerichtshofs vor dem Staatsgerichtshof mit der Begründung anzugreifen, sie verstoße gegen die Hessische Verfassung[36]. Wäre diese Rüge tatsächlich ausgeschlossen, bestünde im Falle der Verweisung auf das Normenkontrollverfahren nach § 47 VwGO eine Rechtsschutzlücke, soweit es um Verstöße gegen das Landesverfassungsrecht geht. Das aber ist nicht der Fall. Auch wenn der Entscheidungsmaßstab des Verwaltungsgerichtshofs von vornherein limitiert ist, bedeutet dies nicht, dass die antragsabweisende Entscheidung auch materiell mit der Hessischen Verfassung übereinstimmt. Bestätigt sie eine landesverfassungswidrige Rechtsvorschrift, ist diese Entscheidung auch dann mit denjenigen Bestimmungen der Hessischen Verfassung, aus denen die Verfassungswidrigkeit der Rechtsvorschrift folgt, materiell-rechtlich unvereinbar, wenn sie nicht zum Prüfungsmaßstab des Verwaltungsgerichtshofs gehören. Art. 26 HV statuiert eine uneingeschränkte Grundrechtsbindung des Verwaltungsgerichtshofs. Hierauf kann eine Grundrechtsklage gegen seine Entscheidung und mittelbar gegen die von ihm überprüfte Rechtsvorschrift gestützt werden[37]. Verstößt diese tatsächlich gegen die Hessische Verfassung, wird die Entscheidung des Verwaltungsgerichtshofs nach § 47 Abs. 2 StGHG für kraftlos und die Rechtsvorschrift nach § 16 StGHG i.V.m. § 95 Abs. 3 S. 2 BVerfGG für nichtig erklärt[38].

Genau in dieser Weise argumentiert auch der Bayerische Verfassungsgerichtshof in einer neuen Entscheidung[39]: Der Bayerische Verwaltungsgerichtshof hatte eine Satzung für nichtig erklärt. Eine Überprüfung der Satzung am Maßstab der

---

[34] Dafür BVerfGE 69, 112 (118); dagegen HessStGH, ESVGH 21, 1 (9); HessVGH, ESVGH 31, 1 (2); NVwZ 1991, 1098 (1099 a.E.); DVBl. 1969, 554 (558); *Ziekow* (Fn. 19), § 47 Rn. 314.

[35] *Günther* (Fn. 20), § 39 Rn. 21, § 46 Rn. 21; *Detterbeck,* Streitgegenstand und Entscheidungswirkungen im Öffentlichen Recht, 1995, S. 272 m.w.N. in Fn. 545; vgl. auch *Ziekow* (Fn. 19), § 47 Rn. 314; zu diesem Erfordernis äußern sich *Kopp/Schenke* (Fn. 4), § 47 Rn. 107 nicht; ebenso nicht *Bettermann* (Fn. 20), S. 504, 506.

[36] So grundsätzlich *Günther* (Fn. 20), § 43 Rn. 70; ebenso für die vergleichbare Rechtslage in Bayern BayVerfGHE 30, 40 (43 f.); 37, 35 (36, 38); BayVBl. 2002, 365.

[37] So die zutreffende Argumentation von *Günther* (Fn. 20), § 43 Rn. 70.

[38] Dazu *Günther* (Fn. 20), § 45 Rn. 26, 30 ff.

[39] BayVerfGH, BayVBl. 2012, 234 m. zustimmender Anm. von *Lorenzmeier,* BayVBl. 2012, 238.

bayerischen Grundrechte, wozu auch das bayerische kommunale Selbstverwaltungsrecht nach Art. 11 Abs. 2 S. 2 BV gehört, war ihm aufgrund der ständigen Rechtsprechung des Bayerischen Verfassungsgerichtshofs verwehrt. Nach ihr besteht insoweit aufgrund von Art. 98 S. 4 BV ein Entscheidungsmonopol des Bayerischen Verfassungsgerichtshofs i. S. v. § 47 Abs. 3 VwGO. Die Gemeinde, deren Satzung für nichtig erklärt wurde, erhob gegen die Normenkontrollentscheidung des Bayerischen Verwaltungsgerichtshofs Verfassungsbeschwerde zum Bayerischen Verfassungsgerichtshof nach Art. 120 BV wegen Verletzung ihres kommunalen Selbstverwaltungsrechts gem. Art. 11 Abs. 2 S. 2 BV, nachdem die Nichtzulassungsbeschwerde vom Bundesverwaltungsgericht zurückgewiesen worden war. Der Bayerische Verfassungsgerichtshof prüfte die Normenkontrollentscheidung des Bayerischen Verwaltungsgerichtshofs am Maßstab des Art. 11 Abs. 2 S. 2 BV und hob sie wegen Verstoßes gegen diese Vorschrift auf, obwohl der Verwaltungsgerichtshof sie wegen § 47 Abs. 3 VwGO i. V. m. Art. 98 S. 4 BV nicht prüfen durfte. Zur Begründung verwies der Bayerische Verfassungsgerichtshof unter anderem auf andernfalls bestehende Rechtsschutzlücken.

Unangreifbar ist diese Argumentation natürlich nicht. Dass eine gerichtliche Entscheidung mit Rechtsvorschriften unvereinbar sein kann, auf die das Gericht seine Entscheidung von vornherein nicht stützen darf, versteht sich nicht von selbst[40]. Dies gilt erst recht für die Annahme, eine antragsablehnende Normenkontrollentscheidung des Hessischen Verwaltungsgerichtshofs könne auf einer Verletzung von Grundrechten der Hessischen Landesverfassung beruhen, wie es § 44 Abs. 1 S. 2 StGHG verlangt. Wird der hier vertretenen Argumentation, die im Ergebnis auf eine erweiternde Auslegung des § 44 Abs. 1 S. 2 StGHG hinausläuft, nicht gefolgt, bleiben nur noch zwei Auswege. Entweder wird § 44 Abs. 1 S. 2 StGHG in Konstellationen der vorliegenden Art contra legem nicht angewendet. In diesem Fall kann die Grundrechtsklage zum Staatsgerichtshof nach Erschöpfung des Verwaltungsrechtsweges unmittelbar gegen die Rechtsvorschrift erhoben werden. Oder § 44 Abs. 1 StGHG wird insgesamt nicht angewendet. Auch das führt zu einer prinzipalen Rechtssatzgrundrechtsklage zum Staatsgerichtshof. Das Gebot der Erschöpfung des Verwaltungsrechtsweges folgt dann aus dem Grundsatz der allgemeinen Subsidiarität der Grundrechtsklage[41]. In beiden Fällen müssen der Verwaltungsgerichtshof und ggf. das Bundesverwaltungsgericht angerufen werden, bevor Rechtssatzgrundrechtsklage erhoben wird. Die

---

[40] Ausdrücklich ablehnend BayVerfGHE 30, 40 (43 f.); 37, 35 (36); BayVBl. 2002, 365. Allerdings ist die Rechtslage in Bayern anders als in Hessen. Der BayVerfGH verneint zwar unter Hinweis auf § 47 Abs. 3 VwGO i. V. m. Art. 98 S. 4 BV die Zulässigkeit einer Verfassungsbeschwerde nach Art. 120 BV gegen die antragsablehnende Normenkontrollentscheidung des BayVGH. Dem vor dem BayVGH Unterlegenen steht aber die Möglichkeit einer Popularklage zum BayVerfGH nach Art. 98 S. 4 BV gegen die vom BayVGH überprüfte Rechtsvorschrift offen, so BayVerfGHE 30, 40 (44).

[41] So der Staatsgerichtshof in den in Fn. 28 genannten Entscheidungen.

Frist für die Grundrechtsklage nach § 45 Abs. 2 StGHG beginnt dann erst mit Rechtskraft der verwaltungsgerichtlichen Entscheidung zu laufen[42].

Dogmatisch ist vor allem die zuletzt genannte Variante (Maßgeblichkeit des Grundsatzes der allgemeinen Subsidiarität der Grundrechtsklage) kaum vertretbar. Dass für untergesetzliche hessische Rechtsvorschriften, die nicht dem Vorbehalt des § 47 Abs. 3 VwGO i.V.m. Art. 132 HV unterliegen, § 44 Abs. 1 StGHG uneingeschränkt gilt, dürfte unstreitig sein[43]. Für Rechtsvorschriften, die zwar nur der eingeschränkten prinzipalen Verwerfungskompetenz des Verwaltungsgerichtshofs, aber gleichwohl seiner prinzipalen Normenkontrolle unterliegen, kann rechtslogischerweise nichts anderes gelten.

Der Staatsgerichtshof hat sich zu dieser Problematik noch nicht ausdrücklich geäußert. Seine Ausführungen zur Frist des § 45 Abs. 2 StGHG lassen indes nur den Rückschluss zu, dass er dem Grundrechtskläger nach Abschluss des verwaltungsgerichtlichen Normenkontrollverfahrens die Möglichkeit einer Rechtssatzgrundrechtsklage einräumt und ihn nicht auf eine Grundrechtsklage gegen die Entscheidung des Verwaltungsgerichtshofs nach § 44 Abs. 1 S. 2 StGHG verweist. Erst nach Abschluss des verwaltungsgerichtlichen Normenkontrollverfahrens soll die Jahresfrist des § 45 Abs. 2 StGHG zu laufen beginnen[44]. Der Staatsgerichtshof sagt zwar nicht, für genau welche Grundrechtsklage dies gelten soll. Es kann aber nur eine Grundrechtsklage gegen die Rechtsvorschrift sein. Der Hinweis auf die bundesverfassungsgerichtliche Rechtsprechung zur Frist des § 93 Abs. 3 BVerfGG, auf die sich der Staatsgerichtshof beruft, lässt unberücksichtigt, dass sich das Bundesverfassungsgericht hier nur zu kommunalen Verfassungsbeschwerden nach Art. 93 Abs. 1 Nr. 4b GG, die per definitionem Rechtssatzverfassungsbeschwerden sind, äußert, nicht aber zu Verfassungsbeschwerden nach Art. 93 Abs. 1 Nr. 4a GG.

Bemerkenswert in diesem Zusammenhang ist, dass der Staatsgerichtshof in einer neueren Entscheidung, in der er den Grundrechtskläger im Falle einer Rechtssatzgrundrechtsklage auf den Grundsatz ihrer allgemeinen Subsidiarität verweist, § 44 Abs. 1 S. 2 StGHG anwendet und nach Abschluss des verwaltungsgerichtlichen Verfahrens nur eine Grundrechtsklage gegen die klageabweisende letztinstanzliche Entscheidung erwähnt[45]. Allerdings betrifft diese Entscheidung des Staatsgerichtshofs nicht eine der Grundrechtsklage vorausgehende prinzipale verwaltungsgerichtliche Normenkontrolle nach § 47 VwGO, sondern

---

[42] HessStGH, StAnz. 1995, 1060 (1062); StAnz. 2000, 2920 (2921); 9.8.2000 – P.St. 1564 – juris Rn. 4.
[43] Vgl. *Pestalozza* (Fn. 20), S. 565.
[44] N. in Fn. 42.
[45] HessStGH, NVwZ-RR 2009, 588 (589), der Verweis auf § 43 Abs. 1 S. 1 u. 2 StGHG ist offenbar ein Versehen, gemeint sein kann nur § 44 Abs. 1 S. 1 u. 2 StGHG.

eine verwaltungsgerichtliche Feststellungsklage nach § 43 VwGO, die nur eine inzidente verwaltungsgerichtliche Normenkontrolle ermöglicht.

Nach der hier vertretenen Auffassung ist § 44 Abs. 1 S. 2 StGHG auch bei Individualgrundrechtsklagen gegen Rechtssätze nach erfolglosem verwaltungsgerichtlichen Normenkontrollverfahren anwendbar. Eine nachfolgende Rechtssatzgrundrechtsklage ist deshalb ausgeschlossen. Möglich ist nur eine Grundrechtsklage gegen die antragsabweisende Normenkontrollentscheidung des Verwaltungsgerichtshofs. Für sie gilt die Monatsfrist des § 45 Abs. 1 StGHG[46].

§ 44 Abs. 1 S. 2 StGHG steht jedenfalls der Anwendung von § 44 Abs. 1 S. 1 StGHG auf Grundrechtsklagen gegen Rechtsverordnungen i. S. v. Art. 132 HV nicht entgegen[47]. Wird eine solche Grundrechtsklage zwar ausdrücklich auf Verstöße gegen die Hessische Verfassung beschränkt, ist sie gleichwohl nach § 44 Abs. 1 S. 1 StGHG unzulässig, wenn ausgehend vom Vortrag des Grundrechtsklägers zugleich ein Verstoß gegen inhaltsgleiches Bundesverfassungsrecht anzunehmen ist, der im Verfahren nach § 47 VwGO geltend gemacht werden kann[48]. Etwas anderes gilt nur, wenn sich die Grundrechtsklage auf Verstöße gegen Vorschriften der Hessischen Verfassung beschränkt, die kein bundesverfassungsrechtliches Pendant haben.

Fraglich ist in diesem Zusammenhang, ob der Grundrechtskläger dadurch einer Verweisung auf eine Normenkontrolle nach § 47 VwGO begegnen kann, dass er es unterlässt, mit der Grundrechtsklage auch solche Rügen zu erheben, die die Annahme rechtfertigen, dass auch gegen Landes- oder Bundesrecht verstoßen wurde, das zum Prüfungsmaßstab des Verwaltungsgerichtshofs gehört. Der Staatsgerichtshof hat diese Möglichkeit zu Recht eröffnet[49]. Auf die Möglichkeit, entsprechende naheliegende Rechtsverstöße zu rügen, muss sich der Grundrechtskläger allerdings verweisen lassen[50].

c) Landesrichtervorbehalt, § 44 Abs. 1 S. 3 StGHG

Nach § 44 Abs. 1 S. 3 StGHG ist die Grundrechtsklage unzulässig, wenn das höchste in der Sache zuständige Gericht kein Gericht des Landes Hessen ist. Diese Vorschrift ist auch auf Grundrechtsklagen gegen Normenkontrollentscheidungen des Verwaltungsgerichtshofs grundsätzlich anwendbar. Da gegen sie nach

---

[46] So auch die Konzeption von *Günther* (Fn. 20), § 45 Rn. 26.
[47] *Günther* (Fn. 20), § 45 Rn. 26.
[48] So *Günther* (Fn. 20), § 46 Rn. 21 zur kommunalen Grundrechtsklage.
[49] HessStGH, 6.6.2012, P.St. 2292, Umdruck S. 15 zur kommunalen Grundrechtsklage; ebenso zur fachgerichtlichen Gehörsrüge *Detterbeck*, AöR 136 (2011), 242 m.w.N.; a. A. offenbar *Günther* (Fn. 20), § 46 Rn. 21 Fn. 70 zur kommunalen Grundrechtsklage.
[50] HessStGH, 6.6.2012, P.St. 2292, Umdruck S. 15; das Risiko der entsprechenden Beurteilung trägt der Antragsteller, *Günther* (Fn. 20), § 46 Rn. 21.

derzeitigem Recht Revision zum Bundesverwaltungsgericht eingelegt werden kann, ist der Weg zum Staatsgerichtshof grundsätzlich versperrt. Eine Grundrechtsklage gegen die vom Verwaltungsgerichtshof überprüfte Rechtsvorschrift ist nach § 44 Abs. 1 S. 2 StGHG ausgeschlossen. Deshalb besteht die Gefahr, dass der Grundrechtskläger in folgenden verfassungsprozessualen toten Winkel gerät: Greift er eine Rechtsverordnung an, die unter Art. 132 HV fällt, prüft der Verwaltungsgerichtshof nicht, ob diese mit der Hessischen Verfassung übereinstimmt. Auch dem Bundesverwaltungsgericht ist eine diesbezügliche Überprüfung verwehrt. Gleiches gilt für eine anschließende Urteilsverfassungsbeschwerde zum Bundesverfassungsgericht.

Dieses Defizit ist hinnehmbar, wenn der Verwaltungsgerichtshof und das Bundesverfassungsgericht nach Maßgabe des von ihnen anzuwendenden Bundesverfassungsrechts Rechtsschutz gewähren können, der mit demjenigen nach Maßgabe des hessischen Verfassungsrechts vergleichbar ist. Ist dies jedoch nicht der Fall, weil die hessische Verfassung weiterreichende Rechte als das Grundgesetz gewährleistet, muss § 44 Abs. 1 S. 3 StGHG einschränkend ausgelegt werden. Sinn und Zweck dieser Vorschrift ist es zu verhindern, dass der Staatsgerichtshof die Entscheidung eines Landesgerichts für kraftlos erklärt, die ein Bundesgericht in der Sache bestätigt hat. Es soll ausgeschlossen werden, dass der Staatsgerichtshof eine bundesgerichtliche Entscheidung dadurch mittelbar kontrolliert und ggf. konterkariert, dass er die landesgerichtliche Entscheidung nach Maßgabe des Landesverfassungsrechts, das im wesentlichen mit dem Bundes-(Verfassungs-)Recht übereinstimmt, überprüft und hierbei der bundesgerichtlichen Beurteilung der Rechtslage widerspricht. Diese Gefahr besteht jedoch von vornherein nicht, wenn das Landesverfassungsrecht über das Bundes-(Verfassungs-)Recht hinausgeht und das Bundesgericht die entsprechenden Rechtsfragen nach Maßgabe des Bundesrechts gar nicht beantworten konnte. In einem solchen Fall missachtet der Staatsgerichtshof die bundesgerichtliche Entscheidung nicht, wenn er die vom Bundesgericht bestätigte landesgerichtliche Entscheidung aus Gründen für kraftlos erklärt, die das Bundesgericht von vornherein nicht erwägen konnte. In derartigen Fällen ist § 44 Abs. 1 S. 3 StGHG entsprechend seinem Sinn und Zweck unanwendbar[51]. Dies gilt freilich nicht uneingeschränkt, sondern nur, soweit die bundesgerichtliche Entscheidung aus der Perspektive des Landesverfassungsrechts defizitär sein muss, oder wenn das Bundesgericht etwa im Rahmen einer Zurückweisung einer Nichtzulassungsbeschwerde keine Sachentscheidung nach Maßgabe des inhaltsgleichen Bundesrechts getroffen hat.

Die hier vertretene teleologische Reduzierung des § 44 Abs. 1 S. 3 StGHG findet ihr gesetzlich geregeltes Pendant in § 43 Abs. 1 S. 2 u. 3 StGHG. Nach

---

[51] Ebenso *Günther* (Fn. 20), § 44 Rn. 21, 23; ebenso BayVerfGH, BayVBl. 2012, 234 zur Nichtzulassungsbeschwerde nach Maßgabe des vergleichbaren bayerischen Rechts; dazu näher die zustimmende Anm. *Lorenzmeier,* BayVBl. 2012, 237.

§ 43 Abs. 1 S. 2 StGHG ist die Grundrechtsklage unzulässig, wenn in derselben Sache Verfassungsbeschwerde zum Bundesverfassungsgericht erhoben wurde. Diese Vorschrift führt dazu, dass eine landesgerichtliche Entscheidung, die vom Bundesverfassungsgericht im Zuge einer Urteilsverfassungsbeschwerde bundesverfassungsrechtlich bestätigt wurde, vom Staatsgerichtshof aus landesverfassungsrechtlichen Erwägungen nicht für kraftlos erklärt wird, wenn Landes- und Bundesverfassungsrecht im wesentlichen inhaltsgleich sind. Ob dieses Ergebnis schon durch eine erweiternde Auslegung von Art. 100 Abs. 3 GG erreicht wird, ist eine andere, wenn auch zu verneinende Frage[52]. Die Gefahr, dass der Staatsgerichtshof dem Bundesverfassungsgericht der Sache nach widerspricht, besteht aber von vornherein nicht, wenn der Staatsgerichtshof seine Entscheidung auf Landesgrundrechte stützt, die weiterreichenden Rechte als die Bundesgrundrechte gewähren. Deshalb ist es nur konsequent, wenn § 43 Abs. 1 S. 3 StGHG insoweit die Grundrechtsklage zum Staatsgerichtshof neben einer Verfassungsbeschwerde zum Bundesverfassungsgericht zulässt. Die Parallele zur hier vorgeschlagenen Reduzierung des Anwendungsbereiches des § 44 Abs. 1 S. 3 StGHG ist unübersehbar.

### d) Vorabentscheidung, § 44 Abs. 2 StGHG

Der Anwendung von § 44 Abs. 1 S. 1 StGHG auf Grundrechtsklagen gegen untergesetzliche Rechtsvorschriften steht schließlich auch nicht § 44 Abs. 2 StGHG entgegen. Nach dieser Vorschrift entscheidet der Staatsgerichtshof vor der Rechtswegerschöpfung nur, wenn die Bedeutung der Sache über den Einzelfall hinausgeht oder wenn der antragstellenden Person ein schwerer und unabwendbarer Nachteil entstünde, falls sie zunächst auf den Rechtsweg verwiesen würde.

Das Argument, falls der Grundrechtskläger nach § 44 Abs. 1 S. 1 StGHG auf die Möglichkeit einer verwaltungsgerichtlichen Normenkontrolle verwiesen würde, müsse der Staatsgerichtshof eine Vorabentscheidung nach § 44 Abs. 2 StGHG treffen, weil die Frage der Verfassungsmäßigkeit der angegriffenen Rechtsvorschrift stets über den Einzelfalls hinausgehe, wäre unzutreffend. Auf die Frage, ob § 44 Abs. 2 StGHG dem Staatsgerichtshof ebenso wie § 90 Abs. 2 S. 2 BVerfGG dem Bundesverfassungsgericht[53] nur ein Ermessen einräumt, ob er vor einer Rechtswegerschöpfung entscheidet, wenn die in dieser Vorschrift genannten Tatbestandsvoraussetzungen erfüllt sind[54], oder ob dann eine Vorabent-

---

[52] Dazu BVerfGE 96, 345 LS 4 (372 ff.); *Bethge,* in: Maunz/Schmidt-Bleibtreu, BVerfGG, § 85 Rn. 21 ff. (Stand: Juli 2007); *Rühmann,* in: Umbach/Clemens/Dollinger, BVerfGG, 2. Aufl. 2005, § 85 Rn. 35 ff.

[53] BVerfGE 76, 248 (251); 86, 382 (388); *Sperlich,* in: Umbach/Clemens/Dollinger, BVerfGG, 2. Aufl. 2005, § 90 Rn. 161.

[54] So *Günther* (Fn. 20), § 44 Rn. 31; siehe auch *Barwinski,* in: Zinn/Stein, Verfassung des Landes Hessen, 16. Lfg. 1999, Art. 131–133 Anm. B IV 19g, S. 40, wonach

scheidungspflicht des Staatsgerichtshofs besteht[55], kommt es nicht an. Denn allein der Umstand, dass die angegriffene Rechtsvorschrift nicht nur den Grundrechtskläger, sondern sämtliche Normadressaten betrifft, rechtfertigt noch nicht die Annahme, die Bedeutung der Sache gehe über den Einzelfall hinaus. Zwar wird eine allgemeine, über den Einzelfall hinausgehende Bedeutung gemeinhin angenommen, wenn das Verfahren die Interessen der Gesamtheit oder einer größeren Personengruppe berührt oder wenn die vom Staatsgerichtshof zu treffende Entscheidung über den Einzelfall hinaus Klarheit über die Rechtslage in einer Vielzahl gleichgelagerter Fälle schafft[56]. Eben dies ist aber bei Rechtsvorschriften der Normalfall. Er allein vermag die Annahme einer einzelfallübergreifenden Bedeutung i. S. v. § 44 Abs. 2 StGHG nicht zu begründen[57]. Wird eine Rechtsvorschrift angegriffen, darf eine einzelfallübergreifende Bedeutung der Sache nur angenommen werden, wenn die Normenkontrolle grundsätzliche verfassungsrechtliche Fragen aufwirft, deren Beantwortung Rechtsklarheit in einer Vielzahl gleichgelagerter Fälle schafft[58].

Auch in diesem Zusammenhang würde sich an der Problematik nichts ändern, wenn man § 44 Abs. 1 S. 1 StGHG und damit auch Absatz 2 dieser Vorschrift auf Grundrechtsklagen gegen untergesetzliche Rechtsvorschriften nicht anwenden und statt dessen auf den Grundsatz der allgemeinen Subsidiarität der Grundrechtsklage abstellen würde. Für den Grundsatz der allgemeinen Subsidiarität der Verfassungsbeschwerde nach Art. 93 Abs. 1 Nr. 4a GG ist nach allgemeiner Auffassung § 90 Abs. 2 S. 2 BVerfGG zumindest analog anwendbar[59]. Ebenso verhält es sich für Grundrechtsklagen zum Staatsgerichtshof. Auch soweit sie dem Grundsatz der allgemeinen Subsidiarität unterliegen, ist eine Vorabentscheidung des Staatsgerichtshofs möglich, wenn die Voraussetzungen des § 44 Abs. 2 StGHG erfüllt sind[60]. Wenn diese Vorschrift entgegen der hier vertretenen Auf-

---

der StGH eine Vorabentscheidung auch dann ablehnen kann, wenn die Voraussetzungen des § 48 Abs. 1 S. 3 StGHG a. F., der dem § 44 Abs. 2 StGHG entspricht, erfüllt sind; ebenso HessStGH, StAnz. 2000, 2920 (2922) zur sinngemäßen Anwendung des § 44 Abs. 2 StGHG auf den Grundsatz der allgemeinen Subsidiarität der Grundrechtsklage.

[55] So *Schmidt-De Caluwe,* Die kommunale Grundrechtsklage in Hessen, 1996, S. 57 f.

[56] Siehe nur HessStGH, StAnz. 1998, 1552 (1553); 31.8.1999 – P.St. 1427 – juris Rn. 6; *Günther* (Fn. 20), § 44 Rn. 28 ff. m. w. N.

[57] So zu § 90 Abs. 2 S. 2 BVerfGG BVerfG, 5.12.2005 – 1 BvR 13/05 – juris Rn. 8; *Detterbeck,* Öffentliches Recht, 9. Aufl. 2013, Rn. 629; hiervon ersichtlich ausgehend auch *Schmidt-De Caluwe* (Fn. 55), S. 58; ebenso BVerfGE 47, 146 (159) zur Zulässigkeit einer Richtervorlage nach Art. 100 Abs. 1 GG trotz fehlender Entscheidungserheblichkeit in analoger Anwendung von § 90 Abs. 2 S. 2 BVerfGG.

[58] *Schmidt-De Caluwe* (Fn. 55), S. 58, wonach diese Voraussetzung nur in ganz besonders gelagerten Ausnahmefällen erfüllt ist.

[59] Siehe nur BVerfGE 90, 128 (137); 91, 294 (306); 93, 319 (338); 95, 193 (208); 97, 157 (168); 97, 298 (309); 98, 17 (35); 101, 54 (74); 102, 197 (219); 108, 370 (386); *Bethge* (Fn. 1), § 90 Rn. 409; *Sperlich* (Fn. 53), § 90 Rn. 153.

[60] HessStGH, NVwZ-RR 2009, 588; StAnz. 2000, 2920 (2922).

fassung so auszulegen wäre, dass grundsätzlich jedes Normenkontrollverfahren von einzelfallübergreifender Bedeutung sei, wäre die Vorabentscheidung des Staatsgerichtshofs auch unter Subsidiaritätsaspekten der Normalfall.

### e) Grundsatz der allgemeinen Subsidiarität

Auch der Staatsgerichtshof unterscheidet der Sache nach, wenn auch unausgesprochen, zwischen der Rechtswegerschöpfung und der allgemeinen Subsidiarität der Grundrechtsklage. Obwohl unmittelbar gegen ein formelles Gesetz kein Rechtsweg zulässig ist und deshalb nicht nach § 44 Abs. 1 S. 1 StGHG erschöpft werden kann, ist die Grundrechtsklage dennoch unzulässig, wenn der Grundrechtskläger die Möglichkeit anderweitigen fachgerichtlichen Rechtsschutzes hat. Auch der Staatsgerichtshof verweist auf die Möglichkeit einer verwaltungsgerichtlichen Klage auf Feststellung, dass der Kläger das gesetzliche Ge- oder Verbot nicht befolgen müsse[61]. Als Zulässigkeitshindernis benennt der Staatsgerichtshof nicht das Erfordernis der Rechtswegerschöpfung nach § 44 Abs. 1 S. 1 StGHG, sondern den Grundsatz der Subsidiarität der Grundrechtsklage[62]. Anders als § 90 Abs. 2 S. 1 BVerfGG, der vom Rechtsweg „gegen die Verletzung" – also gegen die Grundrechtsverletzung – spricht, ist in § 44 Abs. 1 S. 1 StGHG vom Rechtsweg „für den Gegenstand der Grundrechtsklage" die Rede. Die Frage, ob es dieser im Vergleich zu § 90 Abs. 2 S. 1 BVerfGG enge Wortlaut des § 44 Abs. 1 S. 1 StGHG verbietet, auch fachgerichtliche Rechtsbehelfe, die sich nicht unmittelbar gegen den Gegenstand der Grundrechtsklage richten, als Rechtsweg i. S. v. § 44 Abs. 1 S. 1 StGHG zu begreifen, soll auf sich beruhen. Auch wenn § 44 StGHG nicht unmittelbar anwendbar sein sollte, müssten § 44 Abs. 1 S. 2, 3 und § 44 Abs. 2 StGHG zumindest analog angewendet werden[63].

## III. Rechtswegerschöpfung und allgemeine Subsidiarität der kommunalen Verfassungsbeschwerde und kommunalen Grundrechtsklage

### 1. Kommunale Verfassungsbeschwerde zum Bundesverfassungsgericht, Art. 93 Abs. 1 Nr. 4b GG

#### a) Rechtswegerschöpfung, § 90 Abs. 2 S. 1 BVerfGG

Das Gebot der Rechtswegerschöpfung nach § 90 Abs. 2 S. 1 BVerfGG gilt nach der zutreffenden herrschenden Auffassung auch für kommunale Verfas-

---

[61] HessStGH, NVwZ-RR 2009, 588 (589).
[62] HessStGH, NVwZ-RR 2009, 588 f.
[63] HessStGH, NVwZ-RR 2009, 588 f. verweist auf § 44 Abs. 2 StGHG (588) und auf § 44 Abs. 1 S. 1 und 2 StGHG (589), wobei offenbar versehentlich § 43 Abs. 1 S. 1 u. 2 StGHG genannt wird; HessStGH, StAnz. 2000, 2920 (2922): sinngemäße Anwendung des § 44 Abs. 2 StGHG.

sungsbeschwerden nach Art. 93 Abs. 1 Nr. 4b GG, § 91 BVerfGG[64]. Da Angriffsgegenstand einer kommunalen Verfassungsbeschwerde nur Gesetze sein können, dazu gehören auch Rechtsverordnungen und Satzungen, kommt als fachgerichtlicher Rechtsbehelf von vornherein nur die Normenkontrolle nach § 47 VwGO in Betracht.

Nach einer vereinzelten Mindermeinung ist § 90 Abs. 2 S. 1 BVerfGG auf die kommunale Verfassungsbeschwerde nicht unmittelbar anwendbar. Diese Vorschrift sei nur analog[65] bzw. entsprechend, das heiße in Gestalt des allgemeinen Grundsatzes der Subsidiarität anwendbar[66]. Gefolgert wird dies zum einen daraus, dass die kommunale Verfassungsbeschwerde im Bundesverfassungsgerichtsgesetz nach der Individualverfassungsbeschwerde geregelt ist (formales Argument). Deshalb seien die Regelungen des § 90 Abs. 2 BVerfGG auf die kommunale Verfassungsbeschwerde jedenfalls nicht unmittelbar anwendbar. Zum anderen wird aus § 93 Abs. 3 BVerfGG gefolgert, die §§ 91, 93 BVerfGG gingen davon aus, dass für Gesetze i. S. v. § 91 BVerfGG grundsätzlich kein Rechtsweg offen stehe.

Die gesetzestextliche Normierung der kommunalen Verfassungsbeschwerde nach der Individualverfassungsbeschwerde ist indes kein Argument, das zwingend dagegen spricht, allgemeine prozessuale Vorschriften über einen Rechtsbehelf auf einen nachfolgenden, z. T. ähnlich strukturierten Rechtsbehelf unmittelbar anzuwenden, soweit dies einem übergeordneten allgemeinen Prozessrechtsgrundsatz entspricht und mit dem Charakter des nachfolgend geregelten Rechtsbehelfs vereinbar ist. Dies ist hier der Fall. Kann mit einem fachgerichtlichen Rechtsbehelf dasselbe Ziel erreicht werden wie mit einem bundesverfassungsgerichtlichen Rechtsbehelf, ist dieser gegenüber jenem subsidiär. Zu Recht spricht das Bundesverfassungsgericht von der Subsidiarität der Bundesverfassungsgerichtsbarkeit[67]. Deshalb verbietet der gesetzessystematische Standort der kommunalen Verfassungsbeschwerde nicht, § 90 Abs. 2 BVerfGG auf diesen Rechtsbehelf unmittelbar anzuwenden.

Der Hinweis auf die Fristenregelung des § 93 BVerfGG steht dem noch viel weniger entgegen. § 93 BVerfGG, der – in welcher Form auch immer – unstreitig

---

[64] BVerfGE 76, 107 (114 f.); 107, 1 (8); *Bethge*, in: Maunz/Schmidt-Bleibtreu, BVerfGG, § 91 Rn. 47 (Stand: Sept. 2011); *Lechner/Zuck*, BVerfGG, 6. Aufl. 2011, § 91 Rn. 56; *Sturm/Detterbeck*, in: Sachs, GG, 6. Aufl. 2011, Art. 93 Rn. 103, Art. 94 Rn. 15; *Hopfauf*, in: Schmidt-Bleibtreu/Klein/Hofmann/Hopfauf, GG, 12. Aufl. 2011, Art. 93 Rn. 209; *Pieroth*, in: Jarass/Pieroth, GG, 12. Aufl. 2012, Art. 93 Rn. 76; *Rinken*, in: Denninger u. a., GG, 3. Aufl. 2001, Art. 93 Rn. 78; *Löwer* (Fn. 5), § 70 Rn. 78; *Benda/Klein*, Verfassungsprozessrecht, 3. Aufl. 2012, Rn. 652; *Pestalozza* (Fn. 20), § 12 Rn. 58; *Starke*, JuS 2008, 322.

[65] *Sachs*, Verfassungsprozessrecht, 3. Aufl. 2010, Rn. 573.

[66] *Magen*, in: Umbach/Clemens/Dollinger, BVerfGG, 2. Aufl. 2005, § 91 Rn. 45; Bedenken äußert auch *Rennert*, JuS 2008, 32.

[67] BVerfGE 79, 256 (265).

auch auf die kommunale Verfassungsbeschwerde unmittelbar anwendbar ist, unterscheidet zwischen Entscheidungen (§ 93 Abs. 1 BVerfGG) sowie Gesetzen und sonstigen Hoheitsakten, gegen die ein Rechtsweg nicht offen steht (§ 93 Abs. 3 BVerfGG). Nach soweit ersichtlich einhelliger Auffassung fallen unter den Begriff der Gesetze i. S. v. § 93 BVerfGG sowohl formelle Gesetze als auch untergesetzliche Rechtsvorschriften[68]. Nach überwiegender Auffassung gehören hierzu auch Gesetze, gegen die unmittelbar fachgerichtlicher Rechtsschutz möglich ist, gegen die also der Rechtsweg i. S. v. § 90 Abs. 2 S. 1 BVerfGG offen steht[69]. Nach einer Mindermeinung unterfallen Rechtsvorschriften, die unmittelbar mit fachgerichtlichen Rechtsbehelfen angreifbar sind, also mit einem Normenkontrollantrag nach § 47 VwGO, nicht dem Anwendungsbereich des § 93 Abs. 3 BVerfGG[70]. Diese Auffassung ist abzulehnen.

Die Annahme, der Gesetzgeber sei bei der Formulierung des § 93 Abs. 3 BVerfGG davon ausgegangen, dass gegen Gesetze im Sinne dieser Vorschrift kein unmittelbarer fachgerichtlicher Rechtsschutz zur Verfügung stehe[71], und damit auch nicht gegen Gesetze i. S. v. § 91 S. 1 BVerfGG[72], ist nicht richtig. Bereits im Jahre 1946 gab es in den Ländern Bayern, Bremen, Hessen und Württemberg-Baden nach Maßgabe von § 25 Verwaltungsgerichtsgesetz die abstrakte Normenkontrolle gegen Verordnungen und andere untergesetzliche Rechtsvorschriften zum Verwaltungsgericht[73]. Hieran knüpften die Diskussionen um die Entwürfe zur VwGO in den Jahren 1950/51 an[74]. Bei der Diskussion um die Textfassung der §§ 91, 93 BVerfGG und beim Erlass des Bundesverfassungsgerichtsgesetzes im Jahre 1951 war den Beteiligten die Möglichkeit fachgerichtlichen Rechtsschutzes gegen untergesetzliche Rechtsvorschriften bekannt. Dass der Gesetzgeber dennoch für untergesetzliche Rechtsvorschriften keine Sonderregelung getroffen, sondern den allgemeinen Begriff des Gesetzes verwendet hat,

---

[68] BVerfGE 13, 248 (253); 53, 1 (15); BVerfGK, DVBl. 1993, 649; *Lechner/Zuck* (Fn. 64), § 93 Rn. 56; *Sachs* (Fn. 65), Rn. 540; *Rennert,* JuS 2008, 32; ebenso die in der folgenden Fn. Genannten.

[69] BVerfGE 76, 107 (115 f.) – zu § 93 Abs. 2 BVerfGG a. F.; 107, 1 (8); BVerfGK 16, 396 (402); *Hömig* (Fn. 10), § 93 Rn. 70 mit Fn. 9; *Magen* (Fn. 66), § 91 Rn. 47; *Heusch/Sennekamp* (Fn. 10), § 93 Rn. 80; *Mückl,* in: Ehlers/Schoch, Rechtsschutz im Öffentlichen Recht, 2009, § 14 Rn. 54; *Rennert,* JuS 2008, 32.

[70] *Hillgruber/Goos,* Verfassungsprozessrecht, 3. Aufl. 2011, Rn. 232; *Hartmann,* in: Pieroth/Silberkuhl, Die Verfassungsbeschwerde, 2008, § 93 BVerfGG Rn. 73 f.; *Zuck* (Fn. 19), Rn. 883; *Schmidt-De Caluwe* (Fn. 55), S. 47; widersprüchlich *Benda/Klein* (Fn. 64), Rn. 610 einerseits und Rn. 657 andererseits.

[71] *Schmidt-De Caluwe* (Fn. 55), S. 48; deutlich auch *Benda/Klein* (Fn. 64), Rn. 610 (dann aber anders Rn. 657).

[72] *Magen* (Fn. 66), § 91 Rn. 45 mit Fn. 120; *Sachs* (Fn. 65), Rn. 573.

[73] Dazu *Schmidt,* in: Eyermann, VwGO, 13. Aufl. 2010, § 47 Rn. 1; *Ziekow* (Fn. 19), § 47 Rn. 1.

[74] *Kronisch,* in: Sodan/Ziekow, VwGO, 3. Aufl. 2010, § 1 Rn. 17; *Schmidt* (Fn. 73).

rechtfertigt die Annahme, der Gesetzgeber habe unter Gesetzen i. S. d. §§ 91 S. 1, 93 Abs. 3 BVerfGG auch sämtliche Gesetze im nur materiellen Sinne, also Rechtsvorschriften im Range unter dem formellen Gesetz verstanden, d. h. auch solche, gegen die fachgerichtlicher Rechtsschutz zur Verfügung steht. In der Konsequenz der ablehnenden Mindermeinung läge es, untergesetzliche Rechtsvorschriften, gegen die fachgerichtlicher Rechtsschutz möglich ist, unter den Begriff der Entscheidung in § 93 Abs. 1 S. 2 BVerfGG zu subsumieren. Das wäre mit den weiteren Vorgaben dieser Bestimmung indes völlig unvereinbar.

Zwar ist es richtig, dass nach Erschöpfung des Rechtsweges gegen eine Rechtsvorschrift das klageabweisende Urteil nur binnen der Monatsfrist des § 93 Abs. 1 S. 1 BVerfGG angegriffen werden kann. Das hat aber mit der Frage, ob § 93 Abs. 3 BVerfGG auch auf rechtswegfähige Rechtsvorschriften angewendet werden kann, nicht das Geringste zu tun. Die Möglichkeit einer Urteilsverfassungsbeschwerde schließt eine Rechtssatzverfassungsbeschwerde nicht per se aus[75]. Zum einen ist es möglich, dass das fachgerichtliche Verfahren innerhalb der Jahresfrist des § 93 Abs. 3 BVerfGG rechtskräftig abgeschlossen ist. Zum anderen ist auch an die Möglichkeit einer bundesverfassungsgerichtlichen Vorabentscheidung nach § 90 Abs. 2 S. 2 BVerfGG zu denken. Geht es um Verfassungsbeschwerden von Gemeinden, muss schließlich berücksichtigt werden, dass gegen Urteile eine kommunale Verfassungsbeschwerde nicht statthaft ist[76].

Dass eine unmittelbare Anwendung des § 93 Abs. 3 BVerfGG auf sämtliche untergesetzliche Rechtsvorschriften dann zu Fristproblemen bei der kommunalen Verfassungsbeschwerde führt, wenn auf diese auch § 90 Abs. 2 S. 1 BVerfGG angewendet wird, ist eine ganz andere Frage[77]. Als Argument gegen eine unmittelbare Anwendung des § 90 Abs. 2 S. 1 BVerfGG kann dies jedenfalls nicht ins Feld geführt werden. Denn dieselbe Problematik besteht, wenn § 90 Abs. 2 S. 1 BVerfGG nur analog angewendet wird oder wenn auf den Grundsatz der allgemeinen Subsidiarität der Verfassungsbeschwerde abgestellt wird.

Die Tatsache, dass die rechtskräftige antragsabweisende verwaltungsgerichtliche Normenkontrollentscheidung auch nach einer erfolgreichen kommunalen Verfassungsbeschwerde gegen die verwaltungsgerichtlich bestätigte Rechtsvorschrift Bestand hat, steht der Verweisung auf die Möglichkeit einer Normenkontrolle nicht entgegen[78]. Eine normkassierende bundesverfassungsgerichtliche Entscheidung entzieht einem normbestätigenden verwaltungsgerichtlichen Urteil

---

[75] Zur Möglichkeit paralleler Urteils- und Rechtssatzverfassungsbeschwerden BVerfGK 16, 396 (401, 403).
[76] Dies übersieht *Pestalozza* (Fn. 20), § 12 Rn. 58 Fn. 227.
[77] Dazu unten III. 1. c) bb).
[78] A. A. *Warmke* (Fn. 19), S. 275 ff., 282; *Schmidt-De Caluwe* (Fn. 55), S. 94 f. zur kommunalen Grundrechtsklage.

die Grundlage. Es verliert – außer hinsichtlich der Kostenentscheidung – seine rechtliche Bedeutung[79].

### b) Grundsatz der allgemeinen Subsidiarität

Sowohl der Sache nach als auch terminologisch ist streng zu unterscheiden zwischen der Subsidiarität der kommunalen Verfassungsbeschwerde nach Art. 93 Abs. 1 Nr. 4b HS 2 GG, § 91 S. 2 BVerfGG und dem Grundsatz der allgemeinen Subsidiarität der Verfassungsbeschwerde, der überwiegend als ungeschriebener, über § 90 Abs. 2 S. 1 BVerfGG hinausreichender prozessualer Grundsatz qualifiziert wird. Nur um diesen Grundsatz geht es im folgenden.

In seiner spärlichen Senatsrechtsprechung zur kommunalen Verfassungsbeschwerde äußert sich das Bundesverfassungsgericht zum Grundsatz der allgemeinen Subsidiarität nicht. Es wendet ihn einfach nicht an. Das erstaunt zunächst. Denn für die Individualverfassungsbeschwerde wurde dieses Prozessrechtsinstitut in einem Maße ausgebaut, dass selbst versierte Verfassungsprozessualisten in erhebliche Schwierigkeiten geraten.

Auf die kommunale Verfassungsbeschwerde kann der Grundsatz der allgemeinen Subsidiarität jedenfalls nicht uneingeschränkt übertragen werden: Würde man die Kommunen darauf verweisen, einen behördlichen Einzelvollzugsakt, insbesondere Verwaltungsakte, zu provozieren oder abzuwarten, um diesen dann verwaltungsgerichtlich anzufechten, wäre der kommunale Rechtsschutz defizitär, wenn der verwaltungsgerichtliche Rechtsschutz erfolglos geblieben ist[80]. Denn der behördliche Vollzugsakt sowie die ihn bestätigenden verwaltungsgerichtlichen Entscheidungen können von vornherein nicht Gegenstand einer kommunalen Verfassungsbeschwerde sein. Ein unmittelbarer Zugriff auf das diesen Einzelakten zugrundeliegende Gesetz im Wege der kommunalen Verfassungsbeschwerde könnte der Gemeinde zwar ohne weiteres eröffnet werden. Hat die Gemeinde eine untergesetzliche Rechtsvorschrift fristgerecht und erfolglos mittels Normenkontrolle nach § 47 VwGO angegriffen, beginnt nach der ständigen bundesverfassungsgerichtlichen Rechtsprechung die Jahresfrist des § 93 Abs. 3 BVerfGG für eine nachfolgende kommunale Verfassungsbeschwerde gegen das zugrundeliegende formelle Gesetz erst mit Rechtskraft der antragsabweisenden verwaltungsgerichtlichen Normenkontrollentscheidung zu laufen[81]. Dieses Prin-

---

[79] *Bethge* (Fn. 64), § 91 Rn. 52; *Günther* (Fn. 20), § 46 Rn. 27; *Rozek* (Fn. 10), S. 393 f.; siehe auch BVerfGE 69, 112 (118, 120); HessStGH, ESVGH 21, 1 (4).

[80] Dies übersehen möglicherweise *Hillgruber/Goos* (Fn. 70), Rn. 290, wenn sie kritisieren, dass das BVerfG das Erfordernis der unmittelbaren Betroffenheit bei der kommunalen Verfassungsbeschwerde einschränkt.

[81] BVerfGE 76, 107 (115 f.); 107, 1 (8); BVerfGK 16, 396 (402); ablehnend *Schenke* (Fn. 6), S. 719 ff., der aber nur auf die Individualverfassungsbeschwerde nach Art. 93 Abs. 1 Nr. 4a GG abstellt.

zip ließe sich unschwer auf kommunale Verfassungsbeschwerden nach erfolglosem verwaltungsgerichtlichen Rechtsschutz gegen behördliche Einzelvollzugsakte übertragen. Diese blieben aber selbst im Falle einer erfolgreichen kommunalen Rechtssatzverfassungsbeschwerde bestehen. Ein Durchgriff auf die behördlichen Einzelvollzugsakte ist dem Bundesverfassungsgericht verwehrt. Der Gedanke einer umgekehrten analogen Anwendung des § 95 Abs. 2 i.V.m. Abs. 3 S. 2 BVerfGG ist schon in Anbetracht von § 79 Abs. 2 BVerfGG reine Utopie. Dies erklärt es, dass das Bundesverfassungsgericht unmittelbare Betroffenheit auch dann annimmt, wenn eine mittels kommunaler Verfassungsbeschwerde angegriffene Rechtsvorschrift auf behördlichen Einzelvollzug angelegt ist[82].

Im weiteren stellt sich aber die Frage, ob die Kommunen auf die Möglichkeit einer Feststellungsklage verwiesen werden können, gerichtet auf Feststellung, dass sie das gesetzliche Ge- oder Verbot nicht befolgen müssen. Die wenigen literarischen Stellungnahmen sind geteilt. Die Mehrheit äußert sich ablehnend[83]. Teils wird darauf verwiesen, dass die Feststellungsklage gem. § 43 VwGO keinen auf die prinzipale Normenkontrolle gerichteten Rechtsschutz gewähre[84]. Teils wird argumentiert, auch durch eine erfolgreiche Feststellungsklage könne die in der Fortgeltung der Norm liegende Beschwer nicht beseitigt werden[85]. Wer schon die Verweisung der Gemeinden auf die Möglichkeit einer Normenkontrolle nach § 47 VwGO ablehnt – gleichviel ob unter dem Aspekt der Rechtswegerschöpfung oder des Subsidiaritätsgrundsatzes –, muss konsequenterweise auch die Verweisung auf anderweitigen fachgerichtlichen Rechtsschutz ablehnen[86]. Zum Teil wird auf eine Begründung verzichtet[87].

Vereinzelt werden die Gemeinden – jedenfalls unter Subsidiaritätsgesichtspunkten – ausdrücklich auf die Möglichkeit einer Feststellungsklage verwiesen[88]. Eine neuere bundesverfassungsgerichtliche Kammerentscheidung verlangt von der Gemeinde, vor der kommunalen Verfassungsbeschwerde Feststellungsklage gegen die Bundesrepublik Deutschland und die angegriffene Bundesrechtsverordnung zu erheben[89]. Offenbar hat die Kammer auf § 90 Abs. 2 S. 1 BVerfGG abgestellt – und zwar deshalb, weil ihr eine sog. atypische Feststellungsklage vor-

---

[82] BVerfGE 71, 25 (35 f.); 76, 107 (113).
[83] So auch noch, aber undifferenziert, *Detterbeck,* AöR 136 (2011), 256 Fn. 156; ablehnend auch SächsVerfGH, 29.1.2010 – Vf. 25-VIII-09 – juris Rn. 71 zur kommunalen Verfassungsbeschwerde nach Art. 90 SächsVerf., § 36 SächsVerfGHG, für die aber schon das Erfordernis der Rechtswegerschöpfung (§ 27 SächsVerfGHG) nicht gilt, § 36 Abs. 2 SächsVerfGHG.
[84] *Mückl* (Fn. 69), § 14 Rn. 51.
[85] *Magen* (Fn. 66), § 91 Rn. 46.
[86] *Warmke* (Fn. 19), S. 282.
[87] *Bethge* (Fn. 64), § 91 Rn. 54; *Löwer* (Fn. 5), § 70 Rn. 78.
[88] *Hillgruber/Goos* (Fn. 70), Rn. 292; erwägend auch *Bertrams,* in: Festschrift W. Hoppe, 2000, S. 983.
[89] BVerfGK 16, 396 (402 f.).

schwebte, die nicht gegen den Rechtsträger der verordnungsüberwachenden oder verordnungsvollziehenden Behörde, sondern gegen den Rechtsträger des Verordnungsgebers und die von ihm erlassene untergesetzliche Rechtsvorschrift zu richten sei[90]. Eine derart konturierte atypische Feststellungsklage gerät allerdings in die unmittelbare Nähe einer hier unstatthaften, da Bundesrecht angreifenden Normenkontrolle nach § 47 VwGO.

Die wenigen Argumente, mit denen die Anwendung des Grundsatzes der allgemeinen Subsidiarität auf die kommunale Verfassungsbeschwerde abgelehnt wurde, sind nicht stichhaltig. Dass eine reguläre Feststellungsklage nach § 43 VwGO keine prinzipale Normenkontrolle ist, hindert die ganz überwiegende Auffassung nicht, im Falle einer Individualverfassungsbeschwerde gegen Rechtsnormen aus Subsidiaritätsgründen auf die Möglichkeit einer Feststellungsklage zu verweisen, obwohl der Beschwerdeführer mit seiner Verfassungsbeschwerde ebenfalls eine prinzipale Normenkontrolle anstrebt, die eine verwaltungsgerichtliche Feststellungsklage nicht ermöglicht.

Gleiches gilt für das Argument, eine erfolgreiche Feststellungsklage könne die Beschwer der fortgeltenden Rechtsnorm nicht beseitigen. Zum einen ist dieses Argument nicht stichhaltig, wenn die Feststellungsklage auf eine inzidente Kontrolle eines formellen Gesetzes abzielt. In einem solchen Fall kann die Feststellungsklage in aller Regel nur erfolgreich sein, wenn das Bundes- oder ein Landesverfassungsgericht das Gesetz vorher im Wege der konkreten Normenkontrolle nach Art. 100 Abs. 1 GG für verfassungswidrig und nichtig erklärt hat. Bei der verwaltungsgerichtlichen inzidenten Kontrolle untergesetzlicher Rechtsvorschriften ist zwar eine rechtskräftige oder gar allgemeinverbindliche Ungültigerklärung der entsprechenden Rechtsvorschrift jedenfalls durch das Bundesverfassungsgericht nicht möglich[91]. Stellt das Verwaltungsgericht aber rechtskräftig fest, dass der Kläger diese Rechtsvorschrift nicht befolgen muss, dürfte diese Entscheidung in den meisten Fällen ausreichenden effektiven Rechtsschutz vermitteln. Sollte dies nicht der Fall sein, scheidet eine Verweisung auf verwaltungsgerichtlichen Rechtsschutz in analoger Anwendung von § 90 Abs. 2 S. 2 BVerfGG aus. Ansonsten ist kein Grund ersichtlich, inwiefern eine Kommune, die ein obsiegendes verwaltungsgerichtliches Feststellungsurteil erstritten hat, durch die nicht beseitigte Rechtsvorschrift nachteilig betroffen sein könnte. Jedenfalls ist auch insoweit kein Grund ersichtlich, weshalb dieser Aspekt der Anwendung des Subsidiaritätsgrundsatzes nur auf die kommunale Verfassungsbe-

---

[90] Dazu näher und ablehnend *Detterbeck,* Allgemeines Verwaltungsrecht mit Verwaltungsprozessrecht, 10. Aufl. 2012, Rn. 1397 ff. m.w. N.; *Geis,* in: Festschrift W.-R. Schenke, 2011, S. 709 ff.; differenzierend *Kopp/Schenke* (Fn. 4), § 43 Rn. 8 g, h, § 47 Rn. 10.

[91] Anders im Falle der Landesverfassungsgerichtsbarkeit, siehe nur Art. 133 HV, Art. 50 Abs. 1 BayVerfGHG.

schwerde, nicht aber auch auf die Individualverfassungsbeschwerde entgegenstehen sollte.

Ein Argument dafür, den Grundsatz der allgemeinen Subsidiarität nicht auf die kommunale Verfassungsbeschwerde anzuwenden, könnte ihr von vornherein begrenzter Anwendungsbereich sein. Sie ist per definitionem ausschließlich Rechtssatzverfassungsbeschwerde und damit prinzipale bundesverfassungsgerichtliche Normenkontrolle. Auch nach der Inanspruchnahme fachgerichtlichen Rechtsschutzes kann Angriffsgegenstand der kommunalen Verfassungsbeschwerde immer nur eine Rechtsvorschrift sein. Demgegenüber ist die Individualverfassungsbeschwerde zwar auch Rechtssatzverfassungsbeschwerde, das aber nur zu einem auch in der Rechtspraxis kleinen Teil. Der Regelfall ist die Urteilsverfassungsbeschwerde. Deshalb könnte man erwägen, nur solchen fachgerichtlichen Rechtsschutz als vorrangig gegenüber der kommunalen Verfassungsbeschwerde zu qualifizieren, der auf eine prinzipale Normenkontrolle gerichtet ist[92]. Eben dies wäre nur die Normenkontrolle nach § 47 VwGO – bezogen auf den Angriffsgegenstand der kommunalen Verfassungsbeschwerde oder eine Rechtsvorschrift aufgrund ihres Angriffsgegenstandes.

Überzeugend wäre diese Argumentation indes nicht. Dem Charakter und Anliegen der kommunalen Verfassungsbeschwerde als prinzipaler Normenkontrolle wird ausreichend Rechnung getragen, wenn anlässlich oder nach Abschluss des fachgerichtlichen Rechtsschutzes eine prinzipale bundesverfassungsgerichtliche Kontrolle derjenigen Rechtsvorschrift möglich ist, gegen die sich die kommunale Verfassungsbeschwerde ursprünglich richtete bzw. richten sollte. Also entweder die konkrete Normenkontrolle gem. Art. 100 Abs. 1 GG anlässlich verwaltungsgerichtlichen Rechtsschutzes nach § 47 VwGO oder nach § 43 VwGO oder die kommunale Verfassungsbeschwerde nach erfolgloser Inanspruchnahme verwaltungsgerichtlichen Rechtsschutzes. Beide Möglichkeiten bestehen im Falle der Verweisung der Gemeinden auf die verwaltungsgerichtliche Feststellungsklage. Deshalb spricht kein überzeugendes Argument dagegen, die Kommunen aus Gründen der allgemeinen Subsidiarität auch der kommunalen Verfassungsbeschwerde auf die Möglichkeit der verwaltungsgerichtlichen Feststellungsklage zu verweisen.

Noch zwangloser lässt sich dieses Ergebnis begründen, wenn zum einen mit der h.M. § 90 Abs. 2 S. 1 BVerfGG unmittelbar auch auf die kommunale Verfassungsbeschwerde angewendet wird[93] und wenn zum anderen mit beachtlichen Teilen der Literatur zum Rechtsweg i.S.v. § 90 Abs. 2 S. 1 BVerfGG auch solche fachgerichtlichen Rechtsbehelfe gezählt werden, die sich nicht unmittelbar gegen den Angriffsgegenstand der Verfassungsbeschwerde wenden, sondern nur seine

---

[92] In diese Richtung *Bethge* (Fn. 64), § 91 Rn. 51.
[93] Nw. in Fn. 64.

inzidente fachgerichtliche Überprüfung ermöglichen[94]. Dann nämlich dürften die Kommunen schon von Gesetzes wegen nur von solchem fachgerichtlichen Rechtsschutz freigestellt werden, der nicht hinreichend effektiv, also für die Kommunen unzumutbar wäre (§ 90 Abs. 2 S. 2 BVerfGG). Das aber ist im Falle einer verwaltungsgerichtlichen Feststellungsklage, die sich mittelbar gegen eine Rechtsvorschrift richtet, nicht der Fall.

Befürwortet man – anders als hier – die Zulässigkeit einer sog. atypischen verwaltungsgerichtlichen Feststellungsklage, die sich unmittelbar gegen den Normgeber bzw. dessen Rechtsträger wendet[95] oder gar unmittelbar gegen die (untergesetzliche) Rechtsvorschrift selbst[96], spricht noch mehr dafür, diese Art verwaltungsgerichtlichen Rechtsschutzes unter § 90 Abs. 2 S. 1 BVerfGG zu subsumieren und die Kommunen auf dessen Inanspruchnahme zu verweisen.

### c) Angriffsgegenstand und Frist

#### aa) Angriffsgegenstand

Nach erfolglosem Abschluss des fachgerichtlichen Verfahrens können die Kommunen Verstöße gegen ihr kommunales Selbstverwaltungsrecht aus Art. 28 Abs. 2 GG nur mit einer kommunalen Verfassungsbeschwerde nach Art. 93 Abs. 1 Nr. 4b GG gegen die entsprechende Rechtsvorschrift geltend machen. Die klageabweisenden Urteile und etwaige behördliche Einzelvollzugsmaßnahmen können sie mit der kommunalen Verfassungsbeschwerde nicht angreifen. Insoweit kommt nur die Individualverfassungsbeschwerde nach Art. 93 Abs. 1 Nr. 4a GG wegen Verletzung von Grundrechten in Betracht. Erfolgversprechend ist wegen der prinzipiellen Grundrechtsunfähigkeit der Kommunen realistischerweise nur eine Urteilsverfassungsbeschwerde wegen Verletzung von Justizgrundrechten, auf die sich auch juristische Personen des öffentlichen Rechts berufen können. Die kommunale Verfassungsbeschwerde gegen die in das kommunale Selbstverwaltungsrecht eingreifende Rechtsvorschrift und die Individualverfassungsbeschwerde gegen justizgrundrechtswidrige gerichtliche Entscheidungen können auch zusammen erhoben werden[97].

Ist die Rechtsvorschrift Grundlage von Ausführungsakten – Rechtsverordnungen, Satzungen, Verwaltungsakte (wenn diese als Ausführungsakt nicht schon von vornherein ausgeschieden werden[98]) – und ist die Gemeinde deshalb durch die Rechtsvorschrift nicht unmittelbar betroffen, ändert sich an dieser fehlenden

---

[94] Nw. in Fn. 6.
[95] BVerfGE 115, 81 (95); BVerwGE 136, 54 Rn. 26 ff., 30, 34; BVerfGK 16, 396 (402).
[96] BVerfGK 16, 396 (403).
[97] BVerfGK 16, 396 (401, 403).
[98] Dazu oben III. 1. b) mit Fn. 82.

unmittelbaren Betroffenheit auch dann nichts, wenn die Kommune erfolglos fachgerichtlichen Rechtsschutz gegen die Ausführungsakte in Anspruch genommen hat. Ungeachtet der Fristfrage kann sie die Rechtsvorschrift deshalb nicht mit der kommunalen Verfassungsbeschwerde angreifen. Das gilt auch, wenn die Kommune gegen eine Rechtsverordnung, die auf einem formellen Gesetz beruht, erfolglos das Normenkontrollverfahren nach § 47 VwGO durchgeführt hat. Gegen das formelle Gesetz kann sie keine kommunale Verfassungsbeschwerde erheben. Denn durch dieses Gesetz ist sie nach wie vor nicht unmittelbar betroffen[99].

Allerdings kann die Kommune nach erfolglosem Abschluss des fachgerichtlichen Verfahrens kommunale Verfassungsbeschwerde gegen die vollziehende Rechtsvorschrift erheben. Im Rahmen dieser Verfassungsbeschwerde überprüft das Bundesverfassungsgericht – selbstverständlich – auch das dem Vollzugsakt zugrundeliegende formelle Gesetz[100]. Denn von seiner Verfassungsmäßigkeit hängt die Verfassungsmäßigkeit der vollziehenden Rechtsvorschrift ab. Fraglich ist nur, wie das Bundesverfassungsgericht entscheidet, wenn das formelle Gesetz verfassungswidrig ist, d.h. gegen Art. 28 Abs. 2 GG verstößt. Erklärt es im Tenor nicht nur die vollziehende Rechtsvorschrift, sondern auch das formelle Gesetz für nichtig? Oder beschränkt sich der Tenor auf den Vollzugsakt, während das Gesetz nur in den Entscheidungsgründen für nichtig erklärt wird? Für die Rechtspraxis dürfte dieser Unterschied kaum von Bedeutung sein. Deshalb handelt es sich primär um eine akademische Frage, deren Erörterung an dieser Stelle nicht viel Raum einnehmen wird.

Formelles Gesetz und vollziehender Rechtssatz bilden auch nach erfolglosem Abschluss des fachgerichtlichen Verfahrens keine Einheit, die es ermöglichte, auch auf das formelle Gesetz § 95 Abs. 3 S. 1 BVerfGG anzuwenden. Zu denken ist aber an eine analoge Anwendung des § 95 Abs. 3 S. 2 BVerfGG. Zwar sind Entscheidungen i.S.v. § 95 Abs. 2 BVerfGG und damit auch von § 95 Abs. 3 S. 2 BVerfGG nur Gerichtsentscheidungen und alle sonstigen Einzelrechtsakte der öffentlichen Gewalt[101]. Der Rechtsgedanke des § 95 Abs. 3 S. 2 BVerfGG ist aber auf die hier in Rede stehende Konstellation übertragbar: Das Bundesverfassungsgericht gibt einer kommunalen Verfassungsbeschwerde gegen einen Rechtsakt statt, weil er auf einem verfassungswidrigen Gesetz beruht.

bb) Frist

§ 93 Abs. 3 BVerfG ist nach der zutreffenden überwiegenden Auffassung auf sämtliche Gesetze anwendbar, d.h. auch auf solche Rechtsvorschriften, gegen die unmittelbar ein fachgerichtlicher Rechtsbehelf ergriffen werden kann; dies ist bei

---

[99] Diesen Aspekt ausblendend, allerdings bei der Fristfrage, BVerfGE 110, 370 (382).
[100] BVerfGE 71, 25 (36); 76, 107 (113).
[101] *Hömig*, in: Maunz/Schmidt-Bleibtreu, BVerfGG, § 95 Rn. 19 (Stand: Okt. 2009).

Normenkontrollanträgen nach § 47 VwGO der Fall. Die Gründe für diese Auslegung des § 93 Abs. 3 BVerfGG wurden bereits genannt[102].

Hat die Kommune zunächst erfolglos verwaltungsgerichtlichen Rechtsschutz in Anspruch genommen, beginnt für eine nachfolgende kommunale Verfassungsbeschwerde gegen die Rechtsvorschrift die Jahresfrist des § 93 Abs. 3 BVerfGG zu laufen, wenn die klageabweisende fachgerichtliche Entscheidung rechtskräftig geworden ist[103]. Dabei bedeutet es keinen Unterschied, ob die Kommune zunächst das Normenkontrollverfahren nach § 47 VwGO durchgeführt hat, um dem Gebot der Rechtswegerschöpfung nach § 90 Abs. 2 S. 1 BVerfGG Rechnung zu tragen, oder ob es aus Gründen der allgemeinen Subsidiarität der kommunalen Verfassungsbeschwerde eine Feststellungsklage nach § 43 VwGO erhoben hat. Allerdings ist eine nachfolgende kommunale Verfassungsbeschwerde nur zulässig, wenn das Verwaltungsgericht binnen der Jahresfrist des § 93 Abs. 3 BVerfGG angerufen wurde[104]. Ansonsten könnte die Jahresfrist dieser Vorschrift für die nachfolgende kommunale Verfassungsbeschwerde umgangen werden. Dieser Aspekt ist nur bei nicht fristgebundenen fachgerichtlichen Rechtsbehelfen von Bedeutung, hier also im Falle der verwaltungsgerichtlichen Feststellungsklage. Für die verwaltungsgerichtliche Normenkontrolle gilt schon nach § 47 Abs. 2 S. 1 VwGO eine Jahresfrist. Dass auch solche fachgerichtlichen Rechtsbehelfsfristen eingehalten werden müssen, versteht sich von selbst.

Die Anwendung von § 93 Abs. 3 BVerfGG auf kommunale Verfassungsbeschwerden nach erfolglosem Abschluss des fachgerichtlichen Verfahrens wird z. T. kritisiert. Statt dessen wird für die Anwendung des § 93 Abs. 1 S. 1 BVerfGG – Monatsfrist ab Rechtskraft der abweisenden fachgerichtlichen Entscheidung – plädiert[105]. Diese Auffassung ist abzulehnen. Denn die kommunale Verfassungsbeschwerde ist auch nach erfolgloser Anrufung der Fachgerichtsbarkeit prinzipale Rechtsverfassungsbeschwerde, für die § 93 Abs. 3 BVerfGG gilt[106]. Die Möglichkeit des Fristenwiderspruchs[107] – Monatsfrist des § 93 Abs. 1 S. 1 BVerfGG für eine Urteilsverfassungsbeschwerde gegen die klageabweisende verwaltungsgerichtliche Entscheidung, Jahresfrist des § 93 Abs. 3 BVerfGG für eine parallele Rechtssatzverfassungsbeschwerde gegen die verwaltungsgerichtlich bestätigte Rechtsvorschrift[108] – besteht bei der kommunalen Verfassungsbe-

---

[102] Oben III. 1. a).

[103] BVerfGE 76, 107 (115 f.); 107, 1 (8); BVerfGK 16, 396 (402); dies verkennt SächsVerfGH, 29.1.2010 – Vf. 25-VIII-09 – juris Rn. 71.

[104] BVerfGE 76, 107 (115 f.); *Magen* (Fn. 66), § 91 Rn. 48.

[105] *Hillgruber/Goos* (Fn. 70), Rn. 299; vgl. auch *Schenke* (Fn. 6), S. 719, der mit Verve die Anwendung des § 93 Abs. 1 S. 1 BVerfGG fordert, aber nicht zwischen kommunaler und individualer Verfassungsbeschwerde differenziert.

[106] *Magen* (Fn. 66), § 91 Rn. 48.

[107] *Schenke* (Fn. 6), S. 722.

[108] So in BVerfGK 11, 337 (341 f., 348) zu Individualverfassungsbeschwerden.

schwerde grundsätzlich nicht. Denn mit ihr können Gerichtsentscheidungen von vornherein nicht angegriffen werden. Die Problematik kann ausnahmsweise nur auftreten, wenn die Gemeinde kommunale Rechtsverfassungsbeschwerde erhebt und gleichzeitig Individualverfassungsbeschwerde gegen die verwaltungsgerichtliche Entscheidung wegen Verletzung von Justizgrundrechten[109].

Zu beachten ist, dass die Jahresfrist des § 93 Abs. 3 BVerfGG für kommunale Verfassungsbeschwerden nicht offen gehalten wird, wenn die Kommune Vollzugsakte aufgrund einer Rechtsvorschrift angreift. Das gilt sowohl für behördliche Einzelvollzugsakte[110] als auch für normvollziehende Rechtsvorschriften. Die Jahresfrist für eine kommunale Verfassungsbeschwerde gegen eine vollzugsbedürftige Rechtsvorschrift beginnt auch nicht erst dann zu laufen, wenn die vollziehende Rechtsvorschrift erlassen wird[111].

### 2. Kommunale Grundrechtsklage zum Hessischen Staatsgerichtshof, § 46 StGHG

#### a) Rechtswegerschöpfung, § 44 Abs. 1 S. 1 StGHG

Auch mit der kommunalen Grundrechtsklage nach § 46 StGHG können – wie mit der kommunalen Verfassungsbeschwerde nach Art. 93 Abs. 1 Nr. 4b GG – nur Rechtsvorschriften angegriffen werden. Der in § 46 StGHG genannte Begriff des Landesrechts beschränkt sich auf hessische Rechtsvorschriften[112]. Als Rechtsweg, der unmittelbar gegen hessische Rechtsvorschriften zur Verfügung steht, kommt nur das Normenkontrollverfahren vor dem Hessischen Verwaltungsgerichtshof nach § 47 VwGO in Betracht. Diese Möglichkeit steht einer Kommune auch dann offen, wenn sie eine Rechtsverordnung angreift, die unter Art. 132 HV fällt[113]. Zwar kann sie sich dann gem. § 47 Abs. 3 VwGO nicht auf hessisches Verfassungsrecht, d.h. insbesondere nicht auf Art. 137 HV berufen. Verstöße gegen Bundesverfassungsrecht, auch soweit es mit dem Landesverfassungsrecht inhaltsgleich ist, können dagegen gerügt werden[114]. Danach ist insbesondere ein Rückgriff auf Art. 28 Abs. 2 GG möglich[115]. Außerdem können sich die hessischen Kommunen im Normenkontrollverfahren nach § 47 VwGO auf

---

[109] So in BVerfGK 16, 396 (400 f., 403).

[110] Ausdrücklich BVerfGK 16, 396 (402 f.).

[111] So aber BVerfGE 110, 370 (382); BVerfGK 16, 396 (402); ebenso BVerfGE 64, 87 (96 f.); 64, 323 (350).

[112] *Günther* (Fn. 20), § 46 Rn. 6–8; *Schmidt-De Caluwe* (Fn. 55), S. 27.

[113] Dazu bereits oben II. 2. a).

[114] VGH Kassel, ESVGH 38, 273 (274 f.); 42, 62 (63); NVwZ 1988, 642 LS 1; *Ziekow* (Fn. 19), § 47 Rn. 334; a. A. noch VGH Kassel, ESVGH 31, 1 (1 f.).

[115] *Schmidt-De Caluwe* (Fn. 55), S. 45; so auch zur vergleichbaren Rechtslage in Bayern *Geis*, Kommunalrecht, 2. Aufl. 2011, Rn. 10.

Vorschriften des einfachen Bundes- und Landesrechts berufen. Hierzu gehört auch das kommunale Selbstverwaltungsrecht nach Maßgabe der Hessischen Gemeindeordnung. Selbst Verstöße gegen rein objektives Recht, soweit es nicht nach § 47 Abs. 3 VwGO außer Betracht bleiben muss, können trotz des Erfordernisses der Antragsbefugnis nach § 47 Abs. 2 S. 1 HS 1 VwGO geltend gemacht werden. Die Kommunen können mittels ihrer Organe, denen Behördenqualität zukommt, den Verwaltungsgerichtshof anrufen, ohne die Verletzung eines subjektiven öffentlichen Rechts geltend machen zu müssen (§ 47 Abs. 2 S. 1 HS 2 VwGO)[116].

Das Erfordernis der Rechtswegerschöpfung nach § 44 Abs. 1 S. 1 StGHG gilt auch für die kommunale Grundrechtsklage unmittelbar[117]. Der Staatsgerichtshof hat hierzu noch nicht eindeutig Stellung bezogen. Zwar hat er in einer Entscheidung die Zulässigkeit einer kommunalen Grundrechtsklage davon abhängig gemacht, dass die antragstellende Gemeinde vorher ordnungsgemäß und erfolglos das Normenkontrollverfahren nach § 47 VwGO durchgeführt hat. Hierbei hat er allerdings – ebenso wie in einigen Entscheidungen zu Individualgrundrechtsklagen[118] – nicht auf § 44 Abs. 1 S. 1 StGHG abgestellt, sondern auf den Grundsatz der allgemeinen Subsidiarität der Grundrechtsklage[119]. Begründet hat er dies jedoch nicht. In zwei neuen Entscheidungen hat er ohne dogmatische Festlegung lediglich verlangt, dass vor Erhebung der kommunalen Grundrechtsklage das Normenkontrollverfahren nach § 47 VwGO durchgeführt werden muss, wenn dies möglich und zumutbar ist[120].

Falls keine verwaltungsgerichtliche Normenkontrolle durchgeführt worden ist und auch kein Ausnahmefall nach oder analog § 44 Abs. 2 StGHG anzunehmen war, ist die kommunale Grundrechtsklage nach Maßgabe der inzwischen gefestigten Rechtsprechung des Staatsgerichtshofs unabhängig von der genauen dogmatischen Begründung unzulässig. Ohne jegliche praktische Bedeutung ist sie indes nicht. Denn von ihr hängt ab, ob und ggf. in welcher Art und Weise die Vorschriften des § 44 Abs. 1 S. 2, 3, Abs. 2 und § 45 Abs. 2 StGHG zur Anwendung gelangen.

---

[116] BVerwGE 81, 307 (309); 114, 301 (308); NJW 2003, 2039 (2042); näher *Gerhardt/Bier* (Fn. 31), § 47 Rn. 78.

[117] *Günther* (Fn. 20), § 46 Rn. 19 ff.; *Groß* (Fn. 20), § 4 Rn. 53; a.A. *v. Zezschwitz* (Fn. 24), Art. 137 Rn. 260, 263 ff., 285 f.; *Schmidt-De Caluwe* (Fn. 55), S. 40 ff., 51 ff., der die von ihm abgelehnte Ansicht als vorherrschend bezeichnet (S. 44).

[118] Dazu oben II. 2. a) mit N. in Fn. 28.

[119] HessStGH, NVwZ-RR 2004, 713 (714).

[120] HessStGH, 6.6.2012, P.St. 2292, Umdruck S. 15; 6.6.2012, P.St. 2294, Umdruck S. 2.

### bb) Systematische Erwägungen

Systematische Erwägungen wie insbesondere die Normierung der kommunalen Grundrechtsklage nach den Vorschriften über die Individualgrundrechtsklage stehen einer unmittelbaren Anwendung des § 44 Abs. 1 S. 1 StGHG nicht entgegen[121]. Das Gegenteil ist der Fall. Beide Formen der Grundrechtsklage sind unter dem gemeinsamen Oberbegriff der Grundrechtsklage der Ziffer 5 des zweiten Abschnitts des zweiten Teils des Gesetzes über den Staatsgerichtshof normiert. Soweit einzelne Bestimmungen der Ziffer 5 für die kommunale Grundrechtsklage nicht gelten sollen, ist dies ausdrücklich geregelt[122]. So ist es nach § 43 Abs. 1 S. 3 HS 2 StGHG nicht grundsätzlich ausgeschlossen, dass neben einer kommunalen Verfassungsbeschwerde zum Bundesverfassungsgericht gleichzeitig eine kommunale Grundrechtsklage zum Staatsgerichtshof erhoben wird. § 43a StGHG ist unstreitig auch auf die kommunale Grundrechtsklage anwendbar[123], obwohl diese im wesentlichen erst später textlich gefasst ist. Gleiches gilt für § 43 Abs. 3 StGHG, wobei es nicht um Grundrechte, sondern um Art. 137 HV geht, sowie für § 43 Abs. 4 S. 2 u. 3 StGHG[124]. Auch diese Vorschriften gelten für die kommunale Grundrechtsklage. Die Vorschriften über die Individualgrundrechtsklage sind auf die kommunale Grundrechtsklage unmittelbar anwendbar, soweit gesetzlich nichts anderes ausdrücklich oder der Sache nach geregelt ist oder soweit dies die Besonderheiten der kommunalen Grundrechtsklage nicht ausschließen[125]. Insoweit besteht kein Unterschied zur kommunalen Verfassungsbeschwerde nach Art. 93 Abs. 1 Nr. 4b GG, § 91 BVerfGG.

### cc) Bedeutung des § 44 Abs. 1 S. 2 StGHG

Der Anwendung des § 44 Abs. 1 S. 1 StGHG auch auf die kommunale Verfassungsbeschwerde steht auch Satz 2 dieser Vorschrift nicht entgegen[126]. Zwar bestimmt § 44 Abs. 1 S. 2 StGHG, dass der Staatsgerichtshof nach einer erfolglosen Rechtswegerschöpfung nur die Entscheidung des höchsten in der Sache zuständigen Gerichts überprüft, während nach § 46 StGHG nur Rechtsvorschriften Gegenstand einer kommunalen Grundrechtsklage sein können. Jedoch geht § 46 StGHG als lex specialis der allgemeinen Vorschrift des § 44 Abs. 1 S. 2 StGHG vor[127]. Deshalb können Rechtsvorschriften auch noch nach einer Rechtsweg-

---

[121] Das anerkennt auch *Schmidt-De Caluwe* (Fn. 55), S. 36 f.
[122] So fast wörtlich HessStGH, NVwZ-RR 2004, 713 (714).
[123] Siehe nur *Günther* (Fn. 20), § 43a Rn. 4.
[124] *Günther* (Fn. 20), § 46 Rn. 27.
[125] Vgl. *Günther* (Fn. 20), § 43a Rn. 4 Rn. 14, § 46 Rn. 3 mit Fn. 8.
[126] So aber *Schmidt-De Caluwe* (Fn. 55), S. 55 f.
[127] *Günther* (Fn. 20), § 45 Rn. 27 a. E., § 46 Rn. 21 Fn. 68, wonach § 44 Abs. 1 S. 2 StGHG für die kommunale Grundrechtsklage von vornherein ausscheidet.

erschöpfung mit der kommunalen Grundrechtsklage angegriffen werden. Insoweit hat der Gesetzgeber für die kommunale Grundrechtsklage eine ausdrückliche Regelung getroffen, die die Anwendbarkeit von § 44 Abs. 1 S. 2 StGHG ausschließt. Dies ist indes kein Grund, auch § 44 Abs. 1 S. 1 StGHG auf die kommunale Grundrechtsklage nicht anzuwenden.

### dd) Bedeutung des § 45 Abs. 2 StGHG

Auch die Fristenregelung des § 45 Abs. 2 StGHG kollidiert nicht mit der Anwendung des § 44 Abs. 1 S. 1 StGHG auf die kommunale Grundrechtsklage[128]. Zum einen enthält § 45 Abs. 2 StGHG keine dahingehende Legaldefinition, dass gegen Rechtsvorschriften generell kein Rechtsweg offensteht[129]. Dass eine gegenteilige Annahme in Anbetracht des in § 45 Abs. 2 StGHG verwendeten Begriffs der Rechtsvorschrift – anders als im Falle des § 93 Abs. 3 BVerfGG, wo vom Gesetz die Rede ist –, der schon nach seiner Wortbedeutung auch Rechtsvorschriften erfasst, gegen die nach § 47 VwGO der Rechtsweg gegeben ist, völlig unvertretbar wäre, ist offenkundig. Im weiteren differenziert auch § 45 Abs. 2 StGHG nicht zwischen Rechtsvorschriften, gegen die es unmittelbar einen Rechtsweg gibt, und solchen, gegen die kein unmittelbarer fachgerichtlicher Rechtsschutz zur Verfügung steht. Vielmehr erfasst diese Bestimmung sämtliche Rechtsvorschriften. Insoweit kann auf die Ausführungen zu § 93 Abs. 3 BVerfGG verwiesen werden[130].

Durch eine Rechtswegerschöpfung besteht auch nicht die Gefahr, dass die Jahresfrist des § 45 Abs. 2 StGHG für eine nachfolgende kommunale Grundrechtsklage gegen die Rechtsvorschrift versäumt wird. Denn die Jahresfrist für eine kommunale Grundrechtsklage beginnt erst mit dem Abschluss des verwaltungsgerichtlichen Normenkontrollverfahrens, wenn dieses innerhalb der Jahresfrist des § 47 Abs. 2 S. 1 VwGO eingeleitet worden ist[131]. Insoweit muss entgegen der Auffassung des Staatsgerichtshofs[132] zwischen der Individualgrundrechtsklage gegen Rechtsvorschriften und der kommunalen Grundrechtsklage unterschieden werden. Dies ist durch die verfahrensgegenständliche Beschränkung der kommunalen Grundrechtsklage auf Rechtsvorschriften und das Erfordernis, nach einer Anrufung der Fachgerichtsbarkeit verfassungsgerichtlichen Rechtsschutz zu ermöglichen, geboten. Auch insoweit kann auf die Ausführungen zur kommunalen Verfassungsbeschwerde nach Art. 93 Abs. 1 Nr. 4b GG verwiesen werden[133].

---

[128] So aber *v. Zezschwitz* (Fn. 24), Art. 137 Rn. 286; *Schmidt-De Caluwe* (Fn. 55), S. 55 ff.
[129] *Günther* (Fn. 20), § 46 Rn. 21 Fn. 68.
[130] Oben III. 1. a).
[131] HessStGH, NVwZ-RR 2004, 713 (714 f.); *Günther* (Fn. 20), § 46 Rn. 25.
[132] Dazu oben II. 2. b) mit Fn. 44.
[133] Dazu oben III. 1. c) bb).

### ee) Bedeutung des § 44 Abs. 1 S. 3 StGHG

Schließlich steht auch § 44 Abs. 1 S. 3 StGHG der Anwendung des § 44 Abs. 1 S. 1 StGHG auf die kommunale Grundrechtsklage nicht entgegen. Wird die Kommune auf den Rechtsweg, d. h. auf das Normenkontrollverfahren nach § 47 VwGO verwiesen, bedeutet dies auch, dass sie gehalten ist, gegen eine antragsablehnende Normenkontrollentscheidung Revision zum Bundesverwaltungsgericht einzulegen. Gelangt § 44 Abs. 1 S. 3 StGHG zur Anwendung, ist eine kommunale Grundrechtsklage zum Staatsgerichtshof gegen die bundesverwaltungsgerichtlich bestätigte Rechtsvorschrift grundsätzlich ausgeschlossen. Das höchste für die Entscheidung über die angegriffene Rechtsvorschrift und damit in der Sache zuständige Gericht ist ein Bundesgericht.

Ein durchgreifender Grund, § 44 Abs. 1 S. 3 StGHG und damit ggf. auch § 44 Abs. 1 S. 1 StGHG auf die kommunale Grundrechtsklage nicht anzuwenden, ist nicht ersichtlich. Der kommunale Rechtsschutz wird dadurch nicht ineffektiv. Nach einer erfolglosen Anrufung des Bundesverwaltungsgerichts kann binnen der Jahresfrist des § 93 Abs. 3 BVerfGG kommunale Verfassungsbeschwerde zum Bundesverfassungsgericht gegen die verwaltungsgerichtlich bestätigte Rechtsvorschrift erhoben werden. Die Subsidiaritätsklausel des Art. 93 Abs. 1 Nr. 4b HS 2 GG, § 91 S. 2 BVerfGG steht dem nicht entgegen. Denn eine kommunale Grundrechtsklage zum Staatsgerichtshof ist nach § 44 Abs. 1 S. 3 StGHG unzulässig. Eine Missachtung von Bundesrecht (Art. 93 Abs. 1 Nr. 4b HS 2 GG, § 91 S. 2 BVerfGG) bedeutet dies nicht. Dies wäre nur der Fall, wenn eine hessische Rechtsvorschrift die bundesrechtliche Subsidiaritätsklausel dadurch aushebeln würde, dass sie die kommunale Grundrechtsklage zum Staatsgerichtshof für unzulässig erklären würde, wenn auch kommunale Verfassungsbeschwerde zum Bundesverfassungsgericht erhoben wird[134]. Eben dies hat der hessische Gesetzgeber aber nicht getan, wie § 43 Abs. 1 S. 3 StGHG belegt.

Soweit Art. 28 Abs. 2 GG, der den Prüfungsmaßstab der kommunalen Verfassungsbeschwerde bildet, mit Art. 137 HV in der Sache übereinstimmt, bedeutet die Anwendung von § 44 Abs. 1 S. 3 StGHG für die hessischen Kommunen keinen Nachteil. Soweit Art. 137 HV mehr oder weiterreichende Rechte als Art. 28 Abs. 2 GG gewährt, das betrifft insbesondere Art. 137 Abs. 5 u. 6 HV, war es schon dem Bundesverwaltungsgericht nicht möglich, einen diesem Niveau vergleichbaren Rechtsschutz nach Maßgabe von Art. 28 Abs. 2 GG zu gewähren. Insoweit schließt § 44 Abs. 1 S. 3 StGHG die kommunale Grundrechtsklage zum Staatsgerichtshof aber nicht aus; auf die entsprechenden Ausführungen zur Individualgrundrechtsklage wird verwiesen[135]. In derartigen Fällen sind nach Abschluss des verwaltungsgerichtlichen Normenkontrollverfahrens eine kommunale

---

[134] *Bethge* (Fn. 64), § 91 Rn. 77.
[135] Oben II. 2. c).

Grundrechtsklage zum Staatsgerichtshof und eine parallele kommunale Verfassungsbeschwerde zum Bundesverfassungsgericht möglich. In Zweifelsfällen ist es ratsam, beide Verfassungsgerichte anzurufen[136].

Die im Einzelfall bestehenden prozessualen Schwierigkeiten sind kein taugliches Argument, sowohl § 44 Abs. 1 S. 3 StGHG als auch § 44 Abs. 1 S. 1 StGHG auf die kommunale Grundrechtsklage nicht anzuwenden. Dieselben Probleme, dies gilt auch für die Fristen, bestehen, wenn die Kommunen, so wie es der Staatsgerichtshof bis vor kurzem getan hat, unter Hinweis auf den Grundsatz der allgemeinen Subsidiarität der kommunalen Grundrechtsklage darauf verwiesen werden, zunächst das Normenkontrollverfahren nach § 47 VwGO durchzuführen. Auch dann stellt sich die Frage, ob der Staatsgerichtshof noch im Wege der kommunalen Grundrechtsklage angerufen werden kann, wenn das verwaltungsgerichtliche Normenkontrollverfahren länger als ein Jahr gedauert hat und das Bundesverwaltungsgericht angerufen wurde oder hätte angerufen werden können. Die Problematik wird nicht einfacher; sie ist dann ein Aspekt des Subsidiaritätsgrundsatzes.

### b) Grundsatz der allgemeinen Subsidiarität

Der Staatsgerichtshof hat zwar in mehreren Entscheidungen den Grundsatz der allgemeinen Subsidiarität auch auf die kommunale Grundrechtsklage angewendet. Ob dieser Grundsatz aber über das eigentlich schon aus § 44 Abs. 1 S. 1 StGHG folgende Gebot, die verwaltungsgerichtliche Normenkontrolle nach § 47 VwGO durchzuführen, hinausgeht, hat er bislang offen gelassen. Überzeugende Gründe, weshalb der Subsidiaritätsgrundsatz nur auf die Individualgrundrechtsklage, nicht aber auch auf die kommunale Grundrechtsklage anzuwenden wäre, sind nicht ersichtlich[137]. Auf die Ausführungen zur kommunalen Verfassungsbeschwerde kann verwiesen werden[138].

Als fachgerichtlicher Rechtsschutz, der gegenüber der kommunalen Grundrechtsklage vorrangig ist, kommt letztlich nur die verwaltungsrechtliche Feststellungsklage nach § 43 VwGO sowie vorläufiger verwaltungsrechtlicher Rechtsschutz in Betracht. Die Kommunen dürfen jedenfalls nicht auf die Erhebung einer verwaltungsgerichtlichen Anfechtungsklage gegen behördliche Ausführungsakte aufgrund der angegriffenen Rechtsvorschrift verwiesen werden. Denn belastende Verwaltungsakte können weder das Bundesverfassungsgericht noch der

---

[136] *Magen* (Fn. 66), § 91 Rn. 42 a. E.
[137] Konsequent allerdings *Schmidt-De Caluwe* (Fn. 55), S. 52 f.: Wenn schon § 44 Abs. 1 StGHG für die kommunale Grundrechtsklage a priori nicht gilt – so *ders.*, S. 53 ff. –, dann ist auch der Rückgriff auf einen über diese Vorschrift hinausreichenden gesetzlich nicht geregelten Grundsatz ausgeschlossen.
[138] Oben III. 1. b).

Staatsgerichtshof im Wege einer nachfolgenden kommunalen Verfassungsbeschwerde oder kommunalen Grundrechtsklage aufheben.

Eine verwaltungsgerichtliche Feststellungsklage, gerichtet auf Feststellung, dass die hessische Kommune das in einer Rechtsvorschrift enthaltene Ge- oder Verbot nicht befolgen müsse, weil die Rechtsvorschrift wegen Verstoßes gegen höherrangiges Recht ungültig sei, ist für die Kommune sogar rechtsschutzintensiver als eine Normenkontrolle nach § 47 VwGO. § 47 Abs. 3 VwGO ist auf derartige Feststellungsklagen nicht anwendbar. Dies gilt auch für Berufungsentscheidungen des Verwaltungsgerichtshofs. Der verwaltungsgerichtliche Prüfungsmaßstab erstreckt sich damit auch auf das hessische Verfassungsrecht. Richtet sich die Feststellungsklage mittelbar gegen eine Rechtsverordnung, die in den Anwendungsbereich von Art. 132 HV fällt[139], ist allerdings die verwaltungsgerichtliche Vorlagepflicht nach Art. 133 HV zu beachten.

Nach erfolglosem Abschluss des verwaltungsgerichtlichen Verfahrens ist binnen der Jahresfrist des § 45 Abs. 2 StGHG die kommunale Grundrechtsklage zum Staatsgerichtshof möglich. Auf die Ausführungen zum Erfordernis der vorherigen Rechtswegerschöpfung nach § 44 Abs. 1 S. 1 StGHG wird verwiesen[140]. Soweit der verwaltungsgerichtliche Rechtsschutz keinen Fristen unterliegt, wie die Feststellungsklage nach § 43 VwGO, muss er wie bei einer kommunalen Verfassungsbeschwerde nach Art. 93 Abs. 1 Nr. 4b GG innerhalb der Jahresfrist des § 45 Abs. 2 StGHG in Anspruch genommen werden[141].

Fraglich ist, ob auch § 44 Abs. 1 S. 3 StGHG zumindest analog anzuwenden ist, wenn das Bundesverwaltungsgericht im Wege der Revision angerufen wurde oder hätte angerufen werden können. Dagegen könnte eingewendet werden, die Feststellungsklage habe sich nicht unmittelbar gegen die Rechtsvorschrift gewendet. Anders als im Falle einer aus Sachgründen erfolglosen Revision gegen eine Normenkontrollentscheidung habe das Bundesverwaltungsgericht die nur mittelbar angegriffene Rechtsvorschrift nicht bestätigt.

Nach Sinn und Zweck des § 44 Abs. 1 S. 3 StGHG ist diese Vorschrift aber zumindest entsprechend anwendbar. Weist das Bundesverwaltungsgericht eine Revision gegen eine inzidente verwaltungsgerichtliche Normenkontrolle deshalb zurück, weil es die mittelbar angegriffene Rechtsvorschrift für gültig erachtet, soll dem Staatsgerichtshof eine hiervon abweichende Entscheidung verwehrt sein. Der Staatsgerichtshof würde dem Bundesverwaltungsgericht aber widersprechen, wenn er die von ihm bestätigte Norm nunmehr im Wege der kommunalen Grundrechtsklage für ungültig erklären würde.

---

[139] Oben II. 2. a) mit Fn. 24.
[140] Oben III. 2. a) dd) mit Fn. 131.
[141] Oben III. 1. c) bb) mit Fn. 104.

Wie im Falle einer vorausgegangenen Normenkontrolle nach § 47 VwGO muss § 44 Abs. 1 S. 3 StGHG aber auch im Falle einer vorherigen Feststellungsklage einschränkend ausgelegt werden. Der Weg zum Staatsgerichtshof ist nur versperrt, wenn das Bundesverwaltungsgericht die inzident angegriffene Rechtsvorschrift für grundgesetzkonform erklärt hat und wenn das hessische Verfassungsrecht insoweit keinen weiterreichenden Rechtsschutz als das Bundesverfassungsrecht gewährleistet. Unter diesen Voraussetzungen steht einer kommunalen Grundrechtsklage § 44 Abs. 1 S. 3 StGHG entgegen. Statt dessen kann gegen die Rechtsvorschrift kommunale Verfassungsbeschwerde zum Bundesverfassungsgericht nach Art. 93 Abs. 1 Nr. 4b GG erhoben werden. Art. 93 Abs. 1 Nr. 4b HS 2 GG, § 91 S. 2 BVerfGG schließt dies nicht aus, denn der Weg zum Staatsgerichtshof ist versperrt. Soweit die hessische Verfassung weiterreichenden Rechtsschutz gewährleistet als das Bundesverfassungsrecht oder soweit das Bundesverwaltungsgericht die Rechtsvorschrift bundesverfassungsrechtlich nicht überprüft hat, ist eine kommunale Grundrechtsklage unter Berufung auf das hessische Verfassungsrecht nicht ausgeschlossen[142]. Auch hier kann es in Zweifelsfällen von Vorteil sein, vorsorglich sowohl das Bundesverfassungsgericht als auch den Staatsgerichtshof anzurufen[143].

---

[142] Dazu bereits oben II. 2. c) u. III. 2. a) ee).
[143] *Magen* (Fn. 66), § 91 Rn. 42 a. E.

# Der Anschluss von Waldeck-Pyrmont an Preußen

## Auch ein Beitrag zum Untergang innerstaatlicher Rechtsgemeinschaften

### Gilbert Gornig

### I. Entwicklung von Waldeck-Pyrmont bis zum Untergang

#### 1. Von der Grafschaft zum Fürstentum

Waldeck war seit dem 14. Jahrhundert eine selbständige Grafschaft im Heiligen Römischen Reich. Im Jahr 1625 gelangte durch Erbvertrag die Grafschaft Pyrmont[1] an die Grafen von Waldeck[2], die sich fortan Grafen von Waldeck und Pyrmont nannten. Beide Grafschaften wurden seit diesem Jahr in Personalunion[3] regiert. Da Friedrich Anton Ulrich von Waldeck und Pyrmont (1712–1728) am 6. Januar 1712 von Kaiser Karl VI. in den erblichen Fürstenstand erhoben wurde, nannte er sich Fürst von Waldeck und Pyrmont.

Über die staatsrechtliche Vereinigung von Waldeck und Pyrmont wurde seit dem Jahr 1813 gestritten. Am 28. Januar 1814 erließ Fürst Georg II. Heinrich (1813–1845) eine Verfassung, das Organisationsedikt[4]. In dieser ohne Mitwirkung der Stände oder des Volkes zustande gekommenen Verfassung vollzog er die staatsrechtliche Vereinigung des Fürstentums Waldeck mit dem seit 1807 als Fürstentum bezeichneten Pyrmont. Nach schweren Protesten in Waldeck musste Fürst Georg II. Heinrich in der Konvention vom 3. Juli 1814 die erneute staatsrechtliche Trennung Waldecks und Pyrmonts bestätigen. Nach den Verfassungen von 1814 und 1816[5] stand das Fürstentum Waldeck zum Fürstentum Pyrmont in Realunion[6].

---

[1] Vgl. dazu *Engel,* Herrmann, Die Geschichte der Grafschaft Pyrmont von den Anfängen bis zum Jahre 1668, 1972.

[2] Dazu kamen noch Besitztümer wie Cuylenburg, Tonna, Paland, Wittem und Werth.

[3] Unter Personalunion versteht man die Ausübung verschiedener Ämter oder Funktionen durch dieselbe Person aus in der Person liegenden Gründen. Vgl. auch *Menk,* Gerhard, Waldecks Beitrag für das heutige Hessen, 2. Aufl. 2001, S. 29 ff. (39).

[4] Text: Die europäischen Verfassungen seit dem Jahre 1789 bis auf die neueste Zeit, Band 1, 2. Aufl. 1832, S. 1107 ff.

[5] Die Landständische Verfassungsurkunde für das Fürstentum Waldeck vom 19.04.1816 wurde von Fürst und Ständen gemeinsam verabschiedet. Sie ersetzte das Organisationsedikt von Fürst Georg Heinrich vom 28. 01.1814 und bestätigte ausdrücklich die „hergebrachten Landständischen Rechte". Vgl. dazu *Weigel,* Dieter, Fürst,

## 2. Vom Deutschen Bund bis zum Deutschen Kaiserreich

Waldeck-Pyrmont konnte die napoleonische Ära überleben[7] und blieb auch in der Zeit des Deutschen Bundes dank seiner klugen Politik gegenüber den Großmächten eine eigenständige staatliche Größe. Es wurde als eines der kleinsten Länder Deutschlands und als souveräner Staat Mitglied im Deutschen Bund.[8] Möglich war das Überleben, weil Waldeck sich Preußen annäherte, wobei zunächst wirtschaftspolitische Beweggründe ausschlaggebend waren[9]. Die Bedeutung Preußens für Waldeck-Pyrmont verstärkte sich seit Beginn der 50er Jahre des 19. Jahrhunderts, zumal persönliche, freundschaftliche Bindungen des Fürsten Georg Victor zu seinem zwischenzeitlichen Bonner Mitstudenten Friedrich Wilhelm von Preußen, dem späteren 99-Tage-Kaiser, bestanden. Waldeck ging zahlreiche Verträge mit Preußen ein. Die 1862 geschlossene Militärkonvention führte dazu, dass das Fürstentum im Krieg Preußens gegen Österreich auf der preußischen Seite stand.[10]

Nach dem Gewinn der militärischen Auseinandersetzung mit Österreich sah Preußen 1866 eine günstige Gelegenheit, mehrere Kleinstaaten aus politischen, strategischen und vor allem aus ökonomischen Gründen zu annektieren.[11] Wal-

---

Stände und Verfassung im frühen 19. Jahrhundert. Studien zur Entstehung der Verfassungsurkunden von 1814 und 1816 des Fürstentums Waldeck, Diss. Kiel, 1968.

[6] Eine Realunion ist – im Gegensatz zur Personalunion – eine verfassungsrechtlich festgelegte Verbindung selbstständiger Staaten, etwa durch gemeinsame Institutionen. Zu Waldeck-Pyrmont vgl. *Menk,* Gerhard, Waldecks Beitrag, S. 59 ff.; *Murk,* Karl, Vom Reichsterritorium zum Rheinbundstaat. Entstehung und Funktion der Reformen im Fürstentum Waldeck (1780–1814), 1995, S. 13 ff.; *Budach,* Eckard W., Das Fürstentum Waldeck in der Zeit des Deutschen Bundes. Studien zur Verfassungsgeschichte der Kleinstaaten 1815 bis 1866. Die Beziehungen des Fürstentums Waldeck zum Deutschen Bund und seinen einzelnen Mitgliedern, besonders Preußen, sowie die innere Verfassungsentwicklung des Staates, Diss. Kiel, 1973, S. 11. Erst seit 1849 waren Waldeck und Pyrmont dann in einem Staat vereinigt.

[7] Waldeck wurde nicht dem Königreich Westphalen einverleibt, vgl. *Demandt,* Karl E., Geschichte des Landes Hessen, 2. Aufl. 1972, S. 532.

[8] Vgl. Art. 4 und 6 Bundesakte des Deutschen Bundes vom 08.07.1815, Text: *Hohlfeld,* Johannes (Hrsg.), Dokumente der Deutschen Politik und Geschichte von 1848 bis zur Gegenwart. Die Reichsgründung und das Zeitalter Bismarcks 1848 1890, 1952, S. 1 ff.

[9] Vgl. *Menk,* Gerhard, Das Ende des Freistaates Waldeck. Möglichkeiten und Grenzen kleinstaatlicher Existenz in Kaiserreich und Weimarer Republik, 2. Aufl. 1998, S. 22.

[10] Vgl. *Menk,* Ende des Freistaates Waldeck, S. 23.

[11] Noch vor dem Abschluss des Prager Friedens vom 23.08.1866 und zwei Tage vor Schaffung des Norddeutschen Bundes verkündete der preußische König am 16.08.1866 beiden Häusern des preußischen Landtages die Absicht, Hannover, Hessen-Kassel, Nassau und die Stadt Frankfurt am Main auf immer mit der preußischen Monarchie zu vereinigen. Vgl. auch *Hubatsch,* Walther, Motive der preußischen Annexionspolitik, in: Patze, Hans (Hrsg.), Staatsgedanke und Landesbewusstsein in den neupreußischen Gebieten (1866), 1985, S. 1 ff.

deck-Pyrmont blieb aber, wie die beiden anderen, nicht weit entfernt liegenden Kleinstaaten Lippe-Detmold und Schaumburg-Lippe, von den preußischen Annexionsgelüsten im Gegensatz zu seinen größeren Nachbarn Kurhessen[12], Nassau[13] und Hannover[14] verschont.[15]

Fürst Georg Victor (1845–1893) bot Preußen mehrmals vergeblich die Übernahme des hoch verschuldeten waldeckischen Staates an[16]. Der Plan wurde jedoch verworfen, da von Bismarck die waldeckische Stimme in den zukünftigen Bundesinstanzen für preußische Interessen einsetzen wollte und auch zumindest im Augenblick keine weiteren Annexionen in Norddeutschland wünschte.[17] Im Zuge der Militärkonvention wurde gleichwohl ein „Separat-Artikel zu dem Vertrage zwischen Preußen und Waldeck-Pyrmont, betreffend die Uebertragung der Verwaltung der Fürstenthümer Waldeck und Pyrmont an Preußen" entwickelt, dessen erster Artikel vorsah: „Seine Durchlaucht der Fürst von Waldeck und Pyrmont verpflichtet sich, zu jeder von Seiner Majestät dem Könige von Preußen zu bezeichnender Zeit auf Seine Souveränität zugunsten Seiner gedachten Majestät zu verzichten und die Fürstenthümer Waldeck und Pyrmont an Preußen abzutreten". Doch zeigten die politisch Verantwortlichen in Preußen wenig Neigung, das Angebot des waldeckischen Fürsten anzunehmen und sich das Fürstentum Waldeck voll einzuverleiben.[18] In der Auseinandersetzung darum, ob Waldeck durch Annexion unmittelbar in Preußen aufgehen oder aber ob es nur in den Status der Akzession genommen werden solle, entschied sich Bismarck für die weniger ein-

---

[12] Kurhessen, das im Deutschen Krieg auf österreichischer Seite stand, gehörte damit zu den Verlierern und wurde von Preußen 1866 besetzt und annektiert.

[13] Da auch das Herzogtum Nassau den Deutschen Krieg 1866 an der Seite Österreichs verloren hatte, wurde es ebenfalls von Preußen annektiert.

[14] Das Königreich Hannover hatte versucht, mit anderen Ländern im Deutschen Bund eine neutrale Stellung zwischen beiden Streitparteien Preußen und Österreich einzunehmen, stimmte aber in der entscheidenden Abstimmung über die Mobilisierung der Bundestruppen am 14.06.1866 gegen Preußen. Wenig später erklärte Preußen dem Königreich Hannover auf Grund dieser Haltung den Krieg. Im Jahr 1866 verlor das Königreich Hannover an der Seite Österreichs den Deutschen Krieg und wurde in der Folge durch Preußen besetzt und annektiert.

[15] Vgl. *Menk,* Ende des Freistaates Waldeck, S. 25; vgl. auch *Bing,* Herrmann, Finanzgeschichte Waldeck-Pyrmonts von der Wende des 18. Jahrhunderts bis zum Jahre 1929. Eine Untersuchung aus Anlass des Aufgehens des Freistaates Waldeck in Preußen am 1. April 1929, Diss. Marburg, 1929.

[16] Vgl. *Lengemann,* Jochen, Die abgelehnte Einverleibung. Ein Brief des Fürsten Georg Victor an den Kronprinzen Friedrich Wilhelm und die Preußische Reaktion auf das Angebot, in: Heinemeyer, Walter (Hrsg.), 100 Jahre historische Kommission für Hessen, 1997, S. 915 ff.

[17] *Stockhausen,* Emil von, Lebensbild des fürstlichen waldeckischen Geheimrats Karl Wilhelm von Stockhausen, verbunden mit Mitteilungen aus den Erlebnissen der Glieder und Angehörigen des waldeckischen Fürstenhauses und aus der Verfassungsgeschichte, 1905, S. 117.

[18] Vgl. *Menk,* Ende des Freistaates Waldeck, S. 29.

schneidende Lösung der Akzession[19]. Bismarck ging taktisch vor. Der Vorwurf, Preußen reiße das gesamte mittlere Deutschland an sich, ließe sich nämlich nicht erheben, wenn es gleich eine ganze Reihe von kleineren Staaten überleben ließ.

Waldeck-Pyrmont erhielt mit dem 1867 abgeschlossenen und am 1. Januar 1868 in Kraft getretenen Akzessionsvertrag[20] einen besonderen staatsrechtlichen Status. Preußen übernahm neben der Militärhoheit die gesamte Finanzverwaltung.[21] Der waldeckische Fürst blieb zwar formal das Staatsoberhaupt, doch verblieben ihm nur noch unbedeutende Rechte, so dass von einer eingeschränkten Souveränität gesprochen werden konnte[22]. In einer Denkschrift über die Organisation der waldeckischen Behörden aus dem Jahre 1869 hieß es über den Zweck und die Folgen des Akzessionsvertrags: „Dem Vertrage liegt die Idee zu Grunde, unter Aufrechterhaltung der Souveränität des Fürsten und der staatlichen Existenz des Landes die Mißstände einer kleinstaatlichen Regierung durch die Verbindung mit Preußen zu beseitigen. Der Vertrag geht dabei von der Voraussetzung aus, daß – ähnlich wie bei Militair-, Post- und anderen Conventionen – es möglich sein wird, das Gebiet der ganzen inneren Verwaltung in einen Zusammenhang mit dem Preußischen Staatsorganismus zu bringen und daß dessen ungeachtet noch eine gewisse selbstständige Existenz des Staates mit seiner Verfassung, der Verantwortlichkeit seiner Behörden und seiner besonderen Gesetzgebung aufrecht erhalten werden kann. …".[23] In einem Schreiben an das preußische Justizministerium betonte der Geheime Legationsrat Dirksen nicht nur eine fortdauernde waldeckische Staatsangehörigkeit, sondern die auch weiterhin uneingeschränkt bestehende staatliche Eigenständigkeit: „Trotz der sehr weitgehenden Befugnisse, die Sr. Majestät hinsichtlich der Verwaltung der Fürstenthümer Waldeck und Pyrmont in dem Vertrage eingeräumt worden sind, ist doch die Stellung Waldecks als eines selbständigen Bundesstaates innerhalb des Deutschen Reiches unberührt geblieben, und es ist geradezu Zweck und Absicht des im Jahre 1867 abgeschlossenen und später erneuerten Accessionsvertrages gewesen, die Fürstenthümer Waldeck und Pyrmont als ein selbständiges Bundesglied zu erhalten, statt sie in Preußen einzuverleiben, wozu der Fürst von Waldeck damals bereit gewesen wäre."[24] Für die dauernde Selbstständigkeit des waldeckischen Staates

---

[19] Vgl. *Menk,* Ende des Freistaates Waldeck, S. 29.

[20] Vertrag zwischen Preußen und Waldeck-Pyrmont, betreffend die Übertragung der Verwaltung der Fürstentümer Waldeck und Pyrmont an Preußen vom 18.07.1867, in: Gesetz-Sammlung für die Königlichen Preußischen Staaten, 1868, S. 1 ff.

[21] *Klein,* Thomas, Grundriß zur deutschen Verwaltungsgeschichte 1815–1945, Reihe A, Bd. 11: Hessen-Nassau, 1979, S. 200 ff.

[22] Vgl. *Menk,* Ende des Freistaates Waldeck, S. 34.

[23] Denkschrift zu dem Entwurf eines Allerhöchsten Erlasses betreffend die Organisation der Verwaltung der Fürstenthümer Waldeck und Pyrmont, Geheimes Staatsarchiv preußischer Kulturbesitz (GStAPK) Repertorium 90 D Nr. 10, fol. 8–22.

[24] Memorandum des Geheimen Legationsrats von Dirksen, Berlin 30.01.1895, in: GStAPK III. HA [2.4.1] Nr. 4176.

sprach insbesondere das im Art. 10 des letzten Akzessionsvertrages vom 2. März 1887 dem Fürsten vorbehaltene Recht der Vertragskündigung.

### 3. Zeit nach dem Ende des Ersten Weltkriegs

Nach dem Ende des Ersten Weltkriegs, am 13. November 1918, wurde der letzte regierende Fürst Friedrich (1865–1946) durch Vertreter der Kasseler Arbeiter- und Soldatenräte für abgesetzt erklärt. Waldeck-Pyrmont wurde ein Freistaat innerhalb der Weimarer Republik. Zur Zeit der Weimarer Republik war Waldeck von den preußischen Provinzen Hessen-Nassau und Westfalen eingeschlossen, Pyrmont nördlich davon war von den preußischen Provinzen Hannover und Westfalen, den Ländern Lippe-Detmold und Braunschweig umgeben. Nach kurzer Zwischenregierung durch den Arbeiter- und Soldatenrat wurde eine verfassunggebende Waldecker-Pyrmonter Landesvertretung gewählt, die am 9. April 1919 zusammentrat. Das am 15. April 1919 ergangene „Gesetz zur vorläufigen Ordnung der Staatsgewalt" in Waldeck-Pyrmont[25] begnügte sich mit einem Minimum an Verfassungsänderungen, da ein Anschluss an Preußen angestrebt wurde. Es bestätigte die Rechte Preußens aus dem Akzessionsvertrag, der schon 1867 die Verwaltung des Landes in preußische Hände gegeben hatte.[26]

Am 1. April 1922 wurde das ehemalige Fürstentum Pyrmont aufgrund des Staatsvertrags vom 29. November 1921[27] zwischen Preußen und Waldeck-Pyrmont der preußischen Provinz Hannover einverleibt[28] und mit dem Kreis Hameln zum Landkreis Hameln-Pyrmont vereinigt[29], nachdem eine inoffizielle Volksabstimmung hierfür eine Mehrheit ergeben hatte. Der Reichstag beschloss mit Zustimmung des Reichsrats am 24. März 1922 ein Gesetz, wonach der Gebietsteil Pyrmont des Landes Waldeck-Pyrmont mit dem Lande Preußen vereinigt wurde (§ 1). Durch die Vereinigung wurden preußische Staatsangehörige alle Staatsangehörigen des Landes Waldeck-Pyrmont, die erstens am Tage der Vereinigung

---

[25] Regierungsblatt 1919, S. 157.
[26] Vgl. *Huber*, Ernst R., Deutsche Verfassungsgeschichte seit 1789, Bd. VI: Die Weimarer Reichsverfassung, 1981, S. 850.
[27] Text: Waldecker Regierungsblatt 1922, S. 55; Preußische Gesetzsammlung 1922, S. 41 ff. Eigentlich gab es keine Uneinigkeit darüber, dass die Pyrmonter Beziehungen zu Hameln und Hannover enger waren als zu Hessen und dass auch die Bevölkerung zum niedersächsischen Volksstamm gehörte, der die Provinz Hannover bewohnte. Bei einem Anfall des Kreises an die Provinz Hannover würde aber der Status Pyrmonts als Kreisstadt verloren gehen. Schlösse man sich hingegen der Provinz Westfalen an, rechnete man nicht nur mit der Belassung des Landratsamtes, sondern sogar mit der Vergrößerung des bisher kleinen Kreises. Vgl. *Menk*, Ende des Freistaates Waldeck, S. 94.
[28] Vgl. Gesetz über die Vereinigung des zu Waldeck-Pyrmont gehörigen Gebietsteils Pyrmont mit dem Freistaate Preußen vom 22.02.1922, Preußische Gesetzessammlung 1922, S. 37 ff. Vgl. auch Reichsgesetz vom 24.03.1922, Text: RGBl. 1922 I, S. 281.
[29] Am 01.04.1922 wurde auch die Gemeinde Oesdorf eingemeindet. Heute gehört das Gebiet zu Niedersachsen.

in dem Gebietsteil Pyrmont ihren Wohnsitz oder dauernden Aufenthalt hatten, zweitens am Tage der Vereinigung ihren Wohnsitz oder dauernden Aufenthalt in Preußen hatten, vorausgesetzt, dass sie oder ihre Eltern (§ 4 Abs. 1 des Reichs- und Staatsangehörigkeitsgesetzes vom 22. Juli 1913) ihren Wohnsitz oder dauernden Aufenthalt im Gebietsteil Pyrmont früher gehabt hatten oder noch hatten, drittens durch Geburt, Legitimation oder Eheschließung der Staatsangehörigkeit einer der unter Nr. 1 oder 2 bezeichneten Personen folgen (§ 2).[30]

Noch während laufender Verhandlungen zwischen einem Ausschuss der Landesvertretung und dem preußischen Staatsministerium mit dem Ziel, auf dem Weg über eine Verfassungsreform und über die Neufassung des Verhältnisses zu Preußen die Selbstständigkeit Waldecks in irgendeiner Form zu erhalten, kündigte Preußen am 29. September 1926 zum 31. Dezember 1928 den Akzessionsvertrag. Unter dem zusätzlichen Druck der Änderung des Finanzausgleichsgesetzes am 23. April 1927[31], die den Finanzausgleich gegenüber den kleinen Ländern reduzierte und damit Waldeck 17% seiner Staatseinnahmen kostete, und angesichts der Tatsache, dass ohne gravierende Steuererhöhungen an die Alternative einer vollen Selbstständigkeit Waldecks innerhalb des Deutschen Reiches nicht mehr zu denken war, gab Waldeck am 11. Mai 1927 die bindende Zusage für die nunmehr unausweichliche Eingliederung. Da die Wiederherstellung der staatlichen Selbstständigkeit dem Land aus wirtschaftlichen Gründen unmöglich war, beschloss der Waldecker Landtag die endgültige Vereinigung des Waldecker Landes mit Preußen.[32] Am 26. Oktober 1927 trafen Unterhändler des preußischen Staatsministeriums mit dem Vereinigten Landes- und Verfassungsausschuss in Arolsen zusammen, um über den Anschluss Waldecks an Preußen zu diskutieren[33]. Man einigte sich auf den 1. April 1929 als Anschlusstermin, genau sieben Jahre nach dem Anschluss Pyrmonts an Preußen, und verlängerte den Akzessionsvertrag über die ursprüngliche Kündigung zum Jahresende hinaus bis zum 31. März 1929. Am 23. März 1928 wurde der Staatsvertrag[34] über die Vereinigung des Freistaats Waldeck mit dem Freistaat Preußen geschlossen, dessen Staatshoheitsrechte sich nunmehr auf Waldeck ausdehnten. Das dazugehörige preußische Gesetz erging am 25. Juli 1928[35], das Reichsgesetz am 7. Dezember 1928.[36]

---

[30] Text: RGBl. 1922, S. 281.
[31] Text: Preußische Gesetzsammlung 1927, S. 49 ff.
[32] *Demandt*, S. 533.
[33] Vgl. *Menk*, Ende des Freistaates Waldeck, S. 201.
[34] Waldeckisches Gesetz vom 04.04.1928, Regierungsblatt, S. 89 ff.; Reichsgesetz vom 07.12.1928, RGBl. 1928 I, S. 401.
[35] Gesetz über die Vereinigung des Freistaats Waldeck mit dem Freistaat Preußen vom 25.07.1928, Preußische Gesetzessammlung 1928, S. 179, ferner: *Hohlfeld*, Johannes (Hrsg.), Dokumente der Deutschen Politik und Geschichte von 1848 bis zur Gegenwart. Die Die Weimarer Republik 1919–1933, o. J., S. 202.
[36] Reichsgesetz vom 07.12.1928, Text: RGBl. 1928 I, S. 401.

Mit Wirkung vom 1. April 1929 wurde das Gebiet des Freistaats Waldeck mit demjenigen des Freistaats Preußen zu einem einheitlichen Staatsgebiet Preußen vereinigt. Nach § 1 des Art. 2 des Staatsvertrags dehnten sich nun die preußischen Staatshoheitsrechte auf das Gebiet des bisherigen Freistaats Waldeck aus. In Folge der Vereinigung sollen gemäß § 2 alle waldeckischen Staatsangehörigen unter Erlöschung dieser Eigenschaft preußische Staatsangehörige werden. Die drei waldeckischen Kreise wurden gemäß § 4 als preußische Kreise übernommen und mit dem Tage der Vereinigung dem Regierungsbezirk Cassel[37] sowie dem Bezirksverband dieses Regierungsbezirks und der Provinz Hessen-Nassau eingegliedert. Preußen sicherte ferner gemäß § 5 Abs. 2 zu, dass es Gebietsteile der drei Kreise nicht ohne Anhörung der Gemeindevertretungen und der Kreisausschüsse der betroffenen Gebietsteile und nur aus dringendsten Gründen einer zweckmäßigen Verwaltungsorganisation anderen Kreisen zuweisen werde. Die von Waldeck umschlossenen preußischen Gebietsteile Eimelrod und Höringhausen wurden vom Kreis Frankenberg ohne Vermögensauseinandersetzungen mit ihm abgetrennt und mit dem „Kreis des Eisenbergs" vereinigt. In Abs. 4 des § 5 behielt sich Preußen vor, den waldeckischen Kreisen weitere preußische Gebietsteile zuzuweisen, ohne dass diese den Mitgenuss der aus § 6 Abs. 2 folgenden Vorteile beanspruchen könnten. Der Staat Waldeck hatte damit aufgehört zu existieren.[38] Trotz Weimarer Verfassung mit ihrer Verankerung der Volkssouveränität und den plebiszitären Elementen fand – anders als bei der Abtretung Pyrmonts an Preußen – der Beitritt zum preußischen Staatsverband ohne unmittelbare Beteiligung des Volkes statt[39]. Die Vereinbarkeit der Inkorporation mit staatsrechtlichen Prinzipien ist daher zweifelhaft.

## II. Kontinuität und Diskontinuität im Völkerrecht

Zwar können Regeln des Völkerrechts in gewissem Umfang auch im Staatsrecht angewendet werden, doch gilt dies allenfalls im Verhältnis der Länder zu-

---

[37] *Demandt*, S. 533.
[38] Am 01.02.1942 wurden die drei Waldecker Kreise zum Landkreis Waldeck mit Sitz in Korbach vereinigt. Die Reichsregierung von Papen legte 1932 die Kreise der Eder und des Eisenbergs zusammen, der Kreis der Twiste sollte am 01.04.1934 mit dem benachbarten Kreis Wolfhagen mit Verwaltungssitz in Arolsen zusammengelegt werden. Dazu kam es aber nach der Machtübernahme durch die Nationalsozialisten im Jahr 1933 nicht mehr. Das Gesetz vom 28.02.1934 hob die Zusammenlegung Eder-Eisenberg und die geplante Zusammenlegung Twiste-Wolfhagen auf. Am 01.02.1942 wurden dann die drei Waldecker Kreise zum Landkreis Waldeck mit Sitz in Korbach zusammengelegt. Vgl. hierzu insgesamt *Klein,* Thomas, Waldeck, in: Hubatsch, Walther, Grundriß der deutschen Verwaltungsgeschichte 1815–1945, Reihe B, Bd. 16: Mitteldeutschland (Kleinere Länder), Teil V, 1981. Im Zuge der hessischen Gebietsreform von 1974 wurde der Kreis Waldeck mit dem benachbarten Landkreis Frankenberg zusammengeschlossen und der Landkreis Waldeck-Frankenberg gebildet; dabei wurde die jahrhundertelange Zugehörigkeit der Stadt Züschen zu Waldeck aufgehoben und als Stadtteil der im Schwalm-Eder-Kreis liegenden Stadt Fritzlar eingegliedert.
[39] *Menk,* Ende des Freistaates Waldeck, S. 236.

einander und nicht im Verhältnis der Länder zum Gesamtstaat. Das Verhältnis des Landes zum Bund wird allein durch die bundesstaatliche Rechtsordnung geregelt, so dass für die Anwendung völkerrechtlicher Normen kein Raum bleibt. Da es im Verhältnis von Waldeck-Pyrmont und Preußen aber in erster Linie um das Verhältnis zweier deutscher Länder geht, kann das Völkerrecht fruchtbar gemacht werden. Insbesondere gibt es Auskunft über die Qualifizierung territorialer Veränderungen.

### 1. Grundsatz der größtmöglichen Kontinuität

Da der Untergang eines Staates ein Vorgang ist, der die Staatengemeinschaft erheblich berührt und die Völkerrechtsordnung auf Verlässlichkeit und Rechtssicherheit angewiesen ist,[40] versucht man so lange wie möglich von der Kontinuität eines Staates auszugehen.[41] Die Vermutung spricht also für die Kontinuität.[42] Damit ist auch eine Kontinuität bei der Frage des völkerrechtlich Verpflichteten gegeben. Bei einem Staatsuntergang hingegen treten an die Stelle des überkommenen Völkerrechtssubjekts ein oder mehrere Neustaaten. Völkervertragsrechtlich nicht geregelte Nachfolgeprobleme könnten dann zu zwischenstaatlichen Spannungen führen.

### 2. Diskontinuität

#### a) Veränderungen des Staatsgebietes

Am deutlichsten sichtbar wird die Frage nach dem Fortbestand oder dem Untergang eines Staates bei Gebietsveränderungen.[43] Es ist dabei zwischen Veränderungen zu unterscheiden, die das ganze Staatsgebiet betreffen, und Veränderungen, die sich nur auf Teile des Staatsgebiets beziehen.

Veränderungen betreffen das ganze Staatsgebiet, wenn sich zwei oder mehrere Staaten zu einem neuen Staat zusammenschließen. Es handelt sich dann um eine

---

[40] *Fiedler*, Wilfried, Das völkerrechtliche Kontinuitätsproblem und die besonderen Fragen der Rechtslage Deutschlands, in: Meissner, Boris/Zieger, Gottfried, Staatliche Kontinuität unter besonderer Berücksichtigung der Rechtslage Deutschlands, 1983, S. 9 ff. (15).

[41] Es ist daher nicht erforderlich, dass der – existenzgefährdete – Staat stets seine Kontinuität beweist und erklärt. So aber *Teyssen*, Georg, Deutschlandtheorien auf der Grundlage der Ostvertragspolitik 1987, S. 88. Vielmehr muss umgekehrt der Staat aktiv werden, wenn er von der Kontinuität abrücken will.

[42] Vgl. *Dahm*, Georg, Völkerrecht, Bd. 1, 1958, S. 85; *Fiedler*, Wilfried, Das Kontinuitätsproblem im Völkerrecht. – Zum funktionalen Zusammenhang zwischen Völkerrecht, Staatsrecht und Politik, 1978, S. 110.

[43] Vgl. dazu *Gornig*, Gilbert, Der völkerrechtliche Status Deutschlands zwischen 1945 und 1990. Auch ein Beitrag zu Problemen der Staatensukzession, 2007, S. 3 ff.

Fusion.⁴⁴ Im Falle einer Fusion verlieren die sich zusammenschließenden Staaten ihr Staatsgebiet, ihr Staatsvolk und in der Regel ihre Staatsgewalt und gehen unter. Es kann aber auch das gesamte Gebiet eines Staates in mehrere Staaten zerfallen. Es liegt dann eine Dismembration vor. Auch bei einer Dismembration geht der auseinanderfallende Staat unter. Der nach einer Fusion sich konstituierende Staat und die nach einer Dismembration entstandenen Staaten sind nicht identisch mit den Vorgängerstaaten bzw. dem Vorgängerstaat, sondern Rechtsnachfolger. Schließlich kann sich ein Staat einem anderen Staat anschließen. In diesem Fall ist eine Inkorporation gegeben. Bei einer Inkorporation eines Staates in einen anderen Staat geht der sich anschließende Staat unter, während der inkorporierende Staat in neuen Grenzen fortbesteht und Rechtsnachfolger des einverleibten Staats wird. Die zu einem Bundesstaat fusionierenden Staaten oder die sich einem Bundesstaat anschließenden Staaten können allerdings mit beschränkter Souveränität als Bundesländer fortexistieren und unter Umständen sogar weiterhin als (partielle) Völkerrechtssubjekte auftreten, wenn es die Verfassung des Gesamtstaates zulässt.

Die Nachfolge kann auch lediglich ein Teilgebiet eines Staates umfassen, der im Übrigen weiter besteht: So kann der Staat ein Teilgebiet einem anderen Staat vertraglich abtreten, es handelt sich dann um eine Zession. Es kann sich auch ein Teilgebiet – mit und ohne Einverständnis – von einem bestehenden Staat losreißen und sich einem anderen Staat anschließen oder einen Neustaat bilden. In diesem Fall ist eine Separation bzw. Sezession gegeben. Schließlich kann eine Gebietsveränderung durch Annexion erfolgen. Darunter versteht man die gewaltsame Einverleibung fremden Territoriums mit Aneignungsabsicht gegen den Willen des bisherigen Gebietsherrn.⁴⁵

Bloße Veränderungen des territorialen Bestandes – auch größerer Art⁴⁶ – lassen in der Regel die rechtliche Identität des Staates unberührt.⁴⁷ Eine Zession oder Sezession eines Gebietes führt also nicht zum Untergang der sich territorial verändernden Staaten. Sie haben lediglich Auswirkungen auf deren territoriale

---

⁴⁴ Vgl. hierzu *Gornig, Gilbert,* Kontinuität oder Diskontinuität: Die Beziehungen des Landes Hessen zu seinen Gebietsvorgängern, in: Eichel, Hans/Möller, Klaus Peter (Hrsg.), 50 Jahre Verfassung des Landes Hessen. Eine Festschrift, 1997, S. 122 ff.

⁴⁵ Nur nach klassischem Völkerrecht konnte ein Staat auch durch Annexion, also gewaltsame Einverleibung durch einen anderen Staat untergehen. Heute ist eine solche Annexion völkerrechtswidrig und damit unwirksam, da sie mit dem Gewalt- und Kriegsverbot nicht zu vereinbaren ist.

⁴⁶ *Fiedler,* Kontinuitätsproblem im Völkerrecht, S. 9 ff., 14, stellt allerdings die Frage, wie groß die territoriale Veränderung sein darf, um noch von Identität sprechen zu können. Feste Regeln ließen sich hier nicht bilden. Es komme auf die Gesamtwürdigung an.

⁴⁷ Vgl. *Delbrück, Jost,* in: Dahm, Georg/Delbrück, Jost/Wolfrum, Rüdiger, Völkerrecht, Bd. I/1. Die Grundlagen. Die Völkerrechtssubjekte, 1989, S. 137; *Dahm,* Bd. 1, S. 85 f.; *Fiedler,* in: Meissner/Zieger, S. 9 ff. (14).

Souveränität.[48] Es ist daher nicht akzeptabel, die fehlende Identität zwischen einem heutigen Bundesland und einem der früheren deutschen Länder einfach damit zu begründen,[49] dass das Land flächenmäßig mit dem Gebiet eines Vorgängers nicht übereinstimmt.

### b) Veränderungen des Staatsvolkes

Eine Änderung der Zahl und Zusammensetzung der Bevölkerung bedeutet keine Änderung der staatlichen Kontinuität.[50] Das Staatsvolk kann jedoch dadurch wegfallen, dass die Staatsangehörigkeit aufgehoben wird, was allerdings bei Bundesländern ohne eigene Staatsangehörigkeit keine Rolle spielen wird.[51]

### c) Veränderungen der Staatsgewalt

Die Tatsache, dass sich in einem Land eine neue Staatsgewalt konstituiert hat, gibt noch keine Auskunft darüber, ob ein Neustaat entstanden ist oder ein bereits existierender Staat fortgesetzt wird. Sogar eine revolutionäre Umgestaltung der Staatsgewalt sowie ein Staatsstreich bedeuten grundsätzlich keinen Staatsuntergang.[52] Erst recht hat eine Verfassungsänderung keinen solchen zur Folge.[53] Ein aufgrund revolutionärer Wirren vorübergehendes Fehlen einer Staatsgewalt führt nicht ipso iure zum Staatsuntergang, solange der Wunsch vorhanden ist, eine

---

[48] Vgl. auch ferner *Teyssen,* S. 73, 74.

[49] Vgl. Hess.VGH vom 07.01.1948, in: Verwaltungsrechtsprechung 1, S. 325 f., und Hess.VGH vom 31.10.1951, in: DVBl. 1952, S. 379 ff. Vgl. ferner *Zinn, Georg/Stein, Erwin,* Verfassung des Landes Hessen. Kommentar, 1954, Bd. 1, Teil C, Vorbem. C Art. 64–66, S. 10. Hier wird geographische Identität mit Subjektsidentität gleichgesetzt. Es ist also auch nicht richtig, wenn Hörter (*Hörter, Peter,* Die Entstehung des Landes Hessen nach 1945 unter besonderer Berücksichtigung der Mitwirkung der Besatzungsmächte, Diss. jur. 1968, S. 102) konstatiert, dass Hessen nicht als Wiedererrichtung eines früher bestehenden Staates angesehen werden könne, da das heutige Land Hessen nicht nur den seinerzeitigen Volksstaat Hessen umfasst, sondern auch die Provinzen des ehemaligen Landes Preußen, nämlich Kurhessen und Nassau. Die Tatsache der geographischen Verkleinerung oder Vergrößerung (vgl. hierzu auch die Grenzänderungen Deutschlands nach dem Ende des Ersten und Zweiten Weltkrieges) sind für die Frage der Subjektsidentität irrelevant.

[50] Vgl. auch *Fiedler, Wilfried,* Staats- und völkerrechtliche Probleme des Staatsuntergangs, in: ZfP 1973, S. 150 ff.; *Dahm,* Bd. 1, S. 85.

[51] Vgl. auch BVerfGE 77, S. 137 ff. (155) – Teso.

[52] Vgl. *Fiedler, Wilfried,* Staatskontinuität und Verfassungsrechtsprechung, 1970, S. 39 f.; ders., ZfP 1973, S. 153; *Kimminich, Otto,* Deutschland als Rechtsbegriff und die Anerkennung der DDR, in: DVBl. 1970, S. 438; *Gornig, Gilbert,* Völkerrechtliche Konsequenzen einer Revolution, in: The European Law Students' Association (Hrsg.), Osteuropa im Umbruch, 1992, S. 5 ff.

[53] Vgl. *Fiedler,* Staatskontinuität und Verfassungsrechtsprechung, S. 40; *Anzilotti, Dionisio,* Lehrbuch des Völkerrechts, Bd. 1, 1929, S. 132.

neue Staatsgewalt zu installieren.[54] Ein vorübergehender Wegfall der Staatsgewalt im Falle einer Okkupation durch einen Drittstaat ist ebenfalls bedeutungslos für die Existenz des Staates.[55]

Das Erlöschen des Staates setzt vielmehr das wirkliche und endgültige Verschwinden der Staatsgewalt bis zur untersten Ebene[56] und ihrer Funktionen voraus. Der Untergang eines Staates durch Wegfall der Staatsgewalt tritt somit erst dann ein, wenn nach einer ex post Betrachtung mit einer Wiederherstellung einer Staatsgewalt nicht mehr gerechnet werden kann[57] und die Staatengemeinschaft den Untergang akzeptiert.[58]

---

[54] Ein lang andauernder Bürgerkrieg, in dem die Gegner um die Macht, also um die Staatsgewalt im Lande streiten, führt ebenfalls nicht zum Untergang des Staates (abwegig daher *Geistlinger,* Michael, Revolution und Völkerrecht, 1991, S. 126 ff., der von einem Untergang des Staates Libanon ausgeht). Nach *Wilke,* Kay-Michael, Bundesrepublik Deutschland und Deutsche Demokratische Republik. Grundlagen und ausgewählte Probleme des gegenseitigen Verhältnisses der beiden deutschen Staaten, 1976, S. 27, ist erst das Chaos der Beweis für den Untergang der Staatsgewalt, sofern dieser Zustand länger andauert. Bei einem kumulativen Wegfall von Staatsgebiet und Staatsgewalt sei dagegen die Feststellung des Wegfalls der Staatsgewalt ohne Zeitfaktor in der Regel ausreichend.

[55] Vgl. *Dahm,* Bd. 1, S. 88 f.; *Fiedler,* Staatskontinuität und Verfassungsrechtsprechung, S. 150; *Teyssen,* S. 74.

[56] Vgl. *Blumenwitz,* Dieter, Was ist Deutschland? Staats- und Völkerrechtliche Grundsätze zur deutschen Frage und ihre Konsequenzen für die deutsche Ostpolitik. 3. Aufl. 1989, S. 77; *Wilke,* S. 26; *Teyssen,* S. 80.

[57] Wird ein Staat, der durch Annexion einem anderen Staat einverleibt wurde, neu errichtet, so wird er häufig im Wege juristischer Fiktion mit dem früheren Staat identifiziert. Es wird so getan, als habe er ohne Unterbrechung fortbestanden; vgl. *Dahm,* Bd. 1, S. 91. Auf diese Weise wird Österreich heute mit dem Österreich der Zeit vor 1938 als identisch angesehen; vgl. *Dahm,* Bd. 1, S. 91; *Verdross,* Alfred, Völkerrecht, 5. Aufl. 1964, S. 250 f.; *Marek,* Krystyna, Identity and Continuity of States in Public International Law, 1954, S. 8 ff.; 366 ff.; a. A.: *Kelsen,* Hans, Principles of International Law, 1952, S. 262; ders., The International Legal Status of Germany to be Established Immediately upon Termination of the War, in: AJIL, vol. 38 (1944), S. 689 ff.

[58] Sollte nach einem revolutionären Umsturz eine neue Regierung nicht mehr bereit sein, das alte Völkerrechtssubjekt fortzuführen und macht die neue Regierung dies auch Drittstaaten bekannt, so stellt sich die Frage, ob durch eine solche interne Entscheidung das alte Völkerrechtssubjekt untergeht. Wäre das möglich, würde das aber bedeuten, dass ein Regime den Untergang nach Belieben herbeiführen und sich dadurch eventuell völkerrechtlichen Verpflichtungen entziehen könnte. Es kann also nicht die bloße Verkündung des Staatsuntergangs genügen. Vielmehr müssen sich der Staatsuntergang und die Staatsneugründung, also der Wegfall der Identität, in der Staatenpraxis durchsetzen. Drittstaaten könnten geneigt sein, den Staatsuntergang zu akzeptieren, wenn neben der völligen Umgestaltung der inneren Ordnung des Staates und der aufgrund von der Regierung vertretenen These vom Wegfall der alten Staatsgewalt auch das Staatsgebiet und das Staatsvolk erheblichen Änderungen unterworfen worden ist. Bei völliger Identität von Staatsgebiet und Staatsvolk werden hingegen Drittstaaten nicht ohne weiteres bereit sein, von einem endgültigen Wegfall der alten Staatsgewalt auszugehen und damit den Untergang des Staates hinzunehmen. Dies schon deshalb nicht, weil eine völlige Identität erhebliche Konsequenzen mit sich brächte. Es träte dann nämlich der Fall der Staatensukzession ein, die Auswirkungen auf die Fortgeltung völkerrechtlicher Ver-

## III. Fortbestehen und Untergang eines Staates nach deutschem Staatsrecht

Der Untergang eines Staates wird im Staatsrecht anders zu beurteilen sein als im Völkerrecht. Da die jeweilige Staatsordnung das zeitliche Ende ihrer Geltungskraft in der Regel nicht in Betracht zieht, wird das Kontinuitätsproblem im Verfassungsrecht fast durchweg ausgeklammert. Es rückt nur bei extremsten Formen der Verfassungsänderung wieder ins Blickfeld. So entwickelte sich die Auffassung, dass die Kontinuität vom Willen der nachfolgenden Staatsordnung zur Anknüpfung an die vorherige abhänge. Der Staat könne bewusst Akte der Staatserhaltung setzen. So könne in einer aktiven Gestaltung des Staatslebens bereits die Entscheidung für den Fortbestand eines Staatswesens zu sehen sein. Dies ist beispielsweise in der Zeit zwischen 1945 und 1949 geschehen[59], da in dieser Zeit bereits erste Entscheidungen über die spätere Gestaltung des deutschen Staates und seiner Verfassung fielen. Darüber hinaus bewirkten auch verbleibende staatliche Institutionen die Kontinuität des Staates.

Im Jahre 1878 stellte Georg Meyer in seinem Lehrbuch des deutschen Staatsrechts[60] die Maxime von der rechtsschöpferischen Kraft jedweder im erfolgreichen Umsturz geschaffenen faktischen Machtlage auf. Gerhard Anschütz bekräftigte die Maxime, die in der von Anschütz um den letzten Satz ergänzten Fassung von Meyer lautet[61]: „Die Befugnis zur Ausübung der Staatsgewalt ist nicht durch rechtmäßigen Erwerb, sondern durch den tatsächlichen Erwerb derselben bedingt. ... Die Frage nach der Legitimität einer Staatsgewalt kann daher [zwar] nach Rechtsgrundsätzen entschieden werden; aber die Eigenschaft einer Staatsgewalt als einer legitimen äußert keine besonderen Rechtswirkungen. Legitimität ist kein Wesensmoment der Staatsgewalt." Diese Lehre von der rechtsschöpferischen Kraft jedweder im erfolgreichen Umsturz geschaffenen faktischen Machtlage war ein schon dem staatsrechtlichen Positivismus der konstitutionellen Ära

---

träge, auf das Staatsvermögen und vor allem die Staatsschulden haben könnte. Sollte hingegen die neue Regierung, die den Staatsuntergang durch Wegfall der alten Staatsgewalt propagiert, sich vertraglich bereit erklärt haben, Verpflichtungen des Vorgängerstaates zu übernehmen, könnte das Wegfallen der Identität für Drittstaaten eher hinzunehmen sein. Vgl. auch *Gornig*, in: The European Law Students' Association, S. 9 ff. So änderte beispielsweise die (Rechts-)Behauptung Österreichs in den Jahren 1918/19, ein „Neustaat" zu sein, nichts an der völkerrechtlichen Kontinuität zum Kaisertum, wie sie sich im Vertrag von St. Germain manifestierte. Vgl. hierzu *Silagi*, Michael, Staatsuntergang und Staatennachfolge mit besonderer Berücksichtigung des Endes der DDR, 1996, S. 30 ff., 36 ff.

[59] Vgl. *Gornig*, Gilbert, Der völkerrechtliche Status Deutschlands zwischen 1945 und 1990. Auch ein Beitrag zu Problemen der Staatensukzession, 2007, S. 13 ff., 19 ff.

[60] *Meyer*, Georg, Lehrbuch des deutschen Staatsrechts, 1878, S. 11.

[61] Letzter Satz des Zitats in der Bearbeitung des Lehrbuchs von Gerhard Anschütz eingefügt: *Meyer*, Georg/*Anschütz*, Gerhard, Lehrbuch des deutschen Staatsrechts, Bd. 1, 7. Aufl. 1914, S. 26.

geläufiges Theorem. Da der wichtigste Bestandteil der Staatsgewalt die rechtsetzende, insbesondere die verfassunggebende Gewalt ist, folgte aus dieser Formel, dass auch die Befugnis und Fähigkeit zur Verfassunggebung nicht vom rechtmäßigen Erwerb der verfassungsmäßigen Gewalt abhängig sei. Georg Jellineks Erwägungen lauten: „Alles Recht in einem Volk ist ursprünglich nichts als faktische Übung. Die fortdauernde Übung erzeugt die Vorstellung des Normgemäßen dieser Übung, und es erscheint damit die Norm selbst als autoritäres Gebot des Gemeinwesens, also als Rechtsnorm. ... Aber nicht nur für die Entstehung, auch für das Dasein der Rechtsordnung gibt die Einsicht in die normative Kraft des Faktischen erst das rechte Verständnis. Weil das Faktische überall die psychologische Tendenz hat, sich in Geltendes umzusetzen, erzeugt es im ganzen Umfange des Rechtssystems die Voraussetzung, dass der gegebene soziale Zustand der zu Recht bestehende sei ..."[62]. Die Lehre von der normativen Kraft des Faktischen beansprucht also nicht nur Geltung für die Entstehung des Gewohnheitsrechts, sondern auch für alles geschriebene Recht. Danach gilt auch für das aus revolutionärem Verfassungsbruch hervorgegangene Recht, dass es nicht auf die Überzeugung vom Normgemäßen, der Richtigkeit des Rechts ankommt, sondern auf die auf psychischem Zwang beruhende äußere Anerkennung der durch den Umsturz geschaffenen Lage. Die durch Zwang geschaffene neue Ordnung und die allgemeine Anpassung daran verschaffen damit der revolutionär geschaffenen Rechtsordnung den Charakter des Rechten. Rechtmäßiger Erwerb der Macht wäre damit keine Bedingung für die Verbindlichkeit der neuen Rechtsordnung. Recht wäre damit nichts anderes als die vom jeweiligen Inhaber der tatsächlichen Macht geschaffene Rechtsordnung.[63] Die Revolution vermittele der revolutionär entstandenen Verfassung damit zwar „Legalität auf Zeit"[64], doch keine dauernde Legitimität, da sie durch erneuten Rechtsbruch in einer Gegenrevolution wieder beseitigt werden könne.[65] Die Position, dass die tatsächliche Durchsetzung und Anerkennung durch die Bürger ausreichten, um neues Verfassungsrecht zu legitimieren, blieb unter der Weimarer Verfassung herrschende Meinung, gestützt auch durch die Autorität des Völkerrechts, das sich für die Anerkennung eines neuen Staates traditionell mit faktischer Durchsetzung und Anerkennung der neuen Staatsgewalt begnügte.[66] Weil das Faktische überall die psychologische Tendenz hat, sich in Geltendes umzusetzen, schafft es die Überzeugung, dass der gege-

---

[62] *Jellinek,* Georg, Allgemeine Staatslehre 3. Aufl. 1921, S. 332, 339 f.

[63] So *Jellinek,* Walter, Revolution und Reichsverfassung. Bericht über die Zeit vom 9. November bis zum 31. Dezember 1919, in: Jahrbuch des öffentlichen Rechts der Gegenwart, Bd. 9, 1920, S. 9.

[64] *Huber,* Bd. VI: Die Weimarer Reichsverfassung, 1981, S. 9.

[65] *Jellinek,* in: Jahrbuch des öffentlichen Rechts der Gegenwart, Bd. 9, 1920, S. 9.

[66] So *Stolleis,* Michael, Geschichte des öffentlichen Rechts in Deutschland. Dritter Band: Staats- und Verwaltungsrechtswissenschaft in Republik und Diktatur 1914–1945, 1999, S. 92; vgl. auch RGZ 100, S. 25.

bene soziale Zustand der zu Recht bestehende ist. Alles Recht in einem Volk ist nach Jellinek ursprünglich nichts anderes als faktische Übung.[67]

Das Effektivitätsprinzip[68], das zur Folge hat, dass rechtswidrige Zustände allein aufgrund ihrer Effektivität als rechtmäßig qualifiziert werden, verstößt grundsätzlich gegen elementare Prinzipien einer freiheitlichen, demokratischen Grundordnung, wie sie in der Weimarer Reichsverfassung – und später verstärkt im Grundgesetz – ihren Ausdruck fand. Nur dann findet der Gedanke der normativen Kraft des Faktischen Eingang in die innerstaatliche Rechtsordnung, wenn das Prinzip der Rechtssicherheit als Element des Rechtsstaatsprinzips dies erlaubt und eine innerstaatliche Umsetzung erfolgt wie etwa im Falle der Verjährung. Das hat zur Folge, dass nur ein demokratisch legitimiertes Staatswesen in der Lage ist, ein ebenfalls demokratisch legitimiertes Staatswesen zu beseitigen.

Die Beseitigung der Länder und die Konstituierung neuer Länder könnten nach dieser Auffassung nur dann staatsrechtliche Auswirkungen auf den Staatsraum haben, wenn sie in den Kategorien des Rechts geschehen waren. Die demokratische Legitimierung der Abtretung und der Einverleibung könnte also daran scheitern, dass keine unmittelbare Willensentscheidung des Volkes vorlag. Es könnte sein, dass das Volk auch über das Fortbestehen seines Bundeslandes grundsätzlich selbst entscheiden müsste. Es erfolgt hier nicht die Fruchtbarmachung des Selbstbestimmungsrechts der Völker als Prinzip des Völkerrechts, sondern des Demokratieprinzips, das auch den Gedanken des Selbstbestimmungsrechts des Volkes umfasst.[69]

Die Beeinträchtigung des Selbstbestimmungsrechts bzw. hier des Demokratieprinzips könnte jedoch dadurch gerechtfertigt sein, dass dem von der Weimarer Reichsverfassung verwendeten Bundesstaatsbegriff das Verständnis vom labilen Bundesstaat zugrunde lag. Der Terminus „labiler Föderalismus" wurde von Thoma[70] verwendet, der damit die in der Weimarer Republik bestehende Möglichkeit umschreiben wollte, die föderalen Strukturen der Weimarer Republik zu beseitigen.[71] Der Begriff „labiler Bundesstaat" bezeichnet heute die Situation, dass es von Rechts wegen ausgeschlossen ist, die bundesstaatliche Struktur zu

---

[67] *Jellinek*, S. 332 ff., 339 f.

[68] Das Effektivitätsprinzip findet insbesondere im Völkerrecht weitgehend Anerkennung. Es misst „der normativen Kraft des Faktischen" große Bedeutung bei, um das Zusammenleben der Völkerrechtssubjekte auf eine praktikable Basis zu stellen und die Beziehungen zueinander zu vereinfachen. Ohne Anwendung des Effektivitätsprinzips im Völkerrecht wäre eine internationale Zusammenarbeit in vielen Fällen ausgeschlossen.

[69] BVerfGE 14, S. 41 ff. (49).

[70] *Thoma*, Richard, Handbuch des Staatsrechts I, S. 184; vgl. auch *Thoma*, Richard, in: Anschütz, Gerhard/Thoma, Richard (Hrsg.), Handbuch des deutschen Staatsrechts, Bd. 1, 1930, S. 184.

[71] Heute garantiert Art. 79 Abs. 3 GG die Bundesstaatlichkeit.

beseitigen und an ihre Stelle irgendeine Form des Einheitsstaats zu setzen. Die einzelnen Länder sind jedoch weder in ihrer Existenz noch in ihrem Gebietsbestand gegen Eingriffe und Veränderungen durch die Bundesgewalt verfassungsrechtlich geschützt. Aus dem Konzept des labilen Bundesstaates folgt damit, dass die *Bundesgewalt* in den Gebietsbestand der Länder eingreifen kann, ohne dass es einer landesinternen demokratischen Legitimierung im Sinne einer Volksabstimmung der betroffenen Bevölkerung bedürfte.

### IV. Anwendung der völkerrechtlichen Institute auf Waldeck-Pyrmont

Waldeck als Waldeck-Pyrmont, einst selbstständiges Fürstentum im Deutschen Bund, wurde Gliedstaat im deutschen Kaiserreich, verlor 1922 Pyrmont an Preußen und 1929 den Status als selbständiger Gliedstaat in der Weimarer Republik, in der es zu einem Landkreis im Regierungsbezirk Kassel, Provinz Hessen-Nassau, des Freistaates Preußen herabgestuft wurde.

Pyrmont wurde in einem Staatsvertrag zwischen Preußen und dem Fürstentum Waldeck-Pyrmont von Waldeck an Preußen abgetreten. Es handelt sich – und hier sind die Begriffe des Völkerrechts heranzuziehen – um eine Zession. Die Fortexistenz des Staates Waldeck wurde davon ebenso wenig berührt wie diejenige Preußens.

Bei der Einverleibung von Waldeck durch Preußen liegt eine Inkorporation vor. Waldeck verlor sein Staatsgebiet, das Preußen eingegliedert wurde, sowie sein Staatsvolk, da alle Waldecker die preußische Staatsangehörigkeit erhielten. Ebenfalls verlor das Fürstentum nicht nur vorübergehend, sondern endgültig auf allen Ebenen, anders als nach dem Akzessionsvertrag 1868, seine (effektive) Staatsgewalt.

Die Beseitigung der Länder und die Konstituierung neuer Länder konnten aber nur dann staatsrechtliche Auswirkungen auf den Staatsraum haben, wenn sie in den Kategorien des Rechts geschehen waren. Die demokratische Legitimierung scheiterte hier daran, dass keine unmittelbare Willensentscheidung des Volkes vorlag. Das Selbstbestimmungsrecht der Völker, wollte man die Bewohner des Teilstaates als eigenes Volk betrachten, spielte damals zwar keine Rolle, aber das Demokratieprinzip, das auch den Gedanken des Selbstbestimmungsrechts des Volkes umfasst, musste respektiert werden. Dabei kam es auf den Begriff des Volkes im ethnischen Sinne nicht an. Der Gesamtstaat als labiler Bundesstaat, der Ländergrenzen verändern und Länder auflösen konnte, war an der Einverleibung Waldecks nicht beteiligt, er bestätigte nur das Ergebnis in einem Reichsgesetz.

Folgt man der Ansicht, dass bei der Inkorporation eine Volksentscheidung aufgrund des Demokratieprinzips erforderlich gewesen wäre, war die Einverleibung rechtswidrig. Die normative Kraft des Faktischen, die in einer freiheitlichen Demokratie grundsätzlich keine Anwendung finden sollte, hat aber dann doch – begleitet von Stimmen der Literatur – dazu beigetragen, dass die Inkorporation eine rechtmäßige wurde.

## V. Auswirkungen des Anschlusses von Waldeck-Pyrmont an Preußen in der Bundesrepublik Deutschland

### 1. Allgemein

Der Landesteil Pyrmont des ehemaligen Fürstentums Waldeck-Pyrmont, das sich 1921 Preußen angeschlossen hat, liegt heute im Bundesland Niedersachsen, das übrige Waldeck, das 1929 Preußen beigetreten ist, im Land Hessen. In beiden Preußischen Vereinigungsgesetzen wurde festgehalten, dass die im jeweiligen Staatsvertrag und im Schlussprotokoll[72] enthaltenen Rechtsbestimmungen mit dem Tage der Vereinigung Gesetzeskraft erlangen. In die Verpflichtung zur Wahrung der Vorbehaltsrechte des beigetretenen Gebietes, des ehemaligen Fürstentums Pyrmont, fand mit der Auflösung Preußens eine Rechtsnachfolge statt, in die Niedersachsen eingetreten und damit passiv legitimiert ist.[73] Bezüglich einer Geltendmachung von Ansprüchen der 1929 als Gliedstaat untergegangenen, heute hessischen Gebiete Waldecks ist Hessen der Rechtsnachfolger Preußens und damit passivlegitimiert. Dies respektiert Hessen, da es den unveränderten Fortbestand der Waldeck durch den Staatsvertrag von 1928 eingeräumten Rechtsstellung auch unter hessischer Staatshoheit gewährleistet. Dabei achtet Hessen trotz der 1974 erfolgten Zusammenlegung der Kreise Waldeck und Frankenberg weiterhin die Sonderrechte der ehemals Waldeckischen Kreisteile.[74]

### 2. Streit vor dem Bundesverfassungsgericht

Streitgegenstand eines Verfahrens vor dem Bundesverfassungsgericht war die Schließung des Amtsgerichts Bad Pyrmont entgegen dem Vertrag über die Aufnahme Pyrmonts von 1921 durch Preußen.[75] Im Schlussprotokoll zum Staatsver-

---

[72] Text: Waldecker Regierungsblatt 1922, S. 58.
[73] Dies belegt die Aufnahme des Eingliederungsvertrages aus dem Jahre 1921 in die Sammlung des Niedersächsischen Landesrechts; vgl. Sammlung des niedersächsischen bereinigten Landesrechts, GVBl. Sonderband II, S. 7. Durch Art. 3 des Niedersächsischen Rechtsvereinfachungsgesetzes vom 19.09.1989 (GVBl. 1989, S. 345) wurden große Teile des Gesetzes gestrichen, da die zu streichenden Vorschriften durch Vollzug entbehrlich geworden seien; Niedersächsische LT-Drucks. 11/2575, S. 40 f.
[74] Vgl. *Jensen*, Günter Martin, Das Domanium Waldeck: Die rechtliche Zuordnung eines Fürstenvermögens, 1984, S. 226 Anm. 280. Im 19. Jahrhundert sprach man statt von Kammergut von Staatsdomäne oder Domanium.
[75] Vgl. BVerfGE 42, S. 345 ff.

trag⁷⁶ über die Vereinigung Pyrmonts mit Preußen von 1921 war bestimmt, dass das Amtsgericht Bad Pyrmont erhalten bleibt. Durch Niedersächsisches Gesetz von 1962 wurde aber das Amtsgericht Bad Pyrmont aufgelöst und das Gebiet dem Amtsgericht Hameln unterstellt. Gegen diese Verletzung der Bestandsgarantie aus dem Vertrag zwischen Preußen und Waldeck-Pyrmont aus dem Jahre 1921 richtete sich die Klage von Bad Pyrmont vor dem Bundesverfassungsgericht.

Hinsichtlich der völkerrechtlichen Verträge des Vorgängerstaates im Falle einer Staatensukzession gilt allerdings seit jeher der Grundsatz der Diskontinuität, wonach die von einem untergegangenen Staat geschlossenen Verträge erlöschen. Es handelt sich um das *tabula rasa*-Prinzip bzw. das *clean slate*-Prinzip. Dieser Grundsatz basiert auf dem Souveränitätsprinzip und der allgemeinen, nicht nur völkerrechtlichen Regel, dass Verträge nur *inter partes,* also nur für die an ihnen beteiligten Parteien Rechte und Pflichten begründen können und ein mit dem Vorgänger geschlossener Vertrag für den Nachfolger eine *res inter alios acta* ist. Darüber hinaus ist dieser Grundsatz auf das Völkerrechtsverständnis zurückzuführen, wonach Staaten als juristische Personen angesehen werden, so dass der Untergang eines Staates immer auch das Erlöschen seiner rechtlichen Bindungen zur Folge hat. Es handelt sich hier um die Anlehnung an das völkerrechtliche Prinzip *clausula rebus sic stantibus,* wonach ein völkerrechtlicher Vertrag im Fall fundamentaler Veränderungen der Umstände im Verhältnis zum Vertragsschluss beendet werden kann. Allerdings sprechen manchmal pragmatische Gründe für eine kontinuierliche Fortsetzung völkerrechtlicher Vertragsbeziehungen.⁷⁷ Dem Nachfolgestaat wird hinsichtlich der Wahl der zu übernehmenden Regelung eine Gestaltungs- bzw. Ermessensfreiheit zugestanden. Er entscheidet selbst im Rahmen der Zweckmäßigkeit und ist hierbei nur an allgemeine völkerrechtliche Grundsätze und die eigene verfassungsrechtliche Ordnung gebunden. Verpflichtet ist er aber grundsätzlich nicht.⁷⁸ Etwas anderes gilt bei radizierten Verträgen. Gegenstand dieser Verträge sind bestimmte lokale Verhältnisse. Dazu gehören beispielsweise Vereinbarungen über Verkehrswege, Notwegrechte, Nutzungsrechte an Wasserläufen, Fischereirechte, Überbaurechte, Transitrechte oder Demilitarisierung⁷⁹ sowie Grenzverträge. Da ihr Regelungsgehalt ausschließlich ein

---

⁷⁶ Text: Waldecker Regierungsblatt 1922, S. 58.

⁷⁷ Insofern wird insbesondere von den USA die These von der grundsätzlichen Kontinuität der Verträge vertreten. Letztlich konnte sich eine solche konsequente Handhabung in der Staatenpraxis aber nicht durchsetzen.

⁷⁸ Etwas anderes würde gelten, wenn kein Staatsuntergang erfolgt wäre, also Kontinuität und damit Rechtssubjektsidentität vorläge. Nur bei einem Staatsuntergang oder Erwerb eines Gebietes, das ursprünglich einem anderen Staat gehörte, tritt Rechtsnachfolge des Staates ein, der nun die territoriale Souveränität über das Gebiet erhalten hat. Die Rechtsnachfolge ist also von der Rechtssubjektsidentität zu unterscheiden.

⁷⁹ Wenn in einem Vertrag vereinbart wird, dass auf einem bestimmten Territorium keine Truppen stationiert werden sollen, kann der Vertrag aber auch der Abgrenzung

bestimmtes Gebiet betrifft, gelten sie unabhängig vom Staat, der seine Hoheitsgewalt auf dem bestimmten Gebiet ausübt.[80] Radizierte Verträge gehen also auf den Rechtsnachfolger über. Bei radizierten oder lokalen Verträgen erfolgt die sog. lokale Rechtsnachfolgerschaft auch deswegen, da diese Verträge überwiegend fachlich technischer Natur sind und wie eine Grunddienstbarkeit auf dem Gebiet lasten.[81] Zur Begründung kann der Grundsatz herangezogen werden, dass niemand mehr übertragen kann als er selber hat (*nemo plus transferre potest quam ipse habet*); der Vorgängerstaat kann also wegen des radizierten Vertrages kein unbelastetes Gebiet übertragen. Bei der vertraglichen Bestimmung im Schlussprotokoll zum Staatsvertrag zwischen Preußen und Waldeck-Pyrmont über die Vereinigung des Gebietsteils Pyrmont mit Preußen vom 29. November 1921, dass das Amtsgericht Bad Pyrmont erhalten bleibt, kann man das Vorliegen einer solchen radizierten Bestimmung bejahen. Auch die Aufnahme des Eingliederungsvertrages aus dem Jahre 1921 in die Sammlung des Niedersächsischen Landesrechts spricht für die Fortgeltung der vertraglichen Verpflichtung.[82]

Obwohl Vertragspartner Waldeck-Pyrmonts 1921 der Staat Preußen gewesen war, richtete sich der Antrag gegen das Land Niedersachsen. Nach Ansicht des Bundesverfassungsgerichts bedurfte es zur Bejahung der Passivlegitimation keiner abschließenden Klärung der Frage, auf welche Weise das Land Niedersachsen Rechtsnachfolger Preußens geworden war. Jedenfalls träfen die Pflichten aus dem hier in Rede stehenden Staatsvertrag heute das Land Niedersachsen.[83] Es wird also davon ausgegangen, dass das Land Preußen untergegangen ist,[84] für das betroffene Gebiet Niedersachsen die Rechtsnachfolge angetreten hat und somit an den von Preußen mit Waldeck-Pyrmont geschlossenen Vertrag ausnahmsweise gebunden ist.

Allerdings ist die Aktivlegitimation der Stadt Pyrmont zweifelhaft. Sie wurde mit der Begründung bejaht, dass die noch bestehenden obersten Selbstverwaltungskörperschaften „als Repräsentanten der Bevölkerung des untergegangenen Landes angesehen werden können" und damit die Stadt zur Geltendmachung der

---

der politischen Machtverhältnisse dienen, so dass die *clean slate rule* Anwendung findet; vgl. *Doehring,* Karl, Völkerrecht, 1999, S. 75, Rdnr. 173.

[80] Vgl. *Blumenwitz,* Dieter, Staatennachfolge und die Einigung Deutschlands. Teil I: Völkerrechtliche Verträge, 1992, S. 32.

[81] Vgl. *Fastenrath,* Ulrich, Der deutsche Einigungsvertrag im Lichte des Rechts der Staatennachfolge, in: Austrian JPIL, Bd. 44 (1992), S. 1 (4).

[82] Sammlung des niedersächsischen bereinigten Landesrechts, GVBl. Sonderband II, S. 7.

[83] Vgl. BVerfGE 42, S. 345 ff. (356 f.).

[84] Vgl. *Gornig,* Gilbert, Der Untergang Preußens unter besonderer Berücksichtigung des Kontrollratsgesetzes Nr. 46 betreffend die Auflösung Preußens vom 25. Februar 1947, in: Schriftenreihe des Preußeninstituts, Heft 7, 1998, S. 5 ff.; ders., Territoriale Entwicklung und Untergang Preußens. Eine historisch-völkerrechtliche Untersuchung, 2000, S. 141 ff.; 228 ff.; 258 ff.

Rechte des untergegangenen Staates Waldeck legitimiert sei.[85] Der Zweite Senat des Bundesverfassungsgerichts stellte also darauf ab, welche von den Gebietskörperschaften des ehemaligen Staates Waldeck-Pyrmont durch die Auflösung des Amtsgerichts Bad Pyrmont betroffen sei. Es seien lediglich die Interessen von Bad Pyrmont berührt, so dass diese Stadt allein antragsberechtigt sei, ohne dass es darauf ankäme, „ob die nach Hessen eingegliederten ehemals waldeckischen Gebietsteile heute noch durch eine Gebietskörperschaft repräsentiert erscheinen".[86] Insoweit können aber die Überlegungen des Senats kaum überzeugen. Zunächst blieb der Zessionsvertrag über die Eingliederung des Waldeckischen Staatsteils Pyrmont nach Preußen und Hannover als staatsrechtlicher Vertrag zwischen Preußen und dem verkleinert fortbestehenden Waldeck in Geltung. Vor dem Anschluss Waldecks an Preußen im Jahre 1929 lag also die Aktivlegitimation zur Geltendmachung der preußischen Verpflichtungen aus dem Staatsvertrag von 1921 bei dem verkleinerten Staat Waldeck, dessen Rechtsnachfolger heute Hessen ist. Rechtsnachfolger des Staates Waldeck, der 1929 durch Beitritt zu Preußen und Eingliederung in dessen Provinz Hessen-Nassau untergegangen war, wurde aber zunächst Preußen. Der Vertrag von 1921 erlosch also durch Konfusion[87], so dass nach der Errichtung Hessens nach dem Zweiten Weltkrieg eine Rechtsnachfolge Hessens in diesen Vertrag Waldecks nicht mehr stattfinden konnte. Eine Rechtsnachfolge der Stadt Pyrmont ist zudem nicht möglich, da nur ein Staat Rechtsnachfolger eines anderen Staates oder eines Teils eines Staates werden kann.

In einem zweiten Verfahren im Jahre 1982 ging es wieder um den Vertrag zwischen Preußen und Waldeck-Pyrmont von 1921. Preußen hatte in diesem Vertrag dem durch die Abtretung Pyrmonts verkleinerten Land Waldeck die anteilige Übernahme wiederkehrender finanzieller Aufwendungen zugesagt. Der Landkreis Waldeck-Frankenberg als „Repräsentant des untergegangenen Landes Waldeck"[88] strengte ein Verfahren gegen das Land Niedersachsen und gegen die Stadt Pyrmont als Rechtsnachfolger des untergegangenen Staates Preußen an. Der Landkreis Waldeck-Frankenberg ist aber nicht Rechtsnachfolger des Staates Waldeck und konnte somit nicht aktivlegitimiert sein. Rechtsnachfolger von Waldeck war Preußen, heute ist es Hessen. Niedersachsen konnte man in diesem Verfahren ohne weiteres als Rechtsnachfolger Preußens betrachten, da Pyrmont heute in Niedersachsen liegt, so dass die Gegenleistungen für die Abtretung Bad Pyrmonts an Preußen nun vom Lande Niedersachsen zu erbringen sein könnten.

---

[85] BVerfGE 42, S. 345 ff. (355 f.), unter Hinweis auf die Rechtsprechung *zu Lippe,* BVerfGE 3, S. 267 ff. (280); 4, S. 250 ff. (268), und *Coburg,* BVerfGE 22, S. 221 ff. (231); 34, S. 216 ff. (226); 38, S. 231 ff. (237).

[86] Vgl. BVerfGE 42, S. 345 ff. (356).

[87] Darunter versteht man das Zusammenfallen von Anspruch und Verpflichtung im Falle einer Rechtsnachfolge.

[88] BVerfGE 62, S. 295 ff. (303).

Erstaunlich ist, dass Bad Pyrmont ebenfalls in die Rolle des Passivlegitimierten gedrängt wurde. Damit wurde Bad Pyrmont als Rechtsnachfolger Preußens betrachtet, was es aber niemals war. Das Bundesverfassungsgericht jedoch befasste sich mit den Fragen der Aktiv- und Passivlegitimation hier nicht näher,[89] da es die Klage des hessischen Landkreises Waldeck-Frankenberg mangels Vorliegens einer verfassungsrechtlichen Streitigkeit für unzulässig hielt. Jedenfalls gilt auch hier, dass der Rechtsnachfolger grundsätzlich nicht an den vom Vorgänger abgeschlossenen Vertrag gebunden ist.

---

[89] BVerfGE 62, S. 295 ff. (312).

# Wer schützt die Pressefreiheit vor der Wirtschaft?

## Neue Gefährdungslagen für ein demokratiesensibles Grundrecht*

Georgios Gounalakis

### I. Einleitung: Die gekaufte Berichterstattung

> *„Man kann sich nicht Berichterstattung erkaufen durch Anzeigen. Dann ist die Bananen-Republik nicht mehr weit. Die Presse ist im Übrigen nicht dazu da, Propaganda-Instrument ... zu sein"*[1]

Wer da so empört ist? – Der ehemalige wirtschaftspolitische Sprecher der SPD-Bundestagsfraktion, *Rainer Wend* im Jahr 2007, der gerade eben Zeuge geworden war, wie der Kölner Stadtanzeiger das Wirtschaftsministerium unter *Michael Glos* hatte auffliegen lassen. Das Ministerium hatte eine Berliner PR-Agentur damit beauftragt, bei Regionalzeitungen gegen Gefälligkeitsberichterstattung Anzeigen in Auftrag zu geben. Als redaktionell getarnte Beiträge gegen Bezahlung.

Da musste sich auch der deutsche Journalistenverband empören. Er musste. Schließlich hatte der Kölner Stadtanzeiger das ihm unterbreitete Angebot der PR-Agentur nicht nur kurzerhand veröffentlicht, sondern auch noch die Kollegen der Zunft mit dem Slogan „Journalisten machen keine Werbung" an ihr journalistisches Arbeitsethos erinnert.[2]

Der Vorsitzende des Deutschen Journalisten-Verbands, *Michael Konken,* warf dem Ministerium vor, „Einfluss auf die Berichterstattung zu nehmen" und nannte dies einen „unzulässigen Eingriff".[3]

Das hört sich vernünftig und der Sache nach richtig an, war aber wohl mehr braver Gehorsam als echte Überzeugung. Denn der deutsche Journalistenverband

---

* Der Beitrag basiert in seinen Grundzügen auf einem Vortrag, der auf dem 60. Deutschen Anwaltstag in Braunschweig am 22. Mai 2009 gehalten wurde.

[1] Kölner Stadtanzeiger vom 10.08.2007, „Regierungsgeld für Zeitungen", http://www.ksta.de/politik/regierungsgeld-fuer-zeitungen,15187246,13385894.html.

[2] Vgl. *Schnedler,* Thomas, Getrennte Welten? Journalismus und PR in Deutschland, in: nr-Werkstatt Nr. 4/2006, S. 2.

[3] Kölner Stadtanzeiger vom 10.08.2007, „Regierungsgeld für Zeitungen", http://www.ksta.de/politik/regierungsgeld-fuer-zeitungen,15187246,13385894.html.

ist selbst nicht minder empfänglich für bezahlte Berichterstattung: Seiner Mitgliederzeitschrift „journalist" fügte er im Mai 2006 eine 16-seitige „Verlagsbeilage" der Bausparkasse Schwäbisch Hall bei, die im gleichen Layout gestaltet war wie die Zeitschrift.[4] Die Kennzeichnung als Anzeige fehlte, obwohl die Beilage etliche Werbebotschaften enthielt.

Ob die Presse damit wohl gewonnen hat? Wohl kaum. Wer schützt also die Pressefreiheit vor der Wirtschaft, ist eine berechtigte Frage, der im Folgenden nachgegangen werden soll.

## II. Die Presse im demokratischen Rechtsstaat: Nicht verloren, aber doch auch nicht gewonnen

Die Pressefreiheit ist nicht bloß Freiheit zur Ausübung nach Belieben. Ihr geht es nicht nur um Beliebigkeit im Sinne einer allgemeinen Handlungsfreiheit. Bei der Pressefreiheit steht mehr auf dem Spiel. Dass offene demokratische Gesellschaften auf eine freie Presse angewiesen sind, zählt zu den Schulweisheiten, die wir unzählige Male schon gehört und gesagt haben. Zu denen, die als feste kulturelle Bestände im Bewusstsein unserer demokratischen Gesellschaft verankert sind. Presse und Demokratie, das gehört zusammen.[5]

Doch gerade im Luxus dieser erlebten und bestätigten Überzeugung könnten wir träge und unkritisch geworden sein – der Blick auf die Gefahren für die Presse könnte verstellt, das kulturell tradierte Bild der Freiheit sich von der Realität gelöst haben.

Demokratien brauchen permanente Selbstvergewisserungsmechanismen, wenn sie sich als Systeme behaupten wollen.[6] Selbstbewusst und seiner demokratischen Verantwortung gewiss plädierte etwa der 60. Deutsche Anwaltstag aus Anlass von 60 Jahren Grundgesetz daher dafür, den Rechtsstaat mitzugestalten – und für unseren Fall etwas bescheidener: nachzuschauen, wie sich die Presse in der Verfassungsrechtsprechung der letzten Jahrzehnte geschlagen hat. Ist sie Gewinnerin oder Verliererin?

Fälle wie Spiegel[7], Springer/Wallraff[8], Strauß-Karikatur[9], Caroline v. Monaco[10] haben Furore gemacht und sind als Klassiker in die Fallsammlungen zum

---

[4] Hinweise auf den Vorgang unter http://www.burks.de/recherchegruppe/blog/?p=23.

[5] Vgl. *Fink,* in: Spindler/Schuster, Recht der Elektronischen Medien, 2. Auflage 2011, Rn. 36; *Herzog,* in: Maunz/Dürig, Grundgesetz Kommentar, 65. Ergänzungslieferung 2012, Art. 5 Rn. 186.

[6] Vgl. *Herzog,* in: Maunz/Dürig, Grundgesetz Kommentar, 65. Ergänzungslieferung 2012, Art. 5 Rn. 181 zum Selbstregulierungsmechanismus Markt für das Pressewesen.

[7] BVerfGE 20, 162 – „Der Spiegel".

[8] BVerfG NJW 1984, 1741 – „Wallraff I (Bild)".

[9] BVerfGE 75, 369 – „Strauß-Karikatur".

Presserecht eingegangen. Analysiert man sie, erhält man an der Oberfläche folgende Struktur:

Die Pressefreiheit hat sich als subjektive, grundrechtliche Handlungsfreiheit[11] gegen andere Grundrechte oder Verfassungsgüter zu behaupten. Hier gegen das Recht am eingerichteten und ausgeübten Gewerbebetrieb, dort gegen das Allgemeine Persönlichkeitsrecht, und schließlich noch gegen das staatliche Strafverfolgungsinteresse.

Das sind die lauten Töne, die Knaller, die auch die anwaltliche Praxis bestimmen. Die Presse möchte beraten sein, was sie vom Privatleben Prominenter berichten darf; sie möchte wissen, wann die Staatsanwaltschaft ihre Geschäftsräume durchsuchen darf, ob ihre Informanten geschützt sind, wie weit Satire gehen darf.

Eine Rechtsprechungsretrospektive bliebe ohne eine bewertende Diskussion dieser Fälle in ihren spezifischen strukturellen Konstellationen unvollständig. Aber mal ehrlich: Wird man nach Auswertung dieser Fälle ernsthaft davon sprechen können, die Presse der Bundesrepublik Deutschland hätte nach mehr als 60 Jahren Grundgesetz verloren? Wohl kaum.

Der Raum, den Fälle wie Caroline v. Monaco[12] in der Verfassungsrechtsprechung und der rechtswissenschaftlichen Literatur einnehmen, steht in keinem Verhältnis zur gesellschaftlichen Relevanz der Pressefreiheit insgesamt. Diese Fälle vermitteln den trügerischen Schein, es drohten der Presse in Deutschland keine grundsätzlicheren Gefahren als die einer Überbewertung des Allgemeinen Persönlichkeitsrechts.

Diese Probleme bestehen zweifelsohne, aber es sind Luxusprobleme. Nicht nur im Vergleich zu desolaten Medienordnungen etwa in Italien, Russland oder China. Es sind Luxusprobleme im Vergleich zu Gefahren, die der deutschen Presse aktuell drohen.

Und zwar der deutschen Presse als demokratischer Institution, nicht als wirtschaftlicher. Der beruhigende Blick auf mehr als 60 Jahre Presserechtsprechung des BVerfG sorgt für die eingangs angesprochene Trägheit im Blick auf die demokratische Sensibilität der Pressefreiheit.

---

[10] BGH NJW 1995, 861 – „Caroline von Monaco I"; BGH NJW 1996, 985 – „Caroline von Monaco II (Fotos vom Sohn)"; BGH NJW 1996, 1128 – „Caroline von Monaco III (Paparazzi-Fotos)"; BVerfG NJW 2000, 1021 – „Caroline von Monaco IV (Paparazzi-Fotos)"; BVerfG NJW 2000, 2191 – „Caroline von Monaco V (Fotos vom Sohn)"; BVerfG NJW 2000, 2192 – „Caroline von Monaco VI (Sturz im Strandbad)"; EGMR NJW 2004, 2647 – „Caroline von Hannover I"; BVerfG NJW 2008, 1793 ff. – „Caroline von Hannover"; EGMR NJW 2012, 1053 – „Caroline von Hannover II".

[11] *Schemmer*, in: Epping/Hillgruber, Grundgesetz Kommentar, 2009, Art. 5 Rn. 38.

[12] Siehe Nachweise in FN 10.

Zu verlockend scheint der Gedanke, man müsse der Presse bloß einen möglichst weiten Aktionsradius als subjektives Handlungsrecht zubilligen, und schon stehe sie als Gewinnerin da. Wirtschaftlich mag das vereinzelt zutreffen. Aber demokratiefunktional wird diese Gleichung nicht aufgehen.

Sie geht nicht auf, weil Presseunternehmen eben auch Wirtschaftsunternehmen sind. Sie sind anfällig dafür, in der Systemrationalität der Ökonomie zu verschwinden und ihre Unabhängigkeit zu verlieren. Und so fragen wir heute: „Braucht die Pressefreiheit Verleger oder Kaufleute?" Die Verschmelzung des deutschen Pressewesens mit dem Wirtschaftssystem zu einem einzigen demokratieschädlichen wirtschaftlich-journalistischen Komplex schwebt als permanente Drohkulisse immer über der Pressefreiheit.

In der Rechtsprechung des BVerfG ist diese Kulisse deswegen nicht leicht zu erkennen, da sich die strukturellen Kopplungen zwischen Presse und Wirtschaft im Verborgenen vollziehen. Und: weil vor allem wegen der schlechten Beweisbarkeit rechtswidriger Kopplungen kaum ein Fall bis zu den Gerichten vordringt.

Die These, der wir uns im Folgenden annehmen wollen, lautet daher: Die Presse geht nicht als Verliererin aus mehr als sechs Jahrzehnten gelebter Verfassungsrechtspraxis hervor; sie kann aber *trotz* der Rechtsprechung niemals Gewinnerin sein, da sie sich – ganz wie die Demokratie selbst – permanent als demokratische Institution zu bewähren hat. Nicht nur klassisch dem Staat, sondern insbesondere auch der Wirtschaft gegenüber.

Wir werden sehen, dass die Verknüpfung von PR und Journalismus in Deutschland gefährlich für die Pressefreiheit ist. Und wir wollen – auch anhand der Rechtsprechung des BVerfG – sehen, ob die Pressefreiheit des Art. 5 Abs. 1 S. 2 GG eine Antwort auf diese Gefahren weiß.

### III. PR und Journalismus: Vom peinlichen Gefälligkeitsjournalismus über die Kopplung von Anzeigen mit Pseudojournalismus bis zum breit angelegten Versuch, einen politischen Diskurs wirtschaftsliberal zu majorisieren

Nicht wenige Autoren sprechen mittlerweile von einer Kolonialisierung der Presse durch Öffentlichkeitsarbeit der Wirtschaft.[13] Doch auch jene, die sich nicht der deterministisch geprägten Parasit-Wirtstier-Argumentation bedienen, sondern weniger aufgeregte Positionen einnehmen, konstatieren eine Symbiose[14] oder sprechen von Interdependenz[15] zwischen Journalismus und PR.

---

[13] Z.B. *Schnedler*, Thomas, Getrennte Welten? Journalismus und PR in Deutschland, in: nr-Werkstatt Nr. 4/2006, S. 16.

[14] Vgl. *Schnedler*, Thomas, Getrennte Welten? Journalismus und PR in Deutschland, in: nr-Werkstatt Nr. 4/2006, S. 8, mit Verweis auf die Zusammenfassung bei *Merten,*

Die Zahl hauptberuflicher Journalisten geht zurück. Sie beläuft sich auf 48.000, der eine Schar von 30.000 bis 50.000 PR-Mitarbeiter gegenübersteht – mit wachsender Tendenz.[16] Der Auto/Motor- und der Reisejournalismus ist für die Zulieferbetriebe der PR-Industrie seit jeher offen. Hier scheint der unabhängige Journalismus auf verlorenem Posten zu stehen. Doch daran hat man sich fast schon gewöhnt. Und geargwöhnt.

Doch auch jenseits des peinlichen, erkennbaren Gefälligkeitsjournalismus, dort, wo der Argwohn die Presse nicht eingeholt hat, wo also Glaubwürdigkeit herrscht, kommt der bezahlte, lancierte PR-Beitrag an. Allerdings darf er dort, wo Glaubwürdigkeit noch als Kapital gilt, nicht trampeln. Er geht subtil vor.

Kein Motorjournalismus und auch kein Regionalblatt, das auf Seite 1 mit fraglicher journalistischer Relevanz über die regionale Wirtschaft berichtet. Ganz leise schleicht sich hier die PR ein. Texte also, die aus Sicht der Zeitungsleser von der Redaktion verfasst sind, aber ohne erkennbare Recherche ein Thema, ein Produkt, eine Marke oder eine Dienstleistung einseitig positiv als Tatsache darstellen[17].

An erster Stelle sind als Strategien der Verlage und Redaktionen so genannte *Kopplungsgeschäfte* zu nennen. 44% der Chefredakteure deutscher Tageszeitungen halten es für eine übliche Praxis, einem Anzeigenkunden bei der Auftragserteilung einen redaktionellen Gefälligkeitsartikel anzubieten.[18]

Selbst in der so genannten seriösen Qualitätspresse macht das nicht halt. Auf Sonderseiten gibt es z.B. redaktionell Aufgemachtes über Wein aus bestimmten Anbaugebieten zu lesen. Zusammen mit Reisetipps ist das ein komfortabel eingerichtetes Umfeld für eine passende Anzeige.[19] Die Anzeige fungiert dann gewis-

---

Klaus, Mikro, MikroMakro oder Makro? Zum Verhältnis von Journalismus und PR aus systemischer Perspektive, in: Altmeppen, Klaus Dieter/Röttger, Ulrike/Bentele, Günter (Hg.): Schwierige Verhältnisse. Interdependenzen zwischen Journalismus und PR, Wiesbaden 2004, S. 24 sowie *Ruß-Mohl,* Stephan, Symbiose oder Konflikt: Öffentlichkeitsarbeit und Journalismus, in: Jarren, Otfried (Hg.): Medien und Journalismus 1, Eine Einführung, Opladen 1994, S. 313–327.

[15] Vgl. *Schnedler,* Thomas, Getrennte Welten? Journalismus und PR in Deutschland, in: nr-Werkstatt Nr. 4/2006, S. 7 f. mit Verweis auf *Jarren,* Otfried/*Donges,* Patrick, Politische Kommunikation in der Mediengesellschaft. Eine Einführung, Band 2: Akteure, Prozesse und Inhalte. Wiesbaden 2002, S. 131 ff.

[16] *Schnedler,* Thomas, Getrennte Welten? Journalismus und PR in Deutschland, in: nr-Werkstatt Nr. 4/2006, S. 16 m.w.N.

[17] Definition nach *Haller,* Michael/*Hiller,* Alexander: Basisnorm, Redaktionelle Unabhängigkeit, in: Message, Heft 3/2005, S. 15; vgl. auch *Schnedler,* Thomas, Getrennte Welten? Journalismus und PR in Deutschland, in: nr-Werkstatt Nr. 4/2006, S. 3 f.

[18] *Schnedler,* Thomas, Getrennte Welten? Journalismus und PR in Deutschland, in: nr-Werkstatt Nr. 4/2006, S. 5 m.w.N.

[19] *Schnedler,* Thomas, Getrennte Welten? Journalismus und PR in Deutschland, in: nr-Werkstatt Nr. 4/2006, S. 15 m.w.N.; u.a. Süddeutsche Zeitung vom 05.05.2006.

sermaßen als Kontrast; als Bestätigung für die Geltung des Prinzips der Trennung von Werbung und redaktionellem Inhalt.[20]

Vielleicht haben wir uns auch an diesen pseudo-journalistischen Geben-Nehmen-Mechanismus schon gewöhnt. Aber erinnern wir uns noch an die Zeit vor der vorletzten Bundestagswahl? Das Thema Reform der sozialen Sicherungssysteme hat den politischen Diskurs bestimmt.

Und eine breit angelegte PR-Kampagne hat versucht, Einfluss zu nehmen. Ausgestattet mit 9 Millionen Euro jährlich[21] wurde im Jahr 2000 die „Initiative Neue Soziale Marktwirtschaft" vom Arbeitgeberverband Gesamtmetall ins Leben gerufen. Sie kooperiert mit Eliten aus Politik, Wirtschaft und Medien und arbeitet gezielt auch in die journalistischen Schaltzentralen hinein. Die mediale Präsenz prominenter politischer Vertreter und Wissenschaftler war bezahlte Öffentlichkeitsarbeit im Dienste eines wirtschaftsfreundlichen Diskursklimas.[22]

Spätestens hier ist die Demokratie in ihrem Kern getroffen.[23] Wenn wirtschaftliche Interessen nicht transparent werden, wie soll dann der Wähler als Diskursteilnehmer auch nur halbwegs gleichberechtigt in den demokratischen Meinungskampf integriert sein?

Die Initiative verfolgte, ohne dass dies einer breiteren Öffentlichkeit bekannt gemacht wurde, im Auftrag der Wirtschaft zahlreiche Medienpartnerschaften, produzierte eigene TV-Beiträge, wissenschaftliche Studien, war regelmäßig Gast in öffentlichrechtlichen Politikdiskussionssendungen, machte passende Schlagzeilen. Es war richtig langweilig damals bei *Sabine Christiansen*. Außer den Politikern *Oscar Lafontaine* und *Gregor Gysi,* die in ihrer Glaubwürdigkeit niemand ernst nehmen musste, waren sich über den Reformbedarf alle einig: Nur über mehr Wettbewerb und Eigenverantwortung könne der Kollaps der Sozialsysteme vermieden werden.

### IV. Medien, Märkte und Konsumenten: Wirtschaftskrise als demokratiefeindliches Klima

„Alles nur halb so schlimm", könnte man jetzt abwiegeln. Die systemischen Selbsterhaltungskräfte der Presse wirkten schon aus sich heraus einer Vermi-

---

[20] Für die BRD gilt ein striktes Gebot der Trennung von redaktionellem Teil und Werbung, Einzelheiten bei *Soehring,* Jörg, Presserecht, 4. Auflage 2010, § 24 Rn. 3a, 27.

[21] Vgl. http://www.insm.de/ – Für 2012 wird noch ein Jahresetat von knapp 7 Millionen angegeben.

[22] *Schnedler,* Thomas, Getrennte Welten? Journalismus und PR in Deutschland, in: nr-Werkstatt Nr. 4/2006, S. 17 f. m.w.N.

[23] Und auch natürlich dort, wo die Presse bestimmte kritische Beiträge etwa über Unternehmen unterlässt, aus Angst, lukrative Anzeigen zu verlieren.

schung beider Systeme entgegen. Also keine Gefahr für die Demokratie? In der Tat ist sowohl der Presse als auch der PR an einer glaubwürdigen Presse gelegen. Nur als glaubwürdiges Medium ist Presse ein geeignetes Vehikel für die Botschaften der Wirtschaft.

Und die Presse? Sie verkauft nach wie vor nicht nur Anzeigen, sondern auch Inhalte. Noch. Denn die Glaubwürdigkeit der seriösen Qualitätspresse taugt nur so lange als Argument für die Selbstheilungskraft der Presse, wie es auch einen Markt für sie gibt. Und der droht wegzufallen:

Bei Gleichzeitigkeit von wirtschaftlichem Erfolg und publizistischem Erfolg innerhalb eines Wettbewerbs, der ebenfalls sowohl wirtschaftlich als auch publizistisch geprägt ist, droht ihr Leitbild abhanden gekommen zu sein: Das des patriarchalischen Verlegers, der nicht nur wirtschaftlich, sondern eben auch publizistisch verantwortlich sein will.

Dieses Leitbild vom väterlichen Verleger gehört zum Rückblick auf die deutsche Nachkriegsgeschichte, die aktuellen Entwicklungen der Medienmärkte haben es ad acta gelegt. Hier bestimmt nicht mehr der Patriarch, sondern der Finanzinvestor. Und dem kommt es auf Qualität nur an, wenn sie zur Rendite taugt.[24]

Und der Blick auf die im Zusammenbruch begriffenen Printmedien in den USA[25] stimmen auch für Deutschland noch weniger zuversichtlich. Zwar werden so viele Presseprodukte konsumiert wie nie zuvor. Aber eben elektronisch. Und für die Online-Presse ist niemand bereit, ein Entgelt zu leisten.

Die Presse gerät so zu einem Medium, das immer weniger Anbieter von Inhalten ist, als vielmehr ein Generator für Aufmerksamkeit. Kostenintensive Recherche, kritischer Journalismus, Presse als Vierte Gewalt im Staate ist unter diesen Bedingungen kaum mehr vorstellbar.

Eine freie Presse indes muss Anbieter von Inhalten bleiben. Dass Wirtschaftskrisen für Demokratien harte Bewährungsproben darstellen, hat schon die Geschichte der Weimarer Republik gezeigt. Der Zustand des Pressewesens in Krisenzeiten ist hierfür der beste Beweis.

## V. Die Antwort des BVerfG:
### Die objektivrechtliche Dimension der Pressefreiheit

Eine zweite Art der Reaktion auf die Verschmelzung von Journalismus und PR ist die, den Kritikern Naivität vorzuwerfen. So sei eben das Leben. Das Bild vom

---

[24] Vgl. *Habermas,* Jürgen, „Keine Demokratie kann sich das leisten", in: Süddeutsche.de vom 16.05.2007, http://www.sueddeutsche.de/kultur/juergen-habermas-keine-demokratie-kann-sich-das-leisten-1.892340.

[25] Vgl. http://www.zeit.de/online/2009/09/vanity-fair-zeitungsmarkt: *Schweitzer,* Eva, „Wer will das noch lesen", in: Zeit Online vom 20.02.2009.

unabhängigen und gewissenhaft recherchierenden Journalisten sei ebenso realitätsfern wie das gesamte überkommene journalistische Berufsethos. Presse sei zwangsläufig Öffentlichkeitsarbeit. Zwischen den Systemen Presse und PR bestehe einfach kein Unterschied.[26]

Eine fatalistische Argumentation, die Machtverschiebungen zwischen Presse und Wirtschaft schlichtweg verschleiert. Denn ob die Presse in eigener Verantwortung auf eigene Initiative hin tätig wird, oder bloß in fremdem Auftrag, ist eine Unterscheidung, die auch tatsächlich einen Unterschied macht: Sie lässt das System Presse erst als eigenständiges System erkennbar werden, weil es sich von dem der Wirtschaft tatsächlich abschichtet.

Der demokratische Rechtsstaat kann auf die Institution einer freien und unabhängigen Presse nicht verzichten, ohne zugleich auch die Demokratie als Ganzes in Frage zu stellen.

Denn wenn jede Pressearbeit PR ist, ist jede Entscheidung des Wählers manipulierte Entscheidung; der demokratische Meinungskampf ein Meinungskampf mit ungleicher Machtverteilung; die Demokratie nicht mehr fähig, über gerechte Diskursbedingungen die tiefen weltanschaulichen Gegensätze einer pluralistischen Gesellschaft zu überbrücken.

Das BVerfG hat hierauf in den letzten Jahrzehnten penibel genau geachtet. In seiner Spiegel-Entscheidung aus dem Jahr 1966 ergreift es die Gelegenheit, auf die Funktion der Presse im freiheitlich-demokratischen Staat hinzuweisen:

„Eine freie, nicht von der öffentlichen Gewalt gelenkte, keiner Zensur unterworfene Presse ist ein Wesenselement des freiheitlichen Staates; insbesondere ist eine freie, regelmäßig erscheinende politische Presse für die moderne Demokratie unentbehrlich.

Soll der Bürger politische Entscheidungen treffen, muss er umfassend informiert sein, aber auch die Meinungen kennen und gegeneinander abwägen können, die andere sich gebildet haben. Die Presse hält diese ständige Diskussion in Gang; sie beschafft die Informationen, nimmt selbst dazu Stellung und wirkt damit als orientierende Kraft in der öffentlichen Auseinandersetzung.

In ihr artikuliert sich die öffentliche Meinung; die Argumente klären sich in Rede und Gegenrede, gewinnen deutliche Konturen und erleichtern so dem Bürger Urteil und Entscheidung.

In der repräsentativen Demokratie steht die Presse zugleich als ständiges Verbindungs- und Kontrollorgan zwischen dem Volk und seinen gewählten Vertretern in Parlament und Regierung. Sie fasst die in der Gesellschaft und ihren Gruppen unaufhörlich sich neu bildenden Meinungen und Forderungen kritisch zusammen, stellt sie zur Erörterung und trägt sie an die politisch handelnden Staatsorgane heran, die auf

---

[26] Vgl. zum Ganzen *Schnedler*, Thomas, Getrennte Welten? Journalismus und PR in Deutschland, in: nr-Werkstatt Nr. 4/2006, S. 22 f. m.w. N.

diese Weise ihre Entscheidungen auch in Einzelfragen der Tagespolitik ständig am Maßstab der im Volk tatsächlich vertretenen Auffassungen messen können.

So wichtig die damit der Presse zufallende ‚öffentliche Aufgabe' ist, so wenig kann diese von der organisierten staatlichen Gewalt erfüllt werden.

Presseunternehmen müssen sich im gesellschaftlichen Raum frei bilden können. Sie arbeiten nach privatwirtschaftlichen Grundsätzen und in privatrechtlichen Organisationsformen. Sie stehen miteinander in geistiger und wirtschaftlicher Konkurrenz, in die die öffentliche Gewalt grundsätzlich nicht eingreifen darf."[27]

Doch was hilft uns das für den Fall, dass die privatwirtschaftliche Organisationsform der Presse gerade nicht dazu führt, dass sie ihre öffentliche Aufgabe erfüllen kann? Zu deutlich scheint die Stoßrichtung der Pressefreiheit in ihrem Abwehrcharakter gegen den Staat gerichtet zu sein.

Das erklärt sich historisch, musste sich doch die Presse zunächst einmal vom Staat emanzipieren, so wie sie zugleich auch das publizistische Medium war, das den Aufstieg und die Emanzipation des Bürgertums aus dem feudalen System begleiten konnte.

Doch jetzt ist nicht mehr bloß der Staat in seinen systemrationalen Zugriffsinteressen Gegner der Pressefreiheit, sondern auch die *Wirtschaft* in ihren Machtansprüchen.

Folglich reicht es nicht mehr aus, die Freiheit der Presse als dienende Freiheit bloß subjektivrechtlich zu gewährleisten. Die subjektivrechtliche Dimension der Pressefreiheit ist um eine *objektivrechtliche Funktion* zu ergänzen.[28]

So wird die Presse nicht nur als wirtschaftliche, sondern auch als demokratische Institution verfassungsrechtlich flankiert. Diese objektivrechtliche Dimension der Pressefreiheit ist bisher nicht laut in Erscheinung getreten. Anders als im Rundfunkrecht, wo die Ausgestaltungsbedürftigkeit des Grundrechts durch den einfachen Gesetzgeber in der Lehre allgegenwärtig ist.[29]

Doch vor dem Hintergrund der neuen Gefährdungslagen für das unabhängige Pressewesen in Deutschland wird es auch für die Pressefreiheit Zeit, ihrer rechtlichen Betrachtung mehr Perspektive zu geben. Das BVerfG hat hier Weitsicht bewiesen. Ebenfalls in der Spiegel-Entscheidung aus dem Jahr 1966 führt es aus:

„Der Funktion der freien Presse im demokratischen Staat entspricht ihre Rechtsstellung nach der Verfassung. Das Grundgesetz gewährleistet in Art. 5 die Pressefreiheit.

---

[27] BVerfGE 20, 162, 174 – „Der Spiegel": Klare Worte des Bundesverfassungsgerichtes.
[28] *Bethge,* in: Sachs, Grundgesetz Kommentar, 6. Auflage 2011, Art. 5 Rn. 71; BVerfG NJW 1984, 1741, 1742 – „Wallraff I (Bild)".
[29] Vgl. u. a. *Herzog,* in: Maunz/Dürig, Grundgesetz Kommentar, 65. Ergänzungslieferung 2012, Art. 5 Rn. 231 f.; ebenso BVerfGE NJW 1981, 1774 – „Drittes Rundfunkurteil".

Wird damit zunächst – entsprechend der systematischen Stellung der Bestimmung und ihrem traditionellen Verständnis – ein subjektives Grundrecht für die im Pressewesen tätigen Personen und Unternehmen gewährt, das seinen Trägern Freiheit gegenüber staatlichem Zwang verbürgt und ihnen in gewissen Zusammenhängen eine bevorzugte Rechtsstellung sichert, so hat die Bestimmung zugleich auch eine objektiv-rechtliche Seite.

Sie garantiert das Institut ‚Freie Presse'. Der Staat ist – unabhängig von subjektiven Berechtigungen Einzelner – verpflichtet, in seiner Rechtsordnung überall, wo der Geltungsbereich einer Norm die Presse berührt, dem Postulat ihrer Freiheit Rechnung zu tragen. Freie Gründung von Presseorganen, freier Zugang zu den Presseberufen, Auskunftspflichten der öffentlichen Behörden sind prinzipielle Folgerungen daraus; doch ließe sich etwa auch an eine Pflicht des Staates denken, Gefahren abzuwehren, die einem freien Pressewesen aus der Bildung von Meinungsmonopolen erwachsen könnten."[30]

## VI. Die Konsequenz: Der Gesetzgeber hat die Presse im Rahmen einer positiven Ordnung vor den Zugriffen durch die Wirtschaft zu schützen

Wer schützt also die Pressefreiheit vor der Wirtschaft? Die Antwort liegt in der *objektivrechtlichen* Funktion der Pressefreiheit. Es ist die aus Art. 5 Abs. 1 S. 2 GG folgende Schutzpflicht des Gesetzgebers, ähnlich wie im Rundfunkrecht eine positive, einfachgesetzliche Ordnung zu schaffen, die der Presse die Bedingungen der Möglichkeit gewährleistet, ihre der Demokratie dienende Funktion zu erfüllen.

Das scheint für das traditionell subjektivrechtlich dominierte Pressewesen kontraintuitiv zu sein. Aber wenn auch nicht in dem Maße wie die Rundfunkfreiheit, so ist doch auch die Pressefreiheit ein partiell ausgestaltungsbedürftiges Grundrecht.[31]

Grundrechtsverwirklichung durch Ausgestaltung ist ein Modell, das der Gesetzgeber durchaus schon verwirklicht hat. Er kommt seiner Schutzpflicht nach.

In den Landespressegesetzen ist durchgängig das Prinzip der strikten Trennung von redaktionellem Teil und Anzeigen normiert. Und die Zivilgerichte, die innerhalb von wettbewerbsrechtlichen Verfahren über seine Einhaltung wachen, sind durchaus streng in seiner Anwendung.

Doch bekanntlich konnte das Trennungsprinzip eine sich ausbreitende Vermischung von Journalismus und PR nicht verhindern. So müssen wir vielleicht zusammen mit *Jürgen Habermas* den Gedanken der staatlichen Schutzpflicht entgegen unserer Intuition noch etwas weiterspinnen:

---

[30] BVerfGE 20, 162, 175 – „Der Spiegel".
[31] Vgl. *Bethge,* in: Sachs, Grundgesetz Kommentar, 6. Auflage 2011, Art. 5 Rn. 73.

In seinem Essay in der „Süddeutschen Zeitung" vom 16. Mai 2007[32] fragt er unter dem Titel „Keine Demokratie kann sich das leisten" danach, wie der Staat einem Marktversagen der Presseunternehmen entgegenwirken kann. Dabei schließt er auch die Gründung öffentlich-rechtlicher Presseanstalten nicht aus. Diese Anstalten müssten im schlimmsten Fall die wegbahnende Leitpresse ersetzen. Verfassungsrechtlich wäre ein solcher Schritt möglich, wie die Spiegel-Entscheidung belegt. So lange er aber vermieden werden kann, so lange darf man die Presse mit gutem Gewissen noch als Siegerin deklarieren.

---

[32] http://www.sueddeutsche.de/kultur/juergen-habermas-keine-demokratie-kann-sich-das-leisten-1.892340.

# Das Wahlrecht von Auslandsdeutschen – Ein Problem mit Tiefen

Hans-Detlef Horn

## I. Die aktuelle Aufgabe

Die grenzüberschreitende Freizügigkeit, die die europäische Einigungsgeschichte den Bürgern ihrer Mitgliedstaaten von Beginn an gewährleistet, bleibt nicht ohne „Folgen": Bürger des einen Unionsstaats verlegen ihren Wohnsitz in einen anderen, bleiben oder finden dort als Paar zusammen, gründen Familien, bekommen Kinder und Kindes-Kinder. Der Fortzug verändert den Lebensmittelpunkt, nicht aber die Staatsangehörigkeit. Auch die Kinder erwerben nach dem im deutschen Recht geltenden Abstammungsprinzip von Geburt an die deutsche Staatsangehörigkeit ihrer Eltern bzw. eines Elternteils.[1] In dem Augenblick aber, in dem sie das achtzehnte Lebensjahr vollenden, erhebt sich eine für sie selbst, aber auch für die Zukunft unserer Demokratie bedeutsame Frage: Sie sind zwar deutsche Staatsbürger, aber sind sie auch deutsche Wahlbürger? Mit dieser Frage befassten sich kürzlich zwei in Belgien geborene und dort ansässige Deutsche das Bundesverfassungsgericht. Die Wahlbehörden hatten ihnen die Teilnahme an der Wahl zum 17. Deutschen Bundestag 2009 verwehrt. Im daraufhin angestrengten Wahlprüfungsverfahren machten sie geltend, die ihrer Ablehnung zugrunde liegende Vorschrift des § 12 Abs. 2 Satz 1 Bundeswahlgesetz (BWG) sei verfassungswidrig. Danach war die Wahlberechtigung für Auslandsdeutsche – abweichend von der Grundregel des mindestens dreimonatigen Inlandswohnsitzes am Wahltag (§ 12 Abs. 1 Nr. 2 BWG) – an die Bedingung geknüpft, zu irgendeinem früheren Zeitpunkt mindestens drei Monate in Deutschland sesshaft gewesen zu sein. Die Anforderung konnten die beiden, damals achtzehn Jahre alten Beschwerdeführerinnen nicht erfüllen, sie hatten noch nie in Deutschland mindestens drei Monate ununterbrochen eine Wohnung inne gehabt oder sich sonst gewöhnlich aufgehalten.

---

[1] Vgl. § 4 Abs. 1 StAG; nach einer im Rahmen der Staatsangehörigkeitsreform vom 15.7.1999 (Art. 1 Nr. 1 des Gesetzes zur Reform des Staatsangehörigkeitsrechts vom 15.7.1999, BGBl. I S. 1618) ergänzten Regelung muss für im Ausland geborene Kinder, deren deutsche Eltern nach dem 31.12.1999 ebenfalls im Ausland geboren wurden und sich dort auch gewöhnlich aufhalten, eigens die personenstandsrechtliche Eintragung in das Staatsangehörigkeitsregister beantragt werden, s. § 4 Abs. 4 StAG.

Das Bundesverfassungsgericht nahm sich dieser Sache mit jenem strengen Blick an, mit dem es das deutsche Wahlrecht in jüngerer Zeit mehrfach durchdrungen hat,[2] und auch dieses Mal konnte das Gesetz dem nicht standhalten.[3] Das Gericht erklärte am 4. Juli 2012 die Vorschrift wegen Verstoßes gegen den Verfassungsgrundsatz der Allgemeinheit der Wahl (Art. 38 Abs. 1 Satz 1 GG) für nichtig.[4] Schon heute ist die praktische Bedeutung der Entscheidung nicht gering. Zwar gibt es keine Statistik zur Gesamtzahl der im Ausland lebenden deutschen Staatsangehörigen. Nach den Angaben des Statistischen Amtes der Europäischen Union (Eurostat) leben aber zumindest im europäischen Ausland insgesamt rund 1,14 Millionen Deutsche.[5] Für die Bundestagswahl 2009 hatten sich 65.731 Auslandsdeutsche in die Wählerverzeichnisse eintragen lassen.[6] In Zeiten der voranschreitenden Globalisierung aller Lebensverhältnisse kann indes davon ausgegangen werden, dass die Zahl der (über achtzehnjährigen) Deutschen im Ausland in Zukunft noch weiter ansteigen und sich damit auch die Zahl derer kontinuierlich erhöhen wird, die am Wahltag nicht das Erfordernis des Inlandswohnsitzes erfüllen. Der Gesetzgeber steht nun vor der Aufgabe, die Wahlberechtigung der Auslandsdeutschen zu überdenken und neu zu regeln; bis dahin sind sie aus der Aktivbürgerschaft des Wahlvolkes ausgegrenzt.

**II. Die hintergründige Dimension**

*1. Das Verhältnis von staatlicher Demokratie und territorialer Staatlichkeit*

Die Aufgabe ist kein Leichtgewicht. Sie weist auf ein Thema, das in weit tiefere Dimensionen hineinreicht als die Aktualität des Falles vordergründig erken-

---

[2] Vgl. BVerfGE 121, 266, sowie E v. 25.7.2012, Az. 2 BvF 3/11, 2 BvR 2670/11, 2 BvE 9/11, NVwZ 2012, 1101 ff., zur Verfassungswidrigkeit des Mandatszuteilungsverfahrens nach § 6 BWG. – Bemerkenswert ist, dass die deutsche Demokratie seit Jahren um ein gültiges Wahlrecht ringt, es ihr aber zur gleichen Zeit und vergleichsweise zügig gelungen ist, eine bedeutende Reform im Wahlprüfungsrecht einschließlich einer damit verbundenen Änderung des Grundgesetzes auf den Weg zu bringen; vgl. Gesetz zur Änderung des Grundgesetzes (Art. 93) vom 11.7.2012, BGBl. I S. 1478 sowie Gesetz zur Verbesserung des Rechtsschutzes in Wahlsachen v. 12.7.2012, BGBl. I S. 1501.

[3] Indessen hatte die Rechtsprechung über Jahrzehnte hinweg die früher geltenden Regelungen des BWG zum Wahlrecht für Auslandsdeutsche, die allesamt an die grundsätzliche Sesshaftigkeit im Bundesgebiet anknüpften, für verfassungsrechtlich unbedenklich gehalten: BVerfGE 5, 2 (6); 36, 139 (141 ff.); 58, 202 (205 ff.); BVerfG Kammer, NJW 1991, S. 689 (690).

[4] BVerfG v. 4.7.2012, Az. 2 BvC 1/11, 2 BvC 2/11, NVwZ 2012, 1167 ff.

[5] Vgl. Tabelle „Bevölkerung nach Geschlecht, Altersklasse und Staatsangehörigkeit", Stand 2011, online abrufbar von der Eurostat-Datenbank, http://epp.eurostat.ec.europa.eu/portal/page/portal/eurostat/home (die Zahl der über Achtzehnjährigen lässt sich nicht herausfiltern); s. auch BVerfG (Fn. 4), Rn. 16.

[6] Vgl. BT-Drs. 17/1883, S. 3; BVerfG (Fn. 4), Rn. 16.

nen lässt. Dessen praktische Relevanz umgibt ein Geflecht von ganz grundsätzlichen staats- und völkerrechtlichen Fragestellungen, die sich erst bei näherem Hinsehen und beharrlichem Herantasten entdecken. Das Thema, das unausweichlich hervortritt, ist der Zusammenhang von Wahlrecht und Wohnsitz, von staatlicher Demokratie und territorialer Staatlichkeit, von Staatsvolk und Staatsgebiet. Die Frage nach dem Wahlrecht für Auslandsdeutsche liegt an seinem Brennpunkt. Auf sie wird eine im Letzten befriedigende Antwort, ohne in die Betrachtung jenes Zusammenhangs einzutreten, nicht gefunden werden können. Umso erstaunlicher mutet es an, dass dazu, soweit ersichtlich, grundlegende Untersuchungen noch nicht unternommen wurden. Die Lage im Schrifttum ist dürftig. Das Problem des Auslandsdeutschenwahlrechts findet sich zwar – abgesehen von der Kommentarliteratur zu § 12 BWG und Art. 38 GG – vereinzelt eingehender behandelt.[7] Doch das hintergründig aufscheinende Verhältnis von Demokratie und Staatsgebiet bleibt dabei ausgeblendet. Allzu selbstverständlich erscheint die „traditionelle"[8] Inlandsbindung des Wahlrechts, wie hoch oder niedrig die Anforderungen daran auch sein mögen. Das Junktim von Staats- bzw. Wahlvolk und Staatsgebiet wird als so natürlich wahrgenommen, dass das Denken über das Staatsvolk der Wähler meist die Menge der Staatsangehörigen im Sinn hat, die zugleich auf dem Territorium des Staates sesshaft ist. Die Vorstellung ist derart vollständig, dass sie sich von einer vorhandenen, bislang freilich noch relativ niedrigen Zahl von im Ausland ansässigen Staatsbürgern nicht irritieren lässt, sie vielmehr durch Gesetz (§ 12 Abs. 1 Nr. 2 BWG) zum normativen Prinzip ausbaut.

*2. Wesentlicher Territorialzusammenhang von Staatsgewalt, Staatsgebiet und Staatsvolk*

Die Quellen dieser assoziativen Festlegung scheinen unschwer auszumachen. Sie liegen letzten Endes in den Tiefen der Entwicklung des Staates von einem

---

[7] Vgl. vor allem *Joachim Henkel,* Wahlrecht für Deutsche im Ausland, AöR 99 (1974), S. 1 ff.; *Gertrude Lübbe(-Wolff),* Überlegungen zur Erweiterung des Wahlrechts für Auslandsdeutsche, insbesondere Grenzpendler, ZParl 8 (1977), S. 435 ff.; *Dieter Blumenwitz,* Wahlrecht für Deutsche in Polen?, 1999, S. 41 ff.; *Klaus Stern,* Das Staatsrecht der Bundesrepublik Deutschland, Bd. I, 2. Aufl. 1984, § 10 II 3, S. 304 (mit Fn. 95); *Hans Meyer,* Wahlgrundsätze Wahlverfahren Wahlprüfung, in: Josef Isensee/Paul Kirchhof (Hrsg.), HStR, 3. Aufl., Bd. III, 2005, § 46 Rn. 5; *Marten Breuer,* Verfassungsrechtliche Anforderungen an das Wahlrecht der Auslandsdeutschen, 2001, S. 83 ff., insb. 134 ff.; aus der Kommentarliteratur: *Martin Morlok,* in: Horst Dreier (Hrsg.), GG, Bd. II, 2. Aufl. 2006, Art. 38 Rn. 70; *Hans-Heinrich Trute,* in: Ingo v. Münch/Philip Kunig, GG, Bd. II, 2012, Art. 38 Rn. 23; *Siegfried Magiera,* in: Michael Sachs (Hrsg.), GG, 5. Aufl. 2009, Art. 38 Rn. 82 mit Fn. 259; *Peter Badura,* in: Rudolf Dolzer u. a. (Hrsg.), Bonner Komm. zum Grundgesetz, Anh. z. Art. 38: BWahlG (Stand: 2007), Rn. 39 f.; *Wolfgang Schreiber,* Bundeswahlgesetz, 8. Aufl. 2009, § 12 Rn. 4 (III.), Rn. 22 ff.

[8] So BVerfGE 36, 139 (142); 58, 202 (205); BVerfG Kammer, NJW 1991, 689 (690).

vormals personalen Herrschaftsgebilde hin zu dem sich in der Neuzeit ausbildenden Territorialstaat. Staat und staatliche Herrschaftsgewalt lösten sich von ihrer alten, zweiseitig-personalen Begründung aus einer Vielfalt von Angehörigkeitsbeziehungen, von denen die Ansässigkeit nur eine unter anderen darstellte. Die in der Person des Herrschers verkörperte Herrschaftseinheit wurde zu einer gebietlich radizierten Einheit; die Herrschaftsgewalt erhielt ein Territorium zur Voraussetzung ihres Tatbestandes. Der Begriff vom Staat als Personalkörperschaft wurde überlagert von dem der Gebietskörperschaft mit der Folge, dass der staatliche Personalverband seither nur als ein mit einem bestimmten Territorium verbundener Verband aufscheint.

Die Entwicklung ist so oft und gründlich nachgezeichnet worden,[9] dass sie hier keiner weiteren Vertiefung zugeführt werden muss. Wichtig ist, die Erkenntnis festzuhalten, die sie hervorbringt: Die drei Elemente Staatsgewalt, Staatsgebiet und Staatsvolk, deren schiere, gleichzeitige Faktizität für die Völkerrechtsgemeinschaft von heute die Existenz des Vierten, eines Staates, anzeigt,[10] stehen in einem begrifflichen Sinnzusammenhang, der sich durch den Bezug auf eines von ihnen herstellt: das Staatsgebiet. So gewisslich also gilt: „Ohne Staatsgebiet kein Staat",[11] so fraglos wird dies im Mitbewusstsein davon begleitet, dass es das Staatsgebiet ist, das den existentiellen Raum der beiden anderen, von Staatsvolk und Staatsgewalt, konstituiert. Der Staat zeigt sich in seiner Herrschaftsgewalt über ein Staatsvolk auf einem bestimmten Gebiet.

Dieser Zusammenhang hat sich bis heute als derart robust und stabil erwiesen, dass er sich an den Phänomenen grenzüberschreitender Wanderungsbewegungen und Handlungsauswirkungen nicht nur nicht stört, sondern diese mit den Instrumentarien und nach den Maßgaben des nationalen wie internationalen Rechts weitgehend störungsfrei abarbeitet, teils sogar ausdrücklich garantiert und befördert. Dass Mitglieder des einen Staatsvolkes auf dem Gebiet eines anderen Staates leben und/oder dort sonst Regelungssachverhalte verursachen, trifft in der Völkergemeinschaft auf konsentierte Umgangsroutinen, die das territorialbezo-

---

[9] Vgl. statt vieler *Rolf Grawert,* Staat und Staatsangehörigkeit, 1973; *Hans Boldt/ Werner Conze/Görg, Haverkate/Diethelm Klippel/Reinhart Koselleck,* Staat und Souveränität, in: Otto Brunner/Werner Conze/Reinhardt Koselleck (Hrsg.), Geschichtliche Grundbegriffe, Bd. VI, 1990, S. 1 ff.

[10] Zurückgehend auf *Georg Jellinek,* Allgemeine Staatslehre, 3. Aufl. 1913 (Nachdruck 1960), S. 394 ff.; vgl. statt vieler *Karl Doehring,* Völkerrecht, 2. Aufl. 2004, § 2 I Rn. 49 f.; *Volker Epping,* in: Knut Ipsen, Völkerrecht 2004, § 5 Rn. 2; *Bernhard Kempen/Christian Hillgruber,* Völkerrecht, 2007, § 4 Rn. 2 ff. – Die umstrittene Frage, ob die Staatswerdung darüber hinaus die Anerkennung durch etablierte Staaten voraussetzt, ist hier ohne Belang.

[11] *Bernhard Kempen,* Staat und Raum, Ms. 2012, S. 4; zu Staat und Staatsgebiet s. ferner *Wolfgang Graf Vitzthum,* Staatsgebiet, in: Josef Isensee/Paul Kirchhof (Hrsg.), HStR, 3. Aufl., Bd. II, 2004, § 18 Rn. 1 ff. m.w.N.; *Klaus Vogel,* Staatsgebiet, in: EvStL, 3. Aufl. 1987, Sp. 3394 ff.; *Jellinek* (Fn. 10), S. 394 ff.

gene Staatsdenken weder durchbrechen noch auch nur angreifen. Dazu gehören längst die gebietliche Ausdehnung der staatlichen Regelungsgewalt auf Sachverhalte in anderen Staaten oder staatsfreien Räumen (Inländersachverhalte im Ausland) ebenso wie ihre personale Erstreckung auf Angehörige eines anderen Staatsvolkes oder Staatenlose (Inlandssachverhalte von Ausländern). Insoweit zeigt sich zwar die Deckungssuche von staatlicher Gebiets- und Personalhoheit partiell gelockert. Doch Anknüpfungspunkt dieser Ausweitungen bleibt letztlich immer, selbst im Falle einer höchst fortgeschrittenen Staatenintegration wie der Europäischen Union, der Territorialzusammenhang des Staates mit „seinem" Staatsgebiet und „seinem" Staatsvolk. Erst dieser gibt die Basis, von der aus jene gebietliche Ausdehnung der Personalhoheit und jene personale Erweiterung der Gebietshoheit in Betracht kommen.

*3. Kein wesentlicher Territorialbezug der Zugehörigkeit zu Staatsvolk und Wahlvolk*

Doch so leistungsfähig und funktionssichernd die territoriale Codierung der Staatlichkeit ist und so evident sie die Rechtswirklichkeit der gegliederten Staatenwelt prägt, so sehr wird sie im Inneren des Staates von empfindlichen Differenzierungen bedrängt, sobald es nicht um den Herrschaftsaspekt der Staatsgewalt geht, sondern um dessen Herkunftslegitimation. Im Hinblick darauf beruft die Verfassung des demokratischen Staates im Gefolge der Idee der Volkssouveränität allein und exklusiv das Volk zur Innehabung und Ausübung der staatlichen Herrschaftsgewalt.[12] Für die Frage aber, wer und wer nicht zum (Wahl-)Volk der staatlichen Demokratie gehört, ist gerade nicht das Territorium, mithin der Wohnsitz oder die Aufenthaltnahme, die Prämisse. Die Zugehörigkeit definieren die Staaten vielmehr (in völkerrechtlicher Souveränität) über den Status der Staatsangehörigkeit.[13]

Dabei knüpfen die vom Staatsrecht gesetzten Bedingungen und Kriterien, nach denen sich der Erwerb der Staatsangehörigkeit bestimmt, notwendig an vorrechtliche und vorstaatliche Faktoren an, die eine Menge von Menschen zur politischen Gemeinschaft („Nation") zusammenführen, und diese Faktoren können

---

[12] Zur Demokratie als Verfassungsentscheidung, die das Prinzip der Volkssouveränität (der verfassunggebenden Gewalt) nach innen zur aktuellen Inhaberschaft der (verfassungsgebundenen) Staatsgewalt verlängert, s. näher *Hans-Detlef Horn,* Demokratie, in: Otto Depenheuer/Christoph Grabenwarter (Hrsg.), Verfassungstheorie, 2010, S. 743 ff. (755 ff.).
[13] Auch die so genannten Statusdeutschen nach Art. 116 Abs. 1 GG gelten völkerrechtlich als deutsche Staatsangehörige; vgl. *Rolf Grawert,* Staatsvolk und Staatsangehörigkeit, in: Josef Isensee/Paul Kirchhof (Hrsg.), HStR, 3. Aufl., Bd. I, 2003, § 16 Rn. 38 f.; *Eckart Klein,* Status des deutschen Volkzugehörigen und Minderheiten im Ausland, in: ebd., Bd. X, 2012, § 212.

sich im Laufe der Zeit auch wandeln.[14] Doch selbst dann, wenn sie im Wesentlichen dem „ius soli" und nicht, wie das deutsche Staatsangehörigkeitsrecht, dem „ius sanguinis" folgen, ist es lediglich der in der Regel leichthin verifizierbare Ort des singulären und definitiven Ereignisses der Geburt, der eine territoriale Radizierung der Staatsangehörigkeit herstellt. Eine weitere, d.h. darüber hinaus gehende, kategoriale Anknüpfung der Staatsangehörigkeit an ein Territorialprinzip im Sinne einer Abhängigkeit von der Ansässigkeit im Staatsgebiet verbindet sich damit aber nicht. Und so gilt, in der Folge dessen, das Gleiche für die Innehabung der im demokratischen (Verfassungs-)Staat vermittelten und verbürgten Staatsbürgerrechte, wie zumal die Berechtigung zur Mitwirkung an der Kundgabe des die Staatsgewalt im Vorgang der Wahl legitimierenden Volkswillens. Diese Aktivbürgerschaft folgt der Staatsangehörigkeit nach[15] und bestimmt sich daher ihrem Wesen nach ebenso wenig wie diese in Abhängigkeit von einer territorialen Anwesenheit.

a) Gebietszugehörigkeit statt Staatsangehörigkeit?

Auch über den (Um-)Weg der staatlichen Gebietshoheit, mithin der Herrschaftsunterworfenheit aller im Staatsgebiet Ansässigen, ist eine solche Verknüpfung nicht begründbar. Im Staatsverband der Demokratie konstituiert nicht die Betroffenheit von staatlicher Herrschaft, sondern die Zugehörigkeit zum staatlichen Verband das Subjekt der demokratischen Legitimation. Anders gewendet: Das Wahlrecht setzt die Zugehörigkeit zum Staatsvolk voraus, begründet sie hingegen nicht. Diese Differenz zwischen Staatsangehörigen und Gebietszugehörigen, zwischen dem Volk der Demokratie und der Gesellschaft des Gemeinwesens gehört zum unhintergehbaren Befund des staatsrechtlichen Demokratiebegriffs.[16] Er widerspricht einer Idee von politischer Freiheit, die die Legitimation staatlicher Herrschaft vom freien Willen all derer abhängig machen will, die ihr kraft der Gebietshoheit des Staates unterworfen sind. Die Inklusion, die die Demokratie leistet, umfasst nicht alle Gebietszugehörigen („Bevölkerung"), sondern ist auf die Staatsangehörigen beschränkt („Herrschaft durch das Volk").

Der Unterschied wird sinnfällig in der Stellung des ausländischen Mitbürgers. Dieser hat wohl Anteil an der Ausrichtung des staatlichen Handelns auf das ge-

---

[14] Vgl. *Ernst-Wolfgang Böckenförde*, Die Nation – Identität in Differenz (1995), in: ders., Staat Nation Europa, 2. Aufl. 2000, S. 34 ff. (54).

[15] Vgl. *Grawert* (Fn. 13), Rn. 56 ff. Dieser „Zuwachs" macht deutlich, dass Wahlvolk und Staatsvolk systematisch zu unterscheiden sind. Das Wahlvolk ist nicht das Staatsvolk, sondern repräsentiert dieses. Das Handeln des Staates wird diesem zugerechnet, nicht jenem; vgl. eingehend *Horn* (Fn. 12), S. 770 ff.

[16] Vgl. *Josef Isensee*, Staat und Verfassung, in: ders./Paul Kirchhof (Hrsg.), HStR, 3. Aufl. Bd. II, 2004, § 15 Rn. 154 ff.; *ders.*, Gemeinwohl im Verfassungsstaat, in: ebd., Bd. IV, 2006, § 71 Rn. 105 ff.; *Hans-Detlef Horn*, Erosion demokratischer Öffentlichkeit?, VVDStRL 68 (2009), S. 413 ff. (435 f.); *ders.* (Fn. 12), S. 753 f., jeweils m.w.N.

meine Wohl, aber er nimmt nicht teil an der Herkunftslegitimation der Staatsgewalt.[17] Die Rechtfertigung liegt darin, dass der bloß Gebietszugehörige von sich aus und einseitig seine staatsrechtliche Beziehung jederzeit aufheben kann, indem er seine Ansässigkeit im Staatsgebiet beendet. Das Legitimationsprogramm der Demokratie aber transportiert die politische Kontinuität der Staatlichkeit und überlässt daher die Staatsgewalt nicht der flukturierenden Gesellschaft, sondern legt sie in die Hände des Volkes der Staatsangehörigen.[18] Diese demokratische Differenz birgt freilich realpolitische Brisanz, dies umso mehr, je größer die Zahl der nicht staatsangehörigen Gebietsanwesenden tatsächlich wird. Doch der Weg, dem zu begegnen, führt nicht über das Wahl-, sondern über das Staatsangehörigkeitsrecht.[19]

b) Staatsangehörigkeit plus Gebietszugehörigkeit?

Die demokratische Differenz von Volk und Bevölkerung scheint auf den ersten Blick ebenso die Frage zu belasten, wie es um diejenigen Staatsangehörigen bestellt ist, die nicht gebietszugehörig sind. Doch hier liegen die Dinge gerade umgekehrt. Ihr Ausschluss aus dem Kreis der Wahlberechtigten sicherte nicht, sondern durchbräche das staatsangehörigkeitsrechtliche Ordnungssystem des Wahlrechts. Zwar gibt die Staatsangehörigkeit keinen individuellen Anspruch auf die Einräumung der Wahlberechtigung. Mit der Verweigerung des Wahlrechts für den im Ausland ansässigen Staatsangehörigen würde jedoch die – wie auch immer zeitlich qualifizierte – Gebietszugehörigkeit zur kumulativen und damit ebenso konstitutiven Voraussetzung der Wahlberechtigung erhoben. Das Staatsvolk sähe sich aufgrund dessen im Hinblick auf seine wichtigste Funktion, die Legitimation der Staatsgewalt zu legitimieren, in zwei Klassen geteilt: in die

---

[17] Zur Beschränkung des demokratischen Wahlrechts nach Art. 38 Abs. 1, 2 GG auf das Volk der Deutschen im Sinne von Art. 20 Abs. 2 GG vgl. BVerfGE 47, 253 (272); 83, 37 (50 ff.); *Josef Isensee,* Die staatsrechtliche Stellung der Ausländer in der Bundesrepublik Deutschland, VVDStRL 32 (1974), S. 49 ff. (91 ff.). Die Ausnahme des Kommunalwahlrechts für EU-Ausländer in Art. 28 Abs. 1 Satz 3 GG ist Folge des vorrangigen Rechts aus der Unionsbürgerschaft gemäß Art. 9 EUV, Art. 22 AEUV.

[18] Vgl. zum Vermögen des Staatsvolkes zur politischen Kontinuität als Grund seiner demokratischen Souveränität *Gerhard Roellecke,* Souveränität, Staatssouveränität, Volkssouveränität, in: Dietrich Murswiek (Hrsg.), Staat – Souveränität – Verfassung. Festschrift für Helmut Quaritsch, 2000, S. 15 ff.

[19] Hier sind dem Gesetzgeber freilich von Verfassungs wegen Grenzen gesetzt. Eine Änderung des Staatsangehörigkeitsrechts, das die von den bislang bestimmenden Faktoren geprägte Identität des Staatsvolkes verändert, unterliegt dem Vorbehalt der verfassunggebenden Gewalt des (bisherigen) Volkes. Vom Willen der Rechtsetzungsgewalt des vom verfassten Volk gewählten Gesetzgebers wäre dies nicht mehr legitimierbar. Die Demokratie schafft sich nicht das Volk, sondern setzt es voraus. Die Identität des deutschen Staatsvolkes nimmt daher auch teil an jenen Grundlagen und Grundsätzen der verfassungsstaatlichen Demokratie, die selbst einer Verfassungsänderung entzogen sind (Art. 79 Abs. 3 GG).

wahlberechtigten und die nicht wahlberechtigten Staatsangehörigen. Hier ist der Punkt, an dem sich jene „traditionelle" Vorstellung von der Inlandsbindung des Wahlrechts als maßgeblicher Differenzierungsgrund sowohl geltend macht als aber auch auf den Prüfstand gelangt.

Die Tradition jedoch beschreibt keinen endgültigen Zustand. Sie unterliegt wie die Vorstellung vom Staat den beständigen Wandlungen der Geschichte. Wie die weitere Entwicklung verlaufen wird, lässt sich kaum verlässlich vorhersagen. In Anbetracht der Dynamik, die das Zusammenwachsen der Völker in den Vorgängen der Globalisierung entfaltet, wird jedoch die Zuordnung bzw. das Auseinandertreten von Staatsvolk und Staatsgebiet ein Gestaltfaktor sein, der die nächsten Evolutionsstufen der Staatlichkeit bestimmen wird. Das Staatsrecht der Staatsangehörigkeit hat diese Emanzipation vom Territorialbezug schon längst abgebildet. Die Frage ist, ob und inwieweit auch das Staatsrecht der Demokratie diese Entwicklung aufnimmt und der grenzüberschreitenden Freizügigkeit Rechnung trägt, die das nationale wie internationale Recht garantiert und die Wirklichkeit mehr und mehr prägt. Die Vorstellung jedoch, dass das demokratische Wahlvolk notwendig seinen Wohnsitz im Inland habe, vermag das keineswegs abseitige Phänomen einer zunehmenden Abwanderung des Staatsvolks in andere Staatsgebiete nicht mehr zu konfrontieren. Die weitere Entzweiung von Staatsvolk und Staatsgebiet ist für die Staatsform der Demokratie kein beiläufiges Thema von heute, sondern auf Sicht eine fundamentale Herausforderung.

### III. Die historische Entwicklung

*1. Aktives Wahlrecht*

In der deutschen Demokratiegeschichte hat die grundsätzliche Inlandsbindung des (aktiven) Wahlrechts indessen in der Tat eine lange Tradition. An diese hatte 1949 auch das Bundeswahlgesetz (§ 1 Abs. 1 Nr. 3 BWG v. 15.6.1949[20]) anknüpft und sie seither – ungeachtet mancher terminologischer Änderungen – im Grundsatz bis in die Gegenwart beibehalten (§ 12 Abs. 1 Nr. 2 BWG). Die Linie reicht zurück bis zu dem noch von der Nationalversammlung der Paulskirche angenommenen Reichswahlgesetz von 1849,[21] zieht sich weiter über das preußische

---

[20] BGBl. I, S. 21.
[21] § 11 Abs. 1 Satz 1 des Reichsgesetzes über Wahlen der Abgeordneten zum Volkshause (Frankfurter RWahlG 1849), verkündet am 12.4.1849 im RGBl. S. 79; abgedr. bei *Ernst Rudolf Huber*, Dokumente zur Deutschen Verfassungsgeschichte, Bd. I, 3. Aufl. 1978, Nr. 108a; dazu auch *Breuer* (Fn. 7), S. 30 mit dem zutreffenden Hinweis, dass hiernach nicht die Wahlberechtigung selbst von einer (materiellen) Voraussetzung des Inlandswohnsitzes, sondern nur ihre Ausübung (formell) von der Eintragung in eine Wählerliste in der Wohnsitzgemeinde abhängig war.

Wahlrecht,[22] über das von den Staaten des Norddeutschen Bundes 1866 zunächst gleichlautend in Kraft gesetzte[23] Reichswahlgesetz von 1849 und dem sodann erlassenen Reichwahlgesetz von 1869,[24] setzt sich mit dessen Übernahme im Deutschen Reich ab 1871 fort[25] und reicht schließlich bis zum Reichstagswahlrecht der Weimarer Republik[26]. Der damit kehrseitig bewirkte Ausschluss von Auslandspreußen bzw. Auslandsdeutschen vom Wahlrecht war derart selbstverständlich und, soweit zu sehen, auch unbestritten, dass der Gesetzgeber erstmals im Reichswahlgesetz von 1920 eine singuläre Ausnahme für Staatsbeamte und Arbeiter in Staatsbetrieben (nebst deren Hausstandsangehörige), die ihren Wohnsitz im Ausland nahe der Reichsgrenze hatten, zuließ.[27] Die weitere Geschichte unter dem Grundgesetz[28] ist dann von einer sukzessiven Ausdehnung dieser Ausnahmeregelung geprägt.[29] Das Bundeswahlgesetz von 1953 erstreckte das Wahlrecht auf Deutsche (nebst Hausstandsangehörige), die aufgrund eines öffentlich-rechtlichen Dienstverhältnisses auf Anordnung ihres Dienstherrn ihren Wohnsitz im grenznahen Ausland genommen hatten.[30] Mit dem Änderungsgesetz 1985 wurde diese Ausnahme sodann auf im Ausland lebende Deutsche ausgedehnt, die vor ihrem Fortzug für mindestens drei Monate in Deutschland ununterbrochen eine Wohnung innegehabt oder sich sonst gewöhnlich aufgehalten hatten, wenn der Fortzug nicht länger als zehn Jahre zurücklag; für Deutsche, die in einem der

---

[22] Art. 70, 72 der revidierten Preußischen Verfassung vom 31.1.1850 (Pr.GS S. 17, abgedr. bei *Huber*, Fn. 21, Nr. 194) i.V.m. Art. 2 des (fortgeltenden) Preußischen Wahlgesetzes für die Zweite Kammer vom 6.12.1848 (Pr.GS S. 399, abgedr. ebd., Nr. 191); insoweit inhaltsgleich auch die (legalisierte und daher daneben ebenfalls fortgeltende) Königliche Verordnung betreffend die Ausführung der Wahl der Abgeordneten zur Zweiten Kammer vom 30.5.1849 (Pr.GS S. 205, abgedr. ebd., Nr. 193).
[23] Vgl. § 20 Verfassung des Norddeutschen Bundes vom 16.4.1867, BGBl. S. 2; abgedr. bei *Huber* (Fn. 21), Bd. II, 3. Aufl. 1986, Nr. 198; dazu auch *ders.*, Deutsche Verfassungsgeschichte seit 1789, Bd. III, 3. Aufl. 1988, S. 646.
[24] §§ 1, 7 des Wahlgesetzes für den Reichstag des Norddeutschen Bundes vom 31.5.1869, BGBl. S. 145; abgedr. bei *Huber*, Dokumente (Fn. 23), Nr. 209.
[25] § 2 Abs. 2 Satz 1 des Gesetzes betreffend die Verfassung des Deutschen Reiches vom 16.4.1871 (Publikationsgesetz), RGBl. S. 63, abgedr. bei *Huber* (Fn. 23), Nr. 261.
[26] §§ 1 Abs. 1, 3, 11, 12 RWahlG vom 27.4.1920 (RGBl. S. 627), ebenso i.d.F. vom 6.3.1924 (RGBl. I S. 159). Auch hier (wie im RWahlG 1849, vgl. Fn. 21) ergibt sich die Inlandsbindung des Wahlrechts allerdings nur aus der formalen Voraussetzung des Eintrags in eine Wählerliste oder Wählerkartei im Wahlbezirk des Wohnsitzes.
[27] § 11 Abs. 2 RWahlG 1920, insoweit gleichlautend i.d.F. vom 6.3.1924. Gemeint waren damit namentlich deutsche Bahnbeamte und -arbeiter in ausländischen Eisenbahngrenzorten, vgl. *Breuer* (Fn. 7), S. 49 m.N.
[28] Seit § 1 Abs. 1 Nr. 3 BWG vom 15.7.1949 (BGBl. S. 21) ist die Notwendigkeit, am Wahltag mindestens drei Monate im Bundesgebiet ansässig zu sein oder Aufenthalt zu haben, als grundsätzliche materielle Bedingung für die Berechtigung zur Wahlteilnahme (nicht nur als formale Wahlausübungsvoraussetzung) im Bundestagswahlrecht festgeschrieben.
[29] Vgl. auch BVerfG (Fn. 4), Rn. 11.
[30] § 1 Abs. 3 BWG v. 4.7.1953, BGBl. I S. 470.

übrigen Mitgliedsstaaten des Europarats lebten, entfiel diese Fortzugsfrist.[31] Mit einer weiteren Änderung des Bundeswahlgesetzes wurde diese Fortzugsfrist für Deutsche außerhalb der Mitgliedstaaten des Europarats auf 25 Jahre verlängert.[32] Den Schlusspunkt dieser stetigen Lockerung bildete im Jahre 2008 der gesetzgeberische Verzicht sowohl auf eine Fortzugsfrist als auch auf eine Differenzierung zwischen Auslandsdeutschen in Staatsgebieten innerhalb und außerhalb des Europarats;[33] es blieb allein das bis zuletzt geltende Erfordernis eines mindestens dreimonatigen Inlandswohnsitzes zu irgendeinem Zeitpunkt vor dem Fortzug. Eine weitergehende Ausnahme scheint auch kaum mehr denkbar, ohne dass nicht zugleich der wahlgesetzliche Grundsatz des Wohnsitzgebots im Inland (§ 12 Abs. 1 Nr. 2 BWG) jeden Eigensinn verlieren würde.[34]

## 2. Passives Wahlrecht

Interessant, geradezu erstaunlich nimmt sich demgegenüber die Regelungsgeschichte des passiven Wahlrechts aus. Denn anders als die Wahlberechtigung unterliegt die Wählbarkeit eines deutschen Staatsbürgers zum Deutschen Bundestag nach dem geltenden Recht keinerlei Inlandsbindung (§ 15 BWG). Auch dies kann auf eine lange Tradition verweisen. Weder das Frankfurter Reichswahlgesetz von 1849[35] noch das preußische Wahlrecht[36], ebenso wenig die im Norddeutschen Bund[37] und später im Kaiserreich[38] geltenden Wahlgesetze kennen den Inlandswohnsitz als Voraussetzung dafür, in die Volksvertretungen (auf der Reichsebene) gewählt werden zu können. Lediglich mittelbar stellte sich bis Anfang des 20. Jahrhunderts eine Wohnsitzbindung dadurch her, dass die jeweils zeitgleichen Regelungen zur Staatsangehörigkeit – ihrerseits Voraussetzung für das passive, nicht anders wie für das aktive Wahlrecht – noch teilweise dem ius soli-Prinzip Rechnung getragen hatten. Zwar galt das Prinzip zu keinem Zeitpunkt für den Tatbestand des Erwerbs. Wohl aber trat der Wegfall der Staatsangehörigkeit –

---

[31] § 12 Abs. 2 Satz 1 Nr. 2 und 3 BWG, Art. 1 Nr. 3 lit. a) des Siebten Gesetzes zur Änderung des BWG v. 8.3.1985, BGBl. I. S. 521.

[32] § 12 Abs. 2 Satz 1 Nr. 3 BWG, Art. 1 des 14. Gesetzes zur Änderung des BWG v. 20.4.1998, BGBl. I S. 706.

[33] § 12 Abs. 2 BWG, Art. 1 Nr. 4 lit. a) des Gesetzes zur Änderung des Wahl- und Abgeordnetenrechts v. 17.3.2008, BGBl. I S. 394.

[34] Die grundsätzliche Inlandsbindung nach dem Bundeswahlgesetz gilt kraft einer Verweisung auch für die Wahlberechtigung von Deutschen (entsprechend modifiziert für Auslandsdeutsche) und anderen Unionsbürgern zur Wahl des Europäischen Parlaments; vgl. § 6 Abs. 2, 3 EuWG.

[35] Vgl. § 5 RWahlG 1849 (Fn. 21).

[36] Vgl. Art. 74 Preußische Verfassung 1850 (Fn. 22) i.V.m. Art. 8 Preußisches Wahlgesetz 1848 (Fn. 22); auch § 29 der Königlichen Wahlverordnung von 1949 (Fn. 22).

[37] Vgl. § 5 RWahlG 1849 (Fn. 21), § 4 RWahlG 1869 (Fn. 24).

[38] Vgl. § 4 RWahlG 1869 (Fn. 21), fortgeltend nach § 2 Abs. 2 Satz 1 des Publikationsgesetzes zur Reichsverfassung 1871 (Fn. 25).

und infolgedessen auch der Wählbarkeit – regelmäßig nach einem bestimmten, zumeist zehnjährigen Aufenthalt im Ausland ein.[39] Indessen blieb die fehlende Territorialbindung des passiven Wahlrechts unverändert erhalten, nachdem sich das ius sanguinis-Prinzip mit dem Inkrafttreten des Reichs- und Staatsangehörigkeitsgesetzes von 1913 auch insofern durchgesetzt hatte und für den Verlust der Staatsangehörigkeit jeglicher Wohnsitzbezug entfallen war.[40] Ebenso wie in den Vorgängergesetzen war das passive Wahlrecht im Weimarer Reichswahlrecht nicht an den Wohnsitz des Bewerbers im Inland gebunden.[41]

Die junge Bundesrepublik unterbricht diese Tradition nur für eine kurze Zeit. Von 1949 bis 1956 verlangte das Gesetz die Sesshaftigkeit im Inland nicht nur für den Wähler, sondern auch für den Wahlbewerber.[42] Doch diese Regelung entsprang ausschließlich der Lage der deutschen Teilung nach dem Zweiten Weltkrieg. Eine Verleihung des Wahlrechts an alle „Deutschen im Sinne des Art. 116 Abs. 1 GG" hätte auch die Deutschen auf dem Gebiet der ehemaligen DDR in den Kreis der Wähler und Wählbaren mit einbezogen.[43] Das hätte erhebliche Spannungen im deutsch-deutschen Verhältnis und möglicherweise die Gefahr gezielter Einflussnahmen seitens der DDR hervorrufen können.[44] Die Deutschen jenseits der innerdeutschen Grenze sollten daher in gleicher Weise ausgeschlos-

---

[39] Überblick bei *Matthias Lichter/Werner Hoffmann*, Staatsangehörigkeitsrecht, 3. Aufl. 1966, S. 687 ff.; *Kai Hailbronner/Günter Renner*, Staatsangehörigkeitsrecht, 4. Aufl. 2005, Grundlagen Rn. 7; eingehend *Grawert* (Fn. 9), S. 78 ff. Vgl. namentlich für Preußen §§ 2 Satz 1, 15 Nrn. 2 und 3, 22, 23 des Untertanengesetzes vom 31.12.1842 (Pr.GS 1843, S. 15; abgedr. bei *Lichter/Hoffmann*, ebd. S. 719); sodann im Norddeutschen Bund und ab 1871 im Reich fortgeltend §§ 13 Nr. 3, 21 des Gesetzes über die Bundes- und Staatsangehörigkeit (BuStAG) vom 1.6.1870 (BGBl. S. 355; abgedr. bei *Huber*, Fn. 23, Nr. 213).

[40] Vgl. § 25 RuStAG vom 22.7.1913 (RGBl. S. 583).

[41] Vgl. § 4 RWahlG 1920; inhaltsgleich i. d. F. von 1924 (Fn. 26). Ebenso schon § 5 der Verordnung des Rates der Volksbeauftragten über die Wahlen zur verfassunggebenden deutschen Nationalversammlung (Reichswahlgesetz) vom 30.11.1918 (RGBl. S. 1345), auszugsweise abgedr. bei *Huber* (Fn. 21), Bd. IV, 3. Aufl. 1991, Nr. 43. Dazu auch BVerfGE 5, 2 (5).

[42] Nach § 5 Abs. 1 lit a) u. b) BWG vom 15.6.1949 (BGBl. I S. 21) ebenso wie nach dem insoweit gleichlautenden § 5 Abs. 1 Nr. 1 u. 2 BWG vom 8.7.1953 (BGBl. I S. 470) war die Wählbarkeit eines Bewerbers neben der mindestens einjährig bestehenden deutschen Staatsangehörigkeit und der Vollendung des 25. Lebensjahres vom Besitz des aktiven Wahlrechts abhängig, das seinerseits nach § 1 BWG den mindestens dreimonatigen Inlandswohnsitz am Wahltag voraussetzte. Diese Wählbarkeitsvoraussetzung musste zudem nicht nur am Wahltag, sondern für die gesamte Dauer der Wahlperiode gegeben sein; vgl. BVerfGE 5, 2 (7).

[43] Zu deren Staatsangehörigkeit vgl. BVerfGE 36, 1 (30 f.).

[44] Insbesondere wurden Spionagetätigkeiten der DDR befürchtet; vgl. das Votum des Abg. *Dr. Max Becker* im Parlamentarischen Rat in der 5. Sitzung vom 29.9.1948 und der 16. Sitzung vom 13.12.1948, in: Der Parlamentarische Rat 1948–1949, hrsg. vom Deutschen Bundestag und vom Bundesarchiv, Bd. 6: Ausschuss für Wahlrechtsfragen, 1994, S. 132 und S. 452 f.; hierzu auch *Breuer* (Fn. 7), S. 60 f.; *Blumenwitz* (Fn. 7), S. 75; BVerfGE 5, 2 (6).

sen bleiben wie sonstige Auslandsdeutsche.[45] Diese Einschränkung wurde erst 1956[46] mit der schlichten Begründung wieder aufgehoben: „Der Zweck der Regelung ist es, auch den außerhalb des Bundesgebietes wohnenden Deutschen eine Kandidatur zu ermöglichen".[47] An dieser Haltung des Gesetzgebers hat sich im Weiteren nichts geändert, so dass seither auch im Ausland lebende Deutsche im Sinne des Art. 116 Abs. 1 GG, sofern sie auch die übrigen Wählbarkeitsvoraussetzungen erfüllen, zum Bundestag wählbar sind.[48]

## IV. Die verfassungsrechtliche Lage

### 1. Der Grundsatz der Allgemeinheit der Wahl

Dass der Gesetzgeber demgegenüber für das aktive Wahlrecht an dem Erfordernis der Sesshaftigkeit im Gebiet der Bundesrepublik Deutschland bis heute festhält, ist verfassungsrechtlich nicht geboten. Dem Grundgesetz ist keine Norm zu entnehmen, die eine solche Bedingung formuliert. Art. 38 Abs. 1 und 2 in Verbindung mit Art. 20 Abs. 2 GG knüpfen die Wahlberechtigung allein an die Voraussetzungen der – personenrechtlich durch die Staatsangehörigkeit hergestellten – Zugehörigkeit zum deutschen Volk und der Erreichung des Mindestwahlalters mit der Vollendung des achtzehnten Lebensjahres. Alles Weitere überlässt die Verfassung der Regelung durch den Gesetzgeber (Art. 38 Abs. 3 GG). Das schließt die Befugnis ein, neben der schon verfassungsrechtlich festgelegten Altersgrenze noch weitere Regelungen über die Zulassung der Wahl zu treffen.[49] Doch dispensiert das nicht von der Beachtung der Verfassung im Übrigen, hier vom Grundsatz der Allgemeinheit der Wahl (Art. 38 Abs. 1 GG). Dieser verbürgt die (aktive und passive) Wahlberechtigung für alle Staatsbürger und verlangt daher bei der Zulassung zur (Bundestags-)Wahl deren strenge und formale Gleichheit bzw. Gleichbehandlung.[50] Damit trifft die Regelung, die die Wahlberechtigung von der Voraussetzung eines Inlandswohnsitzes oder -aufenthaltes abhängig macht, eine verfassungsrechtlich höchst relevante Unterscheidung. Sie schließt diejenigen Deutschen aus, die am Wahltag im Ausland ansässig sind.

---

[45] Die Wählbarkeit von Deutschen, die damals ihren Wohnsitz oder gewöhnlichen Aufenthalt in West-Berlin hatten, regelte ausdrücklich § 5 Abs. 1 Satz 2 BWG 1953; zu den Hintergründen s. *Breuer* (Fn. 7), S. 61.

[46] § 16 BWG vom 7.5.1956 (BGBl. I S. 383), heute § 15 BWG.

[47] Bericht des Wahlrechtsausschusses des Deutschen Bundestages vom 14.3.1956, zu BT-Drs. 2/2206, S. 3, zu § 16 BWG.

[48] Vgl. auch *Schreiber* (Fn. 7), § 15 Rn. 2.

[49] Vgl. BVerfG (Fn. 4), Rn. 32.

[50] Vgl. BVerfG (Fn. 4), Rn. 31; BVerfGE 36, 139 (141); 58, 202 (205); BVerfG NVwZ 2012, 33 (35).

Allerdings errichtet der Grundsatz der Allgemeinheit der Wahl kein absolutes Differenzierungsverbot. Dem Gesetzgeber verbleibt ein Regelungsspielraum. Doch dieser ist, infolge des streng formalen Charakters des Allgemeinheitsgrundsatzes, ein nur eng bemessener. Differenzierungen bei der Zuerkennung der (aktiven und passiven) Wahlberechtigung bedürfen zu ihrer Rechtfertigung stets eines besonderen, durch die Verfassung legitimierten Grundes, der von mindestens gleichem Gewicht ist wie die Allgemeinheit der Wahl.[51] Unter dieser Maßgabe muss beides, das Ziel der Regelung und der Grundsatz der Allgemeinheit, zum Ausgleich gebracht werden. Das unterliegt der nachträglichen Kontrolle des Bundesverfassungsgerichts, ist aber inhaltlich Sache des Gesetzgebers. Wie er seinen engen Spielraum ausfüllt, ist daher nur daraufhin überprüfbar, ob dessen Grenzen überschritten sind. Das Bundesverfassungsgericht stellt einen Verstoß gegen den Grundsatz der Allgemeinheit der Wahl nur fest, „wenn die Regelung zur Erreichung des Ziels nicht geeignet ist oder das Maß des zur Erreichung dieses Ziel Erforderlichen überschreitet".[52]

Unter Anlegung dieses Maßstabs erachtet das Gericht das (Unterscheidungs-) Kriterium der aktuellen Sesshaftigkeit im Bundesgebiet für die Zuerkennung des Wahlrechts in ständiger Rechtsprechung für verfassungsrechtlich zulässig.[53] Die Literatur ist dem zwar nicht einhellig,[54] aber doch überwiegend gefolgt.[55] Auch die jüngste Entscheidung rüttelt daran nicht, sondern im Gegenteil: Sie beschäftigt sich zwar zentral mit der Ausnahmeregelung, die für Auslandsdeutsche einen früheren Daueraufenthalt in Deutschland von mindestens drei Monaten genügen ließ, und verwirft diese nur deshalb, weil die von ihr bewirkte Differenzierung innerhalb der Gruppe der Auslandsdeutschen nicht durch einen zureichenden Grund gerechtfertigt sei.[56] Aber im Zuge dessen wird die voraus liegende Grundregel, nach der das aktive Wahlrecht ganz grundsätzlich vom Inlandswohnsitz abhängig ist, durchaus angegangen und nachdrücklich bekräftigt. Überdies kommt hinzu: Erstens steht es für das Gericht offenbar außerhalb jeder Erwägung, dass diese Grundregel, die nach der Nichtigerklärung der Ausnahme nun bis auf weiteres alle Auslandsdeutschen vom Wahlrecht ausschließt, möglicherweise der Verfassung noch ferner liegen könnte; der Gesetzgeber wird vom Gericht keineswegs zu einer Neuregelung des Auslandsdeutschenwahlrechts verpflichtet. Zweitens ist die Ausnahmeregelung, die die Entscheidung für nichtig erklärt hat, die in der Gesetzgebungsgeschichte[57] am weitesten gehende, während sämtliche vor-

---

[51] Vgl. BVerfG (Fn. 4), Rn. 32 m.w.N.; std. Rspr.
[52] BVerfG (Fn. 4), Rn. 34 m.w.N.
[53] BVerfGE 5, 2 (4 ff.); 36, 139 (141 ff.); 58, 202 (205 ff.); BVerfG Kammer, NJW 1991, 689 ff.; vgl. auch *Schreiber* (Fn. 7), § 12 Rn. 4 (III.) m.w.N.
[54] Kritisch u.a. *Blumenwitz, Meyer, Breuer, Trute, Magiera* (jeweils Fn. 7).
[55] Vgl. Nachw. in BVerfG (Fn. 4), Rn. 71 – Sondervotum *Gertrude Lübbe-Wolff*.
[56] BVerfG (Fn. 4), Rn. 42 ff.
[57] Siehe oben, unter Ziff. III.

angegangenen, weitaus restriktiver gefassten Ausnahmen zuvor der verfassungsgerichtlichen Prüfung standgehalten hatten.[58] Und drittens legt es das Gericht dem Gesetzgeber in einem obiter dictum geradezu nahe, auf seine Entscheidung dadurch zu reagieren, dass er den Grundsatz der Sesshaftigkeit im Bundesgebiet wieder stärker profiliert, indem er in Anlehnung an die älteren Fassungen das Erfordernis eines früheren Inlandsaufenthalts für die Auslandsdeutschen um eine angemessene Fortzugsfrist ergänzt und außerdem mit einer Altersgrenze verbindet.[59]

*2. Der Inlandswohnsitz als geeignetes Mittel zu einem gleichrangigen Ziel?*

Auf eine nähere Auseinandersetzung des Grundes, der aber überhaupt die Inlandsbindung des Wahlrechts nach den vorgenannten Maßstäben verfassungsrechtlich zu legitimieren vermag, hat man indessen in den Gründen der verfassungsgerichtlichen Entscheidungen lange warten müssen. Erst in einer Kammerentscheidung von 1990 legt sich das Gericht auf eine eigenständige Position fest. Auch damals hatte sich ein deutscher Staatsangehöriger, der niemals im Inland eine Wohnung innegehabt oder sich sonst gewöhnlich aufgehalten hatte, seinen Ausschluss vom Wahlrecht (nach § 12 Abs. 1 Nr. 2 BWG) angegriffen. Doch ohne Erfolg. Das Gericht verneinte den geltend gemachten Verstoß gegen den Grundsatz der Allgemeinheit der Wahl. Zum einen werde, so die Begründung, die Wahlberechtigung „seit jeher" von dem Grundsatz bestimmt, dass nur die im Wahlgebiet ansässigen Deutschen wahlberechtigt seien. Zum anderen habe sich der Gesetzgeber von der Erwägung leiten lassen, dass als wahlberechtigte „Aktivbürger" nur Deutsche qualifiziert werden können, bei denen objektive Merkmale vorliegen, die es gewährleistet erscheinen lassen, dass sie am politischen Willens- und Meinungsbildungsprozess informiert mitwirken.[60] „Diese Wertung

---

[58] Vgl. Nachw. Fn. 53. Das Gericht erklärt dazu, dass die Rechtfertigungsfähigkeit von Normen, die die Allgemeinheit der Wahl berühren, durch neue Entwicklungen in Frage gestellt und daher seine Aussagen zu früheren Ausgestaltungen der Wahlberechtigung von Auslandsdeutschen nicht ohne weiteres zur Beurteilung der aktuellen Rechtslage herangezogen werden könnten; s. BVerfG (Fn. 4), Rn. 38.

[59] BVerfG (Fn. 4), Rn. 54. Demgegenüber meint die Richterin *Lübbe-Wolff* in ihrem Sondervotum, dass der sukzessive Abbau der Wahlrechtsbeschränkungen für Auslandsdeutsche gerade dem zunehmenden Plausibilitätsverlust zu begegnen suchte, dem die Anknüpfung des Wahlrechts an einen aktuell bestehenden oder nur wenige Jahre zurückliegenden Inlandswohnsitz infolge der modernen Entwicklung von Mobilität und Kommunikationstechnik ausgesetzt sei, und damit entsprechenden verfassungsgerichtlichen Beanstandungen in der Vergangenheit zuvorgekommen sei; s. BVerfG (Fn. 4), Rn. 70. Ob im Übrigen derart konkrete richterliche Gesetzgebungsvorschläge der funktionell-rechtlichen Stellung des Bundesverfassungsgerichts entsprechen, kann man füglich bezweifeln, sei aber hier dahingestellt.

[60] Vgl. BVerfG Kammer, NJW 1991, 689 (690 mit Verweis auf BR-Drs. 198/82, S. 19). Die damals geltende Ausnahmeregelung des § 12 Abs. 2 Satz 1 BWG hatte das Erfordernis der dreimonatigen Sesshaftigkeit für Auslandsdeutsche mit einer Fortzugs-

und die – typisierende – Regelung", dass dafür ein mindestens dreimonatiger ununterbrochener Aufenthalt in Deutschland unerlässlich sei, seien „verfassungsrechtlich nicht zu beanstanden". Der zur Stimmabgabe berufene „Aktivbürger" müsse, so heißt es schließlich, „mit den politischen, wirtschaftlichen, sozialen und kulturellen Verhältnissen der Bundesrepublik Deutschland hinreichend vertraut sein".[61]

Mit der Entscheidung vom 4. Juli 2012 setzt das Gericht die Fixierung auf diese *ratio*[62] nicht nur fort, sondern baut sie aus.[63] Betont wird die Kommunikationsfunktion der Wahl, für die „die Möglichkeit, eine reflektierte Wahlentscheidung zu treffen", unabdingbar sei. Um das zu verdeutlichen, referiert das Gericht – weit ausholend – über die Responsivität des demokratischen Prozesses,[64] der für die Legitimität demokratischer Ordnung „gleichermaßen wichtig" sei wie der Wahlakt selbst. Demokratie erschöpfe sich nicht in der formalen Zurechnung der Willensbildung des Volkes zu den Staatsorganen, durch die es die von ihm ausgehende Staatsgewalt ausübt. Vorausgesetzt werde auch ein beständiger Dialog zwischen dem Parlament und den gesellschaftlichen Kräften, in dem sich – um es mit diesen Worten auszudrücken: – der politische Wille des Volkes vor und nach der Wahl beständig ausformt.

Das führt zu diesen Schlussfolgerungen: Für die Zuerkennung des Rechts, an der Wahl teilzunehmen, auf die Möglichkeit abzuheben, an diesem Kommunikationsprozess zwischen Volk und Staatsorganen teilnehmen zu können, und solche Bürger vom Wahlrecht auszuschließen, bei denen diese Möglichkeit nicht in hinreichendem Maße bestünde, unternehme demnach, so das Gericht, eine Differenzierung innerhalb der Allgemeinheit der Wahl, die verfassungsrechtlich gerechtfertigt sei. Und im Hinblick darauf wird es sodann vom Gericht nach wie vor für zweifelsfrei gehalten, dass die Inlandsbindung der Wahlberechtigung ein geeignetes Mittel zu seiner Erreichung darstellt.[65] Die Fähigkeit, am aktuellen politischen Willens- und Meinungsbildungsprozess mitzuwirken, setze ein Mindestmaß an persönlich und unmittelbar erworbener Vertrautheit mit dem System der Bundesrepublik Deutschland voraus. Die Annahme des Gesetzgebers,[66] eine sol-

---

frist von maximal zehn Jahren verbunden, von dieser jedoch für in Europaratsstaaten Ansässige abgesehen, so dass der Europarats-Auslandsdeutsche nur zu irgendeinem Zeitpunkt seit 1949 für mindestens drei Monate seinen Wohnsitz oder gewöhnlichen Aufenthalt im Inland gehabt haben musste; vgl. oben, Fn. 31.

[61] Vgl. BVerfG Kammer, NJW 1991, 689 (690).
[62] Formulierung: *Lübbe-Wolff*, BVerfG (Fn. 4), Rn. 68 – Sondervotum.
[63] Siehe zum Folgenden BVerfG (Fn. 4), Rn. 39–41.
[64] Dazu *Ernst-Wolfgang Böckenförde,* Demokratische Willensbildung und Repräsentation, in: Josef Isensee/Paul Kirchhof (Hrsg.), HStR, 3. Aufl., Bd. 3, 2005, § 34 Rn. 33 m.w.N.
[65] Siehe BVerfG (Fn. 4), Rn. 46–49.
[66] Vgl. BVerfG (Fn. 4), Rn. 47 mit Hinweisen auf BT-Drs. 13/9686, S. 5; 15/6015, S. 7 f.; 16/7461, S. 16; 17/5269, S. 4.

che Vertrautheit stelle sich erst nach einem ununterbrochenen Aufenthalt von einer – zumal „ohnehin eher knapp bemessenen" (!) – Mindestdauer ein, sei nachvollziehbar. Daher sei es insgesamt verfassungsrechtlich nicht zu beanstanden, dass die Allgemeinheit der Wahl bei der Wahlberechtigung der Auslandsdeutschen nicht voll verwirklicht werde.

### 3. Einwände gegen die Rechtsprechung des Bundesverfassungsgerichts

Die Argumentation des Bundesverfassungsgerichts hat indes wenig Überzeugung für sich, und zwar sowohl im Hinblick auf die Kommunikationsfunktion der Wahl als auch hinsichtlich der territorialen Lösung als dazu tauglichem und erforderlichem Mittel. In Anbetracht der modernen Kommunikationstechnik, die heute die zeitgleiche und realistische Nachrichtenübermittlung an und von jedem Ort der Welt erlaubt, nimmt sich die Annahme, eine genügende Vertrautheit mit den politischen, wirtschaftlichen, sozialen und kulturellen Vorgängen in Deutschland könne nur vor Ort ihres Geschehens erlangt werden, kaum mehr realitätsgerecht aus.[67] Mit dem Verweis auf die Entwicklung der technischen Informations- und Kommunikationsmöglichkeiten hatte denn auch schon der Gesetzgeber des Jahres 2008 die so genannte Europaratslösung aufgegeben, mithin die bis dahin ausnahmsweise nur für Auslandsdeutsche in Europaratsstaaten gewährte, zeitlich unbeschränkte Einräumung des Wahlrechts abgeschafft.[68] Entscheidend für die Anteilnahme und kommunikative Teilhabe an den Verhältnissen in Deutschland sind vielmehr, für Inländer wie Ausländer gleichermaßen, das politische Interesse und der freie Informationsfluss.[69] Schließlich sei in Erinnerung gerufen, dass derselbe Gesetzgeber das passive Wahlrecht nicht an die Voraussetzung eines Inlandswohnsitzes bindet.[70] Man wird aber doch sagen müssen, dass für den Bewerber um ein Bundestagsmandat die Vertrautheit mit den politischen und gesellschaftlichen Vorgängen in Deutschland ebenso wie seine Fähigkeit zur Teilnahme am Kommunikations- und Volksbildungsprozess zumindest nicht von minderer Bedeutung für das demokratische Wahlgeschehen ist.

Abgesehen von alldem zieht indessen die Maßstäblichkeit der Kommunikationsfunktion der Wahl ganz grundsätzliche Kritik auf sich. Zu Recht führt die

---

[67] So auch *Morlok* (Fn. 7), Art. 38 Rn. 70; *Trute* (Fn. 7), Art. 38 Rn. 23; *Annette Guckelberger*, Wahlsystem und Wahlrechtsgrundsätze Teil I – Allgemeinheit, Unmittelbarkeit, Freiheit und Geheimheit der Wahl, JA 2012, S. 561 ff. (563). Zum Gebot der Anlegung realitätsgerechter Maßstäbe vgl. das Gericht selbst, BVerfG (Fn. 4), Rn. 36, indessen es die Einschätzung des Gesetzgebers gleichwohl für nachvollziehbar hält, sich mittels der technischen Möglichkeiten vom Ausland aus zu informieren genüge nicht, vgl. BVerfG (Fn. 4), Rn. 47.

[68] Vgl. BT-Drs. 16/7461, S. 16; s. oben, bei Fn. 33.

[69] Vgl. auch *Blumenwitz* (Fn. 7), S. 108.

[70] Siehe oben, unter Ziff. III. 2.

Richterin *Lübbe-Wolff* in ihrem Sondervotum zur Mehrheitsentscheidung des Senats aus: „Kommunikation ist für die Demokratie in der Tat essentiell. Was den Zusammenhang, der durch demokratische Wahlen etabliert wird und etabliert werden soll, angeht, ist aber nicht der Kommunikationszusammenhang, sondern der Verantwortungszusammenhang (...) der grundlegendere ... Erst durch ihn wird der demokratische Kommunikationszusammenhang überhaupt erst gestiftet".[71] Anders gewendet: Die demokratische Grundlegitimation der Staatsgewalt, die die Volkswahl herstellt, begründet zugleich den materiellen Verantwortungszusammenhang von Staatsvolk und Staatsorganen für Inhalt und Wirkung des politischen Handelns. So zutreffend das ist, so unerfindlich bleibt jedoch dann in dem Sondervotum, wie sich aus diesem Gesichtspunkt die Rechtfertigung eines Vorwahlwohnsitzes im Inland (und eines inländischen Vorfortzugsaufenthaltes für Auslandsdeutsche) soll ergeben können, ist doch jene demokratische Verantwortungsgemeinschaft, die sich mit jeder Wahl politisch renoviert, eine auf die Zukunft des Gemeinwesens (nach der Wahl) gerichtete, nicht auf die Vergangenheit (vor der Wahl).

Dass *Lübbe-Wolff* gleichwohl gegen die Verwerfung des, wenngleich nur noch minimal, territorial radizierten Auslandsdeutschenwahlrechts votiert, folgert sie aus ihrem ganz anders gearteten Verständnis dieses Verantwortungszusammenhangs. Ein solcher der „wirklichen, ernsten Art", wie sie meint, entstehe im Blick auf die Konsequenzen und die Betroffenheit von der Staatsgewalt, auf die mit der Wahlentscheidung Einfluss genommen werde. Es entspräche daher dem Sinn demokratischer Wahlen, die Wahlberechtigung nicht allein an die formelle Zugehörigkeit zum Staatsvolk zu knüpfen, sondern auch an den Gesichtspunkt, auf die politische Gestaltung der eigenen Lebensverhältnisse Einfluss zu nehmen.[72] Warum nun deshalb der inländische Vorwahlwohnsitz erforderlich sein soll, leuchtet freilich ebenso wenig ein wie zuvor.

Sucht man nach einer Erklärung für diese begründungstheoretische Lücke, so stellt sich indessen zumindest eine Vermutung ein, wenn man dieser vermeintlichen Schlussziehung gerade nicht folgt. Denn dann würde dem Eintreten für eine Ausdehnung des Wahlrechts auch auf die im Inland ansässigen Ausländer, das hinter dem vorgetragenen Betroffenheitsargument aufscheint, buchstäblich der Boden entzogen. Die Erstreckung des nationalen Wahlrechts[73] auf Ausländer sucht seine fundamentale Rechtfertigung gerade daraus zu begründen, dass dieser ebenso wie der Staatsangehörige der Gebietshoheit der Staatsgewalt unterworfen sei und daher ebenso wie dieser zum demokratischen Legitimationssubjekt gehören und mithin wahlberechtigt sein müsse. Dass aber diese Sicht die

---

[71] BVerfG (Fn. 4), Rn. 73.
[72] BVerfG (Fn. 4), Rn. 73.
[73] Neben dem Kommunalwahlrecht für EU-Bürger gemäß Art. 28 Abs. 1 Satz 3 GG; dazu oben Fn. 17.

rechtliche Differenz zwischen Volk und Bevölkerung im verfassungsstaatlichen Programm der Demokratie verkennt, wurde bereits auseinandergesetzt.[74]

### V. Ausblick auf Alternativen

Ist man versucht, nach alldem ein Fazit zu ziehen, so drängt sich auf: Ein überzeugender und damit verfassungsrechtlich belastbarer Grund für die – in welcher Qualifizierung auch immer – territoriale Bindung der Wahlberechtigung scheint bisher nicht gefunden. Neben dem unbefriedigenden Verweis auf eine Tradition, von der sich der Gesetzgeber ohnehin – wie die Lockerungen für Auslandsdeutsche zeigen – seit Jahrzehnten immer weiter entfernt hat, erweisen sich jedenfalls die in der verfassungsgerichtlichen Rechtsprechung unterbreiteten, zum Teil gesetzgeberische Erwägungen aufgreifenden Argumentationen als nicht genügend stabil, um zu rechtfertigen, dass der Grundsatz der Allgemeinheit der Wahl zu Lasten derjenigen Deutschen, die diese Anforderung nicht erfüllen, nicht voll verwirklicht wird.

Freilich: Ebenso wenig wie die Inlandsbindung von Verfassungs wegen geboten ist,[75] kann der Verfassung das Gebot entnommen werden, auch allen Auslandsdeutschen das aktive Wahlrecht einzuräumen. Sollte der Gesetzgeber sich insoweit für eine differenzierte Behandlung der Auslandsdeutschen entscheiden, so steht allerdings jedes dabei angewandte Differenzierungskriterium unter dem erneuten Problem, dieses vor der Bedeutung des Wahlrechts und der Strenge demokratischer Egalität verfassungsfest zu plausibilisieren. Die Anerkennung seines wahlrechtlichen Gestaltungsspielraums einschließlich seiner Befugnis zu Vereinfachungen und Typisierungen[76] schmälert diese Last nur relativ. Schon der ihm vom Bundesverfassungsgericht selbst unterbreitete Vorschlag, das Erfordernis des früheren Aufenthalts im Bundesgebiet um eine angemessene Fortzugsfrist zu ergänzen und zum Zeitpunkt des Fortzugs die Vollendung des verfassungsrechtlichen Wahlalters zu verlangen,[77] ist davon nicht frei. Denn dadurch könnte unter Umständen auch und gerade jener Grenzpendler ausgeschlossen sein, den das Gericht bemüht hat, um die Verfassungswidrigkeit der bisher geltenden Regelung zu verdeutlichen.[78]

---

[74] Siehe oben, Ziff. II. 2. a).
[75] Siehe oben, Ziff. IV. 1.
[76] Dazu BVerfG (Fn. 4), Rn. 35 f. und Rn. 57.
[77] Vgl. BVerfG (Fn. 4), Rn. 54; dazu schon oben, bei Fn. 59.
[78] Siehe BVerfG (Fn. 4), Rn. 56, zum nicht gerechtfertigten Ausschluss solcher Auslandsdeutscher vom Wahlrecht, die das Erfordernis eines früheren Aufenthalts im Bundesgebiet nicht erfüllen, aber gleichwohl typischerweise mit den politischen Verhältnissen in Deutschland vertraut sind, wie etwa der „Grenzgänger", der im Ausland wohnt, aber im Inland seiner Berufstätigkeit nachgeht, oder solche Auslandsdeutschen, die durch ihr Engagement in Verbänden, Parteien und sonstigen Organisationen in erheblichem Umfang am politischen und gesellschaftlichen Leben der Bundesrepublik

Uneingeschränkt zugestimmt werden kann dem Gericht allerdings darin, dass die Anknüpfung des Wahlrechts an einen (früheren) Wohnsitz oder Aufenthalt im Inland nicht aus Gründen wahltechnischer Erfordernisse, wie etwa die Wahlkreiseinteilung, gerechtfertigt werden kann.[79] Das Gleiche gilt für Belange der Wählerregistrierung oder die Organisation der Stimmabgabe.[80] Dies erweist nicht zuletzt auch der immer erkenntnisfördernde Blick über die eigenen Staatsgrenzen.[81] Dass es auch anders geht, zeigt z.B. die Rechtslage in Italien deutlich. Hier verbürgt schon die Verfassung das Wahlrecht der Auslandsitaliener und verlangt dafür die Einrichtung eines Auslandswahlkreises.[82] Die Stimmabgabe kann dabei per Briefwahl erfolgen.[83] Seit dem 7.3.2000 werden so 12 Abgeordnete der Deputiertenkammer und 6 Abgeordnete für den Senat im Wege der Auslandswahl gewählt.[84] Auch in Frankreich kann das Wahlrecht der Auslandsstaatsangehörigen auf eine längere, bis 1948 zurückreichende Tradition verweisen.[85] Heute werden ähnlich wie in Italien 12 Senatoren (seit 2003)[86] und 11 Abgeordnete der Nationalversammlung (seit 2012)[87] von den Auslandsfranzosen gewählt. Ebenso hat die niederländische Verfassung seit 1983 die vormalige Inlandsbindung des Wahlrechts aufgegeben.[88] In Österreich ist die Einführung des Aktivwahlrechts für Auslandsstaatsbürger zum Nationalrat im Jahre 1989 durch ein Erkenntnis des Verfassungsgerichtshofs erzwungen worden.[89] Die Liste der Beispiele ließe sich fortsetzen.

Aus der Warte des Völkerrechts ist gegen solche Einbeziehungen der Auslandsstaatsangehörigen nichts zu erinnern – wie freilich das Völkerrecht auch keine Einwände gegen wahlrechtliche Sesshaftigkeitserfordernisse erhebt.[90] Der rechtsvergleichende Blick vermittelt aber den Eindruck, dass die eingangs he-

---

Deutschland teilnehmen. – Interessanterweise greift die Senatmehrheit mit dem Beispiel ein früheres Anliegen der dissentierenden Richterin *Lübbe-Wolff* auf, vgl. *dies.* (Fn. 7).

[79] Vgl. BVerfG (Fn. 4), Rn. 58 ff.

[80] Ebenso Blumenwitz (Fn. 7), S. 106 f.; *Breuer* (Fn. 7), S. 184 f.; *Trute* (Fn. 7), Art. 38 Rn. 23; a. A. *Schreiber* (Fn. 7), § 12 Rn. 29.

[81] Siehe dazu die eindrückliche Übersicht bei *Breuer* (Fn. 7), S. 202 ff.

[82] Art. 48 Abs. 3 Verfassung der Republik Italien vom 27.12.1947 i.d.F. vom 2.10.2007.

[83] Gesetz Nr. 459 vom 27.12.2001 über die Ausübung des Wahlrechts der im Ausland ansässigen Italiener.

[84] Vgl. m.z.N. *Breuer* (Fn. 7), S. 211 f.

[85] Vgl. *Breuer* (Fn. 7), S. 209 f.

[86] Art. 24 Abs. 3 Satz 3 der französischen Verfassung i.d.F. des Verfassungsgesetzes vom 28.3.2003, Nr. 2003–276 (abgelöst durch Art. 24 Abs. 5 des Verfassungsgesetzes vom 23.7.2008, Nr. 2008–724).

[87] Art. 24 Abs. 5 der französischen Verfassung i.d.F. des Verfassungsgesetzes vom 23.7.2008, Nr. 2008-724, i.V.m. Art. L 330-1 Code électoral i.d.F. vom 29.6.2012.

[88] Vgl. *Breuer* (Fn. 7), S. 206 f.

[89] VerfGH EuGRZ 1990, 67 ff.; vgl. näher *Breuer* (Fn. 7), S. 214 ff.

[90] Vgl. die Untersuchung von *Blumenwitz* (Fn. 7), S. 55 ff.

rausgestellte Herausforderung andernorts schon weit offensiver – zum Teil seit langem – aufgenommen worden ist als hierzulande, die Herausforderung nämlich, wie der demokratische Staat mit dem in Zeiten internationaler Freizügigkeit und Globalisierung zunehmend auftretenden Phänomen der buchstäblichen Entfernung von Staatsvolk und Staatsgebiet im Wahlrecht umgeht. Es liegt daher auch für den deutschen Gesetzgeber die Empfehlung nahe, das aktive Wahlrechts auf alle Auslandsdeutschen zu erstrecken und dabei unter Inanspruchnahme seiner Befugnis zu Typisierungen gleichsam umgekehrt jenen – auch praktisch kaum relevanten – Fall zu vernachlässigen, in denen eine im Ausland lebende Person zur Wahl eingeladen ist, die ihre Wahlberechtigung einer Fortpflanzung ihrer deutschen Staatsangehörigkeit von ihren Vorverfahren verdankt. Damit würde auch die bisher nicht gegebene Harmonisierung des aktiven mit dem passiven Wahlrecht hergestellt.[91]

---

[91] Der vorstehende Beitrag beruht zum Teil auf Überlegungen, die in einer Abhandlung für den Tagungsband „Nationales Wahlrecht und internationale Freizügigkeit" der Studiengruppe für Politik und Völkerrecht, hrsg. von Gilbert Gornig, Hans-Detlef Horn, Dietrich Murswiek, vertieft auseinandergesetzt werden.

# Sicherheit:
# die ältere Schwester der Freiheit

Josef Isensee

## I. Fundamentalzwecke des Rechtsstaats

### 1. Staatstheoretische Basis

Freiheit und Sicherheit sind Schwestern. In der Genealogie der Staatszwecke ist die Sicherheit die ältere von beiden. Ehe die Notwendigkeit erkannt wurde, den Bürger *vor* der Staatsgewalt zu schützen, also seine Freiheit zu gewährleisten, hatte sich schon die Einsicht durchgesetzt, daß er des Schutzes *durch* die Staatsgewalt bedarf, die ihm Sicherheit vor den Übergriffen der Nebenmenschen bietet. Zu diesem Zwecke unterwirft er sich ihr: Schutz gegen Gehorsam. In eben diesem Zweck findet der moderne Staat seine Rechtfertigung als souveräne Friedens- und Entscheidungseinheit mit dem Anspruch auf die ausschließliche Befugnis, physischen Zwang auszuüben und anzudrohen.[1] Seine primäre Aufgabe ist die Befriedung der Gesellschaft. Der Staat verbannt private Gewalt, verbietet private Eigenmacht und überführt private Konflikte in rechtlich geregelte Verfahren.

„Wer die Macht hat, alle zu schützen, hat auch die Macht, alle zu unterdrükken", so schon Thomas Hobbes im Kontext der Legitimationsphilosophie des modernen Staates.[2] Der Hüter der Sicherheit ist selber ein Sicherheitsrisiko. Der Frieden, den der Bürger dem Gemeinwesen schuldet, geht nicht über alles. John Locke, der die hobbesianische Sicherheitsphilosophie aufnimmt und weiterführt, spottet über einen Frieden, in dem das Lamm seine Kehle dem gebieterischen Wolf widerstandslos zum Zerreißen darböte. „Die Höhle des Polyphem gibt uns ein vollkommenes Beispiel für einen solchen Frieden und eine solche Regierung. Ulysses und seine Gefährten brauchten nichts anderes zu tun, als stillschweigend zu leiden, daß sie verschlungen wurden. Und ohne Zweifel predigte ihnen Ulys-

---

[1] Zum Idealtypus des modernen Staates *Andreas Anter*, Max Webers Theorie des modernen Staates, 1995; *ders.*, Die politische Idee der Sicherheit, in: Jahrbuch öffentliche Sicherheit, 2009, S. 15 ff.; *Josef Isensee*, Staat und Verfassung, in: Josef Isensee/Paul Kirchhof (Hg.), Handbuch des Staatsrechts der Bundesrepublik Deutschland (= HStR) II, ³2004, § 15 Rn. 61 ff. (Nachw.).

[2] *Thomas Hobbes*, Elementarum philosophiae Sectio Tertia, De Cive, 1647, VI, 13, annotatio.

ses, der ein kluger Mann war, passiven Gehorsam und ermahnte sie zu schweigender Unterwerfung, indem er ihnen vorhielt, von welcher Bedeutung für die Menschheit der Friede sei, und sie auf die Unannehmlichkeiten hinwies, die eintreten mochten, falls sie sich erböten, Polyphem, der zu der Zeit die Macht über sie hatte, Widerstand zu leisten."[3]

Der Staat kann nicht ohne weiteres verlangen, daß der Einzelne sich ihm aufopfert. John Locke leistet die Begründung: Der Einzelne gebe die anarchische Freiheit des Naturzustandes auf, weil dieser erfüllt sei von Furcht und ständiger Gefahr, und vereinige sich mit anderen zum Staat, um sich gegenseitig Leben, Freiheit und Existenz zu sichern. Ihn leite die Absicht, sich seine Güter um so besser zu erhalten. Daher reiche die Macht des Staates nicht weiter, als für die Sicherheit dieser Güter erforderlich sei.[4] Der Staat, der dazu da ist, Leben, Freiheit und Eigentum seiner Bürger zu schützen, darf sie nicht aufzehren, weil er damit seine eigene ratio essendi preisgäbe. Er hat sie als Vorgaben zu achten und kann sie nicht stärker einschränken, als zur Wahrung der Sicherheit erforderlich ist. Diesem Ziel dienen die Bindung der Staatsgewalt an das Recht und die rechtliche Begrenzung ihrer Wirksamkeit, der Vorrang und der Vorbehalt des Gesetzes, die Grundrechte in ihrer Staatsabwehrfunktion, vor allem die Gewaltenteilung, die dem freiheitsgefährdend handelnden Staatsorgan das freiheitssichernd kontrollierende Staatsorgan an die Seite stellt. Der moderne Staat, der sich in seiner Rohform in der frühen Neuzeit als institutionelle Überwindung des Bürgerkriegs entwickelt hat, sublimiert sich so zum Rechtsstaat.

In der Rangfolge der Staatszwecke kommt der Sicherheit der Vorrang vor der Freiheit zu. Umgekehrt ist aber die Folge in der philosophischen Rechtfertigung des Staates. Die Erzählung der neuzeitlichen Philosophen geht aus von der anarchischen („natürlichen") Freiheit eines gedachten Urzustandes. Aus diesem treten die ihrer ungesicherten, allseits bedrohten Freiheit überdrüssigen Menschen heraus, indem sie sich durch Vertrag zu einer staatlichen Gemeinschaft verbinden, sich in sie fügen und sich ihr unterwerfen. In dieser philosophischen Erzählung steht am Anfang die „natürliche" Freiheit.

## 2. Natürliche und bürgerliche Freiheit

Doch die Freiheit, die der Rechtsstaat dem Bürger gewährleistet, ist nicht mehr die „natürliche" Freiheit, die als unbegrenzt und ungesichert zu denken ist, son-

---

[3] *John Locke,* The Second Treatise of Government, 1689, XIX, 229.

[4] *Locke* (N 3), IX, 123, 131. *Locke* nennt die Gesamtheit der Güter, die der Einzelne in den Staat einbringt, – pars pro toto – „Eigentum". Im heutigen Verständnis und Sprachgebrauch ist der Inbegriff aller Individualrechte die „Freiheit". In der Sache hat sich nichts geändert. In *Lockes* Gedanken liegt der Nukleus der rechtsstaatlichen Vorkehrungen zur Gewährleistung der Freiheit, die der Staat nicht erzeugt, sondern schützt und achtet.

dern die rechtlich definierte und von der Staatsgewalt gewährleistete bürgerliche Freiheit, die nach verallgemeinerungsfähigen Kriterien allen zugewiesen ist in den Grenzen des Neminem-laedere-Gebots und die unter dem Vorbehalt der Friedlichkeit steht, eingebettet in das Ganze der Rechtsordnung.[5]

Was dagegen „natürliche" Freiheit der Anarchie bedeutet, das braucht man heute nicht nachzulesen bei den englischen Philosophen des 17. Jahrhunderts, die den status naturalis schildern. Es genügen Zeitungsberichte über Somalia als failed state. Die „natürliche" Freiheit, die hier waltet, ist die Freiheit zu töten, zu entführen, zu plündern, aber auch die Freiheit, sich zu verbarrikadieren und sich nach Kräften seiner Haut und seiner Habe zu wehren. Diese Art von Freiheit strebt der Rechtsstaat nicht an. Seine Freiheitsgarantien gelangen erst zur Wirksamkeit, wenn die Privaten darauf verzichten, körperlichen Zwang anzuwenden oder anzudrohen, und allein der Staat sich dieses Mittels bedienen darf, um den Frieden zu gewährleisten und das Recht durchzusetzen. Die Gegenleistung des Staates für den Gewaltverzicht des Bürgers und seinen Rechtsgehorsam ist der staatliche Schutz seiner Person und seiner Rechte, damit eine Bedingung der Möglichkeit von rechtlicher Freiheit: daß nämlich, kantianisch gesprochen, die Freiheit des einen mit der des anderen nach verallgemeinerungsfähigen Kriterien bestehen kann. Das Preußische Allgemeine Landrecht von 1794 macht den Konnex zwischen Schutzanspruch und Gewaltverzicht deutlich: „Jeder Einwohner des Staats ist den Schutz desselben für seine Person und sein Vermögen zu fordern berechtigt. Dagegen ist niemand sich durch eigene Gewalt Recht zu verschaffen befugt." (Einleitung, 1. Teil, §§ 76, 77).

### 3. Austauschbarkeit der Wörter

Sicherheit und Freiheit lassen sich nicht gegeneinander ausspielen. Sie beziehen sich auf dieselbe Sache, die Rechtsgüter des Individuums, oder aber auf dasselbe System: die öffentliche Sicherheit und die freiheitliche Ordnung. Hier wie dort geht es um die Unversehrtheit der Rechtsgüter. Verschieden ist nur die Seite, von der die abzuwehrende Gefahr kommt, einmal von privater, einmal von staatlicher Seite. Dort geht es um Schutz *durch* den Staat, hier um Schutz *vor* dem Staat (der freilich, ermöglicht durch die Gewaltenteilung, letztlich auch durch ein Staatsorgan gewährleistet wird).

Die Wörter Freiheit und Sicherheit lassen sich austauschen. „Freiheit", in der Regel verstanden als Abwesenheit des staatlichen Eingriffs, wird auch auf die Abwesenheit von Übergriffen Privater bezogen. „Sicherheit" hat in internationalen Menschenrechtstexten freiheitsrechtliche Bedeutung und meint den Schutz

---

[5] Zum Begriffspaar der natürlichen und der bürgerlichen Freiheit *Josef Isensee,* Was heißt Freiheit?, in: FS für Edzard Schmidt-Jortzig, 2011, S. 269 (278 ff.).

vor ungerechtfertigter Verhaftung in der Tradition des Habeas-corpus-Rechts.[6] Das Wort kann in der politischen Rhetorik auch Unversehrtheit der Privatsphäre, Sicherheit des Informationssystems, Sicherheit der persönlichen Daten vor Ausspähung durch den Verfassungsschutz meinen. Andererseits wird von Thomas Hobbes die Sicherheit dahin bestimmt, daß keiner einen gerechten Grund habe, andere zu fürchten, solange er selbst ihnen kein Unrecht zufügt.[7] Nach Montesquieu ist es um der politischen Freiheit des Bürgers willen notwendig, den Staat so zu organisieren, daß ein Bürger den anderen nicht zu fürchten braucht.[8] Sicherheit bedeutet hier Freiheit von Furcht vor dem Nebenmenschen. Doch im heutigen Sprachgebrauch erscheint als Grund der Furcht oftmals nicht der private Gewalttäter, sondern der Präventiv- und Überwachungsstaat.[9]

Die Begriffe sind also konvertibel. Doch soll um der Klarheit willen am gängigen Wortverständnis festgehalten werden. „Freiheit" bedeutet Abwesenheit von staatlichem Zwang, „Sicherheit" Abwesenheit von privatem Zwang.

## II. Sicherheit als Schranke und als Voraussetzung grundrechtlicher Freiheit

Das Bild der Harmonie, das die beiden Schwestern Freiheit und Sicherheit im Bereich der abstrakten Staatstheorie abgeben, scheint sich nicht in das positive Staatsrecht übertragen zu lassen. Hier ist die Vorstellung verbreitet, die beiden seien miteinander verzankt und so unverträglich, daß sie es nicht unter einem gemeinsamen Dach aushielten.[10]

Prima facie bestätigt das Grundgesetz dieses Vorurteil. Sein Thema, so lesen es manche, ist die Freiheit des Bürgers, nicht die Sicherheit. Im Bild: Im Palast der Verfassung scheint allein die Freiheit zu wohnen, indes der Sicherheit anheimgestellt ist, sich in den Hütten des einfachen Rechts Quartier zu suchen. Das Grundgesetz ist in seinem rechtsstaatlichen Duktus darauf angelegt, die Staatsgewalt zu

---

[6] Art. 3 Allgemeine Erklärung der Menschenrechte; Art. 6 Charta der Grundrechte der Europäischen Union. Dazu *Hans-Werner Rengeling/Peter Szczekalla*, Grundrechte in der Europäischen Union, 2004, Rn. 653; *Roland Winkler*, Die Grundrechte der Europäischen Union, 2006, S. 386 ff. – Eine analoge Formulierung wurde vom Parlamentarischen Rat beraten, zugunsten der Regelung des Art. 2 Abs. 2 GG aber nicht umgesetzt. Bericht: JöR n.F. 1 (1951), S. 57 ff. Dazu *Gerhard Robbers*, Sicherheit als Menschenrecht, 1987, S. 15 ff.

[7] *Hobbes* (N 2), VI, 3.

[8] *Montesquieu*, De l'Esprit des Lois, 1748, XI, 6 (dt. Der Geist der Gesetze, übers. von Ernst Forsthoff, 1. Bd., 1992, S. 215).

[9] So bei *Adolf Arndt*, Der Rechtsstaat und sein polizeilicher Verfassungsschutz, in: NJW 1961, S. 898 (899). Ähnlich *Erhard Denninger*, Verfassungstreue und Schutz der Verfassung, in: VVDStRL 37 (1979), S. 7 (26 ff.).

[10] Ein „fundamentales Spannungsverhältnis" nimmt *Johannes Masing* an (Die Ambivalenz von Freiheit und Sicherheit, in: JZ 2011, S. 253).

disziplinieren und zu begrenzen. Die Grundrechte sind in ihrer sprachlichen Fassung durchwegs auf Staatsabwehr angelegt, so daß die Belange der Sicherheit nur im Rahmen der einfachgesetzlichen Schranken relevant werden können, und auch das nur, sofern sie sich auf eine gesetzliche Grundlage stützen, sich vor der grundrechtlichen Freiheit als Eingriff rechtfertigen können und der Güterabwägung standhalten. Die Gefahren für die öffentliche Sicherheit werden ausdrücklich erwähnt im Schrankenregime der Wohnungsfreiheit (Art. 13 Abs. 2–7 GG). Insofern entspricht die Fassung des Grundgesetzes dem rechtsstaatlichen Verteilungsprinzip, das, von der Polarität zwischen Individualfreiheit und Staatsgewalt ausgehend, die Freiheit als ursprunghaft und virtuell unbegrenzt, die Staatsgewalt dagegen als rechtfertigungsbedürftig und notwendig begrenzt ausweist.[11]

Daraus folgert mancher Verfassungsinterpret und mancher Rechtspolitiker, daß das Niveau der grundrechtlichen Freiheit sich hebe in dem Maß, in dem die Vorkehrungen der Sicherheit zurückgenommen würden, daß Rechtsstaatlichkeit sich erfülle im Verzicht auf Eingriffe und im Rückzug auf reine Passivität gegenüber den physischen Gefahren des gesellschaftlichen Daseins. Die Parole lautet: in dubio pro libertate. Verfassungsrechtlich gesehen, ist diese Parole jedoch fehl am Platz. Sie paßt auf die duale Beziehung zwischen Individuum und Staat und bedeutet: so viel Freiheit wie möglich, so wenig gesetzliche Freiheitsbeschränkung wie nötig. Doch sie paßt nicht auf die dreiseitige Beziehung Staat – Störer – Opfer. Vollends nicht, wenn sich die Grundrechtsbeziehungen noch weiter ausdifferenzieren, wenn zum Störer als Adressat eines Schutzeingriffs der Nichtstörer und zum Individuum als Objekt der abzuwehrenden Gefahr die Allgemeinheit der Bürgerschaft oder, anders gewendet, die staatliche Rechtsordnung als solche tritt.[12]

Der rein abwehrrechtlichen Sicht der Grundrechte entspricht die Annahme, daß jedwede gesetzliche Regelung eines grundrechtlichen Themas die grundrechtliche Freiheit beschränke, also notwendig ein Eingriff sei. Doch das ist ein Zerrbild.[13] So sperren sich die meisten Regelungen des Privatrechts gegen den Schematismus der Alternative von Freiheit und Freiheitsbeschränkung. Die schuldrechtlichen Vertragstypen, die dinglichen Rechte oder das Erbrecht dienen zu einem Gutteil dazu, die grundrechtlich gewährleistete Privatautonomie überhaupt erst zu ermöglichen und die Grundlagen des Rechtsverkehrs herzustellen.

---

[11] Kategorie *Carl Schmitt,* Verfassungslehre, ¹1928, S. 126. Dazu *Isensee* (N 1), § 15 Rn. 174 f.; *ders.,* Grundrechtsvoraussetzungen und Verfassungserwartungen an die Grundrechtsausübung, in: HStR IX, ³2011, § 190 Rn. 226 f.; *Otto Depenheuer,* Solidarität und Freiheit, ebd., § 194 Rn. 56 f.; *Hasso Hofmann,* Grundpflichten und Grundrechte, ebd., § 195 Rn. 46.

[12] Dazu *Josef Isensee,* Das Grundrecht als Abwehrrecht und als staatliche Schutzpflicht, in: HStR IX, ³2011, § 191 Rn. 183 ff., 222 ff. (Nachw.).

[13] Kritik am Eingriff-Schranken-Denken: *Peter Häberle,* Die Wesensgehaltgarantie des Art. 19 Abs. 2 Grundgesetz, ³1983, S. 139 f., 159 ff., passim; *Gerd Morgenthaler,* Freiheit durch Gesetz, 1999, S. 41 ff.

Die gesetzlichen Vorkehrungen des Arbeitnehmer-, des Verbraucher- oder des Mieterschutzes sorgen für einen rechtlichen Ausgleich realer ungleicher Ausgangsbedingungen der Arbeitnehmer, der Verbraucher und der Mieter, indem sie die Vertragsfreiheit der Gegenseite einschränken. Die bürgerlichrechtlichen Vorschriften des Deliktsrechts wie des Besitzschutzes setzen das Neminem-laedere-Prinzip um und verhindern, daß Privatautonomie in Privatheteronomie umschlägt.[14] Die Verkehrsvorschriften regulieren das Verhalten der einzelnen Verkehrsteilnehmer. Aber sie sind in erster Linie die Bedingungen dafür, daß der Straßenverkehr überhaupt möglich ist. Analoge Wirkungen zeitigen das Polizeirecht und das Strafrecht, soweit sie Rechtsgüter des Einzelnen oder die Güterordnung im ganzen schützen. Sie ziehen Grenzen der grundrechtlichen Freiheit nach und sorgen für das möglichst reibungslose Nebeneinander gleicher Freiheitsträger. Die Gesetze sind in hohem Maße dazu bestimmt, Voraussetzungen der Freiheit bereitzustellen.[15] Freilich können Freiheitsvoraussetzungen auch Freiheitsbeschränkungen bedeuten. Die soziale Sicherheit, eine Voraussetzung der Grundrechtsausübung, fordert einen grundrechtlichen Preis, so die Pflichtversicherung, die Zwangssolidarität und die Beitragslasten.

Eine unerläßliche Voraussetzung der grundrechtlichen Freiheit ist der Gesamtzustand der physischen Sicherheit. Die Freiheitsrechte des Grundgesetzes stehen unter dem selbstverständlichen Vorbehalt der Friedlichkeit. Ausdrücklich benannt wird dieser nur bei dem Grundrecht, dessen Ausübung leicht die abschüssige Bahn zurück in den Naturzustand hinabgleitet: die Versammlungsfreiheit, die nur denen zugute kommt, die sich „friedlich und ohne Waffen" zusammenfinden.[16] Wenn die Gefahren von seiten Privater nicht gebannt sind, ist der grundrechtliche Schutz vor Gefahren von seiten der Staatsgewalt wertlos. Die Grundrechtsgarantie der räumlichen Bewegungsfreiheit greift ins Leere, wo Überfall und Entführung zu gewärtigen sind, wie in den No-go-areas von Großstädten Südafrikas oder Südamerikas. Die Kunstfreiheit hilft dem dänischen Zeichner der Mohammed-Karikaturen nicht gegen die Morddrohungen aufgebrachter, eifernder Anhänger des Propheten, ebensowenig dem Autor der „Satanischen Verse" Salman Rushdie, der ständig um sein Leben bangen muß, seit der Ayatolla Khomeini aufrief, ihn wegen Gotteslästerung zu töten. Die Ausübung der Demonstrationsfreiheit der einen Gruppe kann durch die Ausübung der Demonstrationsfreiheit der anderen, der stärkeren Gruppe von Gegendemonstranten vereitelt werden, falls die Staatsgewalt nicht koordinierend eingreift. In der deutschen Kulturrevo-

---

[14] Näher *Werner Flume,* Rechtsgeschäft und Privatautonomie, in: FS zum hundertjährigen Bestehen des DJT, Bd. I, 1976, S. 135 (S. 136 ff.); *Hans Huber,* Die verfassungsrechtliche Bedeutung der Vertragsfreiheit, 1966, S. 9 f., 24; *Josef Isensee,* Privatautonomie, in: HStR VIII, ³2009, § 150 Rn. 74 ff.

[15] Näher mit Nachw. *Isensee* (N 11), § 190 Rn. 81 ff., 160 ff.

[16] Grundsätzlich *Kyrill A. Schwarz,* Friedlichkeit als Grundpflicht, in: BayVBl 2003, S. 326 ff.

lution brach sich die Wissenschaftsfreiheit des Universitätsprofessors an den militanten Aktionen der Vorkämpfer des richtigen Bewußtseins.

Die freiheitliche Demokratie lebt von einer Kultur des Wortes. Doch diese gedeiht nur in einem befriedeten Gemeinwesen. Wer seine Meinungsfreiheit provokativ wahrnimmt und Denk- und Redegewohnheiten anderer widerspricht, muß den verbalen Protest ertragen, doch nicht die physische Bedrohung. Die Ausübung grundrechtlicher Freiheit mag zuweilen Zivilcourage erfordern. Soweit sie aber darüber hinaus soldatischen Heldenmut oder Abenteuerbereitschaft fordert, ist sie als zivile Freiheit erledigt. Die Unbefangenheit der Rede ist nur möglich, wo die Furcht vor Gewalttätigkeit gebannt ist, wo ein Grundvertrauen in die öffentliche Sicherheit waltet und der Einzelne das Gefühl der Sicherheit hat. Den Zusammenhang von bürgerlicher Freiheit und staatlichem Schutz zeigt Montesquieu auf in seiner Idealprojektion der Verfassung Englands: Die politische Freiheit des Bürgers sei jene Ruhe des Gemüts, die aus dem Vertrauen erwachse, das ein jeder in seine Sicherheit habe. „Damit man diese Freiheit hat, muß die Regierung so eingerichtet sein, daß ein Bürger den anderen nicht zu fürchten braucht."[17]

Je strenger und konsequenter sich die Normativität der Freiheitsrechte zur Geltung bringt, desto deutlicher wird ihre Abhängigkeit von außergrundrechtlichen Voraussetzungen. Zu diesen gehört die Sicherheit für Leben, Freiheit und Eigentum in einem befriedeten Gemeinwesen. Dafür hat der Staat einzustehen und mit seinen begrenzten Mitteln zu sorgen. Die Erfüllung dieser Staatsaufgabe ist unentbehrlich für die Ausübung der Grundrechte. Daher hat diese Aufgabe ihrerseits Verfassungsrang. Insoweit steht sie der Staatsaufgabe gleich, die soziale Sicherheit herzustellen, die ebenfalls eine Grundrechtsvoraussetzung bildet. Die soziale Sicherheit bezieht sich auf Lebensrisiken wie Krankheit, Alter, Arbeitslosigkeit. Jene dagegen auf die Unversehrtheit von Leben, Freiheit und Eigentum im gesellschaftlichen Dasein. Verfassungsrang hat hier wie dort nur die Staatsaufgabe als solche. Ihre Erfüllung obliegt den Staatsorganen innerhalb der gewaltenteiligen Ordnung auf der Ebene des einfachen Rechts.

### III. Sache des Bürgers und Staatsaufgabe

Es wäre jedoch ein Mißverständnis, die Sicherheit als ausschließliche oder auch nur als vorrangige Sache der Staatsgewalt zu betrachten. Sie ist zunächst und wesentlich Sache aller Bürger. Ihnen obliegt es, gesittet miteinander umzugehen, einander in gebotener Achtung zu begegnen und Konflikte in zivilen Formen auszutragen. Die öffentliche Sicherheit ist im wesentlichen die spontane Leistung der Bürger. Sie lebt aus ihrem Ethos und aus ihrem guten Willen, Potenzen also, die der Rechtsstaat nicht erzwingen und nicht ersetzen kann. Kurz: die

---

[17] *Montesquieu* (N 8), XI, 6 (S. 125).

öffentliche Sicherheit geht in erster Linie aus der Ausübung der grundrechtlichen Freiheit hervor.[18] Sicherheit ist das Werk der Freiheit.

Dem Staat fällt die Aufgabe zu, die rechtlichen Rahmenbedingungen der Freiheit nach verallgemeinerungsfähigen Maßstäben zu schaffen und aufrechtzuerhalten. Er ist der Koordinator der Freiheit. Aber er ist auch ihr Hüter, da er Übergriffen auf die Freiheit des anderen zu wehren, insofern also Sicherheit zu garantieren hat.[19] Zu diesem Zwecke kommt ihm das Gewaltmonopol zu. Die Sicherheit bildet keine ausschließliche Aufgabe des Staates. Doch allein er verfügt über das Mittel des legitimen physischen Zwangs, um, soweit erforderlich, Gefahren zu begegnen.

Die Staatsaufgabe Sicherheit beschränkt sich nicht auf die Abwehr von Gefahren. Sie bezieht sich auch auf deren Vorfeld und trifft Vorsorge gegen Risiken, die sich auf die mehr oder weniger entfernte Möglichkeit einer Gefahr beziehen. Doch je weiter diese Möglichkeit entfernt ist, desto höher liegt die Schwelle für die Rechtfertigung etwaiger Grundrechtseingriffe, die in diesem Zusammenhang erfolgen.

Die Grundlage des rechtsstaatlichen Sicherheitskonzepts ist heute brüchig geworden. Der Staat neigt dazu, private Gewalt wie überhaupt privaten Rechtsbruch in bestimmtem Umfang hinzunehmen, und er hält sich einiges auf seine Liberalität zugute. Mit Nachdruck und Konsequenz tritt er eigentlich nur noch ihren politisch geächteten rechtsradikalen Erscheinungen entgegen. In die Schutzlücke drängen private Sicherheitsdienste. Nach jüngster Statistik: 171.000 Beschäftigte bei 4 Mrd. € Gesamtumsatz im Jahr.[20] Der Nationalökonom mag sich über eine rare Wachstumsbranche freuen. Staatsrechtlich gesehen ist sie bedenklich: das private Notwehrrecht, im modernen Staat nur für den Ausnahmefall der Abwesenheit des staatlichen Schutzes konzipiert, gerät zur normalen Rechtsgrundlage im Alltag. Sicherheit, die an sich unentgeltlich geschuldete Vorleistung des Staates, muß gekauft werden; das gilt freilich nur für den, der sich den Kaufpreis leisten kann. Ein soziales Problem neuer Art zeichnet sich ab. Doch wird das Phänomen der privaten Sicherheitsdienste auch positiv gedeutet: als „öffentlich-private Sicherheitspartnerschaft", in der staatliche und gesellschaftliche Potenzen arbeitsteilig für eine gemeinsame Sache zusammenwirken.[21]

---

[18] Insofern handelt es sich um eine Verfassungserwartung an die Ausübung grundrechtlicher Freiheit. Dazu *Isensee* (N 11), § 190 Rn. 204 ff., 271 ff.

[19] Zur Staatsaufgabe Sicherheit *Isensee* (N 12), § 191 Rn. 181 ff., 263 ff.; *Markus Möstl*, Die staatliche Garantie für die öffentliche Sicherheit und Ordnung, 2002, S. 3 ff., 37 ff., 290 ff.; *Hans-Detlef Horn*, Sicherheit und Freiheit durch vorbeugende Verbrechensbekämpfung, in: FS für Walter Schmitt Glaeser, 2003, S. 435 (441 ff.).

[20] Quelle: http://www.secumedia.com/partner/bdws-bundesverband-dt-wach-und-sicherheitsunternehmen/teaser/37/.

[21] Zu den verfassungsrechtlichen Aspekten *Rainer Pitschas*, Innere und zivile Sicherheit in der offenen Gesellschaft, in: FS für Wolf-Rüdiger Schenke, 2011, S. 481 (491 ff.).

## IV. Unmöglichkeit perfekter Sicherheit

Thomas Hobbes nimmt vorweg, was heute jeder Innenminister sagt, wenn er ein Defizit an Sicherheit erklären möchte: Es sei unmöglich, die Menschen gänzlich vor gegenseitigen Schädigungen zu schützen, so daß sie weder durch Unrecht verletzt noch getötet werden könnten.[22] In ihrer Abstraktheit ist die Aussage unwiderlegbar. Das ergibt sich schon aus der Begrenztheit der staatlichen Kapazität. Selbst der totale Staat könnte nicht hinter jeden Bürger einen Polizisten und eine Sozialarbeiterin stellen. Perfekte Sicherheit ist unmöglich. Sie wäre noch nicht einmal um den Preis des völligen Verzichts auf Freiheit zu erreichen. Der Rechtsstaat strebt das Unmögliche erst gar nicht an. Die Polizei handelt nach dem Opportunitätsprinzip und entscheidet grundsätzlich nach Ermessen, ob, wann und wie sie den Gefahren begegnet. Freilich wird das Ermessen rechtlich geleitet und beschränkt. Die taktische Toleranz gegenüber der Gefahr darf nicht zur rechtlichen Toleranz gegenüber dem Rechtsbruch geraten oder auch nur als solche erscheinen. Der Gesamtzustand der Sicherheit darf nicht unterminiert, das Sicherheitsgefühl der Bevölkerung nicht erschüttert werden.

Wenn der staatliche Schutz vor dem privaten Übergriff ausbleibt, lebt das Recht zu Notwehr und Nothilfe auf. Doch der Staat genügt seiner Schutzaufgabe nicht schon dadurch, daß er dazu im Strafrecht und im Privatrecht die Grundlagen bereitstellt. Dem Rentner, der in der nächtlichen U-Bahn von einer Gruppe Rowdies zusammengeschlagen wird, nützt es wenig, daß ihm das Gesetz erlaubt, sich seiner Haut zu wehren.[23]

Der Rechtsstaat hat alles in seiner Macht Stehende zu tun, damit Notwehrsituationen erst gar nicht aufkommen. Er ist prinzipiell zum aktiven Schutz der inneren Sicherheit verpflichtet. Diese Pflicht wird sanktioniert durch die Grundrechte. Die grundrechtlichen Schutzpflichten steuern denn auch das Ermessen der staatlichen Organe.

## V. Grundrechtliche Schutzpflichten

Die Kategorie der Grundrechtsvoraussetzung trägt die Staatsaufgabe Sicherheit gleichsam von außen an die Grundrechtsnorm heran. Doch über die Kategorie der grundrechtlichen Schutzpflicht wird die Staatsaufgabe in die Grundrechtsnorm hineingenommen und deren integraler Bestandteil.[24] Die Pflicht des Staa-

---

[22] *Hobbes* (N 2), VI, 3. Ähnlich *ders.*, Leviathan, 1651, II, 21.
[23] Vgl. *Ralf Poscher,* Grundrechte als Abwehrrechte, 2003, S. 397.
[24] Dazu näher mit Nachw. *Isensee* (N 12), § 191 Rn. 174 ff., 181 ff., 185 ff.; *Hans Hugo Klein,* Die grundrechtliche Schutzpflicht, in: DVBl 1994, S. 489 ff.; *Johannes Dietlein,* Die Lehre von den grundrechtlichen Schutzpflichten, 1992, S. 28 ff.; *Christian Calliess,* Rechtsstaat und Umweltstaat, 2001, S. 307 ff., 437 ff.; *Möstl* (N 19), S. 25 ff., 52 ff., 84 ff.; *Günter Krings,* Grund und Grenzen grundrechtlicher Schutzansprüche, 2003; *Kyrill A. Schwarz,* Die Dogmatik der Grundrechte – Schutz und Abwehr im frei-

tes, die grundrechtlichen Güter Leben, körperliche Unversehrtheit, Freiheit, Eigentum zu schützen, bildet eine eigene Grundrechtsfunktion neben der Funktion der Staatsabwehr. Damit werden die Grundrechtsgüter in zweifacher Richtung gesichert: gegen ungerechtfertigte Eingriffe der Staatsgewalt und gegen Übergriffe Privater. Das Grundgesetz nimmt alle staatliche Gewalt in Pflicht, die Würde des Menschen „zu achten und zu schützen": einerseits sie nicht von sich aus zu verletzen, andererseits zu verhindern, daß Verletzungen durch andere erfolgen. Schutz also *vor* dem Staat und *durch* den Staat. Die zwei Funktionen, die das Grundgesetz der obersten Konstitutionsnorm, der Menschenwürde, ausdrücklich zuspricht (Art. 1 Abs. 1 S. 2), stehen repräsentativ für die nachfolgenden Grundrechte, die alle auf die Würde des Menschen als Leitidee ausgerichtet sind.[25]

In der Schutzpflicht verbindet sich die Staatsaufgabe Sicherheit mit den Grundrechten. Das Opfer des privaten Übergriffs erhält einen grundrechtlichen Status, ohne daß der Störer den seinigen verliert. Mit der Anerkennung der Schutzpflichtendoktrin erweist sich der Schutz des Opfers nicht mehr als bloßer Reflex der Sorge des Staates für die *öffentliche* Sicherheit, die im Interesse der Allgemeinheit liegt, sondern auch als Erfüllung einer Pflicht, die er ihm, dem individuellen Grundrechtsträger, schuldet. Freilich bleibt die Schutzpflicht verankert im objektiven Recht. Doch entspringt aus diesem das subjektive Recht des Gefährdeten auf Schutz (allerdings in der Regel nicht auf bestimmte Maßnahmen des Schutzes).[26] In der grundrechtlichen Schutzpflicht erneuert sich die alte Lehre vom Staatsvertrag, daß, wer sich in eine Gemeinschaft einfügt, Anspruch hat auf deren Schutz. Frühe Verfassungen in Amerika erkannten diesen Anspruch ausdrücklich an, so die Verfassung von New Hampshire von 1792: „Every member of the community has a right to be protected by it, in the enjoyment of his life, liberty and property." Die Formel „right to be protected" läßt sich sinngemäß übersetzen als „Grundrecht auf Sicherheit". Dieser Begriff mag als Chiffre stehen für die Gesamtheit der grundrechtlichen Schutzpflichten.[27] Die Unter-

---

heitssichernden Staat, in: Ulrich Blaschke et alii (Hg.), Sicherheit statt Freiheit?, 2005, S. 29 (34 ff., 39 ff.); *Peter Szczekalla,* Die sogenannten Schutzpflichten im deutschen und europäischen Recht, 2002 (Nachw.).

[25] Das Bundesverfassungsgericht geht von der Schutzpflicht gemäß Art. 1 Abs. 1 S. 2 GG aus (E 49, 89 [142]; 88, 203 [251]). Zur Abwehr- und Schutzfunktion der Würde *Josef Isensee,* Würde des Menschen, in: HGR IV, 2011, § 87 Rn. 87, 220; *ders.* (N 12), § 191 Rn. 27 f.

[26] Näher *Volkmar Götz,* Innere Sicherheit, in: HStR IV, ³2006, § 85 Rn. 24; *Isensee* (N 12), § 191 Rn. 321 ff.; *Dietlein* (N 24), S. 133 ff.; *Calliess* (N 24), S. 322 ff.

[27] *Josef Isensee,* Das Grundrecht auf Sicherheit, 1983, S. 33 ff.; *Möstl* (N 19). S. 4, 25 f., 84 ff.; *Krings* (N 24), S. 172 f. Vergleichbare Terminologie *Gerhard Robbers,* Sicherheit als Menschenrecht, 1987, S. 13 ff. Ablehnend: *Erhard Denninger,* Der Präventions-Staat, in: KJ 1988, S. 1; *ders.,* Menschenrechte und Grundgesetz, 1994, S. 48 f.; *Jutta Limbach,* Ist die kollektive Sicherheit der Feind der individuellen Freiheit?, 2002, S. 5.

schiede zu den Grundrechten in ihrer Abwehrfunktion werden damit nicht eingeebnet. Diese gewährleisten einen status negativus, indes die Schutzpflichten einen status positivus sichern. Dort hat der Staat die Selbstbestimmung zu schonen. Hier hat er Leistungen zu erbringen. Abwehrrechte sind unmittelbar verbindlich, indes Schutzpflichten angelegt sind auf die Vermittlung durch das Gesetz.

Der Störer ist seinerseits Grundrechtssubjekt. Die Grundrechte gewährleisten ihm zwar nicht die Freiheit zum Rechtsbruch. Doch schützen sie ihn vor ungerechtfertigten und unangemessenen Sanktionen. Der Friedlichkeitsvorbehalt, unter dem die Versammlungsfreiheit steht, gilt für alle Freiheitsrechte.[28] Die Interpreten streiten, ob der Einsatz privater Gewalt an sich von den Schutzbereichen der Freiheitsrechte gedeckt und erst a posteriori durch ein gesetzliches Verbot eingeschränkt wird, das der Abwägung am Übermaßverbot standhält (weite Tatbestandstheorie), oder ob er a priori außerhalb der Schutzbereiche liegt, so daß hier nicht abzuwägen, sondern nur abzugrenzen ist (engere Tatbestandstheorie).[29] Die zweite Lösung verdient den Vorzug, weil es ein Selbstwiderspruch der Rechtsordnung wäre, wenn sie auf der einen Seite eine grundrechtliche Freiheit zu privater Gewaltsamkeit anböte, die sie auf der anderen Seite stets dementieren müßte. Der Übergriff als solcher erhält also keinen grundrechtlichen Schutz. Doch der Störer wird deshalb nicht grundrechtsunfähig. Wenn und soweit Gesetze und deren Vollzug in die Freiheit der Person, die Privatheit, das Eigentum oder sonstige Grundrechte des Störers oder eines Unbeteiligten eingreifen, müssen sie sich der allgemeinen Rechtfertigungsprozedur unterwerfen. Der Vorbehalt des Gesetzes gilt schon aus objektiv-rechtsstaatlichen Gründen für alle Normbefehle, gleich, ob ihnen ein Grundrechtseingriff korrespondiert oder nicht.

Die Schutzpflicht gibt dem Staat das Ziel vor, um dessen willen er in Grundrechte des Störers eingreifen darf. Der Eingriff muß sich, gemessen am Schutzziel, als geeignet, erforderlich und angemessen erweisen. Auf der Seite des Mittels sorgt das Übermaßverbot, auf jener des Ziels das Untermaßverbot für rechtsstaatliche Balance, in der Freiheit wie Sicherheit zum Ausgleich finden.[30] Das Recht auf Leben bringt das größte Gewicht in die Abwägung ein. So ist die Leibes- und Gepäckvisitation der Flugpassagiere grundsätzlich auch dann gerechtfertigt, wenn keine konkrete Gefahr eines Flugattentats besteht, das Risiko vielmehr gering ist. Das Ziel wie das Mittel sind jeweils grundrechtlich determiniert.

---

[28] Zur Friedlichkeit als Grundpflicht *Schwarz* (N 16), S. 327 ff.

[29] Näher mit Nachw. zur weiten und engeren Tatbestandstheorie *Josef Isensee,* Das staatliche Gewaltmonopol als Grundlage und Grenze der Grundrechte, in: Festschrift für Horst Sendler, 1991, S. 39 (56 ff.); *ders.* (N 12), § 191 Rn. 83 ff.; *Christian Hillgruber,* Grundrechtlicher Schutzbereich, Grundrechtsausgestaltung und Grundrechtseingriff, in: HStR IX, [3]2011, § 200 Rn. 18 ff.

[30] Zutreffend *Calliess* (N 24), S. 566 ff.; *Krings* (N 24), S. 297 ff.; *Isensee* (N 12), § 191 Rn. 293 ff.

Das staatliche Handeln wird rechtlich gebunden, gesteuert und begrenzt.[31] Freiheit zu achten und Sicherheit herzustellen: beides ist Aufgabe des Rechtsstaates. Er bewährt sich dort in der Zurücknahme seiner Macht, hier in deren Einsatz.[32]

Die Schutzpflicht markiert das Ziel. Doch damit legt sie noch nicht auf Verfassungsebene das Mittel fest. Darüber entscheiden die zuständigen Staatsorgane. Soweit der Schutz des Opfers sich durch einen Eingriff gegen andere, Störer oder Unbeteiligte, realisiert, ist eine gesetzliche Ermächtigung erforderlich.[33] Eine solche findet sich in den Normen des Polizei- und Ordnungsrechts, des Strafrechts wie sonstiger Rechtsgebiete, die Sanktionen gegen private Übergriffe vorsehen. Das Auswahlermessen hinsichtlich der Mittel hebt die Verpflichtung zum wirksamen Schutz nicht auf. Die Schutzpflicht stellt auf den Erfolg ab, nicht auf bloßes Bemühen und Ermessenserwägungen. Daher ist der Gesetzgeber von Verfassungs wegen verpflichtet, zwecktaugliche Mittel bereitzustellen, die der Art und Größe der Gefahr gewachsen sind.

Die Schutzpflicht bezieht sich auch auf den Vollzug. Auch hier gibt sie dem Ermessen Raum und öffnet sich darin der Verwaltungsklugheit und der Verwaltungsökonomie. Aber die Polizei hat ihr Ermessen schutzpflichtkonform[34] auszuüben. Die Schutzpflicht steuert die Ausübung des Entschließungs- und Auswahlermessens. Sie fügt die grundrechtlichen Schutzgüter in das polizeiliche Aufgabenblankett der „öffentlichen Sicherheit" ein und macht deren Gewicht geltend in der Güterabwägung, die dem polizeilichen Eingriff vorausgeht. Sie markiert die Schädlichkeitsgrenze, jenseits deren polizeiliches Stillhalten für das Opfer einer Gefahr grundrechtlich unzumutbar ist. Die Schutzpflicht kann die Ermessensreduzierung auf Null herbeiführen. Sie zwingt die Polizei, sich zu rechtfertigen, wenn sie einem Bürger in Gefahr nicht beisteht.

---

[31] Dagegen spricht *Erhard Denninger* dem Sicherheitsgedanken „eschatologisch-utopischen Charakter" zu, der zur Entgrenzung der Staatstätigkeit führe, und deutet ihn als Zusage einer „prinzipiell unbegrenzten, nie endenden staatlichen Aktivität" (Freiheit durch Sicherheit?, in: Hans-Joachim Koch [Hg.], Terrorismus – Rechtsfragen der äußeren und der inneren Sicherheit, 2002, S. 83 [90]). Derartiger progressus in infinitum ist eher in sozialen Grundrechten auf Arbeit, auf Gesundheit, auf Glück angelegt.

[32] Zur Ambivalenz des Rechtsstaats, der Freiheit wie Sicherheit gewährleistet: *Detlef Merten*, Rechtsstaat und Gewaltmonopol, 1975, S. 29 ff.; *Karl August Bettermann*, Der totale Rechtsstaat, 1986, S. 5 ff.; *Eberhard Schmidt-Aßmann*, Der Rechtsstaat, in: HStR I, ²1995, § 24 Rn. 31 (vgl. auch Rn. 11, 97); *Josef Isensee*, Rechtsstaat – Vorgabe und Aufgabe der Einung Deutschlands, in: HStR IX, ¹1997, § 202 Rn. 35; *Calliess* (N 24), S. 12 ff., 37 ff. (Nachw.). – Den einseitig staatsabwehrenden Rechtsstaatsbegriff vertreten dagegen *Denninger* (N 31), S. 86; *Wolfgang Heyde*, Über Schwierigkeiten im praktischen Umgang mit dem Rechtsstaatsprinzip, in: Festschrift für Konrad Redeker, 1993, S. 187 (197 f.).

[33] *Isensee* (N 12), § 191 Rn. 277 ff.; *Schwarz* (N 24), S. 47 ff.

[34] Näher *Isensee* (N 12), § 191 Rn. 293 ff. Zum Opportunitätsprinzip des Polizeirechts *Volkmar Götz*, Allgemeines Polizei- und Ordnungsrecht, ¹⁴2008, S. 92 ff.; *Christoph Gusy*, Polizei- und Ordnungsrecht, ⁷2009, Rn. 391 ff.

## VI. Notlagen und Grenzsituationen

Exekutive und Judikative müssen und dürfen nicht unmittelbar auf die Verfassung zurückgreifen, um Grundrechtsschutz zu gewährleisten, wenn eine gesetzliche Ermächtigung bereitsteht. Eine solche liegt in der Regel vor, sei es auch nur in der Form einer Generalklausel. Falls sich eine Lücke im gesetzlich gebotenen Grundrechtsschutz zeigt, ist sie vom Gesetzgeber zu füllen. Dennoch ist nicht von vornherein auszuschließen, daß in Grenzfällen jedwede gesetzliche Grundlage fehlt, wenn grundrechtlichen Gütern gegenwärtige Gefahr droht, so daß ohne staatliches Eingreifen private Notwehr legitim wäre. Hier stehen die Staatsorgane in dem Dilemma, entweder legal zu handeln und die grundrechtliche Schutzpflicht zu verletzen oder grundrechtlich legitim, aber ohne legale Befugnis. Die Notwehr-, Nothilfe- und Notstandstatbestände des Zivil- und des Strafrechts bieten keinen Ausweg, weil sie nur für Private gelten, als Ausnahmen vom staatlichen Gewaltmonopol, nicht aber als Eingriffsermächtigungen für Staatsorgane, denen das Gewaltmonopol regulär zusteht.[35] So bleibt im Grenzfall als ultima ratio nur der Rekurs auf die grundrechtliche Schutzpflicht selbst.

### 1. Polizeilicher Rettungsschuß

Das Dilemma bricht auf im Fall des „polizeilichen Rettungsschusses". Täter wie Opfer sind Grundrechtsträger. Der Gedanke liegt nahe, daß eine Patt-Lage droht, wenn in Fällen wie der Geiselnahme durch Bankräuber oder des Amokschützen in der Schule Leben gegen Leben steht. Die liberale Patentformel „in dubio pro libertate" greift nicht, weil Grundrecht wider Grundrecht streitet. Sie paßt nur für die zweiseitige Beziehung zwischen Grundrechtsträger und grundrechtspflichtiger Staatsgewalt, nicht in das Dreieck Staat – Störer – Opfer mit seinen zwei unterschiedlichen Grundrechtsfunktionen. Dennoch läßt sich das Patt auflösen. Denn hier kämpft Unrecht wider Recht, und in diesem Kampf ist der Rechtsstaat nicht neutral.[36] Er kann nicht frei wählen zwischen dem Tun gegenüber dem Täter und dem Lassen gegenüber dem Opfer. Er hält sich nicht auf der grundrechtlich sicheren Seite, wenn er passiv bleibt. Die grundrechtliche Schutzpflicht gebietet ihm, das Opfer zu retten und zieltaugliche Mittel einzusetzen. Die Menschenwürde des Angreifers verwehrt nicht die Verteidigung der Rechtsordnung. Im Gegenteil: es entspricht „der Subjektstellung des Angreifers, wenn ihm

---

[35] Dazu eingehend *Peter Lerche,* Der gezielt tödlich wirkende Schuß nach künftigem einheitlichem Polizeirecht – zum Verhältnis hoheitlicher Eingriffsbefugnisse zu den allgemeinen Notrechten, in: FS für Friedrich-August Freiherr von der Heydte, 1977, S. 1033 ff.; *Paul Kirchhof,* Polizeiliche Eingriffsbefugnisse und private Nothilfe, in: NJW 1978, S. 969 ff.

[36] *Paul Kirchhof,* Die Zulässigkeit des Einsatzes staatlicher Gewalt in Ausnahmesituationen, in: Deutsche Sektion der Internationalen Juristen-Kommission, 1976, S. 83 (114).

die Folgen seines selbstbestimmten Handelns zugerechnet werden und er für das von ihm in Gang gesetzte Geschehen in Verantwortung genommen wird".[37] Die Polizei muß eingreifen, und zwar, wenn kein anderes Mittel bereitsteht, durch gezielte Tötung des Angreifers. Damit die Exekutive ihre Schutzpflicht erfüllen kann, stellt der Gesetzgeber die erforderlichen Grundlagen bereit. Freilich täuscht er die Öffentlichkeit, wenn er die Ermächtigung zum „Rettungsschuß" nur in kaschierter Form vorsieht,[38] und wenn er ebenso überflüssig wie verwirrend im Kontext der Regeln über den unmittelbaren Polizeizwang auf die „unberührten" Vorschriften über Notwehr und Notstand verweist.[39] Denn die Notrechte kommen allein dem Bürger zu in der Situation, daß Hilfe des Staates nicht zu erlangen ist und sein Gewaltmonopol nicht greift.[40] Es steht aber nicht im Belieben des Staates, ob er seine Zwangsbefugnisse einsetzt und ob er die für den Einsatz erforderlichen gesetzlichen Ermächtigungen schafft. Vielmehr ist er, auch um der Grundrechte willen, von Verfassungs wegen verpflichtet, sein Gewaltmonopol zu wahren.

### 2. Luftpiraterie

Eine Zuspitzung findet das Dilemma Leben gegen Leben in dem Grenzfall, daß ein zur Bombe umfunktioniertes, von Terroristen gekapertes Passagierflugzeug die Bevölkerung am Boden bedroht und nur der Abschuß der Maschine unter Preisgabe der Geiseln an Bord die Rettung bringen könnte. Laut Bundesverfassungsgericht verstieße der Abschuß gegen Lebensrecht und Menschenwürde der Passagiere. Das Gericht gibt dem Abwehrrecht der Passagiere den absoluten Vorrang vor der Schutzpflicht zugunsten der vom Aufprall bedrohten Personen. Es macht sich die Entscheidung einfach, indem es nur ersteren Menschenwürde zuspricht, nicht aber auch den Todgeweihten am Boden. Es setzt sich darüber hinweg, daß der Staat nicht nur die Würde der durch sein eigenes Tun Betroffenen zu „achten", sondern auch die der durch fremdes Tun Gefährdeten zu „schützen" hat (Art. 1 Abs. 1 S. 2 GG).[41] Auf diese Weise wird das grundrechtliche Dilemma dissimuliert. Zugleich entsteht der fatale Eindruck, daß es aus verfassungsrechtlicher Sicht allemal besser sei, wenn in der äußersten Gefahr der Staat untätig bleibt, als wenn er handelt.

---

[37] BVerfGE 115, 118 (161).

[38] So herkömmlich das Polizeigesetz NRW, korrekt jedoch § 63 Abs. 2 S. 2 PolG seit Änderungsgesetz v. 9.2.2010. Zu den Landesgesetzen *Götz* (N 34), S. 121 f.; *Friederike Mußgnug*, Das Recht des polizeilichen Schußwaffengebrauchs, 2001, S. 47 ff.

[39] So § 57 Abs. 2 PolGNRW. Dazu *Mußgnug* (N 38), S. 146 ff.

[40] *Paul Kirchhof* (N 35), S. 969 ff. Zu den verwirrenden Hinweisen der Polizeigesetze auf die Notrechte *Götz* (N 34), S. 122 f.; *Mußgnug* (N 38), S. 164 ff.

[41] BVerfGE 115, 118 (151 ff.). Näher *Josef Isensee*, Leben gegen Leben, in: FS für Günther Jakobs, 2007, S. 205 ff.

## 3. Verfassungsunmittelbares Notrecht

Das Bundesverfassungsgericht hält im Schleyer-Beschluß aus dem Jahre 1977, der Zeit des RAF-Terrors, den Rückgriff auf eine präterlegale Schutzpflicht für das Leben einer Geisel, jedenfalls hypothetisch, für erlaubt.[42] In der Frage, ob der Staat der terroristischen Erpressung nachgeben und legale Positionen räumen und sogar contra legem handeln darf, um das Leben einer Geisel zu retten, läßt es sich erst gar nicht darauf ein, ob eine gesetzliche Grundlage erforderlich und vorhanden ist. Für die Forderungen der Geiselnehmer, elf namentlich benannte in Untersuchungshaft oder in Strafhaft einsitzende Terroristen freizulassen und ihnen die Ausreise aus dem Bundesgebiet zu ermöglichen, gab es keine gesetzliche Grundlage. Wohl aber bestand das gesetzliche Verbot der Strafvereitelung. Das Gericht geht davon aus, daß es für einen Grenzfall dieser Art eine gesetzliche Grundlage überhaupt nicht geben könne. Denn die zum Schutz gegen terroristische Erpressungen „gebotenen Maßnahmen" müßten der Vielfalt der singulären Lagen angepaßt sein. Sie könnten weder generell im voraus normiert noch aus einem Individualrecht als Norm hergeleitet werden.[43] Eine Festlegung könne von Verfassungs wegen nicht erfolgen, „weil dann die Reaktion des Staates von vornherein kalkulierbar würde. Damit würde dem Staat der effektive Schutz seiner Bürger unmöglich gemacht".[44] Was hier „geboten" ist, ergibt sich nicht aus allgemeinen rechtlichen Regelungen, sondern aus der Macht der Umstände. „Eine wirksame Wahrnehmung dieser Pflicht setzt voraus, daß die zuständigen staatlichen Organe in der Lage sind, auf die jeweiligen Umstände des Einzelfalles angemessen zu reagieren; schon dies schließt eine Festlegung auf ein bestimmtes Mittel aus".[45]

Im vorliegenden Fall liegt kein Konflikt vor zwischen einer abwehrrechtlichen Position der Terroristen und dem Schutz des Lebens der Geisel. Das Gericht verliert denn auch keine Worte darüber, ob dem Geiselnehmer etwa grundrechtliche Freiheit zu Entführung, Erpressung und Mord zustehe (wie es der weiten Tatbestandstheorie entspräche) und ob diese „Freiheit" dem Lebensschutz der Geisel zu weichen habe. Dagegen zeigt sich ein Widerspruch zwischen der Schutzpflicht gegenüber dem Entführten und der Schutzpflicht gegenüber der Gesamtheit der Bürger.[46] Schutzpflicht steht gegen Schutzpflicht: hier der Verfassungsauftrag, das Leben des Einzelnen zu retten, dort der Auftrag, die Bedingungen des Lebens aller und darin die Integrität der Rechtsordnung zu wahren. Dieses

---

[42] BVerfGE 46, 160 (164 f.).
[43] BVerfGE 46, 160 (165).
[44] BVerfGE 46, 160 (165).
[45] BVerfGE 46, 160 (165).
[46] BVerfGE 46, 160 (165). – Dazu *Ulrich Vosgerau*, Grenzen der Liberalen Gewährleistungstheorie, in: Jörg Scharrer et alii (Hg.), Risiko im Recht – Recht im Risiko, 2011, S. 135 (151 f.).

verfassungsrechtliche Dilemma kennt keine glatte Lösung. An jeder Lösung haftet ein rechtlicher Makel. Dennoch mußte praktisch entschieden werden. Das Bundesverfassungsgericht wies die Entscheidung den politischen Organen zu. Es gab ihnen keine verfassungsrechtliche Direktive mit. Vielmehr stellte es ihrer Entscheidung anheim, „welche Maßnahmen zur Erfüllung der ihnen obliegenden Schutzpflichten zu ergreifen sind."[47] Als diese daraufhin die Forderungen der Erpresser ablehnten, schonten sie die Legalordnung und nahmen die Ermordung Schleyers in Kauf. Das heißt aber nicht, daß sie damit auf dem Boden des Gesetzes entschieden hätten. Vielmehr trafen sie in freier Entscheidung die Wahl zwischen Nachgiebigkeit und Härte. Maßstab war nicht das Gesetz, sondern das politische Kalkül und die politische Moral. Verfassungsrechtlich aber war die Entscheidung, so tragisch sie in ihrer Folge auch war, nicht zu beanstanden.

### VII. Sicherheitsphobie, Gefährdungshysterie, Rechtsvertrauen

Mit den grundrechtlichen Schutzpflichten, der wichtigsten Entdeckung der Grundrechtsdogmatik unter der Geltung des Grundgesetzes, hat ein Prozeß der Konstitutionalisierung der Sicherheit eingesetzt. Doch die Konstitutionalisierung stößt auf politischen Widerstand in der gängigen Sicherheitsphobie, die, von den Medien geschürt, Einfluß auf die Gesetzgebung und den Gesetzesvollzug übt und, in gewisser Brechung, auch auf die Fachgerichte und auf das Bundesverfassungsgericht. Die Anforderungen an die Nähe und die Nachweisbarkeit der Gefahr werden hochgeschraubt und die Mittel zu ihrer Abwehr eingeschränkt. Stichwort Sicherungsverwahrung. Gefahrenvorsorge wird als Panikmache denunziert, zumal wenn es sich um neuartige Gefahren handelt, die vom islamistischen Terror ausgehen.[48] Der grundrechtliche Datenschutz wird vom Bundesverfassungsgericht in freier Grundrechtsfindung immer weiter ausgebaut zum Hindernis für die staatliche Verwaltung, verläßliche Informationen über die Sicherheitslage durch Gewinnung, Speicherung und Auswertung relevanter Daten zu erhalten. Stichwort Rasterfahndung. Als Schreckbild eines neuen Leviathan wird ein Präventiv- und Überwachungsstaat an die Wand gemalt.

Das Bundesverfassungsgericht hält sich nicht an objektive Schutzbereiche der geschriebenen oder ungeschriebenen Grundrechte, sondern statuiert einen Grundrechtsschutz für Gefühle, und zwar Gefühle eines unkontrollierbaren Beobachtet- oder Überwachtwerdens sowie der Eingeschüchtertheit.[49] Dagegen ignoriert es

---

[47] BVerfGE 46, 160 (165).
[48] Exemplarisch *Heribert Prantl,* Der Terrorist als Gesetzgeber. Wie man mit Panik Politik macht, 2008; *Patrick Bahners,* Die Panikmacher, 2011. Kritik *Matthias Matussek,* Stoßseufzer: Zum Dschihad im Feuilleton, in: ders., Das katholische Abenteuer, 2011, S. 141 ff.
[49] BVerfGE 107, 299 (328); 115, 320 (354 f.); 120, 378 (402, 430); 125, 260 (332). Gleiche Tendenz *Wolfgang Hoffmann-Riem,* Freiheit und Sicherheit im Angesicht terro-

das Sicherheitsgefühl der Bevölkerung gegenüber privater Gewalttätigkeit, Kriminalität und terroristischer Bedrohung.[50] Doch das eine wie das andere Gefühl bildet keinen verfassungsrechtlichen Maßstab; es handelt sich lediglich um ein psychologisches Phänomen, das der Gesetzgeber berücksichtigen kann. Dessen politische Kompetenz maßt sich das Bundesverfassungsgericht an, wenn es in selektiver Wahrnehmung subjektive Befindlichkeiten der Gesellschaft definiert und zu Verfassungsrelevanz erhebt. Damit verschiebt sich die Balance zwischen Freiheit und Sicherheit zu Lasten der letzteren. Recht weicht der Politik. Die Politik aber ist inkonsistent. Sie reagiert unterschiedlich auf Gefahren für die öffentliche Sicherheit: gelassen und betont sachlich, wenn es sich um Anschläge aus dem muslimischen Milieu, hochempfindlich, wenn es sich um Anschläge auf muslimische Zuwanderer handelt, in höchstem Grade aufgeregt, wenn sich die Möglichkeit eines neonazistischen Hintergrundes abzeichnet

Doch die landläufige Sicherheitsphobie ist selektiv. Sie schlägt um in ein manisches Sicherheitsbedürfnis, das alle rechtsstaatlichen Schranken sprengt und dem Übermaßverbot trotzt, wenn es um gesundheits- und umweltrelevanten Gefahrverdacht geht: genmanipuliertes Gemüse, Vogelgrippe und Schweinepest, krebserzeugungsverdächtige Faktoren jedweder Art. In den Vorkehrungen gegen die Klimakatastrophe gewinnt die Sicherheitsvorsorge eschatologische Ausmaße. Die zivile Nutzung der Kernenergie wird vom Grenzfall des Super-GAU her rechtlich beurteilt; soweit deutsche Staatsgewalt reicht, wird ohne grundrechtliche Hemmungen selbst das entfernteste Restrisiko beseitigt durch Abschaltung des Kraftwerks und Ausstieg aus der Kernenergie ohne gesicherte Alternativen: der absolute Triumph der Schutzpflicht über das Abwehrrecht. Wenn in Japan ein Kernkraftwerk außer Kontrolle gerät, schlucken die Berliner aus Angst Jodtabletten und die Stuttgarter gehen vorsorglich mit dem Geigerzähler auf die Straße. Ausländische Beobachter reden von „German Angst". Den Risiken des Kernkraftwerks ähneln im hypersensiblen Sicherheitsgemüt der Deutschen die Risiken des Rauchens, die mit dem Segen des Bundesverfassungsgerichts immer weiter gebannt werden, ohne daß die Freiheitsrechte der Raucher und der Wirte sonderlich Beachtung finden.[51]

---

ristischer Anschläge, in: ZRP 2002, S. 497 (499 ff.); *Oliver Lepsius,* Sicherheit und Freiheit – ein zunehmend asymmetrisches Verhältnis, in: Gunnar Folke Schuppert et alii (Hg.), Der Rechtsstaat unter Bewährungsdruck, 2010, S. 23 ff. Grundsätzliche Kritik: Sondervotum *Schluckebier,* BVerfGE 125, 264 (265 ff.); *Kyrill Alexander Schwarz,* Überwachungsgefühle, in: FAZ v. 5.5.2011 Nr. 104, S. 5; *ders.,* „Gefühlte" Grundrechtseingriffe und „reale" Gefahren, in: FS für Franz-Ludwig Knemeyer 2012, S. 407 (410 ff.).

[50] Demoskopie der Ängste der Bürger *Thomas Petersen,* Der Charme des Irrationalen, in: FAZ v. 21.9.2011, Nr. 220, S. 5.

[51] BVerfGE 121, 317 (344 f., 354 f.). Dazu *Michael Sachs,* Nichtraucherschutz in Gaststätten vor dem Bundesverfassungsgericht, in: FS für Herbert Bethge, 2009, S. 251 ff. Ausgewogene Lösung: *Wolfgang Loschelder,* Staatliche Regelungsbefugnis und Toleranz im Immissionsschutz zwischen Privaten, in: ZBR 1977, S. 337 ff.

Wo hochgradige Sicherheitssensibilität waltet, erweitert sich die Gefahrenabwehr zur Risikovorsorge. Damit aber erhöht sich der Rechtfertigungsbedarf gegenüber den betroffenen Freiheitsrechten.[52]

In der freiheitlichen Demokratie haben Ängste und sonstige irrationale Strebungen der Bevölkerung politische Macht. Der Rechtsstaat muß gegensteuern und dafür sorgen, daß Sicherheitsgefühle getragen und begrenzt werden durch Rechtsvertrauen. Das aber kann nur glücken, wenn die Rechtsnormen, ihre Auslegung und ihr Vollzug den Standard an objektiver Sicherheit gewährleisten, der die Unbefangenheit der Freiheitsausübung ermöglicht.

### VIII. Sprengstoff für rechtsstaatliche Begriffe: Terrorismus

Die bisherigen Überlegungen halten sich im Binnenraum der staatlichen Rechtsordnung und ihrer gefestigten Kategorien. Doch dieser Binnenraum wird aufgesprengt durch den Terrorismus.[53] Die Opfer seiner Anschläge sind Mittel zu dem Zweck, das Sicherheitsgefühl der Bevölkerung zu zerstören und die Regierung seinen Forderungen gefügig zu machen. Er operiert weltweit, virtuell allgegenwärtig. Beweglich, wie er ist, vermag er überall zuzuschlagen und seine in pakistanischen Bergdörfern oder in deutschen Universitäten versteckten Kämpfer jederzeit rekrutieren. Diese entgrenzte Gefahr entgleitet dem territorial begrenzten Polizeirecht des Staates. Die Polizei fängt sie auch nicht ein, indem sie mit ausländischer Polizei kooperiert, weil sie nicht über die Waffen verfügt, um dem Angriff wirksam zu begegnen. Das ist einer der Gründe dafür, daß einzelne Staaten zu militärischen Mitteln greifen und dem Terrorismus den Krieg erklären. Das aber ist kein Krieg im Sinne des Völkerrechts. Das völkerrechtliche Kriegsrecht bezieht sich auf den Krieg zwischen Staaten. Nun aber kämpfen Staaten gegen nichtstaatliche Gegner, also gegen „Private", die, mehr oder weniger vernetzt, planvoll oder spontan agieren. Dieser Krieg kennt keine rechtlichen Regeln, die beide Parteien binden. Es existiert kein übergreifendes ius in bello. Der Terrorist unterwirft sich nicht dem Recht und nicht der Moral. Der Staat aber geht nicht wie im herkömmlichen Staatenkrieg darauf aus, den Feind niederzuwerfen, um am Ende mit ihm Frieden zu schließen, sondern sein Ziel ist es, den Terrorismus auszurotten.

---

[52] Dazu *Masing* (N 10), S. 756 ff.; *Isensee* (N 12), § 191 Rn. 235 f.

[53] Zum Phänomen des Terrorismus aus rechtlicher Sicht *Josef Isensee,* Der Verfassungsstaat als Friedensgarant, in: Rudolf Mellinghoff et alii (Hg.), Die Erneuerung des Verfassungsstaates, 2003, S. 7 (8 ff.); *Eckart Klein,* Die Herausforderung durch den internationalen Terrorismus, in: Josef Isensee (Hg.), Der Terror, der Staat und das Recht, 2004, S. 9 ff.; *Bernd Grzeszick,* Staat und Terrorismus, ebd., S. 55 ff.; *Michael Pawlik,* Der Terrorist und sein Recht, 2008, S. 10 ff., 38 ff.; *Masing* (N 10), S. 754 f.

Der Terrorismus sprengt nicht nur Fahrzeuge, Gebäude und Menschenleben, sondern auch Begriffe. Hergebrachte Unterscheidungen des staatlichen Rechts und des Völkerrechts geraten ins Wanken, die Unterscheidungen

- zwischen Gefahrenabwehr, Gefahrenvorsorge und Strafverfolgung,
- zwischen innerer und äußerer Sicherheit,
- zwischen Polizei und Militär,
- zwischen Zivilisten und Kombattanten,
- zwischen Kriminalität und Krieg,
- zwischen dem polizeirechtlichen Störer und dem politischen Feind.

Die tiefste Irritation ist das Selbstmordattentat. Der Terrorist, der, um der großen Sache willen sich selbst in die Luft sprengt und andere in unabsehbarer Zahl in den Tod reißt, spottet der Prämisse des Verfassungsstaates: daß jedem Menschen sein eigenes Leben lieb ist, daß im Willen zum Leben der natürliche, legitime Eigennutz gipfelt und dieser Wille die politische Vernunft leitet. Der Staat als rationales Konstrukt zur Verwirklichung innerweltlicher Ziele des Individuums kennt kein höheres Ziel, als Leib und Leben zu sichern. Das ist die klassische Rechtfertigungsphilosophie von Thomas Hobbes: daß es die Sorge um die Sicherheit von Leib und Leben ist, welche die Menschen zum Staat zusammenführt, daß es dessen ratio essendi ist, Leib und Leben zu schützen, und daß sein Anspruch auf den Gehorsam des Bürgers nicht weiter reicht als seine Tätigkeit und seine Bereitschaft, diesen Schutz effektiv zu gewährleisten. Das Präventions- und das Sanktionssystem des Rechtsstaates gründet auf dieser Prämisse. Das schärfste aller möglichen Mittel des staatlichen Zwangs wäre die Tötung. Doch die liberale Verfassung trifft alle Vorkehrungen, um den Einsatz gerade dieses Mittels zu verhindern. Sie ächtet den Angriffskrieg, und sie verbietet die Todesstrafe. Der polizeiliche Rettungsschuß bleibt nur als prekäre ultima ratio. Die grundrechtlichen Schutzpflichten wirken darauf hin, daß Gefahren und Risiken für Leben und Gesundheit, auch solche, die Umwelt, Technik und Nahrung mit sich bringen, tunlichst gemieden werden. Die Regelungen und Sanktionen des Rechtsstaats sind so abgestuft, daß sie sich so weit wie möglich von den Eingriffen in Leib und Leben fernhalten, in denen sich die Würde des Menschen verkörpert.[54]

Das liberale Präventions- und Sanktionssystem bricht sich an der Person des islamistischen Attentäters, der den Tod nicht fürchtet und keinen irdischen Eigennutz kennt, allenfalls den Wunsch nach irdischem Nachruhm. „Qui potest mori, non potest cogi" (Seneca). Der Terrorist, der dieses Niveau innerer Freiheit erreicht hat, läßt sich nicht einfangen von Kants listigem Plan, den Rechtsstaat

---

[54] *Josef Isensee,* Der grundrechtliche Konnex von Menschenleben und Menschenwürde, in: Zeitschrift für Lebensrecht, 2009, S. 114 ff.

nicht auf der Moralität der Menschen zu gründen, sondern auf seinem Eigennutz: Der Mechanismus der Natur führe den Widerstreit der selbstsüchtigen Neigungen zu der vernünftigen Einsicht aller, sich Zwangsgesetzen zu beugen, somit den inneren wie den äußeren Frieden zu fördern und zu sichern. Das Problem sei selbst für ein Volk von Teufeln lösbar. Freilich macht Kant den Vorbehalt „wenn sie nur Verstand haben".[55] Verstand aber ist die Fähigkeit, zweckmäßig im Sinne der Selbsterhaltung zu handeln. Eben diese Art von Verstand geht dem Terroristen ab, dem am Leben nichts liegt, alles aber an der großen Sache, für die jedes Opfer recht ist und die kein Maß duldet für ihren Einsatz. Terrorismus ist das Übermaß schlechthin, der Verfassungsstaat aber ist er Staat des Maßes.[56]

Dennoch läßt sich der Rechtsstaat nicht vom Terrorismus die Maßstäbe des Handelns aufzwingen. Er führt den asymmetrischen Kampf mit einem Widersacher, der keine vorgegebenen Maßstäbe des Rechts und der Moral kennt. Wenn dieser ihm den Krieg erklärt, tut er ihm nicht den Gefallen, die Kriegserklärung anzunehmen und sich auf seine Ebene jenseits von Recht und Moral zu begeben.[57] Der Rechtsstaat behandelt den Terroristen nicht als Feind, sondern als Rechtsbrecher, und er begegnet ihm in den Bahnen des Rechts und mit den Mitteln des Rechts. Darin achtet er die Menschenwürde, die auch der nicht verliert, der die Würde der anderen grauenhaft mißachtet. Der deutsche Rechtsstaat hat bislang der Herausforderung des Terrorismus standgehalten. Das gibt Hoffnung, daß es so bleibt.

---

[55] *Immanuel Kant,* Zum ewigen Frieden, Erster Zusatz (1975), in: ders., Werke (hg. von Wilhelm Weischedel), Bd. VI, 1964, S. 191.

[56] *Kurt Eichenberger,* Freiheit als Verfassungsprinzip: Der Staat des Maßes (1979), in: ders., Der Staat der Gegenwart, 1980, S. 165 ff., 176 ff.

[57] Unterschiedliche Perspektiven der Selbstbehauptung des Rechtsstaats gegenüber dem Terrorismus BVerfGE 49, 24 (56 f.); 115, 320 (341 ff.); *Helmut Schulze-Fielitz,* Nach dem 11. September: An den Leistungsgrenzen eines verfassungsstaatlichen Polizeirechts?, in: FS für Walter Schmitt Glaeser, 2003, S. 407 ff.; *Horn* (N 19), S. 435 ff.; *Grzeszick* (N 53), S. 68 ff.; *Günther Jakobs,* Terroristen als Personen im Recht?, ZStW 117 (2005), S. 839 ff.; *Pawlik* (N 53), S. 25 ff.; *Johannes Masing,* Die Ambivalenz von Freiheit und Sicherheit, in: JZ 2011, S. 752 (754 ff.).

# Wahlrechtsgrundsätze und Mandatsverständnis: Die verfassungsrechtliche Zulässigkeit von Frauenquoten in der Politik

Matthias Friehe und Stephan Klenner*

Bei der Wahl zur deutschen Nationalversammlung am 19. Januar 1919 waren Frauen zum ersten Mal in der deutschen Geschichte dazu aufgerufen, bei einer nationalen Wahl mitabzustimmen. Was heute zumindest in Europa eine Selbstverständlichkeit ist, war damals durchaus ein Novum. In Frankreich beispielsweise wurde das Frauenwahlrecht erst mit Ende des Zweiten Weltkriegs und der Gründung der Vierten Republik eingeführt.

Obwohl das aktive und passive Wahlrecht von Frauen in Deutschland in einigen Jahren bereits sein 100-jähriges Jubiläum feiern wird, sind Frauen in der Politik nach wie vor unterrepräsentiert, wie ein Blick in das Datenhandbuch des Deutschen Bundestages beweist: Zwar gibt es eine steigende Tendenz, aber immer noch ist weniger als ein Drittel der Abgeordneten weiblich.[1] Politisch gibt es bereits seit den 1980er-Jahren in den politischen Parteien die Tendenz, durch obligatorische oder fakultative Frauenfördermaßnahmen, darunter auch feste Quoten, den Anteil weiblicher Mandats- und Funktionsträger zu erhöhen.[2] Gesetzliche Frauenquoten bei der Kandidatenaufstellung werden dagegen überwiegend für verfassungswidrig gehalten.[3] In jüngster Zeit gibt es aber auch kritische Stimmen diesbezüglich.[4] In Frankreich ist eine gesetzliche Frauenquote für Kandidatennominierungen inzwischen, wenn auch auf Regional-, Kommunal-, Senats-, und Europawahlen beschränkt, Realität.

---

* Die Autoren studieren an der Philipps-Universität Marburg und sind dort studentische Hilfskräfte am Lehrstuhl für Staats- und Verwaltungsrecht von Herrn Prof. Dr. Steffen Detterbeck. Der Autor Friehe ist Inhaber des Diplôme Universitaire de Droit Public Français der Universität Poitiers.

[1] *Feldkamp,* Datenhandbuch Bundestag, S. 275.

[2] Einen Überblick über die Satzungsbestimmungen zur Kandidatennominierung gibt *Werner,* Gesetzesrecht und Satzungsrecht, S.73 ff.

[3] *Jutzi,* LKRZ 2012, S. 92 [95]; *Ebsen,* JZ 1989, S. 553 [555 ff.]; *Oebbecke,* JZ 1988, S. 176 [177 ff.].

[4] Laskowski meint, eine gesetzliche Quote sei wegen Art. 3 Abs. 2 S. 2 GG gerechtfertigt, vgl. Gutachten für den Schleswig-Holsteinischen Landtag, S. 5 ff.

Bei genauer Betrachtung der bundesverfassungsgerichtlichen Rechtsprechung zu den Wahlrechtsgrundsätzen fällt auf, dass Eingriffe in Wahlrechtsgrundsätze, insbesondere in die Gleichheit der Wahl, gerechtfertigt sein können, wenn sie dem Zweck der Parlamentswahl dienen. Da Wahlzweck zumindest auch die Schaffung einer repräsentativen Vertretung des deutschen Volkes ist, kann keinesfalls für sicher gehalten werden, dass die Karlsruher Richter eine gesetzliche Frauenquote für die Kandidatennominierung für verfassungswidrig erklären würden.

Mit dieser Abhandlung soll zunächst die verfassungsrechtliche Entwicklung in Frankreich dargestellt werden, die schließlich eine gesetzliche Frauenquote möglich machte (I.). Anschließend soll in einer Rechtsprechungsanalyse untersucht werden, welche Maßstäbe die deutsche Verfassungsgerichtsbarkeit bislang für eine Einschränkung der Wahlrechtsgrundsätze anlegte und welche Rückschlüsse sich daraus für die verfassungsrechtliche Zulässigkeit einer gesetzlichen Frauenquote ziehen lassen (II.). Abschließend soll untersucht werden, in welchem Verhältnis die Wahlrechtsgrundsätze zum Mandatsverständnis des Grundgesetzes gemäß Art. 38 Abs. 1 S. 2 GG stehen und welche Folgen dies für die verfassungsrechtliche Zulässigkeit von gesetzlichen Frauenquoten hat (III.).

## I. Verfassungsrechtliche Entwicklung in Frankreich

In Frankreich gibt es seit etwa dreißig Jahren Bestrebungen, die Unterrepräsentation von Frauen in politischen Ämtern durch gesetzliche Quotenvorgaben zu bekämpfen. Zu dieser Zeit gehörte Frankreich innerhalb Europas zu den Ländern mit dem niedrigsten Frauenanteil in politischen Ämtern.[5]

Das französische Wahlsystem ist stark vom Mehrheitswahlrecht geprägt, das nicht nur bei der Direktwahl des Präsidenten, sondern auch bei der Wahl zur Nationalversammlung Anwendung findet. Der Anwendungsbereich für gesetzliche Quotenregelungen ist daher von vorneherein auf die Wahlen zum Europaparlament, zum Senat, sowie auf die Regional- und Kommunalwahlen, bei denen das Verhältniswahlrecht gilt, beschränkt.

### 1. Gesetzesvorstoß 1982 und Quoten-I-Rechtsprechung

In diesem Anwendungsbereich versuchte der französische Gesetzgeber 1982 erstmals, das Geschlechterverhältnis politischer Entscheidungsträger mit einer gesetzlichen Frauenquote zu verändern. Die vom französischen Gesetzgeber verabschiedete Änderung des Wahlgesetzes (Code électoral) sah vor, dass fortan auf einem Wahlvorschlag höchstens 75 von hundert Kandidaten dem gleichen Ge-

---

[5] *Zimmermann,* EuGRZ 2000, S. 431.

schlecht angehören durften. Diese Regelung, die vorrangig eine Mindestrepräsentation von Frauen bezweckte, wurde in der Nationalversammlung mit 476 Ja- bei nur vier Nein-Stimmen angenommen.[6] Dieses beinahe einstimmige Ergebnis konnte womöglich auch deshalb erreicht werden, weil das Gesetz für die Wahlen zur Nationalversammlung keine Bedeutung hatte.

In der für die französische Rechtsprechung typisch kurzen und knappen Form erklärte der Conseil constitutionnel diese Vorschriften für verfassungswidrig.[7] Bemerkenswert an der Urteilsbegründung ist, dass die Richter hauptsächlich nicht auf das Gleichheitsgebot abstellen, sondern auf den Begriff der „qualité de citoyen"[8]. Aus dem Begriff des Bürgers („citoyen") folge dessen Recht, zu identischen Bedingungen wie alle anderen Bürger zur Wahl stehen zu können. Dieses verfassungsrechtliche Prinzip, so führt das Gericht aus, verbiete „toute division par catégories des électeurs ou des éligibles"[9].

Offenbar nimmt der Conseil constitutionnel mit dieser, nur auf den ersten Blick unnötig kompliziert erscheinenden Begründung, auf die Väter der französischen Revolution, allen voran Sieyès, Bezug.[10] Politische Repräsentation basiert nicht auf dem Trennenden, sondern auf dem Gemeinsamen der Bürger. Diese Vorstellung hatte bereits Rousseau der französischen Staatsphilosophie eingeflößt, indem er die volonté générale strikt von den Partikularinteressen der Bürger zu scheiden suchte. In dieser Tradition steht auch die französische Verfassung, die bereits in ihrem ersten Satz die Unteilbarkeit der französischen Nation betont (Art. 1 Abs. 1 S. 1 frz. Verf.). Die Unzulässigkeit von Unterscheidungen innerhalb der Wählerschaft jedweder Art folgt also daraus, dass die Verfassung der Fünften Republik nur ein einheitliches französisches Staatsvolk kennt.[11]

Obwohl diese Begrifflichkeiten in der deutschen Staatsrechtslehre eher ungebräuchlich sind, kommt doch der gleiche Gedanke in Art. 38 Abs. 1 S. 2 Hs. 1 GG zum Tragen: „Sie [sc. die Abgeordneten des Deutschen Bundestages] sind Vertreter des *ganzen* Volkes".

*2. Gesetzesvorstoß 1999 und Bestätigung der Quoten-I-Rechtsprechung*

Ungeachtet der Rechtsprechung des Conseil constitutionnel unternahm der französische Gesetzgeber 1999 einen erneuten Anlauf, die politische Unterrepräsentation von Frauen durch eine gesetzliche Quote zu beenden. Diesmal ging das verabschiedete Gesetz noch über die Regelung von 1982 hinaus. Verlangt wurde

---

[6] *Boulois,* AJDA 1983, S. 74 [80].
[7] Cons. const., Beschl. v. 18.11.1982 (Az.: 82-146 DC), Réc. 1982, S. 66 ff.
[8] Cons. const., a. a. O., S. 68.
[9] Cons. const., ibid.
[10] *Boulois,* AJDA 1983, S. 74 [80].
[11] *Zimmermann,* EuGRZ 2000, S. 431 [432].

nunmehr eine Geschlechterparität auf den eingereichten Wahlvorschlägen. Der Conseil constitutionnel begnügte sich für die Feststellung der Verfassungswidrigkeit dieser Regelung mit einem knappen Hinweis auf seine vorangegangene Rechtsprechung aus dem Jahr 1982.[12] Das von den Beschwerdeführern vorgebrachte Argument, die Quote verstoße gegen den Gleichheitssatz, wie er von Art. 6 der Menschen- und Bürgerrechtserklärung von 1789[13] garantiert sei,[14] ließ das Gericht dagegen unkommentiert. Der Conseil constitutionnel blieb somit ganz seiner Linie treu, vorwiegend nicht auf den Gleichheitssatz, sondern auf den Grundsatz der Unteilbarkeit der Nation und des Wahlvolks abzustellen.

*3. Verfassungsänderung 1999 und endgültige Einführung der Quote 2000*

Nachdem die Verfassungsrichter ihre Rechtsprechung hinsichtlich der Unzulässigkeit einer Frauenquote bekräftigt hatten, kam es im Juli 1999 zu einer Verfassungsänderung.[15] Art. 1 frz. Verf. wurde um folgenden Satz ergänzt: „La loi favorise l'égal accès des femmes et des hommes aux mandats électoraux et fonctions électives [...]". Art. 4 frz. Verf., der ähnlich wie Art. 21 GG die Parteienfreiheit normiert, wurde um einen entsprechenden Verweis auf das Ziel des gleichen Zugangs beider Geschlechter zu politischen Ämtern ergänzt. Damit sollen auch die Parteien auf dieses Ziel verpflichtet werden.[16]

Kurze Zeit später vollendete der französische Gesetzgeber einfachgesetzlich durch umfangreiche Änderungen des Code électoral sein Werk.[17] Die nunmehr in Kraft befindliche Regelung ist äußerst streng. In der ursprünglichen Fassung aus dem Jahr 2000 wurde noch dahingehend unterschieden, dass nur bei Listenwahlen, die in einem einzigen Wahlgang abgehalten werden, die Geschlechter alternierend vertreten sein müssen, während bei Listenwahlen, die in zwei Wahlgängen entschieden werden,[18] lediglich in Blöcken von je sechs Kandidaten eine

---

[12] Cons. const. Beschl. v. 14.01.1999 (Az.: 98-407 DC), Réc. 1999 S. 21 [24], 12. Entscheidungserwägung.

[13] Die Menschen- und Bürgerrechtserklärung von 1789 gehört zum *bloc de constitutionnalité*, dem nach der st. Rspr. des Conseil constitutionnel Verfassungsrang zukommt.

[14] Cons. const., Réc. 1999, S. 24 [24], 11. Entscheidungserwägung.

[15] Loi constitutionnelle n° 99-569 relative à l'égalité entre les femmes et les hommes, JO v. 09.07.1999, S. 10175.

[16] *Zimmermann,* EuGRZ 200, S. 431 [433].

[17] Loi n° 2000-493 tendant à favoriser l'égal accès des femmes et des hommes aux mandats électoraux et fonctions électives, JO v. 07.06.2000, S. 8560.

[18] Eine Listenwahl in zwei Wahlgängen ist beispielsweise für Kommunalwahlen in Kommunen mit mehr als 3.500 Einwohnern vorgesehen. Erhält im ersten Wahlgang keine Liste die absolute Mehrheit, kommt es zu einem zweiten Wahlgang, bei dem nur noch Listen antreten dürfen, die wenigstens 10 von Hundert der Stimmen erhalten haben. Kandidaten, die wenigstens 5 von Hundert der Stimmen erhalten haben, können

Geschlechterparität einzuhalten sei. Gemäß der heute gültigen Fassung ist die alternierende Kandidatur von Kandidaten beider Geschlechter ausnahmslos vorgeschrieben.[19]

Die nach der Verfassungsänderung erfolgten Änderungen des Wahlgesetzes wurden vom Conseil constitutionnel für verfassungsgemäß erklärt.[20] In ihrer Entscheidung betonten die Richter, dass es dem verfassungsändernden Gesetzgeber weitgehend freigestellt sei, die Verfassungsprinzipien zu ändern.[21] Dem verfassungsändernden Gesetzgeber sei es nicht nur darum gegangen, ein unverbindliches Ziel zu formulieren, sondern darum, eine Rechtsgrundlage für gesetzliche Quotenvorgaben zu schaffen.[22] Dieser Bezug auf den Willen des historischen Gesetzgebers ist für das französische Verfassungsgericht durchaus ungewöhnlich.[23]

Gleichwohl galt es, eine Abwägung vorzunehmen. Zwar erhob der verfassungsändernde Gesetzgeber das Ziel eines effektiv gleichen Zugangs beider Geschlechter zum neuen Verfassungsprinzip. Dessen ungeachtet bestehen das in Art. 1 Abs. 1 frz. Verf. normierte Prinzip der Unteilbarkeit der Republik sowie der Grundsatz der Gleichheit der Wahl gemäß Art. 3 Abs. 3 S. 2 frz. Verf. fort. Nach der auch in dieser Sache erneuerten Rechtsprechung des Conseil constitutionnel obliegt die Ausbalancierung divergierender Verfassungsprinzipien aber dem Gesetzgeber.[24] Aus der Sicht eines deutschen Juristen handelt es sich hierbei um eine bemerkenswerte Selbstbeschränkung des Conseil constitutionnel, der anders als das deutsche Bundesverfassungsgericht keine praktische Konkordanz zwischen verschiedenen Verfassungsbestimmungen herstellt.[25] Auch in der französischen Literatur wurde jedoch vorsichtige Kritik an der Aufgabe althergebrachter Verfassungsprinzipien geübt.[26]

## II. Analyse der bundesverfassungsgerichtlichen Rechtsprechung

In Deutschland kommt der Frage nach einer Quotierung bei politischen Wahlen eine größere Sprengkraft als in Frankreich zu. Denn hierzulande ist das Verhältniswahlrecht sehr viel verbreiteter. Es findet im Rahmen der personalisierten Verhältniswahl auch bei der Bundestagswahl Anwendung.

---

auf die Listen, die mindestens 10 von Hundert erzielt haben, wechseln. Vgl. Art. L-262 Code électoral.

[19] Vgl. für die Listenwahlen in zwei Wahlgängen Art. L-264 Abs. 1, L-346 Abs. 1 und L-370 Abs. 1 Code électoral.
[20] Cons. const., Beschluss v. 30.05.2000 (Az.: 2000-429 DC), Réc. 2000, S. 84 ff.
[21] Cons. const., Réc. 2000, S. 84 [86], 6. Entscheidungserwägung.
[22] Cons. const., ibid.
[23] *Jacquinot*, RFDC 43 (2000), S. 561 [563].
[24] Cons. const., Réc. 2000, S. 84 [87], 7. Entscheidungserwägung.
[25] *Zimmermann*, EuGRZ 2000, S. 431 [434].
[26] Vgl. *Schoettl*, AJDA 2000, S. 653 [655].

Im Rahmen der rechtswissenschaftlichen Diskussion werden, neben der Parteienfreiheit, vorrangig die Grundsätze der Gleichheit und der Freiheit der Wahl für maßgeblich gehalten, um die verfassungsrechtliche Zulässigkeit einer gesetzlich vorgeschriebenen Frauenquote für die Kandidatennominierung zu beurteilen.[27] Ein Eingriff in die passive Wahlrechtsgleichheit liegt darin begründet, dass bei der Kandidatenaufstellung in bestimmten Situationen einzelne Kandidaten wegen ihres Geschlechts nicht wählbar sind.[28] Hierin liegt zugleich ein Eingriff in die Wahlfreiheit, die gewünschten Kandidaten frei von äußeren Zwängen aufzustellen.

Das BVerfG lässt Eingriffe in die Wahlrechtsgrundsätze unter bestimmten Voraussetzungen zu. Es lohnt sich, die bisherige Judikatur in einer Analyse genauer zu betrachten. Zu beachten ist dabei, dass die Voraussetzungen für die Rechtfertigung eines Eingriffs für alle Wahlrechtsgrundsätze im Ansatz gleich sind.[29] Besonders ausgeprägt ist die Rechtsprechung zu den Wahlrechtsgrundsätzen der Gleichheit und der Allgemeinheit der Wahl, weshalb diese im Vordergrund stehen werden.

Die Judikatur deutscher Verfassungsgerichte zur Allgemeinheit und Gleichheit der Wahl reicht bereits in die Weimarer Republik zurück. Es lassen sich drei Entwicklungslinien ziehen: Der Staatsgerichtshof für das Deutsche Reich vertrat einen streng formalen Gleichheitssatz (1.). Das BVerfG wandte sich hiervon über mehrere Jahrzehnte ab, indem es verhältnismäßig großzügig Ungleichbehandlungen gestattete (2.). In jüngster Zeit zieht das BVerfG dagegen die Grenzen für Ungleichbehandlungen wieder enger (3.). Im Ergebnis könnte nach der bisherigen bundesverfassungsgerichtlichen Rechtsprechung eine gesetzliche Frauenquote bei der Kandidatennominierung gerechtfertigt sein, um den Wahlzweck der Herstellung einer repräsentativen Vertretung des deutschen Volkes zu erreichen (4.).

*1. Streng formaler Gleichheitssatz in der Weimarer Republik*

Nach Auffassung des StGH für das Deutsche Reich verstießen gesetzliche Wahlvorschriften, die für einige Parteien leichter zu erfüllen waren als für andere, gegen das wahlrechtliche Gleichheitsgebot.[30] Trotz Kritik aus der damaligen Literatur[31] blieb das Gericht in einer weiteren Entscheidung dabei, nur solche Ungleichbehandlungen für zulässig zu erachten, die sich notwendigerweise

---

[27] *Jutzi*, LKRZ 2012, S. 92 [95]; *Ebsen*, JZ 1989, S. 553 [555 ff.]; *Oebbecke*, JZ 1988, S. 176 [177 ff.].
[28] A.A. *Lange*, NJW 1988, S. 1174 [1181].
[29] *Ebsen*, JZ 1989, S. 553 [556].
[30] StGH für das Deutsche Reich, RGZ 124, Anhang, S. 1 [9 f.].
[31] *Leibholz*, JW 1929, S. 3042 ff.

daraus ergeben, dass die verschiedenen Wahlrechtsgrundsätze mit dem System der Verhältniswahl in Einklang gebracht werden müssen.[32]

## 2. Abkehr vom strengen Gleichbehandlungsgebot durch das BVerfG

Vor dem Hintergrund der schlechten Erfahrungen mit dem Verhältniswahlrecht in der Weimarer Republik akzeptierte das BVerfG von Beginn an die „staatspolitische Gefahr" einer Zersplitterung des Parteienwesens als „zwingenden Grund" für Einschränkungen des Gleichheitssatzes.[33] Im Rahmen einer Reihe von Entscheidungen zu so genannten Sperrklauseln verallgemeinerte das BVerfG nach und nach seine Formel, mit der sich Einschränkungen der Wahlgleichheit rechtfertigen lassen. Das Parlament solle nicht nur ein Spiegelbild der im Volk vorhandenen Meinungen sein, sondern auch ein „funktionsfähiges Staatsorgan"[34]. Nicht unproblematisch fuhr das Gericht fort, im Parlament sollten sich „ihrer Verantwortung für das Gesamtwohl bewußte Mehrheiten" bestehen, wodurch eine Benachteiligung derjenigen Parteien, die „nicht ein am Gesamtwohl orientiertes politisches Programm vertreten" gerechtfertigt sei.[35]

Zwar betonte das BVerfG zugleich, dass die Gleichbewertung aller Staatsbürger bei Ausübung des Wahlrechts eine wesentliche Grundlage der Staatsordnung sei.[36] Später präzisierten die Richter, die Wahlrechtsgleichheit trage insoweit einen „formalen Charakter, als sie unbeschadet der bestehenden sozialen Unterschiede im Bereich der politischen Willensbildung alle Staatsbürger grundsätzlich gleich bewertet"[37]. Der wesentliche Unterschied zur Rechtsprechung des Reichsstaatsgerichtshofs liegt aber darin, dass nicht mehr nur die Natur des Wahlverfahrens, sondern auch dessen Zweck Einschränkungen rechtfertigen können.[38]

## 3. Tendenzielle Verschärfung der Rechtfertigungsprüfung

In einigen jüngeren Entscheidungen hat das BVerfG augenscheinlich seinen Prüfungsmaßstab wieder verschärft. Jüngst erklärte es, tätig werdend als Landesverfassungsgericht für das Land Schleswig-Holstein,[39] eine Sperrklausel bei Kommunalwahlen für verfassungswidrig. Die nunmehr verschärfte Formel lautet:

---

[32] StGH für das Deutsche Reich, RGZ 128, Anhang, S. 1 [10].
[33] BVerfGE 1, 208 [248 f.].
[34] BVerfGE 6, 84 [92].
[35] BVerfGE, ibid.
[36] BVerfGE 6, 84 [91].
[37] BVerfGE 51, 222 [234].
[38] Vgl. BVerfGE 51, 222 [235 f.]; 95, 408 [418].
[39] Bis zum Jahr 2008 verfügte das Land Schleswig-Holstein über keine eigene Verfassungsgerichtsbarkeit, so dass das BVerfG auf der Grundlage von Art. 99 GG tätig wurde.

„Allerdings folgt aus dem formalen Charakter der Grundsätze der Wahlgleichheit und der Chancengleichheit der Parteien, dass dem Gesetzgeber bei der Ordnung des Wahlrechts nur ein eng bemessener Spielraum für Differenzierungen bleibt"[40]. Zugleich mahnten die Karlsruher Richter, der Gesetzgeber müsse die einschlägigen Normen des Wahlrechts ändern, wenn neue Entwicklungen ihre Rechtfertigung in Frage stellten.[41] Jüngst machte das BVerfG mit dieser Forderung ernst, indem es die Sperrklausel bei Europawahlen[42] und einen Ausschluss des Wahlrechts für Auslandsdeutsche, die nie in Deutschland ihren Wohnsitz hatten,[43] für verfassungswidrig erklärte.

*4. Konsequenzen der bundesverfassungsgerichtlichen Rechtsprechung für die Bewertung der verfassungsrechtlichen Zulässigkeit einer Frauenquote*

Das BVerfG hat sich nur ganz zu Beginn seiner Jurisdiktionsgeschichte explizit darauf festgelegt, dass Differenzierungen nach dem Geschlecht verboten seien: „Es darf [...] sicher nicht differenziert werden nach Bildung, Religion, Vermögen, Klasse, Rasse oder Geschlecht (vgl. auch Art. 3 Abs. 2, 3 GG)"[44]. Später hat es diesen Satz niemals wiederholt, sondern sich stattdessen stets mit einem Verweis auf den „formalen Charakter" der Wahlrechtsgleichheit begnügt. Dieses Schweigen des BVerfG ist umso lauter hörbar, als sich der BGH dazu veranlasst sah, in einem obiter dictum unmissverständlich festzustellen, dass der Grundsatz der Gleichheit der Wahl eine unterschiedliche Behandlung aufgrund des Geschlechts verbiete.[45] Mangels verfassungsgerichtlicher Bestätigung dieses Satzes sind Literaturstimmen weiterhin auf dieses BGH-Urteil angewiesen, um die Ablehnung gesetzlicher Frauenquoten bei politischen Wahlen mit der Rechtsprechung zu begründen.[46]

Festzuhalten ist außerdem, dass der eingangs zitierte Satz des BVerfG inzwischen überholt ist, da das BVerfG unter ausdrücklicher Aufgabe seiner bisherigen Rechtsprechung inzwischen davon ausgeht, dass im Anwendungsbereich des wahlrechtlichen Gleichheitsgrundsatzes gemäß Art. 38 Abs. 1 S. 1 GG nicht mehr auf den allgemeinen Gleichheitssatz, also auch nicht auf Art. 3 Abs. 2, 3 GG, zurückgegriffen werden kann.[47]

---

[40] BVerfGE 120, 82 [106].
[41] BVerfGE, ibid.
[42] BVerfG, NVwZ 2012, S. 33 [37].
[43] Verstoß gegen die Allgemeinheit der Wahl, BVerfG, EuGRZ 2012, S. 556 [558 ff.].
[44] BVerfGE 6, 84 [91].
[45] BGH NJW 1974, S. 183.
[46] Vgl. *v. Nieding,* NVwZ 1994, S. 1171 [1174, Fn. 33].
[47] BVerfGE 99, 1 [8 ff.].

Das Schweigen des BVerfG ist noch kein Präjudiz dafür, dass es eine gesetzliche Frauenquote für verfassungsgemäß halten würde. Die Frage muss aber bisher als offen gelassen betrachtet werden. Das BVerfG wird letztlich anhand der von ihm aufgestellten Rechtfertigungsmaßstäbe für Eingriffe in die Wahlrechtsgrundsätze prüfen, ob eine derartige Regelung gerechtfertigt ist.

Derartige Eingriffe in die Wahlrechtsgrundsätze können durch den Zweck der Wahl gerechtfertigt werden. Das BVerfG benennt als wesentliche Zwecke der Wahl die Bildung einer stabilen Regierung sowie die politische Repräsentation des Volkes. Der Wahlzweck besteht demnach unter anderem darin, „eine Volksrepräsentation zu schaffen, die ein Spiegelbild der im Volk vorhandenen politischen Meinungen darstellt"[48].

Zu Beginn der laufenden 17. Legislaturperiode waren 32,8 % der Abgeordnete des Bundestages Frauen. Dies ist immerhin eine beachtliche Steigerung, wenn man bedenkt, dass es in der 12. Wahlperiode nur 20,5 % waren.[49] Dessen ungeachtet liegt der Frauenanteil damit nach wie vor weit unter dem Bevölkerungsanteil. Zudem wäre der Frauenanteil im Bundestag noch geringer, wenn er nicht durch die von BÜNDNIS 90/DIE GRÜNEN praktizierte satzungsrechtliche Frauenquote (Soll-Vorschrift) bei der Kandidatenaufstellung[50] und ähnlichen Bestimmungen bei der SPD[51] und der LINKEN[52] deutlich nach oben korrigiert würde.[53] Eine Quote bei der Kandidatenaufstellung, die mittelbar das Geschlechterverhältnis im Bundestag verändern würde, könnte somit dazu führen, dass die im Volk repräsentierten Meinungen besser im Bundestag abgebildet werden.[54]

In letzter Zeit spricht das BVerfG bezüglich der Volksrepräsentation häufiger vom Ziel des „Integrationsvorgangs bei der politischen Willensbildung des Volkes"[55]. Was mit dieser Formel gemeint sein könnte, erhellt das jüngste Urteil des

---

[48] BVerfGE 6, 84 [92].
[49] *Feldkamp*, Datenhandbuch Bundestag, S. 275.
[50] Dazu *Werner*, Kandidatenaufstellung politischer Parteien, S. 118.
[51] Gemäß § 4 Abs. 2 Wahlordnung SPD sind die Listen alternierend aufzustellen, wobei die Alternierung bei jedem fünften Platz unterbrochen werden kann; abgedruckt bei *Werner*, a.a.O., S. 107 f.
[52] § 10 Abs. 5 der Bundessatzung der LINKEN sieht eine alternierende Liste als Soll-Vorschrift vor, abgedruckt bei *Werner*, a.a.O., S. 148.
[53] Der Anteil der weiblichen Abgeordneten bei BÜNDNIS 90/DIE GRÜNEN liegt seit Jahren konstant über 50%, aktuell bei 54,4%, vgl. Feldkamp, Datenhandbuch Bundestag, S. 276. Der Effekt einer sogar überproportionalen Repräsentation von Frauen bei den Grünen ist auch darauf zurückzuführen, dass traditionell den Frauen die ungeraden Listenplätze gebühren (vgl. § 11 Abs. 5 Bundessatzung BÜNDNIS 90/DIE GRÜNEN, abgedruckt bei *Werner*, a.a.O., S. 118). In Bundesländern, in denen die Grünen regelmäßig nur einen Abgeordneten erhalten, handelt es sich dabei – bei Beachtung der Soll-Vorschrift – stets um eine Frau.
[54] Ähnlich *Lange*, NJW 1988, S. 1174 [1181].
[55] BVerfGE 95, 408 [418]; 120, 82 [107].

BVerfG zum Wahlrecht von Auslandsdeutschen. Demokratie, so das BVerfG, soll „sich nicht in einem formalen Zurechnungsprinzip erschöpfen", sondern setze „freie und offene Kommunikation zwischen Regierenden und Regierten voraus".[56] Entscheidend sei auch der „beständige Dialog zwischen Parlament und gesellschaftlichen Kräften"[57].

Offenbar bedient sich das BVerfG hier Anleihen bei der Demokratietheorie des Frankfurter Philosophen Jürgen Habermas. Dieser hatte in seiner Habilitationsschrift dargelegt, der Prozess öffentlicher Kommunikation allein legitimiere die Bildung politischer Kompromisse. Da die ursprüngliche Öffentlichkeit individuell verkehrender Privatleute weitgehend aufgelöst sei, müsse dieses durch eine Öffentlichkeit organisierter Privatleute, also gesellschaftlicher Kräfte, ersetzt werden.[58] Diese Thesen von Habermas haben bereits vor dem Aufgreifen durch das BVerfG Eingang in die deutsche Staatsrechtslehre gefunden. So betont Dreier, politische Entscheidungen müssten in einem freien Prozess der Meinungsbildung und offenen Kommunikation entstehen.[59] Das BVerfG hat sich ausdrücklich hierauf bezogen.[60]

Für die parlamentarische Demokratie bedeutet das Erfordernis kommunikativer Meinungsbildung, dass sich die legitimierende Kraft parlamentarischer Entscheidungen nicht darin erschöpft, dass diese von einem vom Volk gewählten Gremium mehrheitlich verabschiedet werden. Erforderlich ist vielmehr, wie nunmehr auch vom BVerfG betont, eine kommunikative Rückbindung zum Volk.[61] Debatten, die das Volk selbst nicht führen kann, sollen im Parlament geführt werden.

Scheinbar liegt auch hierin ein wichtiger Argumentationsansatzpunkt für gesetzliche Frauenquoten. Wenn das Parlament die Aufgabe hat, eine Ersatzöffentlichkeit zu schaffen und gesellschaftliche Debatten stellvertretend für das Volk zu führen, muss seine Zusammensetzung dann nicht umso mehr einem exakten Spiegelbild gesellschaftlicher Kräfte entsprechen?

### III. Die Ausstrahlungswirkung von Art. 38 Abs. 1 S. 2 GG auf die Wahlrechtsgrundsätze

Wer dieses Ziel verfolgt, der muss sich im Klaren sein, dass Frauen bei weitem nicht die einzige gesellschaftliche Gruppe sind, die im Deutschen Bundestag unterrepräsentiert ist.

---

[56] BVerfG, EuGRZ 2012, S. 556 [559].
[57] BVerfG, ibid.
[58] *Habermas,* Strukturwandel der Öffentlichkeit, S. 337.
[59] *Dreier,* in: Dreier, Art. 20 (Demokratie), Rn. 82.
[60] Vgl. BVerfG, EuGRZ 2012, S. 556 [559].
[61] BVerfG, ibid.

## 1. Konsequenzen gesellschaftsspiegelbildlicher Kandidatenlisten

Besonders augenscheinlich wird die Tatsache, dass der Bundestag keineswegs ein Spiegelbild der Gesellschaft ist, an seiner Zusammensetzung nach Berufsgruppen. Weit überrepräsentierte Berufsgruppen sind beispielsweise Juristen und Lehrer, die zusammen mehr als ein Drittel der Mitglieder des Bundestages ausmachen.[62] Überhaupt sind Dienstleistungsberufe mit sage und schreibe 84,3 % im Bundestag deutlich überrepräsentiert.[63]

Genauso wenig entspricht die Altersstruktur im Bundestag der Altersstruktur in der Bevölkerung. So sind nicht einmal zehn Prozent der Abgeordneten 35 Jahre oder jünger.[64] 90 % aller Abgeordneten verfügen über irgendeine Art von Hochschulbildung, immerhin knapp 70 % über einen Universitätsabschluss.[65]

Wenn man das Ziel ernst nimmt, den Bundestag zum exakten Spiegelbild gesellschaftlicher Kräfteverhältnisse zu machen, so kann es nicht bei einer Frauenquote bleiben. Bereits die vom Datenhandbuch des Bundestages erfassten Kriterien legen weitere Quoten nahe: für junge Abgeordnete, für Abgeordnete ohne Hochschulabschluss. Viele andere mögliche Kriterien werden vom Datenhandbuch gar nicht erfasst. Dabei ist mit ziemlicher Sicherheit davon auszugehen, dass weitere Gruppen, etwa Schwerbehinderte oder Deutsche mit Migrationshintergrund, ebenso unterrepräsentiert sind.[66]

Wollte man alle diese Kriterien berücksichtigen, so stieße man sehr schnell womöglich auf rechtliche, ganz sicherlich aber auf praktische Probleme.[67] Auch die weiteren Konsequenzen einer umfassenden „Vorquotierung" der Kandidatenlisten müssen bedacht werden: Ein Wahlakt unter solchen Bedingen müsste schnell seinen Reiz verlieren. Denn bereits im Vorhinein stünden weite Teile der Kandidatenliste fest.[68] Aufgrund der begrenzten Auswahl des politischen Personals hätten bestimmte Kandidaten ihren Platz von vorneherein sicher. Die Chance, bei der Kandidatenaufstellung einem bestimmten politischen Lager innerhalb der Partei durch konsequentes „Durchwählen" zur Macht zu verhelfen, würde somit von Anfang an vereitelt. Damit ging ein wesentlicher Wahlzweck,

---

[62] Von den Abgeordneten sind 9 % Lehrer; 24,9 % gehören zum Berufsfeld „Rechts- und Vollstreckungswesen", Feldkamp, Datenhandbuch Bundestag, S. 323.

[63] *Feldkamp*, Datenhandbuch Bundestag, S. 310.

[64] *Feldkamp*, Datenhandbuch Bundestag, S. 254.

[65] *Feldkamp*, Datenhandbuch Bundestag, S. 301 f.

[66] Dass die Einführung zahlreicher weiterer Quoten keineswegs nur eine unbegründete Befürchtung ist, zeigen die lebhaften Diskussionen in der PDS in den 1990er-Jahren über die Einführung weiterer „Minderheitenquoten", vgl. Werner, Gesetzesrecht und Satzungsrecht, S. 152 f.

[67] *Jutzi*, LKRZ 2012, S. 92 [93].

[68] *Ebsen*, JZ 1989, S. 553 [557].

nämlich durch die Wahl tatsächlich Veränderungen herbeiführen zu können,[69] verloren.

Schließlich würde beim eigentlichen Wahlakt bei der Bundestagswahl ein Effekt noch erheblich verstärkt, der bereits jetzt allgemein zur Politikverdrossenheit führt: Die Programmatik der einzelnen Parteien würde sich immer weiter annähern, da eine ähnliche Sozialstruktur bei den Kandidaten und Abgeordneten letztlich eine weitere Homogenisierung politischer Ansichten befördert.

*2. Wechselwirkung von Wahlrechtsgrundsätzen und Mandatsverständnis*

Einen neuen Aspekt bei der Bewertung der rechtlichen Zulässigkeit von Eingriffen in die Wahlrechtsgrundsätze stellt die Einbeziehung des vom Grundgesetz vorgegebenen Mandatsverständnisses der Abgeordneten dar.

Das zentrale Bekenntnis des Grundgesetzes zu einem Abgeordneten, der stets das gesamte Volk repräsentiert, findet sich in Art. 38 Abs. 1 GG: „Sie [sc. die Abgeordneten] sind Vertreter des ganzen Volkes".

*a) Inhalt des grundgesetzlichen Mandatsverständnisses*

Dieser Satz bedarf zunächst der Auslegung. Fraglich ist, ob die Abgeordneten nur in ihrer Gesamtheit das Volk vertreten, oder ob bereits jeder einzelne Abgeordnete Vertreter des ganzen Volkes ist. Hätte der Verfassungsgeber nur ausdrücken wollen, dass der Bundestag insgesamt das Volk vertritt, so hätte es nahegelegen, vom Bundestag in der dritten Person Singular, nicht von den Abgeordneten in der dritten Person Plural zu sprechen. Die Vorschrift wäre überdies redundanter Natur. Denn dass in einer Demokratie das Parlament das ganze Volk, nicht bloß einen Teil davon vertritt, ist eine Selbstverständlichkeit. Schließlich fährt der begonnene Satz damit fort, dass die Abgeordneten „nur ihrem Gewissen unterworfen" sind. Da jeder Abgeordnete nur seinem eigenen Gewissen unterworfen sein kann, ist der gesamte Satz so zu verstehen, dass sich die in ihm enthaltenen Aussagen jeweils auf jeden einzelnen Abgeordneten beziehen.

Folglich ist auch jeder einzelne Abgeordnete Vertreter des ganzen Volkes.[70] Inhaltlich ist damit gemeint, dass kein Abgeordneter nur Vertreter eines bestimmten Landes, Wahlkreises, einer Partei oder Bevölkerungsgruppe ist.[71] Dieses

---

[69] *Badura*, in: Bonner Kommentar, Art. 38 Rn. 38.
[70] Allerdings *repräsentiert* nur der Bundestag in seiner Gesamtheit das ganze Volk, vgl. Magiera, in: Sachs, Art. 38 Rn. 4. Dies ist jedoch kein Widerspruch, denn Vertretung i. S. d. Art. 38 Abs. 1 GG ist ohnehin kein rechtsgeschäftlicher Begriff. Jeder einzelne Abgeordnete vertritt also das ganze Volk, aber erst in der Gesamtheit seiner Vertreter wird das Volk repräsentiert. Vertretung und Repräsentation sind also nicht das gleiche.

Mandatsverständnis mag zwar in einem gewissen Spannungsverhältnis zur Parteiendemokratie stehen.[72] Abgeordnete sind aber sicher nicht nur Vertreter ihrer Parteimitglieder oder ihrer Wähler: Erstens ist ihnen aufgrund der Geheimheit der Wahl niemals genau bekannt, wer überhaupt zu ihren Wählern zählt. Zweitens hat der Wähler alle vier Jahre Gelegenheit, sich neu zu orientieren, sodass der Abgeordnete stets bemüht sein muss, das gesamte Wahlvolk anzusprechen. Schließlich sichert das in Art. 38 Abs. 1 S. 2 GG verbriefte freie Mandat gerade in normativer Hinsicht die Funktion des Parlaments als Volksvertretung.[73]

### b) Konsequenzen des Mandatsverständnisses für die Wahlrechtsgrundsätze

Dieses vom Grundgesetz vorgegebene Mandatsverständnis hat auch eine Ausstrahlungswirkung auf die Wahlrechtsgrundsätze. Dafür spricht bereits die unmittelbare räumliche Nähe, in der sich Wahlrechtsgrundsätze und die Regelung zum Abgeordnetenmandat befinden. Die Regelung des Abgeordnetenmandats folgt unmittelbar auf die Wahlrechtsgrundsätze, im gleichen Artikel, sogar im gleichen Absatz. Darüber hinaus gibt es auch einen inhaltlichen Zusammenhang zwischen beiden Regelungen. Denn wenn sich der Verfassungsgeber dafür entschieden hat, dass die Abgeordneten jeweils Vertreter des gesamten Volkes sein sollen, dann verbietet er damit sogleich ein Wahlverfahren, das die Abgeordneten nur zu Vertretern ihrer jeweiligen Interessengruppen macht.

Ein solches Verfahren liegt dann vor, wenn bei der Wahl nach verschiedenen Gruppen unterschieden wird. Hier gilt es, die eingangs dargestellte Rechtsprechung des Conseil constitutionnel, die vor der Verfassungsänderung von 1999 galt, als Anregung auch für die Auslegung des Grundgesetzes aufzunehmen.

Der Conseil constitutionnel hatte ausgeführt, es gebe nur eine unteilbare französische Nation, wie sich aus der strikten Gleichheit ihrer Staatsbürger ergebe. In gleicher Weise spricht das BVerfG dem Grundsatz nach von der „demokratisch-egalitären Grundlage des Grundgesetzes"[74]. Dieser Gedanke kommt nur unzureichend zum Tragen, wenn die Rechtmäßigkeit von Quotierungen nur am Grundsatz der Gleichheit der Wahl gemessen wird. Denn Inhalt der Wahlgleichheit ist im Kern, dass alle Stimmen den gleichen Zähl- und den gleichen Erfolgswert haben.[75]

Bei der Frage der Quotierung geht es vielmehr darum, ob die Aufspaltung des Wahlvolks in Teilelektorate zulässig ist. Besonders deutlich wird diese Aufspal-

---

[71] *Pieroth,* in: Jarass/Pieroth, GG, Art. 38 Rn. 24; *Trute,* in: v. Münch/Kunig, Art. 38 Rn. 77.
[72] *Morlok,* in: Dreier, Art. 38 Rn. 128.
[73] *Trute,* in: v. Münch/Kunig, Art. 38 Rn. 76.
[74] BVerfGE 6, 84 [91].
[75] *Morlok,* in: Dreier, Art. 38 Rn. 97.

tung des Wahlvolks bei der Verfahrensvorschrift der LINKEN zur Kandidatenaufstellung. Nach dem satzungsrechtlichen Wahlverfahren werden in einem ersten Wahlgang nur die für Frauen reservierten Plätze gewählt; anschließend erfolgt die Wahl der übrigen Kandidaten.[76]

Für das Verbot der Aufteilung des Wahlvolks in solche Teilelektorate[77] ist der Grundsatz der Allgemeinheit der Wahl spezieller. Dieser wurde bisher vorwiegend nur dahingehend verstanden, dass grundsätzliche allen Deutschen das Wahlrecht zusteht.[78] Dabei spricht bereits der natürliche Wortsinn dafür, dass die Allgemeinheit der Wahl zusätzlich erfordert, dass für das gesamte deutsche Volk ein einheitliches, nämlich allgemeines, Wahlverfahren gilt, spezielle Wahlverfahren nach Wählergruppen also verboten sind.[79] Deshalb tangieren Frauenquoten nicht nur die Gleichheit, sondern bereits die Allgemeinheit der Wahl.[80]

### 3. Egalität des Wahlvolks als Legitimationskraft parlamentarischer Prozesse

Unabhängig davon, ob man auf die Allgemeinheit oder auf die Gleichheit der Wahl abstellt, gilt jedenfalls: Die Forderung, diese Grundsätze in möglichst formaler Weise anzuwenden, erschöpft sich nicht im Formalismus. Ihre innere Rechtfertigung liegt darin begründet, dass nach der grundgesetzlichen Konzeption der parlamentarischen Demokratie der Abgeordnete stets Vertreter des ganzen Volkes ist.

Gerade weil das Parlament auch die Funktion hat, stellvertretend für das Volk gesellschaftliche Debatten zu führen, ist der egalitäre Charakter der Bundestagswahl von entscheidender Bedeutung. Nichts schadet der legitimierenden Wirkung parlamentarischer Beschlüsse mehr als der Verdacht, die Abgeordneten seien nur Vertreter bestimmter Interessengruppen. Besonders augenscheinlich wird dies an Vorbehalten gegenüber der Parteiendemokratie sowie an der bisweilen fast allergisch anmutenden öffentlichen Kritik an Nebentätigkeiten von Abgeordneten.

---

[76] § 6 Abs. 1 der Wahlordnung der LINKEN, abgedruckt bei *Werner,* Gesetzesrecht und Satzungsrecht, S. 155 f.

[77] Unproblematisch ist hingegen die Aufteilung des Wahlgebiets in Wahlkreise und die Verwendung von Landeslisten. Denn hierbei handelt es sich um reine Verfahrensvorschriften, die nicht im Verdacht stehen, einen materiellen Einfluss auf die Wahl zu haben. Es bleibt dabei, dass jeder Deutsche zu gleichen Bedingungen an der Wahl teilnehmen und sich zur Wahl stellen kann.

[78] *Achterberg/Schulte,* in: v. Mangoldt/Klein/Starck, Art. 38 Rn. 120; *Kretschmer,* in: Schmidt-Bleibtreu/Hofmann/Hopfauf, Art. 38 Rn. 12; *Magiera,* in: Sachs, Art. 38 Rn. 80.

[79] Vereinzelt hat das BVerfG angedeutet, dass der Grundsatz der Allgemeinheit der Wahl neben der Erstreckung des Wahlrechts auf alle Deutschen zugleich erfordert, dass alle Staatsbürger ihr Wahlrecht in gleicher Weise ausüben können, so BVerfGE 28, 220 [225]; 58, 202 [205].

[80] A.A. *Ebsen,* JZ 1989, S. 553 [555].

Deshalb ist der strikt egalitäre Charakter des Wahlakts nicht etwa Hindernis bei der Verwirklichung der Repräsentations- und Öffentlichkeitsfunktion des Parlaments, sondern erst die Voraussetzung dafür, dass es diese Funktionen wahrnehmen kann. Bezogen auf die Kommunikationstheorie von Habermas und ihre Rezeption in der Rechtswissenschaft bedeutet dies: Der freie und offen Kommunikationsprozess, der sich sowohl im Parlament als auch in Wechselwirkung zwischen dem Parlament und gesellschaftlicher Öffentlichkeit vollziehen soll, setzt voraus, dass bei der Wahl der Volksvertretung der Grundsatz strikter Egalität beachtet wird. Denn die Grundlage demokratischer Gemeinschaft ist nicht das Trennende, sondern das Verbindende, wie bereits Sieyès formulierte: „Il faut à la communauté une volonté commune; sans l'unité de volonté elle ne parviendrait point à faire un tout voulant et agissant"[81].

## IV. Zusammenfassung der wesentlichen Ergebnisse

1. Der Grundsatz der Allgemeinheit der Wahl verlangt nicht nur, dass alle deutschen Staatsbürger wahlberechtigt sind. Er erfordert darüber hinaus, dass ein allgemeines und damit für alle Deutschen einheitliches und gleiches Wahlverfahren zur Anwendung kommt. Verboten ist somit die Unterteilung des Staatsvolks in Teilelektorate.

2. Gesetzlich vorgeschriebene Frauenquoten für die Kandidatenaufstellung bei Bundestagswahlen berühren nicht nur die Grundsätze der Freiheit und Gleichheit der Wahl. Ihre Zulässigkeit ist darüber hinaus am Grundsatz der Allgemeinheit der Wahl zu messen, weil ein solches Wahlverfahren das an sich einheitliche deutsche Staatsvolk in die Teilelektorate der männlichen Wähler und der weiblichen Wählerinnen aufteilt.

3. Die Wahlrechtsgrundsätze des Art. 38 Abs. 1 S. 1 GG können nicht unabhängig vom in Art. 38 Abs. 1 S. 2 GG formulierten Mandatsverständnis des Grundgesetzes verstanden werden. Die räumliche Nähe sowie der sachliche Zusammenhang sprechen für eine Ausstrahlungswirkung des grundgesetzlichen Mandatsverständnisses auf die Wahlrechtsgrundsätze.

4. Nach dem in Art. 38 Abs. 1 S. 2 GG zum Ausdruck kommenden Mandatsverständnis ist bereits jeder einzelne Abgeordnete Vertreter des ganzen Volkes. Deshalb verbietet das Grundgesetz ein Wahlverfahren, das den einzelnen Abgeordneten nur zum Vertreter einzelner Interessengruppen macht. Das Verbot der Aufteilung des Wahlvolks in Teilelektorate gilt somit schrankenlos und kann auch nicht durch vermeintlich kollidierende Verfassungsgüter gerechtfertigt werden.

---

[81] *Sieyès,* Qu'est-ce que le Tiers état?, S. 51.

5. Nach alledem ist die Verfassungsmäßigkeit gesetzlicher Frauenquoten bei der Kandidatenaufstellung keine Frage der Verhältnismäßigkeit oder praktischen Konkordanz bei der Abwägung kollidierenden Verfassungsguts. Eine derartige gesetzliche Regelung ist vielmehr bereits deshalb verfassungswidrig, weil sie gegen das im Grundsatz der Allgemeinheit der Wahl i.V.m. Art. 38 Abs. 1 S. 2 GG verankerte absolute Verbot der Aufspaltung des Wahlvolks in Teilelektorate verstößt.

## Literatur

Bonner Kommentar zum Grundgesetz, hrsg. v. Rudolf Dolzer et al., Loseblatt, Stand: Juni 2012 (zit.: Bearbeiter, in: Bonner Kommentar, Art. Rn.).

*Boulouis,* Jean, La loi n° 82-974 du 19 novembre 1982 modifiant le Code électoral et le Code des Communes: élection des conseillers municipaux et conditions d'inscription des Français établis hors de France sur les listes électorales, AJDA 1983, S. 74 ff.

*Dreier,* Horst (Hrsg.), Grundgesetz Kommentar, mehrbändig, 2. Aufl., Tübingen 2004 ff. (zit.: Bearbeiter, in: Dreier, Art. Rn.).

*Ebsen,* Ingwer, Quotierung politischer Entscheidungsgremien durch Gesetz?, JZ 1989, S. 553 ff.

*Feldkamp,* Michael, Datenhandbuch zur Geschichte des Deutschen Bundestages 1990 bis 2010, Baden-Baden 2011 (zit.: Feldkamp, Datenhandbuch Bundestag, S.).

*Habermas,* Jürgen, Strukturwandel der Öffentlichkeit, Ausgabe Frankfurt a.M. 1990 [Erstausgabe 1962] (zit.: Habermas, Strukturwandel der Öffentlichkeit).

*Jacquinot,* Nathalie, Anm. zum Urt. des Conseil constitutionnel vom 30.05.2000 (Az.: 2000-429 DC), RFDC 43 (2000), S. 561 ff.

*Jarass,* Hans/*Pieroth,* Bodo, Grundgesetz für die Bundesrepublik Deutschland, Kommentar, 12. Aufl., München 2012 (zit.: Bearbeiter, in: Jarass/Pieroth, Art. Rn.).

*Jutzi,* Siegfried, Gendergerechte Demokratie – eine verfassungsrechtliche Repräsentationsanforderung?, LKRZ 2012, S. 92 ff.

*Lange,* Klaus, „Frauenquoten" in politischen Parteien, NJW 1988, S.1174 ff.

*Laskowski,* Silke, Landeswahlrecht und verbindliche 50%-Quote für Männer und Frauen, Gutachten für den Schleswig-Holsteinischen Landtag vom 21.07.2007, Umdruck Nr. 16/2273 (zit.: Laskowski, Gutachten für den Schleswig-Holsteinischen Landtag, S.).

*Leibholz,* Gerhard, Gleichheit und Allgemeinheit der Verhältniswahl nach der Reichsverfassung und die Rechtsprechung des Staatsgerichtshofs, JW 1929, S. 3042 ff.

*v. Mangoldt,* Hermann/*Klein,* Friedrich/*Starck,* Christian (Hrsg.), Kommentar zum Grundgesetz, mehrbändig, 6. Aufl., München 2010 (zit.: Bearbeiter, in: v. Mangoldt/Klein/Starck, Art. Rn.).

*v. Münch,* Ingo/*Kunig,* Philip (Hrsg.), Grundgesetz Kommentar, mehrbändig, 6. Aufl., München 2012 (zit.: Bearbeiter, in: v. Münch/Kunig, Art. Rn.).

*v. Nieding,* Bernd, Politische Wahlen und Frauenquote, Eine Betrachtung zur verfassungsrechtlichen Zulässigkeit von geschlechtsbezogenen Förderungsmaßnahmen in der Politik, NVwZ 1994, S. 1171 ff.

*Oebbecke,* Janbernd, Quotierung auf Landeslisten, Zur Zulässigkeit des Reißverschlussverfahrens bei der Aufstellung von Landeslisten für die Bundestagswahl, JZ 1988, S. 176 ff.

*Sachs,* Michael (Hrsg.), Grundgesetz Kommentar, 6. Aufl., München 2011 (zit.: Bearbeiter, in: Sachs, Art. Rn.).

*Schmidt-Bleibtreu,* Bruno/*Hofmann,* Hans/*Hopfauf,* Axel, Kommentar zum Grundgesetz, 12. Aufl., Köln 2011 (zit.: Bearbeiter, in: Schmidt-Bleibtreu/Hofmann/Hopfauf, Art. Rn.).

*Schoettl,* Jean-Eric, Anm. zum Urt. des Conseil constitutionnel vom 30.05.2000 (Az.: 2000-429 DC), AJDA 2000, S. 653 ff.

*Sieyès,* Emmanuel, Qu'est-ce que le Tiers état ?, Ausgabe Paris 2002 [Erstausgabe 1789] (zit.: Sieyès, Qu'est-ce que le Tiers état ?, S.).

*Werner,* Melanie, Gesetzesrecht und Satzungsrecht bei der Kandidatenaufstellung politischer Parteien, Probleme des Vorschlagsrechts nach BWG und EuWG, Osnabrück 2010 (zit.: Werner, Gesetzesrecht und Satzungsrecht, S.).

*Zimmermann,* Andreas, Gleichheit und politische Repräsentation von Frauen, Anm. zum Urt. des Conseil constitutionnel vom 30.05.2000 (Az.: 2000-429 DC), EuGRZ 2000, S. 431 ff.

# Politische Fehlsteuerung durch den Primat des Rechts

## Zwei Beispiele aus der jüngeren Staatspraxis

Ralph Alexander Lorz

## I. Einführung

Der Vorwurf, daß das Recht nur eine Magd der Politik sei, ist ebenso alt wie wohlfeil. Ganze sozialwissenschaftliche Theoriegebilde beschäftigen sich damit; unter dem Schlagwort „Power Politics" wird beschrieben, wie sich die politische Sphäre oft genug über rechtliche Erwägungen hinwegsetzt. Im Feld der internationalen Beziehungen mögen aufgrund des weitgehenden Fehlens wirksamer Durchsetzungsmechanismen für das völkerrechtliche Regelwerk besondere Gesetzmäßigkeiten gelten. Aber auch aus den national-verfassungsrechtlichen Debatten und ihren politologischen Pendants ist die dahinterstehende Annahme wohlbekannt.

Für nicht demokratisch-rechtsstaatlich organisierte Systeme leuchtet das unmittelbar ein: dort dient das Recht in weiten Teilen nur der Camouflage der tatsächlichen Herrschaftsstrukturen. Anders sieht es in Verfassungsordnungen aus, die wie diejenige der Bundesrepublik Deutschland einen Primat des Rechts postulieren oder jedenfalls die Politik für die Durchsetzung ihres Willens an rechtsstaatlich festgelegte Verfahren binden. Hier bildet sich ein notwendiger Balanceakt heraus: Auf der einen Seite muß gerade die demokratisch bestimmte Politik ihrem Willen in den Formen des Rechts und durch die Schaffung von Recht Ausdruck verleihen können. Auf der anderen Seite muß jedoch auch der demokratisch legitimierte Gesetzgeber die verfahrensmäßigen und inhaltlichen Vorgaben der Verfassung respektieren. Speziell in Deutschland wacht darüber ein machtvolles Bundesverfassungsgericht.

Der Jubilar ist sein ganzes Leben lang Teil und maßgeblicher Mitgestalter dieses Balanceaktes gewesen. Als aktiver Politiker hat er in vielerlei Funktionen und Ämtern Einfluß auf die deutsche Rechtsordnung genommen und war immer eine prononcierte Stimme, wenn es darum ging, das rechtsstaatliche Prinzip des Art. 20 Abs. 3 GG – in dem festgelegt ist, daß Verwaltung und Rechtsprechung an Gesetz und Recht und die dort kodifizierten politischen Vorgaben gebunden sind – hochzuhalten. Doch zu seiner persönlichen Identität gehört nicht minder das stolze Selbstbild des Juristen, dessen Ethos in der politischen Auseinandersetzung stets den Respekt vor dem Recht einfordert. Insbesondere als Justizminister hat er so auch, wie das Amt es verlangt, auf den ersten Teil der fraglichen Verfassungsvorschrift geachtet, der die Gesetzgebung auf die verfassungsmäßige Ordnung verpflichtet.

Das objektive Verhältnis zwischen Politik und Recht ist das eine. Die subjektive wechselseitige Wahrnehmung dieser beiden Sphären ist noch ein anderes Kapitel – und kann unter Umständen das interessantere sein. Aber dieses Problem wird meist nur von einer Seite aus betrachtet: Aus unseligen Zeiten, für die im nachhinein das Wort von den „furchtbaren Juristen" geprägt worden ist, ist bekannt, wie juristische Berufsträger, denen das angesprochene stolze Bewußtsein ihrer gesellschaftlichen Verantwortung fehlte, das Recht gebeugt und verraten haben, um der politischen Herrschaft zu Willen zu sein. Doch auch in einem demokratisch-rechtsstaatlichen System kann man nicht von vornherein ausschließen, daß juristische Entscheider – sei es aus Karrieregründen, in vorauseilendem Gehorsam oder vielleicht auch aus persönlicher Überzeugung – politischen Erwägungen den Vorrang gegenüber rechtlichen Analysen einräumen.

Daß dieses Problem auch in umgekehrter Richtung existiert, steht demgegenüber weniger im Fokus der öffentlichen Aufmerksamkeit. Dabei ist das Gefahrenpotential für die gesellschaftliche Steuerung an dieser Stelle vielleicht noch größer: Wenn eine fehlerhafte Wahrnehmung dessen, was rechtlich geboten ist, die Oberhand gewinnt und die politischen Entscheidungsprozesse dominiert, wenn politische Debatten mit dem unzutreffenden Hinweis auf angebliche rechtliche Zwänge verhindert oder in eine bestimmte Richtung gedrängt werden, wenn also politische Ideen gar nicht mehr weiter verfolgt werden, weil man zu Unrecht glaubt, daß ihrer Verwirklichung rechtliche Hindernisse entgegenstehen – dann kommt es zu einer unangemessenen Verkürzung der politischen Auseinandersetzung und der ihr entsprechenden Entscheidungsspielräume. Auch dieser Gefahr gegenüber gilt es wachsam zu sein, soll die Politik nicht zur Unzeit vor ihren gesellschaftlichen Herausforderungen kapitulieren.

Zwei Beispiele aus dem Frühjahr und Sommer des Jahres 2012 sollen belegen, daß diese Mahnung nicht aus der Luft gegriffen ist.

## II. Das erste Beispiel: Europäischer Stabilitätsmechanismus und Fiskalpakt

### 1. Das Problem

Das erste Beispiel ist in seiner Grundkonstellation allgemein bekannt: Am 29. Juni 2012 verabschiedeten Bundestag und Bundesrat drei Maßnahmen zur Stabilisierung des Euro. Dabei handelte es sich zunächst um ein Zustimmungsgesetz zu einer Änderung der europäischen Verträge, mit dem eine Ergänzung von Art. 136 Abs. 3 AEUV gebilligt wurde, die die Mitgliedstaaten in Zukunft dazu berechtigt, einen Stabilisierungsmechanismus zur Gewährung von Finanzhilfen innerhalb der Eurozone zu installieren.[1] Weiterhin billigten die gesetzgebenden Körperschaften den Vertrag über den dauerhaften Europäischen Stabilisierungsmechanismus (ESM) vom 2. März 2012,[2] mit dem auf völkerrechtlicher Basis zwischen den Euro-Staaten eine internationale Finanzinstitution mit eigener Rechtspersönlichkeit und einem Finanzvolumen von 700 Milliarden Euro geschaffen wird. Die dritte Maßnahme innerhalb dieses Gesetzgebungspakets bestand in der Zustimmung zu dem am gleichen Tag verabschiedeten Fiskalpakt,[3] mit dem sich 25 Mitgliedstaaten der EU (ohne Großbritannien und Tschechien) zur Einführung von sogenannten „Schuldenbremsen" und zu einer weiteren Verrechtlichung des Defizitverfahrens nach Art. 126 AEUV verpflichten.

Alle drei Maßnahmen fanden in Bundestag und Bundesrat eine breite parlamentarische Mehrheit. Die entsprechenden Abstimmungen haben jedoch eine Vorgeschichte. Ursprünglich vertrat die Bundesregierung die Position, daß nur dem Fiskalpakt mit Zwei-Drittel-Mehrheiten in beiden Körperschaften zugestimmt werden müsse.[4] Im Angesicht einer kontroversen ökonomischen, politischen und juristischen Debatte, in der teilweise sogar die Auffassung vertreten wurde, alle drei Maßnahmen bedürften der für Verfassungsänderungen im Grundgesetz vorgeschriebenen Mehrheiten, schwenkte die Bundesregierung jedoch unmittelbar vor der abschließenden Befassung von Bundestag und Bundesrat um und strebte auch für den ESM-Vertrag eine Zustimmung mit Zwei-Drittel-Mehrheiten an. Regierungssprecher Steffen Seibert teilte dazu mit, die Regierung wolle „etwaige verfassungsrechtliche Risiken" vermeiden. Der ESM sei von so großer Bedeutung, daß die Bundesregierung „jedem Risiko aus dem Weg gehen möchte"[5].

Das kam die Regierung teuer zu stehen. Denn die SPD nutzte die Gelegenheit, daß ihre Stimmen nach der eigenen Analyse der Bundesregierung zwingend erfordert wurden, um zusätzliche Forderungen durchzusetzen. Dabei ging es vor allem um höhere Ausgaben für das Wachstum in der EU in Gestalt eines „Wachstumspakts". Das wiederum half den Regierungschefs der Südländer, im Europäischen Rat der Bundesregierung weitere Zugeständnisse abzuringen und insbesondere die Konditionen und Kontrollmechanismen für die im Rahmen des ESM zu vergebenden Finanzhilfen abzuschwächen.[6]

---

[1] Diese Ergänzung basiert auf dem Beschluß des Europäischen Rates 2011/199/EU vom 25.03.2011, ABl. L 91, 1.

[2] BT-Drs. 17/9045, 6 ff.

[3] Der förmliche Titel lautet: Vertrag über Stabilität, Koordinierung und Steuerung in der Wirtschafts- und Währungsunion, BT-Drs. 17/9046, 6 ff.

[4] BR-Drs. 130/12, 6.

[5] Vgl. stv. FAZ v. 26.06.2012, 1.

[6] Vgl. den Kommentar von *Göbel*, Was die SPD tut, FAZ v. 02.07.2012, 9.

Aus rein politischen Erwägungen mag es unabhängig von diesen rechtlichen Gesichtspunkten ratsam gewesen sein, für die Zustimmung zu ESM und Fiskalpakt möglichst breite Mehrheiten im Parlament zu suchen. Doch die von der Bundesregierung zuletzt offiziell bezogene Position, nach der diese Mehrheiten verfassungsrechtlich erforderlich waren, beraubte sie in den Gesprächen mit der Opposition jedes Verhandlungsspielraums. Denn die Regierung nahm sich damit selbst die Möglichkeit, notfalls mit der Verabschiedung der entsprechenden Gesetze im Alleingang drohen zu können. Dieser Verzicht war jedoch nicht erforderlich. Denn bei genauerem Hinsehen bedurften weder ESM noch Fiskalpakt einer Verabschiedung mit verfassungsändernder Mehrheit.

*2. Mehrheitserfordernisse für den Europäischen Stabilitätsmechanismus*

Der ESM-Vertrag bringt als solcher weder eine Übertragung von Hoheitsrechten auf die EU noch eine Änderung der Vertragsgrundlagen, da letztere – die Ergänzung von Art. 136 Abs. 3 AEUV – zum Gegenstand eines eigenen Zustimmungsgesetzes gemacht wurde und auch gar nicht anders umgesetzt werden konnte. Denn während der ESM-Vertrag nur zwischen den Staaten der Eurozone geschlossen wird, bedarf es für die Änderung des AEUV der Mitwirkung aller Mitgliedstaaten der Union. Damit ist die verfassungsrechtliche Zustimmungsgrundlage für den ESM-Vertrag nicht in dem Integrationsartikel des Art. 23 GG, sondern in dem für völkerrechtliche Verträge einschlägigen Art. 59 Abs. 2 Satz 1 GG zu sehen.[7] Der ESM-Vertrag bezieht sich auch auf Gegenstände der Bundesgesetzgebung im Sinne dieser Vorschrift, da seine Durchführung im innerstaatlichen Recht die Übernahme finanzieller Gewährleistungen gegenüber dem ESM mit sich bringt und somit eines Gesetzes nach Maßgabe von Art. 115 Abs. 1 Satz 1 GG bedarf.[8]

Ungeachtet dieser verfassungsrechtlichen Verortung des ESM-Vertrages könnte er unter dem Gesichtspunkt, daß er eine der Änderung der europäischen Verträge „vergleichbare Regelung" enthält, dennoch Art. 23 Abs. 1 Satz 3 GG zuzuordnen sein.[9] Nur aus diesem Aspekt könnte sich auch das Erfordernis verfassungsändernder Mehrheiten ergeben. Dazu müßte die deutsche Zustimmung zum ESM-Vertrag jedoch zusätzlich das Grundgesetz in materieller Hinsicht ändern oder eine solche Änderung zumindest ermöglichen.

---

[7] Siehe dazu im Einzelnen *Lorz/Sauer*, Ersatzunionsrecht und Grundgesetz, DÖV 2012, 573 (579 ff.).

[8] Diese Funktion soll das Gesetz zur finanziellen Beteiligung am Europäischen Stabilitätsmechanismus erfüllen, BR-Drs. 166/12. Wegen der in Art. 36 ESM-Vertrag vorgesehenen Steuerbefreiung bedurfte das Vertragsgesetz außerdem nach Art. 105 Abs. 3 GG der Zustimmung des Bundesrates (s. BR-Drs. 165/12, 6), da es sich auf Steuern auswirkt, deren Aufkommen auch den Ländern bzw. den Gemeinden zufließt.

[9] Vgl. *Möllers*, Stellungnahme zur Anhörung im Bundesrat vom 25.04.2012, 4; *Kube*, Rechtsfragen der völkervertraglichen Euro-Rettung, WM 2012, 245 ff., 247.

Das ist aber nicht der Fall. Denn die Budgethoheit des Bundestages wird rechtlich nicht weiter eingeschränkt, da der Bundestag nicht nur über den Vertrag selbst entscheiden mußte, sondern ihm nach der neueren Rechtsprechung des BVerfG auch die Gewährung von Finanzmitteln im Einzelfall vorbehalten bleibt.[10] Auch die verfassungsrechtlichen Vorschriften zur Schuldenbremse (Art. 109 Abs. 3, 115 Abs. 2, 143d GG) bleiben unberührt. Denn der ESM-Vertrag steht gerade deswegen, weil er ein völkerrechtlicher Vertrag ist und daher weder an der unmittelbaren Geltung noch am Anwendungsvorrang des Unionsrechts teilhat, normhierarchisch unter dem Grundgesetz.[11] Eine materielle Verfassungsänderung durch den ESM-Vertrag erfolgt deshalb nicht.

Die Gegenansicht stützt sich bezeichnenderweise im Kern auf tatsächliche Argumente. Sie verweist auf die gewaltige haushaltspolitische Belastung, die sich daraus ergibt, daß die Bundesrepublik Deutschland mit dem ESM-Vertrag die völkerrechtliche Verpflichtung übernimmt, Finanzmittel in Höhe von bis zu 190 Milliarden Euro bereitzustellen. Dies begründe eine „faktisch verfassungsändernde Wirkung"[12] des ESM, da die Haushaltsautonomie des Bundestages de facto ausgehöhlt werde.[13]

Damit begeben sich die Vertreter dieser Ansicht jedoch auf dünnes Eis. Denn wenn sich eine „faktisch verfassungsändernde Wirkung" unabhängig von der rechtlichen Entscheidungsmacht des Bundestages aus der bloßen Höhe übernommener Verpflichtungen ergeben soll: Wo soll dann diese Grenze zu ziehen sein? Eine absolute Zahl hierfür läßt sich nirgendwo ableiten. Aber auch die Begründung eines an das Parlament gerichteten verpflichtenden Gebots, Verbindlichkeiten nur bis zu einer bestimmten Quote etwa der Steuereinnahmen oder des Bruttosozialprodukts einzugehen, entbehrt jeder Verankerung im Grundgesetz. Der demokratisch legitimierte Haushaltsgesetzgeber würde somit ohne Grundlage im Verfassungstext aus rein fiskalischen Erwägungen in seiner Entscheidungsfreiheit beschränkt.

Das ist mit der Rechtsprechung des Bundesverfassungsgerichts nicht in Einklang zu bringen. Denn das Gericht hat klargestellt, daß nur zwei Kriterien für die Wahrung der Budgethoheit des Parlaments entscheidend sind:[14] Erstens darf sich die Bundesrepublik Deutschland keinem haushaltswirksamen Automatismus unterwerfen, auf den sie keinen Einfluß mehr nehmen kann; zweitens muß der

---

[10] BVerfG, Urt. v. 07.09.2011, 2 BvR 987/10 u. a., Rn. 125 ff.

[11] Stv. hierfür *Sauer*, Staatsrecht III, 2011, § 6 Rn. 13 f.; *Jarass/Pieroth*, GG-Kommentar, 11. Aufl. 2011, Art. 59 Rn. 19.

[12] *Wollenschläger*, Stellungnahme zur Anhörung im Bundesrat vom 25.04.2012, 21 f.

[13] Vgl. etwa *Kube/Reimer*, Die Sicherung der Europäischen Wirtschafts- und Währungsunion: Rückkehr in die Bahnen des Rechts, ZG 2011, 332 ff., 343 f.; dagegen *Herrmann*, Stellungnahme zur Anhörung im Haushaltsausschuß des Deutschen Bundestages vom 07.05.2012, 10 f.

[14] BVerfG, Urt. v. 07.09.2011, 2 BvR 987/10 u. a., Rn. 125 ff.

Bundestag an allen Entscheidungen über die Gewährung von Finanzhilfen beteiligt bleiben. Darüber hinaus existieren keine verfassungsrechtlichen Restriktionen. Das finanzielle Gewicht allein macht eine haushaltspolitische Entscheidung noch nicht zur materiellen Verfassungsänderung. Der ESM-Vertrag bedurfte daher nur der Zustimmung der gesetzgebenden Körperschaften mit einfacher Mehrheit.

### 3. Mehrheitserfordernisse für den Fiskalpakt

Im Gegensatz zum ESM-Vertrag mußte der Fiskalpakt von vornherein auf die Rechtsgrundlage des Art. 23 Abs. 1 Satz 2 GG gestützt werden, da er – neben anderen Regelungen – das Defizitverfahren nach Art. 126 AEUV zu modifizieren sucht und insofern eine materielle Änderung der Vertragsgrundlagen der Union darstellt.[15] Damit könnte sich für ihn aus Art. 23 Abs. 1 Satz 3 GG das Erfordernis verfassungsändernder Mehrheiten ergeben.

Dieses Erfordernis stellt sich aufgrund der verfassungsrechtlichen Regelung dann ein, wenn zum einen eine Änderung der vertraglichen Grundlagen der EU vorgenommen oder eine „vergleichbare Regelung" getroffen wird und zum anderen das Grundgesetz seinem Inhalt nach geändert oder ergänzt bzw. eine solche Änderung oder Ergänzung ermöglicht wird. Einfacher ausgedrückt muß der deutsche Gesetzgeber bei der Verabschiedung von Gesetzen auf der Grundlage von Art. 23 Abs. 1 Satz 2 GG feststellen, ob er materielle Verfassungsänderungen bewirkt oder ermöglicht. Ist das der Fall, so übernimmt das Gesetz die Funktion eines verfassungsändernden Gesetzes und bedarf daher der entsprechenden Mehrheiten nach Art. 79 Abs. 2 GG.[16]

Der Fiskalpakt hat als solcher jedoch überhaupt keine Auswirkungen auf die Verfassungslage. Er stellt eine rein völkerrechtliche Verpflichtung dar. Zwar besteht diese Verpflichtung in der Tat zumindest teilweise darin, einen bestimmten verfassungsrechtlichen Zustand herzustellen, insbesondere eine Schuldenbremse nach den in Art. 3 des Paktes gemachten Vorgaben einzuführen. Damit wird die rechtliche Entscheidungsverantwortung des Bundestages aber nicht aufgehoben. Weder tritt durch den Pakt selbst eine Änderung des Grundgesetzes ein, noch werden die Organe der EU in irgendeiner Form dazu ermächtigt, eine solche zu bewirken. Es bedarf vielmehr einer gesonderten Aktion des verfassungsändernden Gesetzgebers, über deren Durchführung er allein entscheidet und ohne die sich weder formell noch materiell eine Verfassungsänderung ergeben kann.[17]

---

[15] Dazu näher *Lorz/Sauer*, Ersatzunionsrecht und Grundgesetz, DÖV 2012, 573 (581).
[16] Stv. hierzu *Jarass/Pieroth*, GG-Kommentar, 11. Aufl. 2011, Art. 23 Rn. 38 m.w.N.
[17] Das betonen auch *Kube*, Rechtsfragen der völkervertraglichen Euro-Rettung, WM 2012, 245 ff., 248; *Häde*, Stellungnahme zur Anhörung im Haushaltsausschuß des Deutschen Bundestages vom 07.05.2012, 2; und *Calliess*, Stellungnahme zur Anhörung

Natürlich unterliegt der Gesetzgeber insoweit nach dem Inkrafttreten des Fiskalpaktes einer tatsächlichen Bindung insoweit, als eine Weigerung seinerseits, die entsprechenden Verfassungsbestimmungen zu ändern – oder, soweit man die neuen Vorschriften zur Schuldenbremse schon als Erfüllung des Fiskalpaktes betrachtet, von einer Änderung dieser Vorschriften abzusehen –, einen Bruch der von der Bundesrepublik Deutschland eingegangenen völkerrechtlichen Verpflichtungen bedeuten würde. Darin unterscheidet sich der Fiskalpakt jedoch in keiner Weise von jeder beliebigen anderen völkerrechtlichen Vereinbarung. Auch durch solche Vereinbarungen wird der verfassungsändernde Gesetzgeber immer dahingehend eingeschränkt, daß er die Verfassung nur noch um den Preis eines Völkerrechtsbruchs in eine Richtung verändern kann, die dem jeweiligen völkerrechtlichen Vertrag zuwiderliefe. Und selbst für die umgekehrte Konstellation, daß das Eingehen einer neuen völkerrechtlichen Verpflichtung eine Verfassungsänderung positiv fordert, gibt es hinreichend Anschauungsbeispiele.[18]

Dennoch hat in all diesen Fällen bisher niemand gefordert, die deutsche Zustimmung zu der entsprechenden internationalen Übereinkunft an das Erfordernis verfassungsändernder Mehrheiten in Bundestag und Bundesrat zu binden – und eine solche Forderung könnte auch keinerlei Grundlage im Verfassungstext finden, da Art. 59 Abs. 2 Satz 1 GG nichts dergleichen vorsieht. Es gibt keinen Grund, warum der Fiskalpakt nun plötzlich eine Ausnahme von dieser Regel begründen sollte. Nur am Rande sei außerdem darauf hingewiesen, daß das im Zuge der Diskussion manchmal gebrauchte Schlagwort von der „Unkündbarkeit" des Fiskalpaktes sachlich unzutreffend ist. Denn auch wenn der Fiskalpakt nach seinem Wortlaut nicht ordentlich gekündigt werden kann, sieht das allgemeine Völkerrecht doch unter bestimmten Voraussetzungen – z. B. der grundlegenden Änderung vertragserheblicher Umstände nach Art. 62 der Wiener Vertragsrechtskonvention – außerordentliche Kündigungsrechte für alle Arten von Verträgen vor.[19]

Im Ergebnis hätte es daher schon entgegen der ursprünglichen Annahme der Bundesregierung keiner verfassungsändernden Mehrheit für die Zustimmung zum Fiskalpakt bedurft. Noch weniger ist der spontane Kurswechsel der Regierung hinsichtlich des ESM-Vertrages rechtlich zu erklären. Das gesamte Geset-

---

im Haushaltsausschuß des Deutschen Bundestages vom 07.05.2012, 16; dagegen etwa *Wollenschläger*, Stellungnahme zur Anhörung im Bundesrat vom 25.04.2012, 29 f.

[18] So war etwa die deutsche Zustimmung zum Statut des Internationalen Strafgerichtshofes nur um den Preis einer Änderung des Art. 16 GG zu haben, s. zu diesem Beispiel näher *Lorz/Sauer*, Verfassungsändernde Mehrheiten für die Stabilisierung des Euro?, im Erscheinen in EuR 2012, Heft 6.

[19] Das betonen etwa auch *Mayer*, Stellungnahme zur Anhörung im Haushaltsausschuß des Deutschen Bundestages vom 07.05.2012, 1 f.; und *Calliess*, Stellungnahme zur Anhörung im Haushaltsausschuß des Deutschen Bundestages vom 07.05.2012, 16.

zespaket zur Stabilisierung des Euro vom Juni 2012 hätte vielmehr mit einfachen Mehrheiten in Bundestag und Bundesrat verabschiedet werden können.

### III. Das zweite Beispiel: Auflösung des Landtags in Nordrhein-Westfalen

*1. Politischer Hintergrund*

Die unmittelbaren politischen Auswirkungen des zweiten Beispiels sind von noch durchschlagenderer Natur. Bei der Landtagswahl in Nordrhein-Westfalen 2010 hatten sowohl die schwarz-gelbe Regierungskoalition als auch die rot-grüne Opposition die parlamentarische Mehrheit verfehlt. Die Linkspartei wurde zum Zünglein an der Waage. Alle Koalitionsverhandlungen scheiterten. Die SPD-Vorsitzende Hannelore Kraft bildete daraufhin mit den Grünen eine Minderheitsregierung, der eine Stimme zur absoluten Mehrheit im Landtag fehlte.

Der Landeshaushalt 2011 passierte das Parlament dank der Enthaltung der Linkspartei. Das ermöglichte es der Minderheitsregierung, für das gesamte Jahr 2011 im Amt zu bleiben. Für den Landeshaushalt 2012 stellte die Linkspartei jedoch Forderungen, die die Regierung nicht erfüllen wollte. Die Linkspartei drohte daraufhin an, den Haushalt gemeinsam mit CDU und FDP abzulehnen, was Ministerpräsidentin Kraft mit der Ankündigung beantwortete, dann die Auflösung des Landtags und Neuwahlen anzustreben.

Mit diesem Gespenst vor Augen setzte in Düsseldorf ein politisches Pokerspiel ein. Die CDU-Fraktion hatte sich schon sehr frühzeitig auf eine Gesamtablehnung des rot-grünen Haushaltsentwurfs festgelegt. Die FDP bezog zwar im Prinzip die gleiche Position, sandte aber zugleich – nicht zuletzt vor dem Hintergrund ihrer damaligen Umfragewerte, die sie seit Monaten unter der Fünf-Prozent-Hürde gesehen hatten – vorsichtige Signale in Richtung der Regierung, daß sie unter bestimmten Umständen bereit sein könnte, diese Position zu revidieren.

Zum Showdown sollte es am 14. März 2012, einem Mittwoch, kommen. Für diesen Tag war die zweite Lesung des Regierungsentwurfs zum Landeshaushalt angesetzt. Informell war jedoch schon längst verabredet, daß am darauffolgenden Montag – nach der aufgrund der Festlegungen der drei Oppositionsparteien zu erwartenden Ablehnung des Haushalts in der zweiten Lesung – eine erste Verhandlungsrunde von Rot-Grün und FDP stattfinden sollte, in der ein mögliches Entgegenkommen der Minderheitsregierung – die FDP hatte von ihr deutlichere Konsolidierungsanstrengungen gefordert – ausgelotet werden sollte.[20] Diesem Vorgehen lag natürlich die Annahme zugrunde, daß man noch bis zu der für Ende März geplanten dritten Lesung des Haushalts würde verhandeln können.

---

[20] Nach Berichten der Frankfurter Allgemeinen Zeitung vom 14.03.2012.

Am späten Nachmittag des 13. März 2012 machte jedoch der Juristische Dienst der Landtagsverwaltung alle diese Pläne zunichte. Die Parlamentsjuristen teilten den Fraktionen mit, daß schon die Ablehnung eines einzigen Einzelplans in der zweiten Lesung dazu führen werde, daß der Haushalt als insgesamt und endgültig abgelehnt zu betrachten sei.[21] Eine nachträgliche Korrektur dieser Entscheidung etwa im Rahmen einer dritten Lesung sei dann nicht mehr möglich.

Für die überraschten Fraktionen von SPD und Grünen, vor allem aber für die FDP reichte die Zeit nicht mehr aus, um darauf noch politisch reagieren zu können. So wurde am folgenden Tag bereits der erste zur Abstimmung gestellte Einzelplan – derjenige des Ministeriums für Inneres und Kommunales – mit 91 zu 90 Stimmen bei geschlossenem Stimmverhalten aller Fraktionen (SPD und Grüne dafür, CDU, FDP und Linkspartei dagegen) abgelehnt. Sowohl CDU als auch SPD und Grüne hatten jedoch in Reaktion auf den Vermerk der Landtagsverwaltung für diesen Fall bereits Anträge auf Auflösung des Landtags angekündigt.[22] Nach einer kurzen Sitzungsunterbrechung wurden diese Anträge zur Abstimmung gestellt und beschlossen. Die Neuwahl des Landtags fand zwei Monate später am 13.05.2012 statt.

Verfassungsrechtsexperten kamen unter diesen Umständen naturgemäß nur noch nachträglich zu Wort und konnten die binnen 24 Stunden geschaffenen vollendeten Tatsachen kommentieren. Die meisten reagierten jedoch mit bis zu blankem Unverständnis reichender Kritik. Am positivsten fiel noch die Stellungnahme des Kölner Staatsrechtslehrers Christian von Coelln aus, der die Lesart der Landtagsjuristen „nicht für gänzlich abwegig" hielt. Der Passauer Haushaltsrechtler Rainer Wernsmann erklärte es dagegen zum Sinn und Zweck der einschlägigen parlamentarischen Verfahrensregelungen, dem Landtag auch eine Selbstkorrektur zu ermöglichen. Und der Düsseldorfer Staatsrechtsprofessor Martin Morlok, Herausgeber eines umfassenden Handbuchs zum Parlamentsrecht, bezeichnete den Vermerk der Landtagsverwaltung schlicht als „Unsinn".[23]

Da nach allen Umfragen nur SPD und Grüne von den Neuwahlen profitieren konnten, während speziell FDP und Linkspartei den Verlust ihrer Parlamentssitze befürchten mußten, schossen schon bald die Spekulationen darüber ins Kraut, ob der entscheidende Vermerk vielleicht bewußt in Auftrag gegeben worden sei, um eine mögliche Verständigung von SPD, Grünen und FDP zu torpedieren, den Schwebezustand der Minderheitsregierung zu beenden und Neuwahlen zu erzwingen.[24] Naturgemäß ließen sich diese Verdächtigungen jedoch nicht erhärten.

---

[21] Vgl. die nachträgliche Berichterstattung im Focus vom 16.03.2012.

[22] Informationen des Präsidenten des nordrhein-westfälischen Landtags vom 14.03. 2012; vgl. a. Berichterstattung der Welt vom 14.03.2012.

[23] Die entsprechenden Zitate finden sich mit Datum vom 16.03.2012 im Focus, im Handelsblatt und im Stern.

[24] Vgl. den Artikel in der ZEIT vom 15.03.2012 mit dem bezeichnenden Titel: „Landtagsauflösung: Wer brachte die NRW-Regierung zu Fall?"

Daher wurde in anderen Medien eher von einer „Neuwahl-Hysterie" gesprochen und davon, daß sich die nordrhein-westfälischen Parteien – namentlich die FDP – selbst ausmanövriert hätten.[25]

Das Gebot der historischen Vollständigkeit gebietet es hinzuzufügen, daß sich die entsprechenden Kalkulationen – soweit es solche auf der Basis der demoskopischen Trends gegeben haben mag – nur für SPD und Grüne im positiven bzw. für die Linkspartei im negativen Sinne bewahrheitet haben. Bei der vorgezogenen Neuwahl am 13. Mai 2012 erhielt Rot-Grün eine satte Mehrheit, während die Linkspartei nicht mehr im Düsseldorfer Landtag vertreten ist. Die schon totgesagte FDP, deren Strategie am offenkundigsten fehlgeschlagen schien, feierte dagegen eine grandiose Wiederauferstehung. Der große Verlierer war die CDU, die auf ihr schlechtestes Ergebnis seit dem Bestehen des Bundeslandes abstürzte. Das enthält deswegen eine besondere Portion Ironie, weil der offizielle Auftraggeber des entscheidenden Vermerks der CDU-Landtagspräsident Eckhard Uhlenberg als Chef der Landtagsverwaltung war.[26]

## 2. Rechtsansicht der Landtagsverwaltung

Die Rechtsauffassung der Landtagsverwaltung, soweit sie sich aus der Berichterstattung über diesen Vermerk und seine Hintergründe erschließen läßt, kann man wie folgt zusammenfassen:

Die zweite Lesung eines Gesetzes ist in § 71 der Geschäftsordnung des nordrhein-westfälischen Landtags (GO-LT NW) geregelt. Speziell die zweite Lesung des Haushaltsgesetzes wird darüber hinaus seit langem in der Praxis als Einzelberatung und Einzelabstimmung gemäß § 72 GO-LT NW durchgeführt. Dabei wird nach der Beratung jedes Einzelplans zunächst über eventuelle Änderungsanträge zu diesem Einzelplan und danach über den Einzelplan insgesamt abgestimmt.[27]

Zu dieser Form der Gesamt- bzw. Schlußabstimmung hatte die Landtagsverwaltung schon in einem Vermerk vom Oktober 2011 – damals in einem nichthaushaltsrechtlichen Kontext – Stellung genommen. Darin war der damalige Gutachter zu dem Ergebnis gekommen, in einer solchen Gesamtabstimmung könnten nur noch die zuvor vom Parlament per Einzelabstimmung angenommenen Einzelfragen zur Entscheidung gestellt werden. Einzelfragen, die bereits per Einzelabstimmung abgelehnt worden seien, könnten dagegen wegen des Grundsatzes der Unverrückbarkeit der parlamentarischen Entscheidung nicht mehr in die Gesamtabstimmung eingebracht werden. Dennoch sei eine Gesamtabstimmung in

---

[25] So der nicht minder bezeichnende Titel des Spiegel vom 13.03.2012: „In die Klemme gezockt".
[26] Vgl. die Berichterstattung der ZEIT vom 15.03.2012.
[27] Tagesordnung zur 57. und 58. Sitzung des nordrhein-westfälischen Landtags.

jedem Fall und unabhängig davon durchzuführen, ob die Einzelfragen zuvor in den jeweiligen Einzelabstimmungen komplett angenommen oder abgelehnt worden seien.

Diesen Gedanken übernahm der Autor des ausschlaggebenden Vermerks vom 13. März 2012, reicherte ihn jedoch noch mit einer angeblichen Besonderheit des Haushaltsverfahrens an. Unter Berufung auf eine Kommentierung zur Lage auf Bundesebene, wonach der Bundestag keinen Haushaltsplan feststellen kann, ohne zugleich Mittel für die im Grundgesetz selbst vorgesehenen notwendigen Verfassungsorgane per Einzelplan bereitzustellen,[28] argumentierte er, daß die Ablehnung eines Einzelplans einen notwendigen Bestandteil des Haushaltsplans entferne – mit der Wirkung, daß kein ordnungsgemäßer Haushalt mehr beschlossen werden könne. Da diese Ablehnung eines Einzelplans auch wegen des Grundsatzes der Unverrückbarkeit der parlamentarischen Entscheidung in der Gesamtabstimmung nicht mehr zu korrigieren sei, liefe die Gesamtabstimmung – selbst wenn sie positiv ausginge – folglich leer. Unabhängig davon habe bei der Beratung des Haushalts nach § 68 Abs. 2 GO-LT NW stets eine dritte Lesung stattzufinden – zu der es im vorliegenden Fall wegen der direkt auf die Ablehnung des ersten Einzelplans folgenden Selbstauflösung des Landtags freilich nicht mehr kam.

*3. Kritik*

Diese Argumentation mag zwar, um mit von Coelln zu sprechen, „nicht gänzlich abwegig" sein. Sie basiert jedoch großenteils auf Postulaten und enthält darüber hinaus logische Brüche. Das Mindeste, was man über sie sagen muß, ist daher, daß die mit ihrer Hilfe gezogenen Folgerungen keineswegs zwingend sind.

Ihre grundsätzlichste Fehldeutung besteht in der mangelnden Berücksichtigung der durch § 68 Abs. 2 GO-LT NW zwingend vorgeschriebenen dritten Lesung. Wenn die §§ 71, 72 GO-LT NW das Verhältnis zwischen Einzel- und Schlußabstimmung thematisieren, behandeln sie ausschließlich die Schlußabstimmung am Ende der zweiten Lesung. Hier macht der Grundsatz der Unverrückbarkeit der parlamentarischen Entscheidung – der sich übrigens so in keinem Verfassungstext findet, sondern eine Figur der Rechtsanwendung darstellt – insofern Sinn, als das Parlament nicht zuerst in der Einzelabstimmung einen bestimmten Antrag oder Gesetzesbestandteil annehmen oder ablehnen kann, um seine Meinung dann mehr oder weniger direkt im Anschluß daran im Zuge der Gesamtabstimmung zu ändern.

Dennoch besteht jedenfalls bei „normalen" Gesetzen kein Zweifel daran – wie die Landtagsverwaltung offensichtlich im Oktober 2011 selbst festgestellt hat –,

---

[28] *Maunz-Dürig*, GG-Kommentar (Stand: 1981), Art. 110 Rn. 20 ff.

daß eine Gesamtabstimmung am Schluß der zweiten Lesung selbst dann erforderlich bleibt, wenn in den zuvor erfolgten Einzelabstimmungen alle Einzelfragen einheitlich angenommen oder abgelehnt worden sind. Die dafür gegebene Begründung hat allgemeine Gültigkeit: Die Mehrheit der Abgeordneten mag sich durchaus zu einer Einzelfrage in isolierter Betrachtung ablehnend verhalten und dennoch den Gesetzentwurf insgesamt aus übergeordneten politischen Erwägungen passieren lassen bzw. umgekehrt einzelne Änderungspunkte gut finden und trotzdem das Gesetzesvorhaben insgesamt ablehnen. Wenn hierfür sogar in der Schlußabstimmung der zweiten Lesung Raum sein muß, muß dies um so mehr für die dritte Lesung gelten, in der nach § 73 GO-LT NW außerdem noch Gelegenheit zur Stellung weiterer Änderungsanträge besteht. Der Landtag hat sich damit bewußt die Möglichkeit offengelassen, auch in der zweiten Lesung bereits behandelte Fragen vor einem geänderten tatsächlichen oder politischen Hintergrund in der dritten Lesung nochmals zu thematisieren.

Ein zwingender Grund dafür, das im Bereich des Haushaltsverfahrens wegen seiner Besonderheiten anders zu handhaben, ist nicht ersichtlich. Der Verweis auf eine einzelne Grundgesetz-Kommentierung aus dem Jahr 1981 geht nicht nur deshalb fehl, weil schon die Verfassungsautonomie der Länder eine einfache Übertragung der dort formulierten Grundsätze auf die Landesebene verbietet. Vielmehr läßt sich auch die tatsächliche Verfassungslage nicht unbedingt vergleichen. Dazu mag der Hinweis genügen, daß schon die fragliche Kommentarstelle nur von den Einzelplänen der „notwendigen" Verfassungsorgane spricht. Abgesehen davon, daß eine Differenzierung zwischen notwendigen und nicht notwendigen Verfassungsorganen an dieser Stelle etwas merkwürdig anmuten würde, enthält die nordrhein-westfälische Landesverfassung jedoch außer im Bereich des Finanzwesens und der Rechtspflege keine solchen Notwendigkeiten. Sie spricht stattdessen durchweg pauschal von „den Ministern" und überläßt die Festlegung ihrer Geschäftsbereiche im Einzelnen der Organisationshoheit des Ministerpräsidenten.

Vor allem aber entkleidet die Interpretation der Landtagsverwaltung die dritte Lesung jeglicher Bedeutung und reduziert sie auf eine leere Förmlichkeit. Es ist in keiner Weise einleuchtend, daß das Parlament durch § 68 Abs. 2 GO-LT NW gehalten ist, zum Haushaltsgesetz immer eine dritte Lesung durchzuführen, in dieser Lesung aber ungeachtet der in § 73 GO-LT NW ausdrücklich vorgesehenen Änderungsanträge keine Möglichkeit haben soll, seine in zweiter Lesung gefundene Position noch einmal grundsätzlich zu überdenken. Der ganze Sinn einer zwingend vorgeschriebenen dritten Lesung kann nur darin bestehen, dem Parlament genau diese Möglichkeit einzuräumen. Der Landtag soll in der zentralen Frage der Haushaltsaufstellung gerade nicht anhand eines isoliert betrachteten Einzelplans vorschnell abschließende Entscheidungen treffen, sondern die Gelegenheit haben, noch einmal in Ruhe das Gesamtwerk und die Folgen einer möglichen Ablehnung des Haushaltsplans im Ganzen politisch zu bewerten.

Versagt man ihm diese Gelegenheit und läßt jede Ablehnung eines Einzelplans zum faktischen Ende des Verfahrens führen, so wird schon die in den §§ 71, 72 GO-LT NW – aus den oben erläuterten guten Gründen – vorgeschriebene Schlußabstimmung am Ende der zweiten Lesung im Falle des Haushaltsgesetzes sinnlos. Die wegen § 68 Abs. 2 GO-LT NW unumgängliche dritte Lesung wird dann zur Farce. Dem Gesetzgeber sollte man jedoch in keinem Fall eine Intention zur Schaffung unsinniger Regelungen unterstellen. Der Grundsatz der Unverrückbarkeit der parlamentarischen Entscheidung kann dem nicht entgegengehalten werden. Denn er soll zwar eine gewisse Verläßlichkeit der parlamentarischen Beratung garantieren, dem Parlament aber keineswegs jede Möglichkeit zur Selbstkorrektur abschneiden.

## IV. Schlußbewertung

Die Politik muß das Recht respektieren. Das bedeutet aber gerade wegen der zentralen Aufgabe des Gesetzgebers, Recht zu gestalten und zu schaffen, nicht, sich einer bestimmten Rechtsauffassung widerspruchslos zu ergeben. Angesichts der Vielfalt möglicher juristischer Interpretationen, die das Wesen und den Reiz der rechtswissenschaftlichen Fachdisziplin ausmacht, müssen sich Politiker, die diesen Gestaltungsauftrag für sich annehmen, vielmehr aktiv in die entsprechende Debatte einbringen. Auf dem Feld der Juristerei sind auch die Meinungen anerkannter Experten keineswegs sakrosankt. Nur den abschließenden Entscheidungen der „dritten Gewalt" kommt eine determinierende Bedeutung zu, die um des Rechtsfriedens willen nicht in Frage gestellt werden darf.

Wer unterhalb dieser Schwelle voreilig und ohne sie zu hinterfragen eine bestimmte rechtliche Position als gegeben hinnimmt, der beraubt sich in fahrlässiger Weise seiner eigenen politischen Entscheidungsspielräume. Die beiden hier vorgestellten Beispiele illustrieren das in eindringlicher Weise. Die Bundesregierung hätte sich eine wesentlich bessere Verhandlungsposition zu dem Euro-Stabilisierungspaket vom Juni 2012 verschaffen können, wenn sie nicht ohne zwingenden Grund das Erfordernis verfassungsändernder Mehrheiten dafür akzeptiert hätte. Die kurz davor liegenden Geschehnisse in Nordrhein-Westfalen sind sogar im wörtlichen Sinne als erschütternd zu bezeichnen. Der quantitativ wie argumentativ kärgliche dreiseitige Vermerk eines einzelnen Verwaltungsjuristen versetzte dort ein ganzes Parlament in Schockstarre und veranlaßte die frei gewählten Abgeordneten des nordrhein-westfälischen Landtags entgegen allen politischen Erwägungen zur kollektiven Kapitulation vor rechtlichen Scheinzwängen. Die Westdeutsche Allgemeine Zeitung brachte es am Tag der Abstimmung in ihrer Schlagzeile auf den Punkt: „Wie zwei Juristen der Landtagsverwaltung NRW in die Neuwahl trieben".[29]

---

[29] Berichterstattung der WAZ vom 14.03.2012.

Hätte der Jubilar in seiner langen politischen Karriere jemals in einer solchen Situation das Amt des Landtagspräsidenten innegehabt, hätte er das seiner Verwaltung wohl kaum so durchgehen lassen. Im Interesse des Respekts, den sie für sich selbst einfordern muß, ist die Politik es sich und den von ihr regierten Bürgerinnen und Bürgern auch schuldig, an solchen Punkten nicht nur die Rolle des Weisungsempfängers einzunehmen, sondern einen substanziellen Dialog mit dem Recht zu führen.

## IV. Politik – Gesellschaft – Religion

# Dem Kaiser, was des Kaisers ist

## Religionsausübung im säkularen Staat

Michael Demel

### I. Religionsausübung als Rechtsproblem

„[Gott] ist sehr an den Rand gedrängt. Im politischen Leben scheint es fast unanständig geworden, von Gott zu reden – gerade so, als wäre es ein Angriff auf die Freiheit des Ungläubigen. ... Das Gleiche geschieht in der Welt des Geschäfts, der Wirtschaft und des privaten Lebens. ... Eine Gesellschaft, wo Gott absolut abwesend ist, zerstört sich selbst. Das haben wir in den großen totalitären Experimenten des letzten Jahrhunderts gesehen."

(Joseph Kardinal Ratzinger im Interview mit der Zeitung „Die Welt" am 24. November 2004)

Christean Wagner verwendet dieses Zitat in seinen Reden zu den geistigen Grundlagen unseres Gemeinwesens regelmäßig. Der Befund des späteren Papstes Benedikt XVI. aus seiner Zeit als Präfekt der Glaubenskongregation ist unverändert aktuell. Mehr denn je beklagen die großen christlichen Kirchen einen stetigen Mitgliederschwund und eine auf niedrigem Niveau noch weiter schwindende Zahl sonntäglicher Gottesdienstbesucher. Davon soll dieser Beitrag nicht handeln. Er will vielmehr ein kurzes Schlaglicht auf die Frage werfen, was der Mangel an öffentlich wahrnehmbaren Bekenntnissen zur eigenen religiösen Überzeugung mittelbar in der Rechtsordnung bewirken könnte. In dem Maße nämlich, wie das Reden von Gott randständig wird, schwindet auch die Akzeptanz für religiös motivierte Verhaltensweisen. Religionsausübung verliert ihre Selbstverständlichkeit, welche unsere Rechtsordnung seit Jahrhunderten geprägt hat. Selbst staatliche Regelungen, die explizit zur Ermöglichung ungestörter Religionsausübung erlassen wurden wie die Feiertagsgesetze, erscheinen einer breiter, zumindest aber lauter werdenden Anzahl Ungläubiger als Zumutung. In den vergangenen Jahren sind immer häufiger öffentliche Debatten um die Zulässigkeit und die Grenzen religiös motivierten Verhaltens entbrannt, vom Tragen eines Kopftuchs durch eine muslimische Referendarin im Schuldienst und die Möglichkeit eines muslimischen Jugendlichen, während der Schulzeit seine Gebetshandlungen verrichten zu dürfen, über das Tanzverbot an sogenannten Stillen Feiertagen bis zur Frage der Zulässigkeit religiös motivierter Beschneidungen männlicher Kinder bei Juden und Muslimen. Da es eine deutsche Neigung dazu gibt, gesellschaftliche Diskurse für unerfreulich zu halten und nach dezisionistischer Klärung zu suchen, werden schnell die staatlichen Gerichte bemüht. Hier wird die Sache heikel, denn nun muß eine staatliche Instanz über Inhalt und Reichweite der Religionsfreiheit befinden. Da es sich bei der Religionsfreiheit um ein vom Selbstverständnis des Grundrechtsträgers geprägtes Recht par excellence handelt, kommen Gerichte immer wieder ins Schlingern. Wo aber die *lex artis* der Rechtsanwendung unscharf ist, unscharf sein muß, treten Faktoren außerhalb des positiven Rechts und außerhalb einer stringenten Dogmatik in den Vordergrund. Stärker als bei anderen Rechtsfragen zeigt sich bei der Rechtsprechung auf dem Gebiet des Religiösen die Bedeutung außerrechtlicher Vorverständnisse.

## II. „Eine Rose ist eine Rose ist eine Rose" – Religion als Definitionsdilemma

Schon bei der Grundfrage, an welchen Merkmalen die Zugehörigkeit zu einer bestimmten Religionsgemeinschaft festzumachen ist, muß das staatliche Recht scheitern, weil ihm die Definitionshoheit fehlt. Es ist nicht „des Kaisers", darüber zu befinden. Relevant ist dies in den vergangenen Jahren insbesondere bei der Aufteilung von Staatsleistungen in Umsetzung von Verpflichtungen aus Staatsverträgen mit der „jüdischen Gemeinschaft" geworden.[1] Aus Sicht der etablierten jüdischen Gemeinden steht die Zugehörigkeit zum Judentum von neugegründeten Gemeinden, die sich „jüdisch" nennen, nämlich keineswegs selbstverständlich fest, wie exemplarisch ein über alle Instanzen geführter Rechtsstreit in Sachsen-Anhalt gezeigt hat.[2]

Dort wurde im Jahr 1994 ein Staatsvertrag des Landes „mit der jüdischen Gemeinschaft Sachsen-Anhalt" geschlossen. Der Begriff der „jüdischen Gemeinschaft", der bereits im Rubrum des Vertrages auftaucht, wird auch im Vertragstext durchgängig verwendet. Streit gab es dabei um die Auslegung des Vertragspassus zur Verwendung der vorgesehenen Staatsleistungen:

„Die Staatsleistung ist ausschließlich für die Jüdische Gemeinschaft im Land Sachsen-Anhalt bestimmt. Es besteht Einvernehmen darüber, daß die Staatsleistung die Zuschüsse für neu entstehende Gemeinden mit umfaßt und daß die Mittel anteilsmäßig den Gemeinden unabhängig von ihrer Zugehörigkeit zum Landesverband zufließen sollen." (Schlußprotokoll zu Art. 13 des Vertrages)

---

[1] Dieser Abschnitt (II.) ist mit Modifikationen entlehnt aus: *Demel*, Michael: Gebrochene Normalität. Die staatskirchenrechtliche Stellung der jüdischen Gemeinschaft in Deutschland, Tübingen 2011, S. 241 ff.

[2] Darstellung des Ausgangsfalls u. a. bei *Vulpius,* Axel: Charakter einer jüdischen Gemeinde, LKV 2004, S. 496 (496).

## 1. Die Zugehörigkeit zur „Jüdischen Gemeinschaft" vor Gericht

In Halle hatte sich nun neben der etablierten und vom Landesverband anerkannten jüdischen Gemeinde im Jahr 1996 eine Gruppierung gebildet, die sich selbst ebenfalls als jüdische Gemeinde ansah und unter Berufung auf den Staatsvertrag vom Landesverband eine Beteiligung an den Staatsleistungen einforderte. Der Landesverband bestritt, daß die Gruppierung eine jüdische Gemeinde sei, und verweigerte die Zahlung. So ging der Streit vor Gericht.

Das Verwaltungsgericht Magdeburg als Eingangsinstanz gab dem Klagebegehren auf Beteiligung an den Staatsvertragsleistungen statt.[3] Die neu gebildete Gruppierung sei eine „neu entstehende" jüdische Gemeinde im Sinne des Staatsvertrags. Bei ihrer Gründungsversammlung seien zehn männliche Personen jüdischen Glaubens zugegen gewesen. Eine Eintragung in das Vereinsregister sei erfolgt. Schließlich existiere auch eine Gemeindesatzung, die belege, daß es sich um eine jüdische Gemeinde handele, denn jedenfalls sei unwidersprochen geblieben, daß die Satzung alle Voraussetzungen erfülle, welche die Rabbinerkonferenz an eine jüdische Gemeinde stelle.

Der beklagte Landesverband ging in Berufung und führte in seiner Berufungsbegründung unter anderem an, daß die gerichtliche Eingangsinstanz gleichsam erklärt habe, jüdische Religionsvorschriften würden von der Klägerin beachtet. Zu einer solchen Feststellung fehle indes einem staatlichen Gericht jede Kompetenz. Dem folgend entschied das Oberverwaltungsgericht des Landes Sachsen-Anhalt als Berufungsinstanz, daß zwar generell der Rechtsweg zu den staatlichen Gerichten in Streitfragen über die Auslegung eines Staatsvertrags gegeben sei, indes das Gericht über den Charakter der neuen Gruppierung als „jüdische Gemeinde" in der Sache nicht entscheiden dürfe, da anderenfalls ein Verstoß gegen das durch Art. 137 Abs. 3 S. 1 WRV verbürgte Selbstbestimmungsrecht von Religionsgemeinschaften vorliege.[4] Das Oberverwaltungsgericht hat dabei exemplarisch die Möglichkeiten der Justiz zur Subsumtion unter den Begriff „jüdisch" unter Beachtung des religiösen Selbstbestimmungsrechts durchgeprüft und sämtlich mit überzeugender Begründung verworfen: Die Einholung eines religiösen Gutachtens wäre keine Lösung, da das Gutachten nur ein Beweismittel unter anderen wäre und im Kern eben gerade der unmöglichen Überprüfung religiöser Normen durch ein staatliches Gericht diente. Die Verweisung an das Schiedsgericht des Zentralrats der Juden wäre ebenfalls keine Lösung, denn dies würde die Anerkennung des Schiedsgerichts als verbindliche religiöse Autorität durch ein staatliches Gericht bedeuten. Auch die Bildung eines Gremiums „mit staatlicher

---

[3] Urteil vom 21. Juli 1998, AZ A 8 K 314/97, unveröffentlicht; inhaltlich wiedergegeben in der Entscheidung des OVG Sachsen-Anhalt vom 3. März 2000, KirchE 38, 115 ff.

[4] OVG Sachsen-Anhalt ebd.

Macht", „das – verbindlich oder gar noch kontrollierbar – eine Frage entscheidet, die zu beantworten allein eine religiöse Stelle berufen ist", wäre keine Lösung, denn ein solches Gremium „kann nur autonom und nicht von Staats wegen gebildet werden".

Das Bundesverwaltungsgericht als Revisionsinstanz wiederum verwarf unbeeindruckt von diesen Ausführungen das Urteil des Oberverwaltungsgerichts und verwies die Sache zur Entscheidung zurück.[5] Es nahm dazu in Bezug auf die Frage des religionsgemeinschaftlichen Selbstbestimmungsrechts dem Wortlaut von Art. 137 Abs. 3 S. 1 WRV folgend eine semantische Engführung auf die „eigenen" Angelegenheiten vor. Bei der Verteilung von Staatsleistungen durch den Landesverband handele es sich aber nicht um „eigene" Angelegenheiten, sondern um die Wahrnehmung einer staatlichen Aufgabe, die dem Landesverband durch das Zustimmungsgesetz zum Staatsvertrag zur selbständigen Erledigung übertragen worden sei. Die Entscheidung darüber, wer zur „jüdischen Gemeinschaft" gehöre, sei schon deswegen nicht vom religionsgemeinschaftlichen Selbstbestimmungsrecht umfaßt, weil eine solche „jüdische Gemeinschaft" als Religionsgemeinschaft im staatskirchenrechtlichen Sinn nicht existiere. Dementsprechend verweise die Bezeichnung „Jüdische Gemeinschaft" im Staatsvertrag auch nicht auf eine bestimmte Religionsrichtung in dem Sinne, daß die sich zu ihr bekennenden jüdischen Gemeinden spezifische glaubensmäßige Anforderungen innerhalb der zum Judentum gehörenden religiösen Richtungen erfüllen müßten. Der Staatsvertrag habe hier lediglich einen vorgefundenen Gattungsbegriff verwendet. Zur „Jüdischen Gemeinschaft" gehöre daher jede jüdische Vereinigung, „die sich selbst als Jüdische Gemeinde versteht und unbeschadet der jeweiligen Art des Glaubensverständnisses innerhalb des Judentums Aufnahme und Anerkennung als jüdische Gemeinde gefunden hat." Dies zu prüfen, müsse das Berufungsgericht nachholen.

Nach Maßgabe des bindenden Revisionsurteils verwarf das Oberverwaltungsgericht die Berufung nun im zweiten Durchgang als unbegründet. Die Klägerin im Ausgangsverfahren gehöre nach den Kriterien des Bundesverwaltungsgerichts zur „Jüdischen Gemeinschaft" im Sinne des Staatsvertrags. Als Mitglied der Union Progressiver Juden in Deutschland erfülle die neue Gemeinde in Halle das Kriterium der „Aufnahme und Anerkennung". Das Bundesverwaltungsgericht habe mit diesem Kriterium eine Regelvermutung konstatiert. Es seien im konkreten Fall keine Anhaltspunkte für eine Abweichung von der Regel ersichtlich.

So wurde schließlich das Ergebnis der Eingangsinstanz bestätigt, daß es sich bei der Neugründung um ein Glied der „Jüdischen Gemeinschaft in Sachsen Anhalt" handele und ein entsprechender Anspruch auf Beteiligung an den Staatsvertragsmitteln gegen den Landesverband bestehe. Die daraufhin vom Landesver-

---

[5] Entscheidung vom 28. Februar 2002, BVerwGE 116, 86 ff.

band der jüdischen Gemeinden in Sachsen-Anhalt eingelegte Verfassungsbeschwerde wurde vom Bundesverfassungsgericht nicht zur Entscheidung angenommen.[6]

## 2. Kritik an der Rechtsprechung des Bundesverwaltungsgerichts

Die Entscheidung des Bundesverwaltungsgerichts ist in der Literatur zwiespältig aufgenommen worden. Begrüßt wurde allenthalben, daß damit ein weiteres Mal die Justizgewährungspflicht in Kirchensachen insoweit bekräftigt worden sei, daß „die staatlichen Gerichte grundsätzlich zur Entscheidung aller Rechtsfragen berufen sind, deren Beurteilung sich nach staatlichem Recht richtet."[7] Ob das Bundesverwaltungsgericht indes das materielle Hauptproblem der Auslegung des Begriffs „Jüdische Gemeinschaft" überzeugend gelöst hat, ist umstritten.

Die Kritik am Bundesverwaltungsgericht hat dabei ein gewichtiges Argument für sich: Der Rekurs auf die „Aufnahme und Anerkennung im Judentum" als Definition des Adjektivs „jüdisch" ist eine *petitio principii,* da sie eine objektive und religiös neutrale Definition voraussetzt, was „Judentum" sei. Es ist geradezu augenfällig zirkulär, zu konstatieren, daß eine Gemeinde dann „jüdisch" sei, wenn sie im „Judentum" Aufnahme und Anerkennung gefunden habe, die Zugehörigkeit zum Judentum jedoch ihrerseits eine Definition voraussetzt, was denn „jüdisch" ist. Die Formel des Bundesverwaltungsgerichts definiert nichts, weil sie lediglich ein zu definierendes Adjektiv durch das Substantiv ersetzt, von dem es abgeleitet wurde: Eine Rose ist eine Rose ist eine Rose.[8]

Dies ist eben nicht, wie von Campenhausen meint, „eine Tatfrage, die auch einem weltlichen Gericht möglich ist: Handelt es sich um eine Gemeinde von Christen oder Muslimen oder Juden?"[9] Auch ist die „Parallele zu den christlichen Kirchen" keineswegs „vollkommen", wie von Campenhausen weiter mit der Begründung anmerkt: „Jede [christliche Kirche] glaubt, daß in ihr die wahre Kirche des dritten Glaubensartikels in Erscheinung tritt. ... Keine kann aber mit

---

[6] Beschluß vom 6. Dezember 2005 (2 BvR 1348/05).

[7] Insoweit wird BVerwGE 116, 86 (88) als Bekräftigung von BGH, JZ 2000, 1111 gesehen; zustimmend zum BGH: *Kästner,* Karl-Herrmann: Tendenzwende in der Rechtsprechung zum staatlichen Rechtsschutz in Kirchensachen, NVwZ 2000, S. 889 ff.; *Nolte,* Achim: Durchbruch auf dem Weg zu einem gleichwertigen staatlichen Rechtsschutz in „Kirchensachen", NJW 2000, S. 1844 ff.; insoweit zustimmend zum BVerwG *Germann,* Michael: Anmerkung zu BVerwG, Urteil vom 28.2.2002, DVBl 2002, S. 988 (990); *Maurer,* Hartmut: JZ 2002, Anmerkung zu BVerwG, Urteil vom 28.2.2002, S. 1104 (1104).

[8] „A rose is a rose is a rose is a rose" aus dem Gedicht „Sacred Emily" von *Getrude Stein,* erschienen im Band „Geography and Plays", als eBook der University of Adelaide abzurufen unter der Adresse http://ebooks.adelaide.edu.au/s/stein/gertrude/geography_and_plays/Page_178.html.

[9] Rheinischer Merkur vom 9. Januar 2003.

Wirkung nach außen anderen Konfessionen das Kirchesein absprechen, mögen sich auch nach eigenem Urteil Defizite aufzeigen lassen." Im Gegensatz zum „Kirchesein" geht es vorliegend aber nicht um das „Gemeindesein", sondern um das „Jüdischsein". Die christlichen Kirchen unterscheiden sich nämlich aus staatlicher Sicht nicht im Adjektiv „christlich". Weder die protestantische noch die katholische Konfession bestreiten einander die Zugehörigkeit zum Christentum.

Wenn aber kein allgemeiner Begriff einer „jüdischen Gemeinschaft" für das Staatskirchenrecht gefunden werden kann, dann müssen erst recht solche Konkretisierungen versagen, die auf einen noch allgemeineren Begriff Bezug nehmen („Aufnahme im Judentum"). Eine definitorische Leerstelle würde dann lediglich mit einer Leerstelle auf höherer Stufe vermeintlich gefüllt. Dies aber würde den betreffenden Vertragspassus nicht weniger unjustiziabel machen, da ein zur Entscheidung über die Auslegung eines solchen Passus angerufenes staatliches Gericht wegen der Beachtung des religiösen Selbstbestimmungsrechts an der autoritativen Füllung der Leerstelle gehindert wäre.

Aus nämlichem Grund ist der Vertrag des Landes Brandenburg mit der jüdischen Gemeinschaft in Bezug auf die Leistungszuteilung an Gemeinden, die nicht dem Landesverband angehören, unjustiziabel.[10]

### 3. Die normative Kraft des Präsenten

Neben einem gewissen Hang zum Pragmatismus und dem Unwillen, einen Rechtstext in Teilen für unjustiziabel zu erklären, zeigt die Entscheidung des Bundesverwaltungsgerichts auch, was ein vorrechtliches Verständnis, das vom gesellschaftlichen Konsens getragen ist, im Recht bewirken kann. Das Gericht hatte offensichtlich ein präsentes Bild vom „Judentum". Daß dieses Judentum sich in Verbänden, namentlich dem Zentralrat der Juden in Deutschland und der Union Progressiver Juden in Deutschland manifestiert, stand für das Gericht unhinterfragt fest. Dies hängt mit der Präsenz jüdischer Dachverbände in der Öffentlichkeit zusammen. Der Zentralrat der Juden in Deutschland ist ein seit Jahrzehnten anerkanntes und geschätztes Sprachrohr jüdischen Lebens in Deutschland. Die zunächst in Konkurrenz zum Zentralrat entstandene Union Progressiver Juden hatte zeitweilig den Alleinvertretungsanspruch des Zentralrats in Frage gestellt, seit 2005 nun werden aber die Mitgliedsgemeinden der Union mehr und mehr in die Strukturen des Zentralrats eingepaßt.[11] Am Wesen der Union als Teil des „Judentums" gab es zumindest von staatlicher Seite keine Zweifel. Das Bundesverwaltungsgericht rekurrierte auf das Präsente. Ohne öffentliche Präsenz der organisatorischen Manifestationen des jüdischen Glaubens hätte das Gericht tiefer

---

[10] Siehe dazu: *Demel,* Michael: Gebrochene Normalität (Fn. 1), S. 291 f.
[11] Dazu *Demel,* Gebrochene Normalität (Fn. 1), S. 206 f.

bohren müssen und hätte wohl letztlich vor einem unjustiziablen Vertragstext kapitulieren müssen.

### III. (K)eine Leitentscheidung: Das „Kruzifix-Urteil" des Bundesverfassungsgerichts

Ein vermeintlicher „Angriff auf die Freiheit des Ungläubigen" (um auf das Eingangszitat von Benedikt XVI. zurückzukommen) war Ausgangspunkt einer Entscheidung des Bundesverfassungsgerichts, die als „Kruzifix-Urteil"[12] Verfassungsrechtsgeschichte geschrieben hat – weniger wegen ihrer juristischen Qualität als wegen ihrer Wirkung in der Öffentlichkeit. Es zeigte sich, daß die Präsenz einer Religion und ihrer Symbole und das feste öffentliche Bekenntnis relevanter Bevölkerungsteile dazu in der Lage sind, eine an sich eindeutige Rechtsprechung zu negieren. Die Hintergründe seien hier noch einmal kurz in Erinnerung gerufen.

#### 1. Der Ausgangsfall und die Entscheidung des Bundesverfassungsgerichts

Bis 1995 ordnete § 13 Abs. 1 der bayerischen Volksschulordnung an, in jedem Klassenzimmer ein Kreuz anzubringen. Ein Elternpaar, das seine schulpflichtigen Kinder nach den Grundsätzen der anthroposophischen Lehre erziehen wollte, verlangte seit der Einschulung der Kinder, daß in Klassenzimmern, in denen diese unterrichtet werden, die dort befindlichen Kreuze abgehängt werden. Die zuständigen Behörden verweigerten sich jedoch diesem Ansinnen, woraufhin die Eltern vor Gericht zogen. Auch die Verwaltungsgerichte wollten nicht im Sinne der Eltern entscheiden, so daß diese schließlich das Bundesverfassungsgericht anriefen.[13] Das Bundesverfassungsgericht erblickte in der Anbringung des Kreuzes in staatlichen Pflichtschulen eine Verletzung der Beschwerdeführer in ihren Grundrechten aus Art. 4 Abs. 1 i.V. mit Art. 6 Abs. 2 GG. Es erklärte in seiner Entscheidung § 13 Abs. 1 der bayerischen Volksschulordnung für verfassungswidrig. Das Bundesverfassungsgericht mußte dazu den Bedeutungsgehalt des Kreuzes bestimmen. Dazu berief es sich auf je ein großes theologisches Nachschlagewerk der katholischen und der evangelischen Konfession. Es kam zum Ergebnis, das Kreuz versinnbildliche „die im Opfertod vollzogene Erlösung des Menschen von der Erbschuld, zugleich aber auch den Sieg Christi über Satan und Tod und seine Herrschaft über die Welt".[14] Das Kreuz habe „appellativen Charakter" und weise die von ihm symbolisierten Glaubensinhalte als vorbildhaft und befol-

---

[12] BVerfGE 93, 1 ff.

[13] Zum Sachverhalt: *Winkler,* Markus: Besprechung von BVerfG, Urteil vom 16.5. 1995 („Kruzifix-Urteil"), JA 1995, S. 927 ff.

[14] BVerfGE 93, 1 (19).

gungswürdig aus. Dem Kreuz könne daher eine missionarische Einwirkung auf die Schüler nicht abgesprochen werden. Es könne seines spezifischen Bezugs auf die Glaubensinhalte des Christentums nicht entkleidet und auf ein allgemeines Zeichen abendländischer Kulturtradition reduziert werden. Das Kreuz symbolisiere vielmehr den wesentlichen Kern der christlichen Glaubensüberzeugung, die zwar insbesondere die westliche Welt in vielfacher Weise geformt habe, aber keineswegs von allen Gesellschaftsgliedern geteilt werde. Seine Anbringung in der staatlichen Pflichtschule sei daher mit Art. 4 Abs. 1 GG unvereinbar.[15] Die positive Glaubensfreiheit der christlichen Mehrheit sei nur insoweit berührt, als sie einen Anspruch darauf verleihe, daß Grundrechtsträger ihre Glaubensüberzeugung im Rahmen staatlicher Institutionen betätigen könnten. Soweit die Schule hierfür – wie beim Religionsunterricht, dem Schulgebet und anderen religiösen Veranstaltungen – Raum lasse, müßten diese vom Prinzip der Freiwilligkeit geprägt sein und dem Andersdenkenden zumutbare, nicht diskriminierende Ausweichmöglichkeiten lassen. Dies sei bei der Anbringung von Kreuzen in Klassenzimmern, deren Präsenz und Anforderung sich der Andersdenkende nicht entziehen könne, aber nicht der Fall.[16] Die Entscheidung erging mit fünf zu drei Stimmen. Die dissentierenden Richter haben dem Urteil abweichende Voten beigefügt.

### 2. Korrektur durch Presseerklärung

Die Entscheidung des Ersten Senats richtet sich gegen die *staatliche Anordnung*, ein Kreuz anzubringen. Der Leitsatz, unter dem die Entscheidung des Ersten Senats veröffentlicht wurde, geht jedoch darüber hinaus und statuiert allgemein: „Die Anbringung eines Kreuzes oder Kruzifixes in den Unterrichtsräumen einer staatlichen Pflichtschule ... verstößt gegen Art. 4 Abs. 1 GG." Durch den öffentlichen Sturm der Entrüstung, der daraufhin losbrach,[17] glaubte der merklich erschrockene Vorsitzende des Ersten Senats, Johann Friedrich Henschel, in Presseerklärungen und Zeitungsinterviews Urteil und Leitsatz öffentlich korrigieren zu müssen.[18] Dieser Vorgang ist erstaunlich. Zum ersten Mal in der Geschichte des Gerichts wurde ein Urteil öffentlich „nachgebessert". Abgesehen davon, daß öffentliche Erklärungen, wie denn ein Urteil gemeint sei, keinerlei rechtliche Bedeutung haben, beschädigt ein solches Vorgehen die Autorität des Gerichts. Wenn nämlich der für das Urteil und seine Leitsätze federführende

---

[15] BVerfGE 93, 1 (24).
[16] BVerfGE 93, 1 (24).
[17] Dazu *Lamprecht*, Rolf: Oligarchie in Karlsruhe: Über die Erosion der Gewaltenteilung, NJW 1996, S. 971 ff.
[18] Etwa im Interview in: Stern 34/1995; Die Welt v. 24./25.8.1995; vgl. dazu: *Augstein*, Rudolf: Hände weg vom Gericht, Der Spiegel 35/1995; *Flume*, Werner: Das „Kruzifixurteil" und seine Berichtigung, NJW 1995, S. 2904 f.; *Zuck*, Rüdiger: Kreuz-Züge, NJW 1995, S. 2903 (2904).

Berichterstatter, zumal in seiner Funktion als Vizepräsident des Gerichts, öffentlich eingesteht, daß Teile des Urteils „fehlerhaft abgefaßt" und „präzisionsbedürftig" sind,[19] dann kann man daraus zwei Schlußfolgerungen ziehen: Entweder es wurde schlampig gearbeitet, oder das Gericht ist vor der Kritik eingeknickt.

### 3. Von der Bindungskraft eines ungeliebten Urteils

Bereits in der ersten Reaktion auf das Urteil verkündete der damalige bayerische Ministerpräsident Edmund Stoiber, der Freistaat Bayern werde auch in Zukunft die Anbringung von Kreuzen in Klassenzimmern anordnen.[20] Der ehemalige bayerische Kultusminister Hans Maier befand gar: „Gegen den puren Unsinn und Übermut auch der höchsten Gerichte ist Widerstand geboten".[21] Der bayerische Landtag schritt zur Tat und erließ mit CSU-Mehrheit am 13. Dezember 1995 eine Novelle zum bayerischen Gesetz über das Erziehungs- und Unterrichtswesen.[22] Darin wird an der prinzipiellen Verpflichtung der Volksschulen zur Anbringung von Kreuzen in den Klassenräumen festgehalten. Allerdings wird diese eingeschränkt durch eine Widerspruchsregelung, die als Ermessensentscheidung der Schulleitung ausgestaltet ist.[23]

In einer ergebnisoffenen Abwägung muß bei der Entscheidung für oder gegen das Kreuz auch der Wille der Mehrheit berücksichtigt werden, so daß kein Anspruch auf Entfernung des Kreuzes, sondern lediglich ein Anspruch auf „ermessensfehlerfreie Entscheidung" besteht, die also auch negativ im Sinne des Antragstellers ausfallen kann.[24] Mißt man dieses Gesetz am ersten Leitsatz der Kruzifix-Entscheidung, dann hat sich der bayerische Landtag hiermit offen gegen das Bundesverfassungsgericht gestellt. In diesem Bewußtsein versuchten die anthroposophischen Eltern des Ausgangsfalls ihr Glück vor den Verwaltungsgerichten Bayerns, nachdem die zuständigen Schulleitungen im durch den bayeri-

---

[19] Zitiert nach: *Augstein* a. a. O. (Fn. 18).
[20] Zitiert nach: *Lamprecht* a. a. O. (Fn. 17), S. 971.
[21] Zitiert nach *dems.* ebd.
[22] Vgl. zum Folgenden: *Demel,* Michael: Besprechung von BVerwG, Urteil v. 21.4. 1999 – 6 C 18.98 (Kruzifix in Schulräumen), JA 2000, S. 368 (369).
[23] Art. 7 Abs. 3 BayEUG: „Angesichts der geschichtlichen und kulturellen Prägung Bayerns wird in jedem Klassenraum ein Kreuz angebracht. Damit kommt der Wille zum Ausdruck, die obersten Bildungsziele der Verfassung auf der Grundlage christlicher und abendländischer Werte unter Wahrung der Glaubensfreiheit zu verwirklichen. Wird der Anbringung des Kreuzes aus ernsthaften und einsehbaren Gründen des Glaubens oder der Weltanschauung durch die Erziehungsberechtigten widersprochen, versucht der Schulleiter eine gütliche Einigung. Gelingt eine Einigung nicht, hat er nach Unterrichtung des Schulamts für den Einzelfall eine Regelung zu treffen, welche die Glaubensfreiheit des Widersprechenden achtet und die religiösen und weltanschaulichen Überzeugungen aller in der Klasse Betroffenen zum einen gerechten Ausgleich bringt; dabei ist auch der Wille der Mehrheit zu berücksichtigen."
[24] *Demel* a. a. O. (Fn. 22).

schen Gesetzgeber angeordneten Abwägungsverfahren gegen sie entschieden hatten. Sie klagten den gesamten Instanzenzug hinauf bis zum bayerischen Verwaltungsgerichtshof. Da sie aber in ihren Beschwerdebegründungen von „vermaledeiten Kruzifixen" und „maskulinen Marterpfählen" sprachen, die für Völkermord, Kulturimperialismus, Raub- und Beutezüge, Wissenschafts- und Fortschrittsfeindlichkeit sowie Terror stünden, konnte der bayerische Verwaltungsgerichtshof den Klägern eine Argumentation „auf trivialer geschichtskritischer und gesellschaftspolitischer Ebene" bescheinigen und damit das Vorliegen objektiver Gründe zum Abhängen des Kreuzes verneinen.[25]

Der bayerische Verfassungsgerichtshof hat zwei Jahre nach dem Kruzifix-Urteil mit Beschluß vom 1. August 1997 die Verfassungsmäßigkeit des neuerlichen bayerischen Kruzifixzwangs bestätigt.[26] Auch gegen diese Entscheidung legten die Kläger des Ausgangsfalles Verfassungsbeschwerde beim Bundesverfassungsgericht ein und zwar mit der (zutreffenden) Begründung, das bayerische Gericht habe die Bindungswirkung des „Kruzifix"-Urteils von 1995 nicht beachtet. Vorsichtig geworden nahm jedoch die zuständige Karlsruher Kammer die Beschwerde aus prozessualen Gründen nicht an.[27]

Das letzte in dieser Sache ergangene Urteil stammt vom Bundesverwaltungsgericht.[28] Wie alle Vorinstanzen ignorierte es zwar den Leitsatz der Kruzifix-Entscheidung von 1995, jedoch führte es vor, wie ein Gericht seiner Friedensfunktion bei weitestmöglicher Berücksichtigung der widerstreitenden Interessen gerecht werden kann. Zunächst bestätigte es die Verfassungsmäßigkeit des neuen bayerischen Gesetzes dem Grunde nach. Jedoch schränkte es dies dahingehend ein, daß die nach dem Gesetz offene Ermessensentscheidung der Schulleitung regelmäßig in einen Anspruch auf Abhängen des Kreuzes umgedeutet werden müsse, es sei denn, es liege offenkundig Mißbrauch vor. Im Klartext heißt das: Um der anscheinend überwältigenden Mehrheit in Bayern willen, die das Kreuz im Klassenzimmer wünscht oder doch nicht explizit ablehnt, darf die Anbringung von Kreuzen in Klassenzimmern angeordnet werden. Listig leiten die Berliner Richter dies aber nicht aus hoheitlichen Entscheidungsrechten ab, sondern sehen darin einen Akt „vorsorgender Neutralität", eine Art von vorauseilendem Gehorsam, der einem mehrheitlichen Wunsch auf Anbringung von Kreuzen lediglich zuvorkommt. Aus der staatlichen Neutralität folge nämlich, daß die Anbringung von Kreuzen von der Schule geduldet werden müsse, wenn die Eltern dies einstimmig beschließen. Ein solcher Wille wird nun bis zum Beweis des Gegenteils unterstellt. Um diese starke Betonung der positiven Religionsfreiheit in einen ge-

---

[25] Dazu: *Häußler,* Ulf: Besprechung von: BayVGH, Urteil vom 22.10.1997 (Kreuze in Schulräumen), JA 1998, S. 751 ff.

[26] Heftig kritisiert von: *Czermak,* Gerhard: Das bayerische Kruzifix-Gesetz und die Entscheidung des BayVerfGH vom 1.8.1997, DÖV 1998, S. 107 ff.

[27] *Demel* a. a. O. (Fn. 22), S. 369.

[28] Vgl. zum Folgenden: *Demel* a. a. O. (Fn. 22).

rechten Ausgleich mit der negativen Religionsfreiheit Andersgläubiger zu bringen, wird letzteren ein Anspruch auf Abhängen gegeben.

## IV. Selbstbehauptung als Voraussetzung staatlichen Grundrechtsschutzes?

Dem Kaiser, was des Kaisers ist – dem Evangelisten Matthäus (Kapitel 22, Vers 21) diente dieser Ausspruch zur Trennung der Sphären: hier die staatlich-weltliche, dort die göttlich-religiöse, jede mit ihren eigenen legitimen Ansprüchen. Der säkulare Rechtsstaat ist herausgefordert, die Trennlinie zwischen beiden Sphären zu bestimmen. Bei dieser Bestimmung aber werden, wie sich gezeigt hat, Vorverständnisse relevant. Diese Vorverständnisse prägen die Religionsangehörigen durch öffentliche Präsenz mit. Die Präsenz des Religiösen spiegelt sich im Blick gerade der staatlichen Gerichte auf die Religionen. Insbesondere das Bundesverfassungsgericht wahrt in seinen Judikaten die Grenzen des gesellschaftlichen Konsenses.[29] Überschreitet es diese Grenzen wie im Falle des Kruzifix-Urteils, nimmt seine Autorität Schaden.[30] Das heißt für die Religionsfreiheit, daß die Grundrechtsträger selbst in einem gewissen Maße über die Reichweite des Grundrechtsschutzes bestimmen – bis hin zur nachträglichen Korrektur von Leitentscheidungen. Religionsausübung im säkularen Staat ist damit nicht zuletzt eine Frage der Selbstbehauptung. Auch das steckt ja im berühmten Ausspruch von Ernst-Wolfgang Böckenförde, daß der säkularisierte Staat von Voraussetzungen lebe, „die er selbst nicht garantieren kann"[31]: *Er* kann sie nicht garantieren. Das müssen Kräfte außerhalb der staatlichen Sphäre für ihn erledigen, namentlich die Religionen. Und so schließt sich der Kreis zur oben zitierten Mahnung Benedikts XVI.: Eine Gesellschaft, in der Gott absolut abwesend ist, zerstört sich selbst.

---

[29] Der ehemalige Präsident des Bundesverfassungsgerichts *Ernst Benda* sprach vom „Rettungsfloß des Konsenses" (Der Spiegel 2/1996).

[30] Das läßt sich sogar demoskopisch belegen: In einer Emnid-Umfrage vom August 1995 erklärten nur 24% der Befragten, daß sie das „Kruzifix"-Urteil für richtig halten, 47% bezeichneten es als falsch (Der Spiegel vom 11.8.1995). Eine Allensbach-Umfrage vom September 1995 zeigte als Folge der öffentlichen Auseinandersetzung um das Kruzifix-Urteil einen Ansehensverlust des Bundesverfassungsgerichts: nur noch 36% der Befragten hatten eine „gute Meinung" vom Bundesverfassungsgericht (1985 waren es noch 52%), bei 42% waren die Meinungen gemischt (1985: 31%) und immerhin 16% hatten eine explizit „schlechte Meinung" (1985: 7%) (*Noelle-Neumann/Köcher,* Allensbacher Jahrbuch der Demoskopie 1993–1997, S. 813).

[31] Recht-Staat-Freiheit. Studien zur Rechtsphilosophie, Staatstheorie und Verfassungsgeschichte, Frankfurt a.M. 1991, S. 112 f.

# Reformen in einer saturierten Gesellschaft

## Schuldenkrise, Steuerkomplexität, unbezahlbare Sozialsysteme

Michael Eilfort

Christean Wagner ist kein glatter, „cooler", weltanschaulich rundum flexibler, moderner Politikmoderator, der flockig zwischen „easy going" und „anything-goes" tänzelt und sich dabei vor allem um sich selbst dreht. Christean Wagner tritt eher fest auf wie hinter die klar benannte Sache zurück – und so scheiden sich an ihm die Geister. Für die einen sind sein Werdegang und sein Wirken ein wohltuender Beleg dafür, dass Politik durch Überzeugungen und Leidenschaften lebt, mehr ist als die Verkürzung von Aufbewahrungsfristen für Belege oder die einzelfallgerechte Administration jeder „Gerechtigkeitslücke". Die anderen bringen ihn gern in Verbindung mit Materialien aus der Baubranche. Ihnen gilt er als einer von gestern, als noch Freiheit oder Sozialismus die Alternative zu sein schienen. Niemand aber bestreitet: Er hat Profil. Er hat und entfacht politische Leidenschaft. Man kann sich an ihm reiben – und Reibung erzeugt Wärme. Demokratie und Freiheit, die immer wieder neu gelebt werden müssen, um nicht leise verlorenzugehen, brauchen Köpfe, die Interesse wecken, Stellung beziehen, andere in Schwung bringen – so oder so. In einer lebendigen Demokratie sind der Austausch von Argumenten und Mobilisierung von Zustimmung wichtig, nicht das Einlullen und die Demobilisierung von Andersdenkenden bzw. möglichem Widerspruch durch Chloroformierung, wie es so mancher unselige Wahlstratege anstrebt.

Die höchste je erreichte Beteiligung bei einer Bundestagswahl war mit über 91 Prozent 1972 zu verzeichnen, als sich die Kandidaten Brandt und Barzel sowie die Programme – genannt sei nur die Ostpolitik – diametral gegenüberstanden. Die Menschen wählen eben lieber zwischen schwarz und weiß als zwischen dunkelgrau und hellgrau. Sicher kann nach dem Fall der Mauer und Ende des Kalten Krieges, nach Wertewandel und Auflösung vieler Bindungen manches nicht mehr glaubhaft so heiß gekocht werden, wie man es früher gegessen hat. Auch heute aber gibt es mehr sowie farbigere Töne als aschgrau und steingrau, und braucht die Demokratie streitbare Geister, die klar formulieren können und es jenseits von Mainstream-Fixierung, Herdentrieb und übertriebener politischer Korrektheit auch wollen. In seiner eigenen Partei findet Christean Wagner nicht nur Freunde – für die Politik insgesamt ist es gut, dass er ein richtiger „Schwarzer" ist!

Schließlich nehmen Desinteresse und Apathie in erschreckendem Maß zu und dürfte der Tiefpunkt der Bundestagswahlbeteiligung 2009 absehbar noch unterboten werden. Der Bundestagswahlkampf 2013 könnte seinen Namen genauso wenig verdienen wie der des Jahres 2009. Wahlprogramme waren da so rund wie Wahl„kämpfer", Ecken und Kanten nicht gefragt. Verkörpert der Kieselstein moderne Politik und das Wasser, das über ihn hinwegrauscht, ihre scheinbar zunehmend anzutreffende monotone Oberflächlichkeit? Verstärkt sich der Trend zur wolkigen Unverbindlichkeit wie zum richtungslosen Wohlfühlen: Wir in Deutschland, für Familie, Gerechtigkeit, Gesundheit, Arbeit, Umwelt – wer wäre das nicht? Es drängt sich der Eindruck auf, es fehle an Originalität, Authentizität und Polarisierung – also an vielem, was zu spannenden Wahlkämpfen gehört, politisches Interesse auch über Wahltage hinaus weckt und politische Bindungen verstärkt. Wahlen sollten doch Festtage der Demokratie und Weckruf für politisches Engagement sein, nicht eine Zeit gehobener Langeweile, in der Politikveralberungen noch am meisten Aufsehen erregen. Zur Politik gehören auch Unterhaltung und Humor – aber sie sollte mehr sein als Pop und Spaß. Gerade jetzt: Wann wollen wir grundsätzliche Zukunftsfragen diskutieren, wenn nicht unter dem Eindruck erst der Finanz- und Wirtschafts-, dann der anhaltenden Schuldenkrise? Wir reden ständig über die „Rückkehr des Staates" – und bräuchten doch eine Wiederentdeckung der Politik.

Weit über Wahlzeiten hinaus mehren sich jedenfalls die Zweifel, auch die am Bild der Politiker.

Von der Berufung zu einem Beruf: Politik wandelt sich und offen bleibt, ob das Ursache oder Folge veränderter gesellschaftlicher Gegebenheiten oder sich wandelnder Politikertypen ist. Überzeugungstäter – positiver ausgedrückt „Wertegebundene" – werden weniger, Sozial-Ingenieure mehr: Sie drehen innerhalb eines kaum überschaubaren Be- bzw. Getriebes je nach Tagesopportunität mal an diesem, mal an jenem Rädchen – und je nach Bedarf auch in unterschiedliche Richtungen. Was am Ende herauskommen mag, treibt sie nur begrenzt um – Hauptsache, das Räderwerk läuft in der Gegenwart halbwegs störungsfrei. Pragmatisches Wursteln bei ideologischer Flexibilität und personengebundener Strukturloyalität scheint eher angesagt und durch Karriere belohnt als inhaltliche Festlegungen, Werturteile und Bekenntnisdrang.

Soweit, so schlecht. Allerdings wächst man bekanntlich mit seinen Herausforderungen – warum sollte das also nicht auch für die Politik gelten. Sie steht vor der Prüfung, in einer saturierten Wohlstandsgesellschaft einschneidende Reformen durchzusetzen.

## I. Ende der Gefälligkeitsdemokratie?

Der Druck ist gewaltig, die Unmöglichkeit des „Weiter so" offensichtlich: Die europäische Schuldenkrise und die bislang vorwiegend südeuropäischen Beispiele belegen, dass die über Jahrzehnte auch in Deutschland kaum hinterfragte Teil-Finanzierung eines stetig expandierenden Wohlfahrtsstaates durch jährliche Neuverschuldungsroutine an ihre Grenze stößt: Die Schuldenlogik ist gebrochen, auch Deutschland wird als Einäugiger unter Blinden in Europa auf der Basis bisheriger Politikpraxis nicht mehr unbegrenzt Kredite zu guten Konditionen bekommen.

Das Land steht nur relativ besser da, seine Glaubwürdigkeit steht ebenfalls in Zweifel: Seit Ende der 1960er Jahre hat keine Bundesregierung einen ausgeglichenen Haushalt erreicht, völlig unabhängig von Konjunktur und der Entwicklung auf der Einnahmeseite. Das Haushaltsjahr 2012 ist ein weiteres Beispiel für die sich zwar langsam und sicher erschöpfende, in einem Vorwahljahr aber – letztmals? – unvermeidlich scheinende Gefälligkeitsdemokratie: Rekordeinnahmen in allen Steuerbereichen und eine gute Konjunktur, gleichwohl kein Haushaltsausgleich, statt ernsthafter Anstrengung sogar noch Festlegungen auf neue, dauerhafte Ausgaben. Je mehr Geld die Politik hat, desto mehr hat sie zu wenig. „Nur noch ein allerletztes Mal", heißt es, wenn die echte Konsolidierung wieder einmal auf eine mittelferne Zukunft verschoben wird.

Die Ausflüchte werden aber schwieriger, die Schlupflöcher enger: Bis 2020 erreicht die Schuldenbremse im Grundgesetz mindestens psychologisch ihre volle Wirkung, dazu kommt der Fiskalpakt auf europäischer Ebene – und absehbare Mehrbelastungen aufgrund der Euro-Rettungsbemühungen wie, noch unvermeidlicher, der Demographie. Der Politik dürfte es in Zukunft schwerer fallen als bislang, nur Prioritäten zu benennen – und alles und jeden als solche und damit als förderungswürdig zu bezeichnen. Es wird nun auch Posterioritäten geben müssen.

Schließlich spricht sich langsam herum, dass das Schuldenproblem weitaus größer ist, als es den Anschein hat. Denn die offiziellen Schuldenstatistiken machen in der Regel nur einen eher kleineren Teil der gesamten Staatsverschuldung aus. Der Grund ist einfach: Betrachtet werden ausschließlich das aktuelle Haushaltsdefizit sowie die in der Vergangenheit bereits entstandenen Schulden. Dabei wird außer Acht gelassen, dass der Staat jedes Jahr neben seinen laufenden Ausgaben rechtswirksame Verpflichtungen eingeht, ohne entsprechende Rückstellungen zu bilden. Diese werden in zukünftigen Jahren zu beträchtlichen Staatsausgaben führen – beispielsweise in Form gewährter Renten- und Pensionszusagen oder Gesundheits- und Pflegeleistungen. Die Hoffnung, dass sich Steuern und Beitragseinnahmen automatisch in gleichem Ausmaß wie die öffentlichen Ausgaben erhöhen werden, so dass die Finanzierung der staatlicherseits versprochenen Leistungen gesichert wäre, ist allein deshalb unrealistisch, weil die Bevölkerung in allen europäischen Ländern massiv altert.

Zum einen werden durch die Bevölkerungsalterung große staatliche Ausgabenposten mit altersabhängigen Leistungen wie beispielsweise die Gesetzliche Renten-, Kranken- und Pflegeversicherung in den kommenden Jahrzehnten erheblich anwachsen. Zum anderen sinkt gleichzeitig der Anteil der Menschen im erwerbsfähigen Alter, die den Großteil der Sozialversicherungsbeiträge wie auch der Lohnsteuer tragen. Beides führt dazu, dass die staatlichen Einnahmen deutlich hinter den staatlichen Ausgaben zurückbleiben werden, wenn man auf Reformen verzichtet und den gesetzlichen Status quo fortführt. Wichtig ist, dass diese zukünftigen Staatsschulden das direkte Ergebnis heutiger (und vergangener) Politikentscheidungen sind.

Die Stiftung Marktwirtschaft, deren Geschäfte noch zu Frankfurter Zeiten in den 1980er Jahren kurz von Christean Wagner geführt wurden, bevor er in die Politik wechselte, präsentiert regelmäßig die Höhe der tatsächlichen Staatsverschuldung. In Deutschland sind es Stand 2012 ca. 4,8 statt der offiziell genannten 2 Billionen Euro. Damit weist Deutschland einen Konsolidierungsbedarf von jährlich 100 Milliarden Euro auf! Das ist die Summe, um die die Staatsausgaben dauerhaft gesenkt – oder alternativ die Staatseinnahmen dauerhaft erhöht – werden müssten, um die 2012 bei gut 80% des Bruttoinlandsprodukts liegende Schuldenquote langfristig konstant zu halten. Aus diesen „Altschulden" wiederum würde man, ohne je explizit zu tilgen, über mehrere Jahrzehnte „herauswachsen" können, würde beispielsweise ein reales Wachstum von jeweils 1,5% erreicht und, natürliche Voraussetzung der relativen Entschuldung, eine ausgeglichene Haushaltsführung!

Wie auch immer der Staat mit den „Daumenschrauben" umgeht, die er sich aus gutem Grund zum Teil ja auch selbst auferlegt hat: An einer kritischen Überprüfung der Struktur und Höhe der Staatsausgaben wird kein Weg vorbeiführen. Damit rücken auch die Sozialausgaben in den Blickpunkt: 1962 machten sie nur 17% des Bundeshaushalts aus, bereinigt von Kriegsfolgen. 2012 sind es – inklusive der Transfers an die Rentenversicherung – 50%, mit steigender Tendenz. Die Herausforderung schlechthin für die Politik dürfte es sein, hier Ergebnisse, also Einsparungen zu erzielen, ohne das hohe Gut des sozialen Friedens insgesamt zu gefährden. Das dürfte auch erreichbar sein, umso mehr, als viele Transfers nicht bei den wirklich Bedürftigen, sondern bei den Gewitzten und Hemmungslosen landen oder zu Mitnahmeeffekten führen. Ein Beispiel dafür ist der angeblich so soziale ermäßigte Mehrwertsteuersatz, im Ergebnis eher eine Branchensubvention.

Nun hat der Staat auch kraft seiner starken Rolle im System der Sozialen Marktwirtschaft in den letzten Jahrzehnten vieles erreicht und zur guten Entwicklung unseres Landes wesentlich beigetragen. Er muss, mit beispielhaften Sozialsystemen, weiter Hilfe in Notlagen leisten und ein Stück sozialen Ausgleich organisieren, unter anderem über die funktionierende Umverteilung durch das Steuersystem, in deren Rahmen beispielsweise die am besten verdienenden 10% der Bevölkerung über 50% der gesamten Einkommensteuerlast tragen.

Ebenfalls seit Jahrzehnten aber neigen der Staat und viele seiner Repräsentanten dazu, sich zu übernehmen. Der Staat kann nicht alles. Er kann uns nicht vor allen Fährnissen des Lebens schützen. Schon gar nicht ist der Staat, wie unter anderem die Landesbanken belegen, der bessere Unternehmer. Auch soziale Bindungen, Nestwärme, Werte vermag der Staat mit noch so viel Mitteleinsatz nicht zu schaffen. Und allzu oft kommt die Politik kaum den von ihr selbst geschaffenen und herbeigeredeten Ansprüchen hinterher.

Der im Regelfall mit ausgeglichenem Haushalt wirkende, generationengerechte Staat der Zukunft verlangt Politikern wie Bürgern viel ab: Die einen werden mehr erklären, die anderen mehr verstehen müssen. Zu beneiden sind Politiker nicht, sie dürften es schwerer haben als ihre Vorgänger in den Anfängen der Republik. 1948, als die „soziale Marktwirtschaft" mit der Währungsreform ausgerufen wurde, lagen Städte und Betriebe noch in Trümmern und Menschen hungerten. Das Wort „Reform" wurde mit Chance übersetzt – es konnte ja nur besser werden. In der saturierten Wohlstandsgesellschaft des frühen 21. Jahrhunderts geht die Veränderungsbereitschaft eher gegen Null. Angesichts des auch in den Mittelschichten verbreiteten Unkens, das Land habe seinen Zenit womöglich überschritten und die guten Jahre seien vorbei, erscheint der Begriff „Reform" als Bedrohung, als Synonym für Kürzung, Abbau, Streichung, Flexibilisierung alias Unsicherheit.

## II. Steuervereinfachung: Warten auf Godot?

Die mangelnde Bereitschaft, Althergebrachtes auf den Prüfstand zu stellen, ist im Bereich der Sozialsysteme flagrant, dort jeder neue Gedanke sofort mit dem Ruch des „Unsozialen" behaftet, der meist weniger von den Betroffenen selbst als den entsprechenden Interessengruppen verbreitet wird. Auch das deutsche Steuersystem ist allerdings ein leider höchst aussagekräftiger Beleg für die Status-Quo-Fixierung in deutschen Landen. Reale deutsche Finanzpolitik hat der frühere Stuttgarter Oberbürgermeister Manfred Rommel schon vor Jahren auf den Punkt gebracht: „Die Politik ist zu einer Kunst geworden, den Bürgern auf unauffällige Weise ihr Geld abzunehmen und es nach Abzug steigender Verwaltungskosten in einem Zeremoniell so zu verteilen, dass jeder sich noch für beschenkt hält."

Zugleich, wieder im Namen von „Gerechtigkeit", entließ der Staat über Jahre eine wachsende Menge der teil- oder vollzeitarbeitenden Bevölkerung am unteren Rand der Einkommensskala über höhere Freibeträge aus der Einkommen-Steuerpflicht. Das ist populär. Die stete Ausweitung der Freibeträge hat aber auch dazu geführt, dass viele Bürger den Staat nur noch als Goldesel wahrnehmen. Und wenn in Umfragen inzwischen über 50 % der repräsentativ Befragten Einkommensteuersenkungen ablehnen, kann das nicht überraschen, weil ja nur noch eine Minderheit der Deutschen überhaupt Einkommensteuer zahlt. Diese wird dann aber gleich richtig zur Kasse gebeten: Die Rede ist von den abhängig Beschäftigten aus der gesellschaftlichen Mitte mit höchst transparenten Einkommensverhältnissen, geringen Steuergestaltungsmöglichkeiten, ansehnlichem Brutto wie frustrierendem Netto, geschröpft noch durch die „kalte Progression" und den vorschnell erreichten Spitzensteuersatz, aber chloroformiert durch das trügerisch gute Gefühl, irgendwo auch einen kleinen Steuervorteil zu haben – z. B. in Form der Pendlerpauschale.

Wenn das für alle verständlich wäre, politisch so trotzdem mehrheitsfähig und im Verfahren effizient organisiert, beklagte sich indes kaum jemand. Leider sieht die Realität anders aus. Viele Ergebnisse des „Steuerns mit Steuern" sind so unbefriedigend wie die unmittelbaren und mittelbaren Kosten hoch. Die Zahl der geführten Prozesse ist Legion, die Unübersichtlichkeit der Sonderregelungen im deutschen Steuerrecht fast legendär, der Verlust an Systematik und Transparenz nicht zu bestreiten.

Auf einen ersten Eindruck hin scheint man mit Steuervereinfachungsvorschlägen in Deutschland offene Türen einzurennen. Die stets kolportierte Angabe, dass 80 % der weltweiten Steuerrechtsliteratur in deutscher Sprache verfasst seien, ist zwar nicht zu belegen und auch fragwürdig. Gleichwohl hat es ja einen guten Grund, wenn Deutsche, die beispielsweise das Stichwort „Bierdeckel" vernehmen, weniger an den berauschenden Konsum profanen Alkohols denken als an die belebende Hoffnung auf Steuer-Vereinfachung. Dass insbesondere im Bereich der Einkommensteuer gleichwohl viele gute Anregungen zu Vereinfachung und Neuordnung, dass selbst in anderen Ländern erfolgreich aufgegriffene Konzepte in Deutschland weitgehend ohne konkrete Folgen blieben, hat viel mit der Ängstlichkeit von Politik, viel mit ihrem Unwillen zu überzeugender Kommunikation und besonders viel mit einer gewissen Schizophrenie des deutschen Durchschnittsbürgers zu tun: Die Verärgerung über die Komplexität des Systems und die Wochenenden, die mit Zettelsammlungen und unverständlichen Formularen verbracht werden, mündet leicht in große Euphorie z. B. für „große Würfe" wie Flat Tax und den „Bierdeckel". Diese Begeisterung jedoch lässt schnell nach, wenn klar wird, dass im Gegenzug Steuervergünstigungen entfallen sollen bzw. müssen. Schließlich ist leicht nachzuvollziehen, dass beispielsweise auf einem Bierdeckel nicht Platz für detaillierte Werbungskosten ist. Viele Steuerzahler, denen das klar wird, werden dann vom „Bierdeckel-Fan" ganz schnell zum Veränderungsskeptiker. Der Spatz des eigenen Steuervorteils in der Hand scheint schwerer zu wiegen als die schöne Taube niedrigerer Sätze und verringerter Bürokratie für alle auf dem Dach. Oder, um es mit einem Satz auszudrücken, der einem früheren Staatssekretär im Bundesfinanzministerium, Volker Halsch, zugeschrieben wird: „Der Steuerspartrieb des Deutschen ist größer als sein Sexualtrieb." Darin könnte nicht nur ein Grund für die unvorteilhafte demographische Entwicklung, sondern auch eine Erklärung dafür liegen, warum sich viele über den sichtbaren kleinen Steuervorteil fast diebisch freuen, die intransparenten und entfernteren Kosten, die auch ihnen durch ein voller Komplexität und Fehlanreizen steckendes Steuersystem entstehen, aber ignorieren. Es bleibt also weiter notwendig, Überzeugungsarbeit zu leisten und an der Kommunikation von und für Steuerreformen zu feilen. Nach wie vor sind Steuerstrukturreformen zwar die abstrakte Sehnsucht des Steuerzahlers. Sobald es aber konkret wird, erscheint insbesondere Steuervereinfachung vielen eher als Feindbild.

Auch von Seiten der Politik ist Intransparenz durchaus gewollt. Man kann dann leichter „fingern", fast unbemerkt an Schrauben drehen und z. B. Sondervorteile gewähren, ohne dass dies der Allgemeinheit auffällt. Oder als Kommunalpolitiker mit dem Finger auf Bund und Länder zeigen, die immer an allem schuld seien – während der eigene Wohnsitzbürger darüber im Unklaren gelassen wird, dass 15 % seiner Einkommensteuer an seine Kommune gehen. So werden auch Fragen vermieden, was damit eigentlich geschieht.

Kurz: Gerade am Beispiel der von allen abstrakt beschworenen und konkret mitunter gern gemiedenen Transparenz lässt sich verstehen, warum „Steuervereinfachung" eine der anspruchsvollsten Aufgaben und härtesten Prüfungen überhaupt ist. Und ebenso, warum es mit ihr nur schwer vorangeht.

Im Gegensatz zu Deutschland haben zahlreiche andere Demokratien westlichen Zuschnitts in den 1990er und 2000er Jahren umfassende Reformen und Modernisierungen insbesondere im zentralen Bereich der Besteuerung erreicht. Sie zahlen sich unter anderem für Australien, Neuseeland, Großbritannien, die Niederlande und besonders die früher angeblich so beharrungsfreudigen skandinavischen Staaten aus. Süd-, mittel- und osteuropäische junge Demokratien haben den Schwung des Umbruchs nach dem Fall des Eisernen Vorhangs genutzt. Das vereinte Deutschland hat dagegen neben vielem Guten auch einiges Überholte vom Westen auf den östlichen Teil übertragen. Und während andernorts Dynamik, Wachstum und neue Wohlfahrt durch schlüssige wie entschlossene Steuer-Reformschritte gefördert werden, vergibt Deutschland – auf allerdings noch hohem Niveau – in diesem Bereich Chancen oder erschöpft sich gar in Verteidigungsschlachten um Besitzstände. Dies könnte, wenn andere Wachstumstreiber ausfallen oder neue Belastungen eben durch die europäische Umverteilung anstehen, zu schmerzlichen Konsequenzen beitragen.

Es gibt viele Gründe dafür, dass es in Deutschland besonders schwierig ist, Veränderungen in Strukturen zu erreichen – vor allem dann, wenn sie wie das Steuersystem viele Menschen betreffen:

– Eine Art „Nationalcharakter" und die politische Kultur sind in Deutschland durch das Streben nach Perfektion und Einzelfallgerechtigkeit gekennzeichnet. Beides zusammen führt zu der verhängnisvollen Mischung von quasi-religiöser Sehnsucht nach großen Würfen und der perfekten Steuer-Welt auf der einen und der Blockade jedes konkreten kleineren Schrittes auf der anderen Seite. Typisierung und Pauschalierung beispielsweise als effektive Vereinfachungsmittel scheiden aus, wenn für jeden Einzelfall und jedes Einzelinteresse eine rundum passende Lösung gefunden werden soll. Dass aus dem Bestreben nach Einzelfallgerechtigkeit mittels vieler Ausnahmen, Sonderregelungen und Abgrenzungen am Ende Ungerechtigkeit für die meisten bei gleichzeitig überhohen Administrationskosten und Streuverlusten wird, beginnt sich erst langsam herumzusprechen.

– Die Aversion einer alternden Bevölkerung gegen Veränderungen trägt zur Bewahrung von noch so offensichtlichem Unfug und Missbrauch bei, der sich nicht nur über sechs bundesrepublikanische Jahrzehnte im Steuersystem angesammelt hat. Ein Paradebeispiel dafür ist die 1940 von den Nationalsozialisten eingeführte Steuerfreiheit von Sonn-, Nacht- und Feiertagszuschlägen. Als während des „Frankreich-Feldzugs" viele Männer in Feldgrau steckten, viele Frauen aber aus Sicht der Machthaber wenig Enthusiasmus für die Kriegsproduktion an Wochenenden, Sonn- und Feiertagen zeigten, wurde dies mit der Steuerfreiheit für entsprechende Zuschläge versüßt. 60 Jahre nach Ende des Krieges, im Bundestagswahlkampf 2005, hatte sich die Waffenproduktion zum Glück erübrigt, scharf geschossen wurde gleichwohl: Der erbitterte Kampf um die Steuerfreiheit wurde geführt, als ginge es um das Leben aller Krankenschwestern und Drucker. Eine sachliche Debatte darüber, dass niemand den Krankenschwestern die höhere Vergütung z. B. der Wochenendarbeit nehmen wolle, dies aber der Arbeitgeber zu zahlen habe, war nicht möglich. Der Ausgang ist bekannt, die dramatisch geschrumpfte Neigung der Politik, dieses Thema anzugehen, auch.

– Die Mühle eines im Grundsatz so wertvollen wie in der Praxis oft fehlgeleiteten Föderalismus zerschreddert noch jeden Veränderungsansatz. Schon für den Bundestag gilt das Strucksche Gesetz: „Kein Gesetz verlässt das Parlament so, wie es als Entwurf eingespeist wurde." Das ist in demokratischer Hinsicht auch gut so. Anschließend folgt aber noch das Exekutivorgan Bundesrat mit potentiell anderer Mehrheit, in dem Landesregierungen sich oft weniger als Mitspieler in der Bundesgesetzgebung denn als Parteiinstrumente oder Regionalinteressenwahrer sehen. Da bekanntlich der Spaß und die Freundschaft aufhören, wenn es ums Geld geht, sind Mehrheiten für über den Tag hinausführende Lösungen nur schwer erreichbar. Im Zusammenspiel mit dem Bundesrat und bei dem Spiel über Bande von Bundestagsopposition, Bundesratsmitgliedern und jeweils veränderungsaversen Interessengruppen sind so viele Minenfelder und Schützengräben angelegt, dass selbst ein umsichtiger Reformer leicht auf die falsche Stelle tritt bzw. gegen Windmühlen anrennt.

– Und als ob dies nicht genug wäre, treten dann noch andere Vetospieler des Korporatismus dazu – oft als Quelle sachdienlichen Know-hows, zuweilen auch erfolgreich in ihrer Bündelungsfunktion, legitim als Wahrer von Interessen, aber gelegentlich eben als Verfechter isolierter repräsentativer Gruppeninteressen über viele Ziele hinausschießend. Die deutsche, manchmal im Hinblick auf den sozialen Frieden vorteilhafte, oft aber lähmende Ausprägung des Korporatismus ist oft kritisiert worden. Sie wird vor allem dann und besonders im Fall von angestrebter Steuervereinfachung zum Problem, wenn kleine, aber schlagkräftige Funktionseliten ihre Interessen weniger öffentlich vertreten als Besitzstände oder neue Begünstigungen durch Intransparenz verschleiern.

– Ordnungspolitik oder besser eine langfristige Ausrichtung bzw. Optimierung der Politik und des staatlichen Mitteleinsatzes, um das Modewort „Nachhaltigkeit" nicht als erstes zu nennen, hat nur wenig Unterstützer in der Praxis. Der am Ende fast immer weit höhere Preis, der für die Verletzung von Ordnungsprinzipien zu zahlen ist, fällt in der Regel erst in ferner Zukunft an und bleibt in der Gegenwart intransparent. Der Nutzen ordnungspolitischer Sünden für die jeweilige Klientel dagegen ist schnell und konkret sichtbar – eine übergroße Versuchung für die Politik und ständige Gefahr für ein Steuer„system", das seinen Namen verdient. Dies insbesondere in einem Land, in dem der Fokus einseitig auf Umverteilungs- und Befriedungsmechanismen ausgerichtet scheint, während die Leistungsseite und Grundprinzipien eher außer Acht geraten. Gleiches gilt für die Magie der „Zehn-Punkte-Programme": Politik will immer etwas tun und vorweisen, Politiker halten für ihr Leben gern „Spiegelstrich-Reden", in denen Absatz für Absatz über das konkret „segensreiche" Wirken der jeweils Regierenden berichtet wird. Dabei wäre es gerade im Steuersystem und im Interesse von Planbarkeit und Rechtssicherheit günstiger, einfach auch einmal nichts zu tun.

– Erschwerend hinzu kommt eine gewisse allgemeine Besinnungslosigkeit, forciert durch das gewachsene Kommunikationstempo und den subjektiv empfundenen Kommunikations- und Handlungsdruck mit täglichen Umfragen, Mobiltelefonen, Politikern als Nachrichten- oder SMS-Junkies. Ein auf die jeweils nächsten fünf Minuten bzw. die Internetpräsenz der nächsten Stunde oder auf das Presse-Echo des Folgetages ausgerichtetes Regierungshandeln lässt kaum mehr Zeit zur Besinnung auf Ziele und zum Nachdenken über die Methoden: Die Verlautbarung kommt vor der Klärung.

So ist, um mit einer positiveren Anmerkung hier abzuschließen, als Reformhelfer etwas zu nennen, das sich eigentlich keiner wünschen kann: Die Krise. Krisenzeiten sind Reformzeiten. Auf der einen Seite wächst der Handlungsdruck für die Politik, auf der anderen Seite wächst auch die Einsicht der Bürger in die Notwendigkeit von Veränderungen oder werden zumindest überhöhte Ansprüche relativiert. Das letzte Beispiel dafür war in Deutschland der Winter 2002/2003 mit einem Rekord-Anstieg der Arbeitslosen, einer Rekord-Zahl an Insolvenzen und maximal trüber Stimmung. Das Ergebnis: Gerhard Schröder rang sich zur

Agenda 2010 durch, die CDU schwang sich zu Leipzig empor. 2006/2007 dagegen, als eine breite Reform-Mehrheit im Bundestag hätte gestalten können, brummte die Wirtschaft, redete Deutschland über soziale Ungerechtigkeit und neue Ausgaben, während die Bereitschaft zu Veränderungen stark sank. Gleiches gilt für das als Veränderungschance und mit der allzu einfachen Ausrede der Schulden- oder Euro-Krise total verschlafene deutsche Wirtschaftshoch 2010/2011.

Die nationalen Schuldenlasten sowie die Kosten europäischer Rettungsaktionen und des möglichen Einstiegs in systematische innereuropäische Umverteilung werden für deutsche Steuerzahler von 2013 an sichtbarer werden – und nach der Bundestagswahl des Jahres auch spürbar, gemäß der bekannten Weisheit, Schulden (und Bürgschaften) von heute sind die Steuern von morgen. Damit könnte sich ein Paradigma der Steuerreform- bzw. Steuerreformverhinderungspolitik verändern: Bisher galt für die Politik insbesondere bezüglich der Steuervereinfachung und des Streichens von Ausnahmetatbeständen, dass Gewinner schweigen, während Verlierer lautstark Unruhe verbreiten. Kurz: Vereinfachungen könne man nur mit Senkungen für alle, also um den Preis großer Haushaltsausfälle erreichen. Daraus mag nun umgekehrt ein Schuh werden: Wenn wegen breitflächiger, massiver Steuererhöhungen sowieso alle zu Verlierern werden, bietet sich durchaus an, vorher oder zeitgleich durch Ausnahmestreichungen bzw. Verbreiterungen der Bemessungsgrundlage de facto auch die Steuern zu erhöhen, dies aber mit dem positiven Anstrich der Vereinfachung verkaufen zu können.

Der fiskalische, aber vor allem der steuersystematische Leidensdruck bleibt groß und wächst weiter. So gehört Steuervereinfachung nach wie vor zum deklaratorischen Pflichtenheft eines jeden Wahlprogramms und jeder Koalitionsvereinbarung. Jede Bundesregierung seit den 1980er Jahren ist mit dem Anspruch der Steuervereinfachung gestartet. Jede hat am Ende ein insgesamt noch komplizierteres System hinterlassen. Was immer im deutschen Steuerrecht verändert wurde: Weitere Komplexität und Intransparenz sind die Folge der Überfrachtung des Steuerrechts mit politischen und ökonomischen Zielen – Steuern mit Steuern – wie überhoher Erwartungen an Einzelfallgerechtigkeit.

Auch die Große Koalition mit ihrer erdrückenden Bundestagsmehrheit hat zwischen 2005 und 2009 weniger ihre Gestaltungschancen auf breiter gesellschaftlicher Basis genutzt als vielmehr im Einkommensteuerrecht, bei der Unternehmensbesteuerung und bei der Gewerbesteuer die Komplexität sogar noch erhöht. Die Herangehensweise an die Unternehmensteuerreform 2008 sprach Bände: Definiert wurde diese weniger über systematische Kriterien oder strukturelle Erfordernisse als über die Summe, die dafür im Jahr aufgewendet werden durfte – 5 Mrd. Euro, genauso viel wie zwei Jahre später, wenigstens nur einmalig, für die sogenannte „Abwrackprämie".

Ihre Zusagen hat die Große Koalition jedenfalls nicht eingehalten. Wörtlich hieß es im Koalitionsvertrag der Bundesregierung aus Union und SPD 2005 bis 2009: „Wir stimmen darin überein, das Einkommensteuerrecht zu vereinfachen, um mehr Transparenz, Effizienz und Gerechtigkeit zu erreichen." Schöner kann man kaum ausdrücken, dass Vereinfachung, Transparenz, Effizienz und Gerechtigkeit zusammenhängen. Oder umgekehrt: Verkomplizierung hat nichts mit Transparenz und Effizienz zu tun und auch wenig mit Gerechtigkeit: Vermeintlich beglückende steuerliche Sondertatbestände für jeweils einige führen am Ende zu unbefriedigenden Ergebnissen für alle.

Auch die christlich-liberale Bundesregierung konnte und wollte ihre Chancen nicht nutzen. Jenseits der klaren verbalen Bekenntnisse zur Steuervereinfachung in der Koalitionsvereinbarung war der erste Gesetzgebungsschritt der neuen Regierung das sogenannte „Wachstumsbeschleunigungsgesetz" zum 01.01.2010. Darunter fiel auch die Aufnahme der Hotels in den Katalog der vom ermäßigten Mehrwertsteuersatz Begünstigten. Dieser politisch unkluge, inhaltlich fragwürdige und zudem für den Bundeshaushalt belastende Beschluss müsste nicht über Gebühr bewertet werden, stünde er nicht für einen offensichtlich strukturell angelegten Widerspruch zwischen Gesetzgebung nach vermeintlichem Wählerinteresse und Steuerrechtsordnung. Wie will man in einer Wahlperiode Steuervereinfachung erreichen, wenn der Auftakt darin besteht, eine weitere Ausnahme zu beschließen? Was wohl wird jedem Versuch, Vergünstigungen abzubauen und zu pauschalieren, entgegengehalten werden? Dieser Schritt und noch mehr seine Begründung, nämlich der Verweis auf 22 von 27 EU-Ländern, die für Hotels einen gesenkten Mehrwertsteuersatz vorsehen, zeigt das ganze Elend der Debatte: Gedacht wird nicht vom System aus, sondern vom Einzelfall. Dies führt zum steuerpolitischen Rosinenpicken: Innerhalb jeder einzelnen Steuerart und für jedes betroffene Steuersubjekt lässt sich irgendwo auf der Welt ein Land oder auch mehrere davon finden, wo die jeweilige punktuelle Belastung geringer ausfällt. Damit werden dann entsprechende Forderungen begründet, die den Gesamtzusammenhang sowohl des Steuersystems, der Steuergerechtigkeit und auch der Belastung insgesamt übergehen.

Allein mit dem Hotelgeschenk war die 17. Wahlperiode des Deutschen Bundestages steuerpolitisch vergiftet, zudem war die Koalitionsvereinbarung im Bereich der Steuerpolitik höchst unglücklich formuliert. Es nimmt also nicht Wunder, dass in der Steuerstruktur erneut vier verlorene Jahre zu beklagen sind. Das gilt für die Ertragsteuern ebenso wie für eine Reform des Mehrwertsteuersystems. Das schlechte Gewissen der Regierungspolitik drückte sich wenigstens dadurch aus, dass ein in der Sache und für den Steuerbürger weitgehend irrelevantes, für die Steuer-Verwaltung selbst aber hilfreiches Regierungsvorhaben doch tatsächlich „Steuervereinfachungsgesetz" genannt wurde. Leider ist, wo Steuervereinfachung draufsteht, nicht unbedingt Steuervereinfachung drin...

Einmal mehr richtet sich also der Blick auf eine neue Bundesregierung – gern auch auf den Bundesrat und mögliche tatkräftige Vorstöße z. B. aus Hessen. All dies unter den tendenziell dramatisch ungünstigen Haushalts-Prämissen der europäischen Schuldenkrise. Aber auch mit europäischen Chancen: Wenn es denn tatsächlich mehr Harmonisierung auch in der Steuerpolitik und insbesondere zwischen Deutschland und Frankreich geben soll, fragt sich beispielsweise, wie lange der deutsche Sonderweg der Gewerbesteuer, die in Frankreich 2010 ersetzt wurde, noch beschritten werden kann. Zu offensichtlich ist er inzwischen eine Sackgasse.

Die Zeit der großen Würfe scheint in der Steuerpolitik vorbei, ohne dass je einer ernsthafte Chancen gehabt hätte. In der Sozialpolitik ist ohnehin Behutsamkeit gefragt, erscheinen „große Würfe" eher als teure Bedrohung – so z. B. der Unsinn des bedingungslosen Grundeinkommens. Kleine Schritte sind besser, wenn es in die richtige Richtung geht. Ein Stück weit könnten eine gewisse Veränderungsresistenz und die Langsamkeit der Demokratie auch ihren guten Zweck haben: Bürger werden gewöhnt, mitgenommen, möglichst auch eingebunden. Es war kein Zufall, dass Deutschland drei Jahrzehnte gebraucht hat, um beim Ladenschluss zu einer modernen und besseren Lösung zu kommen. Ganz so lang sollte eine generationengerechte, nachhaltige Sozial- und Steuerpolitik nicht mehr auf sich warten lassen. An Christean Wagner scheitert sie jedenfalls nicht.

## Literatur

*Eilfort,* Michael: Die Nichtwähler. Wahlenthaltung als Form des Wahlverhaltens, Paderborn 1994

*Lang,* Joachim/*Eilfort,* Michael (Hg.): Strukturreform der deutschen Ertragssteuern, Bericht über die Arbeit und Entwürfe der Kommission „Steuergesetzbuch" der Stiftung Marktwirtschaft, München 2013

Stiftung Marktwirtschaft (Hg.): Ehrbarer Staat? Die Generationenbilanz, Update 2012, Berlin 2012 (mehr zum Thema unter www.stiftung-marktwirtschaft.de)

# Tarifeinheit – praktische Notwendigkeit und rechtliches Gebot

Volker Fasbender

## I. Einleitung

Die Regelung der eigenen Arbeitsbeziehungen obliegt in erster Linie den Arbeitsvertragsparteien, den Arbeitgebern und den Arbeitnehmern. Damit nicht nur im Wege des individuellen Rechtsverhältnisses Absprachen zu den wechselseitigen Rechten und Pflichten aus dem Arbeitsverhältnis getroffen werden müssen, sieht Art. 9 Abs. 3 GG vor, dass für die jeweiligen Vertragsparteien auf Seiten der Arbeitnehmer Gewerkschaften und auf Seiten der Arbeitgeber Arbeitgeberverbände handeln können. Die Idee des Verfassungsgebers ist es, im Rahmen eines Systems von ausgeglichenen Kräften auf kollektivrechtlicher Basis die Arbeitsbeziehungen zu regeln, um auf diese Weise Arbeitgeber und Arbeitnehmer entsprechend zu entlasten. Ausgefüllt wird die Tarifautonomie mit den Normen des Tarifvertragsgesetzes (TVG) als einfachgesetzliche Ausgestaltung. Wesentliches Regelungsinstrument ist der Tarifvertrag, denn dieser enthält gem. § 1 TVG von den Tarifvertragsparteien geschaffene Regelungen, die die Rechte und Pflichten der Tarifvertragsparteien selbst betreffen und vor allem Rechtsnormen, die den Inhalt, den Abschluss und die Beendigung von Arbeitsverhältnissen regeln[1].

Der Gesetzgeber und insbesondere auch die das Tarif- und Arbeitskampfrecht konkretisierende Rechtsprechung sind langjährig von einer idealtypischen Ausprägung der Tarifautonomie ausgegangen: Starken Unternehmen mit Bindung an große Flächentarife standen ebensolche (Branchen-)Gewerkschaften gegenüber. Beide Tarifpartner haben nach diesem Bild gemeinsam in aktiver Verantwortung[2] die Arbeits- und Wirtschaftbedingungen in einem ausgewogenen Macht- und Kräfteverhältnis geregelt.

Dieses Bild entspricht aber längst nicht mehr der Realität. Das ausbalancierte System der Kräfte ist ins Wanken geraten, da sich in der jüngsten Zeit immer mehr Spartengewerkschaften gebildet haben, die ausschließlich die Interessen weniger – meist spezialisierter – Arbeitnehmer vertreten[3]. So ist der gewohnte

---

[1] *Thüsing*, in: Thüsing/Braun, Tarifrecht, 1. Kapitel, Rn. 60, München 2011.
[2] BVerfG 18.11.1954 – 1 BvR 629/52.
[3] *Papier/Krönke*, ZFA 2011, 808.

und von der Rechtsprechung geprägte Grundsatz „Ein Arbeitgeberverband/ein Unternehmen – eine Gewerkschaft" in der Praxis verloren gegangen, ohne dass Gesetzgeber oder Rechtsprechung darauf eine angemessene Antwort haben. Ganz im Gegenteil, die jüngste Entwicklung der Rechtsprechung[4], die ein unbegrenztes Nebeneinander von Gewerkschaften in einem Unternehmen ermöglicht, verfestigt gerade die noch anzusprechenden negativen Konsequenzen. Dieser Beitrag soll aufzeigen, warum es notwendig ist, durch eine gesetzliche Regelung die von der Rechtsprechung aufgegebene Tarifeinheit – allerdings in modifizierter Form – wieder herzustellen.

## II. Tarifautonomie als Ausgangspunkt der Betrachtung

Grundsätzlich beinhaltet die Tarifautonomie und damit das Recht der Tarifvertragsparteien, mit Hilfe von Tarifverträgen die Arbeitsbedingungen zu regeln, für Arbeitnehmer und Unternehmen Vorteile:

– Gerade für Arbeitnehmer, die allein nicht in der Lage sind, ihre arbeitsvertraglichen Interessen zu vertreten, ist die Anwendung tariflicher Regeln positiv, sie finden quasi „vorgefertigte Arbeitsbedingungen". Die Notwendigkeit individueller Verhandlung besteht nicht mehr. Die Anwendung von Tarifverträgen stellt darüber hinaus sicher, dass die wesentlichen Elemente der Gleichbehandlung im Arbeitsverhältnis beachtet werden.

– Arbeitgeber profitieren ebenfalls von der Tarifautonomie, denn für sie besteht in Bezug auf die Arbeitsbedingungen, insbesondere bei Arbeitskosten, Planungssicherheit für den Zeitraum, für den ein Tarifvertrag mit den Gewerkschaften geschlossen worden ist. Besonders wichtig für die tarifgebundenen Unternehmen ist die Tatsache, dass Nachverhandlungen mit der Gewerkschaft ausgeschlossen sind. Es herrscht Friedenspflicht, die Unternehmen können folglich nicht mit Arbeitskampfmaßnahmen konfrontiert werden.

Drei wesentliche Merkmale der Tarifautonomie haben die Wirtschaft der Bundesrepublik Deutschland seit dem Zweiten Weltkrieg geprägt und haben dabei maßgeblich zu deren Erfolg beigetragen[5]. Dies sind einerseits die positive und negative Koalitionsfreiheit, andererseits die staatliche Neutralität und schließlich der durch die Rechtsprechung lange Zeit garantierte Grundsatz der Tarifeinheit.

### 1. Positive und negative Koalitionsfreiheit

Signifikantes Kennzeichen der Tarifautonomie ist die positive und negative Koalitionsfreiheit, die für beide Parteien des Arbeitsvertrages zur Anwendung

---

[4] Insoweit die Entscheidungen des BAG vom 27.01.201 – 4 AZR 537/08, vom 23.06.2010 – 10 AS 3/10 und vom 07.07.2010 – 4 AZR 549/08.

[5] *Kannegießer*, Westfalen-Blatt 20.07.2012.

kommt. Dies bedeutet, dass sowohl Arbeitgeber als auch Arbeitnehmer das Recht haben, ihrer jeweiligen Koalitionspartei beizutreten, ihr fernzubleiben oder nach einem Beitritt wieder – unter Einhaltung von satzungsmäßig vorgegebenen Kündigungsfristen – auszutreten[6].

## 2. Neutralität des Staates

Die Ausprägung des Tarifautonomiebegriffes im Sinne einer eigenständigen Regelung der Arbeitsbeziehungen durch die Koalitionspartner setzt zwingend die staatliche Neutralität voraus. Nur in autonomer Vereinbarung, folglich ohne staatlichen Einfluss, kann es den Tarifvertragsparteien möglich sein, aus eigener Kraft einen Abschluss durch Verhandlungen zu erzielen[7]. Neutralität des Staates bedeutet dabei, dass durch Handeln von staatlichen Organen weder unmittelbar noch mittelbar zu Gunsten oder zu Lasten eines der Tarifpartner eingegriffen werden darf[8]. Dies gilt auch für politische Repräsentanten, die durch ihre Stellungnahme weder die eine noch die andere Tarifpartei unterstützen dürfen. Staatliche Neutralität ist vor allem auch für die Koalitionsauseinandersetzung selbst notwendig. Neutralität des Staates bedeutet dabei, dass die Arbeitsagentur den vom Streik betroffenen Arbeitnehmern kein Arbeitslosengeld zahlen darf[9].

## 3. Tarifeinheit

Die dritte wichtige Säule der Tarifautonomie ist die von der Rechtsprechung entwickelte Tarifeinheit. Da Tarifverträge den wesentlichen Inhalt der arbeitsvertraglichen Pflichten regeln, ist es sowohl für Arbeitnehmer als auch für die Unternehmen wichtig zu wissen, welcher Tarifvertrag für die Arbeitsrechtsbeziehung zur Anwendung kommt. Lange Zeit hat die Rechtsprechung unter Anwendung des Grundsatzes der Tarifeinheit festgestellt, dass in den Fällen, in denen in einem Betrieb mehrere Tarifverträge aufgrund gewerkschaftlicher Zuständigkeitsregeln greifen können, derjenige Tarifvertrag zur Anwendung kam, der von der Gewerkschaft geschlossen wurde, die über die meisten Mitglieder im Betrieb verfügt[10]. Zwingende Rechtsfolge des Grundsatzes der Tarifeinheit war, dass in dem Betrieb dann auch die Arbeitnehmer an den „Mehrheitstarif" gebunden waren, die Mitglied einer anderen Gewerkschaft waren[11]. Konkurrierende Tarifverträge

---

[6] Für die Rechtsprechung: BVerfG 29.12.2004 – 1 BvR 2283/03; für die Literatur: *Biedenkopf*, Grenzen der Tarifautonomie, 1964, S. 88.

[7] BAG vom 11.03.1998 – 7 AZR 700/96.

[8] Erfurter Kommentar, *Dieterich*, Art. 9 GG Rn. 148.

[9] *von Steinau-Steinrück*, in: Thüsing/Braun, Tarifrecht, 3. Kapitel, Rn. 104, München 2011.

[10] BAG vom 20.03.1991 – 4 AZR 455/90 und vom 14.06.1989 – 4 AZR 200/89.

[11] BAG vom 26.01.1994 – 10 AZR 611/92.

konnten folglich existieren, fanden aber keine praktische Anwendung. Neben der Frage des anwendbaren Rechts hatte der Grundsatz der Tarifeinheit für die Unternehmen den weiteren wichtigen Vorteil, dass Arbeitskampfmaßnahmen einer anderen Gewerkschaft zu Tarifthemen, die deckungsgleichen Inhalts zu dem führenden Tarifvertrag waren, ausgeschlossen wurden[12].

Die von der Rechtsprechung so entwickelte Tarifeinheit verhinderte im Wesentlichen drei Problemstellungen, die sich negativ auf den betrieblichen Alltag auswirken: Zum einen die Zersplitterung des Tarifsystems, zum anderen die Spaltung der Belegschaften, zum dritten die Vervielfachung kollektiver Konflikte.

### 4. Schleichende Änderung der Sachlage

Die von der Rechtsprechung seit einiger Zeit zugelassene unbeschränkte Tarifpluralität als neue Ausprägung der Tarifautonomie ist in der Praxis durch die Entwicklung neuer Berufsbilder und immer mehr Funktionseliten von Arbeitnehmern vorbereitet worden[13]. Viele dieser Arbeitnehmer fühlten sich nicht mehr von den Mehrheitsgewerkschaften in Unternehmen repräsentiert. Dieser Prozess führte zunehmend zur Gründung neuer bzw. aus der Sichtweise des Berufsbildes resultierender spezieller Gewerkschaften. Diese forderten bereits in der Vergangenheit und fordern noch heute und in der Zukunft wohl verstärkt vom Arbeitgeber eigene, speziell auf ihre Mitgliedschaft zugeschnittene Tarifverträge[14]. Aufgrund der herausragenden Bedeutung der Tätigkeiten von Mitgliedern dieser Gewerkschaften für das Unternehmen sind diese Gewerkschaften regelmäßig in der Lage, für ihre satzungsgemäß gebundenen Mitglieder bessere Tarifergebnisse zu erzielen. Bestärkt werden diese Gewerkschaften durch die faktisch ihnen zukommende Kampfkraft, denn ein von ihnen angedrohter oder praktisch durchgeführter Arbeitskampf trifft die Unternehmen empfindlich. Aufgrund der von ihnen vertretenen Funktionseliten sind die Gewerkschaften in der Lage, durch Streik von nur wenigen Gewerkschaftsmitgliedern fast den gesamten Betrieb lahmzulegen[15].

---

[12] Erfurter Kommentar, *Franzen*, § 4 TVG, Rn. 70.

[13] *Scholz*, ZfA Sonderbeilage 4/2010, S. 1.

[14] *Meik*, Festschrift für Beuthin, 2009, S. 429 ff.

[15] Beispiele der sich in der jüngsten Vergangenheit entwickelten Gewerkschaften sind zunächst die Gewerkschaft der Klinikärzte, der Marburger Bund, die Gewerkschaft der Lokführer, die GDL und die Gewerkschaften im Flugverkehr, die der Kabine, die des Cockpits, die der unabhängigen Flugbegleiter. Schließlich ist die Gewerkschaft der Fluglotsen zu nennen, die mit nur wenigen Mitarbeitern den gesamten Flugverkehr lahmlegen kann. Welche Macht diesen Gewerkschaften zukommt, haben die im Jahr 2004 durchgeführten Lokführerstreiks gezeigt. Die Streiks der Vorfeldlotsen, die in der Gewerkschaft der Flugsicherung organisiert sind, haben im Jahr 2012 deutlich belegt, dass mit nur 200 Arbeitnehmern ein Großflughafen wie der Frankfurter Flughafen mit annähernd 20.000 Arbeitnehmern lahmgelegt werden kann.

Die historische Entwicklung der Tarifautonomie und der Übergang von der richterrechtlich festgesetzten Tarifeinheit zum zunächst faktisch eingetretenen Tarifpluralismus werfen die Frage auf, ob sich der Gesetzgeber aufgrund der in der Praxis unstreitig ergebenden negativen Folgen nicht veranlasst sehen muss, aktiv tätig zu werden und den Zustand der Tarifeinheit wieder gesetzlich herzustellen. Die Herstellung des status quo ante ist dabei nicht nur ein Problem, was sich aus der faktischen Ausprägung der Tarifpluralität und damit möglicher permanenter Tarifauseinandersetzungen im Unternehmen mit mehreren Spartengewerkschaften ergibt[16]. Auch die rechtlichen Grundlagen selbst gebieten über die rein faktische Betrachtung des Problems hinaus eine gesetzeskonforme Lösung, die in der Kodifizierung der Tarifeinheit einmündet. Ob dabei der alte Zustand 1:1 wieder herzustellen oder ob eine Modifikation geboten ist, soll dieser Beitrag beleuchten.

### 5. Rechtsentwicklung zur Tarifpluralität

Die Tarifautonomie ist in der Bundesrepublik – wie gezeigt – im Grundgesetz verankert. Art. 9 Abs. 3 GG beinhaltet zunächst nach dem niedergelegten Wortlaut das Recht für jedermann und für alle Berufe, zur Wahrung und Förderung der Arbeitsbedingungen Vereinigungen zu bilden. Dabei wird nicht die Freiheit des Einzelnen, eine Vereinigung zu gründen, ihr beizutreten, ihr fernzubleiben oder sie zu verlassen, geschützt, vielmehr gilt dieser Schutz auch für das Recht der Koalitionen selbst[17]. Dieses Schutzrecht zu Gunsten der Koalitionen betrifft den Bestand, die organisatorische Ausgestaltung und ihre Betätigung, sofern sie dem verfassungsrechtlich verankerten Ziel, der Wahrung und Förderung der Arbeitsbedingungen Genüge tun. Diese Rechte, ergänzend auch das Recht zur Durchführung von Arbeitskämpfen als zulässige Koalitionsbetätigung, sind damit verfassungsrechtlich anerkannt[18].

#### a) Begründung der „alten" Tarifeinheit

Die Tarifautonomie selbst dient der Wahrung und Förderung der Arbeits- und Wirtschaftsbeziehungen. Dies geschieht ohne staatlichen Einfluss und unter der weiteren Voraussetzung des Vorhandenseins gleich starker Verhandlungspartner.

Das Hauptargument, mit dem die Rechtsprechung das von ihr gefundene Ergebnis der nur möglichen Tarifeinheit begründet hat, war die Funktionalität der Tarifautonomie selbst[19]. Als Verfassungsgebot, das unmittelbar aus Art. 9 Abs. 3

---

[16] *Buchner*, BB 2003, 2128; *Wolf*, SAE 03/2010, III.
[17] *Thüsing*, in: Thüsing/Braun, Tarifrecht, 1. Kapitel, Rn. 1, München 2011.
[18] BVerfG vom 29.12.2004 – 1 BVR 2283/03.
[19] Erstmals: BAG vom 29.03.1957 – 1 AZR 208/55.

GG resultiert, wurde die Funktionalität allerdings nicht angesehen. Das BAG hat vielmehr auf praktische Gesichtspunkte wie die Rechtssicherheit und Rechtsklarheit abgestellt[20], beides Grundsätze, die nach der Auffassung des alten 4. Senats nur dann erreicht werden konnten, wenn es unter rechtlichen Aspekten unmöglich ist, dass Gewerkschaften, die mit den Unternehmen in Tarifauseinandersetzungen stehen, um identische Arbeitnehmergruppen konkurrieren dürfen. Die parallele Anwendung mehrerer Tarifverträge sollte ausgeschlossen sein[21]. Das BAG hatte lange Zeit die Schwierigkeiten der Arbeitgeber vor Augen, die sich daraus ergeben, dass mit unterschiedlichen Gewerkschaften verhandelt und sich unter Umständen kampfweise auseinandergesetzt werden muss.

### b) Rechtsfolgen der Tarifeinheit

Die so entwickelte Tarifeinheit hat das BAG sowohl auf die Fälle der Tarifkonkurrenz wie auch auf die Fälle der Tarifpluralität angewandt. Tarifkonkurrenz[22] liegt vor, wenn auf den Arbeitsvertrag eines Arbeitnehmers von der fachlichen, örtlichen und inhaltlichen Zuständigkeit her mehrere Tarifverträge anwendbar sind. Hingegen spricht man von Tarifpluralität[23], wenn innerhalb eines Betriebes für unterschiedliche Arbeitnehmergruppen, die über unterschiedliche Berufsbilder verfügen, unterschiedliche Gewerkschaften mit dem Arbeitgeber zur Erreichung von Tarifverträgen verhandeln. Beide Fälle, also sowohl die Tarifpluralität als auch die Tarifkonkurrenz, hat das BAG einheitlich unter Anwendung des Grundsatzes der Tarifeinheit behandelt und nur den Tarifvertrag im Betrieb zur Anwendung gelangen lassen, an den die meisten Arbeitnehmer gebunden sind.

Diese Form der Tarifeinheit als Ausprägung der Tarifautonomie führte nicht zur rechtlichen Ungültigkeit von Tarifverträgen, die nicht mit der „Mehrheitsgewerkschaft" geschlossen worden sind. Diese wurden lediglich durch die Anwendung des „Mehrheitstarifvertrages" verdrängt[24]. Der „Minderheitstarifvertrag" war zwar im Unternehmen existent, wurde jedoch auf kein einzelnes Arbeitsverhältnis angewendet. Als weitere Nebenfolge galt die schon beschriebene Friedenspflicht bezogen auf den „Mehrheitstarifvertrag". Andere als die „Mehrheitsgewerkschaften" durften den Arbeitgeber nach Ablauf der aus ihren Tarifverträgen resultierenden Friedenspflicht nicht mit einem Arbeitskampf zur Erreichung von verbesserten Tarifbedingungen überziehen.

---

[20] BAG vom 20.03.1991 – 4 AZR 455/90 und vom 14.06.1989 – 4 AZR 200/89.
[21] BAG vom 05.09.1990 – 4 AZR 59/90.
[22] *Wiedemann/Wank,* § 4 TVG Rn. 269; *Däubler/Zwanziger,* § 4 TVG Rn. 923.
[23] *Wiedemann/Wank,* § 4 TVG Rn. 280; *Däubler/Zwanziger,* § 4 TVG Rn. 940.
[24] Erfurter Kommentar, *Franzen,* § 4 TVG, Rn. 70.

c) Änderung der Rechtsprechung

Die so von der Rechtsprechung entwickelte Tarifeinheit stand immer in der Kritik der Literatur. Insbesondere wurde die fehlende normative Verankerung gerügt. Denn eine ausdrückliche Erwähnung der Tarifeinheit findet sich weder im Grundgesetz selbst, noch im Tarifvertragsgesetz als nachrangigem Bundesrecht. Dies hat die Rechtsprechung zum Anlass genommen, der vielfach in der Instanzrechtsprechung und in der Literatur aufgeworfenen Kritik an der Lehre der Tarifeinheit zu folgen und diese in den folgend aufgeführten drei Entscheidungen zu kippen.

aa) Kritik in der Literatur

Bereits vor der Änderung der Rechtsprechung ist die Kritik am Grundsatz der Tarifeinheit mit einem Verstoß gegen die positive Koalitionsfreiheit der Mitglieder aus den „verdrängten" Gewerkschaften begründet worden[25]. Insbesondere *Franzen* begründete dies damit, dass die tarifgebundenen Mitglieder dieser Gewerkschaften auf den Status eines Nichtorganisierten zurückfallen würden, weil die Tarifeinheit nur rechtsverdrängende, aber keine rechtsbegründende Wirkung habe[26]. Im Ergebnis stünden diese ohne Tarifvertrag da, weil der Tarifvertrag ihrer Gewerkschaft nicht zur Anwendung gelange. Aus diesem Grund wären die Mitglieder von Spartengewerkschaften gezwungen, sich entweder der Mehrheitsgewerkschaft anzuschließen oder ohne eigenen tariflichen Schutz zu stehen[27].

In der Literatur wird zur Begründung der Unzulässigkeit der Tarifeinheit weiterhin auf § 3 Abs. 1 TVG verwiesen[28]. Danach sind auf Arbeitnehmerseite nur die Mitarbeiter tarifgebunden, die Mitglied der Gewerkschaft als Tarifpartei sind. Dieser Grundsatz werde durch die alte Form der Tarifeinheit konterkariert, da die Tarifbindung – wenn auch nur mittels Bezugnahmeklausel – zwischen Gewerkschaften und Arbeitnehmern begründet wird, die nicht durch die Mitgliedschaft in Verbindung stehen[29].

bb) Anfrage des 4. Senats vom 27.01.2010

In dem Vorlagebeschluss ist das BAG[30] zu der Auffassung gelangt, der klagenden Arbeitnehmerin einen Anspruch aus einem Spartentarifvertrag gegen den „Mehrheitstarifvertrag" wegen des Grundsatzes der tarifpluralen Ausprägung der

---

[25] *Löwisch/Rieble*, § 4 TVG Rn. 132.
[26] *Franzen*, Erfurter Kommentar, § 4 TVG Rd. 71.
[27] *Franzen*, Erfurter Kommentar, a. a. O.
[28] *Wiedemann/Wank*, § 4 TVG Rn. 277.
[29] *Wank*, Anmerkung zu EzA TVG § 4 Tarifkonkurrenz Nr. 9.
[30] BAG vom 27.01.2010 – 4 AZR 537/08.

Koalitionsfreiheit gewähren zu müssen[31]. Dies unter Aufgabe des Grundsatzes der Tarifeinheit. An einer abschließenden Entscheidung sieht sich der 4. Senat jedoch gehindert, denn nicht nur der 4. Senat in alter Besetzung, sondern auch der 10. Senat hatte den Grundsatz der Tarifeinheit angewandt.

Das BAG nimmt in dem Anfragebeschluss zwischen den Tarifen, die der Kommunale Arbeitgeberverband mit ver.di und dem Marburger Bund geschlossen hatte, Tarifpluralität an. Aufgrund der Zuständigkeitsregeln in beiden Tarifverträgen fällt das Arbeitsverhältnis der Klägerin sowohl unter den fachlichen und persönlichen Geltungsbereich des TVöD, als auch unter denjenigen des Tarifvertrages, der mit dem Marburger Bund geschlossen ist. Das BAG hält den Anspruch der Klägerin deshalb für begründet, weil nach Auffassung des 4. Senats der mit dem Marburger Bund geschlossene Tarifvertrag als Speziellerer den allgemeinen Tarifvertrag mit ver.di (TVöD) verdrängt[32]. Der Senat beruft sich zur weiteren Begründung auf § 4 Abs. 1 TVG, wonach Rechtsnormen eines Tarifvertrages, die den Inhalt, den Abschluss und die Beendigung von Arbeitsverhältnissen ordnen, nur in den jeweiligen tarifgebundenen Arbeitsverhältnissen eines Betriebes zur Anwendung kommen. Tarifgebunden sind nach § 3 Abs. 1 TVG – so der 4. Senat – nur die Mitglieder der Tarifvertragsparteien selbst[33]. Dies seien im Streitfall der klagenden Ärztin aufgrund der Gewerkschaftszugehörigkeit der Marburger Bund und aufgrund der Koalitionszugehörigkeit das beklagte Krankenhaus durch Bindung über den Kommunalen Arbeitgeberverband. Eine den Streit lösende Tarifeinheit sei mangels Regelungslücke nicht zu begründen[34].

Die Frage des Verhältnisses der Tarifpluralität zum Arbeitskampfrecht beantwortet der 4. Senat in der Vorlageentscheidung dahingehend, dass eine verfassungsrechtlich vorgegebene Rangfolge zwischen dem Tarifrecht und dem Arbeitskampfrecht besteht[35]. Danach müsse immer das Arbeitskampfrecht dem Tarifrecht folgen und nicht umgekehrt. Aus diesem Grund sei das Arbeitskampfrecht an die aus Art. 9 Abs. 3 GG resultierende Tarifpluralität anzupassen.

Die mögliche Zunahme von arbeitskampfbezogenen Auseinandersetzungen und die Gefahr, dass die Tarifautonomie, die in Art. 9 Abs. 3 GG verankert ist, als solche beeinträchtigt werden kann, sieht der Senat nicht[36]. Dass es darüber

---

[31] Die klagende Assistenzärztin ist Mitglied des Marburger Bundes und begehrt Leistungen aus dem Tarifvertrag, den der Marburger Bund mit dem Kommunalen Arbeitgeberverband geschlossen hatte. Das beklagte Krankenhaus verweigerte die Leistung mit dem Argument, dass der TVöD, der zwischen ver.di und dem Kommunalen Arbeitgeberverband geschlossen wurde, als „Mehrheitstarifvertrag" den anderen Tarifvertrag verdränge.
[32] BAG vom 27.01.2010 – 4 AZR 537/08 Rn. 22.
[33] BAG vom 27.01.2010 – 4 AZR 537/08 Rn. 24.
[34] BAG vom 27.01.2010 – 4 AZR 537/08 Rn. 32.
[35] BAG vom 27.01.2010 – 4 AZR 537/08 Rn. 51.
[36] BAG vom 27.01.2010 – 4 AZR 537/08 Rn. 75.

hinaus in der betrieblichen Praxis aus der Anwendung der Tarifpluralität zu Problemen und Schwierigkeiten kommen könne, erkennt der 4. Senat zwar an, ordnet die Lösung aber dem 1. Senat zu, der für das Arbeitskampfrecht zuständig ist.

cc) Antwort des 10. Senats vom 23.06.2010

Mit Beschluss vom 23.06.2010 hat der 10. Senat[37] die Vorlage des 4. Senates beantwortet. Mit nur knapper Begründung schließt sich der 10. Senat der Auffassung des 4. Senats an, wonach im eigenen Betrieb kraft Tarifbindung des Arbeitgebers auf mehrere Arbeitsverhältnisse desselben Berufsbildes verschiedene Tarifverträge zur Anwendung kommen können. Zur Begründung der Tarifpluralität beruft sich der 10. Senat ebenfalls auf § 3 Abs. 1 TVG, wonach die unmittelbare Wirkung von Tarifnormen ausschließlich im Arbeitsverhältnis beiderseits Tarifgebundener zur Anwendung komme. Ergänzend wird auf die fehlende Normierung der Tarifeinheit in der Verfassung oder in einfachgesetzlichen Vorschriften hingewiesen.

dd) Entscheidung des 4. Senats vom 07.07.2010

Mit Urteil vom 07.07.2010 hat der 4. Senat[38] dann endgültig die Rechtsprechungsänderung vollzogen und den Grundsatz der Tarifeinheit zugunsten der absoluten Tarifpluralität aufgegeben. Auch insoweit ging es wieder um einen Rechtsstreit eines klagenden Arbeitnehmers, der als Arzt Mitglied des Marburger Bundes war. Den Streit zwischen den vom Marburger Bund geschlossenen Tarifvertrag und dem TVÖD, die beide vom Kommunalen Arbeitgeberverband als Vertreter der Arbeitgeberseite geschlossen wurden, löste der 4. Senat im Wege der Spezialität zu Gunsten des Tarifvertrages, der mit dem Marburger Bund geschlossen wurde, auf. Im Wesentlichen hat der Senat die Tarifpluralität mit den Argumenten begründet, die bereits die Vorlageentscheidung an den 10. Senat beeinflussten.

Tarifeinheit als Ausfluss der Tarifautonomie ist mit dieser Entscheidung Geschichte. Das unbegrenzte Nebeneinander verschiedener Tarifverträge, die vom Regelungsbereich sogar identische Berufsbilder betreffen können, ist als echte Tarifpluralität die Folge.

### 6. *Rechtsfolgen für die Praxis*

Die Entscheidungen des Bundesarbeitsgerichts zur Änderung der Rechtsprechung der Tarifautonomie – weg von der Tarifeinheit, hin zur Pluralität von allen

---

[37] BAG vom 23.06.2010 – 10 AS 3/10.
[38] BAG vom 07.07.2010 – 4 AZR 549/08.

möglichen, in einem Betrieb anwendbaren Tarifverträgen – hat für die betriebliche Praxis erhebliche Auswirkungen.

Negative Auswirkungen der Tarifpluralität sind schon aus rein praktischen Gesichtpunkten[39] in mehreren Bereichen zu erkennen. Diese betreffen gleich in mehrfacher Hinsicht die innerbetriebliche Situation, also die Auseinandersetzung der Unternehmen mit einer Mehrzahl von Gewerkschaften. Darüber hinaus ist auch die Allgemeinheit von tarifplural aufgestellten Gewerkschaften, insbesondere von deren Handeln durch Arbeitskampfmaßnahmen, betroffen.

### a) Permanenter Arbeitskampf

Tarifpluralität bedeutet für die Unternehmen, dass sie mit mehreren Gewerkschaften verhandeln müssen. Diese Verhandlungen können aufgrund unterschiedlicher Laufzeiten der Tarifverträge zu unterschiedlichen Zeitpunkten beginnen, ihren Höhepunkt erreichen oder beendet werden[40]. Zu unterschiedlich sind die Interessen der Arbeitnehmer, die von der jeweiligen Gewerkschaft vertreten werden. Dies führt zu unterschiedlich langen Verhandlungszeiten und zu unterschiedlich intensiver Gesprächsnotwendigkeit. Dies bedeutet im Ergebnis für die Unternehmen, dass bei einer „worst case"-Betrachtung davon ausgegangen werden kann, dass sich ein Unternehmen ununterbrochen in Tarifgesprächen mit der einen oder anderen Gewerkschaft befindet, dies mit der Möglichkeit der Koalitionsbetätigung durch den Arbeitskampf[41]. Hinzu kommen Probleme mit der Durchführung mehrerer Tarifverträge[42]. Eine parallele Laufzeit verschiedener Tarifverträge, die auf freiwilliger Basis mit unterschiedlichen Gewerkschaften geschlossen werden, ist für die Praxis reine Utopie.

### b) Wettbewerb um Arbeitnehmer

Die negativen Folgen des permanenten Arbeitskampfes werden potenziert, wenn der Fall der Tarifkonkurrenz[43] hinzutritt. Dieser liegt vor, wenn mehrere Gewerkschaften um Arbeitnehmer konkurrieren, die aufgrund identischer Berufsbilder Mitglieder zumindest zweier Gewerkschaften sein können. Ein Ranking je nach Attraktivität der Gewerkschaft wäre die Folge, eine sinnvolle Ordnung des Arbeitslebens ist nicht mehr möglich[44]. Für den Arbeitgeber bedeutet dies, dass es zu einem Überbietungswettbewerb[45] einzelner Gewerkschaften kommt, die mit

---

[39] *Jacobs*, Tarifeinheit und Tarifkonkurrenz 1999, S. 393.
[40] *Otto*, Festschrift für Konzen, 2006, S. 663; *Meyer*, DB 2006, S. 1271.
[41] *Wolf*, SAE 03/2010, III.
[42] *Hromadka*, Gedenkschrift Heinze, S. 287; *Bayreuther*, NZA 2007, S. 188.
[43] *Wiedemann/Wank*, § 4 TVG Rn. 269; *Däubler/Zwanziger*, § 4 TVG Rn. 923.
[44] *Hanau*, RdA 2008, S. 99.
[45] *Meyer*, DB 2006, S. 1272.

einem möglichst positiven Tarifergebnis versuchen, möglichst viele der satzungsmäßig möglichen Arbeitnehmer an sich zu binden.

Dieser tarifplurale Wettbewerb um Mitarbeiter hat vor allem eine weitere negative zeitliche Komponente. Die um Arbeitnehmer konkurrierenden Gewerkschaften werden es vermeiden, als erste mit dem Arbeitgeber einen Tarifabschluss zu erzielen. Konkurrierende Gewerkschaften werden immer versuchen, sich mit Überbietung des erzielten Ergebnisses anderer Arbeitnehmervereinigungen für die Arbeitnehmer als attraktivere Gewerkschaft zu präsentieren. Befindet sich daher das Unternehmen schon in permanenten Verhandlungen mit verschiedenen Gewerkschaften[46], kommt hinzu, dass diese sich inhaltlich aufgrund der Konkurrenz um die Arbeitnehmer auch noch nacheinander mit jeweils steigenden Forderungen überbieten.

### c) Eingriff in die Verteilungsgerechtigkeit

Hinzu kommt, dass das dem Unternehmen zur Verfügung stehende Finanzvolumen endlich ist. Ist zu Gunsten einer Spartengewerkschaft eine hohe Forderung durch Tarifabschluss befriedet worden, fehlt es an Verhandlungsmasse, um auch der Breite der Belegschaft eine angemessene Entgelterhöhung zur Verfügung stellen zu können. Innerbetriebliche Verteilungskämpfe[47] müssen vermieden werden.

### d) Probleme der Daseinsvorsorge

Tarifauseinandersetzungen, die mit Spartengewerkschaften geführt werden, treffen regelmäßig nicht nur den eigenen Arbeitgeber. Während Industriegewerkschaften mit dem Streik im Wesentlichen den Arbeitgeber treffen und es zu Störungen begrenzt auf die Lieferkette kommt, tangieren Arbeitskämpfe aktueller Spartengewerkschaften stark die Allgemeinheit[48]. Ist es für eine Flächengewerkschaft zudem schwer, die Mitglieder für einen Arbeitskampf zu mobilisieren, gilt dieses für Spartengewerkschaften nicht. Diese sind schon mit wenigen Mitgliedern in der Lage, erheblichen Druck auf die Arbeitgeber auszuüben. Die Spartengewerkschaften wissen, dass sie an den „Schaltstellen" des Unternehmens ihre Mitarbeiter positioniert haben, dies mit der Folge, dass ein Streik nur weniger Arbeitnehmer ausreichend ist, fast das komplette Unternehmen lahmzulegen. Dabei kalkulieren die Spartengewerkschaften die Bedeutung des bestreikten Arbeitgebers für die Versorgung der Allgemeinheit ein[49] und wissen genau, dass sich

---

[46] *Säcker/Oetker*, ZfA 1993, S. 11; *Buchner*, BB 2003, 2128.
[47] *Meyer*, NZA 2006, 1389.
[48] Siehe hierzu auch die Professoreninitiative der Carl-Friedrich-von-Weizsäcker-Stiftung in Bayreuther, Tarifpluralität als Aufgabe des Gesetzgebers 2011, S. 44 ff.
[49] *Meik*, Festschrift für Beuthin, 2009, S. 429 ff.

schon aufgrund dieser Tatsache das Unternehmen keinen langen Streik leisten kann[50].

## 7. Regelungsmöglichkeiten des Gesetzgebers

Die aufgezeigten negativen Konsequenzen sind unter Anwendung des Grundsatzes der Tarifeinheit nicht zutage getreten. Die Unternehmen mussten nur „verbindlich" mit einer Gewerkschaft verhandeln. Andere verdrängte Tarifverträge[51] wurden eher „stiefmütterlich" behandelt, indem regelmäßig einfach nur die Übernahme des „Mehrheitstarifvertrages" beschlossen wurde.

Die dargelegten negativen Folgen der Änderung der Rechtsprechung vom Grundsatzmodell der Tarifeinheit hin zur Tarifpluralität und die genannten Vorteile des alten Models erfordern dringend eine Korrektur. Der Gesetzgeber ist daher aufgefordert, die drohende Zersplitterung der Tariflandschaft[52] zu verhindern, die tarifliche Verteilungsgerechtigkeit zu erhalten und den Zustand permanenter Arbeitskämpfe[53] zwischen einem Unternehmen und vielen Gewerkschaften zu unterbinden, gleichzeitig aber zu berücksichtigen, dass die Tarifautonomie einen verbleibenden Tarifpluralismus gebietet. Hinzu kommt, dass die Allgemeinheit empfindlich insbesondere unter den Arbeitskämpfen leidet, die die Spartengewerkschaften durchführen, die im weiteren Sinne Arbeitnehmer vertreten, die im Bereich der Daseinsvorsorge tätig sind[54].

Folgende Alternativen zur gesetzlichen Lösung sind denkbar:

### a) Normierung des Arbeitskampfrechts

Der 4. Senat hat in seiner Entscheidung vom 27.01.2010 ausgeführt, dass mögliche negative Auswirkungen der Rechtsänderung auf das Arbeitskampfrecht nicht zwingend das Festhalten an der Tarifeinheit begründen[55]. Die Tarifautonomie in der vom 4. Senat gesehenen Ausprägung der Tarifpluralität bildet danach die Grundlage der Zulässigkeit möglicher Arbeitskampfmaßnahmen. Nach dieser

---

[50] Die Arbeitskämpfe der Spartengewerkschaften GDL und GDF haben im Güterversorgungsverkehr und im Fracht- und Flugreiseverkehr an den Flughäfen gezeigt, über welches Arbeitskampfpotenzial die Spartengewerkschaften verfügen. So könnten die Vorfeldfluglotsen der Gewerkschaft der Deutschen Flugsicherung im Jahre 2012 mit nur 200 streikenden Mitarbeitern den gesamten Flughafen in aktueller Besetzungsstärke von ca. 20.000 Arbeitnehmern lahmlegen. Viele Passagiere konnten ihr Flugziel nicht erreichen. Unmut und öffentlicher Druck ist die Folge. Die gleiche Macht hatten die Lokführer, als 2007 viele Zugreisende nicht transportiert werden konnten.
[51] *Franzen*, Erfurter Kommentar, § 4 TVG Rd. 70.
[52] *Hromadka*, Gedächtnisschrift für Heinze, S. 394.
[53] Buchner BB 2003, S. 2128; *Feudner*, BB 2007, S. 2462.
[54] Hier ist insbesondere an die Lokführer und die Fluglotsen zu denken.
[55] BAG vom 27.01.2010 – 4 AZR 537/08 Rn. 51.

Auffassung kann zwingend logisch das Maß an Tarifautonomie nicht an den Auswirkungen des Arbeitskampfrechts gemessen werden, vielmehr ist es andersherum so, dass sich das Arbeitskampfrecht nach der Ausprägung der Tarifautonomie zu richten hat.

Unter diesen Aspekten könnte der Gesetzgeber gehalten sein, das Arbeitskampfrecht so auszugestalten, dass ein tarifplurales Nebeneinander mehrerer Gewerkschaften in einem Unternehmen zwar möglich ist, sich hieraus für den Bereich des Arbeitskampfes für die Unternehmen aber keine negativen Auswirkungen ergeben dürfen. Daher könnte der Gesetzgeber Normen erlassen, die sowohl das Arbeitskampfrecht in Bezug auf mögliche tarifkonkurrierende wie tarifplurale Auseinandersetzungen betreffen.

Die Lösung des Verhältnisses zwischen Tarifeinheit und Tarifpluralität allein über das Arbeitskampfrecht zu suchen, ist in der Praxis allerdings nicht von Erfolg gekrönt. Der Gesetzgeber setzt voraus, dass es den Arbeitskampf gibt[56], weigert sich aber beharrlich, seit den ersten Erscheinungsformen des Arbeitskampfes diesen Bereich legislatorisch anzufassen. Dass die Rechtsänderung des 4. Senats im Jahre 2010 den Gesetzgeber zu anderem Handeln in Bezug auf die Regelung des Arbeitskampfrechts bewegen könnte, ist nicht wahrscheinlich. Insbesondere haben die Arbeitskämpfe infolge der Tarifauseinandersetzungen in den vergangenen Jahren gezeigt, dass der Gesetzgeber hierzu nicht bereit ist. Der Weg über eine gesetzliche Regelung des Arbeitskampfrechts ist daher zur Lösung des Problems aus rein tatsächlichen Gesichtspunkten untauglich.

b) Normierung einer Verhandlungsgemeinschaft auf Arbeitnehmerseite

Rechtlich möglich und von der Monopolkommission vorgeschlagen ist ein Lösungsansatz, der die verschiedenen Spartengewerkschaften verpflichtet, koordiniert dem Arbeitgeber gegenüber zu treten und Verhandlungsgemeinschaften zu bilden[57]. Dies würde für die Praxis bedeuten, dass im Falle einer entsprechenden gesetzlichen Regelung die Laufzeiten der Tarifverträge gleichgeschaltet wären[58]; dies mit der weiteren positiven Folge, dass identische, weil gleichgeschaltete Zeiträume der Friedenspflicht bestünden. Nach Ablauf der Friedenspflicht wären dann die Gewerkschaften gehalten, gleichsam gemeinsam ein abgestimmtes Forderungspaket mit dem Arbeitgeber zu verhandeln und sich eventuell über dieses kampfweise auseinanderzusetzen.

---

[56] *von Steinau-Steinrück*, in: Thüsing/Braun, Tarifrecht, 3. Kapitel, Rn. 93, München 2011.

[57] Monopolkommission, 18. Hauptgutachten 2008/2009, Bundestagsdrucksache 17/2600, S. 352 ff.

[58] So ergänzend: *Giesen*, ZfA 2011, S. 32.

Gegen diesen Lösungsansatz sprechen zwei Gründe. Einerseits bliebe es bei einem Wettbewerb tarifkonkurrierender Gewerkschaften um die Arbeitnehmer[59], andererseits ist auch die gesetzliche Realisierung dieses Vorschlags realitätsfern. Die entsprechende Verwirklichung dürfte vor allem am Widerstand der Gewerkschaften scheitern[60], denn in der Praxis handeln sie widersprüchlich. Den klassischen Gewerkschaften ist es zwar nicht recht, dass Spartengewerkschaften mit den Arbeitgebern über Arbeitsbedingungen verhandeln; wird jedoch von Kritikern versucht, die Verhandlungsbefugnis von Spartengewerkschaften in Abrede zu stellen oder wird gar die Begrenzung des Arbeitskampfrechts gefordert, wird die gewerkschaftliche Ablehnung dieser Forderung wie mit einer Stimme ausgesprochen. Daher würde die Normierung einer Verhandlungsgemeinschaft von den Gewerkschaften als zu starker Eingriff in die Tarifautonomie empfunden. Aus diesem Grund ist auch dieser Ansatz zur Lösung des Problems untauglich, er scheitert an den faktischen Gegebenheiten.

c) Normierung des Tarifvorrangs mittels eines Mitarbeiterquorums

In der Politik wird ein „Quorenmodell" diskutiert[61]. Danach sollen Spartengewerkschaften nur dann eine tarifliche Repräsentationsbefugnis zu Gunsten der von ihnen vertretenen Arbeitnehmer bekommen, wenn sie mindestens über 25% der organisierten Arbeitnehmer in einem Betrieb als Mitglieder verfügen.

Zwar ist es möglich, mit diesem Modell die Anzahl der Spartengewerkschaften zu begrenzen, jedoch ist auch dieses Modell für die betriebliche Praxis ungeeignet[62] und von erheblichem Nachteil. Die Konsequenz ist, dass jede der Spartengewerkschaften, gleich ob sie sich neu gründet oder schon länger besteht, versuchen wird, möglichst das Quorum zu erreichen, um sich aktiv tarifpolitisch betätigen zu können. Die Folge ist, dass ein permanenter „Wahlkampf" bzw. eine permanente „Werbeaktion" dieser Spartengewerkschaften im Betrieb zu erwarten ist. Die Hoffnung, diese Maßnahmen auf die Pausen und auf die Zeit nach Dienstschluss beschränken zu können, ist irreal. Aus diesem Grund ist auch dieses Modell als untauglich zur Lösung des Problems abzulehnen.

d) Normierung der Tarifeinheit im Tarifvertragsgesetz

Ein weiterer Ansatz zur Lösung des Problems ist von der Bundesvereinigung der Deutschen Arbeitgeberverbände (BDA) und vom Deutschen Gewerkschafts-

---

[59] *Papier/Krönke*, ZFA 2011, 855.
[60] *Papier/Krönke*, ZFA 2011, 853.
[61] So vom Bundesministerium für Wirtschaft und Technologie: dazu *Haas/Kuhr* in Süddeutsche Zeitung Nr. 68/2011, S. 21.
[62] *Papier/Krönke*, ZFA 2011, 861.

bund (DGB)[63] entwickelt worden. Vorgeschlagen wurde eine gesetzliche Ergänzung des Tarifvertragsgesetzes, um die Tarifautonomie zu sichern[64]. Im Rahmen eines neuen § 4a TVG soll ein neues weiterentwickeltes Modell der Tarifeinheit geregelt werden, das den Bedenken gegen die alte Rechtsprechung Rechnung trägt, aber dennoch die betrieblichen Notwendigkeiten und die sich aus einer absoluten Tarifpluralität ergebenden negativen Konsequenzen berücksichtigt. Die Tarifeinheit im Sinne dieses Vorschlages ist nicht absolut, sie will vor allem den Bereich der Tarifkonkurrenz ausschließen. Dies bedeutet, dass immer dann, wenn mehrere Gewerkschaften um identische Arbeitnehmergruppen konkurrieren, die Gewerkschaft die Alleinrepräsentanz erhält, die über die meisten Mitglieder in der Berufsgruppe verfügt. Bezüglich einer möglichen Tarifpluralität bedeutet der Vorschlag, dass neben dieser „Mehrheitsgewerkschaft" dann auch andere Spartengewerkschaften bestehen können, die jeweils isoliert eigene Arbeitnehmergruppen vertreten. Tarifkonkurrenz wäre mit diesem Modell ausgeschlossen, Tarifpluralität im engeren Sinne jedoch nicht. Ergänzend enthält der Vorschlag von BDA und DGB die Regelung, dass zur Verhinderung eines permanenten Arbeitskampfes[65] der Tarifvertrag, an den die meisten Arbeitnehmer des Betriebes gebunden sind, das Maß und die zeitliche Dauer der Friedenspflicht bestimmt. Dies bedeutet, dass die Spartengewerkschaften zwar isolierte Arbeitnehmergruppen vertreten und eigene Tarifverträge schließen dürfen, sie sind jedoch mit ihren Verhandlungs- und Durchsetzungshandlungen an die zeitlichen Vorgaben des führenden „Mehrheitstarifvertrages" gebunden.

Der Vorschlag von DGB und BDA einer neuen, gleichsam modifizierten Tarifeinheit, erzeugt als einziger der gebotenen Lösungsansätze eine Verbindung zwischen den aus dem Grundgesetz geforderten tarifautonomen Handlungsoptionen mit der Verhinderung der durch eine ungehemmte Tarifpluralität möglichen negativen Folgen. Dieser Vorschlag ist daher sowohl aus rechtlichen Gesichtspunkten (unten III.) wie auch aus tatsächlichen Gesichtspunkten allein in der Lage, die Regelung der Arbeits- und Wirtschaftsbedingungen im Sinne des Art. 9 Abs. 3 GG sinnvoll zu ermöglichen. Es kommt nur mit dieser Lösung zu einer effektiven Befriedung widerstreitender Interessen. Kleine Gewerkschaften, die eine spezielle Arbeitnehmergruppe vertreten, werden nicht gehindert, ihr Anliegen auch als Tarifforderung den Arbeitgebern zu präsentieren. Ein Verdrängungswettbewerb durch etablierte Gewerkschaften findet mithin nicht statt, vielmehr ist ein Nebeneinander der für isolierte Arbeitnehmerinteressen kämpfenden Gewerkschaften möglich. Auch innerbetriebliche Verteilungskämpfe zugunsten von Arbeitnehmern, für die identische Gewerkschaften zuständig wären, würden

---

[63] Der DGB hat im Bundesvorstand am 07.06.2011 beschlossen die gemeinsame Initiative wieder zu beenden. Die BDA verfolgt das Ziel aber unverändert fort.
[64] Gemeinsame Erklärung von BDA und DGB in AuR 2010, 60.
[65] *Giesen*, ZfA 2011, S. 6.

vermieden[66]. Lediglich die Friedenspflicht und damit die Konfrontationslage zum Arbeitgeber werden zeitlich koordiniert. Im Ergebnis ist daher die Existenz mehrerer Gewerkschaften sowie die Gründung neuer Gewerkschaften möglich. Lediglich der Überbietungswettbewerb mit dem Ziel, möglichst viele Arbeitnehmer an sich zu binden, wird für die Gewerkschaften nicht mehr möglich. Hier wird der Gewerkschaft das Alleinvertretungsmandat eingeräumt, die die Mehrheit der Arbeitnehmer, die über ein identisches Berufsbild verfügen, an sich bindet.

### III. Verfassungskonformität des DGB/BDA-Vorschlags

Der von BDA/DGB gemachte Vorschlag hält einer verfassungsrechtlichen Prüfung stand. Im Lichte des Art. 9 Abs. 3 GG und der darin verankerten Tarifautonomie setzt die Prüfung voraus, dass die vorgesehene Regelung erstens in der Lage ist, das erstrebte Ziel zu erreichen, zweitens kein anderes weniger in das Grundrecht eingreifende Mittel zur Verfügung steht und drittens der Grundsatz der Verhältnismäßigkeit gewahrt ist[67].

#### 1. Möglichkeit der Zielerreichung

Damit die in § 4a TVG vorgesehene Regelung der neuen Tarifautonomie kein unzulässiger Eingriff in das Koalitionsgrundrecht aus Art. 9 Abs. 3 GB darstellt, muss das zur Erreichung des Ziels eingesetzte Mittel zunächst geeignet sein[68].

Ausgangspunkt und Maßstab der Beurteilung bildet die Tarifautonomie und damit die Möglichkeit, die Arbeits- und Wirtschaftsbedingungen der tarifunterworfenen Rechtsverhältnisse zu regeln. Die klare Struktur der koordiniert durchzuführenden Tarifverhandlungen und der Ausschluss der Tarifkonkurrenz spricht eindeutig für die Geeignetheit des Vorschlags von DGB und BDA, die tariflichen Zielsetzungen in der Tarifautonomie zu erreichen. Gleichzeitig ist der Vorschlag im Sinne der Verfassungsprüfung nicht als übermäßig zu bewerten, da das Vorhandensein kleinerer und neuer Gewerkschaften nicht ausgeschlossen wird. Im Gegensatz zur alten Tarifeinheitslehre, nach der die kleineren Gewerkschaften gänzlich zurückgedrängt wurden und als Verhandlungspartner der Arbeitgeber ausschieden, spricht der von BDA und DGB gefundene Lösungsansatz für ein tarifplurales Moment des Nebeneinanders verschiedener Gewerkschaften mit der einzigen Voraussetzung, dass diese unterschiedliche Arbeitnehmerinteressen[69] vertreten müssen.

---

[66] *Greiner*, Rechtsfragen der Koalitions-, Tarif- und Arbeitskampfpluralität 2010, S. 338 ff.

[67] Zum Prüfungsmaßstab der Verfassung: *Scholz*, ZfA Sonderbeilage 4/2010, S. 17 ff.; *Papier/Krönke*, ZFA 2011, 848 ff.

[68] *Papier/Krönke*, ZFA 2011, 850.

## 2. Ausschluss eines milderen Mittels

Der Vorschlag von BDA und DGB stellt einen Eingriff in die Tarifautonomie dar, denn Tarifhandlungen und Arbeitskampfmaßnahmen als grundrechtlich garantierte Koalitionsbetätigung sind nicht mehr unbeschränkt möglich. Noch stärker ist der Eingriff für tarifkonkurrierende Gewerkschaften, da sie zum Teil ausgeschlossen werden. Aus diesem Grund ist der Eingriff ins Grundrecht nur durch das Mittel oder die Norm erlaubt, das/die bei gleich effektiver Wirkung als das/die Mildeste zu bewerten ist[70].

Alternative Lösungen der Probleme sind denkbar und wurden oben angesprochen[71]. All diesen Mitteln ist mit der Regelung der neuen Tarifeinheit gemeinsam, dass sie den Schutzbereich der Koalitionsautonomie aufgrund der gestiegenen Gefahr zunehmender Arbeitskämpfe negativ berühren[72]. Im Sinne der Prüfungsvoraussetzungen, wonach nur faktisch durchsetzbare Mittel unter die Verfassungskontrolle zu stellen sind, bleibt zur Prüfung aufgrund der oben zu den einzelnen Lösungsmöglichkeiten gemachten Ausführungen nur die neue Tarifeinheit übrig. Alle anderen scheitern bereits an der faktischen Umsetzbarkeit.

Daher stellt nur die modifizierte Tarifeinheit in Anbetracht der dargelegten Regelungsziele einen nicht zu starken Eingriff in das Grundrecht der Koalitionsautonomie dar. Vor allem sind andere, gleich wirksame Lösungsalternativen nicht zu finden.

## 3. Abwägung im Einzelfall

Schließlich darf der Eingriff in den Schutzbereich des Grundrechts, hier durch den neuen § 4a TVG, nicht unverhältnismäßig sein[73]. An dieser Stelle ist zur Stützung des Vorschlags von DGB und BDA die schon von der Rechtsprechung zur Begründung der Tarifeinheit herangezogene „Funktionalität" der Tarifautonomie anzuführen. Diese beinhaltet, dass die in der Praxis notwendige Regelung der Arbeits- und Wirtschaftsbedingungen durch die Koalitionspartner selbst gewährleistet sein muss, was für die Praxis voraussetzt, dass sich die Arbeitnehmer eine eigene Vertretung in Form einer Gewerkschaft wählen können. Gerade der Vorschlag von DGB und BDA ermöglicht das tarifplurale Nebeneinander von Gewerkschaften, kein Arbeitnehmer bleibt ohne gewerkschaftliche Repräsentanz im Unternehmen. Die genannten Grenzen bedingen sich aus einem funktionalen Systemverständnis heraus. Damit wird aber nicht unverhältnismäßig in das

---

[69] *Rieble/von der Ehe*, Gutachten zur Verfassungsmäßigkeit eines Gesetzes zur Regelung der Tarifeinheit 2010, S. 81.
[70] *Papier/Krönke*, ZFA 2011, 851.
[71] Siehe oben unter II. 6. a)–c).
[72] *Bayreuther*, BB 2005, S. 2641.
[73] *Papier/Krönke*, ZFA 2011, 861.

Grundrecht auf Koalitionsfreiheit eingegriffen; vielmehr stellt der Vorschlag von BDA und DGB eine verfassungsgemäße Ausprägung gerade dieses Grundsatzes dar[74].

## IV. Fazit und Ausblick

Im Ergebnis zeigt sich, dass die Kritik der Wissenschaft an der alten vom BAG festgesetzten Lehre der Tarifeinheit berechtigt ist. Das Entstehen und die tatsächliche Koalitionsbetätigung von anderen, im Betrieb ebenfalls vertretenen Gewerkschaften wurde faktisch unmöglich. Das genaue Gegenteil, nämlich das vom BAG gefundene Ergebnis einer absoluten Tarifpluralität in Form des unbegrenzten Nebeneinanders verschiedener Gewerkschaften, die auch noch tarifkonkurrierend für identische Arbeitnehmergruppen satzungsgemäß zuständig sein können, ist hingegen ebenso abzulehnen. Richtig ist vielmehr ein verfassungskonformer Mittelweg, so wie von BDA und DGB vorgeschlagen. Unter Berücksichtigung der Funktionalität der Tarifautonomie und der Verwirklichungsfreiheit kleinerer Gewerkschaften werden mit der Normierung einer neuen Tarifeinheit in § 4a TVG „Spielregeln" aufgestellt, die ein effektives Regeln der Arbeits- und Wirtschaftsbedingungen zwischen Unternehmen und einer Vielzahl von Gewerkschaften ermöglichen.

Der Gesetzgeber sollte daher handeln, das heißt, den Vorschlag möglichst schnell kodifizieren und in Form eines neuen § 4a dem Tarifvertragsgesetz hinzuzufügen[75].

---

[74] Scholz, ZfA Sonderbeilage 4/2010, S. 17 ff.; Papier/Krönke ZFA 2011, 848 ff.
[75] Wolf, SAE 03/2010, III.

# Wandel und Wesen des Gewissensbegriffs

## Vom altägyptischen Totenkult
## bis zur Gewissensfreiheit der Abgeordneten

Walter Fischedick

## I. Einleitung

Es sind seltene Entscheidungen, aber wenn im Deutschen Bundestag oder den Länderparlamenten Fragen von besonderer, insbesondere bioethischer oder militärischer Bedeutung anstehen, dann ist die Rede von Gewissensentscheidungen. Bei diesen Abstimmungen heben die Fraktionen regelmäßig den sogenannten Fraktionszwang auf. Seinem Gewissen soll jeder Mandatsträger frei folgen können. Auch wenn nicht unterstellt werden sollte, dass Abstimmungen von geringerer Bedeutung gewissenlos getroffen werden, so verwundert dennoch, dass der Gewissensgebrauch die Ausnahme und nicht die Regel sein soll. Der Verfassungsgeber hat es für erforderlich erachtet, ausdrücklich das Recht zu konstituieren, dass Abgeordnete „nur" ihrem Gewissen unterworfen sind.[1] Nur dem Gewissen verpflichtet zu sein, zeigt an, dass es sich hier nicht um ein Kriterium unter anderen handelt, das beliebig, je nach Sachverhalt hinzukommen darf oder außer Acht bleiben kann. Es ist vielmehr die letzte und einzige Instanz, auf die ein Abgeordneter verpflichtet ist. Doch was ist mit diesem Begriff eigentlich gemeint, den jeder unmittelbar einzuordnen weiß, der jedoch bei genauer Betrachtung verschwimmt und kaum greifbar ist? Der nachfolgende Beitrag will den weiten Weg von den Anfängen in einer früheren Hochkultur bis zur Gewissensfreiheit des Grundgesetzes punktuell nachzeichnen.[2] Dabei sollen Stationen aufgesucht werden, die vom Alten Ägypten über das Alte Testament, die paulinischen Schriften, Luthers Auseinandersetzung mit dem Neuen Testament bis hin zu den Denkern der Aufklärung sowie der neuzeitlichen Psychologie reichen.[3] Dort finden sich Vorläufer und Verwendungen eines sehr wechselvollen Begriffs, der schließlich auch den Weg in die deutsche Verfassung gefunden hat. Bei Betrachtung der heutigen Anwendung des Rechtsbegriffs Gewissen soll abschließend dargestellt wer-

---

[1] Art. 38 Abs. 1 S. 2 GG.

[2] Das Phänomen „Gewissen" erfordert für seine Existenz nicht, dass auch ein entsprechendes Wort existiert. Evolutionsbiologisch dürfte es sich schon früh entwickelt haben, vgl. Kittsteiner, S. 18 f. mit weiteren Anmerkungen.

[3] Vgl. hierzu auch die für diesen Beitrag insgesamt grundlegenden Art. „Gewissen I–III" von *Blühdorn/Wolter/Krüger/Weyer*, S. 192–234.

den, dass dieser einerseits möglichst weit auszulegen ist und andererseits der Gefahr begegnet werden muss, ihn der Bedeutungslosigkeit preiszugeben. Aus der Betrachtung dieses Spannungsfeldes ergibt sich, dass der Gewissensgebrauch seitens der Abgeordneten für das parlamentarische Verfahren zwar eine Herausforderung, aber auch ein Gewinn für die politische Arbeit sein kann.

## II. Entwicklungs- und Bedeutungsgeschichte des Gewissensbegriffs

### 1. Herz und Gerechtigkeit auf der Waage der ägyptischen Unterwelt

Bereits im alten Ägypten lassen sich Anfänge erkennen, die darauf hindeuten, dass das „Gewissen" ein unverzichtbares menschliches Substrat ist. Im Papyrus Ani erschließt sich beispielhaft der Totenkult einer Kultur, in dem sich eine nachgelagerte Bewertung des sittlichen Lebens unter Bezugnahme auf den innersten Kern des Menschen vollzieht: Der schakalköpfige Anubis führt einen Verstorbenen dem Prozessvorsteher Osiris vor. Vor ihm muss sich zeigen, ob dem Toten ein ewiges Leben im Reich der Götter bevorsteht oder er für immer in der Unterwelt verschlungen wird. Hierzu wird sein Herz auf die eine Seite einer großen Waagschale gelegt, auf deren anderen Seite als Gegengewicht eine Feder als Symbol der göttlichen Gerechtigkeit Maât liegt. Nur dann, wenn der Verstorbene im Leben rechtschaffen gehandelt hat, wird sein Herz das richtige Gewicht aufweisen, um mit Maât aufgewogen zu werden. Das Herz des Verstorbenen wird so zum Maßstab für die Beurteilung des Lebens, es ist Ausgangspunkt und Ordnungskraft seines Handelns: „Mein Herz war es, das mich dazu antrieb, [meine Pflicht] zu tun entsprechend seiner Anleitung. Es ist für mich ein ausgezeichnetes Zeugnis, seine Anweisungen habe ich nicht verletzt […].", heißt es in einem Text aus der Anfangszeit des Neuen Reiches.[4]

Auch der in zahlreichen Gräbern gefundene Skarabäus bestätigt diese herausgehobene Stellung des Herzens für das (Nach-) Leben. Der oftmals aus grüner Fayence gearbeitete Käferstein findet sich direkt über dem Herzen der Mumifizierten. Auf seiner Unterseite sind regelmäßig Anrufungsformeln eingeprägt, mit denen der Tote in der entscheidenden Stunde sein Herz beschwört: „Stehe nicht auf gegen mich als Zeuge, tritt mir nicht entgegen im Gerichtshof."[5] Wenn die magischen Formeln ihren Zweck erfüllten und die Disposition des Herzens den Anforderungen entsprach, so dass sein „Gewissen" rein genug war, dann konnte der Tote seine Reise ins Jenseits unter dem Schutz des Osiris beginnen.

Das Herz verweist somit auf ein Zentrum im Menschen, das nicht nur unverzichtbar für das biologische Leben ist, sondern eine moralische Instanz zum Aus-

---

[4] Vgl. *Assmann*, S. 120.
[5] Kapitel 30 B des Ägyptischen Totenbuches.

druck bringt. Es ist Prüfmaßstab, ob der normative Anspruch der Außenwelt mit der inneren Disposition übereinstimmt. Eine Gleichsetzung der altägyptischen Bedeutung des Herzens mit unserem heutigen Verständnis von Gewissen ist wohl zu weitreichend. Insbesondere das Gewissen als Instanz nachgelagerter Entscheidungen ist ein Phänomen späterer Zeiten. Und dennoch zeigt die Episode aus dem Totenbuch, dass der Zusammenhang nicht ganz abwegig ist und gewissensähnliche Phänomene weit zurückreichen.

*2. Die psychobiologische Funktion des Herzens
im Alten Testament*

Die psychobiologische Funktion des Herzens als innerer Ort für den Abgleich mit normativen Anforderungen ist im Zweistromland kein singuläres Phänomen und findet sich auch im Kulturkreis des Alten Testaments. Die Schriften des Alten Testaments verweisen an einigen Stellen ganz ausdrücklich auf die inneren Organe, die durchaus mit einer dem Gewissen vergleichbaren Funktion identifiziert werden können.[6] So versucht König Abimelech, nachdem er Sara von Abraham geholt hat, seine Unschuld unter Verweis auf das Herz gegenüber Gott zu beteuern: „Mit arglosem Herzen und mit reinen Händen habe ich das getan", heißt es im Buch Genesis.[7] Das „arglose Herz" ließe sich hier auch sinnbildlich für ein gutes Gewissen ansehen. Im 2. Buch Samuel wird der Herzschlag zum Zeichen des schlechten Gewissens: „Und das Herz schlug David, nachdem das Volk gezählt war"[8], heißt es dort. Und an anderer Stelle wird formuliert: „Aber danach schlug ihm sein Herz, da er den Zipfel Sauls abgeschnitten hatte."[9] Beim Propheten Jeremia gibt es ebenfalls mehrfach eine Bezugnahme auf das Herz: „Ich, der Herr, kann das Herz ergründen und die Nieren prüfen und gebe einem jeden nach seinem Tun, nach den Früchten seiner Werke."[10] Hier zeigt sich Gott als der einzige, der das Herz wirklich zu ergründen versteht. Die Nieren sind im Hebräischen Sitz der Empfindungen und Wünsche. Einige Kapitel weiter steht bei Jeremia: „Ich will mein Gesetz in ihr Herz geben und in ihren Sinn schreiben, und sie sollen mein Volk sein, und ich will ihr Gott sein."[11] Letztere Aussage steht im Zusammenhang mit einem der Höhepunkte des Alten Testamentes, dem Bundesschluss Gottes mit seinem Volk, und zeigt, welche zentrale Instanz dem Herzen zukommt.

---

[6] Vgl. *Wolter*, S. 214.
[7] Gen 20,5.
[8] 2. Sam 24,10.
[9] 1. Sam 24,6.
[10] Jer 17,10.
[11] Jer 31,33.

### 3. Das paulinische Gewissen als Zeuge der Wahrhaftigkeit

Der Blick auf Ägypten und das Alte Testament zeigt, dass Ursprünge der Deutung dessen, was wir heute mit Gewissen bezeichnen, durchaus weit zurückliegende Wurzeln haben. Die Entwicklungsgeschichte des Gewissensbegriffs ist aber dennoch zu wechselvoll, um eine chronologische Entfaltung vorzunehmen.[12] Auch das verschiedentliche Bemühen, zumindest „Mitwissen" als eine Vorstufe zu „Bewusstsein" nachzuweisen und darin eine Vorstufe zu Gewissen zu sehen, ist umstritten.[13] Dennoch wird auch in den antiken Quellen und Kontexten die Bedeutung des Begriffs sichtbar. So lässt sich nicht nur für die römisch-griechische Antike insgesamt eine sehr unterschiedliche, wenn auch eingeschränkte Verwendung des Gewissensbegriffs herauspräparieren,[14] sondern vor allem im christlich-neutestamentlichen Bereich eine prägende Verwendung erkennen.[15] Insbesondere aus den Briefen des Apostels Paulus erschließt sich der Gewissensbegriff. So beispielsweise in seinen eindringlichen Empfehlungen für die Christen beim Umgang mit Opferfleisch. Der Verzehr sei zwar im Grunde belanglos und schuldfrei möglich, da die Götter ohnehin nicht existieren, aber in aller Strenge mahnt Paulus, dass ein Verzicht darauf dennoch besser wäre. Denn Paulus denkt auch an jene Christen, die noch nicht im Glauben an den einen Gott gefestigt sind. Er warnt davor, dass sie in Gewissensnöte kommen könnten, wenn sie sähen, wie Glaubensbrüder unbedenklich Opferfleisch äßen. Wer noch nicht gänzlich in der Überzeugung lebt, dass die Beziehung zum einen Gott der Christen durch den Verzehr von Opferfleisch nicht belastet werden kann, der vermag das Opferfleisch noch nicht mit entsprechender Unbefangenheit zu sich zu nehmen. Niemand sollte deshalb durch sein leichtfertiges Verhalten diese Christen in Bedrängnis bringen, die beim Verzehr des Opferfleisches noch um ihre Integrität vor Gott fürchten. Wer meint, er dürfe das Opferfleisch nicht essen, weil er dadurch befleckt würde, dessen Einstellung soll unbedingt respektiert werden. Denn die Befleckung des Gewissens könne vom Betroffenen als eine Verunreinigung der ganzen Existenz und damit als Verlust des Heils angesehen werden.

Es ist erstaunlich, mit welchem Nachdruck Paulus entsprechende Rücksichtname auf die Befindlichkeit der im Glauben schwächeren Brüder fordert: „Wenn ihr aber so sündigt an den Brüdern und verletzt ihr schwaches Gewissen, so sündigt ihr an Christus."[16] Das Gewissen ist für Paulus damit eine Größe, die unbedingte Achtung verdient. Das zeigt sich nicht nur bei der Empfehlung zum Umgang mit Opferfleisch. Auch zum Ausweis der Echtheit der Verkündigung nutzt

---

[12] Vgl. *Westermarck*, S. 87–89, 103–105.
[13] Kritisch daher *Blühdorn*, S. 192–201.
[14] Vgl. *Blühdorn*, S. 196 m.w.N.
[15] Vgl. *Seel*, S. 127.
[16] 1. Kor 8,12.

Paulus den Gewissensbegriff. Allerdings in ganz anderer Weise. Wenn das Gewissen das konkrete Handeln einer Person als richtig bestätigt, dann liegt das Urteil einer vom Menschen nicht mehr zu überbietenden Instanz vor. Und so führt Paulus zur apostolischen Legitimation an: „Mein Gewissen bestätigt, dass es die Wahrheit ist."[17]

Im 2. Kapitel des Römerbriefes findet sich dann eine zentrale Stelle, die den paulinischen Gewissensbegriffs aber noch einmal ganz anders erschließt.[18] Dort relativiert Paulus den besonderen Heilsanspruch der Juden. Nicht bloß aus der Treue zum mosaischen Gesetz soll das Heil resultieren: „Denn wenn Nationen, die kein Gesetz haben, von Natur dem Gesetz entsprechend handeln, so sind diese, die kein Gesetz haben, sich selbst ein Gesetz. Sie beweisen, dass das Werk des Gesetzes in ihren Herzen geschrieben ist, indem ihr Gewissen mit Zeugnis gibt und ihre Gedanken sich untereinander anklagen oder auch entschuldigen – an dem Tag, da Gott das Verborgene der Menschen richtet nach meinem Evangelium durch Christus Jesus."[19] Entscheidend ist für Paulus demnach das rechtmäßige Handeln aus dem richtigen Geist heraus und nicht das bloße Hören des Gesetzes. Das Wissen ist nicht maßgebend, sondern das Gewissen. Das Gesetz kann also erfüllen, wer es nicht kennt, aber dennoch entsprechend handelt. Deshalb ist der Unterschied zwischen Heiden und Juden für ihn nicht mehr maßgebend, sondern ob die Handelnden in ihrem Herzen gemäß ihrer Vorgaben leben. Das Gewissen ist hier bezeugende Instanz dafür, dass jeder Mensch unabhängig davon richtig handeln kann, ob er das jüdische Gesetz erfüllt. Paulus identifiziert dabei dass Gewissen nicht mit der Stimme Gottes und setzt auch ein reines Gewissen noch nicht mit einem reinen Glauben gleich. Diesen Zusammenhang prägen erst die nachpaulinischen Texte, in denen das Gewissen noch viel stärker als bei Paulus zu einem christlichen Terminus wird.[20]

### 4. Das bedrängte Gewissen und Luthers Freiheit

Es ist dann vor allem Martin Luther, der für die nachfolgenden Jahrhunderte eine linguistisch und interpretatorisch prägende Vorgabe des Gewissensbegriffs liefert. Aber auch wenn er sich dabei vielfach von der Scholastik abwendet, so ist doch die Verwendung des Begriffs nicht denkbar, ohne die vorherigen Deutungen der Kirchenlehrer vorausgehender Zeiten.[21] Verwiesen sei beispielhaft auf Thomas von Aquin, der selbst das irrende Gewissen als verpflichtend betrachtet, so-

---

[17] Röm 9,3, vgl. auch 2. Kor 1,12; 4,2; 5,11.
[18] Röm 2,15.
[19] Röm 2,14–16.
[20] Vgl. *Wolter,* S. 217, 50 ff.
[21] Vgl. *Krüger,* S. 219–222.

fern der Irrende einen schuldlos verursachten Irrtum nicht überwinden kann.[22] Abgesehen von der *lex Divina* ist das Gewissen für Thomas und andere demnach ein absoluter Maßstab, selbst wenn es den Normen objektiver Sittlichkeit widerspricht.[23] Es muss geachtet werden, weil der Mensch durch die Vermittlung seines Gewissens unmittelbar der göttlichen Gesetze und Vernunft teilhaftig wird.

In Luthers Theologie hingegen steht ein Gewissensbegriff mit ganz eigener Prägung im Mittelpunkt. Er nimmt kaum Bezug auf die scholastischen Lehren, sondern auf die zentrale Botschaft des neuen Testaments. Allerdings ist es nicht die überdehnte paulinische Wendung, wonach jeder, der gegen das Gewissen handelt, sündigt,[24] sondern vielmehr sieht er im Gewissen das Zentrum, von dem aus der Mensch Befreiung von seinem Angefochtensein erfahren kann: „Das Gewissen ist ein zartes Ding. Wo einer darin gefangen wird, gibt es für ihn keinen Ausweg, denn Gott ist da, der ist unendlich, niemand kann seiner Hand entfliehen."[25] Das Gewissen wird zum Gegenüber der biblischen Gesetzeserfüllung: „Wenn der Mensch in der Sünde ist, wird sein Gewissen so geplagt und umgetrieben, dass er glaubt, der sei aller Übel teilhaftig. Ein solcher Mensch ist gewiss der Rechtfertigung schon sehr nahe und hat den Anfang der Gnade."[26] Das vertrauensvolle Gewissen (fidelis conscientia) verlässt sich ganz auf die Barmherzigkeit Gottes und findet Befreiung gerade darin, die Rettung nicht mehr selbst bewirken zu müssen, sondern im Vertrauen auf Gott: „Das Gesetz bedrängt das Gewissen durch die Sünden, das Evangelium aber macht es frei und schenkt ihm den Frieden durch den Glauben an Christus."[27] Das Gewissen wird so zum „Grundbegriff der theologischen Anthropologie Luthers".[28] Nicht die Übereinstimmung menschlichen Tuns mit göttlichem Gesetz ist Maßstab des guten Gewissens, sondern die Erfahrung der Erlösung durch Gott. Für Luther ist Gott damit „ein Erlöser der Gewissen".[29] Die Gewissensfreiheit entspringt für Luther erst aus diesem sich Verlassenkönnen auf die Botschaft des Evangeliums. In der Rückbindung an Gott wird das Gewissen befreit und den Menschen ihre Angst genommen.

### 5. Der Gewissensbegriff diesseits und jenseits von Gut und Böse

Die Aufklärung und Neuzeit führt einige Gedanken der vorherigen Jahrhunderte weiter, setzt aber an einigen Stellen völlig neu an, indem sie dem Gewis-

---

[22] Vgl. *Thomas,* S. Th. I,II 19,5 f.
[23] Vgl. *Krüger,* S. 221.
[24] Röm 14,23.
[25] *Luther,* WA 40/I, 521 f.
[26] *Luther,* WA 1,595,10–13.
[27] *Luther,* WA 56, 424,16 f.
[28] Vgl. *Lohse,* S. 5.
[29] *Luther,* Kirchenpostille.

sensbegriff das theologische Gewand wegreißt und in einen philosophischen Diskurs einkleidet. Die Abkehr vom biblizistischen Weltbild und das Vordringen der Naturwissenschaften bewirkt auch eine Neubestimmung des Verständnisses von Gewissen.

Jean-Jacques Rousseau sah im Gewissen eine dem Menschen von Natur aus gegebene Seele, die in dem untrüglichen Gefühl des Menschen für Gerechtigkeit, Güte und Wahrheit hervordrängt. Gewissen sei die Stimme der Seele, es enttäuscht nie und ist wahrer Führer des Menschen.[30] Er will es zurückführen auf etwas, das ursprünglich zur menschlichen Existenz gehört. Gewissen ist für ihn nicht das Produkt gesellschaftlicher Umstände, sondern angeboren, etwas, das der Natur des Menschen entspringt. Seinen besonderen Wert hat es auch als Quelle neuer und erleuchtender Erkenntnisse. Das gute Gewissen erst erzeugt den Zustand der Einheit mit sich selbst (d'àccord avec moi), meint Rousseau.[31]

Immanuel Kant sieht im Gewissen ebenfalls nichts Erwerbliches, sondern etwas, dass jeder Mensch als sittliches Wesen in sich trägt. Das Gewissen „ist die dem Menschen in jedem Falle eines Gesetzes seine Pflicht zum Lossprechen oder Verurtheilen vorhaltende praktische Vernunft."[32] Ob eine Handlung recht oder unrecht ist, ist in Kants autonomer Ethik eine Sache des Verstandes, nicht des Gewissens. Aber Gewissheit ist erforderlich darüber, dass die begangene Handlung recht ist und dies ein Postulat des Gewissens. Das Gewissen hat somit die Aufgabe, sicherzustellen, dass eine Handlung aufrichtig erfolgt. Es sorgt für die richtige innere Haltung. In seinen Reflexionen definiert Kant: „Gewissen ist das Bewußtsein der Pflicht, in der Zurechnung seiner eigenen That aufrichtig zu seyn. Aufrichtig ist, der das Bekenntnis seines Urtheils jederzeit dem Bewußtsein desselben gemäs fällt."[33] Das Gewissen richtet demnach auch darüber, ob die eigene Vernunft ausreichend geurteilt hat. Kant fasst zusammen: „Man könnte das Gewissen auch so definieren: es ist die sich selbst richtende moralische Urteilskraft."[34]

Eine durchweg skeptische Bewertung über die Funktion des Gewissens findet sich bei Friedrich Nietzsche. Das Gewissen „spricht bloß nach: es schafft keine Werte"[35]. Es ist für ihn eine „heilige Lüge"[36]. Kaum ein neuzeitlicher Denker hat eine solch negative Sicht auf das Gewissen wie er. Nietzsche verbindet mit seiner Kritik zugleich eine Kritik an der herrschenden Moral und Autorität. Das

---

[30] *Rousseau,* Emile: Abschnitt Profession de foi du Vicaire Savoyard, Livre IV.
[31] Ebd.
[32] *Kant,* Metaphysische Anfangsgründe der Tugendlehre, Werke, Akad. Ausgabe, Einl. XII b., VI, S. 400.
[33] *Kant,* Reflexionen 6815, AA XIX, S. 170.
[34] *Kant,* Religion innerhalb der bloßen Vernunft, 4. Stück, § 4, Akad. Ausgabe VI, S. 185.
[35] *Nietzsche,* 8/3, 255.
[36] *Nietzsche,* 8/3, 229.

Gewissen ist für ihn eine schädliche Einrichtung, die aus einer defizitären Grundhaltung resultiert. Es sei ein „Instinkt der Grausamkeit, der sich rückwärts wendet. Nachdem er nicht mehr nach außen hin sich entladen kann."[37] Nichts als eine Erfindung stellt das Gewissen dar, um erdrückende Moralvorstellungen auf denkbar schlechte Art und Weise zu bewältigen. Im schlechten Gewissen sieht er eine Krankheit, allerdings „eine Krankheit, wie die Schwangerschaft eine ist."[38] Befreit sich der Mensch vom schlechten Gewissen, ist dies eine Erlösung. Erst jenseits von Gut und Böse lagern jene Ideale, die das Gewissen eigentlich zugänglich machen sollte, aber versperrt.[39]

Es ist Sigmund Freud, der das Gewissen im Kontext von Fehlentwicklungen und Krankheiten analysiert. Für ihn hat das Gewissen kein „ursprüngliches, sozusagen natürliches Unterscheidungsvermögen für Gut und Böse"[40]. Geformt wird es stattdessen von Schuldgefühlen aus Angst vor Autorität und vor dem Über-Ich. Ausgehend von den Erfahrungen und Lehrmeinungen Sigmund Freuds setzten sich auch spätere Erziehungs- und Sozialwissenschaftler intensiv mit dem Gewissen und seinen Implikationen auseinander, die bis heute nachwirken. Sie lösen sich aber von der pathologischen Perspektive und fragen nach der Genese des Gewissens im Verlauf der Sozialisation und werden aktuell durch Forschungen der Kognitionswissenschaften ergänzt.

### III. Grundgesetz und Gewissensfreiheit

#### 1. Das Gewissen als anthropologische Konstante

Die Art und Weise, wie der Begriff Gewissen durch die Jahrhunderte hindurch verwendet wurde, die Vielschichtigkeit seiner Bedeutung und Konnotationen zeigt, dass es heute nicht leicht gelingen kann, ihn einzugrenzen und zu definieren. Dennoch sind über die langen zeitlichen und kulturellen Räume hinweg konturierende Fortentwicklungen und Verdichtungen erkennbar. Zugleich zeigt sich, dass trotz aller dissoziierender Kräfte das Gewissen ein nicht abtrennbarer Teil des Menschseins ist und aus dem Zivilisationsprozess nicht hinweg gedacht werden kann. Es stellt damit eine anthropologische Konstante dar.

Dass auch die deutsche Verfassung mehrfach auf diesen Begriff zurückgreift und neben dem Schutz der Gewissensfreiheit und dem Recht auf Kriegsdienstverweigerung in Artikel 4 auch die Gewissensfreiheit der Abgeordneten in Artikel 38 ausdrücklich schützt, verstärkt diese Einschätzung. Das Gewissen deutet auf eine Dimension jenseits parteipolitischer Interessenabwägung und strategi-

---

[37] *Nietzsche*, 6/3, 350.
[38] *Nietzsche*, 6/2, 343.
[39] *Nietzsche*, 6/2, 352.
[40] *Freud*, S. 483.

schen Machtkalküls hin. Indem es in das Zentrum des Personseins vordringt, weist es über den Menschen hinaus. Das Gewissen ist daher auch nicht delegierbar an übergeordnete Funktionsträger und ein imperatives Mandat nicht mit der verfassungsmäßigen Ordnung vereinbar. Das Recht des Gewissensgebrauchs bildet vielmehr die Kehrseite des Persönlichkeitswahlrechts. Dem Parlamentarischen Rat muss die besondere Bedeutung des Gewissens bei Abfassung des Grundgesetzes bewusst gewesen sein. Denn andere Begrifflichkeiten wären unter Rückgriff auf frühere Formulierungen möglich gewesen, beispielsweise dass Abgeordnete nur ihrer „Überzeugung" zu folgen hätten oder „durch Instruktionen nicht gebunden werden" können, wie es noch in der Paulskirchenverfassung hieß.[41] Auch wenn der Gewissensbegriff ausfüllungsbedürftig ist, so hat der Verfassungsgeber durchaus Gespür dafür bewiesen, dass dieser Begriff mehr als ein bloßer Programmsatz ist. Nach den Erfahrungen von Totalitarismus und Zerstörung lässt sich die Bezugnahme der Väter und Mütter des Grundgesetzes auf das Gewissen auch als Auftrag sehen, die zu treffenden Entscheidungen selber zu verantworten und nicht auf anonyme Kollektive zu übertragen. Die Mehrheit der verfassungsgebenden Versammlung wusste um die Notwendigkeit eines relativierenden Korrektivs gegenüber subjektivistischer Überhöhung einerseits und Auflösung in der Masse andererseits.

## 2. Der Gewissensbegriff in der Krise

Der Begriff Gewissen ist allerdings unter Druck geraten. Einerseits hat er zwar nach wie vor einen hohen Stellenwert, wie nicht zuletzt die inflationäre Berufung auf selbigen zeigt. Anderseits geht gerade damit eine Vulgarisierung des Begriffs einher, die durch seine zunehmende Offenheit und Beliebigkeit verstärkt wird. Das Zweite Vatikanische Konzil sprach Mitte der 1960er Jahre des vergangenen Jahrhunderts noch vom Gewissen als „verborgenste Mitte" und „Heiligtum im Menschen", wo der Mensch „allein ist mit Gott, dessen Stimme in diesem seinem Innersten zu hören ist"[42]. Von einer solchen Grundlegung ist der Gewissensbegriff heute aber längst abgelöst. Insbesondere der säkulare Rechtstaat kann zur Ausfüllung und Abgrenzung des Begriffes nicht mehr auf einen metaphysischen Überbau zurückgreifen.[43] Eine voranschreitende inhaltliche Entkernung ist die Folge, zumal der Begriff mit der Übernahme in die Rechtssprache eine Transformation durchlaufen musste, die aufgrund praktischer Anwendung eine Verengung mit sich brachte.[44] Zugleich muss der neutrale Staat sich grundsätzlich einer Parteinahme enthalten und darf deshalb nicht zu viel in den Begriff hineinlegen. Es mutet paradox an, jedoch ist gerade dies das zwangsläufige Ergebnis der über die

---

[41] *Herzog,* Art. 38, Rdnr. 195.
[42] Gaudium et Spes, 16.
[43] *Herzog,* Art. 4, Rdnr. 125.
[44] *Herzog,* Art. 4, Rdnr. 126.

Jahrhunderte erkämpften normativen Achtung des Gewissens. Denn die Gewissensfreiheit soll den Einzelnen ja gerade vor zwingenden sittengesetzlichen Verpflichtungen schützen. Würde der Staat den Schutz des Gewissens an das Vorliegen sehr spezifischer inhaltlicher Voraussetzungen und entsprechender Einstellungen des Betroffenen knüpfen, bestünde die Gefahr, dass die Gewissensfreiheit ins Leere liefe.

### 3. Die Begrenzung und Inhalte der Gewissensfreiheit

Im Ergebnis allerdings kann der Verzicht auf jegliche Anforderungen staatlicherseits eine inhaltliche Anspruchslosigkeit hervorrufen, die den Gewissensbegriff zum bloßen Platzhalter degradieren würde. Wenn das Gewissen nur noch als „Inbegriff intellektueller Anstrengung zur Erfüllung der Aufgabe einer Institution"[45] bezeichnet wird, zeigt dies, dass der Gewissensbegriff in die Krise geraten ist. Die Rechtspraxis trägt überdies zur inhaltlichen Schwächung des Gewissensbegriffs bei, da sie sich bei Betroffenen, die sich auf ihr Gewissen berufen, auf eine Plausibilitätsprüfung beschränkt.[46] Allerdings verfügt der Staat aus den genannten Gründen auch kaum über andere Möglichkeiten, denn er kann und will zur Prüfung des Gewissensentscheids nicht jeden Raum des Inneren eines Menschen mit der prozessualen Fackel hell ausleuchten. Ihm müssen Anhaltspunkte dafür genügen, dass die Berufung auf das Gewissen nicht willkürlich geschieht; entsprechend reduziert er die Prüfung auf die Glaubhaftmachung der Beweggründe. Damit soll zumindest der Gefahr von Beliebigkeit und Instrumentalisierung des Gewissens zur Legitimation willkürlicher Ziele begegnet werden. Zugleich soll ein Minimum an innerer Auseinandersetzung nachvollzogen werden können, ohne die gebotene staatliche Neutralität zu verletzen.

Diese weitreichende Offenheit erfordert es bei einem schrankenlosen Grundrecht, dass bei der Rechtsanwendung zum Schutz kollidierender Grundrechte im Wege der praktischen Konkordanz zumindest eine Abwägung mit anderen betroffenen Rechtsgütern erfolgt. Hierbei sind inhaltliche Wertungen allein des jeweiligen Einzelfalles möglich, die sich zunächst aber nur an den positivrechtlichen Fundamentalnormen orientieren. Auch ist zu berücksichtigen, dass das vorbehaltlose Grundrecht der Gewissensfreiheit den Schutz Dritter und das allgemeine Ordnungsbedürfnis des Staates berücksichtigen muss. Wobei Einschränkungen aufgrund der besonderen Bedeutung des Grundrechts auf Gewissenfreiheit auf ein Minimum zu reduzieren sind.[47] Letztlich kann eine Eingrenzung nur „aus gewichtigen und überwiegenden Gründen des Gemeinwohls zulässig sein".[48]

---

[45] *Herzog*, Art. 38 mit Bezugnahme auf Heyen.
[46] *Herzog*, Art. S. 64 Rdnr. 168.
[47] Vgl. *Herzog*, Art. 4, Rdnr. 150.
[48] Vgl. *Herzog*, Art. 4, Rdnr. 154.

In der Rechtsprechung des Bundesverfassungsgerichts zeigt sich dabei, dass neben der Plausibilitätskontrolle und den verfassungsimmanenten Schranken bei der Gewissensfreiheit doch auch auf Ressourcen jenseits des normativen Rechts zurückgegriffen wird. Das Bundesverfassungsgericht definiert den Gewissensbegriff nämlich als „jede ernste sittliche, d. h. an den Kategorien von Gut und Böse orientierte Entscheidung [...], die der einzelne in einer bestimmten Lage als für sich bindend und unbedingt verpflichtend innerlich erfährt, so dass er gegen sie nicht ohne ernste Gewissensnot handeln könnte."[49] Damit greift das Gericht, wenn auch nur in ganz allgemeiner Form, eine der menschlichen Wertsetzung als Bedingung vorausgehende überpositive Normativität auf. Es nimmt eine zusätzliche Kategorie an, die nicht unmittelbar aus der Werteordnung des Grundgesetzes resultiert, sondern vielmehr dieser vorgelagert ist. Diese kann aus ganz unterschiedlichen Quellen des vorpolitischen Raumes zusammenfließen.[50]

Das Bundesverfassungsgericht verlangt zwar nur, dass sich die verbürgten Gewissenspositionen „im Rahmen gewisser übereinstimmender sittlicher Grundanschauungen der heutigen Kulturvölker" halten müssen.[51] Aber die Gewissensentscheidung des Einzelnen wird auch nur dann als eine ernsthafte angesehen werden können, wenn der Betroffene diese Sphäre in seine Prüfung auch einbezieht. Ein solcher Anspruch wirkt der Banalisierung des Gewissensentscheids entgegen und verhindert das bloße Behaupten einer Konfliktlage. Denn das Gewissen urteilt nicht *ex nihilo*. Es fügt im Idealfall die individuelle Prägung durch die eigene Lebensgeschichte, die Normen der verfassungsmäßigen Ordnung und die Quellen überpositiven Rechts zusammen und generiert so eine eigenständige Position; dabei sind auch die Konsequenzen der eigenen Entscheidung für Dritte und für die Gesellschaft in die Gewissensprüfung einzubeziehen. Im Abgleich entsteht dann jene innere Haltung, die als Gewissen identifiziert werden kann.

Die verfassungsmäßig garantierte Gewissenfreiheit verweist somit nicht nur auf ein Recht, sondern im Grunde auch auf eine Pflicht des Betroffenen, die darin besteht, die Gesamtheit der tangierten Wertesphäre zu reflektieren. Das Erfordernis der Gewissenserforschung verdeutlicht zugleich, dass es nicht um die Verwirklichung von Individualinteressen, sondern um die Bewältigung eines inneren Konfliktes geht. Weicht die gefundene innere Wahrheit von den äußeren Ansprüchen an die Person ab, kommt es zu jenem existentiellen Konflikt, den die Rechtsordnung um der Integrität des Personseinwillens auflösen möchte.[52] Ob der Gewissensentscheid toleriert werden kann, muss dabei die jeweilige Einzel-

---

[49] BVerfGE 12, 45 (55).
[50] Vgl. *Habermas,* S. 27, S. 30; *Di Fabio,* S. 49.
[51] BVerfGE 24, 236 (246).
[52] Vgl. u. a. BVerwGE 7, 242 (247).

fallprüfung in der Rechtsgüterabwägung erweisen. Wird das Erfordernis der Gewissenserforschung im dargestellten Sinne ernst genommen, kann die innere Prüfung, unabhängig davon, ob sie richterlich gerechtfertigt wird, immer auch zu einer Reifung führen und einen emanzipatorischen Affekt gegen soziale Konditionierung verstärken.

### 4. Die Gewissensfreiheit der Abgeordneten gem. Art. 38 Abs. 1 S. 2 GG

Von hier aus erlangt auch der Gewissensbegriff des Artikels 38 des Grundgesetzes eine gesonderte Bedeutung. Denn die Bemühung des Gewissens kann keine Sonntagsbeschäftigung sein, sondern sollte im parlamentarischen Handeln eine Pflichtübung des Abgeordneten darstellen. Dies gilt insbesondere deshalb, weil Vorhaben, für oder gegen die er die Hand heben soll, in der Regel Dritte betreffen und nicht nur ihn selbst. Wann es zu einem die Gewissensfreiheit herausfordernden Konflikt kommt, kann aber nicht durch übergeordnete Entscheidungsträger präjudiziert und angeordnet werden, sondern erwächst aus der inneren Haltung eines jeden Abgeordneten. „Im Innern seines Gewissens entdeckt der Mensch ein Gesetz, das er sich nicht selbst gibt, sondern dem er gehorchen muss und dessen Stimme [...] wo nötig, in den Ohren des Herzens tönt: Tu dies, meide jenes."[53]

Auch die Funktionsfähigkeit des Parlamentsbetriebs steht dem Gewissensgebrauch nicht entgegen. Denn der Abgeordnete muss, wie beschrieben, in die Gewissensprüfung die vielfältigen positivrechtlichen Vorgaben und die darüber hinausgehenden Ressourcen einbeziehen sowie die Resultate seines Handelns für andere sorgfältigst wägen. Die Folgen des eigenen, gegebenenfalls abweichenden Handelns für die parlamentarischen Organisationsstrukturen können dabei nicht außer Acht bleiben. Konkret bedeutet dies, dass der Abgeordnete nicht nur den Schutz seines freien Mandats im Blick haben darf, sondern auch beachten muss, dass die Parteien an der politischen Willensbildung mitwirken.[54] Denn erst Partei und Fraktion verschaffen dem Abgeordneten die Möglichkeit, Einfluss zu nehmen und wirkungsvoller zu gestalten, als es einzeln gelingen könnte.[55] Er kann andere für seine Überzeugungen gewinnen, muss jedoch im solidarischen Miteinander auch demokratisch herbeigeführte Mehrheitsentscheidungen zur Bündelung politischer Interessen akzeptieren. Nur der Partei- und Fraktionslose kann sich diesem Geben und Nehmen entziehen – entsprechend begrenzt ist auch sein Einfluss. Dem Gewissen allein verpflichtet zu sein, kann daher nicht heißen, ausschließlich autonomen und individualistischen Interessen zu folgen. Das Bun-

---

[53] Gaudium et Spes, 1.
[54] Art. 21 Abs. 1 GG.
[55] Vgl. *Schulze-Fielitz*, S. 834.

desverfassungsgericht hat diesbezüglich von einem „besonderen Spannungsverhältnis" gesprochen. Um eine Interessenzersplitterung zu verhindern und die Leistungsfähigkeit des Parlaments zu gewährleisten, ist das gegenseitige Miteinander daher unentbehrlich. Immer ist vom Abgeordneten sorgfältig zu prüfen, ob eine Abweichung von der Fraktionsmeinung zur Wahrung der sittlichen Autonomie zwingend ist oder aber für Partei und Mandatsträger womöglich nur destruktive Kräfte entfaltet.

Andererseits bildet die Gewissensprüfung auch die schärfste Kontrollinstanz zur Überprüfung des politischen Handelns. Tritt eine Kollision zwischen der eigenen, als verpflichtend empfundenen Wahrheit mit äußeren Vorgaben auf, so zwingt dies zur vertieften Auseinandersetzung, die es wohl möglich andernfalls nicht in der gleichen Intensität gegeben hätte. Wird das Gewissen ernsthaft befragt und geschieht dies nicht nur temporär, kann das gewissensgeprüfte Handeln des einzelnen Abgeordneten und die Summe der Einzelgewissen der Parlamentarier für die Wahrhaftigkeit des gesamten politischen Geschehens ein Katalysator sein. Das Nichtbemühen des eigenen Gewissens kann ebenfalls eine Gewissensentscheidung sein, wenn auch wohl von allen denkbaren die schlechteste.

## Literatur

*Assmann,* Jan/*Assmann,* Aleida: Kultur und Konflikt, Frankfurt 1990, S. 125–140

*Blühdorn,* Jürgen-Gerhard: Art. Gewissen I, in: Gerhard Müller/Horst Belz/Gerhard Krause (Hrsg.): Theologische Realenzyklopädie, Band 13, Berlin 1983, S. 192–213

*Di Fabio,* Udo: Gewissen, Glaube, Religion: Wandelt sich die Religionsfreiheit?, Berlin 2008, S. 125–140

*Freud,* Sigmund: Das Unbehagen in der Kultur, Werke 14, S. 483

*Habermas,* Jürgen: Zwischen Naturalis und Religion, S. 106–119

*Herzog,* Roman: Art. 4 sowie Art. 38 GG, in: Maunz/Dürig/Herzog (Hrsg.): Grundgesetz: Kommentar, München 1976 ff., 27. Erg.-Lfg.

*Lohse,* Bernhard: Ratio und Fides. Eine Untersuchung über die Ratio in der Theologie Luther, 1958 (FKDG 8)

*Krüger,* Friedhelm: Art. Gewissen III, in: Gerhard Müller/Horst Belz/Gerhard Krause (Hrsg.): Theologische Realenzyklopädie, Band 13, Berlin 1983, S. 219–225

*Nietzsche,* Friedrich: Werke, Kritische Gesamtausgabe, hrsg. von Giorgio Colli/Mazzino Montinari, Berlin 1967 ff.

*Schönlein,* W. Peter: Zur Entstehung eines Gewissensbegriffs bei Griechen und Römern: RMP 112 [1969] 289–305

*Schulze-Fielitz,* Helmuth: DÖV 1989, S. 829–834

*Seel,* Otto: Römertum und Latinität, Stuttgart 1964, S. 127

*Stelzenberger,* Johannes: Syneidesis, Conscientia, Gewissen. Studien zum Bedeutungswandel eines moratheologischen Begriffes, Paderborn 1963 (AMT 5)

*Westermarck,* Edward: Ursprung und Entwicklung der Moralbegriffe, Leipzig, Bd. I, 1907, 87–89, 103–105

*Wolter,* Michael: Gewissen II, in: Gerhard Müller/Horst Belz/Gerhard Krause (Hrsg.): Theologische Realenzyklopädie, Band 13, Berlin/New York 1983, S. 213–219

# Zukunft ist Herkunft

## Konsequenzen aus der Vertrauens- und Verantwortungskrise

Peter Hahne

Von Karl Valentin, jenem Ur-Comedian, bei dem es immer ernst wurde, wenn seine Hörer etwas zu lachen hatten, gibt es diese Anekdote: In der Münchner Innenstadt geht der Komiker auf die Passanten zu und fragt: „Können Sie mir sagen, wo ich hin will?" Ein Paradebeispiel für die Lage der Nation – auch heute wieder! Wer weiß denn noch in Politik, Wirtschaft, Wissenschaft, Kirche, ja im privaten Leben, wo er hin will? So sind Parteiprogramme bereits veraltet, bevor sie gedruckt sind.

Nur ein Beispiel von vielen: Wenige Wochen vor der Reaktorkatastrophe von Fukushima galten die Atomenergie als Markenkern der schwarz-gelben Bundesregierung, die AKW in Deutschland als „bombensicher" und die Verlängerung ihrer Laufzeiten als lebensnotwendig für eine bezahlbare und umweltfreundliche Energieversorgung – doch plötzlich war von alledem nichts mehr wahr, obwohl es nach wie vor wahr war. Denn in Deutschland sind weder Tsunamis noch Erdbeben an der Tagesordnung, dennoch wischte ein Betroffenheits-Tsunami alles, was zuvor politisch, physikalisch und ökonomisch gedacht wurde, im Stundenrhythmus vom Tisch. Wehrpflicht, Mindestlohn, Familienpolitik ... Man kann gar nicht so schnell umschalten, um heute zu wissen, was an Gestrigem nicht mehr gilt. Im Windkanal des Zeitgeistes werden gerade die letzten Reste des staatlichen Schutzes von Ehe und Familie abgetragen.

Wohlgemerkt: Dabei geht es zunächst gar nicht um die Inhalte und deren vielleicht notwendige Korrektur, es geht um die Plötzlichkeit und Wendigkeit, mit der die Politik oft – ohne Not – Bestehendes verändert, ja sogar radikal ins Gegenteil verkehrt. Renten- oder Gesundheitspolitik, Euro- und Finanzkrise: Oft gilt in den Abendnachrichten schon nicht mehr, was ein (oft derselbe!) Politiker im Frühstücksfernsehen vollmundig verkündet hatte. Je weiter man in diesem unseren Lande nach Süden schaut, desto größer scheint die Gabe dieser wundersamen Wandelbarkeit.

Politik ohne Prinzipien, ohne Konstanten und Kompass, ohne proklamiertes Ziel und den passenden Weg lässt jedoch eine orientierungslose Bevölkerung zurück, die sich inzwischen in der größten Volkspartei Deutschlands versammelt hat: die der Nicht- oder Protestwähler. Dies als die eigentliche Gefahr unserer

Demokratie zu erkennen und zu bekämpfen, zu dieser unbequemen Wahrheit raffen sich allzu wenige unseres politischen Führungspersonals auf. Hessens CDU-Fraktionsvorsitzender Christean Wagner gehört dazu, der mit seinen Warnungen und Mahnungen bundesweit Gehör findet. Aber auch viele junge Politiker sind erschrocken über den Ausverkauf von Positionen und dem Ausbluten ihres Wählerpotenzials, die Angst vor einer Lähmung unseres demokratischen Systems geht um.

Es ist auch ein Skandal unerhörten Ausmaßes, dass sich die bürgerlichen Parteien den parlamentarischen Begriff „rechts" haben stehlen lassen. Wenn Kirchen, Gewerkschaften und Parteien heute in einer Mischung aus Naivität und Perfidie „Bündnisse gegen rechts" schmieden und seriöse Nachrichten von „rechter Gewalt" reden, dann meinen sie ja wohl nicht diejenigen, die traditionell im Parlament rechts sitzen. Wenn man weiß, wie Sprache das Denken verändert, ist es unbegreiflich, dass kaum jemand interveniert, wenn rechts*radikal* kurzerhand zu „rechts" pervertiert.

Das führt übrigens dazu, dass kaum mehr jemand mit dem Begriff „rechts" in Verbindung gebracht werden will, beklagt Hessens früherer Ministerpräsident Roland Koch, der mit Etiketten wie „konservativ" oder „rechts" nie Probleme hatte: „In Deutschland hat es sich eingebürgert, konservativ und rechts gleichzusetzen. Auch deshalb verwundert es nicht, warum es so vielen schwer fällt, von sich selbst zu sagen, sie seien Konservative, obwohl es doch so viele sind. Manchmal haben sogar führende Repräsentanten der CDU Angst, für sich und ihre Partei dieses Wort in den Mund zu nehmen. Dieser mangelnde politische Mut führt dann wieder dazu, dass diejenigen, die so denken und es nicht sagen, am Ende politisch heimatlos werden."

## I. Politik auf der „Titanic"

Wir brauchen Führungskräfte, die ihren Namen verdienen. Wer führen will, braucht ein Ziel. Wer Kurs halten will, muss erstmal wissen, wohin er eigentlich will. Er braucht einen Kompass, denn niemand segelt mit einer Zielmarke, die er sich selbst an den Bug seines Schiffes montiert hat. „Können Sie mir sagen, wo ich hin will?!" Dieses Motto des Münchner Komikers Karl Valentin gehört zu den zentralen unbeantworteten Fragen auf dem Polit-Schiff, auf dem es doch laut Guido Westerwelle immer einen geben sollte, der weiß, wohin die Reise geht und der deshalb „die Sache regelt".

Wer Kurs halten will, braucht einen Kompass. Niemand geht doch zum Bahnhof und verlangt „eine Fahrkarte für fünf Euro geradeaus"! Ich muss doch wissen, wohin ich will. Und daraus ergibt sich konsequentes Handeln: Ich gehe zur richtigen Zeit an den richtigen Bahnsteig, um in den richtigen Zug einzusteigen, der mich ans richtige Ziel bringt. Heute redet die politische Klasse jedoch gerne vom „Fahren auf Sicht" und vergisst dabei: Ganz genau das tat die „Titanic" auch. Nein, ohne klares Ziel und klärenden Kompass gehen wir im Kreis. Ohne Ziel gibt es keinen Weg, ohne Werte keine Orientierung.

Führungskräfte sind Menschen, denen man vertrauen kann, weil sie Verantwortung übernehmen. Deshalb beunruhigt mich neben der materiellen Euro- und Finanzkrise dieser Tage viel mehr die ideelle Vertrauens- und Verantwortungskrise. Wir erleben eine dramatische Rückzugsmentalität der Eliten. Niemand will verantwortlich sein. Der Skandal um das Milliarden-Grab des Berliner Flughafens oder des rheinland-pfälzischen Nürburgrings ist nur die Spitze des Eisberges.

Kein privatwirtschaftliches Unternehmen könnte sich leisten, was Politik einem zumutet. Besser: Politik*er,* die sich übernehmen und dann nichts unternehmen, die Sache ins Reine zu bringen. Wir haben nämlich keinesfalls die viel zitierte Politikverdrossenheit. Wir haben eine handfeste Politiker-Verdrossenheit. Wie soll man Leuten vertrauen, die Verantwortung scheuen und Schuld schlichtweg leugnen?!

Bildungskatastrophe und Demografiealarm, Altersarmut und Pflegenotstand – alles Themen, die eine weitsichtige Politik mit klaren Zielen und Werten längst hätte erkennen und bekämpfen müssen. Dieses Fahren auf Sicht, und das mit bürgerlichen Kapitänen, steuert einer verheerenden Katastrophe entgegen. Und man verspielt auch noch den letzten Vertrauensrest der Bürger, weil man ihnen noch nicht einmal in verständlichen Worten die Ziele und Methoden politischen Handelns erklärt. Die ständig wechselnden Positionen zur „Griechenland-Rettung" sind nur ein Beispiel. Solche Erklärungsnot erweckt wie im wahren Leben nur eins: Den Eindruck der Hilflosigkeit. Hilflos, weil orientierungslos. Orientierungslos, weil ziellos. Eben: „Können Sie mir sagen, wo ich hin will?"

Wir brauchen aber eine Führungselite in allen Bereichen der Gesellschaft, die das weiß! „Nur wenn es gelingt, den Menschen zu erklären, von welchen Grundsätzen wir uns leiten lassen, ist Politik glaubwürdig" (Christean Wagner). Das bedeutet gerade für Wertkonservative Arbeit und Überzeugungskraft, müssen sich „Linke" im Lande doch selten für ihre Ansichten wirklich rechtfertigen. „Wer links ist, lebt in dem schönen Bewusstsein, immer im Recht zu sein" (Jan Fleischhauer).

## II. Auf den Wanderdünen des Zeitgeistes

Das größte Kapital von Wirtschaft und Politik ist das Vertrauen. Ist das verspielt, fehlt der letzte (Zusammen-)Halt unserer Gesellschaft. Vertrauen ist der Anker unseres Lebens. Das gilt für die Familie genauso wie für Betriebe und Parlamente. Bewährte Werte wie die Zehn Gebote oder der ehrbare Kaufmann sind heute aktueller denn je. Zukunft ist Herkunft, wie der Heidelberger Philosoph Hans-Georg Gadamer zutreffend formulierte. Wer sich seiner Herkunft nicht vergewissert, hat auch keine Zukunft.

Deshalb ist das konservative Fragen nach Tradition und Werten eine progressive Überlebensstrategie und kein rückständig-sentimentales Alt-Herren-Geschwätz dröhnender Patriarchen am Biertisch. „Den schicken Parteifunktionären in Berlin-Mitte gelten Konservative als aussterbende Gruppe alter Männer aus Süd-West" (Roland Tichy).

Wer als „Linksintellektueller" den Begriff konservativ immer noch als Ekel-Wort des Klassenkampfes – am besten in Verbindung mit Spießertum, Volksmusik und Springer-Presse – im Munde führt, offenbart eine bemitleidenswerte Spießbürgerlichkeit. Es lohnt sich also, konsequent konservativ zu werden, wie „Spiegel"-Redakteur Jan Fleischhauer „Von einem, der aus Versehen konservativ wurde" schreibt: „Am Anfang versuchte ich, meine konservativen Neigungen zu unterdrücken. Ich redete mir ein, sie würden vorbeigehen wie jugendliche Hitzewallungen. Beim nächsten Kohl-Witz lachte ich dafür besonders laut, um nicht aufzufallen …".

Die allgemeine Rat- und Hilflosigkeit offenbart den Verlust eines stabilen Wertefundamentes. Wer auf den Wanderdünen des Zeitgeistes surft, ist schnell vom Winde verweht. Nicht zu Unrecht analysiert der dänische Philosoph und Theologe Sören Kierkegaard: „Wer sich mit dem Zeitgeist vermählt, wird schnell zur Witwe." Unsere Elite besteht aus viel zu vielen geistigen Waisenknaben und -mädchen, deren Tagesbefehl die jüngsten Umfragen zur Grundlage haben, nicht ein tragendes Wertefundament. „Der Konservative ist nicht beliebig, sondern bewertet Neues nüchtern und besonnen, befragt Erfahrung und Tradition statt Ideologie und Zeitgeist" (Christean Wagner).

Wenn unsere Demokratie zur bloßen Demoskopie verkommt, ist die Gefahr von Demagogie nicht weit. Das sollten sich die vor Augen halten, die wertorientierte Konservative als Störenfriede mobben. Wer aus der Geschichte nichts lernt ist verdammt, sie noch einmal zu wiederholen. Aber Geschichte ist für die Pragmatiker unter den Ideologen ohnehin ein Fremdwort. Konservative dagegen laufen dem Zeitgeist nicht hinterher, sie wollen ihn bestimmen – als „Spitze des Fortschritts" (Franz-Josef Strauß), als Avantgarde, nicht als die letzten Fußkranken der Völkerwanderung.

### III. Mutbürger statt Wutbürger

Unsere freiheitliche Gesellschaft ist gefährdet, wenn sie zu einer Stimmungs- und Zuschauerdemokratie verkommt. Dass der Begriff „Wutbürger" nicht zum Unwort, sondern zum „Wort des Jahres" gewählt wurde, ist mehr als bezeichnend. Es sind ja längst nicht mehr pubertierende Jungakademiker, die ihr Aggressionspotenzial an Großbaustellen austoben. Es ist längst das gestandene Bürgertum, das sich in der Rolle des stimmungsgeladenen Wutbürgers wohlfühlt. Was soll ein Stammwähler einer Traditionspartei auch anderes tun, wenn er sich und seine Werte nirgendwo mehr relevant vertreten sieht?! Die jüngsten Wahlergebnisse in Baden-Württemberg zeigen überdeutlich, wo Wertkonservative inzwischen ihre Heimat sehen.

Zuschauerdemokratie ist die andere Todesdiagnose des schleichenden Krebsgeschwürs unserer Gesellschaft. Immer weniger sind bereit, sich zu engagieren. Der Rückzug ins Private ist der Modetrend im ohnehin dafür anfälligen Bürgertum. Dass die „Elite" in Kirche und Staat, in Wirtschaft und Wissenschaft weithin zum Mittelmaß verkommen ist, liegt neben der Bildungskatastrophe auch an der katastrophalen Rückzugsmentalität auf die Zuschauerränge.

Und dort sitzen bekanntlich die Schiedsrichter, die immer alles besser wissen. Methode Fußball: Elf rackern sich ab, 80 Millionen schauen besserwissend zu. Gewinnt Deutschland die WM, sind *wir* Weltmeister. Scheidet man frühzeitig aus, verlangt man den Rücktritt des Bundestrainers. Wir brauchen jedoch keine Schiedsrichter, sondern Stürmer. Menschen, die die Ärmel hochkrempeln, sich einmischen und mitmachen. Das Ehrenamt, auch das politische, muss seinen Namen wieder verdienen. Doch wir verweigern denen, die immer weniger werdend immer mehr stemmen müssen, die Ehre.

Wir brauchen Mutbürger, keine Wutbürger. Wir haben zu viele Bedenkenträger, wir brauchen Hoffnungsträger. Keine Angst- und Panikmacher, sondern Mutmacher.

Wenn über Politiker nur noch abfällig gesprochen wird, sie in Bausch und Bogen als raffgierig-korrupte Selbstbediener diffamiert werden, darf man sich nicht wundern, dass sich niemand mehr in den Niederungen der kommunalen Ebene engagieren will. Und für jeden, der über ein anständiges Handwerk verfügt, ist der Land- oder Bundestag ein wenig verlockendes Geschäft. Auch der gern gehörte Satz „Wir wählen das kleinere Übel" verrät in letzter Konsequenz Verachtung, weil Politik und die handelnden Personen damit per se als Übel etikettiert werden.

Das Schlimmste ist, wenn die politischen Akteure selbst zur Demontage ihrer Klasse beitragen. Und sei es, indem man all jene, die Klartext reden und Tabus brechen, mundtot macht. Eine Partei, die Querdenker nicht akzeptiert und diejenigen, die an Wurzeln und Werte ihrer Organisation erinnern, diffamiert, ist zum Niedergang programmiert.

Wir brauchen Klarheit und Wahrheit, Querdenker und Tabubrecher, um die brennenden Zukunftsfragen nicht zu verschlafen. „Wenn du nicht weißt, woher du kommst, kannst du auch nicht wissen, wohin es geht," meinte Bundespräsident Johannes Rau. Dieser schlichte Rat birgt die tiefe Lebenserfahrung, dass Zukunft Herkunft ist. Doch in unfassbarer Multi-Kulti-Seligkeit schwelgende

Großstadt-„Konservative" verstecken in erbärmlicher Feigheit ihre Vergangenheit und merken gar nicht, was sie dabei alles verlieren: ihre Identität, ihre Machtoption und vor allem ihre Glaubwürdigkeit.

## IV. Klare Kante

Wer Toleranz mit Beliebigkeit verwechselt, macht sich gerade bei denen lächerlich, die er vorgibt zu tolerieren. Ein intelligenter Muslim zum Beispiel hat nur Verachtung übrig für Christen, denen ihr eigener Glaube gleichgültig ist. Je offensiver ich meine eigene Position vertrete und verteidige, desto glaubwürdiger und effektiver ist ein Dialog. Wo alles gleich gültig ist, wird alles gleichgültig.

Die 2010 leider so früh verstorbene Berliner Jugendrichterin Kirsten Heisig meinte wenige Tage vor ihrem Tod in meiner Sendung: „Die arabischen Jugendlichen verstehen nur klare Kante. Wer vor ihnen zuckt, hat schon verloren." Und ein ehemaliger türkischer Gewaltverbrecher, der jetzt als Streetworker in Neukölln arbeitet, berichtete erstaunt über die deutsche Justiz: „Statt mir den Marsch zu blasen, hatten die Verständnis für mich." Kuscheljustiz und Kuschelpädagogik provozieren Verachtung. Achtung wächst aus Autorität.

Der junge Mann wollte aber kein Verständnis, er wollte Autorität. Die findet er natürlich nicht bei denen, die sich mit dem Tremolo der Betroffenheit zu Runden Tischen versammeln. Zu wahrer Reue fand der Muslim erst durch seine christliche Freundin und spätere Frau, die ihm die Grundsätze der tragenden Grundwerte unseres demokratischen Landes erklärte, wie sie im Grundgesetz beschrieben sind: In Verantwortung vor Gott und den Menschen gibt es verbindliche und verbindende Menschenrechte, eine Menschenwürde für jeden, die Gleichwertigkeit von Mann und Frau und die Gleichheit vor dem Gesetz.

Nicht die Gewalt der Straße, auch nicht das Verständnis der Gutmenschen, sondern Gesetze, Ordnungen und Werte aus den Wurzeln der christlich-jüdischen Tradition bestimmen unser Leben hierzulande. Und wo sie es nicht mehr tun, sieht es eben so aus, wie es heute vielfach aussieht. Unvergessen, wie mir Karl Valentins „Nachfahre", der türkisch-stämmige, in Frankfurt am Main geborene Comedian Kaya Yanar, in einer Talkshow erzählte: Sein muslimischer Vater schickte ihn bewusst in den christlichen Religionsunterricht (ohne seinen eigenen Glauben damit zu verleugnen!): „Der Junge muss doch wissen, auf welcher Kultur das Land fußt, in dem wir jetzt wohnen." Er muss also die Wurzeln und Werte kennen.

Ist Religion in unserem Land pure Privatsache oder hat sie eine gesellschaftliche Funktion? Zwingt die Trennung von Kirche und Staat die Politik zu strikter Neutralität oder darf die abendländische Kultur ihre unbestreitbar christlichen Wurzeln auch auf staatlichem Boden zum Wachsen bringen? Darf sich gar eine Partei christlich nennen?

Die Väter und Mütter des Grundgesetzes haben 1949 die Entscheidung getroffen, indem sie die uns bindenden Grundrechte auf eine eindeutige Grundlage stellten. Ausgangspunkt ist die Präambel, sozusagen das Pluszeichen vor der Klammer: „In Verantwortung vor Gott und den Menschen." Diese Präambel ist nicht bloß Vorwort, sie ist Vorsatz. Sie hält die Grundeinstellung fest, von der die folgenden Bestimmungen ihre Bedeutung erfahren. Und sie entzieht sie damit auch einer willkürlichen Veränderung.

Hier finden „die tiefe kulturelle Verknüpfung von Christentum und Rechtskultur des Verfassungsstaates" ihre tiefste Begründung, so der Karlsruher Verfassungsrichter Udo di Fabio. Damit widerspricht er ausdrücklich „einer Entkoppelung von Politik und Christentum, von Staat und Kirche." Und das ist auch gut so, weil es einen guten Grund hat!

Die Rückbindung an die Verantwortung vor Gott ist die Antwort der Demokraten auf die brutale Diktatur eines Menschen vergötzenden Tyrannensystems.

## V. Leitkultur als Kompass

Fast alle Verfassungen der Bundesländer haben eine solche „Invocatio Dei" (Anrufung Gottes), ja gehen zum Teil noch einen konkreten Schritt weiter. So definieren die Landesverfassungen von Nordrhein-Westfalen, Bayern und Rheinland-Pfalz zum Beispiel als oberstes Bildungsziel „Ehrfurcht vor Gott" oder „Gottesfurcht". Dieser klare Bezug auf Gott, diese Betonung von Herkunft und Wurzeln, will keine Klerikalisierung von Politik, ist jedoch auch kein religiöses Rankenwerk, das der Beliebigkeit eines stets wechselnden Zeitgeistes anzupassen wäre. Die Verfassungsordnung will weltliche Herrschaft nicht geistlich begründen, sie will jedoch neben der Freiheit von der Religion die Freiheit zur Religion gewährleisten. Ein aktuell hoch gefährdetes Gut!

Diese bewusste Rückbindung an eine Kraft jenseits allen politisch Verfügbaren hat ihre tiefste Begründung in der Tragik unserer Geschichte. Die Verfassungsväter hatten ja konkret erfahren, was es bedeutet, in einem totalitären System zu leben, in dem der Mensch nichts, die Ideologie aber alles bedeutet und die Bibel als „Judenbuch" verspottet wurde. Sie wussten um die dämonische Zerstörungskraft eines Staates, der göttliche Werte korrumpiert. Sie hatten in die Abgründe des Menschenmöglichen geschaut, in die Hölle als größtmöglicher Entfernung von Gott.

Die Präambel des Grundgesetzes, Wurzel und „Herkunft" allen politischen Handelns unseres Gemeinwesens, war in der Stunde Null der Weg zu einem radikalen (lat. *radix* = Wurzel), an die Wurzeln gehenden neuen Anfang. Ausdrücklich wird dies in der Präambel der bayerischen Verfassung erwähnt: „Angesichts des Trümmerfeldes, zu dem eine Staats- und Gesellschaftsordnung ohne Gott, ohne Gewissen und ohne Achtung vor der Würde des Menschen die Überlebenden des Zweiten Weltkrieges geführt hat ..."

Diese Leidenschaft für die Demokratie gilt es vor Zynismus und Ignoranz gegenüber diesen christlichen Wurzeln zu bewahren! Die Lehre aus Nazi-Terror und Holocaust ist nicht nur der Schwur „Nie wieder Krieg!", sondern das klare Bekenntnis: Nie wieder eine Gesellschaft ohne Gott! Ohne den Gott der Zehn Gebote und der Bergpredigt. Kein Wunder, wenn einer der großen Grundgesetz-Kommentatoren, Alt-Bundespräsident Roman Herzog reklamiert: „Hielten wir uns heute an die Zehn Gebote, wir hätten ein anderes Land."

Einer seiner Nachfolger, Horst Köhler, begründete seine bewusste Eidesleistung „So wahr mir Gott helfe" in seiner Antrittsrede so: „Meinen Amtseid verstehe ich als Verpflichtung, zur Erneuerung Deutschlands beizutragen. Persönlicher Kompass ist mir dabei mein christliches Menschenbild und das Bewusstsein, dass menschliches Tun am Ende immer vorläufiges Tun ist."

Verfassungsrichter Udo di Fabio geht davon aus, dass die liberale und säkularisierte politische Kultur, wie sie sich seit der 68er-Bewegung stabilisiert habe, schuld an der Zerstörung traditioneller Werte ist, was zu einer „fatalen gesellschaftlichen Bindungslosigkeit" geführt habe. „Einer solchen Gesellschaft fehlt es an Identität und innerer Stärke, um in der Auseinandersetzung mit anderen Kulturen bestehen zu können." Wir brauchen also eine „Leitkultur, eine Kultur, die uns leitet" (Bundestagspräsident Norbert Lammert). „Wenn Deutschland multikulturell sein und dennoch seine Identität nicht verlieren soll, braucht es bei allen verschiedenen kulturellen Ausprägungen einen roten Faden, eben eine Leitkultur" (Kurt Biedenkopf).

Der SPD-Politiker und langjährige EKD-Rat Richard Schröder ergänzt: „Leitkultur bedeutet ja nicht, anderen Ländern deutsche Kultur aufdrängen zu wollen, sondern unseren Erfahrungen, Überzeugungen und Prinzipien im eigenen Land allgemeine Geltung zu sichern." Diese Sicherung der Grundwerte, die für alle gelten müssen, „ist nicht nur erlaubt, dies ist unverzichtbar, wenn eine Gesellschaft ihre Konsistenz bewahren soll. Kein politisches System kann ohne ein kulturelles Fundament gemeinsam getragener Überzeugungen seine innere Legitimation aufrechterhalten" (Lammert).

## VI. Konservativ – ein Glückshormon?

Es ist unser Grundgesetz, das die Grundfrage nach den Grundwerten, die uns leiten (müssen), definiert. Wir brauchen Maßstäbe und Leitlinien für die Gestaltung von Wirtschaft, Gesellschaft und Staat. Wir brauchen Orientierungen und Markierungen, damit Freiheit nicht in Willkür umschlägt, der Stärkere den Schwächeren nicht an die Wand spielt und Wirtschaft Gemeinwohl statt bloßen Eigennutz fördert. Es geht um Normen und Werte, um Rechte und Regeln, gegenüber denen wir Rechenschaft abzulegen haben.

Dazu gilt es sich zu bekennen, daraus gilt es Kraft und Stärke zu gewinnen, wie es (selbst) Jürgen Habermas bei der Verleihung des Goethepreises der Stadt Frankfurt am Main im Jahr 2001, einen Monat nach den dramatischen Terroranschlägen von New York einräumte: „Der liberale Verfassungsstaat ist auf die lebenswichtige Sinn-Ressource der Theologie dringend angewiesen." In den christlichen Gemeinden sei „etwas intakt geblieben, was andernorts verloren gegangen ist." Wer wünschte sich das nicht auch für politische Parteien, die sich „christlich" nennen!

Deshalb gilt der Appell von Alexander Solschenizyn in seiner (nicht gehaltenen) Nobelpreis-Rede heute mehr denn je: „Holt Gott zurück in die Politik!" Dies ist der letzte Sinn der Mahnung des Philosophen Hans-Georg Gadamer: „Zukunft ist Herkunft. Wenn wir uns unserer Herkunft nicht mehr erinnern, werden wir keine Zukunft haben."

Und dabei ist es doch schön zu wissen, dass konservative Menschen, die diese Werte bewahren, glücklicher sind und die Sonnenseite des Lebens nicht links ist, wie Forschungen der Universitäten Queensland (Australien) und Exeter (Großbritannien) im Jahr 2012 ergaben ... Oder, um es mit der Schriftstellerin Ricarda Huch zu sagen: „Es scheint, dass der kräftige und gesunde, der harmonische Mensch im allgemeinen konservativ ist; er verwendet seine Kraft darauf, mit den nächstliegenden Aufgaben fertig zu werden, unter schwereren Umständen sich doppelt anstrengend, zu erschütternden Veränderungen erst dann bereit, wenn ein Druck unerträglich wird und den Kern des Lebens angreift."

Wahr ist, was sich bewährt. Das Bewährte bewahren, nicht das Bestehende – damit ist konservativ keine Konserve, sondern eine Vitaminspitze für unsere Gesellschaft. Bewegung durch Bewahrung, darin besteht das Markenzeichen eines modernen Konservatismus.

# Mensch Deutschland – wer bist Du?

Joachim Koschnicke

*Dr. Wagner ist schuld. Sein runder Geburtstag löste die Assoziation aus, Deutschland einmal anders zu betrachten. Als ein Mensch (wahlweise als Mann oder Frau) in den besten Jahren. Wie kann man nun ‚Mensch Deutschland' charakterisieren? Nachfolgend ein Versuch in zehn Thesen. To be discussed.*

Mensch Deutschland ist mit 64 Jahren in den besten Jahren, gewachsen an einer einzigartigen Geschichte. Auferstanden aus Ruinen, entschieden für Demokratie, für Menschlichkeit und für die Vereinbarkeit:

– von Mensch, Markt und dem ordnungsgebenden Staat (wir nennen es Soziale Marktwirtschaft),
– von individueller Freiheit und Verantwortung (wir nennen es Soziale Marktwirtschaft),
– von Chancen und Leistung (wir nennen es Soziale Marktwirtschaft),
– von Wachstum und Demut vor der Schöpfung (wir nennen es Soziale Marktwirtschaft) und
– von unterschiedlichsten Lebensweisen und Gleichheit vor dem Gesetz (das nennen wir Rechtsstaat).

Der Ausgangspunkt dieser Entschiedenheit ist bekannt und vielfältig beschrieben. Doch wie hat sich ‚Mensch Deutschland' entwickelt? – Versuchen wir es, nach US-amerikanischem Vorbild einfach zu halten („keep it simple" als Anspruch für politische Kommunikation) und reduzieren die Sozialisation auf wenige, große wesensprägende Ereignisse:

1. *Mit ca. 20 Jahren die sogenannte 68'er-Revolution:* Oft wurde diese Revolution verpönt bzw. als unangemessener Aufstand bezeichnet. Zumindest rückblickend erscheint sie aber als eine notwendige und in diesem Alter natürliche Emanzipation. Die Sturm- und Drangzeit eines jungen Erwachsenen fragt selten nach dem großen Ziel. Veränderung ist die Botschaft. Häuten, eigene Wege gehen, Aufbruch – darum geht es. Danach war nichts mehr wie vorher. Gelernte Bindungen begannen zu erodieren. Autoritäten mussten spätestens von nun an lernen, sich zu erklären. Der Robustheit des Menschen Deutschlands hat es nicht geschadet. Er ist (auch) daran gewachsen.

2. *Mit ca. 40 Jahren der Mauerfall und die Einheit:* Sicher der Höhepunkt im bisherigen Leben unseres Menschen. Er konnte seine Brüder und Schwes-

tern, seine Familienmitglieder und Freunde endlich wieder in die Arme schließen und von nun an gemeinsam statt getrennt weiter leben. Erneut begann eine kräftezehrende Phase der Aufbauarbeit mit dem Ziel, gleichwertige Lebensverhältnisse zu schaffen. Begleitet vom Vertrauensvorschuss der Alliierten und der internationalen Staatengemeinschaft, dass Freund und Kamerad Deutschland seiner gewachsenen Verantwortung in Europa und der Welt nachkommen wird.

3. *Mit ca. 60 Jahren die internationale Finanz-, Wirtschafts- und Schuldenkrise:* Beginnend mit der Lehmann-Pleite, einer bis dato fast unbekannten Bank, lernte Deutschland auf brutale Weise, dass es keine Insel der Glückseligkeit ist, sondern auf Gedeih und Verderb abhängig ist von fast nicht zu verstehenden Mechanismen der Finanzströme und Refinanzierungsbedarfen der Staaten. Der Glaube an den ordnungsgebenden Staat sowie das Vertrauen in die Eliten wurden jäh erschüttert. Erst allmählich lernen wir (oder glauben einige?), dass Hilfen für Griechenland, Irland, Spanien und vermutlich weiteren Ländern nichts mit Gutmenschentun oder Solidarität zu tun haben, sondern einen notwendigen Einsatz aus Selbsterhalt darstellen. Würden wir das verschuldete Saarland oder Berlin bankrott gehen lassen können? Nein! Unabhängig davon ist es zwar nicht ausgesprochen, aber Allgemeingut, dass die Balance aus Mensch, Markt und dem ordnungsgebenden Staat erheblich gestört ist.

‚Mensch Deutschland' hat viel mehr leisten müssen, als in diesen drei Spiegelstrichen dargestellt. Es scheint natürlich, dass dabei auch einiges auf der Strecke geblieben ist:

4. Vielleicht ist es sogar menschlich, dass unser 30- oder 40-Jährige Deutschland nicht an das Alter gedacht hat und nicht die Kraft für eine langfristig tragfähige *Reform seiner Sozialsysteme* vollbracht hat.

5. Vielleicht fehlte es auch deshalb an dem Willen, jenseits von Sonntagsreden auf den Föderalismus, diesen so zu reformieren, dass *Kleinstaaterei* und überbordende Bürokratie zum Beispiel in den Bereichen der Bildung und Sicherheitsarchitektur überwunden werden und gleichzeitig der Grundgedanke des Wettbewerbs um die besten Idee erhalten bleibt.

6. Nicht sonderlich menschlich ist das dauerhafte Leben über die eigenen Verhältnisse hinaus. Derzeit verdecken die gewaltigen *Schuldenprobleme* anderer Staaten die eigene nicht gelöste Aufgabe.

Aber jenseits dieser Defizite bleibt die Frage, wie sich ‚Mensch Deutschland' im Laufe der Zeit entwickelt hat und was ihn heute ausmacht. Ein Versuch:

7. *Selbstbewusst oder schüchtern?:* Deutschland hat sich emanzipiert und ist zu einem mächtigen Mitglied der Staatengemeinschaft gereift. Stärke bedeutet Verantwortung und Verantwortung bedeutet immer auch Kritik. Es ist über-

raschend wie schnell sich die Deutschen an die Bilder von brennenden Deutschlandfahnen oder hässlichen Karikaturen der Kanzlerin gewöhnt haben. Dies scheint wenig bis gar nicht zu beeindrucken und fühlt sich „normal" an. Vermutlich sind diese Bilder und Nachrichten sogar eine Determinante für die hohe Unterstützung der Bevölkerung in den Euro-Rettungskurs der Bundesregierung bzw. der Kanzlerin. Das gewachsene Selbstbewusstsein nach Außen führt aber offensichtlich nicht zu einem entschlossenen Auftreten nach Innen. Die oben angeführten (beispielhaften) Defizite werden weiter in die Zukunft geschoben. Der unbedingte Wille, alles auf eine Reformagenda zu setzen, um die Gesellschaft wieder in ein Gleichgewicht zu bringen, ist nicht zu finden. Aber: Was früher menschlich gewesen sein mag, ist es auch heute. Es ist vermutlich zu viel verlangt, ausgerechnet in dieser kraftzehrenden Phase der Euro-Rettung auch noch die notwendige Energie für große innenpolitische Reformen aufzubringen.

8. *Mutig oder ängstlich?:* Was machen die Deutschen in dieser Phase der Instabilität? Sie widerlegen alle, die häufig und gerne die „German Angst" als Charakteristika anführen. Sie leben das Gegenteil, sind gelassen und gehen sehr selbstbewusst mit den permanent auf sie einprasselnden Krisenmeldungen um. Warum sollten sie auch aufgeregt auf die Straße rennen? Denn, wesentliche und bis dato unerwähnte Säulen Deutschlands, haben uns besser als jedes andere Land durch die Krise geführt: Die Tarifparteien handeln partnerschaftlich, Unternehmer üben häufig eher persönlichen Verzicht als Mitarbeiter zu entlassen und Arbeitnehmer lassen sich in diesen Zeiten nicht von „Mehr Netto-Versprechen" verführen, sondern verhalten sich altruistisch. Mensch Deutschland kann auf die mutigen Deutschen stolz sein!

9. *Geschichtsbewusst oder vergesslich?:* Es wäre schlicht falsch, den Eliten Deutschlands mangelndes Geschichtsbewusstsein zu attestieren. Auch die Breite der Bevölkerung bekommt nicht zuletzt durch Lehrpläne an Schulen und Universitäten wesentliche Inhalte der deutschen Geschichte vermittelt. Und: Deutschland hat eine phantastische Stiftungslandschaft, die uneigennützig und auf vielfältigste Weise „unseren" spezifischen Wertekanon vermittelt. Haken hinter? – Nicht ganz. Der Wert der Freiheit wird zwar allerorten angepriesen, wird er aber auch erfolgreich behauptet? Von Hayek hatte Recht als er vor vielen Jahren prophezeite, dass einem (mit eigenen Worten gesprochen) der Wert der Freiheit wie Sand in der Hand zerrinnt. Ist diese Entwicklung zu stoppen? – Klar! Aber weniger durch noch mehr Reden auf die Freiheit, sondern durch eine kraftvolle Abgrenzung von einer „unfreien" Gesellschaft. Deutschland ist ein reiches Land, aber arm an gesellschaftlichen Debatten. Dabei gibt es eine Sehnsucht nach intellektueller Auseinandersetzung, öffentlichen Diskurs und sinnstiftenden Streit. Warum nicht über die Gefahren einer unfreien Gesellschaft streiten?

10. *Hungrig oder saturiert?:* Einige Intellektuelle halten Deutschland für reformunfähig. Sie führen als Argumente die demographische Entwicklung und die Wohlstandsentwicklung der letzten Jahrzehnte an. ‚Mensch Deutschland' ist demnach satt und saturiert. Gegenrede! Mensch Deutschland hat zwar nicht die Dynamik der baltischen Staaten oder der Türkei (um bewusst auch einmal Staaten anzuführen, die nicht auf der anderen Erdhalbkugel zu finden sind), aber ist noch lange nicht satt. Die Berufsanfänger von heute arbeiten oftmals mehr als die Generation ihrer Väter oder Großväter. Bevor sie überhaupt den Berufseinstieg schaffen, absolvieren sie Praktika, verbringen Zeit im Ausland und eignen sich Zusatzqualifikationen an. Viele „alte Eisen" wollen gleichzeitig nicht rosten, sondern sind bereit, ihr Wissen und ihr Geld in start-ups zu investieren oder wagen selber den Sprung in die Selbstständigkeit. Der „Selbstständige" ist nach wie vor hoch angesehen in der Gesellschaft und wird als mutig, visionär und tatkräftig angesehen. Noch wichtiger: Ein gescheiterter Selbstständiger ist kein gescheiterter Mensch – Anerkennung bekommt man auch für den Versuch. Das Klima in Deutschland ist nicht innovationsfeindlich und die nächste Sprunginnovation, die unser Leben nach der Dampfmaschine, dem Flugzeug und dem Internet abermals verändern wird, wird kommen. Deutschland ist aber nicht gut in der Eigenvermarktung. Mensch Deutschland kommt gemächlich daher, abwägend und hinreichend ritualisiert. Damit verdeckt er (leider) die Schaffens- und Innovationskraft der Deutschen. In ihm steckt aber mehr. Aber understatement kann ja auch als Tugend ausgelegt werden.

Zuletzt ein (naiver?) Wunsch an ‚Mensch Deutschland': Er möge die Kraft und die Begeisterung für eine echte Entschuldung entwickeln und damit wieder einmal international die Vorreiterrolle übernehmen. Den Finanzmärkten würde damit ein Bein gestellt. Der Staat wäre nicht mehr länger Spielmasse, sondern „auf Augenhöhe". Natürlich verlangt dies Leadership und die Fähigkeit, die Bürger für eine Phase der Enthaltsamkeit zu begeistern. Oft wird in diesen Tagen über Referenden gesprochen. Das Ziel der „Entschuldung in einer Generation", versehen mit einem ehrlichen und transparenten Weg dorthin und dem Versprechen nach Zielerreichung, die freiwerdenden Mittel für das solidarischste Sozialsystem der Welt, für die beste Bildungs- und Forschungslandschaft, einer wettbewerbsfähigen Infrastruktur und einem Steuersystem, welches Leistung belohnt – wie würden die Deutschen darüber denken und urteilen? Es wäre doch ein Versuch wert, einen solchen ‚Pakt für die Zukunft' via Referendum zu schließen, ihn im Anschluss verfassungsfest und damit unabhängig von künftigen Regierungen zu machen. Gibt es eine bessere Lehre aus der internationalen Finanz-, Wirtschafts- und Schuldenkrise?

# Zeitgemäß ist „die Patin" die Beste

## Eine Antwort an Gertrud Höhler im „Anderland"

Bernhard Lorenz

„Macht ist besser als Ohnmacht – in jedem System", beschreibt Gertrud Höhler die Lehre, die Angela Merkel, Beobachterin zweier Welten – aus östlichem Untergang und westlichen Verhältnissen – für sich gezogen hat. Soziologisch hat diese Lehre Anfang letzten Jahrhunderts der große Max Weber formuliert: „Politik ist das Streben nach Machtanteil oder nach Beeinflussung der Machtverteilung". Wer eigene Vorstellungen gegen das Widerstreben anderer durchsetzen kann (Macht), der hat die Möglichkeit, sein Gemeinwesen zu gestalten.

Die Kraft brillanter Darstellung, das Verstehen oder Erklären politischen Geschehens mögen den akademischen Betrieb voranbringen. Gestalterisch führt allein Macht weiter. Und diese Macht habe die deutsche Bundeskanzlerin nicht einmal an sich gerissen. „Sie hat die Macht, die andere zurückgelassen haben, einfach aufgehoben", wird Ehrhart Neubert, Mitbegründer des Demokratischen Aufbruchs, zitiert.

Angela Merkel hat in zwei deutschen Gemeinwesen live erlebt, was sie bei Weber in wenigen Sätzen präzise formuliert hätte nachlesen können. Und sie hat ihre Lebenserfahrung für ihr politisches Handeln beherzigt. Bei Max Weber hätte Gertrud Höhler drei Idealtypen von Legitimitätsglauben nachlesen können, die Macht in Herrschaft Dauer verleiht: Legale Herrschaft, traditionelle und charismatische Herrschaft.

Tradition, das, was schon immer so gemacht wurde, gibt Herrschaft heute keine ausreichende Stabilität. Charismatische Politikergestalten wie John F. Kennedy, Ronald Reagan, Margaret Thatcher oder Willy Brandt vermögen allenfalls kurzzeitig Menschen zu binden, zuerst über das nachzudenken, was sie für ihr Land tun könnten. Erst der Glaube an die Rechtsordnung verleiht die Dauer, die moderne Gemeinwesen so dringend brauchen. Bürokratie ist die moderne Herrschaftsform in Wirtschaft und Verwaltung. Sie stabilisiert arbeitsteilig nach Regeln das System, das komplexen Anforderungen von außen ausgesetzt ist.

Legal wird Herrschaft gemäß unserer freiheitlich demokratischen Grundordnung ausgeübt. Sie fasst Arbeitsteilung moderner Gesellschaften rechtlich in Gewaltenteilung, entweder selbst oder durch nach ihrer Ordnung zustande gekommene Gesetze. Wird gegen die vorgegebene Ordnung verstoßen, regelt sie selbst das Verfahren, wie ein solcher Verstoß festgestellt wird und welche Folgen er haben soll. Legitimation erfolgt, so hat es Niklas Luhmann auf den Punkt gebracht, „durch Verfahren". Nicht der Aufschrei fachfremder Professoren, sondern das Urteil unabhängiger Gerichte erkennt die Verletzung des Grundgesetzes, des EU-Vertrags, des Strafrechts und anderer Normen.

Methodenstrenge ist das Kennzeichen der Wissenschaft. Hätte Höhler innegehalten, ihr Staatsstreich wäre uns erspart geblieben:

Wortreich unterstellte, aber schon am Wortlaut relevanter Normen nicht dargestellte Verletzungen

- des Grundgesetzes,
- der EU-Verträge,
- bei der Einrichtung unterschiedlicher Stabilitätsmechanismen zur Regulierung der internationalen Finanz- (oder besser Staatsschulden-)krise,
- bei der Verkündung der sogenannten Energiewende oder
- bei der beabsichtigten Neufassung der Geschäftsordnung des Deutschen Bundestages

lösen sich im Licht durchgeführter oder aufgrund möglicher Verletzung subjektiver Rechte jederzeit durchführbarer Verfahren in Luft auf.

Bei der Parteienvielfalt ist Höhler bestenfalls der Tradition von Konkurrenzdemokratie verhaftet. Das Grundgesetz schreibt die Mitwirkung der Parteien bei der Meinungsbildung des Volkes vor, nicht aber die Unterschiedlichkeit ihrer Programme. Das Grundgesetz erlaubt auch eine Kongruenzdemokratie. Diese genösse vielleicht sogar eine höhere Akzeptanz in der Bevölkerung als die Rituale des Gegeneinanders traditioneller deutscher Parteiendemokratie.

Die Rechtsordnung schafft die Möglichkeit vielfältiger Parteien, Programme oder Meinungen. Sie kann und will die Verwirklichung von Vielfalt jedoch nicht erzwingen. Das Grundgesetz sieht die Verantwortlichkeit der Bundesregierung direkt gegenüber dem Bundestag, indirekt gegenüber dem deutschen Volk (Repräsentationsprinzip) vor. Welche Antworten im Rahmen der Verfassung vom Souverän bzw. seiner Vertretung akzeptiert werden, wird im politischen Prozess entschieden. Die von Gertrud Höhler kritisierte Machtausübung ‚undercover' oder ‚ohne Macht der Worte' sind Antworten im Rahmen der Verfassung. Ebenso Grundgesetz-konform ist Fraglosigkeit oder Alternativlosigkeit. Ob alles dies politisch erfolgreich ist oder sein wird, steht auf einem anderen Blatt, das innerhalb unserer freiheitlich-demokratischen Grundordnung zu lesen ist.

Sozialethisch vorwerfbare Schuld wird anhand einschlägiger Gesetze von Richtern und gelegentlich Staatsanwälten, jedenfalls aber befassten Fachjuristen festgestellt. Pauschale Verunglimpfung durch Autoren ermöglicht unsere Rechtsordnung. Diese Möglichkeit beansprucht Gertrud Höhler in der Causa des zurückgetretenen Bundespräsidenten Christian Wulff. Argumentativ muss sie sich fragen lassen, was sie ihm rechtlich vorwirft.

- Beim Erwerb seines Hauses in Großburgwedel: Weder die Höhe des Kaufpreises noch die Zinssätze zu dessen Finanzierung weisen einen Vorteil nach. Die öffentliche Diskussion demaskiert erschreckende Unkenntnis über Immobilienfinanzierungen, die Abhängigkeit von Zinshöhe und Dauer der Zinsfestschreibung, dem Zustandekommen eines Kreditvertrages, Festmachen seiner Bedingungen.
- Beim behaupteten Eingriff des Bundespräsidenten in die Pressefreiheit: Die so anspruchsvolle Nichtjuristin hätte sich vor dem Schreiben die Frage vorlegen können, ob Christian Wulff seine oder irgendjemandes Amtsgewalt gebraucht hat, um die BILD-Zeitung bzw. ihre Redaktion zu beeinflussen? Oder hat er – wie irgendein Ehemann in Deutschland – angedroht, seine Persönlichkeitsrechte notfalls gerichtlich zum Schutz seiner Familie durchzusetzen?

Die behaupteten Aktivitäten Angela Merkels rühren nicht annähernd in dem Ausmaß an den Festen der freiheitlich-demokratischer Grundordnung wie das, was sich Gertrud Höhler in ihren eigenen Ausführungen selbst zurechnen lassen muss. Intersubjektiv an Rechtsnormen nachvollziehbares Staatsverständnis verbannt nicht die Bundeskanzlerin in das ‚Anderland' oder auf den Weg dorthin. Vielmehr hat die Autorin selbst Ausguck im Anderland genommen, um anstößige Formulierungen zur Konjunktur ihres Buches zu verfassen.

Der behauptete Staatsstreich gegen die Verfassung und die Europäische Union hat sich schnell in Luft aufgelöst. Es bleibt die Debatte zweier wesentlicher Fragen der Gestaltung unseres Gemeinwesens.

Erstens: Wie gestalten wir in Zukunft unser Gemeinwesen? Mit anderen Worten: Welche Werte und Programme sind in Wahlen mehrheitsfähig?

Zweitens: Wer gestaltet in Zukunft unser Gemeinwesen? Mit anderen Worten: Welche Personen sind wählbar für öffentliche Ämter? Welche Personen führen Unternehmen zu wirtschaftlichem Erfolg?

Mehrheiten kommen aus unterschiedlichen Gründen zustande. Letztlich wird dieser Prozess zu einem großen Teil im Dunkeln bleiben. Zwar liefern Methoden empirischer Sozialforschung und der Statistik immer brauchbarere Hinweise. Sie sollten allerdings nicht überschätzt werden. Das Gemeinwesen ist kein Laboratorium, das alternative Tests unter gleichen Ausgangsbedingungen (Experiment) ermöglicht. Was die Alternative gebracht hätte, wird niemals zu erfahren sein. Auch sind hinreichend große Stichproben nur mit geschlossenen Fragen zu bearbeiten. Das heißt: Die Voraussetzungen und Annahmen, die der Wissenschaftler macht, beschreiben zugleich die Grenzen und Möglichkeiten seiner Erkenntnis. Und: Die Antworten sind eine Momentaufnahme. Sie unterliegen Erwartungen und dem Bemühen, diesen gerecht zu werden.

Wie werden mit Werten und Programmen Mehrheiten errungen? Strategisch sind grundsätzlich zwei Wege denkbar. Zum einen die originelle Entwicklung eines die Mehrheit überzeugenden Programms, das in Wahlen und Abstimmungen seine Bestätigung findet: die vertikale Integration. Zum anderen die Zusammenfassung von erfahrungsgemäß, nach politischem Gespür oder aufgrund von Meinungsumfragen festgestellt, mehrheitsfähigen Programmbestandteilen zu einem großen Ganzen. Dies baut durch Aufnahme und Bestätigung vorhandener Positionen Mehrheiten zusammen: die horizontale Integration. Mischformen aus beiden erfassen die Wirklichkeit genauer. Sie unterscheiden die zwei grundsätzlich denkbaren Wege aber nicht hinreichend.

Die Angela Merkel von Gertrud Höhler zugeschriebene Programm-Piraterie ist horizontale Integration, weitgehend in Reinform. Wer die Arbeit der CDU-Bundesgeschäftsstelle oder die der CDU nahestehenden Konrad-Adenauer-Stiftung mit ihren Forschungs- und Beratungseinrichtungen in den letzten 25 Jahren verfolgt hat, wird die Bevorzugung dieser Form der Integration unschwer feststellen können. Neben Aktivitäten zur Mobilisierung in Wahlkämpfen ist dies die Frucht des Blicks über den Atlantik in die Vereinigten Staaten von Amerika. Zugleich wird politikwissenschaftlicher Wandel von normativ-ontologischer Demokratiewissenschaft der Aufbauzeit zur empirischen Sozial- und Meinungsforschung der Gegenwart nachvollzogen.

Ein Blick in die Geschichte zeigt, dass selbst in der guten alten Zeit bipolarer Weltordnung deutsche Bundeskanzler weder durch ihre Person noch durch ihr Programm Mehrheiten dauerhaft binden konnten.

Konrad Adenauer stand für die Politik der Westbindung einschließlich der Wiederbewaffnung. Er stellte die Einheit Deutschlands hinter Freiheit und Wohlstand. 1957 errang er damit als einziger Bundeskanzler in der Geschichte Deutschlands die absolute Mehrheit. Vier Jahre später galt der Alte als veraltet. Neben John F. Kennedy konnte er keine Mehrheiten mehr integrieren. Der Mann, der sich den Titel „Bundeskanzler der Alliierten" gefallen lassen musste, trat am 15. Oktober 1963 zurück.

Ludwig Erhard war einer der beliebtesten Politiker der 50er Jahre. Zugleich personifizierte er wie kein anderer Bundeskanzler ein Programm: Soziale Marktwirtschaft. Er galt vielen als Schöpfer des deutschen Wirtschaftswunders. Nach Adenauers Rücktritt am 15. Oktober 1963 wurde Erhard am folgenden Tag zum Bundeskanzler gewählt. Viele – allen voran Adenauer – glaubten, er sei als Kanzler ungeeignet. Mehrheitlich wurde er als Zwischenlösung angesehen.

1965 fuhr Erhard zwar den bis dahin zweitgrößten Wahlsieg in der Geschichte der Union ein. Doch schon bei der Regierungsbildung konnte er seine Ansichten in der CDU/CSU nicht mehr durchsetzen. In den folgenden Monaten verfiel seine Autorität zusehends. Das von ihm aufgestellte Leitbild einer „formierten

Gesellschaft" fand kaum Zustimmung. Erhard trat schließlich am 1. Dezember 1966 zurück. Im Mai 1967 legte er auch den CDU-Vorsitz nieder.

Willy Brandts Amtszeit ist verbunden mit dem Motto „Mehr Demokratie wagen" und neuer Ostpolitik. Seltene Euphorie schlug ihm entgegen. Und dennoch war Willy Brandt der umstrittenste Politiker der Republik. Vom Amtsantritt der Regierung Brandt bis zum Jahr 1972 waren so viele Abgeordnete der SPD und der FDP zur Unionsfraktion gewechselt, dass die CDU/CSU-Fraktion rechnerisch über eine knappe absolute Mehrheit verfügte. Der CDU/CSU-Fraktionsvorsitzende Rainer Barzel glaubte daher im April 1972, Willy Brandt mittels eines konstruktiven Misstrauensvotums ablösen zu können. Doch für seine Wahl zum Bundeskanzler fehlten ihm bei der Abstimmung zwei Stimmen. Bis heute wird über Stimmenkauf und Geheimdienstaktivitäten gemutmaßt. Jedenfalls hatte weder Programm noch Person die Mehrheit gesichert.

Mit Helmut Schmidt folgte Brandt ein Meister der Selbstinszenierung: Ihm ist gelungen, den wahren Staatsmann, der der deutsche Bundeskanzler sein sollte, weitgehend durch die eigene Person zu beschreiben. Als Herausgeber der ZEIT, wie als Redner hochgeschätzt, fiel seine Bilanz als Handelnder eher mäßig aus: Seine frühere Verhandlungsbereitschaft mit RAF-Terroristen sah er später als Fehler an. Er verfolgte von da an eine unnachgiebige harte Linie, die ihm mitunter harsche Kritik einbrachte.

Bereits 1977 wies Schmidt auf die Gefahren für das Rüstungsgleichgewicht durch neue Mittelstreckenraketen der Sowjetunion hin. Er befürchtete, die Fähigkeit der Sowjetunion, Westeuropa atomar angreifen zu können, ohne dabei seine Schutzmacht USA in Mitleidenschaft zu ziehen, könnte auf Dauer zu einer Entkoppelung der amerikanischen von den europäischen Sicherheitsinteressen führen. Er drängte daher auf den sogenannten NATO-Doppelbeschluss. Dieser Beschluss war in der Bevölkerung und vor allem in der eigenen Partei sehr umstritten. Schmidt wurde zur Minderheit in der eigenen Partei. Zugleich scheiterte der Weltökonom und Vater der G 8-Gipfel an den Folgen der Wirtschaftskrise (Stagflation). Vor allem an Differenzen in der Wirtschafts- und Sozialpolitik zwischen SPD und FDP scheiterte die von ihm geführte sozialliberale Koalition.

Am 1. Oktober 1982 wurde durch das erste und bisher einzige erfolgreiche konstruktive Misstrauensvotum in der Geschichte des Deutschen Bundestages mit den Stimmen von CDU/CSU und der Mehrheit der FDP-Fraktion Helmut Kohl zum Bundeskanzler gewählt. Sein Programm geistig-moralischer Wende und der Historisierung deutscher Geschichte (Bitburg) versandete bereits nach wenigen Monaten. Trotz zahlreicher Reformen, Steuersenkungen, Deregulierung, Privatisierung (Post, Bahn, Telekommunikation), der Durchsetzung des NATO-Doppelbeschlusses und einer Vitalisierung der Europapolitik sah sich Kohl 1989 einem Putschversuch enger Vertrauter ausgesetzt. Ohne den Fall des Eisernen

Vorhangs wäre er nach Meinung seiner Biographen als mittelmäßiger Kanzler in die Geschichte eingegangen.

Nachdem sich der Zusammenbruch der „DDR" abzeichnete und die Berliner Mauer am 9. November 1989 gefallen war, legte Kohl ohne vorherige Absprache mit dem Koalitionspartner und den westlichen Bündnispartnern am 28. November 1989 im Deutschen Bundestag ein „10-Punkte-Programm zur Überwindung der Teilung Deutschlands und Europas" vor. Mit dem Einigungsvertrag und dem Vertrag von Maastricht vollendete Helmut Kohl die deutsche Einheit und brachte die europäische Einigung soweit voran wie kein Bundeskanzler vor und nach ihm. Kohl scheiterte 1998 als bisher dienstältester Kanzler an der von Lafontaine im Bundesrat organisierten Blockade der SPD-geführten Bundesländer.

Gerhard Schröder drehte in seiner ersten Wahlperiode als Bundeskanzler sogar noch manche Reformen (Gesetzliche Rentenversicherung) zurück. Nach seiner weder Programm noch Person, sondern einem Hochwasser geschuldeten Wiederwahl verschärfte er den Reformkurs jedoch und profilierte sich als Kanzler der Agenda 2010. Seine umfassenden Reformen schufen die Grundlagen für unsere heute prosperierende Wirtschaft. Was in Sache Deutschland voranbrachte, trennte die Linke weitgehend von der SPD und machte sie zu einer eigenständigen politischen Kraft in der deutschen Parteienlandschaft wie im DGB. So wurde Angela Merkel nach einem missratenen Wahlkampf trotz einer linken Mehrheit im Deutschen Bundestag 2005 von den Abgeordneten einer Großen Koalition zur ersten Bundeskanzlerin gewählt.

Vor diesem Hintergrund ihrer Amtsvorgänger hat Angela Merkel ihre Aufgabe nicht wesentlich anders bewältigt. Zu berücksichtigen ist dabei der Wandel zu einer multipolaren Welt, einem multimedial moderierten Globus, der unter Gegenwartsschrumpfung (Hermann Lübbe), d.h. auch der abnehmenden Halbwertszeit von Wissen und Gewissheiten leidet. Das Bild rundet sich, wird neben dem Blick in die Vergangenheit das alternativ zur Verfügung gestandene Personal betrachtet. Konservativer Realismus weiß um den Widerstand der Realität, selbst wenn er idealtypisch den geeigneten Politiker oder Staatsmann konstruieren sollte.

Letzter Versuch ist seit Helmut Schmidts Zirkelschluss zur Selbstinszenierung in Deutschland ohnehin nicht mehr einflussreich unternommen worden. Auch Gertrud Höhler beleuchtet personelle Alternativen real existierender Christdemokratie in Deutschland:

Christian Wulff desavouiert Höhler höchst selbst als Mann mit Charme, aber ohne Charisma. Seine Abhängigkeit von Personen wie seine Verstrickung in gewünschte Lebenswelten machten ihn untauglich für höhere Staatsämter. Real haben sie ihm eine angemessene Reaktion auf die gegen ihn zur Jahreswende 2011/2012 geführte Pressekampagne erschwert und ihn letztendlich das Amt des Bundespräsidenten gekostet.

Peter Müller, brillanter Kopf aus dem Saarland, hat es nie geschafft, bundespolitisch wirkmächtig zu werden. Er wandte sich von Exekutive und Legislative ab und als Richter des Bundesverfassungsgerichts der Judikative zu.

Jürgen Rüttgers, blasser Zukunftsminister im letzten Kabinett Kohl und bespöttelter Arbeiterführer in Düsseldorf, hatte die politische Arena längst verlassen, als Höhler ihr Buch veröffentlichte.

Friedrich Merz führte die CDU/CSU-Fraktion so nachhaltig, dass ihn die heutige Bundeskanzlerin im Handstreich nach der von Edmund Stoiber knapp verlorenen Bundestagswahl 2002 entmachten konnte. Schmollend zog er sich in den Winkel des Finanzexperten zurück, der mit seinen Reden und einem Bierdeckel begeistern konnte, aber nie in der Gefahr stand, Mehrheiten auch nur in der eigenen Fraktion zu erreichen. Merz zog lukrative Mandate als Anwalt dem harten Ringen um die personelle und programmatische Meinungsbildung in der eigenen Partei vor. Derzeit ist für ihn nur Platz auf der Besuchertribüne des Deutschen Bundestages.

Auch sein rheinischer Kollege Norbert Röttgen ist nach seiner krachenden Wahlniederlage in Nordrhein-Westfalen in der Versenkung verschwunden. „Mamas Liebling" wurde von der Kanzlerin als Minister entlassen, als Landesvorsitzender ging der Mann selbst, der sich zu fein war, die harte Bank des Oppositionsführers in Düsseldorf mit dem weichen Sessel des Umweltministers im Sonnenlicht Berliner Bedeutsamkeit zu vertauschen. Bis auf die letzten Meter seiner Karriere war er der Clown der Kanzlerin. Ihr Vasall wehrte sich erst, als er in den Abgrund blickte – immerhin.

Den Freiherrn zu Guttenberg entlarvt Höhler als Hochstapler und Betrüger. Anders als Merkel disqualifiziert für sie wissenschaftliche Unkorrektheit auch für den Beruf des Bundesministers. Eine Persönlichkeit könne nicht in den betrügenden Doktoranden einerseits und den guten Bundesminister andererseits gespalten werden. Zu fragen ist freilich, was der Freiherr denn wirklich zum Thema Bundeswehrreform beigetragen hat, wie problematisch sein Führungshandeln in Sachen Kundus oder Gorch Fock gewesen ist? Von einer Intellektuellen wie Gertrud Höhler hätte eine Antwort gegeben werden müssen, warum sie eine Spaltung zwischen dem Wissenschaftler und dem Politiker für unzulässig hält? Damit führt sie wertmäßig zusammen, was lebensweltlich wie arbeitsteilig moderner Weise nicht zusammengehört. Könnte sie nicht mit gleichen oder besseren Gründen, US-amerikanischer Tradition folgend, die Spaltung zwischen Familienleben und Politik infrage stellen, frei nach dem Motto: Wer seinen Ehepartner betrügt, bricht auch Wahlversprechen! Wer seine Familie verlässt, lässt auch das Staatsvolk im Stich!?

Schon bei erster Sichtung fallen Höhler keine Alternativen zu Angela Merkel ein. So steht die deutsche Bundeskanzlerin einsam in der Arena der Kriterien: Die Beste, weil allein.

Spannend bleibt Roland Koch, viele Jahre Hessischer Ministerpräsident, krisenerprobter Wahlsieger. Könnte er Angela Merkel das Wasser im Kanzleramt reichen? Unterscheidet sich sein Politikstil von dem ihren?

Anders als Angela Merkel ist Roland Koch in die CDU hineingeboren worden. Er hat Politik zu Hause gelernt, sich konsequent weiterentwickelt in der Auseinandersetzung mit den Spätausläufern der 68er-Bewegung. Mit Ende zwanzig übernahm er sein Landtagsmandat in einer CDU-Hochburg von seinem Vater, der als Justizminister in die erste christdemokratisch geführte Regierung Hessens eintrat. Wie Merkel auf der Basis der Beschlüsse des Leipziger Parteitags, polarisierte er in seinem ersten Wahlkampf: Integration ja, doppelte Staatsangehörigkeit nein. Anders als Merkel tat er es erfolgreich, kam mit einer bürgerlichen Mehrheit ins Amt.

Da war aus dem christlich-liberalen Großstadtpolitiker aus dem Frankfurter Umland, der als stellvertretender Bundesvorsitzender der Jungen Union (JU) ein neues Grundsatzprogramm geschaffen hatte, eine sich konservativ aufführende Reizfigur geworden: „Härtest möglicher Strafvollzug" und „brutalst mögliche Aufklärung" bleiben mit seinem Namen so verbunden, wie sie sich mit seiner politischen Überzeugung beißen. Wer das politische Denken Roland Kochs verstehen wollte, musste fortan historisch an dem JU-Politiker interessiert sein:

- An dem JU-Politiker, der noch nicht 1991 im Kampf um den Fraktionsvorsitz nach der verlorenen Landtagswahl eine deutliche Niederlage gegen Manfred Kanther erlitten hatte.
- An dem JU-Politiker, der noch nicht versuchte, sich in der hessischen CDU mit Parolen mehrheitsfähig zu machen, die er später als Erfolgsrezept fürs ganze Hessenland erprobte.
- An Parolen, die so gar nicht zu seinen persönlichen politischen Überzeugungen passten, mit denen er die hessische Union stillschweigend zu modernisieren suchte.

Die Bevölkerung hat das Nicht-Authentische an den Reden Kochs gespürt. Er glaubte nicht an das, was er streng genommen gelegentlich nicht einmal sagte, was er aber als Botschaft transportiert sehen wollte. Die Bevölkerung glaubte ihm genau so wenig, trotz hervorragender Kompetenzwerte Kochs. Zweimal war Koch in Wahlkämpfen gegen die Regierung Schröder erfolgreich. Als es originär um ihn ging, fuhr er eine deftige Niederlage ein, bekam im zweiten Anlauf mit der FDP eine letzte Chance. Er gehört zu der seltenen Spezies von Politikern, die sich bewusst deutlich unsympathischer (von einem Panzer fahrenden Regierungssprecher) verkaufen ließen, als sie tatsächlich waren.

Sicher, Roland Koch hat eine andere Beziehung zu seiner Partei als Angela Merkel. Inhaltlich ist er genauso Undercover gefahren, wie es Höhler der Bundeskanzlerin unterstellt. Anders als sie hat er die Rückverwandlung vom unsympathischen Mr. Hyde, den er spielte, zum sympathischen Dr. Jekyll, der er war und ist, nicht geschafft. Wahrscheinlich nicht einmal gewollt.

Anders als Merkel und auffällig auch anders als Helmut Kohl hat es Roland Koch nie geschafft, sich in seiner Regierung und seiner Partei mit Menschen zu umgeben, die ihm ebenbürtig oder gar besser waren. Roland Koch war in seiner hessischen Partei, seiner Fraktion, seiner Regierung immer der Beste, der Beste mit Abstand, mit weitem Abstand. Niemand hat neben ihm hessen- oder gar bundesweit Profil erlangt. Niemand konnte ihm im Team seiner Regierung wirklich helfen, eine gute Performance für die ganze Truppe zu erreichen. Koch ging den Weg allein, war sein Finanz- und Kultusminister, half der Wissenschaftsministerin, dem Wirtschaftsminister im wichtigen Verfahren zum Flughafenausbau, der Sozialministerin bei der Durchsetzung der segensreichen Optionsmöglichkeit für Kommunen bei der Schaffung des SGB II. Er, nicht der Amtschef, strukturierte die Staatskanzlei als Zentrale seiner Regierung hin auf seine Person.

Ein Koch allein hatte keine Chance gegen und wohl auch nicht mit dem Berliner Establishment seiner Partei. Und so blieb und bleibt Angela Merkel bis auf weiteres allein: Die Beste für die Union, die Beste für Deutschland.

Allein bleibt sie, das sei abschließend geschrieben, auch bzgl. der Meinungsbildung in der Wechselwirkung mit den Konzernen der deutschen Wirtschaft. Diese hat es in der Atompolitik nicht geschafft, vor 2009 nicht und nach 2009 nicht, ihre Sicht der Dinge zur Sicherheit deutscher Kernenergie mehrheitsfähig zu machen. Es wäre ihre Aufgabe gewesen. Als in Fukushima die Kernschmelze lief, tauchte das deutsche Atomforum ab, überließ die Bühne den selbsternannten Experten von Greenpeace, den „Ärzten gegen den Atomkrieg", u.v.m. Am Gau in Japan ist unmittelbar niemand gestorben, anders als bei manchem regenerativen Staudamm in Asien, wo Tausende ihr Leben verloren. Den publizistischen Auswirkungen des japanischen Gaus ist die deutsche Atomwirtschaft nach jahrzehntelangem Siechtum, letztlich nach kurzer schwerer Krankheit, erlegen. Deutsche Wirtschaftsführer meinen bis heute, sie seien für die politischen Bedingungen der Möglichkeit ihrer wirtschaftlichen Tätigkeit nicht verantwortlich. Auch ihnen hat Angela Merkel gezeigt, dass sie die Beste ist: Sie, die gute Patin für Deutschland.

# Die Säulen der Gesellschaft

Sigurd Rink

Es ist das besondere Verdienst der soziologischen Wissenschaft im 20. Jahrhundert, die Funktionen der verschiedenen Teilbereiche der Gesellschaft minutiös ausgeleuchtet zu haben. Ausgehend von den Grundlagenarbeiten Max Webers wurden diese Forschungen in einer Art transatlantischen Brücke besonders durch Talcott Parsons und – ihm folgend – durch Niklas Luhmann vorangetrieben. Für den Bereich der evangelischen Theologie ist es das besondere Verdienst von Eilert Herms, diese Erkenntnisse für den weiten Bereich der Religion fruchtbar gemacht zu haben.

Die Grundidee dieser im Kern soziologischen Forschungen ist dabei so einfach wie einleuchtend. Jede Gesellschaft wird in verschiedene konstitutive Teilsysteme aufgegliedert. Je nach Zeitgeist und Forschungsansatz können diese unterschiedlich ausfallen; im Kern jedoch lässt sich für eine moderne Gesellschaft ein Grundbestand an Teilsystemen feststellen: Recht, Wirtschaft, Wissenschaft, Politik, Religion und Medien. Diese Auflistung erhebt keinen Anspruch auf Vollständigkeit, scheint aber einen gemeinsamen Nenner innerhalb westlicher Gesellschaftsformen zu bilden.

In unserem Zusammenhang interessiert uns nun vor allem, wie diese „Säulen der Gesellschaft" miteinander in Verbindung stehen und wie diese Verhältnis optimal austariert werden kann: Soll es eine klare Überordnung einer dieser Teilbereiche geben? Brechen bestimmte Teilbereiche weg? Und wie kommunizieren die Systeme miteinander? Eine Möglichkeit diese Fragen zu beleuchten, stellt der Begriff der Verantwortbarkeit dar. Im Folgenden möchte ich nun erörtern, inwieweit die Grenzen von Verantwortbarkeit fundamentale Probleme von Gesellschaften bedingen, um sich so dem Kern der humanen Aufgabe im Bau eines modernen Gemeinschaftswesens zu stellen. Hierzu sollen drei Thesen entwickelt werden.

### These 1:

*Schwierig wird es für eine Gesellschaft immer dann, wenn ein Teilsystem sich anschickt über die anderen bedingungslos zu herrschen.*

Die allermeisten westlichen Gesellschaften haben keine idealtypisches, gewissermaßen architektonisches Verhältnis ihrer Säulen. Per se ist dies kein Nachteil, sondern folgt aus der simplen Beobachtung, dass einigen Systemen die Autopoiesis, also die Selbst-Reproduktion, reibungsloser gelingt als anderen. Die Wirtschaft, die Unternehmen aufgibt alle drei Monate ihren Erfolg vorzuweisen, ist ein exzellentes Beispiel dieser selbst-referentiellen Reproduktion. Dennoch zeigen lebendige Debatten, dass das Gleichgewicht der Säulen fragil ist und das Haus der Gesellschaft umkippen kann. Wann also gerät das Gleichgewicht der Kräfte ins Wanken, wenn doch, laut Luhmann, Systeme sich zuvorderst von anderen abgrenzen? Ein Blick in die Geschichte schafft hier Klarheit. Die Erfahrung mit totalitären Staaten zeigt nämlich, dass Gesellschaften immer dann wanken, wenn autopoietische Systeme sich nicht mehr von anderen Systemen differenzieren, sondern diese zu überragen trachten.

Die Konsequenzen dieser bedingungslosen Herrschaft sind uns allen klar vor Augen: Die ehemalige DDR ist ein eindrucksvolles Beispiel eines solchen Ungleichgewichts. Alle Bereiche des öffentlichen Lebens sollten der Politik unterstellt werden. Recht wurde gedehnt und missbraucht, die Wirtschaft hatte der Politik zu gehorchen und selbst die Wissenschaft wurde im Sinne der ideologischen Grundlagen der Politik ausgerichtet. Auch die Religion wurde unterdrückt und in den Dienst der eigenen Sache gestellt und Medien wurden zu Vehikeln der Herrschaftsausübung. Die Geschichte der DDR zeigt, dass das Gleichgewicht der Systeme selbst in westlichen, modernen Gesellschaften (so zumindest hätte die Welt das Deutschland der 1950er Jahre beschrieben) umkippen kann. Deutschland selbst kann sich in seiner Historie auf wenige Zeitpunkte besinnen, wo dieses Gleichgewicht intakt war – die Zeit zwischen 1933 und 1945 belegt dies besonders plastisch. Auch ist klar, dass diese Lektion sich problemlos auf andere Staaten übertragen lässt.

Das Beispiel der DDR zeigt deutlich, was passiert, wenn die Politik nach allumfassender Herrschaft trachtet. Nicht minder schwierig gestalten sich die Dinge, wenn etwa das Teilsystem Religion für sich beansprucht, alle anderen Bereiche der Gesellschaft zu dominieren. So fern diese Vorstellung von der derzeitigen europäischen Wirklichkeit sein mag, da hier schon im Mittelalter eine äußerst diffizile Form der Zusammenarbeit zwischen Staat und Kirche gefunden wurde, so realistisch ist ein solches ‚theozentrisches' Modell in vielen islamisch geprägter Staaten. Die Rechtsordnungen vieler Staaten des Nahen und Mittleren Ostens sind so stark an die Vorgaben des Islam und dessen führende Schulen angelehnt, dass von einer Freiheit der Wissenschaft, der Religionen, ja auch der Medien und der Wirtschaft in Parsons' Sinne nicht gesprochen werden kann. Besonders plastisch werden diese Differenzen im Grundrechtsverständnis etwa der Meinungsfreiheit oder der Religionsfreiheit.

Doch auch bei uns ist die Gefahr der Herrschaft von Teilsystemen nicht gebannt, wie ich an einem weiteren heiklen Punkt gesellschaftlicher Entwicklung hierzulande erläutern möchte. Seit geraumer Zeit, vielleicht seit Anfang der 1990er Jahre, ist wahrzunehmen, dass der Teilbereich Wirtschaft einen immer größeren Stellenwert im gesellschaftlichen Gefüge einnimmt. Man spricht hier recht häufig von einer „Ökonomisierung der Gesellschaft". Paradigma dieser Entwicklung ist der angelsächsische aber auch der asiatische Raum, wo das wirtschaftliche Handeln seit jeher einen sehr umfassenden Zugriff auch auf die persönliche Lebensgestaltung hat. Die enormen Entwicklungsschübe, etwa die moderne Informationstechnologie, taten im Sinne der Globalisierung ihr Übriges dazu. Nun ist gar nicht zu verkennen, dass es im Sinne der Wettbewerbsfähigkeit eines exportorientierten Landes notwendig ist, den Anschluss an die Weltwirtschaft zu halten. Auch ist die Wirtschaft prädestiniert dazu, sich autopoietisch hervorzutun (s. o.). Und dennoch sehe ich die Gefahr, dass ein Primat der Wirtschaft gegenüber anderen Lebensbereichen zu einem Ungleichgewicht der Systeme führen kann.

Hierfür gibt es etliche Anzeichen. Exemplarisch sei erwähnt, dass zwar das wirtschaftliche Handeln fast ohne Schranken in Nanosekunden funktioniert – man beachte die Finanzströme an den Börsen –, dass aber der ordnungspolitische Rahmen mit dieser enormen Wirtschaftsentwicklung nicht Stand gehalten hat. Die Geschichte beispielsweise der Londoner City lehrt, dass dies zu einer Asymmetrie der Kräfte führen kann, in der etwa das System der Politik das Nachsehen hat. Es kann also bei aller Bedeutung des wirtschaftlichen Sektors nicht sein, dass am Ende ‚der Schwanz mit dem Hund wedelt' und die Politik atemlos einem wirtschaftlichen Handeln hinterherläuft, das seinerseits schon längst Fakten geschaffen hat. Hier scheint mir eine Korrektur im Sinne einer Ausbalancierung der Kräfte notwendig zu sein.

**These 2:**

*Das Kunststück einer gesellschaftlichen Entwicklung liegt in der gleichberechtigten und diskursiven Kommunikation ihrer Teilbereiche.*

Es ist kein Zufall, sondern eine äußerst stringente Entwicklung der Humanität, die zur Ausbildung der verschiedenen Säulen der Gesellschaft wie Recht, Wirtschaft, Wissenschaft, Politik, Religion und Medien geführt hat. Keine dieser Säulen ist überflüssig, keine verdiente es, von anderen als klein und unbedeutend abgetan zu werden. Im Gegenteil: Die entwickelte Gesellschaft erweist sich gerade darin, dass sie jedem ihrer Bereiche den ihm zustehenden Freiheitsraum zubilligt. Doch die Schaffung eines Freiheitsraum allein ist kein Garant für die erfolgreiche Integration der systemischen Teilbereiche. Da Systeme weitestgehend autonom handeln, müssen wir fragen, was denn nun über die Freiheit hinaus die erfolgreiche Koexistenz der Systeme bedingt. Hier nun scheint es mir interessant, die Systemtheorie Luhmanns mit der Diskursethik Jürgen Habermas' in Verbindung zu bringen. Schaut man sich nämlich die Staaten an, in denen die Säulen gleich einem goldenen Schnitt die Gemeinschaft tragen (Norwegen, Lettland, Ecuador), so wird ersichtlich, dass sie gleichberechtigt kommunizieren und systemische und ethische Aussagen geordnet und diskursiv einbringen.

Dennoch: vielleicht wäre man – gerade aus Sicht der Rechtswissenschaften – zunächst versucht, aus ordnungspolitischer Warte, dem Grundbereich des Rechtes eine Vormachtstellung einzuräumen. Man könnte beispielsweise die ausgezeichnete Stellung des Grundgesetzes oder die Unveräußerlichkeit der Menschenrechte als Argument hierfür anbringen. Diese Betrachtung der Dinge würde aber verkennen, dass auch die Rechtsordnung selbst auf Grundlagen beruht, die sie nicht geschaffen hat oder schaffen kann (Böckenförde). Die Entwicklung des Rechtes ist also keine creatio ex nihilo; sie unterliegt gesellschaftlichen Entwicklungen, die etwa aus dem Bereich der Politik oder aus dem der Wissenschaft herrühren. Die Debatte über die Sterbehilfe bietet eine Verbildlichung dieser Kausalität. Eindeutig zeigt sich hier, dass das Gesetz nicht per se Standards schaffen kann. Es bedarf eines Dialogs, der ethische und wissenschaftliche Gesichtspunkte miteinbezieht um zu verstehen, was Gesetz werden kann.

Nimmt man also an, dass die Säulen sich gegenseitig zur Stabilität gereichen, zeigen besonders ausgewogene Gesellschaften, wie das Equilibrium der Systeme erreicht werden kann. Neben der Idee der Autopoiesis, ist es die Kommunikation zwischen und innerhalb der Systeme, die garantiert, dass die Selbst-Reproduktion funktioniert und überzogenen Herrschaftsfantasien verhindert werden. Insbesondere Extremsituationen zeigen dabei, wie gut die Systeme die Ethik eines diskursiven Dialogs verinnerlicht haben. Ein eindrückliches Beispiel hierfür sind die Terroranschläge in Norwegen im Jahre 2011 in Oslo und auf der Insel Utøya. Im Angesicht einer solchen Katastrophe interagierten die Säulen der norwegischen Gesellschaft auf beeindruckende Weise um die Trauer zu mildern und gleichzeitig nötige Konsequenzen zu ziehen. Die Zusammenarbeit der Säulen in Norwegen hat weltweit Beachtung gefunden und so gezeigt, wie eine offene Gesellschaft mit großen Herausforderungen umzugehen lernt. Hier sei deshalb selbstkritisch angemerkt, dass die Reaktionen in Deutschland auf die Anschläge der Zwickauer Terrorzelle NSU weniger austariert wirkten. Dennoch zeigt auch Deutschland mit einem lebendigen Dialog in Funk, Fernsehen und Internet im Allgemeinen ein hohes Maß an sachlicher Auseinandersetzung zwischen den Säulen.

Die beiden Beispiele zeigen, dass stete, diskursive Kommunikation eine Balance der Systeme erreichen kann. Dies ist ein anstrengender und zeitaufwendiger, auch teurer Prozess; er ist aber im Sinne der modernen, pluralen Gesellschaft nicht zu hinterfragen. Mir als Theologen stellt sich an diesem Punkt die Frage, worin genau die Aufgabe der Religion in diesem Prozess liegt. Zugespitzt möchte ich fragen: wie kann das Christentums in diesem gesellschaftlichen Gefüge im Dialog mit den anderen Sektoren bestehen? Diese Frage soll mich nun zu These 3 führen.

**These 3:**

*Die Gestaltungskraft der Religion hat sich in ihrer Dialog-, Konflikt- und Anschlussfähigkeit an andere Säulen der Gesellschaft bewiesen.*

Da an diesem Punkt die notwendigen theoretischen Grundlagen gelegt sind, soll nun die Säule des Christentums beleuchtet werden. Dabei möchte ich bewusst die deutsche Entwicklung reflektieren. Denn die Funktionsweise des Christentums wird dann besonders konkret, wenn eruiert wird, wie das Christentum mit den anderen vier großen Systemen unserer Gesellschaft kommuniziert: dem Recht, der Wirtschaft, der Wissenschaft und der Politik. Es wird sich dabei zeigen, dass die Religion in den letzten Jahren ihre Verantwortbarkeit durch Dialog-, Konflikt- und Anschlussfähigkeit unter Beweis gestellt und sich von diesem Pfad nicht abbringen lassen sollte. Und so möchte ich im Folgenden einige Hoffnungen für das Verhältnis der Systeme in den kommenden Jahren aufzeigen.

### 3.1 Religion und Recht

Schon die Entstehung der Grundgesetzes der Bundesrepublik lässt erkennen, in welch hohem Masse den Müttern und Vätern der Republik an einer Integration religiösen, genauer damals: jüdisch-christlichen Gedankenguts gelegen war. Nach der Katastrophe des sogenannten Dritten Reichs bestand Konsens darin, dass eine Rückbesinnung auf die innersten Werte und Normen des Abendlandes unabdingbar war. Die Orientierung an den Menschenrechten, die klare demokratische Ordnung (einst mühsam gegen die Kirchen errungen), die positive Religionsfreiheit: all das waren Errungenschaften der Weimarer Zeit, aber auch eine pointierte Neuformulierungen zur Stunde Null. Seither ist dieser lebendige Dialogprozess zwischen Religion und Recht in Deutschland nicht abgebrochen; im Gegenteil, er hat sich in immer neuen Gesetzen und Urteilen zum Verhältnis von Recht und Religion niedergeschlagen.

Zu erinnern sei an dieser Stelle etwa an das ‚Kruzifix-Urteil' oder an die Stellung des Religionsunterrichtes als ordentliches Lehrfach in den Schulen. Dass die Auseinandersetzung mit diesen Themen bei weitem nicht vorgestrig ist, zeigt die Debatte über Multireligiosität. Wie und wenn ja unter welchen Bedingungen lässt sich denn etwa ein Schulfach Islam an einer öffentlichen Schule verorten? In welcher Sprache? Mit welchen Lehrkräften und welchem Curriculum? Die Notwendigkeit sich hier noch einmal ganz neu den gewachsenen Anforderungen zu stellen, liegt auf der Hand. Denn wirkliche Integration von Menschen mit Migrationshintergrund lässt sich nur dann bewerkstelligen, wenn neben dem konstitutiven Spracherwerb der Einzelne auch als homo religiosus anerkannt wird.

### 3.2 Religion und Wirtschaft

Gemeinhin werden gerade diese Bereiche kaum mental miteinander verknüpft. Für viele Menschen ist Religion Privatsache – die Wirtschaft gehorcht anderen

Gesetzen. Dass beides falsch ist, hat schon der Jurist und Theologe Martin Luther in einer Reihe von Schriften zur Wirtschaftsethik wunderbar bewiesen. Zusammenfassend könnte man sagen: Die Wirtschaft ist für den Menschen da – und nicht der Mensch für die Wirtschaft. Dass dies keine Plattitüde ist, zeigt sich jeden Tag aufs Neue, wenn etwa junge Familien versuchen, ihren Alltag von Erziehung und Beruf unter einen Hut zu bringen. Die Tatsache, dass Deutschland europaweit, ja sogar weltweit in seiner Generativität die Schlussplätze belegt, spricht Bände.

Eine wirkliche Integration von Familie und Beruf scheint mir trotz aller Versuche im politischen Raum noch in den Kinderschuhen zu stecken. Nach wie vor fällt es vielen Paaren außerhalb des öffentlichen Dienstes ausgesprochen schwer, nach einer angemessenen Kinderpause wieder ins Erwerbsleben einzusteigen. Zwar verkünden die farbigen Unternehmensbroschüren anderes – aber in der Realität lässt sich ein angemessener fachlicher Wiedereinstieg häufig nicht realisieren. Wenn also aus der Sicht theologischer Ethik Generativität einen hohen Wert darstellt, der zudem vom Grundgesetz gestützt wird, dann liegt hier ein erhebliches Konfliktpotenzial, das auch entsprechend ausgesprochen und bearbeitet werden sollte.

### 3.3 Religion und Wissenschaft

Der Dialog der Religionen mit der Wissenschaft scheint mir gleich in mehrfacher Hinsicht von besonderer Zukunftsbedeutung zu sein. Zum einen weil längst nicht alle Religionen überhaupt eine wissenschaftliche, historisch-kritische Theologie für sich entwickelt haben. Gerade dieses kritische Gegenüber im eigenen Hause – in Europa etwa zwischen Universitätstheologie und Kirchen – scheint mir besonders fruchtbar und zielführend zu sein. Zum anderen weil gerade im Dialog mit den Wissenschaften so viel Potenzial an Erkenntnis liegt. Es scheint kein Zufall zu sein, dass etwa die Dialogtagungen zwischen Kirche und Naturwissenschaften an den Evangelischen Akademien regelmäßig überbucht sind. Die Fragen nach dem Schöpfungsverständnis, aber z. B. auch medizinethische Fragestellungen bewegen die Menschen und lassen sich nicht einseitig in der einen oder anderen Weise beantworten. Festzuhalten ist deshalb, dass für die Religionen, Kirchen und die theologische Wissenschaft an einem Dialogprozess mit anderen Disziplinen kein Weg vorbeigeht. Ich würde mir wünschen, dass dieses Gespräch auf Augenhöhe intensiviert würde.

### 3.4 Religion und Politik

Zu diesem zentralen Sachverhalt wurden unter These 1 schon einige Ausführungen gemacht. Festhalten möchte ich hier noch einmal: es geht nicht um eine Vermischung der beiden Sektoren, etwa im Sinne einer politisierten Religion oder um eine theozentrische Politik islamischer Staaten oder auch um eine ‚civil religion' amerikanischer Provenienz, sondern um eine sach- und wertebezogene Auseinandersetzung beider Bereiche. Interessanterweise nehme ich aus der kirchenleitenden Position wahr, dass es in den vergangenen Jahren gerade in diesem Feld eine Fülle von neuen Gesprächsansätzen gegeben hat. Eine Reihe von politischen Verantwortungsträgern engagiert sich etwa im synodalen Zusammenhang, es gibt Gesprächskreise auf lokaler, regionaler und Landesebene. Die alten Vorurteile scheinen mehr und mehr der Vergangenheit anzugehören; man sucht das konstruktive Gespräch.

Mit dieser Aussicht auf stete Besserung des Verhältnisses der Säulen unserer Gesellschaft möchte ich nun zum Schluss kommen. Über die Jahren hat die westliche Welt ein tiefes Verständnis über die Arbeitsweise ihrer gesellschaftlichen Systeme erlangt. Dieses Verständnis sollte nicht in Vergessenheit geraten. Unsere Säulen brauchen Autonomie, aber auch ein Interesse aneinander. Nur so kann sichergestellt werden, dass Kommunikation diskursiv stattfindet und jedes System seine Stärken einbringen und sich weiterentwickeln kann. Ich werde meinen Beitrag primär für die evangelische Kirche leisten und freue mich auf spannende Gespräche mit anderen Säulen, insbesondere im politischen und wirtschaftlichen Raum.

# Feindliche Brüder?
# Die Aufarbeitung von Nationalsozialismus und Kommunismus als Gegenwartsaufgabe

Michael Wolffsohn

**Reineke Fuchs**

Grimbart der Dachs zu seinem Oheim Reineke Fuchs, im Achten Gesang:
*Kleine Diebe hängt man so weg, es haben die großen
Starken Vorsprung, mögen das Land und die Schlösser verwalten.
„Sehet, Oheim, bemerk' ich nun das und sinne darüber,
Nun, so spiel' ich halt auch mein Spiel und denke daneben
Öfters bei mir: es muss ja wohl recht sein; tun's doch so viele!
Freilich regt sich dann auch das Gewissen und zeigt mir von ferne
Gottes Zorn und Gericht und lässt mich das Ende bedenken.
Ungerecht Gut, so klein es auch sei, man muss es erstatten"
Und da fühl' ich denn Reu' im Herzen; doch währt es nicht lange.
Ja, was hilft dich's, der Beste zu sein, es bleiben die Besten
Doch nicht unberedet in diesen Zeiten vom Volke.*

Nein, ich habe das Manuskript nicht verwechselt. Ich spreche über „Feindliche Brüder. Die Aufarbeitung von Nationalsozialismus und Kommunismus als Gegenwartsaufgabe".

## I. Das Grundsätzliche

Ich möchte über das Grundsätzliche reden, nicht (jedenfalls nicht nur) über Nationalsozialismus und Kommunismus, die Dimensionen ihrer jeweiligen Schrecken, Entnazifizierung und Ent-Kommunistierung, die Vergleichbarkeit oder Unvergleichbarkeit jener Unrechts-, jawohl, Verbrecherregime.

Worum geht es bei der „Aufarbeitung" von Nationalsozialismus und Kommunismus? Abstrakt und grundsätzlich um ein Menschheitsproblem. Schuld und Sühne, Sühne nach der Schuld. Sühne ja, Sühne nein? Vergessen ja, vergessen nein? Vergeben ja, vergeben nein? Wiedergutmachung für die Opfer ja oder nein; wer, wem, was, wie, wie viel, wie lange?

Nicht nur Germaniens Großmeister Goethe wusste (und sagte mit unvergleichlich humoristischer Leichtigkeit und Tiefe – „Humor ist, wenn man trotzdem lacht"), dass „große Diebe" bzw. Großschurken, wenngleich und nachdem ertappt, weiter *„das Land und die Schlösser verwalten."*

Wer dächte nicht unverzüglich an (symbolisch-bildhaft, versteht sich), „unsere" heutigen „Groß-Diebe", die zwar nicht Schlösser, wohl aber das Land oder Teile des Landes nachnazistisch oder nachkommunistisch verwaltet haben oder gar noch verwalten: Postnazistisch die Globkes und die Oberländers, postkommunistisch die großen und die kleinen Stolpes, die großen und die kleinen Gysis sowie die vielen IMs und ihre Brüder und Schwestern in Geist, Wort, Bild, und Tat. Sie alle gehörten oder gehören (manche, o je, sagen „bereichern") unser Leben in Politik, Gesellschaft, Wirtschaft, und Kultur.

So manches Schwert des Nationalsozialismus und Kommunismus wurde keine Pflugschar, aber wechselte die Scheide: nach dem NS-Ende schlüpften Wehrmachts-, Gestapo- oder SS-Täter in BND-, MAD-, Polizei- oder Bundeswehrkleidung oder spiegelbildlich Stasi-, Volkspolizei- und NVA-Gewänder. Vergleichbar der Gewandwechsel nach der Wende von 1989/90. Schuld? Ja. Sühne? Nein. Gewissen? Was wissen wir? Ich fürchte: nein. Zumindest nicht nach außen erkennbar. Statt dessen Ausflüchte, Flucht aus der Schuld, die angeblich keine war, weil man doch nur das Beste wollte und „alle liebte". Mit gutem Gewissen (oder doch mit schlechtem?) lebten jene Volksgenossen und Genossen weiter und genossen ihr Leben, wie Grimbart der Dachs in „Reineke Fuchs". Gar mancher dieser Dachse, besser: Böcke wurde Gärtner.

## II. Von Böcken und Gärtnern

Diese Gärtner wissen sehr wohl, dass sie Böcke sind – weil die Norm gilt, selbst wenn auch andere Gärtner, die vorher keine Böcke waren, darüber – aus welchen Gründen auch immer – hinwegsehen.

Ich nenne zwei Beispiele hierfür aus meinem deutlich begrenzteren persönlichen und familiären Erfahrungs- und Erlebnisbereich: der deutschjüdischen Welt.

Mein Großvater Karl Wolffsohn war einer der Pioniere der deutschen und europäischen Filmpublizistik. Sein Eigentum wurde von 1933 bis 1939 vielfach geraubt. „Arisiert", nannte man das damals. Nach diesem „Damals", ab 1949, kehrte Karl Wolffsohn zurück, um das Geraubte zurückzuerlangen. Die Bundesrepublik Deutschland, so Karl Wolffsohn, wolle ein Rechtsstaat sein, und ein Rechtsstaat erstatte Raubgut zurück. Er bekam – ganz „legal", versteht sich – nur einen Bruchteil. In der Frühphase der Selbstamnestierung der braunen Justiz war die einst arisierende Dresdner Bank so sieges- und selbstgewiss, dass sie gegen meinen Großvater denselben „Rechts-"anwalt an die Rechtsfront schickte, der 1933/34 die Arisierung so erfolgreich über die braune Bühne gebracht hatte. Im Vergleich zu den Verbrechen in der NS-Makrowelt wäre dieses Beispiel aus meiner familiären Mikrowelt zu vernachlässigen – gäbe es da nicht die erst kürzlich veröffentlichte „wissenschaftliche Aufarbeitung" der Dresdner Bank im Dritten Reich. In zwei der insgesamt fünf Bände wird die Arisierung von Karl Wolffsohn „analysiert" und interpretiert. Ganz so unbedeutend kann dieses Beispiel also nicht gewesen sein. Erstaunlicherweise (oder doch nicht?) fiel dem ausgewiesenen Historiker der sogenannten „Wiedergutmachung" nicht einmal auf, dass mit jenem Rechtsanwalt der Bock zum Gärtner gemacht wurde. Sowohl der Wiedergutmachungs- als auch der Arisierungs-Historiker stützten sich fast ausschließlich auf Dokumente der Dresdner Bank. Souverän verzichteten beide auf Historisch-Elementares: die Gegenüberlieferung, hier: die Gegenüberlieferung von Karl Wolffsohn. Soll ich noch erwähnen, dass der mit diesem Projekt betraute wissenschaftliche Leiter, der Kollege Henke, vom damaligen Präsidenten des Zentralrates der Juden in Deutschland, Ignatz Bubis, vorgeschlagen wurde und somit den Koscher-Stempel erhielt? So koscher war dieser Entscheidungsvorgang, dass Ignatz Bubis von der Dresdner Bank für diesen wissenschaftlich, fachmännischen Rat mit 300.000 D-Mark be- und entlohnt wurde. So werden Böcke zu Gärtnern und Gärtner zu Böcken.

Im Rahmen der Recherchen für meine Bücher „Die Deutschland-Akte" und „Meine Juden – Eure Juden" stieß ich auf andere Böcke, die andere Gärtnereien betrieben. Ich rede von Dr. Peter Fischer und Professor Dr. Hermann Simon.

Ohne Karriereknick gelang beiden der Übergang von der DDR zur Bundesrepublik.

Obwohl DDR-Spitzenjude („Spitze"?) gab Dr. Peter Fischer noch im August 1989 unter „Glaubensbekenntnis" die Antwort „ohne". Ohne Jude zu sein, arbeitete Peter Fischer im jüdischen Spitzenverband und repräsentierte die Juden seines Landes – wie Jahre später Stephan Kramer, der heutige Generalsekretär des Zentralrates der Juden in Deutschland. Erst Judenvertreter, dann Jude. Eine bemerkenswerte Variante von Glaubwürdigkeit und Moral.

Zurück zu Doktor Peter Fischer. Noch im August 1989 sagte er der Stasi, er habe aus „politisch-ideologischer Überzeugung" mit dem MfS zusammengearbeitet.[1] Peter Fischers „ehrenamtlicher" Einsatz für die Stasi wurde am 19. Dezember 1989 ordentlich „beendet". Auch in der Revolution muss Ordnung sein. Zuvor hatte ihm Schwert und Schild der Partei in der „Beurteilung" vom August 1989 den scheinbar heillosen Siegerkranz geflochten: „Der IM arbeitet aus Überzeugung mit dem MfS zusammen. Er steht fest zu den Zielen der Partei ... ist kämpferisch ... nicht immer bequem ... Wahrheitsliebend, stark gefühlsbetont, sensibel." Das MfS als Ort und Hort der Sensiblen. So haben wir uns das schon immer vorgestellt.

---

[1] Belege Michael Wolffsohn, Meine Juden – Eure Juden, München/Zürich 1997, S. 156.

Der sensible Mann wechselte 1990 vom Sekretär des Präsidenten im „Verband der (DDR-)jüdischen Gemeinden" zum Leiter der Berliner Außenstelle im Zentralrat der Juden in Deutschland, vom IMS „Frank", zuvor „Jan" und noch früher IM „René" bis zu seiner rechtsstaatlich makellosen Pensionierung zum „Gedenkstättenreferent" im jüdischen Zentralrat. Die Metamorphose vom Bock zum Gärtner. Klassisch. Hier ward's Ereignis, das Ewig Unmoralische zieht uns hinab – und die positionell moralisierende Stufenleiter hinan. Besonders Gedenkstättengestalter in Sachsen und Sachsen-Anhalt kamen in den Genuss der Kostproben seiner Sensibilität, seines Könnens, Wollens, Moralisierens. Auch auf Bundesebene gierte man nach seiner Moral. Er zierte sich nicht.

Die Bundeszentrale für politische Bildung kam im Juni 2007 – 1997 hatte ich Peter Fischer in „Meine Juden – Eure Juden" als IM enttarnt – im Juni 2007 kam also die Bundeszentrale für politische Bildung auf den sinnigen Gedanken, dem Bock-Gärtner folgende Frage zu stellen:

„Wie würden Sie sich die Erinnerungskultur in Deutschland wünschen?"

Natürlich gab Peter Fischer eine, nein, „die" passende Antwort: „Sie sollte nicht so in einfachen Dimensionen ausgerichtet sein ... Man muss bei all diesen Unrechtskomplexen unterscheiden, ob stalinistische Gewalt, Gesellschaftsverbrechen, Staatskriminalität der DDR oder die Rassenideologie der Nationalsozialisten. Das sind unvergleichliche Dimensionen ... Eine solche komplexe Geschichtssicht würde meiner Vorstellung von Erinnerungspolitik eher entsprechen als einen deutschen Topf aufzumachen, jetzt ist alles Totalitarismus und das ist alles Gewaltherrschaft. Dies ist Verklärung von Geschichte, genau das ist Gegenteil von dem was wir brauchen."[2]

Totalitarismus als „Verklärung"? „Humor ist, wenn man trotzdem lacht." Moral ist, wenn man Moralisierern trotzt.

Professor Doktor Hermann Simon, stellvertretender Vorsitzender der – natürlich – stasifizierten Jüdischen Gemeinde Ost-Berlins, war kein Stasimann, aber in der End-DDR der wohl einflussreichste und wichtigste, weil kenntnisreichste juden- und israelpolitische Ratgeber von Staat und Partei. Trotz seiner Verbindungen zu den Oberen des Roten Deutschlands, klopfte Hermann Simon im Frühjahr 1989 – nach den gefälschten Kommunalwahlen – an die Rotlicht-Türen der Stasi.[3]

Nach der Wiedervereinigung wurde er zeitweise Vorsitzender der Repräsentantenversammlung der Jüdischen Gemeinde zu Berlin und, wichtiger, Direktor des Centrum Judaicum. Er blieb, nun gesamtdeutsch und international, einflussreich.

---

[2] http://www1.bpb.de/themen/J8SRWP,0,Umgang_mit_der_Shoa_in_der_DDR.html, Abruf, 12.2.2010.

[3] http://www.focus.de/politik/deutschland/ddr-der-goldene-fusstritt_aid_168711.html (17.2.2010).

So blieb es, weil er blieb – auch nach und trotz seiner Enttarnung als Stasiklinkenputzer. Kein Gedenken, keine Feier ohne Simon. Natürlich war er dabei, als Bundespräsident Horst Köhler am 26. Januar 2010, zu Ehren von Israels Staatspräsident Shimon Peres im Schloss Bellevue Amts- und Würdenträger unseres Landes zu einem ein festlichen Abendessen einlud. Dass wir uns mieden und nicht die Hand gaben, wurde sicher eher mir als Hermann Simon protokollarisch und moralisch angekreidet.

Moral bleibt Moral. Das gilt natürlich auch für den Direktor der Stiftung Bayerische Gedenkstätten, den stellvertretenden Vorsitzenden der CSU-Fraktion im Bayerischen Landtag, Karl („Charly") Freller. Ihm untersteht die KZ-Gedenkstätte Dachau. Freller dankte der tüchtigen, ehemaligen Gedenkstättenleiterin auf seine Weise: Die Dame hatte am letzten Arbeitstag vor ihrem wohlverdienten Ruhestand ohne Genehmigung ihre Dienst-Festplatte löschen lassen. Das Strafgesetzbuch sieht für solche Kavaliersdelikte eine Haftstrafe bis zu zwei Jahren vor. Freller fand diese und andere materielle Ungereimtheiten „not amusing" und ließ den Vorgang – erst nach massiver öffentlicher Aufforderung – untersuchen. Die Untersuchung ward schnellstens abgeschlossen – Punkt, Punkt, Punkt. Endpunkt der Aufarbeitung? „Aufarbeitung"?

### III. „Amnestie"

Von der Mikro- zur Makroebene der politischen Moral, vom Heute zum Vorvorgestern, in die Antike:

„Amnestia" = vergessen, vergeben. Dieses erste Vergessen, diese erste „Amnestie" der Weltgeschichte wurde den im Peloponnesischen Krieg 404 v. u. Z. unterlegenen und besetzten Athenern von den spartanischen Besatzungstruppen aufgepropft. Dieses vermeintliche, weil machtpolitisch verfügte Vergessen war gedacht als funktionaler Kitt der gespaltenen Athener Gesellschaft. Funktionaler Kitt, kein moralischer Konsens. Der war unmöglich, denn unversöhnlich standen sich in Athen Anhänger der oligarchischen Schreckensherrschaft und Demokraten gegenüber. Ein moralischer Konsens der Athener war so realistisch wie ein Konsens zwischen Heinrich Himmler und Sophie Scholl, Markus Wolf und Jürgen Fuchs. Wer uns heute das Amnestie-Modell der antiken Athener empfiehlt erinnere sich daran, dass der weise, große, gütige Sokrates 399 v. u. Z. zwischen die Amnestiefronten geriet und den Schierlingsbecher trinken musste. Weder nach 1945 noch nach 1989 hatten wir einen Sokrates. Wie schade. Aber es gab auch keinen Schierlingsbecher. Wie gut.

Auch die klassische Amnestie lehrt: Sie ist kein Modell sogenannter Aufarbeitung. Kitt wirkt mechanisch, Konsens mental, und ohne Mentales keine Seelenmedizin und ohne Seelenmedizin kein innerer Friede, weder individuell noch kollektiv.

Eher Modellhaftes zum Umgang mit Verbrechern nach ihrem Verbrechen finden wir – finde ich – im Alten Testament, in der Geschichte vom Brudermörder Kain. Kein Vergessen für Kain, sagt die Bibel. Weder Kain noch seine Umwelt kann, darf, will vergessen. Doch sei kein Mensch so vermessen, als Quasi-Gott einen anderen tödlich zu richten. Deshalb das zugleich stigmatisierende wie schützende Kainszeichen. Es stigmatisiert, indem es signalisiert: „Seht her, das ist er, der Brudermörder Kain. Es schützt, indem es Kain körperlich unangreifbar und zugleich resozialisierbar macht. Wer redet da vom Alten Testament als „Buch der Rache" ...?

## IV. Rot = braun?

1945/1989. Unendlich oft wurde darüber gestritten, ob „Rot = Braun" gelte, ob man Rot und Braun miteinander vergleichen könne, ob das Vergleichen relativierte und so weiter und so weiter. Der bedeutende Moralist und Historiker Dr. Peter Fischer warnte uns bekanntlich vor diesem historischen Eintopf.

*Wir* müssen uns nicht davon überzeugen, dass die Aufarbeitung von Nationalsozialismus und Kommunismus eine Gegenwartsaufgabe ist, wohlgemerkt von Nationalsozialismus *und* Kommunismus. *Wir* müssen uns nicht davon überzeugen, dass Nationalsozialismus *und* Kommunismus als Staat Unrechtsstaaten, Diktaturen, waren und millionenfach Mord und Verbrechen begingen.

Welche der beiden Diktaturen Rang eins der Verbrecherliste zukommt, mag diejenigen interessieren, die, wie im Sport, nur in Tabellen denken und werten. Jedes Opfer ist ein Opfer zu viel, Unrecht ist Unrecht, Unmoral Unmoral, Verbrechen Verbrechen, Mord Mord. Dem jeweiligen Opfer ist es gleichgültig, ob es vom größten oder zweitgrößten Verbrecher der Weltgeschichte erniedrigt, verfolgt oder ermordet wird.

Vermeintlich objektive Tabellenplatzierungen historischer Akteure von gestern arten im Heute zu ideologischen Schlachten aus. Aus Augen und Sinn gerät dabei das Grundsätzliche, die Frage nach Moral und Anstand im staatlich gesellschaftlichen Alltag der Menschen.

## V. „Aufarbeitung"

Vorsicht ist geboten, wenn man über die „Aufarbeitung" deutscher Geschichte spricht. „Aufarbeitung", das klingt wie „Arbeitsbeschaffungsprogramm" oder „abarbeiten". „Arbeit" und deutsche Geschichte: Wer schlüge nicht schnellstens die Gedankenbrücke zu „Arbeit macht frei"? Ein „Abarbeiten" deutscher Geschichte dieses verbrecherischen Sinnes kann und darf, nicht gemeint sein; ist nicht gemeint und obwohl nicht gemeint, eben schnellstens gedacht. Deshalb Vorsicht bei der Anwendung des Begriffes „Aufarbeitung" der Geschichte, erst recht in „volkspädagogischer" Absicht.

Arbeit ist ein hoher, begehrter Wert, vor allem, wenn man keine Arbeit hat. Wer irgendeine Arbeit hat, ist mit dieser Arbeit oft unzufrieden und nennt sie abschätzig „Maloche", was so viel heißen soll wie „Drecksarbeit" oder, kürzer und genauer: „ein Dreck".

„Maloche" kommt aus dem Jiddischen, und dieses jiddische Wort hat einen hebräischen Ursprung: „Melacha", die Arbeit. Und zwar „Arbeit" ohne negative Schwingung und Stimmung. Im Gegenteil, Melacha, die Arbeit, hat im Hebräischen denselben Wortstamm wie „Malach", auf deutsch: Engel. Woraus wir lernen, dass Arbeit in der jüdischen Tradition nie Maloche, sondern immer Broche = Segen war. Womit wir unverzüglich himmlische bzw. metaphysische Gefilde erreicht hätten.

Das ist kein Zufall, denn das sogenannte Aufarbeiten von Geschichte hat nicht nur empirisch weltlich rechtliche, sondern auch moralisch naturrechtliche und nicht zuletzt metaphysisch religiöse oder quasi religiöse bzw. fundamentalwertige Dimensionen. Aufarbeitung von Geschichte, das Aufarbeiten des Gestern, wird im Heute vollzogen – fürs Morgen, Übermorgen, auf Dauer, manche meinen sogar für zeitlose, ewige Werte. Um an „Ewige Werte", an Fundamentalwerte der mitmenschlichen Gesellschaft zu glauben, muss man kein gottesgläubiger Mensch sein.

## VI. Fundamentalwerte

### *1. Göttliches Recht als Recht plus Gerechtigkeit*

Im jüdischen Gebet heißt es und zum Beispiel bei Beerdigungen sagt man es: „Gott hat gegeben, Gott hat genommen, der Name Gottes sei gepriesen." *Gott hat gegeben und Gott hat genommen.* Das bedeutet: *Kein Mensch* hat das Recht, eines anderen Menschen Leben zu nehmen. Folgerichtig heißt es in den Zehn Geboten „Du darfst nicht morden". (Übrigens „du darfst nicht morden" und nicht, wie Luther falsch übersetzt „du sollst nicht töten".)

Man muss kein gläubiger Mensch sein, um dieses Gebot zu erfüllen. Doch sowohl Gläubigen wir Nichtgläubigen ist es in der Menschheitsgeschichte bislang nicht gelungen, dieses Gebot umfassend zu erfüllen. Es als göttliches Gebot oder als sittliche Norm dauerhaft zu sichern und durchzusetzen, ist keineswegs nur die Aufgabe der Religion und Religiösen, es ist unser aller Aufgabe, gegenüber dem herkömmlichen wie dem – für uns entscheidend – politischen Mörder. Diktaturen haben das Mordverbot systematisch verletzt, verhöhnt, verachtet.

Laut Karl Jaspers ist Instanz des göttlichen Rechtes Gott. Ja, aber ich füge hinzu: Ohne Gott zu sein, kann, darf, muss der Mensch in der zuvor beschriebenen Weise das auch von Atheisten nachvollziehbare Gottesrecht durch Natur- und Menschenrecht ergänzen.

## 2. Naturrecht als Gerechtigkeit

Instanz der naturrechtlichen Moral und Norm ist das Gewissen. Sie zielt nicht auf Gott, sondern die Gerechtigkeit für Menschen, von Menschen, durch Menschen.

Wie der gemeine Mörder rechtfertigt der politische Mörder seine Tat nach Kräften, nach außen und nach innen, vor sich selbst. Doch in seinem Innersten weiß der Mörder: Ich habe gemordet und gegen Moral und Normen verstoßen. Das Mordopfer wird dadurch nicht wieder lebendig, doch die Kraft der Norm signalisiert dem Mörder: „Du hast dich selbst aus der Gemeinschaft der menschlichen Menschen ausgeschlossen." Das Mordopfer ist tot, doch im Innersten des Mörders bleibt es lebendig.

Naturrechtlich wurde die Unverletzlichkeit des Menschenlebens durch den großen John Locke begründet, einen der geistigen Väter der aufgeklärt-demokratischen Gesellschaft. Kein Mensch dürfe sich am Leben, der Freiheit und dem Eigentum eines anderen Menschen vergreifen. „Life, liberty and property".

Life, liberty and the pursuit of happiness – Leben, Freiheit und das Streben nach Glück – so 1776 die Unabhängigkeitserklärung der USA, seien „unalienable rights", unaufgebbare Rechte, des Menschen und damit der Menschen, also der Menschheit. Dieses unaufgebbare Menschenrecht ist allen Menschen einerseits gegeben und andererseits zugleich aufgegeben.

„We hold these truths to be self-evident, that all men are created equal, that they are endowed by their creator with certain unalienable Rights, that among these are Life, Liberty and the pursuit of Happiness."

Wohlgemerkt, die Schlüsselworte – Rights, Life, Liberty, Happiness – sind groß geschrieben,

Life, das erste Wort. Womit Natur- und Gottesrecht („Du sollst nicht, darfst nicht morden") zusammengeführt wären.

Individuell sind Leben und Streben nach Glück auch in Diktaturen möglich. Im Dritten Reich, in der DDR, unter Franco, Stalin, Mao oder Pol Pot wurde von so manchen so mancher Alltag genossen. Von den Genossen ohnehin genossen. Auch von Anderen. Sie liebten, sie lachten, hatten Freude und Freunde und Kinder und Kollegen. Aber hatten sie Freiheit? Manchen fehlte sie nicht.

Und jene, denen sie fehlte? Hans und Sophie Scholl zum Beispiel oder unserem unvergessenen Jürgen Fuchs oder Michael Gartenschläger und, und, und?

Und diejenigen, die im Dritten Reich keine Volksgenossen sein wollten oder durften und um ihr Leben – Life – bangen mussten, auch um ihr Eigentum. Frei waren sie ohnehin ab 1933 nicht mehr.

Nicht alle Deutschen mussten ab 1933 so leiden wie die Juden. Doch Bert Brechts „Furcht und Elend des Dritten Reiches" verdeutlicht die Allgegenwart der Gefahr für Leib und Leben und Eigentum, von Freiheit ganz zu schweigen.

Verrat war ebenfalls allgegenwärtig. Siehe wieder Brecht „Furcht und Elend des Dritten Reiches" oder in der DDR: Konnten Ehepartner einander vertrauen? Und wenn sie einander vertrauten, war das Vertrauen gerechtfertigt? Nein, wenn man zum Beispiel an das Schicksal von Vera Lengsfeld oder Ulrich Mühe denkt.

Wem das alles erspart blieb, konnte sogar „glücklich" sein. Bis weit in die 1950er Jahre hielten die meisten Bundesbürger die Jahre von 1933 bis 1939 für die besten im 20. Jahrhundert, und wer die blühende Ostalgie kennt, fühlt sich an jene BRDler erinnert. „Nichts Neues unter der Sonne." „Menschliches, allzu Menschliches".

Den Verzicht auf Freiheit verschmerzen viele lange, und sie wähnen sich dabei oder danach sogar glücklich. Sie übersehen, dass dem Verlust der Freiheit der Verlust von Leib und Leben und Eigentum irgendwann folgt, folgen kann und in der Geschichte vielfach gefolgt ist.

### 3. Menschenrecht: Recht als Justiz – mit Justizirrtümern

Bei der „Aufarbeitung" von Unmoral und Unrecht ist beim göttlichen Recht Gott die Instanz, beim Naturrecht das Gewissen. Beim menschengesetzten Recht, dem positiven, physischen Recht, ist das Gericht die Instanz. Die Akteure sind Richter.

Naturrecht strebt nach Legitimität, von Menschen gesetztes Recht ist Legalität und diese nicht selten alles andere als legitim.

Die historische Erfahrung lehrt nicht nur bezüglich der Aufarbeitung von Nationalsozialismus und Kommunismus: „Irren ist menschlich". Richter sind bekanntlich Menschen, und an manchen dieser Menschen wird man irre, weil sie irren oder auch weil der Menschen Gesetze zwar Recht aber nicht immer, gar selten Gerechtigkeit oder – greifen wir hoch und am höchsten – göttliche Rechtschaffenheit schaffen.

Auch in Unrechtsstaaten gibt es gesetztes Recht, Gesetze. So auch im Dritten und Stalins und Kim Jong Ils Reich, natürlich auch in der DDR.

### 4. Der Doppelstaat

„Doppelstaat". Das ist die Kennzeichnung des „Rechts"wesens von Unrechtsstaaten. Ernst Fraenkel hat den Begriff geprägt und auf das NS-Regime bezogen. Im Bild ausgedrückt: Taschendiebe werden nach „Recht und Gesetz" bestraft. Belohnt und „rechtlich" nicht belangt werden politisch bestimmte und bedingte, gedungene Mörder und Massenmörder.

Wer Obst oder Gemüse stiehlt, kommt hinter Schloss und Riegel, Auschwitz, Gulags, Hohenschönhausen oder Schießbefehl gehören nicht zum Rechtskodex. Ihre Existenz wird amtlich sogar bestritten. Sie sind faktisch vorhanden, sie werden von den Lenkern und Henkern des jeweiligen Unrechtsstaates als „gerecht" und somit als „höheres Recht", als quasi Naturrecht, empfunden und begründet.

(Ich weiß, Auschwitz, Gulags und Hohenschönhausen waren unterschiedliche Kreise der Hölle, aber sie waren die Hölle.)

Legitimität (als „Gerechtigkeit") und Legalität (als Recht) stehen, historisch betrachtet, oft in einem dramatischen Spannungsverhältnis. Besonders in Diktaturen. Gesetze einer Diktatur beinhalten auch Recht. Dass gesetzte, legale Recht der Diktatur ist naturrechtlich Unrecht, also illegitim, denn es hebt das unaufhebbare Menschenrecht auf Leben, Freiheit und meist auch Eigentum auf. Wo und wenn es den Taschendieb bestraft, ist es auch naturrechtlich gerecht. Wo und wenn jüdisches Eigentum, weil jüdisch, „arisiert" wurde, wo und wenn Eigentum von „Volks" oder „Klassenfeinden" fürs sogenannte „Volkseigentum" geraubt wurde, war das alles legal – naturrechtlich legitim war es nie.

## 5. Demokratie

Nur im Modell der Demokratie ist diese Gerechtigkeit zu verwirklichen. Freilich: Freiheit und Demokratie, Leben und das Recht auf Eigentum müssen immer wieder geschützt, gesichert oder erweitert werden.

Dieses Demokratie-Modell ist historisch und geografisch „westlich": Grundsätzlich ist es universell, denn es gilt für „den Menschen" an sich, also für die Menschen, für alle Menschen, überall und immer. Dieses Demokratie-Modell hat nichts, gar nichts mit Unterdrückung zu tun. Es ist als Modell Befreiung und Freiheit pur. Wenn die Wirklichkeit dem Modell nicht entspricht, muss die Wirklichkeit korrigiert werden, nicht das Modell. Dieses Modell ist der Maßstab.

Wo und wenn eine Diktatur von einer Demokratie überwunden wird, muss im Sinne der erwähnten Fundamentalrechte des Menschen von „Befreiung" gesprochen werden. Alles Gerede von Unterdrückung, Anschluss oder Siegerjustiz ist manipulativ. Es vertuscht die Grundwahrheit. Die Grundwahrheit, dass Leben, Wahlfreiheit der Lebensgestaltung und Schaffung sowie Sicherung des Eigentums staatlich geschützt und gesichert sind oder sein müssen. Wo und wenn nicht, hat der Staat die Bringschuld, nicht der Bürger.

In Demokratien muss der Staat den Menschen dienen, nicht die Menschen dem Staat. Umgekehrt in Diktaturen: Sie betrachten und benutzen den Menschen als ihr Instrument. In Diktaturen lebt der Mensch für den Staat. Demokratie ist, in den unvergesslichen Worten der Gettysburg Address Abraham Lincolns aus dem Jahre 1863 „Regierung vom Volk, durch das Volk und für das Volk"; „government of the people, by the people, for the people."

„Für das Volk". Wofür? Dafür eben und in Großbuchstaben: Life, Liberty and the pursuit of Happiness. Allein dafür bilden Menschen Regierungen, heißt es in der Declaration of Independence, und deshalb, so Lincoln in ihrem Geist, dürften so verstandene demokratische Regierungen weltweit nicht verschwinden, „shall not perish from the earth".

Life, Liberty and the pursuit of Happiness ist kein US-Recht, es ist kein westdeutsches, gesamtdeutsches, es ist ein allgemeines, weltweit gültiges Menschenrecht. Wer diesen Geist „imperialistisch" nennt, kennt nicht den Geist der Freiheit, weiß nicht was „menschenwürdig leben" heißt.

Ohne diese Grundkenntnisse, -erkenntnisse und -bekenntnisse gibt es keine „Aufarbeitung von Unrecht, sei es nationalsozialistisch, kommunistisch, islamistisch oder was auch immer.

Im Hier und Heute mögen Moral und Gerechtigkeit sogar durch Recht unterliegen. Gerade ihre scheinbare Macht- und Kraftlosigkeit lassen langfristig Moral und Gerechtigkeit triumphieren.

Ein Beispiel sei abschließend erwähnt: Anne Frank. Ihr Beispiel möge uns Kraft geben, wenn wir wieder an der Ohnmacht von Moral und Gerechtigkeit verzweifeln.

Im Jahre 2009 wäre Anne Frank 80 Jahre alt geworden. Ihr und Jürgen Fuchs, den Opfern von Verbrecherstaaten, sei besonders dieser Abschnitt meines Beitrages gewidmet.

## VII. Anne Frank oder Die Macht der Machtlosigkeit

Am 4. August 1944 wurde das fünfzehnjährige Mädchen Anne Frank mit ihrer Familie und den übrigen Versteckten von den Nationalsozialisten abgeholt und verschleppt. Am 1. August 1944 endet das Tagebuch der Anne Frank. Kurz davor, am 6. Juli 1944, schrieb sie:

„Menschen, die eine Religion haben, dürfen froh sein, denn es ist nicht jedem gegeben, an überirdische Dinge zu glauben. Es ist nicht mal nötig, Angst zu haben, vor Strafen nach dem Tod. Das Fegefeuer, die Hölle und der Himmel sind Dinge, die viele nicht akzeptieren können. Trotzdem hält sie irgendeine Religion, egal welche, auf dem richtigen Weg. Es ist keine Angst vor Gott sondern das Hochhalten der eigenen Ehre und des Gewissens ... Ein ruhiges Gewissen macht stark."[4]

Worte eines irdisch-körperlich schwachen, fünfzehnjährigen Mädchens, das seinen Mördern hoffnungslos unterlegen war, den Lagertod durch Hunger und Krankheit starb und unsterblich wurde – durch seine gedankentiefen Worte.

---

[4] Tagebuch, 6. Juli 1944, S. 303.

„Am Anfang war das Wort". So beginnt das Evangelium nach Johannes. Ob Gottessohn oder nicht, Messias oder nicht, Heilsgeschichte oder nur Geschichte – wie nach ihm Anne Frank war auch Jesus, bei allen fundamentalen Unterschieden zwischen den beiden, irdisch-körperlich schwach und seinen Mördern hoffnungslos unterlegen. Jesus starb am Kreuz, Anne Frank im KZ. Unsterblich wurden beide – durch ihr Leben, Leiden und Sterben.

Die jesuanisch heilsgeschichtlich religiöse und, auf Anne Frank bezogen, realgeschichtlich moralische Botschaft ist unmissverständlich: Stark sind die Schwachen. Kurzfristig mögen Mörder siegen, langfristig werden sie von den Ermordeten besiegt, von der Kraft der Moral. Die Macht der Moral.

Moral – verhöhnt, verpönt, verletzt, vergast, verdrängt ... – und unbesiegbar.

# Autorenverzeichnis

*Lüder Blome:* Rechtsanwalt, von November 1994 bis Juli 2007 Vorsitzender Richter am Hanseatischen Oberlandesgericht in Bremen, Klassenkamerad von Dr. Christean Wagner.

*Hans-Josef Blumensatt:* Generalstaatsanwalt von Hessen.

*Volker Bouffier:* Hessischer Ministerpräsident.

*Dr. Michael Demel, M.A.:* Richter am Amtsgericht, Referatsleiter Finanzen in der Hessische Landesvertretung Berlin, von Dezember 2005 bis April 2008 Persönlicher Referent und Grundsatzreferent des Fraktionsvorsitzenden Dr. Christean Wagner im Hessischen Landtag.

*Prof. Dr. Steffen Detterbeck:* Professor für Staats- und Verwaltungsrecht an der Philipps-Universität Marburg, Richter am Hessischen Staatsgerichtshof.

*Prof. Dr. Michael Eilfort:* Vorstand der Stiftung Marktwirtschaft, Honorarprofessor der Eberhard Karls Universität Tübingen.

*Dr. Jürgen Ellenberger:* Richter am Bundesgerichtshof, von 2001 bis 2004 Grundsatzreferent im Ministerbüro von Dr. Christean Wagner.

*Volker Fasbender:* Hauptgeschäftsführer der Vereinigung der hessischen Unternehmerverbände e. V. (VhU).

*Dr. Walter Fischedick:* Jurist und Diplom-Theologe, Referent für Innenpolitik und Grundsatz der CDU-Fraktion im Hessischen Landtag.

*Matthias Friehe:* Student der Rechtswissenschaft und der Philosophie an der Philipps-Universität Marburg, von 2011 bis 2012 Vorsitzender des RCDS Marburg e. V.

*Dr. Stefan Fuhrmann:* Leiter des Rechtsamtes der Stadt Frankfurt am Main, von Oktober 2000 bis Juni 2002 Persönlicher Referent, von Mai 2003 bis November 2005 Referatsleiter Presse- und Öffentlichkeitsarbeit (Pressesprecher) im Ministerbüro von Dr. Christean Wagner.

*Dr. Helmut Fünfsinn:* Ministerialdirigent, Abteilungsleiter Strafrecht, Gnadenwesen und Kriminalprävention im Hessischen Ministerium der Justiz, für Integration und Europa.

*Dr. h.c. Ernst Gerhardt:* Kämmerer a. D. der Stadt Frankfurt a. M., Ehrenvorsitzender der Kommunalpolitischen Vereinigung (KPV) Hessen.

*Prof. Dr. Dr. h.c. mult. Gilbert Gornig:* Professor für Öffentliches Recht, Völkerrecht und Europarecht, Geschäftsführender Direktor des Instituts für Öffentliches Recht der Philipps-Universität Marburg, Richter am Hessischen Verwaltungsgerichtshof a. D.

*Prof. Dr. Georgios Gounalakis:* Professor für Bürgerliches Recht, Internationales Privatrecht, Rechtsvergleichung und Medienrecht an der Philipps-Universität Marburg.

*Wolfgang Gröbl:* Landrat a. D., Parlamentarischer Staatssekretär im Bundesministerium für Umwelt, Naturschutz und Reaktorsicherheit (von 1987 bis 1991), im Bundesverkehrsministerium (von 1991 bis 1993) und im Bundesministerium für Ernährung, Landwirtschaft und Forsten (von 1993 bis 1998).

*Peter Hahne:* Fernsehjournalist und Autor, langjähriger stv. Leiter des ZDF-Hauptstadtstudios Berlin, seit 2010 in der ZDF-Programmdirektion.

*Dr. Stefan Heck, LL.M.:* Jurist, von 2002 bis 2008 Wahlkreisreferent von Dr. Christean Wagner.

*Prof. Dr. Hans-Detlef Horn:* Professor für Öffentliches Recht und Dekan des Fachbereichs Rechtswissenschaften an der Philipps-Universität Marburg, Richter am Hessischen Verwaltungsgerichtshof a. D.

*Martin W. Huff:* Rechtsanwalt und Journalist, Geschäftsführer der Rechtsanwaltskammer Köln, von April 1999 bis April 2001 Ministerialrat im Hessischen Ministerium der Justiz, Pressesprecher des Ministers Dr. Christean Wagner und des Ministeriums.

*Prof. Dr. Dres. h.c. Josef Isensee:* Professor emeritus der Rheinischen Friedrich-Wilhelms-Universität Bonn.

*Stephan Klenner:* Jurist, von 2009 bis 2012 Kreisvorsitzender der Jungen Union im Wahlkreis von Dr. Christean Wagner.

*Dr. Ralf Köbler:* Ministerialdirigent, Abteilungsleiter Informationstechnik und Modernisierung, Justizcontrolling, Organisation und Liegenschaften im Hessischen Ministerium der Justiz, für Integration und Europa.

*Roland Koch:* Hessischer Ministerpräsident a. D., Vorsitzender des Vorstands der Bilfinger SE.

*Joachim Koschnicke:* Vice President European Government Relations der Adam Opel AG.

*Dr. Claudia Kuhnhen:* Fachärztin für Öffentliches Gesundheitswesen, Leiterin des Gesundheitsamtes Marburg-Biedenkopf von 1983 bis 2009.

*Torsten Kunze:* Ministerialrat, Koordinierender Referatsleiter in der Abteilung Justizvollzug des Hessischen Ministeriums der Justiz, für Integration und Europa, von 2003 bis 2005 Öffentlichkeitsreferent im Ministerbüro von Dr. Christean Wagner.

*Bernhard Lorenz:* Rechtsanwalt, von 1999 bis 2002 Referatsleiter Parlaments- und Kabinettsangelegenheiten, Bundestag, Bundesrat im Ministerbüro von Dr. Christean Wagner.

*Prof. Dr. Ralph Alexander Lorz, LL.M. (Harvard):* Professor für Deutsches und Ausländisches Öffentliches Recht, Völkerrecht und Europarecht an der Heinrich-Heine-Universität Düsseldorf, von 2007 bis 2009 Staatssekretär im Hessischen Ministerium für Wissenschaft und Kunst und seit 2012 im Hessischen Kultusministerium.

*Dr. Günter Paul:* Präsident des Hessischen Staatsgerichtshofs, Rechtsanwalt, Notar a. D.

*Rupert von Plottnitz:* Staatsminister a. D., Rechtsanwalt, Richter am Hessischen Staatsgerichtshof.

*Dr. Roman Poseck:* Präsident des Oberlandesgerichts Frankfurt am Main, von 2001 bis 2005 in verschiedenen Funktionen im Hessischen Justizministerium unter Leitung von Dr. Christean Wagner tätig, zuletzt als Leiter des Ministerbüros.

*Dr. Alois Rhiel:* Staatsminister a. D., Vorsitzender der Geschäftsführung der OFB Projektentwicklung GmbH.

*Dr. Sigurd Rink:* Propst für Süd-Nassau der Evangelischen Kirche in Hessen und Nassau.

*Johann Nikolaus Scheuer:* Präsident des Landgerichts Frankfurt am Main, von 2002 bis 2005 Leiter des Ministerbüros von Dr. Christean Wagner.

*Dr. Thomas Schäfer:* Hessischer Minister der Finanzen, von 1999 bis 2002 Leiter des Ministerbüros von Dr. Christean Wagner.

*Hugo Schimmelpfeng:* Oberstudienrat i. R., seit 1962 gemeinsame Mitgliedschaft mit Dr. Christean Wagner in der Akademischen Turnverbindung Marburg.

*Harald Schmitt:* Ministerialrat, Referatsleiter Bundesratskoordinierung in der Hessischen Landesvertretung, von 2001 bis 2003 Verbindungsreferent des Hessischen Ministeriums der Justiz in der Hessischen Landesvertretung Berlin.

*Torsten Spieker:* Ministerialrat im Hessischen Ministerium der Justiz, für Integration und Europa, von 2003 bis 2005 Persönlicher Referent von Dr. Christean Wagner.

*Alexander Steiß:* Leiter des Ordnungsamtes beim Magistrat der Universitätsstadt Gießen, von Januar 1999 bis Mai 2002 Wahlkreismitarbeiter von Dr. Christean Wagner.

*Dr. Christoph Ullrich:* Präsident des Landgerichts Marburg, von April 2001 bis Mai 2002 Pressesprecher im Hessischen Ministerium der Justiz und stellvertretender Leiter des Ministerbüros von Dr. Christean Wagner.

*Dr. Wilhelm Wallmann:* Bürgermeister der Landeshauptstadt Wiesbaden a. D.

*Dr. Wilhelm Wolf:* Präsident des Landgerichts Gießen, von Juli 2004 bis November 2005 Leiter des Referats für Parlamentsangelegenheiten im Hessischen Ministerium der Justiz und Referent im Ministerbüro von Dr. Christean Wagner.

*Prof. Dr. Michael Wolffsohn:* Historiker und Publizist, von 1981 bis 2012 Professor für Neuere Geschichte, insbesondere Geschichte der internationalen Beziehungen an der Universität der Bundeswehr München.

Neue Schriftenreihe

# Unternehmensbezogene Effizienzanforderungen im Öffentlichen Recht

## Unternehmenseffizienz als neue Rechtskategorie

Von Markus Ludwigs

Das Öffentliche Recht. Habilitationen, Band 1
674 S. 2013 ⟨978-3-428-13984-2⟩ € 98,90
**Auch als E-Book erhältlich**

Die Implementierung ökonomischer Effizienzvorstellungen im Öffentlichen Recht wird bislang aus einer rein staatszentrierten Sicht begriffen. „Effizienz" kann aber noch aus einem anderen Blickwinkel betrachtet werden – dem des einzelnen Unternehmens. Ein solcher Perspektivwechsel wird durch die zunehmende Inkorporation ökonomischer Effizienzanforderungen in Vorschriften des nationalen wie des europäischen Rechts nahegelegt. Hierdurch erfolgt eine „Metamorphose" von einem ökonomischen in einen juristischen Effizienzbegriff. Im Zuge dieser Juridifizierung wird das Effizienzkriterium in vielfältiger Weise gegenüber den Wirtschaftsteilnehmern aktiviert.

Markus Ludwigs leistet eine analytische Durchdringung dieses Rechtsphänomens in repräsentativen Referenzgebieten (Regulierungsrecht, Energieumweltrecht, EU-Kartellrecht) und entwirft ein Gesamtgemälde der Unternehmenseffizienz im Öffentlichen Recht.

---

Der Verlag Duncker & Humblot freut sich, die Gründung einer neuen Schriftenreihe speziell für Habilitationsschriften bekanntzugeben. In die Schriftenreihe „Das Öffentliche Recht. Habilitationen" werden herausragende Habilitationen aus allen Bereichen des Öffentlichen Rechts aufgenommen.

---

Internet: www.duncker-humblot.de

## Duncker & Humblot · Berlin